논어역평

논어역평 1

초판 1쇄 발행 2017년 9월 30일

역평 | 조명화
펴낸이 | 조미현

편집주간 | 김현림
책임편집 | 고혁
교정교열 | 이미현

펴낸곳 | (주)현암사
등록 | 1951년 12월 24일 · 제10-126호
주소 | 04029 서울시 마포구 동교로12안길 35
전화 | 365-5051 · 팩스 | 313-2729
전자우편 | editor@hyeonamsa.com
홈페이지 | www.hyeonamsa.com

ISBN 978-89-323-1874-5 04140
ISBN 978-89-323-1873-8 (세트)

이 도서의 국립중앙도서관 출판예정도서목록(CIP)은
서지정보유통지원시스템 홈페이지(http://seoji.nl.go.kr)와
국가자료공동목록시스템(http://www.nl.go.kr/kolisnet)에서
이용하실 수 있습니다.(CIP제어번호 CIPCIP2017023912)

논어역평

1

조명화

현암사

머리말

1

한반도는 중국의 문물을 표준으로 삼아온 역사가 오래다. 지정학적인 환경 탓에 때론 피동적으로 때론 능동적으로 중국의 문물을 자기화해왔는데, 표준이란 것은 오래되면 구조화하고 구조화하면 자율성이나 자발성이 사라진다. 그래서 비판적인 자기점검을 자주 할 필요가 있다. 비판적 자기점검의 축적 없이는 자율적이고 독창적인 자기표준을 만들 수 없기 때문이다. 자기표준의 창출 능력, 그것이 곧 문화 역량의 척도이다.

20세기 들어 청조가 무너지고 조선도 무너지면서 한반도는 중국의 문물을 더는 표준으로 받아들이지 않았다. 그리고 대한민국의 최근 위상은 한반도 유사 이래 가장 높은 편이라는 평가를 듣는다. 그 배경은 뭘까? 필자는 수천 년 이어졌던 중국과의 관계가 단절된 것을 첫째 이유로 꼽는다. 구한말 이래 1백여 년 가까이 지속된 중국과의 단절은 정치사적으로는 일본의 식민지와 그 후속인 미국의 입김이라는 '힘'이 빚은 결과이지만, 문명사적으로는 2천여 년이나 유지되던 표준이 바뀐 대전환이었다. 단절이 유지된 남한 사회와 조선이라는 국호까지 이으면서 중국과의 관계를 유지해온 북한 사회를 비교하면 문명사적 대전환의 의미는 뚜렷해질 것이다.[1]

한편 한국은 1992년 마침내 중국과 수교하게 되었고, 수교한 지 사반

세기가 지난 지금 두 나라의 교류는 폭발적으로 증가하고 있으며, 중국은 다시 강대국 패권을 지향하고 있다. 이와 같이 바뀐 한반도의 상황은 과거 한반도가 표준으로 받아들였던 중국의 문물에 대해 비판적으로 점검하는 일이 매우 절실한 시기라고 본다. 전통을 존중한다는 이유로 비판 없이 복고를 지향한다거나, 약간의 자신감에 도취한 나머지 "우리 것이 좋은 것이여!"라는 슬로건만을 부르짖는다면 독창적인 자기표준을 창출할 수 있는 기회와 역량은 시나브로 사라질 수 있기 때문이다. 중국과 일본에 비해 능동적인 자기부정 경험이 상대적으로 부족한 한국에게는 매우 절실한 과제가 아닐 수 없다.[2]

한국에게 긴요한 비판적 자기점검의 일차 대상은 유교이다. 우리가 들여와 표준으로 삼았던 중국 문물의 테두리나 뿌리가 유교이기 때문이다.[3] 우리는 중국의 유교를 나름 자기화해오기는 했지만 근본적으로 부

---

1   물론 두 사회 차이의 원인을 오롯이 '중국과의 단절'로만 돌릴 수는 없다. 한편, 두 지역의 문명사적 대비가 두드러진다는 것은 1천 년 넘게 통일적 모습을 유지해왔던 한국어 공동체가 분열되고 있다는 조짐이기도 하다.

2   중국은 신해혁명이라는 왕조 타도, 서구 사회과학 이론에 따른 공산주의 혁명, 문화혁명이라는 이름의 광풍과도 같았던 전통 파괴 등 여러 차례의 자기부정 경험이 있다. 일본 또한 막부 타도와 왕정 회복, 서구문물을 도입하기 위한 명치유신, 태평양전쟁 패전 등의 자기부정 경험이 있다. 물론 두 나라 모두 자기부정 이후 다시 자기긍정으로 돌아가는 반동이 거세기도 하고, 일본의 경우 태평양전쟁을 일으킨 세대가 그대로 주류로 남기도 했다. 한국은 일제의 식민지가 됨으로써 조선왕조 패망에 대한 주동적인 반성을 할 수 없었고, 식민지를 벗어나서는 일제강점기 동안의 오류를 그대로 안은 채 지내왔으며, 정권이 남과 북으로 나뉘어 내전마저 치른 뒤 분단이 지속됨으로 인해 과거에 대한 능동적인 점검은 제대로 못하고 있다.

3   중국 유교의 한 흐름인 성리학을 국가 이데올로기로 삼아서 5백여 년을 유지해왔던 조선왕조로 국한해도 된다. 일본을 거쳐 들어오거나 광복 이후 미국을

정한 적은 없었다는 반성에서, 그리고 한반도 권력층이 유교를 주축으로 한 중국 문물을 편의적으로 왜곡한 점도 많았다는 반성에서, 또한 최근 중국이 굴기하자 종래의 왜곡 수용에 대한 점검 없이 다시 과거의 행태로 돌아가려는 경향이 생기기 시작한다는 우려에서, 유교에 대한 비판적 점검은 현시점의 시급한 과제라고 본다.[4]

2

유교에 대한 비판은 『논어』에 대한 비판만으로 충분하다. 유교의 역사는 『논어』를 부연한 역사이기 때문이다. 『논어』 이외 『시(詩)』·『서(書)』·『역(易)』·『예기(禮記)』·『춘추(春秋)』 등 유교의 경서들은 물론 도가, 법가를 비롯한 소위 제자백가의 전적들도 모두 공자(孔子, 551~479 B.C.)의 활동에서 자극되어 나온 것들이라 해도 지나친 말이 아니다. 그처럼 중요한 『논어』이건만, 한국 학계의 『논어』에 대한 이해는 비판은커녕 번역과 주석조차 아쉬운 정도이다. 번역본과 해설서가 많기는 하지만 텍스트를 번역하기보다는 텍스트의 권위를 드러내고자 하는 것들이 주류이고, 그나마 상업적 출판이 대세이다. 학술서적이라 할지라도 텍스트는

통해 들어온 서구문명에 대한 점검과 반성도 절실하지만 어디까지나 그다음의 과제이다. 유교는 한(漢)이라는 통일왕조가 제자백가 가운데 유가의 경세론을 통치 이데올로기로 정착시킨 이후 중국 역대 왕조가 답습했던 체계를 가리킨다. 유교문명에 이어 불교문명이 들어오기는 하지만 그것은 불교라는 그릇에 담기기만 했을 뿐 내용물은 거의 중국의 것이었다. 따라서 이 책에서 '유교'는 중국 문물을 가리키는 대명사이기도 하다.

4 한반도의 모순이나 문제점들을 모조리 유교(중국 문물) 탓으로 돌리는 것은 곤란하다. '공자가 죽어야 나라가 산다'는 식의 논조는 위험하다.

어디까지나 한문 원전이고 한국어로는 해석과 주석만 할 수 있다는 생각에서 현대 한국어 문체가 아닌 고어체나 현토 방식으로 번역한 것들이 많으며, 전통시대에 권위를 누렸던 주석에 지나치게 의존한다.[5] 그러니 『논어』를 찬양하기만 할 뿐 공자의 언어를 현대어로 복원하여 정확히 이해하거나 비판하고자 하는 노력이 부족하고, 이해가 부족하니 더욱 공자를 높이기만 하는 경향이 반복된다. 유교 전제왕권 국가를 벗어난 지 한 세기를 보낸 지금의 대한민국에서도 공자를 숭앙하기에만 바쁜 실정이라면 한국인에게 유교는 어쩌면 종교처럼 내면화했다는 증거는 아닌지 모르겠다.

그 점만을 탓할 수는 없다. 한문이라고도 부르는 중국 고문의 문장체계는 근본적으로 정확한 의미전달이 어려운 체계이다. 한문으로 쓰인 유교 고전들은 몇몇 대가들의 해석이 권위를 장악할 뿐, 보편적 해석에 이르기는 근본적으로 어렵다. 하지만 그 점은 한자문화권 공통의 어려움이지 한국에만 국한하는 어려움은 아니다. 한국어에도 문제점이 있다. 한국어가 한글체계만으로 문장을 쓰기 시작한 지는 1백 년도 되지 않은 탓에 문화와 문물에 대한 표현의 축적이 얇다. 따라서 학술적인 개념을 정밀하게 규정하는 데서 아쉬움을 느끼게 된다. 하지만 그런 어려움과 문제점을 감안한다 하더라도 『논어』에 관한 본격적인 연구서가 수입된 지 1천8백여 년이 지난 조선 말기에야 나타난다는 사실에 필자는 유의한다.[6] 최근의 학술적 성과들이 『논어』에 대한 비판보다는 긍정과 옹호 일

---

5   주희(朱熹)의 『논어집주(論語集注)』에 지나치게 무게를 둔다. 한반도에서 수백 년 동안 권위를 누렸던 『논어집주』는 최근에야 한국어 완역본들이 나오고 있는데, 『박성주 역주 논어집주』(소나무, 2011)를 제외하고는 대부분 현대 한국인이 읽기 어려운 고어체 문장이어서 아쉽다.

6   정약용(1762~1836)의 『논어고금주(論語古今註)』가 그것이다. 물론 그 책도 한글이 아닌 한문으로 쓰인 것이다. 본론의 「논어문답」 3’의 각주에서 소개되는

변도에 치우친다는 점도 자못 이상하다. 그런 것들은 혹시 한국 사회가 『논어』나 유교를 비판하기보다는 선양해야만 피차 이익이 되는 구조로 되어 있다는 뜻은 아닌지 모르겠다.

위와 같은 배경에서 필자는 논어연구서를 펴낼 의욕을 가졌다. 학문이란 본디 의문하고 비판하는 일이다. 이 시대의 한국어로 유교문물의 토대인 『논어』를 비판하는 일은 이 시대 한국어민의 학술적 역량을 보이는 일이다. 아무리 권위가 확보된 고전이라 할지라도 그대로 수용하기보다는 비판적 시각으로 보는 것이 그 고전을 바르고 쉽게 이해하는 방법이다. 『논어』처럼 무거운 고전을 비판하기란 간단치 않은 일이다. 한문 해독 능력과 유교에 대한 소양 위에 문명비평의 안목을 갖추어야 한다. 그러자면 우선 '현대 한국어판 논어 정본'부터 만들어야 했다. 저본을 결정하고, 표점을 찍고, 어휘사전을 만들면서 용어를 결정하고, 초역, 교열, 윤문 등의 과정을 거쳐 현대 한국어 정본을 만드는 일은 개인이 감당하기에는 간단치 않은 일이지만 감히 용기를 냈다.

한국어판 정본화 작업은 한 번으로 완성되는 일은 아니다. 각 시대마다 자기 시대의 언어와 관념으로써 새롭게 만들 필요가 있다. 한자문화권에서는 각 시대마다 『논어』를 달리 해석해온 역사가 있으므로 그런 것을 반영할 수 있어야 하기 때문이다. 어느 때는 『논어』에서 통치의 이념을 만들고, 어느 때는 우주의 질서를 만들며, 누구는 도덕과 규범을 만들

1992년 평양 정백동 낙랑고분 364호묘에서 출토된 죽간본 논어가 B.C. 45년에 제작된 것이므로, 그때 『논어』가 처음 도입되었다 하더라도 1천8백 년을 넘겼다. 이황(1501~1570), 송시열(1607~1689), 박세당(1629~1703), 김창협(1651~1708), 이익(1681~1763) 등이 『논어』에 관한 책을 내기는 했지만 단편적인 견해를 밝힌 정도이지 본격적인 연구서라고 할 수는 없다. 역대 주석의 고증적 연구라는 한계는 있을지언정 다산이 처음이다. 다산 이후 지금까지 그것을 넘는 성과가 나오지 않았다는 점에도 유의할 필요가 있다.

고, 누구는 개인의 수행덕목을 만들었다. 그리고 그것들은 각각 그 시대를 이끌어간 주도 이념이 되었다. 『논어』가 그 모든 것을 포괄해서가 아니라 지배 권력이 그 모든 것을 『논어』에서 만들어냈다. 중국 현대사만 보더라도 그렇다. 불과 이삼십 년 전에는 공자를 타도해야 할 봉건의 상징으로 비난하더니 요즘은 중국문화의 중심으로 떠받든다. 우리는 『논어』를 통해서 그와 같은 문명사를 읽어내고 비판할 수 있어야 하는데, 그 일은 중국 안에서보다 중국의 바깥에서 하는 것이 훨씬 더 정확하고 설득력을 지닐 수 있다.

3

한·중·일 세 나라의 명망 있는 주석서들부터 섭렵하였다. 『십삼경주소본논어(十三經注疏本論語)』, 주희(朱熹, 1130~1200)의 『논어집주(論語集注)』, 정약용(丁若鏞, 1762~1836)의 『논어고금주(論語古今註)』, 오규 소라이(荻生徂徠, 1666~1728)의 『논어징(論語徵)』, 유보남(劉寶楠, 1791~1855)의 『논어정의(論語正義)』, 유월(俞樾, 1821~1906)의 『군경평의(群經平議)』, 정수덕(程樹德, 1877~1944)의 『논어집석(論語集釋)』 등 정평 있는 주석서들을 꼼꼼하게 서로 대조하였다. 고증적 기초를 세운 점에서 『십삼경주소본논어』가 튼튼했고, 문맥이 매끄러운 점에서 주희가 탁월했으며, 방대한 주석을 섭렵한 다음 자기 결론을 내리는 데 있어서는 정약용과 정수덕이 뛰어났고, 다른 고전에 대한 지식을 바탕으로 합리적 해석을 내리는 점에 있어서는 오규 소라이와 유월이 돋보였다. 지루함을 이기고 이들을 모두 독파하면서 대조했다.

오랜 세월에 걸쳐 그 작업을 마치고 나니 뿌리만 팠지 땅 위의 줄기나 옆에 있는 나무들은 모른다는 느낌이 들었다. 그래서 춘추시대를 이해하기 위해 『좌전(左傳)』과 『공자가어(孔子家語)』를 읽었고, 『논어』의 성격을 상대적으로 이해하기 위해 『시』·『서』·『공양전(公羊傳)』·『곡량전(穀梁傳)』·『주례(周禮)』·『의례(儀禮)』·『예기(禮記)』 등 유교경전들을 차례로 읽었다. 전통시대라면 기초적으로 읽어야 할 고전들이지만 젊은 날 겉핥기만 했던 고전들을 다시 정독한 것이다. 역시 지루한 작업이었지만 『논어』의 위상은 어떠한지, 어떤 과정을 거쳐 성립되었는지, 공자의 영향력은 당대와 사후에 어느 정도였는지 등에 대한 느낌이 확실해졌다. 특히 『예기』가 도움이 되었고, 유교 경전들의 성립과정이 눈에 들어왔다. 애당초 주석서부터 볼 것이 아니라 유교경전들부터 읽어야 했다는 생각이 들었다.[7] 이어서 『논어』가 후대 유가에서 수용되는 과정, 그리고 그 과정에서 파생되는 문제들에 대한 제가의 견해를 접하고자 중국유학사와 중국철학사도 다시 정독했다.

　정작 난관은 출발어의 해독이 아니라 도착어의 표현이었다. 仁·義·禮·知 등 추상명사들의 개념부터 현대 한국어로 정리해야 했다. 공자는 사물이건 관념이건 보편적 개념이라는 것에 대한 생각이 없었다.[8] 따라서

7　현전하는 유교 경전들은 대부분 순자(荀子, 313~238 B.C.)의 문하에서 만들어졌다고 일반적으로 인정한다. 공자는 禮를 인격 교육의 한 도구로만 삼았으나 순자에 와서는 유일한 도구로 여긴 나머지 유가의 말류들이 아주 번쇄롭고 우원(迂遠)한 일에 얽매이게 되었다고 양계초(梁啓超, 1873~1929)는 지적하면서, 특히 『예기』의 「곡례(曲禮)」, 「단궁(檀弓)」, 「옥조(玉藻)」, 「교특생(郊特牲)」, 「내칙(內則)」, 「소의(少儀)」, 「잡기(雜記)」, 「증자문(曾子問)」 등을 읽으면 번쇄함과 우원함에 놀라고 유학의 번성이 곧 쇠퇴로 이어진 까닭을 알 수 있다고 말한다. 유생들이 경전 만들기에 매달릴 수밖에 없었던 것은 결국 자기 존립의 근거를 다져야 했기 때문일 것이다. 공자는 하(夏)·은(殷)·주(周) 삼대의 禮를 알 수 있다고 호언하고 모든 예제(禮制)를 다 아는 것처럼 말했지만, 정작 제자들에게 남긴 문헌은 없기 때문에 후학들은 경전을 만들어야만 했을 터이다.

8　예컨대 '仁이란 이런 것이다'라고 설명하지 않는다. '그렇다고 해서 仁하다

개념을 가지고 접근하는 서구식 교육을 받은 현대인들을 위해서는 개념 정리가 선결과제였다. 기존의 유학사전은 유교를 존숭하는 입장의 기술이라서 만족할 수 없었기에 『논어』에 나오는 표현들을 가지고 상호 설명하는 방식으로써 나름의 개념을 정리했다. 이 과정에서 한국어 어휘력의 부족을 절감했다. 한국에서는 훈독 방식이 시나브로 사라졌다고는 해도 『천자문』이나 『훈몽자회』가 자전 기능을 하는 동안에는 표준화된 고유어 훈(訓: 새김)을 옮기기만 하면 되었다. 하지만 요즘 자전은 훈이 표준화되지도 않고 보편성에 유의하지도 않은 채 풀이하기 때문에 번역가의 낱말 선택은 들쭉날쭉하기만 한다. 조선에서는 19세기 무렵부터 일상어조차 한자어로 바꾸려고 했던 탓에 고유어 훈은 많이 사라졌다. 그래서 요즘 대개의 한문 고전 번역본들은 한자어를 그대로 쓰는 경향이 심하다. 그러니 의미 파악이 어려울 뿐 아니라 한국어 고유어체계가 많이 훼손되고 있다. 이에 필자는 한자의 표준 훈에 대한 연구에 매달리게 되었고, 그 결과 『한자 표준 새김』(이회, 2005)이라는 책을 발간하기도 했다.

어휘력을 갖춘다 한들 문장력은 별도이다. 글쓰기란 근본적으로 천부적인 소양을 필요로 하는 일이라서, 이해하기 쉬우면서도 좋은 문장으로 번역하기란 쉽지 않다. 한국어로 된 좋은 시는 그래서 절실하게 요구된다. 거기서 끝나지 않는다. 문명사적 비판을 위해서는 서구문화권에서 공자를 평가해온 역사, 공자가 세계를 보는 방식과 서구에서 세계를 보는 방식의 차이에 대해서도 설명할 수 있어야 했다. 그래서 사회학·심리학 등을 개괄적이나마 이해하는 데에도 시간을 들였다. 위 단계들을 모두 거치고 초벌 번역을 하는 단계에서 다시 주석서들을 참고해야 했는

고 할 수는 없지'라는 말만을 상황에 따라 그때그때 던질 따름이다. 자신이 사용하는 모든 용어에 대해 그렇게 대응할 뿐이었다. 공자의 대답은 상황마다 달랐기 때문에 제자들은 끊임없이 물어야 했다.

데, 이전에는 종이책 여러 권을 한꺼번에 놓고 읽어야 했으나 이제는 여러 대의 컴퓨터 화면에서 동시에 들여다볼 수 있는 세상으로 바뀐 바람에 작업은 한층 수월했다. 그러면서 앞서 언급했던 주석서들 외에 수많은 역주서와 해설서들을 추가로 섭렵하였는데, 그 가운데는 크릴(Herrlee Glessner Creel, 1905~1994), 양백준(楊伯峻, 1909~1992), 슈워츠(Benjamin Isadore Schwartz, 1916~1999), 이택후(李澤厚, 1930~)의 것이 특히 거론할 가치가 있었다.[9]

4

한자의 기원은 사실을 묘사하거나 기록해두기 위한 장치가 아니라 권위를 드러내기 위한 장치였다.[10] 따라서 그러한 문자를 가지고서 만드는

---

9   Herrlee Glessner Creel, *Confucius: The Man and* The *Myth*(NewYork: JohnDay Company, 1949)〈『공자: 인간과 신화』, 이성규 역, 지식산업사, 1983〉; 楊伯峻, 『論語譯註』(北京: 中華書局, 1958); Benjamin Isadore Schwartz, *The World of Thought in Ancient China*(Harvard University Press, 1985)〈『중국 고대 사상의 세계』, 나성 역, 살림출판사, 1998〉; 李澤厚, 『論語今讀』(安徽文藝出版社, 1998)〈『논어금독』, 임옥균 역, 북로드, 2006〉.
10   중국 문자의 출발은 갑골문자이다. 갑골을 가지고 점을 친 다음 그 점괘를 갑골에 기록한 문자를 갑골자라고 부르고, 그 문장을 갑골문이라고 부른다. 점을 친다는 것은 하늘의 뜻을 묻는 일이고, 하늘의 대답을 점괘라고 불렀다. 하늘의 뜻을 묻는 일은 권력자의 일이고, 하늘의 뜻을 물을 때는 권력자의 조작이 개입된다. 갑골을 불에 구웠을 때 생기는 금의 방향에 따라 하늘이 길(吉)이라고 대답했는지 흉(凶)이라고 대답했는지를 판단하는 것이 점치는 방식인데, 권력자가 원하는 방향으로 금이 가도록 미리 그쪽에다 구멍을 뚫은 다음 불에 굽는 조작이 다반사로 행해졌다. 현재 발견된 갑골에는 吉이라는 결과로 적힌 것이 90% 이상

문장 또한 객관적인 의미를 정확하게 기록하거나 전달하기 위한 체계는 애당초 되지 못한다. 비록 사실을 기록하는 문장일지라도 그 층위만큼은 언제나 기록자의 의도가 중심이다. 예컨대 두 사람 또는 여러 사람의 입체적인 대화를 기록할 경우에도 인칭의 구분을 무시하고 작성자 한 사람의 인칭으로 평면화해버리는 것이 중국 글의 관행이다. 중국 글쓰기의 이러한 출발은 마침내 전통이 된다. 함축과 상징을 위주로 하고 자의적이다. 그러니 모호할 수밖에 없고, 모호하니 쉽게 읽힐 리 없다. 따라서 중국 글을 읽을 때는 문면을 읽되 동시에 상징하는 것이 무엇인지를 파악하지 않으면 안 된다. 이러한 특징은 중국인의 사유방식이나 문화적 관습에서도 나타난다.[11]

이라는 통계도 있다. 이처럼 점치기 자체가 조작이거늘 점괘를 적는 일에 권력자의 의도가 개입되지 않을 리는 없다. 갑골문을 적거나 읽는 일 자체도 권력이 부리는 특정인의 전문적인 일로서 인민과는 관계가 없었다. 동북아시아 대부분의 전통이 그러하듯이 유교문화, 즉 중국문화의 토대는 이와 같이 하늘의 뜻을 묻는 일인데, 학자들은 그것을 샤머니즘이라고 부른다. 하지만 하늘의 뜻을 묻는 일은 권력자의 일이고, 작은 권력자는 큰 권력자를 본뜨며 피지배자도 본받게 된다. 『좌전』을 비롯한 여러 고전을 보더라도 국가의 정책 결정은 물론 개인의 사사로운 의사결정도 점치기를 거치는 것이 중국의 오랜 전통이었음을 확인할 수 있는데, 점치기라는 것의 출발이 진지하고도 객관적인 물음의 절차가 아니라 천명을 빙자한 권력자의 의도적인 조작에 불과했다는 것을 이해한다면 중국 문화의 토대를 잘 이해할 수 있을 것이다.

11   고대 중국인들은 仁이니 義니 하는 추상명사를 존재론적 층위와 가치론적 층위를 구분하지 않고 사용한다. 구분의 필요성을 느끼지 않았기 때문일 텐데, 그 이유는 사물이 아닌 관념조차 개념이 아닌 실체로 여기는 성향 때문이라고 본다. 예컨대 이렇다. 한강·금강·영산강·낙동강이라는 이름은 '강'이라는 개념 아래 각각 '~강'이라는 이름이 붙여진다. 그러나 고대 중국인들은 커다란 강들을 강(江)·하(河)·회(淮)·위(渭)처럼 각각 다른 고유명사로 불렀다. 각각을 독립된 실체로 볼 뿐, 물의 흐름이라는 보편적인 개념에는 유의하지 않았기 때문이다. '氵'

한자문화권에서는 개인 간의 사적인 글에서라도 정치권력을 가진 자의 뜻을 거스를 수 있는 내용을 표현해서는 안 되었다. 중국사에서 흔했던 필화(筆禍)에는 문면이 아닌 속뜻 때문에 화를 당하는 경우가 허다했다. 의도적으로 권력자의 심기를 거스르고자 썼다면 말할 것도 없지만, 전혀 의도하지 않았을지라도 권력자를 거스르는 뜻으로 해석될 수만 있으면 화를 피할 수 없었다. 그러니 어떤 종류의 글이든 글을 쓸 때는 권력자를 의식해야만 했다. 사적인 감정을 적는 글에서조차 자기검열을 하지 않으면 안 되었던 것이 중국 글쓰기의 오랜 전통이다.

분명하지 않게 지은 글을 분명하게 읽을 수는 없는 노릇이다. 그래서 보조수단이 필요하게 되니, 그것이 주석이다.[12] 하지만 원문이 분명하지

라는 편방에 보편적인 개념이 들어 있지 않느냐고 반문할지도 모르나 그것은 어디까지나 문자화 과정에서 정리된 결과일 뿐이지 애초부터 그랬던 것은 아니다. 심지어 수 관념도 그러하다. 1부터 9까지 각각의 수를 독립한 객체로 본다. 그래서 예컨대 16이라는 특정한 수를 가리킬 때는 '十六'이라 하지 않고 '두 개의 8'이라는 뜻인 '二八'이라고 부른다. 십진마다 십(十), 백(百), 천(千), 만(萬), 억(億), 조(兆), 경(京), 해(垓), 자(秭), 양(穰) 등 각각의 고유명사를 지닌다. 후대에는 비록 만(萬)의 열 배를 십만(十萬), 백 배를 백만(百萬)으로 부르게 되지만 원래는 지금의 십만(十萬)을 억(億)으로, 백만(百萬)을 조(兆)로 불렀다. 이런 사례들은 중국인들이 사물은 물론 관념조차도 개념적으로 여기지 않고 실체로 보고자 했다는 증거라고 본다.

12 중국 글의 위와 같은 특성 때문에 필수적으로 나오게 되는 것이 주소(注疏)이다. 원전을 이해하기 위해서는 보충설명이 필요하니 그것이 주(注)이고, 보충은 보충일 뿐 충족은 아니기 때문에 보충에 대한 보충이 또 필요하게 되니 그것은 소(疏)라고 부른다. 주니 소니 하는 말은 소통시킨다는 뜻인데, 당대에 공영달(孔穎達)이 『십삼경주소(十三經注疏)』를 완비하면서 주소라는 용어가 확립된다. 주소는 일회적으로 충족될 수 없으니 증보(增補)가 필요하게 되고, 한 사람의 주소로는 만족할 수 없으니 여러 사람의 주소가 나오게 된다. 그것들은 각각 전(傳)·설(說)·해(解)·고(詁)·훈(訓)·전(箋)·석(釋)·전(詮)·술(述)·학(學)·정

않으니 주석 또한 사람마다 달라질 수밖에 없다. 그래서 고대 중국의 문언문은 발생과 동시에 주석이 있어야만 했고, 주석학은 중국 전통학문의 주류 방법론이 된다. 『논어』의 구문은 뒤에 만들어진 『맹자』, 『순자』, 『장자』 등의 구문과도 꽤 달라서 축약이 심한 데다 어법요소도 분명하지 않기 때문에 자의적으로 해석할 여지가 더 넓다.

중국 고대 문언문의 성격이 그렇다 하더라도 모든 문장을 마치 비밀 암호를 캐내듯이 읽어서는 안 된다. 아무리 모호성을 특징으로 한다 하더라도 나름의 체계는 있기 때문이다. 그래서 문장을 뜯어서 재조립하듯이 번역하지는 말아야 한다. 문장은 가급적 순순하게 보아야 한다.[13] 순순하지 않은 문장일지라도 특별한 경우가 아닌 한 상식적인 체계를 벗어나서 해석하지 않아야 한다. 14·08의 "爲命 裨諶草創之 世叔討論之 行人子羽修飾之 東里子産潤色之(정나라가 외교문서를 만들 때는 비심이 초고를 만들면 세숙이 그것에다 토론을 하고, 행인 자우가 다시 그것에 수식을 한 다음 동리 자산은 거기에 윤색을 한다)"라는 대목을 보더라도 비록 외교문서의 경우이기는 하지만 글을 지을 때는 효과적이면서도 아름다운 표현을 위해 매우 공들였음을 인식해야 한다.

(訂)·교(校)·고(考)·증(證)·미(微)·은(隱)·의(疑)·의(義)·음의(音義)·장구(章句)·정의(正義)·훈고(訓詁)·고훈(詁訓)·해고(解詁)·교주(校注)·의소(義疏)·소증(疏證)·집석(集釋) 등의 이름으로 등장한다. 그리하여 중국 학문의 역사는 공자의 말처럼 '술이부작(述而不作)'이 되어 고전에 대한 설명이 축적되는 역사가 된다.

13 중국인의 주석은 모국어이기 때문인지 그러한 사례가 많지 않지만 한국인과 일본인의 주석 가운데는 그런 사례가 두드러진다.

5

한글이 만들어진 지 오백 년이 넘지만 온전히 한글체계만으로 한국어를 표현하기 시작한 지는 1백 년도 되지 않는다. 한국어는 그만큼 세월의 씻김이나 담금질이 더 필요하다. 현대의 학술과 문물을 온전하게 담을 수 있는 표현력도 지속적으로 제고할 필요가 있다. 한국어의 표현력이나 위상이 낮으면 한국어 사용자들은 불편할 수밖에 없고, 그것은 한국어 공동체의 위기나 다름없다. 표현력 부족 때문에 읽히기 어려운 번역문도 있으나, 문장을 번역하는 것이 아니라 공자와 유학의 권위를 드러내려는 표현 때문에 읽기 어려운 번역문도 많다. 특히 직역이라는 이유로 조선시대의 언해체처럼 번역할 경우 현대 한국어의 통사구조와 맞지 않아 읽기를 포기하게 만들기도 한다.[14]

한국어에 들어 있는 한문체계는 고유어체계의 표현력을 보충한다고 말하기도 하지만 실제는 그 반대이다. 고유어체계의 표현력을 누르거나 방해한다. 조선조 후기에 들어 사대부들은 고유어체계를 한문체계의 보조수단 정도로만 여긴 탓에 일상적인 어휘조차 한자어로 바꾸는가 하면 사자성어(四字成語) 같은 것도 널리 도입함으로써 통사구조에까지 영향을 미칠 정도가 되었다. 그들은 아마도 한문체계만으로도 의사소통이 가능하기를 목표로 삼았는지 모르겠다.[15] 하지만 한문체계가 아무리 오랜

---

14 조선시대 언해본들은 대체로 구어체는 아니었다고 본다. 일본어의 훈독(訓讀)처럼 한문체계를 그대로 두고 표기만 한글로 한 것이 대종이었다.

15 경제를 비롯한 조선사회의 여러 표준을 중국에 맞추자고 강하게 주장하는 바람에 사대부들에게 당괴(唐魁)라는 비난을 듣기도 했던 박제가(1750~1815)는 언어도 중국어를 사용해야 오랑캐라는 소리를 듣지 않게 된다고 주장한 바 있다. 아마도 그는 적어도 사대부들은 자신들이 유창하게 사용하는 한문체계를 독음마저 중국음으로 읽는다면 중국어를 공용어로 하더라도 어려움이 없을 것으로

기간 한국어에서 활용되었다 해도 한국어체계와는 근본적으로 다르기 때문에 상보효과보다는 상쇄효과가 더 크다. 조선시대까지는 한문만을 교육하였기 때문에 상쇄효과가 부각되지 않았을 뿐 요즘은 크게 부각된다. 한국어에 섞인 한문체계를 고유어체계로 바꾸지도 않으면서 한문을 가르치지 않기 때문에 폐해가 심각하다. 특히 조어기능이 떨어져 외래어가 난무하게 되고 결과적으로 한국어의 품질이나 위상이 낮아지는 결과를 초래하고 있다.

　수십 년 전에 번역된 『논어』 문장은 한문 소양이 부족한 현대인에게는 이해하기 어려운 문장일 뿐이고, 최근의 번역이라 할지라도 표현력이 부족하면 마찬가지이다. 이는 한자를 받아들였던 중국 이웃 나라들의 공통된 숙제이다. 일본은 가나라는 문자 자체가 한자에 기반을 둔 것이기 때문에 숙명적으로 한문체계를 받아들일 수밖에 없다. 어쩌면 온통 한자만으로 표기하는 중국보다도 훨씬 유용하게 한자를 사용한다고 생각될 정도이다.[16] 한국의 경우는 한글전용과 한자병용이라는 두 방향을 왔다 갔다 하면서 영어가 범람하는 상황이기 때문에 문제가 심각하다. 새로운 문물을 표현하거나 한문 고전을 번역할 경우 이런 문제점은 두드러지게 된다.[17] 한 언어의 세련도는 뛰어난 표현력을 지닌 사람들이 오랜 세월

여겼을 것이다. 7·18에 나오는 '아언(雅言)'이란 것이 춘추시대의 공용어 내지는 표준어 개념이므로 중국어를 공용어로 하자는 주장은 『논어』의 내용을 실천하는 것이라고 여겼을지도 모르겠다. 박제가의 생각은 중국에 대해서는 사대(事大)해야 한다는 생각과 똑같은 그 시대의 글로벌리즘이었다.

16　중국의 현대문은 고문과 달리 구어체이다. 그러나 구어체라 하더라도 온통 한자로 표기하는 방식은 아무래도 효율적이지 못하다. 한자를 아이콘처럼 적절하게 사용하면서 가나를 보조적으로 사용하는 일본의 방식이 오히려 온통 한자만 사용하는 중국의 방식보다 효율이 더 높다고 본다.

17　예컨대 "吾豈匏瓜也哉 焉能繫而不食"(17·07)이라는 문장은 '나 같은 사

연마함으로써만 높일 수 있기 때문에 앞으로 많은 노력이 필요하다.

필자는 현대 한국어가 지닌 그러한 문제점을 극복하는 것이 한국어로 학술활동을 하는 사람들의 과제라고 인식하면서 『논어』의 번역과 주석 및 평설에 임하였다. 현대 한국인이 읽을 때 이해하기 쉬우면서도 정확한 표현을 만들고자 했다. 가능한 한 한문체계가 아닌 고유어체계 문장으로 표현한 탓에 다소 고어처럼 느껴지는 대목이 있겠지만 한국어의 표현력을 높이기 위해 양보하지 않았다. 주석을 읽지 않고 번역문만 읽어도 이해될 수 있도록 원전의 문면에 표현되지 않은 부분을 삽입하여 문장을 완성하였는데, 원전의 맥락을 벗어나지 않음을 표시하고자 삽입된 부분은 괄호에 담았다.

6

중국에서는 낱말의 뜻풀이에 무게를 둔 주석을 훈고지석(訓詁之釋)

람이 어찌 조롱박(과 같은 신세)이어야 하느냐? 어찌 (조롱박처럼) 매달려 있기만 하고 따먹지는 못하(는 신세로 삶을 마쳐야)겠느냐?'의 뜻이다. 그러나 대개는 '내가 어찌 바가지라서 매달려 먹지 못하리요'라고 번역한다. 그것은 한국어 문장이기는 하지만 이해할 수는 없는 문장이다. 한문에 밝은 세대일수록 이런 식으로 번역하는 경우가 많은데, 한국어의 표현력에 주의하지 않은 번역이자 직역이라는 것을 오해한 번역이다. 예컨대 "夫仁者 己欲立而立人 己欲達而達人"(6·30)을 『논어언해(論語諺解)』는 '仁흔 자는 고고져 홈에 사름을 立게 흐며 몸이 達코져 홈에 사름을 達케 흐느니라'라고 번역하고, 『사서율곡언해(四書栗谷諺解)』는 '그 仁쟈는 己 立고져 호매 人을 立흐며 己 達코져 호매 人을 達흐느니라'라고 번역하는데, 둘 다 기계적으로 한글로 바꾸어놓기만 한 '한국어 문언문'이지 들어서 이해할 수 있는 문장은 아니다. 글이란 것이 구어의 녹취록일 수는 없지만 구어와 유리된 별도의 체계가 되어버린다면 그 효용은 한계가 있을 수밖에 없다.

이라 하고 문맥의 뜻풀이에 무게를 둔 주석을 의리지석(義理之釋)이라고 하는데, 시대상황에 따라 선호가 달랐다. 한대(漢代) 이후로는 훈고지석이 주류를 이루다가 신유학이 생겨난 송대(宋代) 이후에는 의리지석이 압도적이었고, 고증학이 일었던 청대(清代) 후반 이후로는 다시 훈고지석이 유행하는 식이었다. 그래서 훈고지석을 고주(古注)라고 부르고 의리지석을 신주(新注)라고 부르기도 하지만, 후대에는 정약용의 『논어고금주』처럼 두 경향을 통합하려는 시도도 많았다. 한문의 해독을 보물찾기처럼 여기는 사람들은 자기의 해석만이 정답이라고 고집한다. 지은이의 뜻을 찾으려는 노력은 중요하지만 문장의 해석을 마치 숨은 오의(奧義)를 찾듯이 하는 것은 위험하다. 지극히 객관적인 진리로 받아들여지기 쉬운 자연과학자들의 연구결과도 그 자체는 진리가 아니라 특정한 과학자 세계가 공유하는 패러다임 속에서 퀴즈를 푸는 행위에 불과하다는 토마스 쿤(Thomas Khun)의 주장이나, 각 시대의 진리는 발견된 것이 아니라 만들어진 것이며 따라서 모든 진리묶음들은 권력효과를 동반하는 담론에 불과하므로 결국에는 해체될 수밖에 없다는 푸코(Michel Paul Foucault)와 데리다(Jacques Derrida)의 주장은 학자들이 새겨들을 필요가 있다.

언어의 이해는 개인의 영역이 아니라 한 사회의 지적·문화적 전통에 속하고, 한 언어로 된 지적 산물을 온전하게 다른 언어로 이식하기란 원초적으로 불가능하다. 번역은 오역에서 출발한다는 말도 있듯이, 모든 담론이나 번역은 오해의 위험을 근본적으로 내포한다. 그러나 공자와 유교문명에 대한 논쟁들이 지금도 왕성한 것은 논쟁을 이어갈 가치가 있기 때문이다. 뒤 시대의 견해는 앞 시대의 견해를 뒤집는 짓의 반복일 뿐이라 하더라도, 진보적인 견해는 낡은 견해와 다름없는 새로운 해악일 뿐이라는 질시를 받더라도,[18] 그 시대의 견해를 제시하려는 시도는 언제나 있어야 한다. 그렇기에 『논어』라는 무거운 고전의 번역과 주석과 평설을

30여 년 가까이 버거운 어깨에 감히 짊어질 수 있었다.

2017년 9월
서울 용마산 자락에서
조명화 씀

---

18 Theodor W. Adorno, *Soziologische Schriften I*(Frankfurt am Main: Suhrkamp, 2003), p.375.

차례

번역·주석·평설의 원칙

1. 현대 한국어라야 한다

언어는 시대에 따라 표현방식이나 결이 달라진다. 그러므로 뜻글자인 한문으로 된 고전은 당대의 표현방식으로 새롭게 번역해야 새 세대가 바르게 이해할 수 있다.[1] 『논어』처럼 대화체 문장이라면 더욱 그렇다. 17·07의 "不曰堅乎 磨而不磷 不曰白乎 涅而不緇 吾豈匏瓜也哉 焉能繫而不食"이라는 대목의 번역들을 비교해보자.

① 굳다고 하지 않겠느냐? 갈아도 엷어지지 아니한다면. 희다고 하지 않겠느냐? 물들여도 검어지지 아니한다면. 내가 어찌 박이겠느냐? 어찌 달려 있고 먹지 않을 수 있겠느냐? 〈차주환, 『논어, 동양의 지혜』, 을유문화사, 1964〉

② 굳건하다고 하지 않겠느냐, 갈아도 얇아지지 않으면. 희다고 하지 않겠느냐, 검게 물들여도 검어지지 않으면. 내가 어찌 바가지일 수 있겠느냐? 어찌 매달려 있기만 하고 먹히지 않을 수 있겠느냐? 〈김형찬, 『논어』, 홍익출판사, 1999〉

---

1   현토(懸吐) 방식을 아직도 고집하는 사람이 있는데, 현토는 한문체계를 그대로 한국어체계로 편입시키려는 방식으로서, 한문에 대한 소양을 갖춘 사람에게만 효용이 있을 뿐이다.

③ 굳다고 아니할 수 있으랴, 갈아도 갈리지 않으니. 희다고 아니할 수 있으랴, 물들여도 물들여도 검어지지 않으니. 정신만 확고하면 나쁜 것의 영향을 받지 않을 수 있는 것이다. 그다음에 쓴 오이와 같이 맛없는 것을 가리켜 '대롱대롱 매달린 채 먹히지 않고 있다'는 말이 있는데, 너희들이 말하는 대로라면 나는 정말 쓴 오이처럼 쓸모없는 사람이겠구나. 〈미야자키 이치사다 저, 박영철 역, 『논어』, 이산, 2001〉

④ 견고하다 않더냐? 갈아도 얇아지지 않는다. 결백하다 하지 않더냐? 물들여도 검어지지 않는다. 내가 어찌 바가지라서 매달려 먹지 못하리오? 〈이종락, 『논어집주』, 문경출판사, 2005〉

⑤ 정말 견고하다고 하지 않겠는가, 아무리 갈아도 얇아지지 않는다면. 정말 희다고 하지 않겠는가, 아무리 물들여도 검어지지 않는다면. 내가 어찌 조롱박 같아야 하겠는가? 어찌 한곳에만 매달려 있고 남들이 먹지 못하게 할 수 있겠는가? 〈이강재, 『논어』, 살림, 2006〉

⑥ 견고해서 갈아도 얇아지지 않는다고 말하지 않더냐? 희어서 물들여도 검게 물들지 않는다고 하지 않더냐? 내가 어찌 쓴 호리병박이겠느냐? 어찌 매달려서 먹지 않겠느냐? 〈李澤厚 저, 임옥균 역, 『논어금독』, 북로드, 2006〉

⑦ 단단하다고 말하지 않더냐? 갈아도 얇아지지 않으니! 희다고 말하지 않더냐? 물들여도 검어지지 않으니! 내 어찌 박이 될 수 있겠는가? 어찌 스스로 먹이를 구하지 않고 댕그렁 넝쿨에 매달려 있기만 할 수 있을손가! 〈김용옥, 『논어한글역주』, 통나무, 2008〉

⑧ 단단하다고 말하지 않겠는가, 갈아도 얇아지지 않으니. 희다고 말하지 않겠는가, 물들여도 검어지지 않으니 말이다. 내가 어찌 조롱박 같겠는가? 어찌 매달려 있기만 하고 먹지도 못하는 것이겠는가? 〈정약용 저, 이지형 역주, 『논어고금주』, 사암, 2010〉

⑨ 갈아도 닳지 않음이 견고함 아니겠는가? 물들여도 검어지지 않음

이 휨 아니겠는가? 내 어찌 그저 매달려만 있고 아무도 따먹지 않는 박과 같을 수 있겠는가? 〈박성규, 『논어집주』, 소나무, 2011〉

⑩ 단단하다고 이르지 않았는가! 갈아도 얇아지지 않느니라. 희다고 이르지 않았는가! 검은 물을 들이려 하여도 검어지지 않느니라. 내 어찌 포과이랴! 어찌 능히 매었다고 먹지 아니하리오. 〈이윤숙, 『논어역해』, 경연학당, 2012〉

⑪ (지극히) 견고한 것은 갈아도 얇아지지 않으며, (지극히) 흰 것은 물들여도 검어지지 않는다. 내 어찌 뒤웅박이냐? 어찌 한곳에 매달려 먹지 않을 수 있겠느냐? 〈정태현, 『논어주소』, 전통문화연구회, 2015〉

⑫ 아무리 갈아도 얇아지지 않는다면 (그것은 진정) 단단한 것이 아니겠는가? 아무리 물들여도 검어지지 않는다면 (그것은 진정) 흰 것이 아니겠는가? (내가 그러하다. 나는 필힐(佛肹)에게 가더라도 결코 바뀌거나 물들지 않아. 그리고) 내가 왜 조롱박(같은 신세)이어야만 하니? 왜 (조롱박처럼) 매달리기만 하고 먹을 수는 없(는 신세로 삶을 마쳐)야만 하니? 〈필자〉

읽어서 알기 어렵고 원문과 대조해도 아리송하기만 한 번역문이 대부분인 까닭은 전통적인 고어체 번역에만 의지할 뿐 현대 한국어로 정확하게 옮기지 못했기 때문이다.

2. 대어역(對語譯)을 한다

한문은 자의적 해석의 유혹에 빠지기 쉬운 체계이기 때문에 대어역을 원칙으로 하는 것이 바람직하다. 다만 한문체계와 한국어체계는 통사구조가 다르기 때문에 적절한 변용은 불가피하다. 따라서 이 책에서는 변용된 부분이나 원전에 드러나지 않는 어기를 표현한 부분은 괄호로써 구분하였다.

예1) 君子和而不同 小人同而不和(13·23) : 군자는 (남과) 어울리(고자 하)지 (남과) 같아지(고자 하)지는 않는다. (반면에) 소인은 (남과) 같아지(고자 하)지 (남과) 어울리(고자 하)지는 않는다.

예2) 愛之 能勿勞乎 忠焉 能勿誨乎(14·07) : (군주가 인민을) 사랑한다고 해서 (놀게만 하고) 노동하지는 말라고 할 수 있겠는가? (신하가 군주에게) 충성한다고 해서 (따르기만 하고 군주에게 실정을) 알리지는 않을 수 있겠는가?

3. 기계적인 번역을 지양한다

대어역이라야 한다는 생각에서 기계적으로 한자를 한글로 바꾸기만 하거나, 경전이기 때문에 문체가 고상해야 한다는 생각으로 번역하면 문맥이 막히거나 껄끄러워져서 신뢰도가 떨어진다. 대어역을 하더라도 한국어의 결에 어긋나지 않도록 문장의 형식이나 품사를 적절히 변조할 필요가 있다. 대화체의 경우 대화의 분위기가 전달되어야 한다. 춘추시대의 언어 환경이나 방언을 완벽하게 이해하기는 어렵기 때문에 한계가 있을 수밖에 없기는 하지만, 『논어』에는 후대 문장보다 피휘(避諱)나 중의법이 덜 사용되기 때문에 쉬운 점도 있다.

예1) 信近於義 言可復也 恭近於禮 遠恥辱也(1·13) : (대인관계에서의) 약속이라 할지라도 경우에 맞(는 내용이)라야 (약속한) 말이 실천될 수 있고, (대인관계에서) 공손해야 하지만 예법에 맞(는 정도)라야 모욕을 당하지 않게 된다.

→ '믿음이 의로움에 가까우면 말은 회복될 수 있고, 공손함이 예에 가까우면 치욕은 멀어진다'라는 번역은 비문이다.

예2) 因不失其親 亦可宗也(1·13) : 그러면서도 (관계하는 사람들과의) 친밀함을 버리지 않는 것이 으뜸이다.

→ 不失은 '잃지 않다'라는 뜻이지만, 한국어는 수동형보다는 능동형 문장을 선호하기 때문에 '버리지 않다'라고 번역하였다.

예3) 貧而無諂 富而無驕(1·15) : 가난하지만 비굴(하게 남의 도움을 바라는 점이라고)는 없고 부유하지만 교만(하게 남을 업신여기는 점)이라곤 없다.

→ '가난하지만 비굴함이 없고 부유하지만 교만함이 없다'거나, '가난하지만 비굴하지 않고, 부유하지만 교만하지 않다'라는 번역문은 뜻을 제대로 전달할 수 없다.

4. 자의적 해석을 경계한다

원전의 생략과 압축을 복원하고 한국어의 결에 맞게 변조한다 하더라도 원전에 없는 내용을 더해서는 안 된다. 『논어』는 개인의 저술이 아니고 공자는 이론가도 아니다. 공자와 그의 제자들이 수십 년에 걸쳐 주고받았던 말의 조각들일 뿐이다. 공자 사후 어떤 과정을 통해 모았고 얼마만 한 첨삭이 있는지도 알 수 없거늘, 말의 조각들 사이의 논리적 정합성을 맞추고자 하거나 다른 고전의 유사한 내용과 일치시키려고 하다가는 강해(强解: 억지 해석)에 빠지게 된다. '왜 이렇게 말했을까' 또는 '이렇게 말했을 리는 없다'라는 의문이 생길 수는 있지만 자의적인 해석은 경계해야 한다.

예) 道之以政 齊之以刑 民免而無恥 道之以德 齊之以禮 有恥且格(2·03) : 허용과 금지의 각종 외적 규제로 이끌어가고 처벌의 공포로 일사불란하게 만들려고 하면 백성들은 피하려고 할 뿐 비행 자체를 부끄러워하지 않는다. 자율적 규제로 이끌어가고 전통의식으로 가지런하게 한다면 백성들은 과실을 부끄러워할 뿐 아니라 서로서로 동화하게 된다.[2]

→ 이런 번역은 자의적인 해설문이라고 할 수 있다.

5. 도그마를 경계한다

'성인이니까 이렇게 말씀하실 수 있다'거나, '성인께서 그런 말씀을 했을 리 없다'와 같은 교조적인 해석은 성리학이 확립되면서 더욱 심화된다. 그런 것은 시대적 한계이다.[3] 하지만 이 시대 '논어 읽기'의 목표는 공자와 춘추시대의 이해에 두어야지 공자를 현창하거나 폄훼하는 데에 둘 수는 없다. 그런 의욕은 대개 공자보다 자신의 권위를 높이려는 의욕이다.[4] 중국 현대사에서 공자를 보는 시각이 극단적인 보수반동에서 과격한 혁명가까지 편차가 큰 것은 그 때문이다.

---

2   신정근, 『공자씨의 유쾌한 논어』(사계절, 2009), p.80.

3   특히 정이(程頤, 1033~1107)가 심하다. 공자가 자공더러 재산을 늘렸다고 하자 "자공이 재산을 늘린 것은 후인들이 재산을 넉넉하게 했던 것과는 다르다." 라고 하거나(11·19), "자공이 아니고서는 물을 수 없는 질문이고 성인이 아니고서는 답할 수 없는 내용이다."라고 한다(12·07). 성인의 무오류를 전제하는 정이의 교조적인 주석은 너무 진지한 나머지 우스꽝스러울 정도이다. 공자의 언어를 통해 자신의 신념과 권위를 확보하려고 하기 때문이다. 비교적 합리적인 주희도 "사람의 마음은 천리가 있으면 인욕이 망하고 인욕이 승하면 천리가 소멸한다." 라거나, "공자의 소위 극기복례, 중용의 소위 치중화(致中和)·존덕성(尊德性)·도문학(道問學), 대학의 소위 명명덕(明明德) 등 성인의 모든 말씀은 그저 사람들에게 천리를 남기고 인욕을 멸하라고 시키고 있다."라고 설명한다. 공자의 언어는 그처럼 교조적이지 않다. 비교적 다채롭다. 청나라의 대진(戴震)은 이학자(理學者)들의 그런 태도를 다음과 같이 비판한다. "그들이 말하는 理라는 것은 혹리(酷吏)가 말하는 法과 같다. 혹리는 법으로 사람을 죽였고, 후유(後儒)는 理로 사람을 죽였다."

4   요즘도 그렇다. 자기 시대의 언어로 옮기고 설명하기만 하면 읽는 사람이 알아서 받아들일 텐데도 자신의 독특한 관점을 동원하여 『논어』를 지고의 경전으로 격상시키고자 하는 사람들이 그런 부류이다. 심지어 '易'으로써 『논어』를 해석한다는 주석가도 있는데, 그런 사례는 결국 학문적 수준을 말해줄 뿐이다.

6. 시대상을 반영하는 표현은 그대로 살린다

이 시대의 언어로 번역할지라도 그 시대의 사회상은 그대로 표현되어야 한다. 존중과 겸양을 드러내는 현대의 존대어와는 달리 계급과 신분을 드러내는 인칭대명사를 비롯한 존대어가 그대로 표현되어야 그 시대를 바르게 이해할 수 있다. 계급과 신분에 따른 상대높임과 압존법에도 유의해야 한다. 따라서 공자만을 극존칭으로 표현하고 나머지 사람들은 비록 신분이 높더라도 상대적으로 하대(下待)하는 원전의 표현은 그대로 반영한다. 예컨대, '有若曰'이 아닌 '有子曰'로 표현된 곳은 비록 공자의 제자이기는 하지만 원전의 극존칭을 그대로 표현하였다.

7. 어법이나 문자학적 해석에 구속되지 않는다

중국의 모든 학문은 한자학(漢字學)으로 귀결된다. 낱개 문자에 대한 광범위하고도 깊은 지식이 모든 분야 학문의 기초이자 전부라고 말할 수 있을 정도이다. 동자(同字)와 통자(通字)라는 관습 때문에도 낱개 문자에 대한 정확한 지식은 필수이다. 그러나 문자학적 지식에 과도하게 천착하면 문맥을 왜곡시킬 수 있으므로 주의를 요한다.[5]

---

5   따라서 중국의 고문을 기계적으로 번역하기란 불가하다. 현대의 자동번역 기술이 인공지능(AI)의 '기계학습(machine learning)'과 '인공신경망(deep learnjng)'을 활용하는 '신경망 기반 기계번역(Neural Machine Translation)' 단계로 진화하였다지만, 아무리 비감독학습(자율학습)을 증가시키더라도 결국 입력된 감독학습 범위 안에서만 증가될 수 있을 뿐이다. 따라서 낱말의 개념은 아무리 층위가 다양하더라도 기계적으로 번역할 수 있을지언정 신분에 따른 상대높임이나 감정에 따른 상대낮춤 등 개별 인간의 자의식에 기반한 욕망의 표현까지 기계적으로 번역할 수는 없다. 빅데이터를 능가하는 영역에서 인공지능의 역할은 제한적일 수밖에 없다.

예) 信近於義 言可復也 恭近於禮 遠恥辱也 因不失其親 亦可宗也 (1·13) : (대인관계에서) 약속한 말일지라도 경우에 맞(는 내용이)라야 그 말은 실천될 수 있고, (대인관계에서) 공손하다는 것도 예법에 맞(는 정도)라야 수치스러운 모욕을 멀리할 수 있다. 그러면서도 가까운 사람들 (과의 유대의 끈)을 버리지 않는다면 정녕 으뜸이라 할 것이다.

→ 공안국은 因을 '親'으로 보아서 "所親不失其親 亦可宗敬(친해야 할 사람과의 친밀함을 잃지 않는다면 가장 공경할 수 있을 것이다)"이라고 주하고, 『설문해자』에 조예가 깊었던 계복(桂馥, 1737~1805)은 因을 '姻' 으로 해석하여 '자기 친가를 배반하지 않은 여인과 결혼하라, 그리하면 그녀를 안심하고 조상 앞에 내놓을 수 있으리라'의 뜻이라고 주장하지만 모두 문자에 천착한 해석이다. 因은 접사(接辭)로서, '그렇게 하면서도' 의 뜻으로 보는 것이 가장 자연스럽다.

→ '失'의 뜻은 수동형인 '잃다'이지만 문장의 내용은 주체가 능동적으로 놓거나 버리는 것을 의미하므로 능동형으로 번역하는 것이 낫다.

→ '亦'은 '또한'의 뜻이 아니라 강조의 어기를 나타내므로 '정녕'으로 번역하였다.

→ '宗'은 으뜸규범이라는 뜻인데, 문면은 '으뜸규범으로 삼을 만하다' 이지만 형용사로 번역하는 것이 우리말의 문맥에 맞다.

8. 역대 주석을 모두 소개할 필요는 없다

고증, 역사적 사실, 주석가들 사이의 논쟁 등을 모두 소개하는 것은 무의미하다. 학술적 의미가 있거나 교감학적 차원에서 설명이 필요한 것들만 소개하면 된다.

예) 子曰 事君盡禮 人以爲諂也(3·18) : 스승님께서 말씀하시기를, 임금 섬기는 데 예를 다하면 사람들은 (도리어) 아첨한다고 여긴다.

→ 기왕의 주석서들은 '事君盡禮'의 주체가 타인인지 공자인지에 대해 장황하게 논쟁한다. 당시는 군주를 대하는 태도가 대체로 무례했기 때문에 禮를 갖추면 아첨한다고 여겼을 것이라는 공안국의 주석, 당시는 후대의 절대군주와는 달리 군신관계에서도 예를 지키는 사이였다는 오규 소라이(荻生徂徠, 1666~1728)의 주석, 노나라의 정치 상황에서 군주는 실권이 없으므로 군주에게 예를 다하는 것을 두고 아첨한다고 말하는 것은 이치에 맞지 않는다는 주석 등은 모두 본문을 이해하는 데 도움이 되지 않는다. 특히 "다른 사람 같으면 '我事君盡禮'라고 하였을 텐데 성인이시기 때문에 말을 이처럼 덕 높게 하셨다."라는 정이(程頤, 1033~1107)의 주석은 '성인이시기 때문에 ~하셨다'는 어투의 주석을 그가 자주 사용했음을 감안하더라도 지나치다. 공자의 언어에서 공자의 생각을 읽어내는 데 도움이 되는 주석 외에 자기 논리를 긍정하기 위할 뿐인 주석을 일일이 소개할 필요는 없다. 다만 비록 옳지 않은 주석일지라도 그 시대 환경에서 영향력을 지녔던 것은 생략하지 않았다.

9. 그 밖의 원칙들

가. 원문의 순번과 구두는 주희의 집주본에 따른다.

나. 구두는 띄어쓰기만 할 뿐 표점부호를 표기하지는 않는다.

다. 비교적 생소한 한자어는 한자를 괄호 안에 표기한다.

라. 단음절어 추상명사나 숙어구 가운데 번역하면 소통이 더 어렵게 되는 경우 번역하지 않고 원문을 그대로 적은 다음 주석을 통해서 해설한다.

마. 현행 외래어표기법에서 중국인 이름의 표기는 1911년 신해혁명 이전 인물일 경우에는 우리음으로 적고, 이후 인물일 경우에는 현지음으로 적도록 한다. 그러나 그 원칙은 말과 글을 혼동한 원칙이기 때문에 통용되기 어렵다. 말의 규칙이 아닌 글의 규칙은 '듣는' 사람이 아닌 '읽는' 사

람을 위주로 해야 한다. '말을 듣는' 중국인에게는 현지음이 소통에 유리하겠지만 '글을 읽는' 한국인에게는 우리음이 훨씬 더 소통에 유리하다. 이 책에서는 저자의 학술적 주관에 따라 모두 우리음으로 적는다. 다만 '시진핑'처럼 현대 한국인이 보편적으로 통용하는 이름일 경우에는 통용을 따랐다.

예) 質勝文則野 文勝質則史 文質彬彬 然後君子(6·18) : 질이 문을 이기면 촌스럽고, 문이 질을 이기면 반지르르하기만 해. 문과 질이 (적절하게) 어우러져야 군자라고 할 수 있지.

논어문답[1]

1. '논어(論語)'의 뜻은?

'語를 論하다'는 뜻이다.[2]

---

1 '론어'를 '논어'로 표기하는 것과 같은 두음법칙은 과거 한자를 병용하던 시대에는 문제점이 크지 않았지만 한글전용을 하는 요즘에는 문제점이 크다. 한자어를 순우리말로 바꾸지는 않은 채 한글로만 표현함으로써 한국어 문장의 가독성과 조어능력이 가뜩이나 떨어진 상황인데, 표기 불가능한 음가가 없다는 한글의 장점을 거스르는 규칙인 두음법칙은 문제점을 더한다. 글쓰기가 기계화한 요즘에는 독해의 어려움이나 혼란보다도 낱말의 분류나 정렬에서 문제점이 크다. 한자어와 한문이 많을 수밖에 없는 글에서는 그 정도가 심각하다.

2 반고(班固, 32~92)는 『한서·예문지』에서 "『논어』는 공자가 제자나 당시 사람들에게 답했던 말들, 제자들끼리 서로 나누었던 말들, 공자에게서 들은 말들을 담은 책이다. 당시 제자들은 각기 기록해둔 것이 있었는데, 스승이 돌아가시자 서로 기록한 것들을 모아서 의논·편찬했기 때문에 책이름을 논어라고 했다(論語者 孔子應答弟子時人及弟子相與言 而接聞於夫子之語也 當時弟子各有所記 夫子旣卒 門人相與輯而論纂 故謂之論語)."라고 설명한다. '語를 논찬(論纂)함'이라는 뜻을 잘 설명한다. 육원랑(陸元朗)도 『경전석문(經典釋文)』에서 비슷하게 설명한다. 반면 황간(皇侃)은 『논어의소』에서 정현(鄭玄)의 견해를 인용하면서, '論'에는 倫·輪·理·次 등의 뜻이 있다고 한다. 초나라 지역과 중원 지역의 음은 다르기 때문에 '倫'과 '論'은 같다 하고, '語'에는 '대답하여 서술한 것'이라는 뜻이 있다고 한다. 형병(邢昺)도 황간의 설명을 잇는다. 유희(劉熙)도 『석명(釋明)·석전예(釋典藝)』에서 "論은 倫이니 윤리가 있음이요, 語는 敍이니 자신이 말하고자

2. '어(語)'의 뜻은?

고대 중국에서는 말을 '言'이라 하고 메시지가 담긴 발언을 '語'라고 했다. 소쉬르의 표현에 따르자면 言은 '파롤(parole)'이고 語는 '랑그(langue)'에 해당한다고 할 수 있다. 춘추시대의 문자기록은 기본상 '사(史)'라는 직책이 적는, 그러니까 통치와 관련된 것들뿐이었다고 본다. 그 가운데 천자의 言에 해당하는 것들은 나중에『서(書)』로 묶이고, 사실의 기록은『춘추(春秋)』로 묶인다. '語'는『서』와『춘추』에 해당하는 것은 아니지만 값어치 있는 메시지가 담긴 기록을 가리키던 이름이었다고 본다.[3] 그렇다면 '논어'는 '공자와 제자들의 값어치 있는 말씀이나 이야기들에 대한 논찬'이라고 새길 수 있을 것이다.[4]

하는 것을 서술한 것이다(論倫也 有倫理也 語敍也 敍己所欲言也).”라고 한다. 하지만 '論'을 '倫'과 연결하는 것은 유비추리(類比推理)적 사고로서 합리적 설명이 아니다. 선진시대에는 책의 제목이 '공자(孔子)'였고 '논어'는 '공자』의 남은 판본이라고 조기빈(趙紀彬)은 주장하지만, 그것도 개인적인 추정일 뿐 근거는 없다〈『중국철학』제10집(北京: 三聯書店, 1983) 및 李澤厚의『논어금독(論語今讀)』(임옥균 역, 북로드, 2006)에서 재인용).

3   춘추시대 각 나라의 이야기책인『국어(國語)』라는 책의 이름은 그러한 뜻을 담았다고 본다.

4   '語'에 대한 설명도 다양하다. 정현은『주례주(周禮注)』에서 “물음에 답해서 진술하는 것이 語이다(答述曰語).”라고 한다. 허신은『설문』에서 “곧장 말하는 것은 言이고 논란하는 것은 語이다(直言曰言 論難曰語).”라고 한다. 오규 소라이(荻生徂徠)는『논어징(論語徵)』에서 “言 가운데 가르침이 될 만한 것은 모두 語라고 하니『맹자』의 '語云'이라는 표현과『논어』의 '請事斯語'라는 표현에서 확인할 수 있다(凡言之可以爲教者 皆謂之語 如語云及請事斯語之類可見已).”라고 한다.

3. 누가, 언제, 왜 『논어』를 펴냈는가

분명하지 않다. 그래서 여러 설이 있게 되는데,[5] 다음 사실만은 분명하

---

5 ① 조기(趙岐, 108~201)는 「맹자제사(孟子題辭)」에서 70제자들이 모은 것이라고 했다. ② 왕충(王充, 27~97)은 『논형(論衡)·정설(正說)』에서 "제자들이 모여서 함께 공자의 언행을 적은 것이므로 초고를 만들었을 때는 그 수효가 천여 가지도 넘었을 것이다."라고 했다. ③ 형병은 『논어소』에서 중궁(仲弓), 자유(子游), 자하(子夏) 등이 찬정(撰定)했다는 정현의 말을 인용한 다음, "부자께서 돌아가신 다음 제자들이 앞으로 서로 떨어져 살게 되어 각각 이견이 나오게 되면 성인의 말씀이 영영 사라지게 될 것을 염려하여 서로 모여 논찬을 하였다."라고 했다. ④ 유종원(柳宗元)은 『유하동집』 권4 「논어변(論語辨)」에서 "공자의 제자들 가운데 증삼(曾子)이 가장 젊어서 공자보다 46세나 어린데, 일찍 죽지 않고 늙어서 죽었다. 논어에는 증자의 죽음이 기록되어 있는데 그렇다면 공자 때와는 상당히 뒤의 일이고, 증자가 죽을 때쯤은 공자의 제자들은 거의 살아 있지 않았을 것이다. 그래서 내 생각으로는 논어는 증자의 제자들이 만들었을 것으로 본다. 그 이유는, 이 책에는 공자 제자들을 반드시 자로 적고 있는데 유독 증삼과 유약만은 그렇지 않기 때문이다. 이는 증자와 유자의 제자들이 자신의 스승을 불렀던 것이라고 말할 수 있다. 아마도 악정자춘(樂正子春)이나 자사(子思)의 무리들이 만들었을 것이다."라고 했다. ⑤ 정호(程顥)는 '曾子'와 '有子'라는 호칭 때문에 증삼과 유약의 제자들이 만들었을 것이라고 추정했는데, 유종원의 주장과 같다. ⑥ 곽기(郭沂)는 덕행과 문학에 뛰어났던 제자들, 즉 민자건, 염백우, 중궁, 자유, 자하와 그들의 제자들이 만들었을 것이라고 추정했다. 정현의 추정과 비슷하지만 정호의 추정보다는 합리적이다. ⑦ 주희는 『논어집주』 서문에서는 유자와 증자의 문인이 지었을 것이라는 정자의 설을 인용하지만, 『논어혹문』에서는 정자가 유종원의 말을 잘못 이해했다면서 유자는 인정하지 않고 증자만 인정한다. ⑧ 장학성(章學誠, 1738~1801)은 『문사통의(文史通義)』 「시교상(詩敎上)」에서 증자와 자사가 지었다고 한 다음, "오기(吳起)가 증자에게 배운 적이 있고 증자는 전국 초년에 죽었으니 『논어』는 전국시대에 지어진 것이 분명하다."라고 했다. ⑨ 최술은 "논어는 공자의 문인들이 엮은 게 아니며, 한 사람이 엮은 것도 아니다. 증자는 문인들 가운데 나이가 가장 어렸는데도 논어에서는 그의 병이 위중했을 때의 말을 기록하고 있으며, 또 맹경자의 시호를 쓰고 있다. 그렇다면 바로 맹경자

다. 현전『논어』의 가장 오래된 판본은 정현(鄭玄, 127~200)이 지은『논어주(論語注)』인데, 정현은『장후론(張侯論)』을 저본으로 삼고『제논어(齊論語)』와『고논어(古論語)』를 참고해서 지었다고 밝힌다.『장후론』이란 전한(前漢) 성제(成帝) 무렵 장우(張禹, ?~5 B.C.)[6]가『노논어(魯論語)』를 바탕으로 편집한 것이다. 이후『제논어』,『노논어』,『고논어』는 사라지고 정현의『논어주』만이 남게 되므로 소급할 수 있는 가장 오래된 저본은『장후론』이 된다.[7]

가 이미 죽은 뒤에「태백」편을 기록했다는 의미인데, 비록 안회나 자공의 문인들이라 하더라도 아마 더 이상 살아 있는 사람이 없었을 것이다. 논어의 내용은 자주 중복되며, 또 그 가운데 같거나 다른 것도 들어 있다.「계씨」편은 모두 '공자'라고 일컫고 있어 다른 편들과 다르다. 대체로 처음에는 제각기 들은 바를 기록했으며, 각 편들도 따로 돌아다녔을 것이다. 그런 뒤에 제나라나 노나라의 여러 유자들이 비로소 모아서 합친 것이다. 그들의 식견이 높고 낮은 차이가 없을 수 없기에 채록한 것 또한 순수하고 잡박한 차이가 없을 수 없다. 이는 어쩔 수 없는 일이다."라고 했다.

6   전한의 대신으로『역경』과『논어』를 공부하여 박사가 되었다. 원제 때는 태자에게『논어』를 가르쳤고, 성제 때에는 승상에 오르고 안창후(安昌侯)에 봉해졌다. 그래서 그가 편집한『논어』를 '장후론(張侯論)'이라고 부르게 되었다.

7   『장후론』에 앞서『노논어』,『제논어』등 지역별 판본이 있었다는 것은 공자의 말씀을 기록한 서물(書物)의 역사가 매우 오래되고 그 갈래도 많았다는 증거이다. 1973년 발견되어 1997년 교감기가 발표된 '정주한묘죽간본(定州漢墓竹簡本) 논어'는 B.C. 55년 이전에 만들어졌으면서『장후론』과 거의 같은 체제이다. 河北省 定州市 八角廊村에 있는 중산국(中山國) 회왕(懷王) 유수(劉修, ?~55 B.C.)의 묘에서 출토된 것인데, 한대 초기의 예서로 쓰였고 한고조 유방(劉邦, 247~195 B.C.)의 이름을 피하여 '邦'을 모두 '國'으로 표기한 점으로 보건대 현전『논어』가운데 가장 이른 판본이다. 죽간의 길이는 16.2cm(약 7촌), 너비는 0.7cm, 하나의 간에 19~21자가 기록되어 있으므로 휴대하기 편리한 사본이었다고 본다.『노논어』를 저본으로 하였는데, 묘에 넣기 위해 급히 만든 것으로 보이지는 않고 유수가 애독하던 것으로 짐작된다. 奚는 何로, 政은 正으로, 能은 耐로, 德은 得

유약(有若, 508~458 B.C. 무렵)과 증삼(曾參, 505~435 B.C.)의 제자들이 편찬했을 것으로 여기는 사람들이 많다. 공자의 여러 제자들 가운데 그 두 사람의 이름만 본명이나 자(字)가 아닌 '有子', '曾子'라는 경칭으로 적혔기 때문이다.[8] 하지만 그 사실은 유약과 증삼을 공문(孔門)의 정

으로, 如는 若으로 바꾸어 쓰며, 達과 通, 又와 有는 통용하고 있어 통가자(通假字)에 대한 이해도 넓혀준다. 한편 莊을 狀으로, 寢을 實로, 唯를 雖로, 屢를 居로, 豈를 幾로, 14·32에서는 佞을 年으로, 14·39에서는 孔氏之門을 '孔是之門'으로, 17·07에서는 磨를 靡로, 19·23에서는 夫子之云을 '夫子之員'으로 적는 등 부정확한 표기도 많다. 19·22에서는 而亦何常師之를 '而變何常師之'로 적는 것을 보면 글자를 잘못 읽기도 했다. 조사 也는 출입이 무상하며, 於·于·乎·也는 주의하지 않고 섞어 쓴다. 「요왈」의 마지막에 "凡二章 凡三百廿二字"라고 적는 등 매 편마다 장(章)의 수와 글자의 수를 적는다. 통가자, 이체자, 고금자, 동원자(同源字), 이문(異文) 등의 비교 대조를 통해 한대 초기 중국어와 문자의 환경을 이해하는 데 도움은 되는데, 선제 당시 최고의 지배층이 소장했던 책이었음에도 정확도가 떨어지는 것은 다소 의문이다.

한편 북한에서는 1992년 평양 정백동 낙랑고분 364호묘에서 『논어』가 적힌 죽간 39매가 출토되었다고 발표한 바 있다. 그 무덤에서 '낙랑군초원사년현별호구(樂浪郡初元四年縣別戶口)'라는 제목의 통계문서가 나왔는데, 낙랑군초원사년은 B.C. 45년으로 정주한묘죽간본보다 불과 10년 뒤에 만들어진 것으로 추정된다. 「선진」편 31매 555자와 「안연」편 8매 141자 등 모두 702자가 출토되었는데, 글자나 죽간의 형태가 정주한묘죽간본과 거의 동일하다. 남한에서는 김해시 봉황동과 인천시 계양산성에서 『논어』 일부가 적힌 목고(木觚)가 출토되었는데, 각각 4~5세기와 6~7세기의 것으로 추정된다. 이는 당시 한반도에서 『논어』가 국가 행정의 교본으로 쓰였음을 의미한다고 본다. 일본에서도 목고들이 여러 개 발견되었는데 『논어』 본문이 적힌 것은 없고 본문 가운데 특정 글자를 여러 차례 중복하여 쓴 것만 발견되었다. 『논어』의 글자를 학습하기 위해 적었다고 보는데, 역시 『논어』를 행정상 교본으로 사용했기 때문일 것이다〈김경호·이영호 외, 『지하의 논어, 지상의 논어』(성균관대학교출판부, 2012), pp.36~37, pp.53~142 및 '각주 48)과 50)' 참조〉.

통으로 삼는 문파가 『장후론』의 원형, 즉 『노논어』의 '유통'을 최종적으로 장악했을 것이라는 추정의 근거는 될 수 있을지언정 그들을 『논어』의 편찬자로 단정할 근거가 되기는 부족하다. 더욱이 『논어』는 자파의 주의주장을 선전하기 위한 교전으로서 편집되기보다는 그 시대의 보편적인 읽을거리로서 유통되었을 가능성이 더 많다고 본다. 또한 공자에게 직접 배운 제자들은 스승의 말씀을 평소 진중하게 기록하던 관행이 있었으므로[9] 최초의 편찬자를 추정하는 일은 근본적으로 무의미하다. 공자의 육성을 모아 정본화하려는 생각은 이미 직접 배운 제자들부터 가졌을 것이고, 제자 문파들 각각에 의해 여러 갈래로 진행되었을 수도 있다. 그것들 가운데 『장후론』이 저본으로 삼았던 『노논어』가 최종적으로 유통의 주도권을 확보했을 것이다.

선진시대 문헌은 물론 한대의 문헌들조차도 언제 누가 편찬했는지에 대한 정보는 신뢰하기 어렵다. 따라서 진위에 대한 시비는 원천적으로 생길 수밖에 없다. 시대가 먼 탓도 있지만 문자기록을 대하는 중국인의 문화적 태도 때문에 더욱 그렇다. 춘추시대 이전 기록유물들은 나중에 유가가 모두 독점하게 되는데, 유가는 『시』, 『서』, 『예』, 『악』, 『춘추』, 『역』 등의 고전들을 공자가 정본화했다면서 경전으로 받들게 된다.[10] 당대(唐

---

8   11 · 02, 12 · 22, 17 · 20, 18 · 07, 19 · 12 참조.

9   15 · 06 참조.

10   공자는 주왕조 문물을 회복하자는 명분으로써 영향력을 확보했던 사람이다. 주왕조 문물을 확립한 사람을 주공단(周公旦)으로 비정하면서 그를 성인화하였고, 스스로는 주왕조 문물에 관한 문헌을 정비하는 한편 제자들에게 가르치기도 했다. 유가가 제자백가의 주도권 다툼에서 최종적으로 승리하게 된 까닭은 문헌과 역사를 장악했기 때문이다. 한자문화권에서는 어느 방면에서든 그 종조부터의 계통을 문헌으로 확보해야 권력을 잡기에 유리했다. 오래된 문헌(족보)을 확보하는 것만큼 주도권을 잡는 데 효과를 발휘하는 것은 없었다. 그것은 고대

代) 무렵에는 『논어』도 경전으로 받들지만 정작 가장 중요한 기록물인 『논어』에 관한 정보는 분명한 것이 없다.[11]

춘추시대에 제자백가가 일어났던 것은 매체의 발달과 관계가 있다고 본다. 공자가 사학을 꾸려서 전문적인 정치 신인을 양성한 것도 이전에 없던 방식이지만, 공자의 후학들이 공자와 직전(直傳)제자들의 어록을 유통시킨 것도 획기적인 방식이었다. 공자는 생전에도 여론을 이용하여 정치적인 의제들을 주도하는 데 성공했던 듯하고, 공자의 후학들도 스승의 어록이라는 매체를 이용하여 정치적 의제들을 계속 독점할 수 있었다고 본다.

고대 중국에서는 권력이 정당하게 행사되는지에 대해서는 분분하게 의논하지만 권력을 정당하게 잡았는지에 대한 의논은 일지 않는다.[12] 각자는 자신의 분한(分限)만을 얻고자 노력한다. 공자도 자신의 분한을 차지하고자 노력했는데, 매체를 그 수단으로 활용했다. 오늘날 우리가 보게 되는 제자백가의 기록들은 공자 이후에 유행하기 시작한 매체들이다.[13] 그것들은 모두 '이렇게 하는 것이 가장 바람직한 통치이다'라는 목

중국에서 문자와 문헌이란 것이 권위와 권력의 수단으로서 출발했기 때문이다. 중국에서는 언어도 문자와 관련하여 발전하는 측면이 강하기 때문에 문헌 외에 발언도 권력과 관계가 깊다. 그래서 중국인과 대화하다 보면 상대가 나에게 뭔가 설명한다는 느낌보다는 뭔가 규정하려든다는 느낌을 받는 경우가 많다.

11 예컨대 후반 10편에는 전반 10편에 비해 후대에 첨가된 부분이 많은 것으로 대체로 추정한다.

12 천하를 소유하는 절대 권력의 경우에 한한 말이다. 천명을 평계로 대면서 천하를 차지하는 것은 누구에게나 가능한 소유권처럼 여겼다. 그러나 제후 이하 계급으로 분권하는 경우에는 의논이 분분해진다.

13 미디어는 실제를 전달하지 않는다. 실제를 가공하여 전달한다. 공자나 『논어』를 편집했던 사람들은 미디어의 그러한 속성을 잘 아는 사람들이었다고 본다. 권력자의 욕구가 무엇인지를 파악할 수 있는 능력과 그 욕구에 부합하는 콘텐츠

소리이다. 철학이나 윤리나 사회나 우주를 논한 게 아니다. 그리하여 춘추시대는 권력을 향한 인간의 상상력과 욕망을 자극하는 미디어가 넘쳐나는 시대가 된다. 이런 현상은 춘추시대라는 환경이었기 때문에 가능하였다. 진한 이후 중앙집권제 사회가 정착된 뒤로는 나올 수 없었다. 공자는 미디어를 통하여 그 시대의 어젠다를 장악하는 데 성공했던 최초의 인물이라는 점에서 의미를 지닌다고 보는데, '주공(周公) 문물의 회복'이라든가 '제하(諸夏)와 이적(夷狄)의 구분'이라든가 하는 테제를 내세운 것이 주효했다고 본다.[14] 묵가·도가·법가·음양가 등은 사실 공자가 유행시킨 유가의 아류이거나 반동일 뿐이다.

4. 『논어』의 구성은?

장우가 20편으로 나눈 것이 지금까지 통용된다. 그 이전에 『노논어』니 『제논어』니 하는 것들이 있었다고 하지만, 현재 형태에서 한두 편 정도가 보태지거나 빠진 정도이지 근본적으로 다른 형태는 아니었을 것이다. 미세하게 본다면 각 편의 특징을 설명할 수도 있겠지만, 기본적으로 『논어』는 독립적으로 유행하던 것들을 모은 것은 아니기 때문에 그것이 의

를 만들 수 있는 능력을 갖출 뿐 아니라, 권력자가 자신의 발언에 귀를 기울이도록 만드는 기술도 갖추고자 했다. 미디어의 타깃은 대중이 아니라 궁극적으로 권력자였기 때문이다. 그래서 미디어들은 서로 경쟁할 수밖에 없었고, 경쟁 때문에 실제를 더욱 과장하거나 왜곡하게 된다. 직필을 내세우는 춘추필법은 당시 유행하던 미디어의 허구를 지적하고자 생겨난 관념일지도 모른다.

14 초기 기독교 공동체도 천지창조의 신화나 종말의 예언이라는 '이미지'를 형상화하여 형제애를 강조하였다. 마피아도 가족애를 강조하는 '이미지'를 형상화한다. 권력을 향한 기제이기 때문이다. 서구에서 민족주의가 전개되는 과정은 과학의 발달에 따라 기존의 종교권력이 몰락하면서 다른 권력으로 대체되는 과정으로 볼 수 있다.

미를 지니지는 못한다고 본다. 제10편과 제20편을 제외하고는 형태적으로도 대개 비슷하다. 각 편의 제목 또한 유통 과정에서 식별상의 필요 때문에 첫 두 글자를 제목으로 삼았을 뿐이지 내용을 압축한 이름은 아니다.[15] 각 편의 길이도 일정하지 않다. 예컨대 제14편은 47개 장이지만 제20편은 3개, 제10편은 1개이다.[16] 일반적으로는 513개 장으로 나누지만 그것도 판본에 따라 또는 주석가에 따라 달라진다. 『논어』에는 완전히 중복되는 문장, 일부 중복되는 문장, 표현이 중복되는 곳이 있는데, 이는 현전 『논어』가 치밀하게 편찬된 것은 아님을 드러내는 증거라고 본다.[17]

---

15 고대 중국의 책은 편명은 물론 책명조차 없다. 전문적인 문사가 자신의 이름을 내걸고 저술을 내놓는 단계에 이르러서야 비로소 내용을 집약한 편명이나 책명이 등장하게 된다. 따라서 대개의 편명들은 유통 과정에서 식별의 필요 때문에 첫 문장의 글자를 임의로 쓴 것일 뿐이다. 그것은 고대 중국의 보편적인 관행이다. 각 편의 첫 글자를 편명으로 삼는 방식이 "플룩수스 예술과도 같은 콘템포러리한 발상"이라는 김용옥의 설명은 그래서 '오버'이다. 김용옥의 『논어한글역주 1, 2, 3』은 기존 역주서들의 수준을 능가하려는 의욕이 돋보이는 역작으로서 참고되는 바 적지 않지만, 이렇듯 생경한 외국어를 남발하는 지적 허영이 넘치고 개인적인 상상력과 격정을 과도하게 토로하는 점은 아쉽다. 『논어한글역주 1』(김용옥 저, 통나무, 2008), p.241 참조.
16 제10편은 27개의 구(句)로 되어 있는데 각 구는 분량이 많고 내용이 다양하기 때문에 장(章)으로 간주하기도 한다.
17 반면에 『맹자』는 조기가 치밀하게 재편했기 때문에 중복이 없다는 평가를 듣는다. 현전 『논어』를 일정한 기준 아래 재편하는 작업은 의미가 없다고 보기 때문에 필자는 시도하지 않는다. 중복된 부분은 다음과 같다. ① 子曰 巧言令色 鮮矣仁(1·03), 子曰 巧言令色 鮮矣仁(17·17), ② 子曰 君子博學於文 約之以禮 亦可以弗畔矣夫(6·27), 子曰 博學於文 約之以禮 亦可以弗畔矣夫(12·15), ③ 子曰 不在其位 不謀其政(8·14), 子曰 不在其位 不謀其政 曾子曰 君子思不出其位(14·26)〈뒷부분은 『주역』 간괘(艮卦)의 상사(象辭)이다. 증삼이 이 말을 자주 거론하자 제자들이 증삼의 말로 『논어』에 올리면서 그것과 대비되는 공자의

5. 『논어』의 내용을 요약하자면?

공자와 제자들의 어록이지만 편찬자는 후대 유자들이다. 전체적인 틀은 후대 유자들이 만든 모자이크이다. 따라서 『논어』를 읽을 때는 공자와 제자들의 '語' 못지않게 편찬자의 의도를 파악하는 일도 중요하다.

『논어』에 실린 공자의 메시지들을 요약하자면 '仁을 완성한 군자가 지배 권력을 확보하여 구질서를 회복하는 것, 그것이 나와 너희들의 임무이다'이다. 그래서 그는 군자의 소양에 대해 다양하게 언급한다.[18] 그런데

말을 앞에 인용한 것으로 보인다〉, ④ 子曰 吾未見好德如好色者也(9·18), 子曰 已矣乎 吾未見好德如好色者也(15·13), ⑤ 子曰 君子不重則不威 學則不固 主忠信 無友不如己者 過則勿憚改(1·08), 子曰 主忠信 毋友不如己者 過則勿憚改(9·25), ⑥ 哀公問 弟子孰爲好學 孔子對曰 有顔回者好學 不遷怒 不貳過 不幸短命死矣 今也則亡 未聞好學者也(6·03), 季康子問 弟子孰爲好學 孔子對曰 有顔回者好學 不幸短命死矣 今也則亡(11·07)〈질문자는 다르지만 내용은 같음〉, ⑦ 君召使擯 色勃如也 足躩如也 揖所與立 左右手 衣前後 襜如也 趨進 翼如也 賓退必復命曰 賓不顧矣(10·03), 過位 色勃如也 足躩如也 (…) 沒階 趨進 翼如也(10·04), ⑧ 子曰 父在觀其志 父沒觀其行 三年無改於父之道 可謂孝矣(1·11), 子曰 三年無改於父之道 可謂孝矣(4·20), ⑨ 不患人之不己知 患不知人也(1·16), 不患無位 患所以立 不患莫己知 求爲可知也(4·14), 不患人之不己知 患己不能也(14·30), 君子病無能焉 不病人之不己知也(15·19)〈표현만 약간씩 다를 뿐 내용은 모두 같음〉, ⑩ 子入大廟 每事問 或曰 孰謂鄹人之子知禮乎 入大廟每事問 子聞之曰 是禮也(3·15), 入太廟 每事問(10·21)〈일부 중복〉, ⑪ 子見齊衰者冕衣裳者與瞽者 見之雖少必作 過之必趨(9·10), 見齊衰者雖狎必變 見冕者與瞽者雖褻必以貌 凶服者式之 式負版者 有盛饌 必變色而作 迅雷風烈必變(10·25)〈일부 중복〉, ⑫ 子曰 天生德於予桓魋其如予何(7·23), 子畏於匡曰 文王旣沒文不在玆乎 (…) 天之未喪斯文也 匡人其如予何(9·05)〈표현이 비슷함〉.

18 '군자'는 구질서 회복이라는 명분으로써 현실 권력을 쥐고자 했던 공자의 욕망이 투사된 용어이다. 문자적 의미는 '군주의 자손' 또는 '군주 되는 어르신'이다. 군주나 지배계층을 가리키는 용어이다. 그러한 용어를 공자는 약간 비틀어서

'너희가 군자가 되어라'라는 메시지는 제자를 향한 듯하지만, 공자의 의도는 정작 군주를 향했다고 본다. 즉, '통치란 이렇게 하는 것이다'는 메시지이다. 이 메시지에 감동하는 군주가 자신에게 권력을 안겨주기를 바랐던 것이다.

'인을 완성한 군자'란 도덕과 교양을 갖출 뿐 아니라 갈등 조정 능력까지 갖춘 사람이다. 공자는 제자들에게 학문을 닦으라거나, 철인이 되라거나, 교육자가 되라거나, 초월적인 것을 지향하는 수행을 하라고 요구하지 않았다. 현재의 세상은 질서가 헝클어졌으니 너희가 새로운 지배계층이 되어 구질서를 회복시킬 수 있도록 소양을 준비하고 있으라고 요구했다. 그것은 곧 공자 자신이 집권하여 제자들을 새로운 지배계층으로 만들어주겠다는 약속이나 다름없었다. 공자는 구질서 회복이라는 기치 아래 집권을 꿈꾸던 사람이고, 그 꿈에 합류한 사람들이 제자였다.[19] 공

'군주(지배계층)가 될 자격을 갖춘 사람'이라는 뜻으로 사용한 것이다(15·10의 평설 참조). 기득권의 반발을 피하면서 권력을 쥐고자 했던 공자가 만들어낸 용어이다. 당시 지배계층으로는 공·경·대부 계급이 있었지만 공자가 살던 시대에는 아래 계급이 위 계급을 겁박하는 상황이 일반적이었으므로 공자는 '구질서 회복'을 명분으로 내걸고는, '지배계층이 될 자격을 갖춘 사람'이라는 의미로서 '군자'라는 이미지를 제시했다. 기득권의 반발을 피할 수 있는 용어로 고안한 것이다. 현실 지위의 이름이 아닌 미래 지향의 이름, 빼앗긴다고 느끼지 못하게 만들면서 빼앗으려는 이름이다. 공자의 감각이 돋보이는 어휘 선택이 아닐 수 없다. 특정한 기능을 잘한다고 해서 군자라고 부를 수 있는 것은 아니다(2·12), 군자는 義(공공의 이익)를 밝히고 소인은 利(사적인 이익)를 밝힌다(4·16), 군자는 태연하나 교만하지 않고 소인은 교만하기만 하고 태연하지는 못하다(13·26) 등의 표현들을 종합하자면, 자신과 제자들처럼 현재의 신분은 비록 경대부가 아니지만 새로운 지배계층으로서 지녀야 할 자격은 갖춘 사람을 군자라고 상정한 것이다. '인'과 '군자'는 『논어』에서 각각 109번, 107번이나 언급된다. 인에 대한 설명은 1·02의 '주)仁'에, 군자에 대한 설명은 1·01의 '주)君子'에 자세하다.

자의 그러한 욕망과 실천은 어쩌면 그 시대의 분위기를 대표할지도 모른다. 공자만의 독특한 행보는 아니었다고 본다. 어쨌든 공자의 포부는 당대에 이루어지지는 못하지만, 전체주의 사회를 관리하는 데는 공자의 구상이 유효하다고 여긴 한무제(漢武帝, 156~87 B.C.)에 의해 비로소 이루어지게 된다.[20] 그리고 이후 중국사 2천 년의 전범(典範)이 된다. 그런데 그 방식은 푸코가『감시와 처벌』에서 언급한, 규율사회가 개인을 길들이는 다양한 테크닉 — 억누르거나 금지하는 방식이 아니라 훈련시키고 힘을 조절하는 긍정적이고 생산적인 방식, 즉 세부적 규제, 연습, 훈련, 평가, 시험, 기록 등 — 과 다름없다고 평가한다.

---

19 '『논어』의 핵심은 도덕성의 보편적 원리에 관심이 있다'는 아서 웨일리(Arthur David Waley, 1889~1966)의 견해는『논어』나 공자에 대한 서구 학자들의 전형적인 오해이다("Introduction", *The Analects of Confucius*, 1938, p.55). 仁은 도덕이 아니다. 고대 중국에서는 보편적 원리를 찾는다는 생각은 없었다. 중국의 국영방송 CCTV를 통해 논어 열풍을 일으켰던 위단(于丹, 1965~, 북경사범대 교수)은 자신의 저서인『논어심득(論語心得)』을 통해 논어의 핵심은 '어떠한 일을 겪든 원망하지 않고 참고 견디면 삶이 편안하고 행복해질 수 있다는 것'이라고 주장한다. 이 어처구니없는 주장에 대해 노벨평화상 수상자이자 중국 반체제 인사로 분류되는 류샤오보(劉曉波, 1955~2017)는 "위단은 대중에게 영합하는 천박한 강의를 하는 것도 모자라 공자를 자기 마음대로 분석하고는 '유교 부흥'을 선도하고 있다."라고 비판한다. 현대 중국학계의 사정을 짐작할 수 있는 한 사례이다.

20 영토를 확장하여 국력을 강화한 한무제는 한초부터 유지되던 도가적 경세관에 만족하지 않고 전체주의적 중앙집권체제를 영속할 수 있는 수단을 신하들에게 묻는다. 이에 동중서(董仲舒)는 유가를 언급하면서 천인감응(天人感應)과 대일통(大一統)을 강조하는 내용의 「거현량대책(擧賢良對策)」을 올리는데, 그것을 받아들인 무제는 '파출백가 독존유술(罷黜百家 獨尊儒術: 백가는 물리치고 유가만 높인다)'을 명한다. 그리하여 태학을 세워 오경을 가르치도록 했는데, 이후 모든 왕조가 그것을 본받음으로써 유가는 2천여 년 동안 독보적인 지위를 차지하게 된다. 동중서의 대책은『상서』와『춘추공양전』및 묵가와 음양가, 법가 등

6. 공자가 집권을 꿈꾸었던 배경은?

인간사회가 지배계층과 피지배계층으로 나뉘는 것은 우주가 '하늘과 땅(양과 음)'으로 나뉘는 것과 호응하는 당연한 구조라고 여겼던 것이 일찍부터 중앙집권적 전제왕권 사회가 확립되었던 중국의 세계관이었다.[21] 전제군주는 지배층과 피지배층이 상하로 안정된 상태를 치(治), 그렇지 못한 상태를 난(亂)이라고 규정하였는데, 공자는 자신이 사는 시대를 심각한 난의 상태로 인식하고서 천하를 치의 상태로 돌리는 것이 하늘이 내려준 자신의 의무라는 의욕을 갖게 된다. 그 의욕의 실현 방법은 무력에 의한 집권이 아니라 전문적으로 소양을 닦은 자신이 군주에게서 권력을 위탁받아 재상이 되는 것이었다. 그 위에 자신이 양성한 제자들을 정무를 담당하는 실무자로 만드는 것이었다. 그래서 그는 제자들을 직접 양성하고 자신의 정당성을 확보하기 위해 문헌에 대한 소양을 높였다. 무력이라는 방법을 택하지 않았을 뿐 이처럼 공자는 집권 욕망을 가졌던 사람이다. 죽은 지 수백 년이 지난 뒤에야 성공했다는 점이 특이할 뿐 상앙(商鞅, 395~338 B.C.), 왕안석(王安石, 1021~1086), 장거정(張居正, 1525~1582), 강유위(康有爲, 1858~1927), 등소평(鄧小平, 1904~1997)

의 이론을 종합한 것이지만 기본상으로는 유가를 토대로 한다. 주희의 '명천리 멸인욕(明天理 滅人欲)'이라는 생각도 그것과 비슷한 내용이다. 한무제와 동중서는 진(秦)의 실패를 교훈으로 삼으면서 통일제국의 영속을 염원했을 텐데, 그것은 곧 가의(賈誼)가 「과진론」에서 강조했듯이 '취여수부동술(取與守不同術: 천하를 탈취할 때와 천하를 지킬 때는 술책이 달라야 한다)'이었다고 본다.

21 물론 그것은 지배계층의 세계관이었다. 벤저민 슈워츠(Benjamin Isadore Schwartz)는 하늘과 인간이 상응한다는 생각은 레비스트로스(Claude Lévi-Strauss, 1908~2009)가 말하는 '야생의 사고'에 가깝다고 주장한다. 레비스트로스가 말하는 '야생의 사고'는 자연에서 발견되는 실체, 과정, 현상들이 인간세계의 것들과 일치하거나 조화한다고 생각하는 일종의 우주/인간 합일론이라는 것이다〈벤저민 슈워츠, 앞의 책, 제9장 참조〉.

등 중국사의 굵직한 개혁가들의 선구였다고 평가할 수 있다. 그가 제시한 통치방법론은 열국이 각축하던 환경에서는 용납되지 못했지만 통일제국을 이룬 뒤 안정을 추구하려는 권력자에게는 유효한 방법론으로 인식되었기에, 역대 통일왕조의 창업주들은 그의 방법론을 반복적으로 선호하였다.

7. 공자의 통치 방법론은?

무력이 아닌 방법이다. 그것을 공자는 '문(文)'이라고 불렀고, 문의 축은 예와 악이라고 했다. 예와 악으로써 천하를 치의 상태로 만들자는 것인데, 새로 만들자는 것이 아니라 주왕조 창업의 성군인 주공이 만들었던 것을 회복하기만 하면 된다고 했다. 기존의 질서를 뒤엎자는 것이 아니라 구질서를 회복하자는 주장이기 때문에 기득권이 딱히 반박하기는 어려웠다. 구질서의 내용을 자신이 가장 잘 알고 있다는 주장에도 반박하기 어려웠을 것이다. 그 시대에 문헌 고증을 할 수 있는 사람이란 거의 없었기 때문이다. 그러나 구호는 비록 '구질서 회복'일지라도 실제는 어디까지나 '나에게 정권을 맡겨보라'는 요구였기 때문에 약육강식 각축장이던 당시 환경에서 공자의 요구에 선뜻 응하는 군주는 없었다.

권력의 기반이 무력이 아닌 문덕(文德)이라야 한다는 주장은 공자가 지니는 정치사적·문화사적 의미이다. 문이란 무의 반대 개념으로, 『시』· 『서』와 같은 문헌에 대한 소양을 쌓고 예와 악을 익히며[22] 궁극적으로는 인을 완성하는 것이라고 했다. 그런 사람을 군자라고 불렀고, 그런 군자가 정무를 담당해야 질서가 잡힌다고 했다. 그래서 '인'과 '군자'는 『논어』의 핵심어이다. 군자의 대척점은 소인이라고 불렀다. 그리하여 공자는 제자들에게 단편적인 문헌으로 전해지던 『시』, 『예』, 『사(史)』 등을 가

---

22   6·27 참조.

르치고, 집단 활동에서의 대면교육을 통해 나머지 과목들을 가르치면서,[23] 너희들은 사(士)로서의 자부심을 가지라고 가르쳤다. 소인은 되지 말라고 했다.

8. '사(士)'란 무엇인가

'군자'는 현실의 이름이 아닌 지향의 이름이었다. 자신과 제자들처럼 지배계층은 아니면서 군자를 지향하는 사람들의 현실적 신분을 공자는 '士'라고 불렀다.[24] 따라서 사라는 이름은 공자 이후 점점 '군자'와 등치된다.[25] 지배계층의 변혁을 시도하였던 공자가 사로 자처했기 때문에 이후 유교국가에서[26] 士로 자처하는 사람들은 언제나 정치 혁신을 부르짖게

---

23 그 문헌들은 대체로 공자의 손에 의해 『시』, 『서』, 『춘추』 등 교재 형식으로 정비되고, 예는 한왕조가 유학을 통치이념으로 받아들인 뒤 『예기(禮記)』, 『주례(周禮)』, 『의례(儀禮)』 등 전문적인 교재로 편찬된다.

24 士의 기원에 대해서는 여러 설이 있다. 오래전부터 여러 뜻으로 사용되던 글자였기 때문일 것이다. 애초에는 신분과는 관계없이 일정한 직무를 맡은 사람을 가리키던 이름이었을 것으로 짐작되는데, 공자 무렵에는 경대부 계급에 종속되어 그들의 업무를 수행하는 사람들을 가리키는 이름으로 널리 불리게 된 듯하다. 이후 전국시대에는 일정한 지식을 기반으로 하는 전문인이라는 개념이 추가되고, 진한 무렵에는 대부 아래 계급의 관리를 부르는 이름으로 정착한다. 그래서 하사·중사·상사라는 구분도 생기게 된다. 『예기·곡례하』의 "國君死社稷 大夫死衆 士死制(군주는 사직을 위해 목숨을 바치고 대부는 민중을 위해 목숨을 바치며 사는 제도를 위해 목숨을 바친다)"라는 대목은 한대의 정황을 나타낸다. 4·09의 주1) 참조.

25 『순자』에서는 '사군자(士君子)'라는 어휘가 사용된다.

26 '유교'라는 낱말은 원래 '유가의 가르침'이라는 뜻이지 '유(儒)의 릴리전(religion)'이라는 뜻은 아니다. '으뜸 가르침'이라는 뜻인 '종교(宗敎)'라는 낱말을 '하늘 세계와의 재결합'이라는 뜻인 'religion'의 번역어로 삼은 뒤 한자문화권에서 '종교'라는 낱말에 대한 정의는 헷갈리게 되었다. '유교'는 선진시대에는 '유가

된다.[27] 다만 士는 지배계급을 무너뜨리려는 세력은 아니었다. 어디까지나 군주에게 등용되기를 바랐을 뿐이다.[28]

9. '소인(小人)'이란 무엇인가

지배계층 신분을 가리키던 이름인 '군자'를 '지배계층이 될 자격을 갖춘 사람'이라는 뜻으로 사용한 것과 마찬가지로, 피지배계층 신분을 가리키던 이름인 '小人'을 '君子'의 반대 개념으로 사용하였다.[29] 공자가 의미를 중첩하여 사용한 것이다.

의 가르침'이라는 뜻이었고, 한대에는 경학, 송대에는 성리학, 청대에는 고증학을 가리키는 낱말이었다. 이후 'religion'의 번역어가 되는 바람에 '유교는 종교인가?'라는 서구적 관점의 물음이 불필요하게 등장하게 된다.

27　증삼의 "士不可以不弘毅 任重而道遠 仁以爲己任 不亦重乎 死而後已 不亦遠乎(선비는 강하고 결단력을 갖지 않으면 안 되는 것이, 임무는 무겁고 갈 길은 멀기 때문이다. 인을 자신의 소임으로 삼으니 무겁다 하지 않겠으며, 죽은 다음에야 그 임무가 끝나게 되니 멀다 하지 않겠는가)"라는 언명은 이후 士의 기본 태도가 된다. 천하 풍교(風敎)의 옳고 그름을 따지거나 천하를 맑게 하는 일을 자신의 임무로 여기게 된 것이다. 범중엄(范仲淹, 989~1052)이 「악양루기(岳陽樓記)」에서 강조한 "士當先天下之憂而憂 後天下之樂而樂(선비는 마땅히 천하 모두의 근심을 먼저 근심하고 천하 모두의 기쁨을 나중에 즐겨야 한다)"이라는 언명이 바로 그것이다. 성리학을 국시로 채택했던 조선왕조에서는 식자인(識字人) 모두가 士로서의 사명의식을 더욱 벼렸다(余英時, 『士与中國文化』(上海人民出版社, 1987) 참조).

28　사에 대한 공자의 생각이 평등사상이라는 일부 중국 학자들의 주장은 터무니없다. 사람은 계급에 관계없이 평등하다거나 지배와 피지배의 구조를 무너뜨려야 한다는 생각은 중국사에서 있은 적이 없다. '왕후장상의 씨가 따로 있느냐'는 말은 '나도 지배층이 되어보자'는 뜻이지 인간이 평등하다는 뜻은 아니었다.

29　'소인'은 『논어』에 24차례 언급된다.

10. 의미가 중첩되는 용어를 사용하는 까닭은?

사실묘사라는 존재론적 층위와 가치판단이라는 가치론적 층위를 구분하지 않는 중국인의 언어관습 때문이다. 공자는 '이러이러한 사람이 군자이다'라고 말하지 않는다. 상황마다 '군자는 그런 짓을 하지 않는다'고 반복할 따름이다. 단편적인 사례들의 중첩을 통하여 군자에 대한 개념을 스스로 형성해가도록 만들려는 의도인지는 모르지만, 어쨌든 그런 방식은 개념부터 규정하는 플라톤주의적 방식에 익숙한 현대인이 중국학을 할 때 겪게 되는 커다란 난관이다. '군자'와 '소인'뿐 아니라 모든 용어가 다 그렇다. 공자만 그러했던 것이 아니다. 특정인이 정의한 개념이나 공동의 담론을 통해서 확보된 개념이 확산되고 공유되는 것이 아니라, 개인이 임의로 말했을 뿐인 어휘가 대중성을 확보하게 되면서 개념처럼 유통될 뿐이다.[30] 그러니 그런 어휘의 개념이 명확할 리가 없다. 어휘만이 아니라 문장도 마찬가지이다. 중국의 글은[31] 문면보다는 맥락이 더 중요하다.[32] 문자나 구문에 대한 지식이 아무리 많을지라도 맥락을 파악하지

30　예컨대 성(性)이니 기(氣)니 심(心)이니 하는 낱말들은 전국시대 말기에 제자백가가 발달하면서 비로소 담론의 대상으로 등장한다.

31　'백화(白話)'라고도 부르는 중국의 현대문은 구어를 적는 방식이지만 전통시대에는 구어가 아닌 문어를 적는 방식을 사용하였다. 한자(漢字)를 가지고 만드는 문장이라는 뜻에서 그 방식을 한문(漢文)이라고 불러왔지만, 요즘 중국에서는 '고문(古文)'이라는 말을 사용한다. 이 책에서는 경우에 따라 '중국 고문'과 '한문'을 혼용한다.

32　언어와 글의 본질에서 따지자면 이런 점은 중국의 경우에만 해당하지 않고 보편적이라고 말할 수도 있다. 언어란 사전적 약속이 아닌 사회적 약속에서 출발한 것이기 때문에 기실 의사소통은 문면(text)보다는 상황(context)에 의해 진행된다는 것이 정설이다. 낱말과 문장의 의미도 본질적으로 고정된 것이 아니라 누가 어떤 상황에서 사용하느냐에 따라 달라진다. 동일한 표현이 유머가 될 수도 있고 희롱이 될 수도 있다. 이러한 견해를 맥락주의(contextualism)라고 부르는데,

못하면 문장을 제대로 읽어내지 못하게 된다. '독서백편의자현(讀書百遍義自見: 글이란 백 번쯤 읽으면 뜻이 저절로 드러난다)'이라는 말도 얼핏 들으면 심오한 이치처럼 들리지만, 결국은 중국 고문의 취약점에서 비롯한 말이다. 무수히 연찬한 다음에야 비로소 어렴풋이 개념이 잡힐 수밖에 없다. 따라서 문법이라는 개념도 만들어지기 어려웠다. 근대에 들어와서 문법체계를 세우기는 했지만 학자마다 달라서 일치되기는 어렵다. 이러한 정황이 가장 극명하게 노출되는 것이 중국불교 선종(禪宗)의 간화선(看話禪)이라고 본다. 개념을 정의하거나 개념을 이해시키려고 하는 것이 아니라, 각각의 상황마다 각기 다른 언어로써 상징과 비유를 함으로써 종당에 스스로 개념을 인식하도록 만드는 방식의 결정판이 바로 간

중국인의 사유방식은 맥락주의와 전통에의 중시를 가설적 전제로 하여 성립된다고 설명하는 학자들이 있다〈David L. Hall and Roser T. Ames, *Thinking through Confucius*(Albany, NY: State University of New York Press, 1987)〉. 이러한 맥락주의와 전통 중시의 가설적 전제에서 유학은 이론과 실천을 융합하고, 인간 자신의 창조력과 사회적 맥락에 근거한 인간됨을 실현하며, 개인이 유기적으로 결합되어 조화를 이루는 사회를 지향한다고 그들은 설명한다. 또한 인간의 역사와 문화 및 경험의 다양한 양상에 대해 관대한 이해를 베푸는 다원주의를 특징으로 하는 이론 체계를 제시한다면서 유학을 긍정한다. 나아가 근대의 이성중심주의를 배태한 서양철학은 이분법적 전통, 인식론적인 전통, 이론과 실천의 유리에 너무도 깊이 오염되어 있기 때문에 서양철학 자체 내에서의 위기 극복이 불가능하므로 이제 다른 문화권의 철학으로부터 대안적 사유를 배워오지 않으면 안 된다면서, 그 대안적 사유를 다원주의적이고 맥락주의적인 유학에서 그들은 찾는다. 하지만 서구문화권이 만약 자신들의 대안적 사유를 중국의 유학이나 인도의 철학에서 찾고자 한다면 중국사와 인도사에서 유학과 인도철학이 실제 어떻게 기능했는지를 먼저 파악하라고 당부하겠다. 서구인의 기준에 따라 단장취의(斷章取義: 문장의 일부만을 끊어서 그 뜻을 임의로 인용함)할 것이 아니라 유학과 인도철학이 중국사와 인도사에서 실제 어떻게 기능했는지를 다면적으로 검토하는 것이 진정한 맥락주의적 입장일 것이다.

화선 수행방식이라고 본다.[33]

중국문화권의 이러한 차이에 대해서는 조금 더 설명할 필요가 있다. 개념을 추출하는 인간의 추상능력은 계절의 순환과 같은 자연현상의 규칙적 반복을 인식한 데서 출발하지 않았을까 한다. 규칙적으로 반복되는 자연현상에서 '변하지 않는 어떤 것'을 추상해냈을 것이다. 캘린더가 기초일 것이다. 따라서 인간의 추상능력은 천체가 주기적으로 움직이는 것과 같은 보편성을 전제로 한다. 일반적이고 보편적이지 않은 것은 개념이 될 수 없다. 또한 인간의 추상능력은 인간의 지각을 형성한다. 보이는 것에서 개념을 추출했지만 이후로는 개념대로 보게 된다. 환경을 재인식하는 것이다. 재인식은 모방의 동기가 된다. 재인식과 모방은 쾌락을 주기 때문에 욕망을 자극한다. 모방할 수 있기 때문에 재생해내고자 하게 된다. 인류의 산업 활동은 그렇게 해서 나왔다고 본다. 인간의 추상능력은 욕망을 자극하고, 동시에 욕망을 실현할 힘도 만든다. 모방하여 재현(재생)시킬 수 있는 힘이 산업을 일으킨 것이다. 산업의 출발은 농사이다. 서구문화에서는 재현의 규칙을 발견하는 능력을 창의력이라고 부른다. 레오나르도 다빈치에게서도 모방과 창의력은 근본적으로 대립되지 않았다. '테크닉'이라는 말의 어원 'techne'도 합리적 규칙에 따른 활동, 곧 재생을 위한 활동이라는 뜻이다. 일월성신의 반복적인 움직임과 계절의 반복을 지각하고서 도형(기하학)이나 캘린더(천문학)를 생각해냈고, 그 개념을 토대로 농사를 하고 건축을 했을 것이다. "태초에 우주를 만든 사람은 누구였을까"하는 생각은 인류가 '재생'이라는 산업 활동을 하면서 형성되었을 것이다.

자연환경에서 보편적이고 객관적인 개념을 추출해내는 추상능력 외에

---

33 그렇기 때문에 중국불교의 선종은 차라리 '선가(禪家)'라고 부르는 게 더 적절하다.

인간은 자연현상을 '주관적으로 해석'하는 능력도 가졌다. 점술이 그것이다. 예측이나 점술은 주관적 감각과 능력이 토대이다. 대상이 무엇이든 공감하고 공명할 수 있는 능력이 있어야 예측할 수 있다. 인간의 공감능력도 욕망을 자극한다. 추상능력이 모방하여 재생하고픈 욕망을 일으킨다면 공감능력은 자신의 뜻을 행사하고픈 욕망을 일으킨다. 기도나 제사가 그것이다. 그것은 권력욕이다. 자연현상이나 특정 인간 등 자신이 공감할 수 있는 대상을 자신의 바람대로 움직이고자 하게 된다. 제정일치사회의 제사장이 세속 권력을 쥐는 것은 그 때문이다. 점을 치거나 기도하고 제사지내는 행위는 주관적인 능력을 토대로 하기 때문에 보편적일 수 없다. 낱낱의 상황마다 달라진다.

이렇듯 인간의 추상능력과 공감능력은 모두 '힘'을 지닌다. 인간의 힘을 유발하는 것에는 '미의식'도 있다. 미의식은 추상적인 가치가 아니다. 미는 개념이 아니라 형식이나 구조이다. 형식이나 구조가 유혹이나 욕망을 움직이는 힘이 된다. 추상능력의 힘이 두드러지게 작용하는 문화권과 공감능력의 힘이 두드러지게 작용하는 문화권의 대비를 말할 수 있겠는데, 그 경우 동아시아는 후자이다. 서구문화사에서는 예술, 종교, 철학이라는 서로 다른 상징 형식이 시대 변화에 따라 부침을 달리했다. 그러나 중국사에서는 일찌감치 정치권력이 모든 것을 장악했다. 예술이니 종교니 철학이니 하는 것이 지배적인 상징 형식이 된 적이 없다. 예술, 종교, 철학이라는 개념 자체가 서구문화 소산이다. 아니, 그 낱말들 자체가 기본적으로 서구문화의 번역어이다. 지금 일컬어지는 중국의 예술사, 종교사, 철학사는 엄밀히 말하자면 서구문화사의 그것에 견줄 만한 것을 중국문화사에서 추적하여 추린 것일 뿐이다. 중국문화사에 서구문화의 예술, 종교, 철학과 같은 성격의 것이 있었을지언정 모두 강력한 정치권력에 종속되었을 뿐이었다. 서구처럼 그것들이 시대를 상징하는 형식이 된 적은 없었다. 남북조시대나 당대 무렵의 불교와 도교가 그 시대의 지배적 상징이지 않았느냐고 물을 수 있겠지만 불교종단이나 도교종단은 정치권력의 우위에 선 적도 없거니와 정치권력으로부터 독립한 적도 없다. 불교의 교리와는 모순되는 '호국불교'라는 용어가 만들어지는 것을 보더라도 알 수 있다.

중국인은 개념에 유의하지 않았다. 개념을 통한 재생이나 재현보다는 상징에 더 유의하였다.[34] 현실 권력을 더 선호하였다. 중국인의 지각 또한 그쪽으로 발달했다. 그래서 미의식도 다르다. 중국인은 커다란 규모, 균제, 대칭 등의 미의식을 높이 치는데, 그런 미의식은 권력과 권위를 상징한다. 인체를 '재생'하는 미술품에서는 우아미가 중시되지만 권력을 상징하는 미술품에서 우아미는 중요하지 않다. 이렇듯 추상능력과 공감능력은 다른 미의식을 낳는다. 다른 미의식은 다른 욕망과 다른 힘을 낸다. 두 능력은 서로 모순관계로 인식되기도 한다. 도시국가 그리스가 대제국 페르시아를 이긴 것을 두고 헤로도토스가 민주주의가 전체주의를 이겼다고 평가한 것은 두 체제를 모순관계로 보았기 때문이다. 하지만 헤로도토스의 그러한 생각 역시 추상능력이다. 더구나 그리스의 민주주의란 것은 지배계급이라고 할 수 있는 '시민'들만의 민주주의였을 뿐이다.

그리스인의 추상능력은 '본질과 현상'이라는 대립관계를 설정한다. 인도에서도 세상은 현상일 뿐이고 현상을 담지하는 다르마가 있다고 여겼다. 다만 싯다르타는 그런 대립적 사유를 넘어서 苦를 벗어나기를 궁극으로 삼았다. 세상을 '본질과 현상'으로 보는 관념은 세상을 '천국과 지상'으로 보는 관념과도 연결된다. 중국인의 추상능력에서 나온 개념적 사유는 '質과 文'이라는 대립관계에서 볼 수 있다.

---

34 1·02 '주12)'의 '각주85)'에 이에 관한 보충설명이 있다.

11. 『논어』에 담긴 유가철학은 무엇인가

『논어』가 철학서는 아니다. 근대 이후 중국의 학자들은 『논어』를 철학서로 규정하려고 무척 노력했지만 근본적으로 불가능한 일이었다. 철학의 바탕은 문제의식인데, 공자의 사상에는 문제의식이라는 것이 없기 때문이다. 공자는 좋은 권력과 나쁜 권력에 대해 말했지 좋음과 나쁨에 대해서는 말한 적이 없다. 지배층과 피지배층으로 나뉘는 사회구조가 정당한지 의문을 품은 적도 없다. 존재론적인 의문이나 인식론적인 분별에 대해서도 관심을 보인 적이 없다. 공자에게 모든 것은 확실하였다. 그는 언제나 확실한 것을 바탕으로 훈계만 하였지 불확실한 것에 대해 의문한 적은 없다. 설령 불확실한 것이 있다 하더라도 그런 것을 의심할 겨를은 없다고 여겼다. 인생은 확실한 것만을 다루거나 향유하기에도 바쁘거늘 불확실한 것을 탐구한다는 것은 어리석고 소용없는 짓이라고 강조했다. 그러니 민족이나 문화의 차이를 넘어 보편적으로 합의에 이를 수 있는 학문으로서의 철학이란 있을 수 없다. '공자의 사상' 또는 '유가사상'이라고 표현할 수는 있어도 '공자의 철학'이라고 표현할 만한 것은 없다. 그래서 『논어』가 윤리서이기는 해도 철학서는 아니라는 생각에 동의한다. 사회과학서로 보기도 어렵다. 『논어』에서 우리가 춘추시대 사회, 정치, 경제의 상황을 짐작할 수는 있지만 공자가 당대 사회에 대해 궁리하거나 해석한 바는 찾을 수 없기 때문이다. 유가 외 제자백가의 경우도 마찬가지이다.

12. 『논어』에 담긴 공자의 사상은 무엇인가

고대 중국인의 사유방식에서 두드러지는 점은 '개인'이 없다는 것이다. 그들은 개인을 자아가 형성된 독립 개체가 아닌 '합(合)의 분(分)'으로만 본다.[35] 전체의 조화와 질서를 우선시할 뿐 개인을 보지는 않는다. 사회의 기본 단위도 가정이나 집단이지 개인은 아니다. 사회의 목표도 개인의 창달이 아닌 전체의 조화와 질서이다. 개인들 사이 교환의 공정성보다 각자의 위치에 따른 역할과 임무가 강조된다.[36] '개인의 욕망'은 인정되지만 '개인의 권리'라는 생각은 없었다.[37]

그러므로 개인에게 중요한 것은 전체에서 자신의 위치를 정하는 일이다. 자신의 위치, 즉 서열을 올리는 일이 평생의 과업이었다. 지위랄 것이 없는 피지배층은 나이나 재산이 지위를 대신했다. 대등한 자격과 권리를 지닌 개인들 사이의 수평관계라는 것은 생각할 수 없었기 때문에 오늘날의 '사회'라든가[38] '공공(public)'이라든가 하는 관념은 없었다. 공(公)과

35   전체의 조각으로만 여긴다는 뜻이다. 5·12 평설의 각주 참조.

36   역할에 대한 강조란 분수대로 살라는 강조이다. 노자가 공자에게 "爲人子者毋以有己 爲人臣者毋以有己(사람의 자식이라면 '자기'가 있다고 생각해선 안되고, 군주의 신하라면 '자기'가 있다고 생각해선 안 된다)"라고 충고했다는 말에서도 단적으로 드러난다(『사기(史記)·공자세가(孔子世家)』).

37   '개인의 권리'라는 생각은 너와 나의 대등한 상대성 위에서 생길 수 있다. 상대성을 인식하지 못하면 불평등, 소외, 고통 따위는 자신의 문제일 뿐이다. 자신의 고통만 절실하고 자신의 고통만 면하려고 하지 타자의 고통에 대해서는 무감각하게 된다. 상대성을 인식하지 못하는 개인에게 절실한 것이 기복이나 계시를 말하는 종교이다. 복종하면 구원해준다는 약속을 제시하는 종교, 업이 다할 때까지 참을 수밖에 없다고 설득하는 종교들이 그것이다. '업과 윤회'에 대한 설득은 피지배를 정당한 것으로 여기게 만드는 세뇌일 수 있고, 믿으면 구원해준다는 약속은 자발적 종속을 이끌어내는 유혹일 수 있다. 한자문화권에서는 음양오행설 같은 이론이 그와 같은 종교의 역할을 대신했다. 고통과 즐거움은 음과 양처럼 서로 갈마드는 것일 따름이다, 고통이 끝나면 즐거움이 오게 되어 있다, 고통과 즐거움은 겨울과 여름 같은 것이므로 피하거나 면할 수 없다고 설명한다. 하지만 피지배층에게 과연 봄이 왔는지를 확인하는 지배층은 거의 없었다.

38   明治연간(1868~1912) 일본 학자들이 서구문물을 번역하는 과정에서 '소사이어티(society)'라는 낱말의 번역어가 '인간교제', '교제', '국(國)', '정부', '세속', '총체인' 등을 거쳐 '사회'로 정착되기까지 수십 년이 걸렸던 것은 동아시아에서

사(私)가 퍼블릭(public)과 프라이빗(private)의 번역어가 된 요즘에는 그 두 글자에 public과 private이라는 뜻이 본래 담겼을 것으로 여기기 쉽지만, 춘추시대에 '公'은 '평분(平分)'[39] 또는 '평분시키는 주체'[40]라는 뜻이었고 '私'는 '자환(自環)'[41]이라는 뜻일 뿐이었다. 요즘처럼 상반되는 개념이 아니었다.[42] '公'에 대한 강조는 공공의 이익을 우선한다는 강조가

사람 사이의 대등한 관계라는 것을 생각하는 것이 어려웠기 때문이다. 담사동(譚嗣同)과 강유위(康有爲)는 오륜 가운데 '붕우유신'을 근대적 인간관계의 전형으로 삼자고 주장한 바 있는데, 그 말의 중심이 '신'에 있는 것을 보더라도 그것은 전략적 신뢰를 형성하기 위한 장치이지 수평적 인간관계에 대한 강조는 아니다.

유교문화권이 전체를 중시하는 데 비해 서구문화권이 개인을 중시한 것은 분명한데, 그 배경에 대해서는 미세한 연구가 필요하다. 농업 위주의 정주해야 하는 환경이 아니라는 점, 인간은 모두 유일신의 노예라는 점에서 동등하다는 종교관이 작용한 탓 등을 생각해볼 수 있을 것이다. 그에 비해 유교문화권에서는 피지배층이 군주의 은혜를 느끼도록 만드는 기술이 발달했다. 그러니 당연히 프리덤(freedom)이니 리버티(liberty)니 인디펜던스(independence)니 하는 것을 중시하지 않는다. 상승 욕구를 포기하지 않는 한 세월이 가면 서열은 일정 정도 무난하게 올라갔고(=연공서열) 심한 경우 무력으로 정권을 탈취하는 것도 기본적으로는 자유였기 때문에 신분상승에 대한 갈망은 있을지언정 독립이나 자유에 대한 갈망은 노비 신분이 아닌 한 그다지 강렬하지 않았다.

39 골고루 나누다.

40 즉, 공실(公室)이나 군장(君長)을 가리킨다.

41 개별 단위의 자기 울타리.

42 '공'과 '사'는 순자 이후에야 비로소 대응 개념으로 쓰이기 시작하지만, 순자가 생각했던 '公'도 'public'이 아닌 '공평'이라는 뜻이었다. 중국에서는 '내 것'이라는 욕망은 얼마든지 긍정하였기 때문에 무엇이든, 심지어 국가나 천하조차도, 내 것으로 만들 수 있었다. 천하도 '대사(大私)'일 뿐 '공'은 아니었다. 그러니 '한(漢)' 출신이 천하를 차지하여 왕이 되면 그 천하는 '漢'이라고 불렸고, '송(宋)' 출신이 왕이 되면 그 천하는 '宋'이라고 불렸다. 국호라는 개념조차 없었던 것이다. 천하는 이제 그 땅 출신 사람의 소유가 되었을 뿐이다. 그래서 한비자(韓非

아니다. '公室', 즉 우두머리를 모든 私보다 앞세워야 한다는 강조이거나, '분배는 공평하게 하라'는 강조였다. 개인이 주체가 되어야 한다거나, 개인의 자유와 권리는 침해받지 않아야 한다는 생각은 없었다. 전체의 안정, 안정을 위한 질서, 질서 유지에 필요한 충과 효, 이런 것들만 강조하였다. '의(義)'도 오늘날의 '정의(justice)'와는 다른 개념이다. '公', 곧 군주에 대한 충성이 기준이었다.[43] 지배층의 목표는 오직 '治'라는 이름으

子)는 『한비자·외저설상(外儲說上)』에서 "나라는 군주가 타는 수레이다(國者君之車也)."라고 말할 수 있었고, 성삼문은 산천의 초목조차 소유주가 바뀌었다면서 "비록애 푸새엣 거신들 긔 뉘 따헤 낫다니"(=비록 푸성귀이지만 그것은 누구 땅에서 났더냐)라고 읊을 수 있었다. 몽골족이 중원으로 들어온 이후 비로소 천하를 소유의 대상이 아닌 관리의 대상으로 보았지만, 그때뿐이었다. 몽골족은 땅을 차지하려는 생각이 없는 문화권의 사람들이기 때문에 국가를 소유물이 아닌 관리 대상으로 볼 수 있었고, 그래서 국호도 땅 이름을 쓰지 않고 『주역』의 '원형리정(元亨利貞)'에서 취하여 '元'이라는 이념적인 이름을 택할 수 있었다. 원왕조는 '독존유술(獨尊儒術)'을 시행하지도, 문자옥(文字獄)도 일으키지도 않았다. 이후 한족 정권도 원을 따라서 이념적인 국호 '명(明)'을 내걸기는 하지만, 관념이나 문화까지 바뀌지는 않았다.

　근대에 들어 중국의 지식인은 이 점을 깨닫기 시작하는데, 1902년 양계초는 「신민설(新民說)」을 통해 삼강오륜과 같은 사덕(私德)이 중시되고 공덕(公德)을 경시한 것이 중국이 쇠락한 이유라고 주장하면서, 사회와 국가를 이롭게 하는 공덕을 강조한 바 있고, 1906년 청왕조의 학부(學部)도 "중국인들에게 부족한 덕목을 함양하는 방법 세 가지가 있습니다. 즉, 상공(尙公), 상무(尙武), 상현(尙賢)입니다. (…) 여러 교과목에 공덕(公德)의 뜻과 공동체의 효과를 자세히 기술하여 책을 펴내야 합니다."라는 요구를 정부에 하게 된다〈강설금, 『중국 근대 교과서 생태계 연구』(서울대학교 박사학위논문, 2016), p.224 참조).

43　'의'에 대한 설명은 1·13의 주) 참조. 『후한서』 권66 「순리열전(循吏列傳) 임연(任延)」조에는 이런 이야기가 있다. 광무제가 임연에게 무위태수직을 내리면서 "상관을 잘 모셔서 명예를 잃지 않도록 하라(善事上官 無失名譽)."고 이르자 임연은 "신이 듣기로 충신은 사사로움을 도모하지 않고 사사로움을 도모하는 신

로써 장악력을 영속화하는 것이었는데, 다만 피지배층의 생존을 보장하지 못할 경우 위태로울 수 있었다. 공자의 사상은 이와 같은 고대 중국의 관념을 그대로 반영한다.

　서열은 힘의 구조화이다. 폭력을 긍정하는 구조이다. 서열은 크게 지배층과 피지배층으로 나뉘지만 두 계층 내부에는 각각 미세한 여러 층이 존재한다. 위쪽의 권력자는 권력을 고정하기 위해 세습이라는 방식을 생각해냈고, 지배와 피지배의 구조를 하늘과 인간세상의 관계와 같다고 설명하였다. 권력자는 아래 서열을 결정할 권한을 가졌는데, 그 결정권이 매끄럽게 행사되는 상태를 '治'라고 했고 그렇지 못한 상태를 '亂'이라고 규정하면서 극렬하게 다스렸다. '亂'만 일으키지 않으면 자기보다 아래 서열을 상대로 한 개인의 욕망은 모조리 용인되었다. 지배 권력의 장악력이 '武'가 아닌 '文'이라야 한다고 강조했다는 점에서 공자의 사상은 독특한데, 文은 지배력이라는 점에서는 武와 마찬가지였다.[44]

은 충성하지 않는다 하였습니다. 바른 길만 밟고 공을 받드는 것이 신하된 사람의 절도이지 윗사람과 아랫사람이 뇌동하게 되면 폐하에게는 복이 되지 않습니다. 그러니 윗사람을 잘 모시라는 폐하의 조칙을 신은 감히 받들 수 없사옵니다(臣聞忠臣不私 私臣不忠 履正奉公 臣子之節 上下雷同 非陛下之福 善事上官 臣不敢奉詔)."라고 대답했고, 이에 광무제는 감탄했다고 한다. 그런데 정약용은 『목민심서·봉공(奉公)』에서 '상관에게 죄를 짓더라도 백성에게 죄를 짓지는 말라'면서 이 이야기를 사례로 든다. 임연이 말하는 '봉공'은 군주에게 충직하겠다는 것이지 백성에게 죄를 짓지 않겠다는 것은 아니다. 임연의 말은 군주의 마음을 사로잡기 위한 교언에 가깝다. 그런데도 정약용은 군주를 향한 충직을 백성을 향한 충직으로 해석한다. 이런 것이 조선 성리학자들의 태도였다. 조선의 유자들이 형성한 성리학적 관념은 중국인이 만든 성리학적 관념과는 이런 점에서 달랐다. 중국의 유학과 성리학을 제대로 파악하지 못했다고 비판할 수도 있지만 퇴계와 율곡 이후 조선의 사림은 확실히 자기 방식으로 성리학적 세계관을 구축해왔다.

44　'文'이라 하면 요즘은 문화를 먼저 떠올리겠지만 공자가 생각했던 문이란

13. 공자는 자신의 사상을 실현하고자 어떤 노력을 했는가

각 나라가 경쟁적으로 부국강병책에 몰입하던 시대 분위기에 편승하여 공자는 제자 집단을 거느리면서 통치술에 관한 수업을 하고, 유능한 제자들을 각국의 벼슬아치로 공급했다. 무엇보다 자신이 재상으로 발탁되어 이상적인 정치를 구현하고자 했다. 그러나 그 뜻을 생전에 이루지는 못했다. 그는 자신의 뜻을 이루기 위해, 그러니까 자신을 등용해줄 현명한 군주를 만나고자 13년간이나 여러 나라를 돌아다녔지만 결국 성공하지 못한 채 돌아왔다고 한다.[45] 만년에 이르러 더는 가망이 없다고 느끼자 그는 문헌 정리에 치중했다고도 한다. 자신의 사상이 언젠가 구현될 수 있도록 준비하기 위해서였는지는 모를 일이다.[46]

'지속 가능한 비폭력적 정치권력'에 다름 아니다. 따라서 문인이라는 이름도 스스로 선택할 수 있는 것은 아니고 어디까지나 정치권력의 인정, 그러니까 과거(科擧)와 같은 장치를 통해야만 얻을 수 있는 이름이었다. 지배계층이라는 이름과 다름없었던 것이다. 정치권력과 무관한 文이나 文人이란 존재할 수 없었다. 은일(隱逸)로 불렸던 문인들이 있지 않았느냐고 물을지 모르나, 은일은 기본적으로 권력에 끼려고 했지만 실패했거나 권력에서 밀려난 부류이지 권력을 능동적으로 외면했던 부류는 아니다. 상황이 유리하게 바뀌면 언제든지 권력층으로 들어가기 위한 명분을 쌓는 데 유리한 처신이 은일이었을 뿐이다. 차안(此岸)과 절연하고 피안(彼岸)으로 가려는 사람들은 결코 아니었다. 피안을 추구한다는 승려조차 피안보다는 차안과 더 친연을 맺고자 했던 것이 중국이었다. 1·06의 주7) 참조.

45 유가에서는 그 사실을 공자의 주유천하(周遊天下)라고 일컬으면서 공자가 능동적으로 떠난 것처럼 설명하지만, 나라를 떠나지 않으면 안 되었던 정치적 사건을 만났기 때문일 것으로 짐작한다. 그에 관한 자세한 배경에 대해서는 18·04의 평설과 그 각주, 13·10의 평설과 그 각주, 3·01의 평설, 3·06의 주2), 5·21과 9·09의 평설, 11·02의 주1) 등에 자세하다.

46 당현종에 의해 공자가 문선왕(文宣王)으로 추증된 사실은 공자의 욕망을 이해하는 유자들의 소망을 충족시킨 일이었다. 한무제가 '독존유술'한 것이 공자의 집권 성공이라고 표현한다면, 당현종이 왕이라는 칭호를 올린 것은 공자의 꿈

현달하지 못했으면서도 일정한 영향력을 발휘했던 것은 그가 여론을 주도할 수 있었기 때문이라고 본다. 자기 시대의 정치적 의제들에 대해 과감하게 발언했던 내용들이 어떻게든 유행하였고, 또 정리되어 문헌으로까지 남게 되었다. 그것이 비록 제자들이 노력한 결과라고 하더라도 그것은 분명 공자의 영향력이다. 통일제국 한이 유가를 치국이념으로 삼았던 까닭도 정치적으로 중요한 의제들을 유가가 독점하고 있었기 때문일 것이다.

14. 공자의 어록이 만들어지게 된 배경은?

제자 집단을 거느리면서 여론을 주도했던 행보 때문에 공자의 영향력은 죽은 뒤에 훨씬 더 커진다. 그의 후계자들이 그를 신화화하면서 모든 정치적 의제들을 공자가 처음 제기한 것으로 수렴시켰기 때문이다.[47] 이

의 완성이라고 표현할 수 있을 것이다. 그래서 주희는 「중용장구서(中庸章句序)」에서 "우리 부자께서는 비록 문왕, 무왕과 같은 지위를 얻지는 못하셨지만 앞선 성인을 잇고 후학에게 길을 열어주신 공적은 도리어 요순보다 더 현명하셨다 하겠다(若吾夫子則雖不得其位 而所以繼往聖開來學 其功反有賢於堯舜者)."라고 표현할 수 있었는데, 공자를 그렇게 규정한 주희는 세월이 한참 지난 다음 자신도 그렇게 규정되기를 바랐을지 모른다. 주희는 사실 마호메트 이후 가장 영향력이 컸던 종교지도자라고 말할 수 있다.

47 중국에 서구적 개념의 신화는 없다. 공자도 그랬지만, 중국인들은 기이하고 신이한 것에 대한 호기심은 있을지언정 현실적이지 않은 것에는 무관심을 넘어 부정하는 태도를 취한다. 앙리 마스페로(Henri Maspero, 1883~1945), 마르셀 그라네(Marcel Granet, 1884~1940) 등은 중국의 대중문화 또는 공통문화라고 불릴 수 있는 것들을 해명하고자 『초사(楚辭)』나 『산해경(山海經)』 같은 데서 고대 중국신화의 주제들을 재구성하려고 노력했지만 그것은 헛수고이다. 중국에서 대중문화니 신화니 하는 것을 찾으려는 것은 단지 학문적 유행일 뿐이다. 중국에서 문자로 기록된 것들치고 권력과 관계없는 것은 없다. 최근 한국에서 '중국의 신

렇게 되자 계통을 중시하는 한자문화권 사람들로서는 당연히 유가의 종조이면서 신화화된 인물인 공자의 육성을 직접 접하려는 욕망이 일었을 것이다. 공자의 어록은 그런 목적 때문에 더욱 유통되었을 것이고, 그의 말을 기록한 기록물도 힘을 갖는 것으로 여긴 나머지 소중하게 소장하고자 했을지도 모른다.

15. 유가에서 『논어』의 위치는?

경서란 유가에서 교전으로 여기는 책을 높여 부르는 말이다. 전해 내려오던 노래가사 모음집인 『시』, 선왕들이 후손에게 남긴 말씀의 모음집인 『서』, 우주의 움직임을 인식하는 사고의 틀과 그 예언을 설명한 『역』,[48] 역사기록인 『춘추』, 규범집이라고 할 수 있는 『예』와 『악』[49] 등이

화'라는 이름 아래 발표되는 것들은 기본적으로 견강부회이다. '우리에게도 이런 것이 있다'는 강박관념의 표현일 뿐이다. 학문이 강박관념에 종속되면 곤란하다. 중국인은 신화 대신 역사 쓰기를 좋아했다. 현재를 지배하는 자는 과거를 지배하고픈 욕망 때문에 언제나 역사를 새로 썼다. 과거를 지배해야 미래도 지배할 수 있다고 여겼기 때문이다. 그래서 새로 쓰는 역사는 점점 이전의 역사보다, 그리고 실제보다도, 더욱 리얼하게 꾸며지게 된다.

48 점은 고대 중국에서 개인에게나 국가에게나 선택의 준거였다. 점을 우주론 차원의 이론과 결합한 『역』이라는 책이 만들어지는 것은 공자 이후라고 본다. 공자는 기본적으로 전통을 중시했기 때문에 점 자체를 부정하지는 않았지만 점에 의존했던 흔적은 없다. 하지만 공자 이후 유가의 주도권을 장악한 사람들은 『시』, 『서』,『예』,『악』,『춘추』 정도만으로는 부족하다고 느낀 나머지 『역』을 유가의 경전에 포함시키려고 했다. 동시에 공자의 권위를 빌리고자 『역』에 일부 내용을 끼워 넣으면서 공자가 첨가했다고 설명하게 된 듯하다.

49 『악』은 진시황의 폭정 때문에 없어졌다고 말하기도 하지만, 반고는 주왕조가 쇠하면서 없어졌다고 설명한다. 그런 이유들보다는 음악의 특성상 문자기록으로 남기기 어려웠을 것으로 짐작된다.

그것이다. 그것들은 본래 주왕조의 문헌이자 전제왕권 유지에 필요한 것들이었다. 공자는 그것들을 자가의 교재로 삼았다.[50] 그 사실은 공자에서 비롯한 유가이념이란 것이 전제왕권 유지에 필요한 것임을 의미한다. 공자는 제자들에게 그 고전들의 중요성을 강조하면서 학습시켰는데, 공자의 위상이 성인으로 격상되면서 공자가 그 고전들을 짓거나 고쳤다는 이야기도 만들어졌을 것이다.[51] 다만 공자의 어록인 『논어』는 선왕의 말씀이 아니라는 이유로 한참 동안 경서의 지위에 오르지 못하고 '전(傳)'으로 분류되다가[52] 남북조를 지나면서 경서로 격상하게 된다.

---

50 『장자·천운(天運)』에 '詩書禮樂易春秋六經'이라는 이름이 나오고 최근 발굴된 곽점초묘의 죽간에도 '詩書禮樂易春秋'의 이름이 차례대로 나오는 것을 보더라도 육경은 유가뿐 아니라 모든 家가 중시했던 텍스트였음을 알 수 있다.

51 공자 당대에 『시』, 『서』, 『예』, 『춘추』 정도는 서적 형태로 존재했다고 본다. 후대 유가에서는 『춘추』와 『예』를 공자가 직접 편찬했다고 주장하는데, 공자가 그 두 책을 중시한 것은 사실이기 때문에 그가 손댔을 가능성은 있겠지만 그가 지었다고 여기는 학자는 요즘 거의 없다.

52 한대에 「이소(離騷)」는 '이소경'으로도 불렸지만 『논어』는 경으로 간주되지 못했다. 『논어』를 경서로 간주하게 되는 것은 한참 뒤의 일이다.

한대의 죽간은 육경·율령·예제와 같은 중요한 것을 베낄 때는 2척 4촌짜리를 쓰고, 관청의 기록은 그것의 절반인 1척 2촌, 개인의 일반적인 필기는 그것의 3분의 1인 8촌, 할부(割符) 또는 역수(曆數)를 위한 산(算)으로 사용할 때는 6촌을 썼다는 것이 왕국유(王國維, 1877~1927)의 주장이다〈『간독검서고(簡牘檢署考)』, 1912〉. 한편 정현의 「논어서(論語序)」에 의하면 '易詩書禮樂春秋 책은 2척 4촌으로, 효경은 반으로, 논어는 팔촌으로 한다'는 기록이 있다고 한다〈히라오카 다케오(平岡武夫), 『經書の成立』(東京: 創文社, 1983), p.106〉. 그것을 보더라도 논어는 애당초 경전으로 인식될 수는 없는 기록물이었다. 공자가 선왕의 반열로 올라서자 비로소 공자의 말씀도 선왕의 말씀과 동일하게 경전으로 받들어야 한다고 여겼을 것이다. 그런데 1970년대 이후 대량의 간독이 발견되어 연구한 결과 간독의 형태는 왕국유의 견해대로 고정되지는 않았고 전한 후기 또는 후한 전기

16. 『논어』의 유통 및 전승과정은?

공자의 말을 적은 기록물은 '전', '기', '공자왈', '어(語)', 그러니까 '공자의 말에 이런 것이 있다'는 정도로 유전되다가 그것들을 정본화할 필요를 느낄 즈음 논찬을 거쳐 편집하면서 '논어'라는 이름이 얻어졌다고 본다.

중국은 구술문화권이 아니어서 공자의 말씀을 중동지방이나 인도의 종교에서처럼 암송 방식으로 전송하지는 않았다.[53] 중국은 일찍부터 정치권력이 문자를 활용하였고, 국가라는 권력기구가 만들어질 때부터 문서 네트워크를 활용하였다.[54] 공자의 단편적인 '말씀'들을 처음에는 천이

에야 간독의 형태와 규격이 정해진 것으로 보인다. 진한대 이후에는 서적과 공사 문서를 막론하고 1척(23cm) 길이의 간책(簡冊)과 목독(木牘)이 가장 많이 상용되었음이 입증되었다. 경전과 비경전의 구분 없이 표준화되었던 것이다. 특히 서적간(書籍簡)의 경우 전국시대에 비해 무려 18~30cm나 줄어들어 그 길이가 30cm를 넘지 않았는데, 이런 경향은 전한 중기까지 계속된 것으로 드러났다(김경호·이영호 외, 앞의 책, 1부 참조).

53 독실한 유대교인이라면 경전의 소통을 위해 히브리어를 습득해야 한다. "태초에 말씀이 있었다."라고 하듯이 그들은 '말'을 신성시한다. 같은 아브라함의 핏줄에서 갈라져 나간 이슬람에서는 천사 지브릴이 무함마드에게 처음 던진 말이 'Iqra'(=암송하라)였다고 한다. 코란을 읽기 위해서는 아랍말을 알아야만 하고 어떤 번역본도 진짜로 여기지 않는다. 2009년 아프가니스탄의 한 법원은 코란을 페르시아의 현지 방언으로 번역하면서 아랍어 원문을 병기하지 않은 남자에게 20년형을 선고한 바 있다. 이런 사정은 10억 이상의 이슬람교도는 자신의 종교를 외국어로만 접할 수 있다는 뜻이 되고, 나아가서는 경전의 의미를 정확히 알지 못하더라도 무관하다는 것이나 다름없다. 하지만 한자는 어떤 언어권에서도 사용 가능하다.

54 종이가 없던 시대에 국가의 행정 수단은 목간이나 목고(木觚)와 같은 서사 재료였다. 단편적인 문서는 목고라고 부르는 다면체의 기다란 나무 조각을 서사 재료로 사용했는데, 문서 분량에 따라 3면에서 6~7면까지 만든 것이 발견된다.

나 목고 같은 것에 적어서 유통시키다가 정본화 단계에서 죽간본으로 만들면서 '논어'라는 이름을 사용한 듯하다.[55] 정본에 끼지 못한 공자의 '말씀'들은 보태지거나 부풀려지면서 유통되다가 『예기』, 『한시외전(韓詩外傳)』, 『설원(說苑)』, 『공자가어(孔子家語)』 등의 이야기책으로 완성되었을 것이다.[56] 『맹자』에 공자의 말씀이라고 인용한 것들 가운데 대부분, 그리고 『순자』에 공자의 말씀이라고 인용한 것들 전부가 현전 『논어』에

분량이 많거나 보존이 필요한 문서는 동일한 크기의 죽간 여러 장에 적은 다음 구멍을 뚫어서 끈으로 묶어 보존하였으니 그것이 책(冊)이다. 진에서 시작된 군현제라는 중앙집권 통치방식이 정착되려면 문서를 이용한 행정 시스템이 본격화되어야 했을 텐데, 한무제가 유가를 통치이념으로 삼은 이후 『논어』와 『효경』은 지방 관리들의 문서행정 훈련을 위한 교재로 이용되었던 듯하다. 정주한묘 및 돈황에서 발견된 죽간본 논어와 북한에서 출토된 죽간본 논어는 한대에 정본화된 논어인데, 중앙에서 만든 정본 논어를 변방까지 유통시킨 증거일 것이다. 한국의 김해 및 인천, 그리고 일본에서 논어가 적힌 목간들이 발견된 사실은 문서행정을 실시했던 증거라고 보는데, 특히 한국의 경우 관리 선발시험에 대비한 학습도구였을 것으로 짐작한다. 한자·유교·불교·율령체제·책봉체제 등을 공유하는 문화권에서 『논어』는 일찍부터 체제 유지를 위한 교과서 구실을 했던 것이다. 신라의 경우 책봉체제를 받아들이기 훨씬 전부터 한자를 자국의 언어체계에 편입시켜 폭넓게 사용한 흔적이 있다(『지하의 논어, 지상의 논어』(김경호·이영호 외, 성균관대학교출판부, 2012), pp.117~140 참조).

55 '논어'라는 말은 『맹자』나 『순자』에도 나오지 않거니와 한문제(漢文帝) 이전의 어떤 자료에도 나타나지 않는다. 그러니 공자의 어록이 '논어'라는 이름으로 정본화하는 시기는 대략 한경제(漢景帝) 말에서 한무제 초년 사이일 것으로 추정된다. 『예기·방기』에 "論語曰 三年無改於父之道, 可謂孝矣"라는 구절이 있으므로 '논어'라는 책이름은 그보다 일찍부터 있었다고 주장하는 사람도 있지만, 뒷사람이 행 옆에 부기한 주를 옮기면서 정문으로 잘못 들어간 것으로 대부분의 학자는 이해한다. 최근에는 '논어'라는 이름의 책이 전국시대에 있었다는 주장도 등장하고, 유가의 문헌은 기본적으로 공자 칠십제자들의 작품이라는 주장도 있다.

56 이에 관해서는 1·02 주1)의 각주 참조.

는 없는 사실을 보더라도 '공자의 말씀'이라는 이름의 기록들은 이른 시기부터 여러 가지가 유통되었을 것으로 짐작한다. 사정이 그렇기 때문에 『제논어』, 『노논어』, 『고논어』 등은 물론 그것들을 저본으로 하여 만들어진 현전 논어도 진위의 시비가 일어날 가능성은 다분하다.[57]

『제논어』는 왕길(王吉, ?~48 B.C.), 송기(宋畸), 공우(貢禹, 전한 선제 때), 오록충종(五鹿充宗, 전한 원제 때), 교동(膠東), 용생(庸生, 공안국의 재전제자) 등이 이었다 하고, 『노논어』는 공분(龔奮), 하후승(夏侯勝, ?~선제 때), 위현(韋賢, 148~60 B.C.), 부경(扶卿, 전한 때), 소망지(蕭望之, ?~48 B.C.), 장우 등이 이었다 한다. 특히 장우는 『노논어』와 『제논어』를 합하여 수정한 20편본 논어를 만들어 유통시켰으니, 세간에서 '장후론'이라고 불렸던 이것이 현재 『논어』의 저본이 된다.

그 뒤 주씨(周氏)와 포씨(包氏)라는 사람이 『장후론』에 장구를 만들고, 마융(馬融, 79~166)이 『훈해(訓解)』를 지으며, 『고논어』에는 공안국(孔安國, ?~100 B.C. 무렵)이 전(傳)을 지었다 한다. 동한 말 정현(鄭玄, 127~200)이 『장후론』을 저본으로 하고 『제논어』, 『고논어』를 참고하여 주를 낸 『논어주』가 유명하고, 진군(陳群, ?~236), 왕숙(王肅, 195~256),

<hr />

57　노나라에서는 금문으로 된 20편본 논어가, 제나라에서는 금문으로 된 22편본 논어가 유통되었으며, 노의 공왕(恭王)이 공자 고택을 허물다가 고문으로 된 21편본 논어를 발견했다고 한다. 『제논어』는 『노논어』보다 「문왕(問王)」·「지도(知道)」라는 2개의 편이 더 많으며 『노논어』보다 장구도 자못 많았다고 한다. 『고논어』는 「문왕」·「지도」의 2편이 없고 「요왈」편의 '子張問 何如可以從政' 이하를 또 하나의 「자장」편으로 삼아(『한서·예문지』 여순주에서는 그것을 「종정」편이라고 했다) 21편이라고 하는데, 편차도 『제논어』 및 『노논어』와 같지 않으며 글자가 다른 곳도 4백여 군데나 된다고 한다. 그런데 주이존(朱彝尊, 1629~1709)은 『경의고(經義考)』에서 「문왕」은 '問玉'의 오류라고 지적한다〈『경의고』 권211, 6ab 『사고전서(四庫全書)』 679책, p.750〉.

주생렬(周生烈, 魏)이 모두 「의설(義說)」을 지었다 한다. 하안(何晏, 193~249)은 『논어집해』를 지었다.[58]

17. 『논어』에 후대의 보충은 없는가

앞서 말했듯이 진위에 대한 시비는 근본적으로 생길 수밖에 없다. 맹자(孟子, 372~289 B.C.)는 "『서경』을 모두 믿으려면 차라리 『서경』을 안보는 것이 낫다. 나는 『서경』의 「무성편」 같은 데서는 두세 구절만 취할따름이다."[59]고 말한 바 있다. 맹자만 해도 『서경』의 내용이란 것이 대부분 믿을 수 없다는 것을 상식으로 알았던 것이다. 지금 우리가 『논어』를 대하면서도 맹자의 이 말은 새길 필요가 있다. 중국의 고전들을 경전이라면서 교조적으로 떠받들던 시대와 마찬가지로 대한다면 곤란하다. 최술(崔述, 1740~1816)의 『수사고신록(洙泗考信錄)』은 논어의 진위를 가리는 저술로 권위를 인정받는데, 뒤 5편에서 「자장(子張)」을 제외한 「계씨(季氏)」, 「양화(陽貨)」, 「미자(微子)」, 「요왈(堯曰)」 4편은 의심할 만한 내용이 많고, 앞 15편에도 의심할 만한 부분이 더러 있다는 것이 대체적인 논지이다.[60] 의심스러운 부분을 지적하는 학자들은 근자에도 많은데,

---

58   唐明貴, 『論語學史』(中國社會科學出版社, 2009) 참조.

59   孟子曰 盡信書則不如無書 吾於武成 取二三策而已矣〈『맹자·진심하(盡心下)』〉.

60   그는 진위의 변증을 다음과 같이 일곱 가지로 분류하였다.

① 사실을 믿을 수 없는 것 6장 2절

ㄱ. 子見南子章(옹야), 季氏將伐顓臾章(계씨), 公山弗擾章(계씨), 齊景公待孔子章(미자), 齊人歸女樂章(미자).

ㄴ. 堯曰 咨爾舜~天祿永終(요왈), 舜亦以命禹(요왈).

② 사실에 의심할 만한 것이 있는 것 6장

孺悲欲見孔子章(양화), 楚狂接輿章(미자), 長沮桀溺耦而耕章(미자), 子路從而後章(미자) 問於伯魚章(계씨), 太師摯適齊章(미자).

진위 여부는 가리기도 어렵고 가리는 일이 큰 의미를 지니지는 못한다고 본다.

18. 『논어』의 주석서에는 어떤 것들이 있는가

중국 학문의 특징은 주석학이라는 말이 있듯이 유학도 유가 경서의 주석학이나 다름없다. 무수한 논어 주석서 가운데 중국에서는 전통적으로 하안(何晏, 193~249)의 『논어집해(論語集解)』,[61] 황간(皇侃, 488~545)의 『논어의소(論語義疏)』,[62] 형병(邢昺, 932~1010)의 『논어주소(論語注

---

③ 의리는 의심할 만한 것이 없으나 문체가 비슷하지 않은 것 9장

益者三友章, 益者三樂章, 侍於君子有三愆章, 君子有三戒章, 君子有三畏章, 君子有九思章(이상 계씨), 由也女聞六言六蔽章, 古者民有三疾章(이상 양화), 不知命章(요왈).

④ 문체가 의심할 만한 것 2장

子張問仁於孔子章(양화), 子張問於孔子章(요왈).

⑤ 문인이 공자 앞에서 '부자(夫子)'라 일컫고 일 또한 의심할 만한 것 2장

子路曾皙冉有公西華侍坐章(선진), 子之武城章(양화).

⑥ 조금 의심할 만한 것이 있으나 의리는 잃음이 없는 것 2장

子欲無言章, 君子亦有惡章(이상 양화).

⑦ 사실은 의심할 만한 것이 없으나 편의 끝에 편 가운데의 글과 비슷하지 않고 혹은 빠진 것이 있는 것 5장

色斯擧矣章(향당), 齊景公有馬千駟章, 邦君之妻章(이상 계씨), 周公謂魯公章, 周有八士章(이상 미자)〈論語辨〉上(臺灣: 開明書局, 民國 72), pp.29~42 참조).

61 공안국(孔安國), 포함(包咸), 마융(馬融), 정현(鄭玄), 진군(陳群), 왕숙(王肅), 주생렬(周生烈) 등 제가의 정수를 뽑은 위에 자신의 설을 더했기 때문에 그 권위를 인정받는다.

62 육조시대 논어학을 집대성했다는 점, 현언(玄言)과 불교 경전을 많이 채록했다는 점에서 중시된다. 중국에서는 사라졌다가 일본의 아시카가(足利) 학교에서 에도시대에 발견되어 복각한 것을 중국이 역수입하여 건륭제의 칙명으로 복

疏)』,[63] 주희(朱熹, 1130~1200)의『논어집주(論語集注)』,[64] 유보남(劉寶楠, 1791~1855)의『논어정의(論語正義)』[65]를 가장 권위 있는 주석서로 꼽는다. 특히 하안, 주희, 유보남의 것은 각각 위진, 송, 청의 학문을 대표하는 최고(最古), 최정(最精), 최박(最博)의 주석서로 일컫는다.『논어』주석서는 일반적으로 한학 계열과 송학 계열로 나누는데, 전자는 훈고를 위주로, 후자는 의리를 위주로 해석했다고 평가한다.

진송제량 무렵에는 하안과 황간 외에 위관(衛瓘, 220~291)의『논어집주(論語集注)』, 곽상(郭象, 252~312)의『논어체략(論語體略)』, 최표(崔豹, 晉 惠帝 무렵)의『논어집의(論語集義)』, 이충(李充)의『논어주(論語注)』, 손작(孫綽, 314~371)의『논어집해(論語集解)』, 왕필(王弼, 226~249)의『논어석의(論語釋義)』, 무파(繆播, ?~309)의『논어지서(論語旨序)』, 난조(欒肇)의『논어박(論語駁)』등이 있다.

당대에는 경학이 흥성하지 않아 대부분 구설만 지키고 신설은 드물다는 평가를 받지만, 육원랑(陸元朗, 556~627)의『경전석문(經典釋文)』과 한유(韓愈, 768~824)의『논어필해(論語筆解)』가 대표적이다.

송원명대에는 주희 외에 장식(張栻, 1133~1180)의『계사논어해(癸巳

각한 다음 유통시켰다. 3·05의 평설 참조.

63   과거의 주를 부연하기만 하고 새롭게 설명하는 바는 적지만 의리로써 해석을 했다는 이유 때문에 한학에서 송학으로 넘어가는 교량 역할을 했다고 평가받는다.

64   이학(理學)의 정수를 드러냈다고 평가받는다. 난삽한 문장도 매끄럽게 해석할 뿐 아니라 완벽을 기하려는 노력이 두드러진다.

65   유보남의 뒤를 이어 아들 유공면(劉恭冕, 1824~1883)이 완성하였다. 하안의『논어집해』에 주석을 가한 것으로 제가의 설을 모아 절충하였다. 특히 청나라 학자들의 설을 많이 채록한 탓에 한학 계열 주석의 집대성이라고 평가받지만, 지나치게 번쇄하고 의리에 소홀하다는 지적을 받기도 한다.

論語解)』, 진덕수(眞德秀, 1178~1235)의『논어집편(論語集編)』, 김이상(金履祥, 1232~1303)의『논어집주고증(論語集注考證)』, 호병문(胡炳文, 1250~1333)의『사서통(四書通)』, 호광(胡廣, 1369~1418)의『논어집주대전(論語集注大全)』, 진사원(陳士元, 1516~1597)의『논어류고(論語類考)』, 진상도(陳祥道, 1053~1093)의『논어전해(論語全解)』, 소철(蘇轍, 1039~1112)의『논어습유(論語拾遺)』, 채절(蔡節, 남송 순우(淳祐) 연간)의『논어집설(論語集說)』, 유종주(劉宗周, 1578~1645)의『논어학안(論語學案)』등이 유명하다.

청대에는 한학 계통으로는 모기령(毛奇齡, 1623~1713)의『논어계구편(論語稽求篇)』, 정정조(程廷祚, 1691~1767)의『논어설(論語說)』, 정진(鄭珍, 1806~1864)의『논어사질(論語俟質)』, 유태공(劉台拱, 1751~1805)의『논어병지(論語騈枝)』, 전점(錢坫, 1741~1806, 錢大昕의 조카)의『논어후록(論語後錄)』, 방욱관(方旭觀)의『논어우기(論語偶記)』, 송상봉(宋翔鳳, 1777~1860)의『논어설의(論語說義)』, 황식삼(黃式三, 1789~1862)의『논어후안(論語後案)』, 대망(戴望, 1837~1873)의『논어주(論語注)』, 초순(焦循, 1763~1820)의『논어보소(論語補疏)』, 염약거(閻若璩, 1636~1704)의『사서석지(四書釋地)』등이 있고, 송학 계통으로는 이광지(李光地, 1642~1718)의『독논어차기(讀論語箚記)』, 여유량(呂留良, 1629~1683)의『논어강의(論語講義)』, 반연동(潘衍桐, 1841~1899)의『주자논어집주훈고고(朱子論語集注訓詁考)』, 양장거(梁章鉅, 1775~1849)의『논어방증(論語旁證)』, 육롱기(陸隴其, 1630~1692)의『사서강의곤면록(四書講義困勉錄)』,『송양강의(松陽講義)』등이 있다.

중화민국 시기에는 왕개운(王闓運, 1833~1916)의『논어훈(論語訓)』, 간조량(簡朝亮, 1851~1933)의『논어집주보정술소(論語集注補正述疏)』, 최적(崔適, 1852~1924)의『논어족징기(論語足徵記)』, 섭덕휘(葉德輝, 1864~1927)의『논어천문본교감기(論語天文本校勘記)』, 양수달(楊樹

達, 1885~1956)의『논어고의(論語古義)』와『논어소증(論語疏證)』, 진한
장(陳漢章, 1864~1938)의『논어징지록(論語徵知錄)』, 장병린(章炳麟,
1869~1936)의『광논어병지(廣論語駢枝)』, 정수덕(程樹德, 1877~1944)
의『논어집석(論語集釋)』, 조정신(趙貞信, 1902~1989)의『논어변(論語
辨)』등이 있는데, 정수덕의『논어집석』이 학술적으로 가장 의미 있는 성
과를 냈다고 본다.

　우리나라에서는 김인존(金仁存, ?~1127)이『논어신의(論語新義)』를
지었다는 기록이 가장 오래지만 전하지는 않는다. 조선왕조 들어 주석
서가 나오는데, 대개는 주희의 견해를 부연하는 수준이다.[66] 이황(李滉,
1501~1570)의『사서삼경석의(四書三經釋義)』는 난해한 경문에 한정하
여 여러 해석을 소개한 것이고, 송시열(宋時烈, 1607~1689)의『논맹혹문
정의통고(論孟或問精義通攷)』와 김창협(金昌協, 1651~1708)의「논어설
(論語說)」이 조선 후기 주자논어학의 절대적 지위를 확보했다고 평가받
는다. 한편, 박세당(朴世堂, 1629~1703)의『사변록(思辨錄)』이나 이익(李
瀷, 1681~1763)의『사서질서(四書疾書)』처럼 주자 일변도에 치우치지
않는 주석서들도 나오고, 1590년에는 교정청(校正廳)에서『논어집주대
전』을 저본으로 한『논어언해』를 펴내기도 하는데, 본격적인 연구서로는
정약용(丁若鏞, 1762~1836)의『논어고금주(論語古今註)』가 최초이자 독
보적이다.[67]

66　백제의 왕인(王仁, 4세기)이『논어』를 가지고 일본에 갔다는 기록과 신라
의 설총(薛聰, 655~?)이 방언(方言)으로 구경(九經)을 읽었다는 기록이『논어』
에 관한 우리나라 최초의 기록이다.『삼국유사』에는『논어정의』의 내용이 인용되
어 있고 중국의 여러 기록에는『고려본 논어집해』가 있었다고 하며, 안향(安珦,
1243~1306)의 제자 백이정(白頤正, 1247~1323)이 원나라에서『사서집주』를 수
입한 이래 권부(權溥, 1262~1346)의 주청으로『사서집주』를 간행한다.
67　정약용의『논어고금주』는 유가 경전에 대한 광범한 지식을 바탕으로 하면

일본의 주석서는 이토 진사이(伊藤仁齋, 1627~1705)의 『논어고의(論語古義)』, 오규 소라이(荻生徂徠, 1666~1728)의 『논어징(論語徵)』, 다자이 슌다이(太宰春台, 1680~1747)의 『논어고훈외전(論語古訓外傳)』, 오오다 긴죠(大田錦成, 1765~1825)의 『논어대소(論語大疏)』 등이 유명하다. 특히 오규 소라이는 고문사학(古文辭學)을 내세우면서 주희의 『논어집주』를 비판하는 내용이 독보적인 경지를 보인다.[68]

서 고금의 주석을 망라하여 일일이 검토하고 비판한 역작이다. 일본 고문사학파의 성과를 접한 뒤 그것을 능가하겠다는 의욕으로 집필한 듯하다. 다만 조선이라는 사회분위기 때문에 주희주에서 자유롭지는 못하다. 원전의 문맥이나 공자의 사고방식에 대해 비판을 제기한 바는 없고 주석들의 시비에 치우친 점은 아쉽다.

68 주희 주석의 탁월함은 합리적 해석에 있다. 껄끄러운 원문을 매끄럽게 해석하기로는 이전의 어느 주석보다 탁월하다. 이후 주희 주석을 능가하려는 시도가 많았는데, 그 가운데는 오규 소라이가 탁월하다. 그는 송유들의 도학적 해석을 전면적으로 부정한다. 육경을 근거로 하고, 춘추시대의 정치 상황이나 제도 등 객관적 환경을 중시해야 한다고 주장한다. 이른바 '고학(古學)'을 주창한 것이다. 그런데 자기 주석의 정당성보다는 송유들, 특히 주희에 대한 공격에 지나치게 치중하는 점이 흠이다. 거의 매 장마다 주희를 비롯한 송유들을 공격한다. 주희를 "알지도 못하면서 만들어내는 사람(不知而作之者)"이라고 폄하하는가 하면, 이토 진사이에 대해서도 비록 '인재선생(仁齋先生)'이라는 존칭을 쓰기는 하지만 "주희보다 더 심하다."는 등 지적 우월감을 교만스럽게 드러내는 대목이 지나치게 많다. "송유들의 폐해는 도교와 불교의 폐해보다 심한데 그 까닭은 고대 성왕의 도를 무너뜨렸기 때문이다."라는 그의 주장은 송유를 못지않게 교조적이다. 그는 공자를 완벽한 성인으로 전제하고서 『논어』를 해설하는데, 그처럼 교조적인 해설은 『논어』를 일관되게 설명하기에는 편리할지 모르나 오독으로 이끌 위험성은 더 크다. 조선과 일본의 『논어』 연구사에 대한 개괄적인 정보는 『지하의 논어, 지상의 논어』, pp.309~391, 『일본 논어 해석학』(黃俊傑 저, 이영호 역주, 성균관대학교출판부, 2011) 참조.

19. 공자는 어떤 사람인가

그에 관한 연대기적 설명은 생략하고[69] 이 책에서 보는 관점만 언급하

69 　공자의 전기 가운데는 크릴(Herrlee G. Creel, 1905~1994)의 *Confucius: The Man and The Myth*(New York : John Day, 1949)〈『공자: 인간과 신화』(이성규 역, 지식산업사, 1983)〉, 카이즈카 시게키(貝塚茂樹, 1904~1987)의 『孔子』(東京: 岩波書店, 1951), 시라카와 시즈카(白川静, 1910~2006)의『孔子傳』(東京: 中央公論社, 1972) 등이 권위를 지닌다.

　가장 기본적인 사료는 사마천(司馬遷, 145~90 B.C.)의 『사기·공자세가』인데, 무제에게 궁형을 당했던 사마천으로서는 '파출백가 독존유술'이라는 무제의 시정방침을 따르고자 했는지, 아니면 한술 더 떠서 유가를 풍자하고자 했는지는 모르지만 공자의 전기를 「전(傳)」이 아닌 「세가(世家)」에 싣는다. 더구나 내용은 다른 열전과 비교하여 산만한 탓에 유가·도가·법가의 자료에서 수집한 일련의 사건들을 검증 없이 묶어놓았다고 비판받기도 한다. 공자가 이미 죽은 사람과 대화를 나눈 것처럼 되어 있는가 하면, 태어나기도 전의 제자가 공자에게 질문한 것처럼 된 곳도 있다. 공자가 어떤 나라를 떠났다고 하고서도 그곳에서 계속 활동한 것처럼 기술하는가 하면, 갑자기 다른 나라에서 활동한 내용이 들어가기도 한다. 『사기』의 다른 부분과 연대가 일치하지 않는 곳도 적지 않다. 이는 공자에 관한 정보가 사마천 당시에 벌써 전설처럼 왜곡되기 시작했음을 의미한다. 최술 또한『수사고신록』에서『사기』의 의문점에 대해 비판한 바 있다. 니구산에 빌어서 태어나고 정수리가 오목해서 이름을 丘라고 했다는 내용, 요·순·우를 닮았다는 내용, 공자의 아내가 기관씨(丌官氏)라는 내용, 아들이 태어나자 임금이 잉어를 하사했다든가 하는 전설과 같은 기록들에 대해 최술은 사마천 자신도 확고한 견해 없이 기술한 것이라고 통박하였다.『맹자·만장하(萬章下)』에는 공자가 위리(委吏)가 되었다거나 승전(乘田)이 되었다거나 하는 기록이 있고『사기·공가세가』에는 계씨의 사(史)가 되었고 사직리(司職吏)가 된 적이 있다고 나오는 것은 委·季·史·吏 네 글자가 비슷한 탓이라고도 주장하였다. 최술의 그와 같은 비판적인 태도는 중국의 학자로서는 매우 이례적인 태도이기 때문에 많은 학자들에게서 인정받고 있다.

　공자의 생존기간 전체를 포함할 뿐 아니라 극히 유가적인 입장에서 서술된『좌전』에 공자의 생애에 관한 내용이 거의 없다는 점도 주목할 만하다.『공양전』과

겠다.

요즘 개념으로 말하자면 공자는 철학자도 수신주의자도 아니다.[70] 지적 탐구에 몰두하거나, 인간의 가치나 권리, 또는 인간의 변화를 위한 교육에 관심을 두지도 않았다. 사회변혁을 꿈꾼 운동가도 아니었다. 군주가 재상에게 정권을 맡겨서 치에 성공한다는 것은 중국정치사의 전설이자 이상인데, 공자는 자신이 재상이 되어 집권하고자 평생 열망했던 사람이다. 집권 방법론으로는 무(武) 대신 문(文)으로 통치해야 한다는 여론이었지만 중국사에서 세습을 제외하고는 무력 아닌 수단으로 집권에 성공한 적은 없다. 그래서 물론 공자도 성공하지 못했다.[71] 하지만 공자가 평생 연마했던 구상은 한(漢)이라는 통일제국이 형성된 다음 통치이

『곡량전』도 마찬가지이며, 비슷한 시기에 만들어진 『국어』도 마찬가지이다. 공자가 관직을 지낸 적이 있다는 시사는 더욱 없다. 따라서 공자 사후 200년 동안은 공자의 생애에 관해 알려진 것이 거의 없었다고 보는 것이 옳을 듯하고, 이후 비로소 상상력으로써 공백을 채우는 책들이 나오게 되었으니, 그 첫 번째가 『공자가어』이다.

70 송유들이 수신(修身)을 강조했던 것은 이민족의 종교인 불교에 대한 한족의 콤플렉스가 빚어낸 왜곡일 뿐이지 공자의 생각은 아니다. 공자는 개인 차원의 소양을 강조하기는 했지만 그것은 어디까지나 지배계층으로서의 소양이었지 철학적·윤리적 차원의 수신은 아니었다. 『논어』에는 '수신'이란 표현조차 나오지 않는다. 『예기』와 『맹자』 및 『순자』 단계에 이르러서야 비로소 나온다. 14·42의 '수기(修己)'라는 표현은 송유들이 말하는 수신과는 차원이 다르다. 명분론적 질서를 강조했던 송대 이학자들의 태도는 '예수 미스테리아'가 은유가 아닌 문자 그대로의 진실이라고 주장하면서 기독교라는 계시종교를 만들었던, 보편적이고 초월적이며 철학적인 신이 아니라 파벌적이고 변덕스러우며 전제군주와 같은 신을 만들었던, 예수를 재림에 대한 암호가 아니라 역사에 실존했던 사람으로 규정하면서 교회 권력을 잡았던 문자주의자들을 연상케 한다.

71 그는 기골은 장대했지만 군인은 아니었기에 현실적으로 무력 수단을 택할 수도 없었다.

넘으로 채택된다.[72] 무로써 권력을 잡을 수는 있어도 무로써 통치할 수는 없다고 인식한 한무제의 선택 덕분이다. 그 뒤로 공자의 구상은 무려 2천 년이나 중국을 지배하게 된다. 정무를 담당하는 사람은 문벌보다는 덕망과 능력으로써 선발해야 한다는 것, 지배층의 의무는 백성의 행복을 도모하는 데 있다는 것, 적어도 이 두 가지는 역대 정권이 표방하지 않을 수 없었으니, 그것만으로도 공자는 성공한 셈이다.

문으로써 통치한다는 공자의 구상은 이랬다. "치의 상태를 유지하는 것이 군주의 목표인데, 치의 표준으로는 주왕조 초창기의 文이 가장 훌륭하다. 그 文을 가장 잘 아는 사람이 나다." 공자는 자신의 이러한 구상이 군주에 의해 채택되어 자신에게 재상직이 맡겨지기를 바랐다. 그러기 위해서는 자신의 구상을 효과적으로 군주에게 전달할 미디어와 슬로건이 필요하였다. 공자의 생각이나 슬로건은 기득권층을 바꾸자는 것이므로 실제로는 위험하기 짝이 없는 것이지만, 군주와 왕조의 정통성을 세우자는 명분이었기 때문에 딱히 허물할 수는 없었을 것이다. 그것이 공자의 테크닉이었다.[73] 당시 문헌에 접근할 수 있는 사람이라곤 특수한 소수뿐이었기 때문에, 내가 고전에 가장 밝다는 공자의 주장에 반박할 수

72　한무제가 유가만을 남기고 백가를 물리쳤다고는 하지만, 묵가는 넓게 보자면 유가의 지류라고 말할 수 있고 도가와 법가 또한 유가와 대척점에 서기보다는 상보적 위치를 점하고자 했다. 그렇다면 통치 권력의 입장에서는 백가를 유가로 통합시키더라도 하등 무리는 없다고 여겼을 것이다.

73　공자의 이 테크닉은 이후 전범이 된다. 이후 중국사에 있었던 항쟁은 기존 체제하에서 자신의 자리를 차지하려는 것이었지 체제에 저항하는 것은 아니었다. 역적이나 탐관오리를 성토할지언정 황제를 배반하지는 않는다는 식이다. 최근 중국에서 빈번해지는 소요사태나 항쟁도 인민의 권리의식이나 법치의식의 각성에서 비롯한 것은 아니라고 본다. 어디까지나 체제 안에서 자신의 이익을 확보하려는 움직임일 뿐이다. 물론 체제가 그것을 감당하지 못할 때는 체제 자체가 뒤집어질 수 있기는 하다.

있는 사람도 없었을 것이다. 공자의 가장 독특했던 점은, 정권 참여에 뜻을 둔 제자들을 모아서 문헌도 가르치고 강론도 하는 등 '실천'을 했다는 점이다. 그것은 중국사 초유의 일이었다. 이후 제자백가라고 부르는 여러 이론가 겸 실천가들의 행태는 모두 공자를 따른다. 그것이 공자 개인의 역량 때문이 아닌 그 시대의 역사적 필연이라 하더라도, 중국인들이 '백화제방(百花齊放: 온갖 꽃이 일제히 피다)'이라고 부르는 그 문화현상의 단초가 공자에게 있음은 분명하다. 각자의 주장을 효과적으로 전달하기 위한 문장 수사법이 발달하게 되었으며, 오늘날 중국의 중요한 고전들이 공자 때문에 완성되었다고 볼 수도 있다. 한마디로 중국의 지력(知力)이 확대된 것이다. 공자에게 선뜻 정권을 맡긴 군주는 없었지만, 공자는 충분히 유명해졌다. 사후에 더 유명해졌으니 그것은 제자들 덕분이었고, 유능한 제자들로 인해 공자에 관한 전설은 증폭되었다. 이는 중국사의 일대 센세이션이었다. 수백 년 세월을 필요로 하기는 했지만 그는 결국 성공한 것이다.

공자가 성공한 요인은 정치적 의제들을 장악하는 역량에 있었다고 본다. 그는 사람들의 감성을 그만큼 잘 파악했던 것이다. 인간이면 누구나 열망하는 부귀의 본질은 무엇인지, 옳고(義) 그름(私利)의 기준은 무엇인지, 정치는 어떻게 하는 것이 바람직한지, 저항 없도록 民을 부리는 기술은 무엇인지, 실천이 없는 말은 왜 위험한지, 귀신에 대한 제사는 어떻게 지내야 하는지, 벼슬이 없는 사람은 어떻게 살아야 하는지, 지식인으로서의 자존심은 무엇이고 그것은 왜 필요한지, 역사 인물에 대한 평가의 기준은 무엇이어야 하는지, 인·의·예·지·효·제·충·신과 같은 것은 왜 중요한지 등등 그 시대 사람들이 민감하게 여기는 바를 공자는 최대한 의제로 삼아서 대화하고 퍼뜨리고 실천했다. 현자를 재상으로 삼은 결과 부국강병을 이룩했다는 역사적 사례도 많이 홍보했던 듯하다. 그러나 그는 부당한 권력이나 공포와 맞선 적은 없다. 권력의 속성에 대해 성찰한 적도 없다. 배고픔이나 전쟁 등 인민의 고통에 대해 주의한 적도 없다. 세련된 권력, 품위 있는 권력을 지향했을 뿐이다. 인민의 고통이나 인민에게 절실한 구체적인 문제들은 자신이 집권하기만 하면 간단하게 해결할 수 있다고 보았다.

그와 같은 공자의 방법론은 제자백가에게 그대로 이어진다. 그들은 공자와의 차별성을 부각시키고자 노력하면서도 방법론만큼은 공자를 따랐다. 그리하여 미디어를 활용하여 군주에게 발탁되고자 하는 인물들이 폭발적으로 늘어났을 뿐 아니라, 자기들끼리의 경쟁 때문에 글쓰기와 웅변이 발달했고, 문헌에 대한 수집과 연구도 증대되었다. 제자들을 모아서 가르치는 실천을 통해[74] 고전을 보전하고[75] 제자백가의 단초를 열었다는 것, 그것이 공자가 지니는 문화사적 의미이다. 정권을 잡으려는 제자백가의 각축은 결과적으로 중국의 문화를 한 단계 격상시켰는데, 이는 근

---

[74] 공자가 제자들을 모아서 형성했던 문파를 편의상 '공문(孔門)'이라고 부른다. 공자는 다른 문화권의 종교지도자들처럼 돌아다니면서 설교하는 방식으로 세력을 형성하지는 않았다. 문파도 폐쇄적이지 않았다.

[75] 한자문화권에서 정치권력을 행사하려면 문자 수단을 확보하는 것이 필수적이다. 문헌을 확보해야 권력의 근거를 대기 쉽다. 유가가 최종적으로 권력을 확보하게 된 것은 백가의 원조라는 이유도 있지만 『시』, 『서』, 『예』, 『춘추』 등 중국의 고전을 자가의 경전으로 삼은 데다 종조의 어록인 『논어』까지 갖추었기 때문이라고 본다. 시·서·예·악·춘추 등은 공자 이전부터 주왕조의 국가교육 텍스트였다. 본격적인 사학을 처음 경영했던 공자는 그것들의 체제를 정비하는 일로써 자신의 입지를 다졌다. 후발주자인 백가는 유가가 먼저 장악했다고 해서 국가의 기본 교재라고 할 수 있는 그것들을 부정하거나 외면할 수는 없었다. 현전하는 유가 경서들 대부분은 순자와 그 학파들이 주관하여 다시 편찬했다고 보는데, 한대이후에는 국가가 직접 그 텍스트들을 장악하여 반포하고 교육함으로써 정권 유지의 수단으로 삼는다. 『논어』는 그러한 실천을 처음 했던 공문의 기록이라는 점에서 다른 경서들보다 훨씬 더 중요하다.

본적으로 제후들이 부국강병을 목표로 경쟁하던 환경 때문이었다.[76] 하지만 전국시대 말기가 되면 고전에 대한 소양을 바탕으로 지력을 높이던 경쟁에서 나아가 '변설'만을 가지고서 각국의 정치를 좌지우지하려는 유세객들이 제후국 사이의 외교를 좌지우지하게 된다.[77]

---

[76] 중국은 단일한 거대 국가로 유지하는 것보다 작은 나라로 나뉘어 서로 경쟁하는 것이 인민 개개인 삶의 품질 면에서는 더 나을 수도 있다. 이미 춘추시대부터 소국과민(小國寡民)을 외치는 그룹이 있었고 지금도 일부 부유한 성(省)에서는 그런 목소리를 내기도 한다. 그러나 중국이라는 나라가 지니는 힘은 효율보다는 커다란 규모에서 나온다. 그것을 잘 아는 중국의 정치권력은 소국과민을 용납하지 않는다. 중국의 인민들도 작은 나라들로 쪼개지는 것을 결코 바라지 않는다. 분열될 경우 통일전쟁을 일으키는 세력이 반드시 나온다고 보기 때문이다. 그렇다면 내전의 고통을 겪으니 개인의 권리나 자유가 다소 위축되더라도 대국으로 유지되는 것이 낫다고 생각하게 되는 것이다. 그렇다면 중국 문명사에서 상호경쟁 외에 상호부조의 흐름은 없었는지를 살펴보는 일도 의미 있을 것이다. 크로포트킨(Pyotr Alekseyevich Kropotkin, 1842~1921)이 일찍이 지적했다시피 인류를 비롯한 생물 종들은 다윈주의자들이 역설하는 생존경쟁 못지않게 협력과 연대에 기초한 상호부조 또한 진보를 이끌어온 힘이기 때문이다. 중국이 작은 나라들로 쪼개질 경우 상호부조를 할 수 있는 가능성은 없을지를 살펴보는 것은 흥미 있는 주제라고 본다.

[77] 상대국을 감쪽같이 속이고, 상대국의 군신 사이를 이간시키고, 상대국의 재상이나 군주에게 뇌물을 주어서 회유하고, 다른 제후국과 결탁하거나 군주를 암살하고, 최후에는 군대를 보내 상대국을 겸병해버리는 현상이 만연했던 것은 유세객이 득세하게 되었던 말폐현상이라고 할 수도 있지만, 국가의 운명을 군주 개인이 천거하는 한 인물에게 의탁해버리고 마는 제도적 폐단으로 보는 것이 더 정확할 것이다. 공자는 집권 야망을 가졌다 하더라도 어디까지나 존주(尊周)의 범주 내에서 생각하였지만 전국시대 유세가들에게는 존주라는 생각이 아예 없었다. 『사기·열전』에는 전국시대 말기 숱한 유세객들의 활약상이 잘 기록되어 있다.

20. 『논어』를 어떻게 읽을 것인가

현대인이 전통시대 유자들의 시각으로 『논어』를 대할 수는 없다. 탈유교와 탈전통의 위치에서 『논어』를 보게 되면 함부로 재단할 위험이 있기는 하지만[78] 유교와 유교문화에 대한 비판적 시각 없이 이 시대에 『논어』를 읽는다는 것은 어떤 의미도 이룰 수 없다.[79]

---

[78] 전통시대 유교문화권에서 반전통(反傳統)이나 반유교(反儒敎)를 내건 사람은 없었다. 목숨을 내놓는 일이나 마찬가지였기 때문이다. 반전통·반유학의 대표 인물로 이탁오(李卓吾, 1527~1602)를 꼽는 사람이 많은데, 적어도 그의 『논어평』을 보자면 그런 평가를 내리기에는 충분하지 않다고 본다. 전통적인 주석 방식을 따르지 않았다는 점에서 반전통이라고 말하는 듯하지만 불성실하고 모호한 짧은 언어만으로 일관하는 것을 반전통적인 해석이라고 평가해줄 수는 없다. 비전통일지언정 반전통은 아니다(『이탁오의 논어평』(이영호 역주, 성균관대학교출판부, 2009) 참조).

[79] 동서양 문물이 서로 접촉하기 시작한 이후 서양은 기본적으로 자신의 정체성에 흔들림이 없었지만 서양에 의해 정복당한 동양은 역사적 단절을 겪었고, 그 때문에 서양문물을 수용하고 배우지 않으면 안 되었다고 흔히 기술한다. 이는 레빈슨(Joseph R. Levenson, 1920~1969)과 같은 미국의 중국학자들이 유학의 가치를 폄훼하는 논거가 된다. 그러나 특정 초점에 맞추어 하나의 정체성에 따라 문명을 구획하려는 생각은 폭력을 초래할 수밖에 없다. 세계의 무수한 갈등과 만행은 선택이 불가능한 독보적인 정체성이라는 환영을 통해 유지된다는 아마르티아 센(Amartya Kumar Sen)의 언급은 시사하는 바가 크다(『정체성과 폭력』(김지현, 이상환 옮김, 바이북스, 2009) 참조).

한편, 중국의 유학은 18세기 서구 계몽주의자들에게 결정적인 영향력을 미쳤다. 예수회 선교사들이 중국의 유학을 서구에 소개한 뒤 볼테르, 크리스티안 볼프, 라이프니츠, 루소, 흄, 프랑수아 케네, 애덤 스미스 등이 그 영향을 받았고, "17세기말에 스피노자, 커드워스, 컴벌랜드 등 서너 명의 유럽 철학자들이 기독교신학과 그리스철학의 중압 속에서 공맹철학의 '일부분'을 '훔쳐 쓴' 것과는 대조적으로, 18세기에는 유럽의 거의 모든 철학자들이 기독교신학과 그리스철학을 뒤로 밀어내고 공자를 '공공연하게' 찬양하며 공자철학과 중국문화 '전반'을 유럽화

19세기에 중국이 서구 제국주의에 의해 무릎을 꿇자 중국의 지성은 전통을 배척하려는 입장과 전통을 더욱 숭상하려는 입장으로 나뉜다.[80]

하고 공자를 '수호성인(the patron saint)'으로 삼아 동서패치워크 철학운동으로서의 계몽주의 사상운동을 일으켰다."라고 황태연은 주장한다. 플라톤의 영향을 받은 자신들은 정작 플라톤식의 정치체제를 갖지 못했지만 중국에서는 이미 오래 전부터 플라톤식 정치가 안정적으로 운용되고 있다고 믿은 서구 지식인들은 자괴감과 분발심을 동시에 일으키면서 이성을 기반으로 한 고도의 지적 통제가 현실에서도 가능하다고 믿게 되었는데, 이런 심리적 기반은 비이성적인 구체제에 대한 거부와 신체제의 성립을 주장하게 되었다는 것이다(『공자와 세계』 (청계, 2011), p.41 및 p.389 참조).

황태연의 설명이 아니더라도 유럽의 계몽주의가 중국의 영향을 받은 것은 확인된 사실이다. 다만 서구의 지식인들은 명과 실이 다른 중국의 문화를 제대로 이해하지 못하고 자기네 틀에 맞추어 해석한 혐의가 있다. 황태연이 인용한 18세기 서구 지식인들의 유학에 대한 견해는 자기들이 믿고 싶은 유학이지 중국 유학의 실상은 아니다. 예컨대 초기 선교사들은 유학을 유럽에 소개할 때 송유들의 신유학은 유물론이라면서 비판적으로 소개하였고, 사서를 소개하면서는 『맹자』를 제외시켰다. 맹자의 성선설이 기독교의 원죄설과 충돌하고 맹자의 혁명론은 당시 서구의 정치제제에 부정적인 영향을 끼친다고 보았기 때문이다. 오해하기만 한 것이 아니라 능동적인 왜곡도 했던 것이다. 20세기 말, 포스트모던으로 불리는 일군의 서구 지식인들이 이전 세기 계몽주의가 표방하고 나섰던 보편적 이성의 허구와 획일적 이성의 횡포를 자각하고서 서구사회 위기를 극복할 대안을 중국의 유교에서 찾으려는 움직임을 보였는데, 그때도 역시 자기들이 보고 싶은 중국, 보고 싶은 유교를 그렸을 뿐이라고 생각된다. 다만 18세기 계몽주의가 인간의 이성에서 진리의 근원을 찾으려는 합리적인 사고, 인습과 전통의 권위보다는 개인의 권리를 더 중시하는 개인주의적 태도, 속박과 억압을 거부하는 자유주의적 정치의식 등을 토대로 한다는 점을 생각한다면, 세습 지배층 대신 소양을 닦은 士가 정무를 담당하여 이상사회를 이룩하고자 했던 공자의 활동과 절대왕정을 타도하고 자신이 권력을 잡고자 했던 부르주아의 계몽주의 운동 사이에는 경향성에서 일정한 정도의 닮은 점이 있다고 말할 수 있을 것이다.

80 구한말 조선의 경우도 전통을 고수하자는 위정척사론과 서구의 문물을 받

마침내 서구의 사회과학 이론을 정강으로 삼은 공산당이 정권을 잡자 전통은 사실상 허울만 남게 된다. 한편 서구의 지성은 제국주의적 관점에서 유교문명을 정체적인 문명으로 규정하면서 폄하하다가, 1980년대 포스트모던이라는 사조가 휩쓸면서 비로소 그런 시각을 교정하려는 움직임이 일어난다. 계몽주의가 표방하고 나섰던 보편적 이성의 허구와 획일적 이성의 횡포를 자각하고, 근대성과 극단의 이기주의가 서구사회에 심각한 가치부재와 사회위기를 초래하였다고 인식하게 된다. 그리하여 이를 극복할 대안을 찾는 과정에서 가족공동체를 중시하는 유교에 관심을 갖기에 이른다. 일본·한국·대만·홍콩·싱가포르 등 유교문화권 국가들의 번영도 서구로 하여금 '아시아적 가치'라는 것에 주목하도록 만들었는데, 이런 분위기는 최근 중국의 경제력 부상을 등에 업고 더욱 힘을 얻고 있다. 이런 변화는 일단 바람직한 변화이기는 하다.

하지만 '아시아적 가치'에 대한 탐구는 서구 지성보다는 아시아 지성의 몫으로 돌리는 것이 낫다.[81] 아시아는 서구의 문물을 본격적으로 접한

아들이되 전통은 지키자는 동도서기론으로 갈렸는데, 전반적으로는 개신론에 가까운 유교배척론이 우세했다.

81   그러나 1920년대 현학파(玄學派)와 과학파(科學派) 사이의 과현논전(科玄論戰) 이후 등장한 웅십력(熊十力, 1885~1968)부터 서복관(徐復觀, 1904~1982), 모종삼(牟宗三, 1909~1995), 이택후(李澤厚, 1930~), 두유명(杜維明, 1940~) 등에 이르는 소위 신유학자들은 자신들의 학술 목표를 유학의 긍정과 부흥에만 두기 때문에 방법론이나 관점에서 우려스러운 부분이 많다. 예컨대 모종삼은 도통(道統)을 긍정하는 것이 도덕종교의 가치를 긍정하는 것이라고 말하는가 하면, 두유명은 유교권 사람들의 의식구조에는 '마음의 유교적 습성들(the Confucian habits of the heart)'이 자리 잡았다면서, 이런 습성 안에 "학문의 본질적 가치에 대한 인정, 유기적 인간관계, 신용과 신의에 기반한 공동체로서의 사회, 개인적 이익과 공동선의 조화, 책임과 함께 증가하는 도덕의식, 지도자들이 도덕적 행동의 실천을 통해 모범이 되어야 한다는 기대, 문화적 엘리트의 사회적 책임, 수재 교

지 한 세기 정도나 지났기 때문에 양쪽을 비교할 수 있는 조건과 역량 면에서 서구보다 비교우위에 있기 때문이다. 비서구권 문물을 본격적으로 접하지 못한 서구보다는 서구 문물을 한 세기 남짓이나 본격적으로 접한 비서구권 국가들이 그런 작업을 하는 데는 훨씬 유리하다. 아시아는 아시아적 가치를 발견한다거나 수립한다거나 하는 목표보다는 동서 양쪽의 문물을 회통하여 보편적인 미래 가치를 창출하는 데에 목표를 두어야 한다. 그러자면 아시아는 한 세기 남짓 동안 서구문물의 이해와 접수에 기울였던 노력을 이제는 자기의 전통문화를 제대로 이해하고 평가하는 쪽으로 돌리는 것이 바람직하다. 전통을 옹호할 것인가 배척할 것인가 하는 시각을 넘어서 동서 모두의 문물을 객관적으로 이해하고 보편적인 미래 가치를 창출할 수 있어야 할 것이다.[82] 그런 차원에서 유교문화권에 속했던 나라들이 『논어』를 반전통의 자세에서 새롭게 이해하는 일은 중요한 과제이다. 『논어』만큼 유교문화권의 문물이 함축된 대상은 없기 때문이다.

육제도 등이 포함되어 있고, '마음의 유교적 습성들'의 한 축을 형성하는 근면, 절약, 성실, 청렴 그리고 교육의 중요성을 강조하는 유교의 전통적 가치관은 현대 동아시아인들의 삶의 과정에서 지대한 영향을 미쳐 이 지역 국가들의 성공적인 경제발전의 원동력이 되었다."라고 주장한다. 부정·부패·차별·양극화 등 중국 사회의 온갖 문제를 중국 내부에서 치열하게 부닥치고 있는 지성인이라면 미국에서 활동하는 두유명의 이런 레토릭에 과연 동의할 수 있을지 반문하지 않을 수 없다. 중국은 19세기 이후 중국적 가치를 부정당해왔던 것이 순전히 서구의 힘 때문이었다는 생각에서 벗어나지 않는 한 보편적인 미래 가치를 창출하기는 어렵다고 본다.

82 이제 『논어』를 읽으면서 다시 한 세기 전처럼 "전통을 수호하자!"라거나 "우리 것이 좋은 것이여!" 또는 "정신문명은 아시아가 더 높다!"와 같은 구호가 난무한다면 우려하지 않을 수 없다.

학이(學而) 제일(第一)

『논어』가 20개의 편으로 나뉘게 된 기준에 대해 설명하려는 시도는 많다. 근자에는 독립적으로 유행하던 편들의 합집으로 간주하고서 선후관계를 추론하는 학자들이 많은데, 그런 생각은 『논어』의 성립을 기독교 교전의 성립과 같다고 보는 오류이다.[1] 『논어』의 각 편은 기본적으로 성격이 같다. 『논어』의 초기 모습이 지금의 모습 그대로는 아니었겠지만 성립 시기나 편찬자가 각기 다른 여러 편들을 모은 것은 결코 아니라고 본다. 장우와 정현을 거쳐 하안 단계에서 이르러 현전하는 형태로 고정되었을 것으로 추정한다. 물론 「향당」이나 「요왈」과 같은 편은 중간에 삽입되었을 수 있지만 각 편이 독립적으로 유행하지는 않았다고 본다. 『사기·공자세가』는 『논어』를 뼈대로 하되 다른 책도 참고하면서 공자의 연대기 형식으로 잘 정리한 글이지만 '논어'라는 책이름이 나오지는 않은 것으로 보건대 사마천 당대에도 '논어'라는 이름의 책은 등장하지 않았

---

1   「학이」는 「위령공」 뒤에 와야 하고, 「위정」은 「자로」 29~30에서 주장하는 호전적인 전쟁철학을 무위적이고 도덕적이고 가족주의이며 역사주의적인 색채로 바꾸고 있기 때문에 「자로」 뒤에 와야 한다는 브루스 브룩스(E. Bruce Brooks, 白牧之)와 타에코 브룩스(A. Taeko Brooks, 白妙子)의 주장이나〈*The Original Analects: Sayings of Confucius and His Successors*(Columbia University Press, 1998)〉, 김용옥이 그와 비슷하게 선후관계를 추론하거나 하는 것들이 그 사례이다〈『논어 한글역주 1』(통나무, 2008)〉.

을 것으로 본다. 또한 제자들은 공자 생전에 스승의 말씀을 수시로 기록하여 갈무리했다.[2] 그렇다면 '논어'라는 이름은 비록 나중에 매겨졌을지라도 공자의 어록을 한데 모으려는 생각은 공자 사후 바로 있었을 것이다. 따라서 현전 『논어』는 비록 몇 차례의 개찬을 거쳤을지라도 공자 생전에 스승의 말씀을 기록해두었던 직접 배운 제자들, 특히 말기 제자들이 갈무리해둔 것을 저본으로 삼았다는 것을 의심하기는 어렵다.

제2편 「위정」이 모두 공자의 어록인 데 반하여 제1편 「학이」는 16개 장 가운데 공자의 어록은 8개 장이고, 유약의 어록 3개, 증삼 2개, 자공 2개, 자하 1개가 섞여 있다. 모두 말기 제자들이다. 맨 먼저 공자, 이어서 유약, 이어서 공자의 어록을 한 번 더 배치한 다음 증삼의 어록을 배치하는데, 이런 배치는 공자 사후 공문의 대표 지위를 그 두 사람이 차례로 이었음을 보이려는 증거가 아닐까 한다. 공문의 적통을 중시한 편차라는 것이다. 특히 유약과 증삼의 경우 이름이나 자(字) 대신 '有子', '曾子'라는 존칭으로 되어 있으므로 유약과 증삼을 스승으로 모셨던 사람들이 주관해서 편찬했을 것이라고 설명하는 근거가 된다. 그렇다면 그들은 자하와 자공이 비록 공문의 대표 지위를 지닌 적은 없기에 '~子'라는 존칭을 사용하지는 않았지만 그 두 사람을 높이 평가하였기 때문에 그들의 어록도 첫 편에 실었을 것이다.[3] 위 두 사람 외에 염구도 '冉子'로 적힌 곳

---

2   15·06 참조.

3   유약은 「학이」에서만 '有子'로 적혔고 다른 한 곳에서는 '有若'으로 적혔으며, 염구는 15군데나 나오지만 6·04와 13·14의 두 곳에서만 '冉子'로 표기되었다. 오직 증삼만이 일관되게 '曾子'로 표기되었다. 그렇다면 유약은 공문 수장 지위를 잠시만 지녔을 뿐이고 증삼은 오래 지니면서 제자들도 많지 않았을까 한다. 다섯 차례 언급되는 민자건(閔子騫)도 11·13에서는 한 차례 '閔子'로 적히기는 한다. 그런데 그 경우는 '閔子騫'에서 '騫' 자가 탈락되었을 가능성이 더 많다고

이 있지만 '冉子曰~'이라고 시작하는 염구의 어록은 아니다. 염구에 관한 여러 고사가 실리면서 6·04와 13·14 두 군데에서만 '冉子'로 적었을 따름이다. 염구는 만년의 공자를 시봉하였던 유약·증삼·자하·자장 등 말기 제자들과는 나이로 보거나[4] 경륜으로 보거나 간에 구분될 수밖에 없다. 공문의 적통을 드러내 보이려는 「학이」편이 아닌 다른 편에서 잠깐 '염자'라고 부르기만 한 것은 아마도 그의 사회적 지위가 제자들 가운데서는 가장 높았기 때문이 아닌가 한다. 특히 13·14에서 "冉子退朝"라고 한 것은 조정에 출사하는 염구를 묘사하는 장면이기 때문에 '염자'라는 존칭을 적지 않았을까 한다. 그게 아니라면, 유약이나 증삼을 존칭으로 부르면서 염구를 이름으로 부르는 것에 불만을 가진 사람이 한두 군데 정도를 '염자'라고 표기했을 수도 있다. 호칭은 시간이 흐름에 따라 인플레이션 되기 때문이다.

　「학이」편에 공자 제자들의 어록을 골고루 채울 의도였다면 마땅히 초기 제자 가운데 중요 인물인 안회나 자로의 어록부터 실었어야 할 것이다. 그러나 공문의 적통을 드러내기 위한 의도였기 때문에 공자 사후 공문의 수장 지위를 기준으로 하거나, 후대에 학파가 융성하게 된 제자를 기준으로 편집했을 것이다. 유약과 증삼은 무슨 이유에서 공문의 수장 지위를 놓고 갈등을 겪은 듯한데, 어쨌든 수장의 지위는 유약과 증삼의 순서로 이어졌다고 본다.

본다.
4　염구의 나이는 유약보다 14살이나 많았다.

1·01 子曰 學而時習之 不亦說乎 有朋自遠方來 不亦樂乎 人不知而不
慍 不亦君子乎

스승님께서 말씀하시기를 : (스승을 좇아) 배우면서 그때그때 익힌다는 것, (그
건 참) 기꺼운 일 아닌가? 먼 데서도 찾(아 와주)는 벗이 있다는 것, (그것도) 즐
거운 일 아닌가? 남이 알아주지 않아도 안달하지 않는다는 것, (그건 진정) 군
자답지 않은가?

| 주 |

1) 子曰(자왈) : '子'는 스승에 대한 존칭이지 '孔子'의 준말이 아니다.
그러니 '공자께서 말씀하시기를'이라고 번역해서는 안 된다. '子'는 성
인 남자에 대한 춘추시대의 미칭이었다.[5] 물론 지배계층에서의 경우이
다.[6] 미칭으로서의 子는 다음과 같이 사용된다. ① '孔子', '墨子'처럼 성
씨에 '子'를 붙여서 경칭으로 사용하는 방법인데, 스승이나 덕이 있는 남

---

5   원래 대부를 가리키던 호칭인데, 세습하는 천자와 제후를 제외하고는 남자
로서 가장 높이 오를 수 있는 작위가 대부이기 때문에 대부를 가리키는 호칭이
남자의 미칭이 되었다고 오규 소라이는 설명한다.
6   『논어』에 나오는 말(parole)은 특별한 경우를 제외하고는 그 대상 범주가 언
제나 지배계층에 한정된다.

자를 가리키는 경우이다. 이름은 빼고 성씨만 표기한 것은 씨족사회 전통 때문인데, 성씨만을 내세우는 전통은 이후 봉건시대를 통틀어 유지된다. '諸子百家'라는 말에서 짐작할 수 있듯이 춘추시대 초기에는 일정한 지위나 영향력을 갖추면 '~子'라는 호칭을 제한 없이 사용했던 듯하지만 후대로 내려가면 배타적으로 사용한다. 경칭의 인플레를 막기 위한 정치적 제한일 수 있다.[7] ② 씨족 가운데 대부가 된 사람에게는 '夫子'라는 3인칭 경칭을 사용하였다. 공자의 제자들도 공자를 '夫子'라고 불렀다. '夫子'는 나중에 2인칭으로도 사용되는데,[8] 『좌전』에 2인칭 사용례가 보이지 않는 것을 보면 2인칭으로서의 호칭은 전국시대 이후에 만들어졌을 것이라고 최술은 설명한다.[9] ③ '子'는 어느 때인가부터 최근까지 2인칭 경칭으로도 사용된다. ④ '子路', '子貢', '子夏'처럼 자(字)의 첫 글자에 '子'를 붙이는 것도 춘추시대의 관행이었다. 『논어』에서 공자의 말을 1인칭으로 기술할 때는 '子曰'이라 하고, 3인칭으로 기술할 때는 '夫子'라고 하는데(11·26, 17·04) 둘 다 대내적 경칭으로서 '우리 스승님'이라는 뜻이다. 중국 고문에서 화법이나 호칭은 권력관계, 그리고 대내적인지 대

---

7 주희는 『논어집주』에서 앞선 주석가들의 견해를 인용할 때 장재(張載, 1020~1077)와 정이(程頤, 1033~1107)는 '張子', '程子'라고 부르지만, 윤돈(尹焞, 1070~1142), 유초(游酢, 1053~1123), 사량좌(謝良佐, 1050~1103) 등은 '尹氏', '游氏', '謝氏'라고 부른다. 조선에서도 집권층에서 노론의 비조인 송시열(宋時烈, 1607~1689)을 '宋子'로 부른 외에는 누구에게도 감히 '~子'라는 호칭을 사용하지 못했다.

8 『논어』에도 그 용례가 있다.

9 그래서 『논어』에서 '夫子'가 2인칭으로 사용된 곳은 의심스러운 대목이라고까지 말한다. 그러나 현전 『논어』는 전국시대 이후에 편찬된 것이 확실하기 때문에 호칭이나 문체가 전국시대 이후의 것이라는 이유로 그 내용 자체를 의심할 수는 없다고 본다. 호칭이나 문체는 편집 과정에서 당대의 표현으로 얼마든지 재조정될 수 있기 때문이다.

외적인지의 여부에 따라 달리 표현된다. 『논어』는 공문(孔門) 내부에서 편찬했기 때문에 일반적으로는 '子曰'이라고 표현하지만, 공자와 제삼자의 대화를 적을 때는 대외적 호칭을 사용하여 '孔子曰'이라고 표기한다.[10] 유가 아닌 다른 가에서도 자기네 스승을 대내적으로는 '子'라고 부르고 대외적으로는 '墨子', '老子'라고 불렀는데, 다만 표기에서는 1인칭의 경우 대체로 '子曰'이 아닌 '子沈子曰', '子公羊子曰'처럼 표기한다. 그것은 아마도 주류를 차지하게 된 유가의 기록물과 구분하기 위해서였을 것이다. 3인칭은 '孔子'와 혼동할 염려가 없기 때문에 '沈子曰', '公羊子曰'로 표기하고, 1인칭에서만 구분했다.[11]

2) 學(학) : 군자·인·의·예·지·신 등 『논어』의 핵심어들은 모두 '학'으로 총괄된다. 학이 그 개념들을 포괄한다는 뜻이 아니라, 그것들은 모두 학을 거치지 않으면 안 된다고 공자는 강조했다는 뜻이다. 제자백가 가운데 유가가 최종적으로 패권을 확보하게 된 것도 학을 중시했기 때문이라고 본다. 『논어』에 '학'은 43개 장에 걸쳐 65회나 나오는데, '일정한 스승이나 교육기관에서 일정한 수업을 받는 것'을 의미할 경우에는 '思'

---

10   "或謂孔子曰~"(2·21), "哀公 問弟子 孰爲好學 孔子對曰~"(6·03) 등이 그 용례이다. 따라서 공자보다 신분이 높은 사람과의 대화를 적을 때는 '子' 대신 '孔子'를 사용했다는 2·19에서의 주희의 설명은 맞지 않다. 호칭에 신분이나 권력관계가 반영되기는 하지만 14·05에서 제자와의 대화임에도 '孔子'로 표기한 것을 보자면 대화 상대의 신분에 따라 '子曰'과 '孔子曰'로 구분했다고 보이지는 않는다. 14·05에는 '子'와 '夫子' 및 '孔子'가 모두 사용되고 있으므로 거기에서 우리는 인칭 사용례를 짐작할 수 있다.

11   다만 『맹자』의 경우에는 '子曰'이나 '子孟子曰'이라고 하지 않고 1인칭의 경우에도 '孟子曰'로 기록하였는데, 『맹자』는 『논어』처럼 맹자를 유일한 스승으로 여기는 집단의 내부자가 배타적 권력관계를 드러내고자 맹자의 언행을 '모은 책'이 아니라, 맹자를 공자의 후학으로 여기는 사람이 맹자를 객관적으로 '서술한 책'이기 때문에 맹자를 객관적 호칭으로 불렀다고 본다.

의 대립개념으로 사용되고(2·15, 15·31), 타동사로 사용될 경우 목적어로는 주로 '文'이 등장하지만(1·06, 6·27, 12·15), '詩'(2·18), '兵學'(15·01)일 때도 있다.[12] 1·01, 1·07, 1·08, 19·07, 19·22에서 보듯이 공자는 학을 바람직한 지배계층, 즉 군자가 될 사람에게 요구했지 피지배층까지 포함한 보편적 인간에게 요구하지는 않았다. 학이 지위나 녹(祿)을 얻기 위한 과정이라는 생각이나(15·32, 8·12), 학하지 않으면 하층민이 되고 학하면 지배계층이 된다는 생각은(16·09) 공자만이 아닌 당시의 보편적 생각이었을 뿐 아니라 나중에는 유교문화권 전체의 생각이 된다.[13] 공자는 학의 대상으로 주로 '시'와 '예'를 드는데(16·13, 17·09), 그 두 과목은 고대부터 전해 내려오는 일정한 교재가 있었던 듯하며(11·25),[14] 학의 자세로는 "學而不思則罔 思而不學則殆"(2·15)를 강조했다. 목표에 도달하지 못한 것처럼 배우고, 배운 것을 잃을까 봐 걱정해야 한다고

---

12 7·34, 11·26, 13·04, 14·24처럼 새로 알게 되거나 새로 할 수 있게 된 것을 의미하기도 한다. 7·17의 '易'은 오기가 분명하므로 예외이다.

13 17·04의 "小人學道"를 근거로 공자는 피지배층까지 포함한 보편 인간에 대한 교육을 추구했다고 주장하는 사람이 있다. 그러나 공자는 '小人'이라는 호칭을 '君子'와 대립되는 가치적 의미로만 사용했지 피지배계층을 가리키는 신분 이름으로 사용하지는 않았기 때문에 동의할 수 없다. 공자는 계급이나 계층을 초월하여 인간 보편의 인격이나 인간성이나 인권 같은 것에 대해 생각한 적도 없고, 인간 보편에 대한 교육의 필요성에 대해 언급한 적도 없다. 공자의 관심은 어디까지나 바람직한 지배계층의 양성이었다. 따라서 19·22 같은 곳을 보면, 이미 자공 당대부터 학한 사람과 학하지 않은 사람에 대한 사회적 차별이 존재했던 것으로 짐작된다.

14 그래서 미야자키 이치사다(宮崎市定, 1901~1995)를 비롯한 많은 주석가들은 이 장에서 '학'의 목적어는 '예'인데 생략되었을 뿐이라고 주장하지만, 동의하지 않는다. 여기서 공자는 학의 가치를 말하고 있지 학의 내용을 말하고 있지 않기 때문이다.

하며(8·17), 학의 중요성을 '호학(好學)'이라는 말로써 강조한다.[15] 공자는 생전에 박학으로 소문났던 듯하고(9·02, 15·03) 자하 또한 박학을 강조한 바 있는데(19·06), 공자 사후 『예기』가 만들어질 무렵에는 학에 대한 효용과 가치가 정립되었을 것으로 추정한다.[16] 공자가 이처럼 학을 중시했던 탓에 유교문화권에서는 교육의 전문성이 확보될 수 있었다고 본다.[17] 공자가 생각했던 학은 문헌을 공부하는 것도 아니고 인성의 도야를

15   그는 호학의 모범으로 공문자(孔文子)를 든 바 있지만(5·14) 자기만큼 호학하는 사람은 없을 것이라고 자신감을 보이는가 하면(5·27, 7·02, 14·35), 자신은 15세 때 배움에 뜻을 두었다고도 말하고(2·04), 배운 것이 잘 익혀지지 않는 것을 언제나 숙제로 삼는다고도 말했다(7·03). 제자들 가운데서는 안회를 호학의 모범으로 꼽았고(6·03, 11·07), 관직에 있지 않더라도 언제든지 관직에 복귀할 수 있도록 호학의 자세를 지니고 있으라고 강조하였으며(8·13, 17·08), 자하 또한 같은 말을 반복한다(19·05, 19·13). 그는 제자들에게 비록 제도권의 정규과정에서는 함께 배울지라도 장차 각자의 노선은 달라질 수 있음도 명심하라고 주문한다(9·30). 1·14의 '(주)好學' 참조.

16   "군자로서 인민을 교화하고 풍속을 이루는 일을 성취하고자 한다면 반드시 학을 통해야만 한다. 옥을 다듬지 않으면 그릇이 되지 않듯이 사람도 배우지 않으면 도리를 모르게 된다. 그러므로 옛 성왕들도 나라를 세우고 인민을 다스림에 있어서는 가르치고 배우는 일을 우선으로 삼았다(君子如欲化民成俗 其必由學乎 玉不琢不成器 人不學不知道 是故古之王者建國君民 敎學爲先)."라는 『예기·학기』의 표현에서 짐작할 수 있다. 『예기』에서 정치의 첫째 과제를 교학으로 꼽은 것은 유가의 이론 정비가 상당히 진행된 다음에 만들어졌기 때문이라고 본다. 순자학파의 견해가 들어갔다고 보는 사람도 있다. 13·09를 보더라도 공자는 정치의 첫째 과제를 어디까지나 백성을 부유하게 만드는 것으로 여겼고, 가르치는 일은 그다음이라고 했다. 백성을 부유하게 하는 것이 정치의 첫째 과제라는 생각은 이미 관중(管仲, 719~645 B.C.)부터 시작되었고, 이후 맹자(孟子, 372~289 B.C.)를 거쳐 등소평(鄧小平, 1904~1997)의 선부론(先富論)으로까지 이어진다.

17   11·03에 나오는 '言語'니 '文學'이니 하는 표현은 각각 전문적인 과목 이름으로 사용되었다.

위해 스스로 수행하는 것도 아니다. 학문 활동은 더욱 아니다.[18] 권위 있는 외부 표준, 즉 선왕지도(先王之道)를 익힌 '스승을 좇아서 익히는 일'이었다. 기존의 가치와 체계를 익힘으로써 사회적 관계망을 습득하는 일이었다. 알 수 없는 힘을 지닌 天과 같은 대상에게 오로지 의지하던 이전 시대와 차별되는 것이 바로 그 점이다. 학을 통해서 사회적 관계망을 잘 유지하는 것을 '史'라고 표현했고, 그렇지 못한 상태를 '野'라고 표현했다. 유가를 반대했던 도가는 앞 세대의 모방에만 전적으로 의지하는 학보다는 인간과 우주의 본성을 따르는 것이 낫다고 권한다. 그리고 주희는 기존의 가치와 체계를 익히는 학이라는 절차가 인간의 性과 연결되어 善이라는 도덕을 끌어낸다고 말한다.[19] 학을 종교적 차원으로까지 확대한 셈이다.[20] 한편 학은 교육기관의 이름으로도 쓰였으니, 『예기·학기(學

---

18 벤저민 슈워츠는 이렇게 말한다. "넓은 의미의 학습은 인류의 과거에 관한 중요한 경험적 지식과 이 경험적 지식에 새겨져 있는 통일적 이상에 대한 이해 그리고 이 지식을 현재의 삶에 관한 판단에 적용할 수 있는 능력의 정도를 포괄한다. (…) 비록 토론술 그 자체를 위한 지성적 토론에 대한 사랑은 아닐지 몰라도, 그리고 한 번도 그 자체의 궁극적 가치가 인정된 것은 없었어도, 사실상 학문 자체를 위한 학문에 대한 사랑은 유학 사상사의 주제가 되었다." 그러나 그의 견해는 『논어』의 '學'을 '學問'으로 여기는 오해이다. 공자가 강조한 학은 학문이 아닌 학습(practice)이다〈벤저민 슈워츠, 앞의 책, p.153〉.

19 "學之爲言效也 人性皆善 而覺有先後 後覺者必效先覺之所爲 乃可以明善而復其初也(학이란 말의 뜻은 본받는다는 것이다. 사람의 성품은 모두 선하지만 깨달음에 선후가 있으니, 나중에 깨달은 사람은 반드시 먼저 깨달은 사람이 한 바를 본받아야만 선을 밝혀서 처음 자리를 회복할 수 있게 된다)".

20 이른바 신주(新注)라고 불리는 송대 이학자들 주석의 특징은 『논어』를 공자 시대의 환경에서 이해하려고 하지 않고 이렇듯 자신들의 종교적 주관성에 맞추어 해석하려는 점이다. 공자는 인간의 性에 대한 언급 자체를 꺼렸다고 제자들이 증언하고 있는데도(5·12) 주희는 性에 집착한다. 이처럼 이학자들의 관념적인 해석에 대해 박세당(朴世堂, 1629~1703)은 이의를 제기한다. 學을 단지 본받

記)』에는 '家에는 塾, 黨에는 庠, 州에는 序, 國에는 學'을 둔다고 되어 있다. 고대 중국의 지배층은 기득권 유지에 필요한 장치를 일찍부터 정교하게 준비했던 것이다.

3) 時(시) : 고주(古注)는 '시의적절'의 뜻으로 새기지만,[21] 신주(新注)는 '時時習之(틈틈이 익히다)'나 '無時而不習(익히지 않는 때가 없다)'처럼 '틈나는 대로'의 뜻으로 새긴다.[22] 미야자키 이치사다(宮崎市定, 1901~1995)는 공자의 제자들이 공부하는 곳은 공자의 집이기 때문에 항상 집회를 할 수 없으므로 때를 정해서 실습회를 거행한 것이라고 해석하지만,[23] 역사기록에 대한 해석이라면 모를까 일반적인 배움과 일반적인 익힘에 대한 강조를 그렇게 볼 수는 없다. 가이즈카 시게키(貝塚茂樹, 1904~1987)는 14·13의 "夫子時然後言"과 여기의 '時'를 모두 실사(實

는다고만 설명하면 스승에게서 전해 받고 강구하면서 질문하는 구체적인 행동이 드러나지 않게 된다고 지적한다(박세당, 『사변록–논어』 「학이」 1장 참조). 오규 소라이 또한 주희의 주석을 심하게 비판한다. '覺'이라는 글자를 지적하면서, 주희의 주석은 도가와 불가의 영향을 받았다고 비판한다. 그러나 주희가 주에서 사용한 '覺'이라는 글자는 불교에서 내세우는 '覺'과는 다르다. 오규 소라이의 오판이다. 다만 원전을 주석할 때는 후대의 관념보다 원전이 만들어지던 당대의 관념에 입각해야 한다는 주장은 경청할 만하다.

21   14·13의 "스승님께서는 시의적절할 때에만 말씀을 하셨다(夫子時然後言)."나, 『사기·공자세가』의 "여러 생도들은 때에 맞추어 각자의 집에서 예를 익혔다(諸生以時習禮其家)." 및 『맹자』의 "계절에 맞추어서 산림의 나무를 베다(斧斤以時入山林)."와 같은 뜻으로 본 것이다. 황간은 '身中時', '年中時', '日中時'의 세 때가 있다고 말하지만, 그런 설명은 사족일 뿐이다.

22   주희는 「중용」의 "君子時中"도 '수시로 중용에 처한다(隨時而處中)'라고 새긴다.

23   『좌전』 장공(莊公) 23년조 "王有巡狩以大習之(왕이 순수하여 크게 익혔다)"라는 구절에 대해 두예(杜預, 222~284)가 '大習會朝之禮(회조의 예를 크게 익힌다)'라고 주석한 것을 의식한 해석이다.

辭)가 아닌 조사(助辭)라고 주장하는데, 동의하기 어렵다.『시』에서 특수하게 사용되는 경우를 제외하고는 일반적인 용례는 찾기 어렵기 때문이다.

4) 習之(습지) : '之'는 '禮'를 가리킨다는 주석이 많은데,[24] 이 문장에

---

[24] 사마천 때문이다. 사마천은『사기·공자세가』말미에 자신이 공자 묘당을 가보았던 느낌을 적었는데 다음과 같다. "태사공은 말한다. '높은 산은 우러르고, 훌륭한 품행은 따라 한다'라는 시가 있다. 비록 자신이 높고 훌륭한 경지에 도달할 수는 없을지라도 마음만큼은 높고 큰 쪽으로 가는 법이다. 나는 공씨의 책을 읽으면서 그분이 어떤 분일까 하고 그려만 보다가, 노나라에 가서 중니의 묘당에 있는 수레며 의복이며 예기들과 여러 생도들이 때맞추어 그 집에서 예를 익히고 있는 모습을 보고서는, 그저 거기에 머물면서 떠날 수가 없었다. 천하에 군왕과 현인은 많았지만 모두들 살아생전에는 영화로울지라도 죽고 나면 그만이었다. 하지만 공자는 벼슬하지 않았지만 십여 세대나 내려오도록 학자들이 종조로 받들 뿐 아니라, 천자부터 왕후에 이르기까지 중국에서 육예를 언급하는 사람이라면 모두 공자를 모범으로 삼으니 가히 지극한 성인이라고 할 수 있다(太史公曰 詩有之 高山仰止 景行行止 雖不能至 然心鄕往之 余讀孔氏書 想見其爲人 適魯觀仲尼廟堂車服禮器 諸生以時習禮其家 余祇迴留之不能去云 天下君王至于賢人衆矣 當時則榮沒則已焉 孔子布衣傳十餘世學者宗之 自天子王侯中國言六藝者折中於夫子 可謂至聖矣)." 그 글에 '諸生以時習禮其家'라고 되어 있으니 이 장의 '時習之'도 '時習禮'로 보자는 것이다. 그러나『사기·공자세가』는『논어』를 치밀하게 엮어서 윤색한 글인데, 거꾸로 그 글을 근거로『논어』를 해석한다는 것은 어불성설이다.『사기』의 힘은 기전체라는 역사서술 방법의 창의성과 문장의 문학성에 있다. 사마천 자신의 표현대로 사실의 기록이 목표가 아닌 '成一家之言'이 목표인 저술이며, 노신(魯迅, 1881~1936)의 표현대로 "史家之絶唱 無韻之離騷(역사가의 절창이자 산문으로 된 이소경)"가『사기』임을 명심할 필요가 있다. 왕숙부터 미야자키 이치사다에 이르기까지 모두 사마천의 솜씨에 이끌려 '時習禮'로 읽어야 한다고 주장하는 것이다. 공자가 시서예악을 익히라고 요구한 것은 사실이지만 이 문장의 구문이 그렇지는 않다. 만약 '時習之'가 '타동사+목적어' 구문이라면 문맥상 '之'는 '習'의 목적어이자 '學'의 목적어가 된다. 그렇다면 이 문장은 '시서예악을 배우고 익히면 즐겁다'는 뜻이 되어버린다. '學而時習之不亦說乎'는 시서예악과 같은 학습과목을 배우고 익히면 즐겁다는 말이 아니라 '배움'이란

서 之는 習의 목적어가 아니다. 習은 자동사이다. 중국 고문에서는 자동사 뒤에 之를 관습적으로 붙인다. 4·15의 "一以貫之"나 6·10의 "亡之"도 마찬가지이다. 따라서 '그것을 익힌다'거나 '배운 것을 익힌다'는 번역은 구문상 오류이다. '學'과 '習'의 대상이 무엇일지 생각해볼 수는 있지만 이 문장의 '之'를 '習'의 목적어로 보는 것은 오류이다. 중국 고문에서는 드러낼 필요가 있는 목적어는 반드시 명시한다.

5) 不亦(불역) : 상대방의 동의를 얻으려는 어기(語氣)로 사용되는 상투어인데, 언제나 '不亦~乎'의 반문구(反問句) 형식을 취한다. 비슷한 어기를 갖는 상투어로는 감탄문 형식의 '無乃~歟'가 있다. 따라서 '亦'은 강조의 어기를 나타낼 뿐이므로 '또한'이라는 부사로 번역하면 의미가 왜곡된다.

6) 說(열) : '說'과 '樂'의 차이를 설명하는 주석가가 많지만[25] 정서적 쾌감이나 감성적 즐거움은 기본적으로 같은 정서이다. 공자가 그 둘을

것의 가치를 강조하는 말인데도 말이다. 따라서 '習'의 대상이 무엇일지 생각해보는 것이야 가능하지만 이 문장의 之를 習의 목적어로 보거나 之가 禮를 가리킨다고 보면 오류이다. 김용옥은 '習'이 '학'과 병치되는 실천의 세계라고 설명하는데, 그런 설명은 언어적 사치이자 지적 허영일 뿐 본문의 이해에는 보탬이 되지 않는다. 굳이 따지자면 '習'은 '학'의 실천이 아니라 '학'의 과정이다. 실천과는 관계없다. '지식인의 실천'과 같은 개념은 근대적인 개념일 뿐이지 고대 중국의 유자(儒者)와는 거리가 멀다. 유자에게는 오직 벼슬살이만이 목표이자 의미였다.

25 『논어주소』는 "열은 깊은 즐거움, 낙은 얕은 즐거움(悅深而樂淺)"이라는 초주(譙周, 201~270)의 설명을 소개한 다음 "맘속의 즐거움은 열, 밖으로 표현되는 즐거움은 낙(在內曰說 在外曰樂)"이라고 설명한다. 주희는 정이의 "열이란 맘속이 기쁜 상태이고, 낙이란 기쁨이 밖으로 발산함을 위주로 한 표현이다(說在心 樂主發散在外)."라는 설명과, "낙은 열 다음에 얻어지는 것(樂由說而後得)"이라는 설명을 소개한다. 오규 소라이는 밖에 있는 도를 배우는 즐거움이 '열'이고 이미 나에게 있는 도를 남에게 가르쳐주는 즐거움이 '낙'이라고 강조한다.

구태여 구분하지는 않았다고 본다. 한 문장에서 동일한 뜻이 반복될 때 같은 글자를 사용하지 않는 고대 글짓기의 관행으로 보는 것이 어떨까 한다. 다만 원문의 맛을 살리고자 번역어는 '기꺼운'과 '즐거운'으로 달리 하였다. 흔히 '不亦說乎'를 '기쁘지 아니한가?', '不亦樂乎'를 '즐겁지 아니한가?'라고 번역하는데, 뒤집으면 '~하면 기쁘다', '~하면 즐겁다'는 뜻이 되므로 적절하지 않다.

7) 有朋自遠方來(유붕자원방래) : '有'는 '友'로 된 판본이 많은데, 두 글자의 중국어 음가가 [you]로 같기 때문에 뒤섞였을 것이다. 『논어』에 '朋友'는 여덟 차례나 나오지만 '友朋'은 나오지 않는다. 여기서만 구태여 '友朋'이라고 했을 리 없으니 '有'가 옳다고 본다. 포함(包咸, 6 B.C.~65 A.D.)은 朋을 '같은 문하(同門)'라고 주하고, 정현은 '스승이 같으면 붕, 뜻이 같으면 우(同師曰朋 同志曰友)'라고 주하며, 『논어주소』는 '붕은 소원한 사람이고 우는 친근한 사람(朋疏而友親)', 주희는 '동류(同類)', 정약용은 '뜻이 같고 의지가 맞는 사람(志同而意合者)'이라고 각각 설명하는데, 이 문장에서 友와 朋의 차이를 강조할 필요는 없다. 중국에서는 이미 갑골문에서부터 동음자, 동의자, 이음절어 등을 편의에 따라 두루 사용했음을 유의할 필요가 있다.[26] '有'는 원래 동사이지만 여기서처럼 불특정한 사람이나 사물을 표시하는 관형어가 되어 뒤에 오는 명사를 수식하기도 한다. 단음절의 명사 앞에 붙어서 어조를 고르는 역할을 하는 접두사로 볼 수도 있다. 그런 용법은 현대 중국어에서도 마찬가지이므

---

26   따라서 '朋友'라는 이음절어(二音節語)로 보는 게 낫다. 『논어』의 문장은 후대의 개찬이 아닌 한 피휘(避諱)를 하거나 중층의 함의를 담는 경우도 거의 없으므로 글자마다 심오한 비의가 숨겨져 있는 것처럼 해독하려다간 오히려 황당한 결론으로 흐르게 된다. 『논어』를 경전이라는 이름으로 숭상하려는 태도도 마찬가지로 위험하다. 그저 공자 당시의 언어(langue)를 현재의 언어로 복원하기만 하면 충분하다.

로 굳이 '어느', '어떤'이라는 번역어를 넣을 필요는 없다. 『상서』, 『사기』, 『주역』 등에서 '方'은 '竝'의 뜻으로 쓰이므로 '友朋自遠竝來'로 읽어야 한다고 유월(兪樾, 1821~1906)은 주장하지만, 한 글자가 지닌 여러 의미들이 발음의 유사로 인해 섞이게 되는 오류는 이미 『이아』에서부터 드러난다고 왕인지(王引之, 1766~1834), 대진(戴震, 1724~1777), 왕력(王力, 1900~1986) 등이 밝힌 바 있다. 유월의 지적이 의미 있지는 않지만, '벗들'이라고 번역하면 유월의 주장도 반영될 수 있다. '有朋'과 '遠方'을 공자를 찾아오는 제자들과 그들의 출신국가로 해석하기도 하나 불필요한 천착이다.

8) 樂(락) : '樂'이라는 글자는 '풍류', '즐겁다', '즐기다'의 세 가지 의미로 쓰이는데, 춘추시대에도 요즘처럼 각각의 발음을 '악', '락', '요'로 달리했는지는 분명하지 않다. 세 가지 뜻을 동일한 문자로 표기한다는 것은 음악이 심리적 즐거움과 관계있기 때문인데, 3·20이나 7·14에서 보듯이 공자도 그렇게 생각했다. 『논어』에 보이는 즐거움은 음악으로 인한 즐거움도 있지만 이 장과 같은 즐거움도 있고, 1·15, 6·11, 7·19처럼 가난이나 근심을 없애는 정신적 즐거움도 있으며, 6·20처럼 자신을 둘러싼 환경을 이해하거나 좋아하는 단계를 넘어 즐기는 단계로까지 나아가는 것을 뜻하기도 한다. 이 글자가 '풍류(음악)'의 의미로 쓰이는 것에 대한 설명은 3·03의 '주)樂' 참조.

9) 人(인) : 주왕조의 지배층은 자기들을 피지배층인 '民'과 구분하여 '人'이라고 불렀다는 주장이 널리 퍼진 적이 있는데,[27] 엄격한 구분이 있었다고 보지는 않는다. '人'은 어디까지나 '사람'을 가리키는 상형문자에서 출발하였고, 그래서 '성인', 거기서 나아가 '남(타인)'이라는 뜻으로 사용된다. 다만 중국 고문에서는 명사 한 글자를 써서 그 명사의 완전한 상

---

27 1·05의 '주)民'과 평설 및 14·40의 '주)人' 참조.

태를 나타내는 용례가 있으므로[28] '완전한 사람'이라는 뜻에서 지배계층을 가리킨다고 볼 수 있을지는 모르겠다. 또한 야만인을 '人'으로 볼 것인지의 여부처럼 인격이나 인성에 대한 생각을 하게 되면서 '人'에 대한 관념은 점차 고양되었을 텐데, 그런 나머지 '人'을 '民'과 상대되는 개념으로 여겼을 수는 있다. 하지만 『논어』에 나오는 '人'을 모두 지배층으로 볼 수는 없다. 이 장에서도 명백히 그렇게 볼 여지는 없다. 만약 그렇다면 '(지배층인) 군주가 나를 알아주(어서 등용되)지 못할지라도'의 뜻이 되는데, 그렇게 되면 이 문장의 취지는 퇴색한다. 4·07의 '주)人' 및 20·01의 주9) 참조.

10) 知(지) : 『논어』에 나오는 '知'의 의미는 다양한데,[29] 여기서는 남들이 나를 인정해주는(=알아주는) 것을 뜻한다.[30] 따라서 이 구문은 인식과 자존의 근거를 남에게 두지 말고 자신에게 두라는 뜻이다. 남이 자기를 알아줄 때 생기는 힘을 인정하면서, 남에게서 인정받고 싶은 욕구의 위험성도 말하고 있다. 『논어』에는 남들이 자신을 알아주기를 바라지 말라는 말이 여러 차례 나온다.[31]

---

28   6·06의 "犁牛之子騂且角"이 그 예문이다.

29   9·29의 주에 개괄되어 있으니 먼저 거기를 참고하는 것이 유익하다.

30   오규 소라이는 「중용」의 "세상과 어긋나는 바람에 남들이 자신을 몰라주더라도 유감스러워하지 않기란 성자만이 가능하다(遯世不見知而不悔 惟聖者能之).", 『주역·문언(文言)』의 "남에게 긍정 받지 못하더라도 번민하지 않는다(不見是而無悶).", "용상에 오를 덕을 지니고 있으면서도 숨어 있는 사람이다(龍德而隱者也)." 등을 예로 들면서, 군주의 눈에 들어 벼슬자리에 등용되는 것을 뜻한다고 설명한다. 현실 정치에 뛰어들려고 평생 노력했던 공자의 생애를 헤아리거나 "居則日不吾知也 如或知爾則何以哉"라는 11·26의 표현을 보더라도 공자가 벼슬자리에 등용되기를 바란 것은 사실이지만, 이 문장에서 知의 뜻이 벼슬자리 얻는 일에 국한한다고 볼 수는 없다.

31   不患人之不己知 患不知人也(1·16), 不患無位 患所以立 不患莫己知 求

11) 慍(온) : 이 글자의 본뜻은 노엽거나 섭섭한 나머지 속이 더워지는 것이다. 『논어주소』는 '노여움(怒)', 주희는 '노여운 생각을 품다(含怒意)'라고 해석하지만 정약용은 '마음에 쌓이고 맺힌 것이 있음(心有所蘊結)'이라고 주한다. '불울(怫鬱)'이라는 오규 소라이의 주석을 따른 다자이 슌다이의 『논어고훈외전』 영향을 받은 듯하다.[32] '不慍'의 번역은 '열 받지 않다'라는 요즘의 시속어가 적절하다.

12) 君子(군자) : '군자'는 '仁'과 더불어 『논어』의 제일 핵심어이다.[33] 『논어』의 요지는 '이런 사람이 정치를 담당해야 한다'라고 할 수 있는데, 공자는 '이런 사람'을 '君子'라고 이름하고서는[34] 무엇을 배우고 어떻게 처신해야 군자가 될 수 있는지에 대해 다양하게 언급하였다.[35] 君이라는 글자에서 알 수 있듯이 군자는 원래 '군주' 또는 '군주의 자손'을 가리키던 말이었다.[36] 나중에는 제후나 대부를 가리키기도 하고 존경하는 남자, 예컨대 남편을 가리키기도 한다. 공자 당대에도 그런 뜻으로 사용되었다.[37] 그러나 공자는 그 의미를 약간 비틀어서 '지배계층이 될 자격을 갖

爲可知也(4·14), 不患人之不己知 患己不能也(14·30), 君子病無能焉 不病人之不己知也(15·19) 등 표현만 다를 뿐 비슷한 언급이 많다.

32   주지하다시피 정약용의 『논어고금주』는 그 책을 참고한 바 많다.

33   '군자'에 대한 설명은 「논어문답」 5'에도 있다.

34   한국어의 어휘를 풍부하게 만들기 위해서는 명사에다 '하다'를 붙여 동사를 만드는 방식이 보편적으로 용인되어야 한다고 생각하기에 이 책에서는 그러한 방식을 짐짓 사용한다.

35   『논어』에 보이는 것만 종합하자면 이렇다. 무력이 아닌 문식(文識)을 소양의 바탕으로 삼되, 문식을 갖추는 수단으로는 『시』·『서』와 같은 문헌을 읽고 예와 악에 대한 소양을 닦으며(6·27), 그 수업의 궁극은 仁을 완성하는 것이라고 했다.

36   그래서 중국에서는 70년대까지만 해도 '노예주통치자(奴隷主統治者)'의 이름이라고 설명하였다.

춘 사람'이라는 뜻으로 사용하였다. 피지배계층을 가리키던 용어인 小人
을 군자의 대척점에 있는 사람의 대명사로 사용한 것도 마찬가지 방식이
다.[38] 중국 고문에서 명사는 형용사로도 쓰이니 여기 군자는 '군자답다'
라는 형용사로 보면 된다.[39] 小人에 대한 설명은 2·14 참조.

 평설

중국 글쓰기의 출발은 권력의 표현이다. 그래서 중국의 글을 읽을 때
는 묘사된 문면보다 글쓴이의 의도를 파악하는 일이 중요하다. 문면만
읽으면 대개는 엉뚱한 이해에 머물고 만다.『논어』를 비롯한 모든 중국
의 글을 읽을 때는 이 점을 가장 유의해야 한다.

이 장은 공자의 생각을 가장 잘 드러낸 내용이라고 여겨서 맨 앞에 편
집했을 텐데, 공자의 생각은 '군자'라는 말로 집약된다. ① 배움(學)이
란 것의 효용을 이해하는 사람, ② 인생의 즐거움을 소유나 유흥에서 찾
지 않고 사람과의 관계 속에서 찾을 줄 아는 사람, ③ 자신의 가치를 남

---

37 『논어』 이전에 성립된 문헌임이 분명한『시』에서는 세습 군주나 대부, 또는
중의법으로 '남편'을 가리킬 뿐이다. 지위와는 무관하게 도덕을 갖춘 사람이라는
뜻으로 명백히 사용된 곳은 없다.『논어』에서도 12·19, 18·10, 19·10 등에 나오
는 군자는 명백히 지배계층을 가리킨다. 정현이『예기·옥조(玉藻)』에서 군자를
'大夫士'라고 주하고『예기·소의(少儀)』에서는 '卿大夫'라고 주한 것도 군자를
지배계급의 호칭으로 알기 때문이었을 것이다.

38 『논어』의 곳곳에서 발견되는 공자의 사고틀은 '군자 대 소인'의 변증법이다.
『시』에도 "君子所依 小人所腓"〈「소아·채미(采薇)」〉, "君子所履 小人所視"〈「소
아·대동(大東)」〉, "君子有徽猷 小人與屬"〈「소아·각궁(角弓)」〉처럼 군자와 소인
을 대칭적으로 표현한 사례가 있기는 한데, 거기서는 모두 군주와 피지배층의 대
칭이다.

39 3·07의 구문도 마찬가지이다. 그러나 8·06과 11·21의 경우는 규정하는 내
용이기 때문에 굳이 형용사로 볼 필요는 없다.

의 기준에 두지 않고 자신만의 기준에 두는 사람, 공자는 그런 사람을 지향해야 할 인간형으로 제시하면서, 그러한 인간형을 군자라고 부르고 있다. 그런데 공자는 숱하게 군자를 강조했으면서도 겨우 이런 정도로만 언급할 뿐 구체적으로 어떤 사람이 군자인지에 대해서는 거의 말하지 않았다. 그래서 후학들은 군자의 개념을 규정하고자 열심히 노력하게 되는데, 유학을 체계적인 이론으로 만드는 데 결정적인 역할을 했던 사람인 순자(荀子, 313~238 B.C.)는 다음과 같이 규정한다. "요즘 사람들은 스승의 규범을 널리 알리고, 글공부에 대한 소양을 충분히 쌓으며, 예와 의에 대해 말하는 사람을 군자라 여긴다. 타고난 성정대로 함부로 행동하고, 제멋대로 하는 것을 편안하게 여기며, 예와 의를 어기는 사람을 소인이라고 여긴다."[40] 순자 이후로도 스스로 유자를 자처하는 사람들은 숱하게 군자에 대해 언급하게 된다.

현대 중국을 대표하는 철학자 이택후(李澤厚, 1930~)는 유학을 골간으로 하는 중국문화의 요체는 서양 기독교 문화의 '죄책감'이나 일본문화의 '부끄러움'과는 다른 '즐거움'이라고 설명한다.[41] 이 세상을 초월하는 형이상학적 세계를 말하거나 구상하지 않으며, 인간세상을 떠나지 않고 인간의 감성을 떠나지 않으면서도 그것들을 뛰어넘는 것이 중국의 문화라는 것이다. 공자가 중국의 문화에 많은 영향을 끼친 것은 사실이다. 그런데 공자나 맹자가 강조했던 군자의 즐거움을 요즘 중국인이 추구하는 즐거움과 등치시킨다면 억지이다. 『논어』 전편을 통해 강조되는 군자라는 것의 개념은 '바람직한 지배층'이다. 고대 지배층의 문화를 지배와

---

40 今之人 化師法積文學道禮義者爲君子 縱性情安恣睢而違禮義者爲小人 〈『순자·성악(性惡)』〉.

41 李澤厚, 『論語今讀』(임옥균 옮김, 북로드, 2006), p.44. 호적(胡適)이나 임어당(林語堂, 1895~1976)도 비슷하게 말한 바 있다.

피지배의 구조가 무너진 현대 중국인 일반의 문화와 같다고 말한다면 왜곡이 아닐 수 없다. 오늘날 보편적인 중국인은 초월적이고 형이상학적인 것보다는 구체적이고 실제적인 것, 예컨대 수(壽)·복(福)·부(富)·귀(貴)와 같은 욕망을 긍정하고 즐긴다. 그것을 공자가 여기서 말하는 군자의 즐거움과 같다고 말한다는 것은 명백한 왜곡이다. 공자가 강조했던 '군자의 즐거움'이 전통시대 문인들의 문화를 이루었다고 말한다면 혹시 모른다.

공자의 이 말이 만약 보편적인 인간을 향한 것이라면 오늘날 '공자는 휴머니스트였다'라고 말할 수 있다. 그러나 군자를 강조한 데서 알 수 있듯이 그의 관심 대상은 어디까지나 지배층일 뿐이었다. 그는 평등, 권력 관계로부터의 자유, 인간성의 실현 따위에 대해 생각한 적이 없다. 그런 관념은 사실 근대 이후에나 이식된 것들이다. 전통시대 중국인은 인간세상이 지배와 피지배의 구조로 되는 것을 당연하게 여겼다. 따라서 오늘날 공자를 휴머니스트의 선구였다고 표현하는 것은 합당하지 않다. 공자는 그냥 공자로 보면 된다. 지배와 피지배가 극명했던 시대에 지배층이 되고자 했던 인물이었다고 말한들 공자의 의의가 오늘날 깎이는 것도 아니다.

『논어』를 이해하기 위해서는 공자가 사용한 인·의·도·덕·충·신 등 추상적인 낱말들의 개념부터 현대 한국어로 이해할 수 있어야 한다. 그런데 공자는 그런 낱말들의 개념에 대해 설명한 적이 없다. 기껏해야 다른 것에 빗대어 말하는 정도인데, 그나마도 상황에 따라 달랐다. 공자뿐 아니라 전통시대 중국인의 언어 관습이 모두 그러했다.[42] 학술에서도 마찬가지이다. 공동의 담론을 통해 명확해진 개념을 담은 용어를 사용하는 것이 아니라 개인 차원에서 주관적으로 그때그때 표현할 뿐이다. 같

---

42 이에 대한 설명은 「논어문답」 10' 참조.

은 낱말일지라도 개인에 따라 또는 시대에 따라 개념은 달라진다. 그래서 중국의 학술에서는 끊임없이 주석이 요구되고, 중국의 학술사는 주석의 역사라고 불리는 것이다. 하지만 공자가 그랬고 중국의 전통이 그렇다 하더라도 현대인이 『논어』를 읽고 공자를 이해하자면 그 점은 극복되어야 한다. 여전히 전통시대처럼 '오래 읽으면 저절로 터득하게 된다'고 말해서는 안 된다.

본문을 조건절과 주절로 해석할 수도 있다. 예컨대 '배우면서 그때그때 익히면 (그건 참) 기껍지 않겠는가? 벗이 (뜻밖에) 먼 데서 찾아(와 만나)면 (그것도 참으로) 즐겁지 않겠는가? 남이 알아주지 않아도 안달하지 않으면 (진정 그것은) 군자답지 않은가?'라고 해석할 수도 있다. 그러나 그렇게 해석하면 군자에 대한 공자의 메시지가 그 조건으로 한정되기 때문에 동의하지 않는다.

최남선(崔南善, 1890~1957)은 1909년 잡지 《소년》에 「소년논어」를 4회에 걸쳐 연재한 바 있다. 총독부의 폐간조치로 더는 이어지지 못했지만 당시로서는 획기적인 번역이어서 참고할 만한데, 다음과 같다.

배화가지고 장 익히면 그것 조흐지 아니하오. 또 남이 알고 나를 멀니 차짐도 조흐거니와 設或 모르기로 무엇이 不足할 것 잇소. 〈註〉工夫란 것은 나를 爲하야 하난 것이오 남 째문에 하난 것 아니란 말삼[43]

스코틀랜드 출신의 선교사 제임스 레게(James Legge, 1815~1897)가 번역한 유교 경전은 영역본의 모범으로 평가되는데, 그는 이렇게 번역하였다.

---

[43] 최남선의 번역은 이전의 언해체와는 달리 순전한 구어를 사용하면서 맥락의 전달에 주력하였다는 점에서 매우 신선하다. 스무 살 어린 나이였지만 그만큼 한국어 표현력이 뛰어났음을 증명한다 하겠다.

The Master said, "It is not pleasant to learn with a constant perseverance and application?" "Is it not delightful to have friends coming from distant quarters?" "Is he not a man of complete virtue, who feels no discomposure though men may take no note of him?"**44**

1·02 有子曰 其爲人也孝弟 而好犯上者鮮矣 不好犯上 而好作亂者 未之有也 君子務本 本立而道生 孝弟也者 其爲仁之本與

유자께서 말씀하시기를 : 사람됨이 효성스럽고 공손하면서 윗사람(뜻)을 곧잘 거스르는 사람은 드물다. 윗사람(뜻)을 곧잘 거스르지 않으면서 난동 부리고자 엿보았던 사람은 (아직) 없었다. 군자는 바탕(을 다지는 데)에 힘써야 하니, 바탕이 다져지면 (자신이 실천해야 할) 방법론이 생겨나(기 때문이)다. 효성스럽고 공손하기, 그것은 아마도 仁을 완성하는 바탕일 것이다.

주

1) 有子(유자, 508~458 B.C. 무렵) : 공자의 제자. 성은 유(有), 이름은 약(若), 자는 자유(子有). 노나라 사람이라고 한다. 염구의 자도 '자유'이

---

44 이미지즘 시인으로서 다양한 번역물을 남긴 에즈라 파운드(Ezra Pound, 1885~1972)의 번역은 다음과 같다. "He said : Study with the seasons winging past, is not this pleasant? To have friends coming in from far quarters, not a delight? Unruffled by men's ignoring him, also indicative of high breed." '學而時習之'를 'study with the seasons winging past'로 번역하듯이 그는 한자를 분석하여 번역하는 특징을 보인다. 예컨대 그는 濟를 'an even or constant watersupply', 信을 'man standing by his word', 德을 'looking straight into one's heart and then acting on it', 君子를 'one in whom the ancestral voice speak'로 번역하는데, 그러한 번역은 문맥을 놓치게 된다.

므로 구분하기 위해서인지『논어』에서 유약을 자로 표기하지는 않는다.『공자가어·칠십이제자해』는[45] 공자보다 33살 적다고 하지만 43살 적다는『사기·중니제자열전(仲尼弟子列傳)』의 기록이 옳은 듯하다.[46] 공자

---

[45]　『공자가어』는 일찌감치 왕숙(王肅)의 위작으로 알려졌고, 최술(崔述)도『수사고신록·권1 원시(原始) 3』에서 위서(僞書)라고 논증한 바 있다. 그래서 그 책은 예부터 신뢰를 얻지 못하였다. 그런데 최근 초간(楚簡)문서에서 그 책이 발견된 것을 계기로 중국에서는 맹자 이전에 성립되었을 것이라는 주장이 확산된다 (그에 관한 자세한 설명은 김용옥의『논어한글역주 1』, pp.286~288 참조). 그렇다면『공총자』는 왕숙이 직접 지은 책이고『공자가어』는 전해지던 것을 왕숙이 개찬했을 수 있다. 맹자 이전부터 공자는 상당히 유명하였으므로 공자에 관한 문헌은 어떤 식으로든 일찍부터 전해졌을 것이다. 다만 당시의 문헌은 인쇄본이 아니기 때문에 베껴 적는 과정에서 오류가 생길 수밖에 없고 의도적인 개찬이 이루어질 가능성도 많으며, 유통과정에서 편폭의 길이도 다양해졌을 것이다. 그러다가 공자의 권위가 확립되면서 완정한 틀을 갖춘 저술이 요청되자『논어』의 원형이 확립되었을 것이다. 물론 원형『논어』는 여러 곳에서 만들어졌을 것이고, 각각 여러 차례의 후보(後補)를 거친 다음 전한 무렵에 통합되어 현전하는 형태로 고정되었을 것이다. 그 과정에서『논어』에 편입되지 못한 공자에 관한 다양한 기록물도 여전히 여러 형태로 유통되거나 재생산되었을 텐데, 그것들도 차례로 수집·정리·보충 과정을 거쳐서 각각 책으로 완성되었을 것이다. 그것들 가운데『예기』,『주례』,『의례』등은 공자사상의 뼈대가 되는 예가 주제이기 때문에 한대 이후 정경(正經)의 지위로까지 올라가지만, 단편적인 이야기들은 중시되지 않은 채 유통되다가 인쇄 출판이 보편화되는 단계에서 '공자가어', '한시외전', '설원' 등의 이름으로 엮였다고 본다. 그 가운데『공자가어』만이 일찌감치 위작으로 단정되어 평가받지 못했다면 그것은 왕숙이라는 인물에 대한 평가가 좋지 않았기 때문일 것이다. 왕숙의 딸이 당시의 권력자인 사마소에게 시집가는 바람에 왕학(王學: 왕숙의 학문)은 관학의 지위를 얻으면서 당시 권위가 확고했던 정학(鄭學: 정현의 학문)과 맞서게 되는데, 그는 자신이 편찬한『공총자』와『공자가어』를 근거로 해서 정학을 공격하곤 했다. 더욱이 공자가 노자를 모시고 열국을 주유했다는 등 도가를 높이는 허구도 많이 만들었다. 위진시대에 위서가 판을 치고, 위서 만드는 일이 산업으로까지 성장하게 된 데에는 왕숙의 힘이 컸다는 평가도 있다.

의 말기 제자로서 공자가 노나라로 돌아온 다음 공문에 들어왔을 것으로 추정된다. 입문하기 전인 애공(哀公) 8년(487 B.C.) 3월, 오왕(吳王) 부차(夫差)가 노나라의 주(邾) 침공을 빌미로 쳐들어오자 대부 미호(微虎)는 밤에 부차를 습격하려고 결사대원 3백 명을 뽑아 훈련시킨 적이 있는데, 거기에 유약이 포함되었다는 기록이 『좌전』에 있다.[47] 사실이라면 그가 22세 때의 일이다. 12·09의 유약과 애공의 대화는 그때 있었던 것이라고 추정하는 주석가가 있지만, 대화의 내용으로 보자면 22세 청년이 할 수 있는 말은 아닌 듯하다. 유약은 공자 사후 공문의 대표 지위를 지녔던 것으로 짐작되므로 그때 애공을 만날 기회가 있지 않았을까 한다. 대화 내용이 공문의 대표로서 손색없는 직언이라는 점에서 가능성이 높다고 본다. 『맹자·등문공상』에 의하면, 유약은 외모가 공자와 가장 닮았기 때문에 공자가 세상을 뜬 다음 자하·자장·자유가 그를 스승처럼 모시려고 했지만 증삼이 반대하였다고 한다.[48] 유약은 말기 제자들 가운데

---

46 2·05에 나오는 번지(樊遲)의 경우도 『사기』는 공자보다 36살 적다고 하고 『공자가어』는 46살 적다고 한다. 숫자가 이렇듯 십 년씩 차이 나는 것은 '삼십(卅)'과 '사십(卌)'을 가리키는 고자(古字)가 비슷하기 때문일 것이다.

47 『한비자·문변(問辨)』의 "儒服帶劍者衆"이란 표현을 근거로 유약은 자로의 전통을 이은 유협(儒俠)이었다고 설명하는 주석가가 있다. '유복을 입고서 칼을 찬 사람이 많다'라고 새긴 것이다. 하지만 『한비자』의 그 구절은 '유복을 입은 자와 칼을 지니고 다니는 자'로 새기는 것이 옳다고 본다. 『한비자·오두(五蠹)』에서 나라를 갉아먹는 다섯 부류의 좀으로 '학자(學者)', '언고자(言古者)', '대검자(帶劍者)', '환어자(患御者)', '상공지민(商工之民)'을 든 다음, "儒以文亂法 俠以武犯禁(유자는 글을 가지고 법을 어지럽히고 협객은 무력을 가지고 금법을 어긴다)"라고 비난하는 것을 보면 그렇게 짐작된다.

48 한편 『사기·중니제자열전』에는 다음과 같은 기록이 있다. "공자께서 돌아가신 다음 제자들은 스승을 그리워한 나머지 공자와 모습이 비슷한 유약을 스승으로 삼자고 상의한 끝에 유약을 스승님 살아 계실 때처럼 모셨다. 어느 날 한 제

자하·자유·자장·증삼보다 나이도 많았을 뿐 아니라 특별히 능력이 부족했다는 흔적도 없다. 그런데도 이런 이야기가 전해지는 것은 공자 사후 제자들 사이에서 공문의 대표 지위를 놓고 갈등이 있었다는 증거라고 본다. 어떤 절차를 거쳤든 일단 유약이 먼저 대표 지위를 차지했지만 이내 밀려났고, 유약을 밀어낸 쪽에서는 자신들의 처사를 정당화하기 위해 스승의 모습을 닮은 점 외에는 자격이 없다고 주장하지 않았을까 한다. 스승이 그리워서 스승 모습을 가장 닮은 유약을 제사의 시(尸)처럼 모셨을 것이라는 설명은 난센스에 불과하다.[49] 공문을 대표하는 후계자가 필요했다는 사실은 공문의 성격을 이해하는 단서가 된다.[50] 공자는 신분이

자가 유약에게 질문하기를, 옛날 부자께서 외출하실 때 한 제자로 하여금 우산을 가지고 오라고 하신 적이 있었는데 과연 얼마 안 있어 비가 내리자 그 제자가 부자께 어떻게 비가 내릴 줄 아셨느냐고 여쭌 적이 있었습니다. 그에 부자께서는 '시에 이렇게 나오지 않더냐, 달이 필성(畢星)을 만나면 큰비가 내린다고. 어제 저녁 달이 필성에서 자지 않더냐?'라고 말씀하셨습니다. 그러나 달이 필성에서 잤던 다른 날에는 그다음 날 비가 내리지 않았습니다. 상구는 나이가 들었는데도 자식이 없자 그의 어머니가 아들에게 후실을 얻어주려고 하였습니다. 공자께서 제나라로 가시려던 차에 상구의 어머니가 아들의 후실 건에 관해 상담을 부탁하자 공자는 '걱정 마십시오. 상구의 나이 사십이 되면 아들 다섯이 생길 겁니다'라고 말했는데 과연 그렇게 되었습니다. 부자께서는 어떻게 그런 것들을 미리 알 수 있었는지 궁금하여 여쭙니다. 유약이 아무런 대답을 하지 못하자, 질문했던 제자는 일어나서 '유자께서는 그 자리에서 물러나시지요. 그 자리는 당신께서 앉으실 자리가 못 됩니다'라고 말했다(孔子旣沒 弟子思慕 有若狀似孔子 弟子相與 共立爲師 師之如夫子時也 他日 弟子進問曰 昔夫子當行 使弟子持雨具 已而果雨 弟子問曰 夫子何以知之 夫子曰 詩不云乎 月離于畢 俾滂沱矣 昨暮月不宿畢乎 他日 月宿畢 竟不雨. 商瞿年長無子 其母爲取室 孔子使之齊 瞿母請之 孔子曰無憂 瞿年四十後當有五丈夫子 已而果然 敢問夫子何以知此 有若黙然無以應 弟子起曰 有子避之 此非子之座也)."

49   尸에 관해서는 3·10의 '(주)灌' 참조.

야 높지는 않았을지언정 지배계층과 어느 정도는 소통하였던 듯하고, 생전에 제자집단을 거느렸으며, 자신의 제자들을 정계에 입문시키는 데도 상당히 성공했던 사람이다. 공문이 그런 정도의 위상은 지녔기 때문에 제자들은 공자 사후 공문을 대표하는 지위에 대해 무게를 두었을 것이고, 백여 년 뒤의 맹자도 자신이 공자의 후계자임을 자처할 수 있었다고 본다.[51] 『예기·단궁상』에는 유약이 죽자 노나라 도공(悼公, ?~429 B.C.)이 문상했다는 기록이 있는데, 사실이라면 유약은 도공이 문상할 정도의 영향력은 지녔다고 할 것이니 그 영향력이란 다름 아닌 공문의 대표였을 것이다. 『맹자·공손추상(公孫丑上)』에는 유약이 재아·자공과 더불어 공자의 성인화 작업에 앞장섰던 사람으로 묘사되고 있는데, 그것도 유약의 역량을 가늠할 수 있는 징표라고 본다. 제자들 가운데 누가 가장 현명하고 누가 공문의 후계자로 적당한지에 대한 세간의 관심은 공자 생전부터 있었다고 본다.[52] 『논어』에서 공자의 제자들은 일반적으로 字로 표기된

---

50   아사노 유이치(淺野裕一)는 공문이 예학의 연습이라는 이름을 빌려 지하에서 혁명을 기획하는 비밀결사적 교단의 성격이었다고까지 말한다(『공자신화-종교로서 유교 형성 과정』(신정근 외 역, 태학사, 2008), p.114 참조). 지하에서 비밀결사를 꾸렸다면 무력 혁명을 꾀했다는 것이나 다름없는데, 그런 견해는 공자와 중국인의 사유방식을 과도하게 이해한 결론이다. 공자는 어디까지나 제도권에서 등용되고자 노력했던 사람이고 그 수단 또한 예를 내세웠기 때문에 사회적으로 노출될 수밖에 없는 사람이었다. 아사노 유이치의 견해는 14·42의 평설에도 소개되어 있다.

51   한유(韓愈)가 도통론(道統論)을 꺼내면서 자신이 공자의 도를 이었다고 자처했던 것은 경우가 다르다. 한유가 생각했던 도통(道統)은 선종불교의 법통(法統)과 비슷한 것이었다.

52   애공과 계강자가 공자에게 호학하는 제자가 누구인지를 물었다는 6·03과 11·07의 기록이 허구가 아니라면, 공자 생전에 이미 공문 제자들은 세간의 관심을 받았다고 보아도 될 것이다. 『공자가어』는 비교적 세속적인 흥밋거리 위주로

데 견주어 유약·증삼과 염구의 경우만 '~子'라는 존칭으로 표기되어 있기 때문에 정이를 비롯한 상당수 학자들은 『논어』가 증삼과 유약의 제자들 손에 의하여 편찬되었을 것이라고 믿었다. 공자의 말에 바로 이어서 유약의 말을 편집한 것은 누가 보더라도 유약을 높이려는 의도가 분명하다. 그래서 왕응린(王應麟, 1232~1296)과 고염무(顧炎武, 1613~1682)는 각각 『곤학기문(困學紀聞)』과 『일지록(日知錄)』에서 유약이 다른 제자들의 질문에 답하지 못했다는 사마천의 기록은 오류라고 주장한다. 완원(阮元, 1764~1849)은 『논어해(論語解)』에서 유약의 대표성을 증삼만 부정했을 뿐 나머지 제자들은 모두 수용했기 때문에 유자의 말을 증자의 말 앞에 두게 되었다고 설명한다. 최술도 맹자가 유약더러 '似聖人'이라고 했지 '似孔子'라고 하지 않았을 뿐 아니라, 유약이 다른 제자들에게 자신을 섬기라고 말한 적이 없다는 점을 들면서 사마천의 기록은 믿을 수 없다고 주장한다. 주희 또한 『주자어류』 권20에서, 『논어』에 나오는 유약의 말씀을 분석하자면 당시 제자들이 충분히 복종하였을 만한 인품이라고 말한다. 그런데 현전 『논어』에 유약에 관한 내용이 증삼에 관한 내용보다 현저하게 적고[53] 「학이」 이외의 곳에서는 '有子' 대신 '有若'이라고 표기된 반면, 증삼의 경우는 14군데 모두 '曾子'라고 표기된 점을 감안하면 『논어』 편찬자가 증삼에게 무게를 더 둔 것은 확실하다. 다만 이 두 사람의 이름이 '~子'로 표기되었다고 해서 『논어』의 편찬이 반드시 그 두 사람의 문파에 의해 이루어졌다고 확정하기는 어렵다.

2) 也(야) : 음절을 조정하고 어기를 고르는 역할을 하는 조사이다.

3) 孝(효), 弟(제) : 『논어』에서 효는 다른 추상명사들보다는 구체적으로 설명되는데[54], 정리하자면 다음과 같은 뜻이다. ① 부모의 뜻을 어기지

제자들에 관한 이야기들을 담고 있다.

53 유약이 언급된 곳은 1·02, 1·12, 1·13, 12·09뿐이다.

않는 것이자 부모가 병환이 날까 걱정하는 마음(2·06), ② 부모를 공경하는 마음으로 봉양하는 것(2·07), ③ 힘든 일을 대신하거나 주사(酒食)를 먼저 잡숫게 하는 정도에 머물지 않고 공경하는 마음이 얼굴빛으로까지 나타나는 정도(2·08), ④ 부모님 하시던 방식을 바꾸지 않는 것(1·11, 4·18, 4·19, 4·20, 4·21, 19·18) 등이다. 이처럼 혈연을 인간과 세계를 이해하는 중요한 코드로 삼는 것이 서구문화와 차별되는 중국문화의 특징이다. 아마도 공자는 상위 혈연에 대한 봉양이 '인간다움'의 기초라고 생각했던 듯하다. 인간사회의 모든 질서는 그 기초 위에서 만들어야 한다고 생각했으니, 적장자 위주의 종법제도가 그 핵심이다. 한편, 공자는 천하를 혈연집단의 확대로 간주하므로 비록 혈연관계를 따지기 어려운 사이에서도 나이 적은 사람은 나이 많은 사람에게 공손한 태도를 취해야한다고 생각했으니, 그것이 '제(弟)'이다. 효와 연결되는 관념인 것이다.[55] 인간 사이의 유대는 감성으로 연결되고 그 감성의 굵기는 혈연적 거리와 비례한다고 본 것이다. 공자의 이런 생각을 「중용」에서는 "효란 사람의 뜻을 잘 잇는 것이자 사람의 받듦을 잘 이행하는 것이다. (…) 돌아가신 분 섬기기를 살아 계신 분 섬기듯 하고, 계시지 않더라도 계시는 것처럼

---

54   1·06, 1·11, 2·05, 2·06, 2·07, 2·08, 2·20, 2·21, 4·20, 8·21, 11·05, 13·20, 19·18에서도 언급된다. '孝'라는 글자만 언급되지 않았을 뿐 효에 관한 내용을 다룬 대목은 더 있다.

55   "배우는 과정에 있는 젊은이는 집 안에서는 효도하고 집 밖에서는 공손하라(弟子入則孝出則弟)."(1·06), "종족한테서는 효하다는 평가를 듣고 마을사람들한테서는 弟하다는 평가를 들어야 한다(宗族稱孝焉 鄕黨稱弟焉)."(13·20) 등이 그 증거이다. 나중에 '아우'라는 뜻의 명사와 충돌을 피하기 위해 '제(悌)'라는 글자로 표현하기도 한다. 미야자키 이치사다는 弟를 '형제간의 우애'라고 새기는데, 원칙적으로 상호관계를 규정하는 관념은 아니다. 나이에 따른 상하관계를 규정하는 개념이다.

섬기는 것이 효의 궁극이다."[56]라고 정리한다.『효경』에서는 "효의 시작
은 부모를 모시는 것이지만 중간은 군주를 섬기는 것이고 마지막은 입신
하는 것"[57]이라고 규정한다. 효에 대한 이런 정의들은 효라는 관념이 근
본적으로 정서에서 나온 것이 아니라 욕망에서 나온 것임을 증명한다고
본다. 가족관계나 사회관계에서 안정된 장악력을 유지하기 위한 방안이
지 순전히 정서에서 표출된 관념은 아니라는 것이다. 효행이 정치에까지
영향을 미친다는 공자의 말이 바로 그것을 입증한다고 본다(2·21). 유가
를 치국의 이데올로기로 삼은 한왕조 이후 효가 치밀하게 강조되는 것도
그 때문이다. 따라서 현대사회에서 효를 어떻게 받아들일 것인가 하는
문제는 심도 있는 토론이 필요하다고 본다. 부모와 조상에 대한 섬김, 노
약자에 대한 보호와 연민, 이런 것들은 과연 '인간존중'이라는 도덕관념
만으로는 실현하기 어려운지를 점검할 필요가 있다.[58] 효에 관한 추가적

---

56   夫孝者 善繼人之志 善述人之事者也 (…) 事死如事生 事亡如事存 孝之
至也

57   孝始於事親 中於事君 終於立身. 대부분의 학자들은『효경』이 전국시대 말
기에 증삼의 제자들이 엮은 것이라고 설명한다. 한무제가 유가를 치국 이념으로
채택한 배경에는 체제가 엉성한『논어』보다는 짜임새 있는『효경』이 더 작용하지
않았을까 한다.

58   정부정책에 따라 한 자녀만을 가졌다가 사고로 자식을 잃게 된 중국의 부모
들이 "국가가 둘째 아이를 낳지 못하게 하는 바람에 노후에 자식에게서 봉양 받
을 이익을 잃었다."라고 하면서, 국가의 공공이익 때문에 개인의 권익이 상실된
것이니 국가가 배상하라고 2015년 5월 북경시제1중급인민법원에 집단소송을 제
기한 바 있다〈2016년 1월 26일 자《아사히신문》기사〉. 이는 중국인이 노후에 자
녀에게서 부양받는 것을 권리로 여기고 있음을 드러내는 상징적인 사례이다. 孝
에 대한 지속적인 강조가 효를 보상으로 여기게 만들고, 보상이라면 당연히 받아
야 할 권리라는 생각에 이르게 된 것이다. 이 사례는 효가 단지 정서적 관념만은
아니었음을 알 수 있는 사례라고 본다.

인 설명은 4·18과 4·19의 평설 참조.

4) 好(호) : '좋아하다'는 뜻의 형용사에서 비롯하여 '곧잘'이리는 부사로 쓰인다. '자주'의 뜻과 '온전하게'의 뜻을 아우르면서, '틈만 나면 ~하려고 한다'는 뜻을 포함한다.

5) 者(자) : 수식하는 앞말 전부를 명사구로 만들어주는 특수대명사이다. '好犯上者'와 '好作亂者'의 경우는 앞에서 '爲人'이라고 했기 때문에 '~한 사람'으로, '孝弟也者'의 경우는 '~라는 것'으로 번역하는 것이 좋다.

6) 鮮矣(선의) : 鮮은 '드물다'(=罕)의 뜻이지만 문장에서는 '거의 없다'는 뜻의 부정어로 쓰인다. 矣는 필연의 결과를 표시하는 어기조사이다.

7) 作亂(작란) : 사전적인 뜻은 '공동체 질서를 흩트리는 일'이지만 일반적으로는 국가의 권력체계를 무너뜨리고 권력을 장악하려는 폭력행위를 가리킨다. '好作亂'을 '곧잘 작란을 한다'라고 번역하면 작란을 반복적으로 한다는 표현이 되기 때문에 '작란의 기회를 엿보다'라고 번역하였다.

8) 未之有也(미지유야) : '未有之也'의 도치문이다. 의문문이나 부정문에서 대사(代詞)가 목적어로 쓰일 경우 대개는 목적어를 동사나 전치사의 앞에 놓는다. 未는 '아직 ~한 적이 없다'는 뜻이다. 也는 체언술어문의 끝에 쓰여서 단정적인 진술을 나타내는 어기조사이다.

9) 本立而(본립이) : '뿌리'는 식물을 연상하게 하므로 '바탕'이라는 낱말을 취하였는데, '바탕을 세우다'라는 표현은 적절하지 않으므로 '바탕을 확고히 하다'라고 하였다. 유보남은 옛날의 성어를 有子가 인용했다 하고 완원은 고대의 일시(逸詩: 시경에 수록되지 않은 고시)라고 주장하지만, 단정하기 어려운 추론들이다.[59] 『예기·예기(禮器)』에는 "선왕께서

---

59 유향은 『설원·건본(建本)』에서 "君子務本 本立而道生"을 공자의 말이라고 했는데, 혼동했을 것이다.

예를 확립함에는 바탕도 있고 꾸밈도 있으니, 충과 신이 예의 바탕이요 의와 이가 예의 꾸밈이다. 바탕이 없이는 설 수가 없고 꾸밈이 없으면 나아가지 못한다."[60]라는 구절이 있고, 『예기·학기』에는 "삼왕께서 川에 제사를 지낼 경우에는 언제나 河에 먼저 지내고 海에는 나중에 지낸다. 전자는 근원이고 후자는 끝이기 때문이니 이것이 바로 근본에 충실하다는 것이다."[61]라는 구절이 있는데, 유약의 이 말을 이론화했을 것이다. 本·末, 枝·葉, 源·流 등은 공자 당대부터 문장 수사법에서 곧잘 사용되던 낱말들이다. 而는 '~해야 비로소'라는 뜻의 순접관계를 나타내는 접속사이다. 본말이라는 말에서 알 수 있듯이 本은 많은 경우 '시작'으로 새겨도 무방하다.

10) 道(도) : 동아시아 문화사를 이해하는 데 매우 중요한 글자이다. 유가뿐 아니라 제자백가가 모두 '도'를 말하였고 불교에서도 핵심 개념을 '도'라고 표현하였기 때문에 동아시아 문화사에서 이 글자의 의미 갈래는 다양하고 중층적이다. 각 갈래에 따른 개념을 정리하지 않으면 치우친 이해에 머물고 만다. '길'이라는 일반명사를 '벗어나서는 안 되는 방법론'이라는 뜻의 추상명사로 은유한 것인데, 이 은유는 아득히 오래전부터 사용되었다.[62] 그러나 『논어』 단계에서는 송유들이 말하는 "사물의 당연한 이치로서 모든 사람이 다 지니는 것"[63]과 같은 형이상학적 개념은 아니다. 서구 철학에서 언급되는 '보편성을 지닌 진리'와 같은 실존체

---

60   先王之立禮也 有本有文 忠信禮之本也 義理禮之文也 無本不立 無文不行

61   三王之祭川也 皆先河而後海 或源也 或委也 此之謂務本

62   추상적인 방법론을 '길'로 은유한 사례는 세계 여러 문명권에서 나타난다. 기독교에서도 '주님의 길'이라는 표현을 사용한다. 은유나 상징은 '묘사'보다 더 자유롭게 세상을 표현하는 방식이다.

63   事物當然之理 人之所共有者〈『논어집주』1·14〉. 송유들은 세계를 '理'로써 설명하고자 했고, '道理'라는 말은 그래서 나오게 된다.

는 더욱 아니다.[64] '途'는 갑골문에서 확인되어도 '도'는 확인되지 않는다는 주장도 있지만[65] 주대(周代)의 금문(金文)에 이르면 분명히 확인된다. 금문에서 도는 '길'이라는 일반명사와 고유명사의 두 가지로 사용된다. 공자 이전의 문헌에서 도는 '길'이라는 뜻에서 출발하여 '인도하다(導)', '행동의 지침', '방법'이라는 뜻까지 포함하지만,『논어』에서는 '길'보다도 '방도'나 '방법론'이라는 뜻으로 더 사용된다.[66] 그렇기 때문에 '天道', '人

---

64 도를 추상적으로만 이해하려는 경향은 서구 학자들의 한계라고 본다. 예컨대 벤저민 슈워츠는 도를 이렇게 규정한다. "도는 많은 경우에 있어 개인의 도덕적 삶의 과정을 가리킨다. 그 최대의 외연적 의미에 있어서『논어』의 도는, 예의에 맞는 가족상의 그리고 사회 정치상의 역할, 신분, 계급으로 구성된 규범적인 사회 정치적 질서의 총화 자체뿐만 아니라, 이러한 역할들 사이의 관계를 지배하는 예의에 맞는 행위—제의적, 의식적, 윤리적—에 대한 '객관적'인 규정들을 가리킨다. 또 다른 측면에서 도는 살아 있는 개인의 '내면적'인 도덕적 삶을 아울러 포괄한다는 점을 명백히 강조한다. 진정한 의미에서『논어』의 중심문제가 이 양자(객관과 내면) 사이의 관계에 있다고 말할 수도 있을 것이다. 천도(天道)라는 표현에서 우리는 도라는 용어의 또 다른 사용법을 보게 되는데, 여기에서 도는 비인격적 우주에 있어서의 하늘의 길과 아마도 그 외 인간이 어떠한 권리도 행사할 수 없는 역사에 있어서의 하늘이 갖는 모든 측면들을 가리키는 것 같다"〈벤저민 슈워츠, 앞의 책, p.105〉. 번역문이 난해하므로 정리하자면, 외적으로는 사회적·정치적 질서를, 내적으로는 개인의 도덕적 삶을 포괄하는 객관적 규범으로서 인간과 영적 존재들을 한데 묶어주는 기능을 하는 것이라는 견해인데, 그래서 그는 도가도 '신비주의적인 도가'라고 표현한다. 하지만 도가가 어디 그러한가? 도가의 출발점은 어디까지나 유가의 결점과 위험성을 지적하는 것이었다. 諸子가 다 그러하듯이 도가 또한 헤게모니에 대한 의지가 없을 수 없다는 점을 서구 학자들은 감지하지 못한다. '무위자연'이라는 구호나 '은일'이라는 현상적 상징 때문에 그들은 오리엔트에서 유행했던 신비주의와 유사한 것으로 이해하기도 한다.
65 그러나 사람이 길을 걷는 모습인 아래 갑골문자가 '道' 자라는 주장도 있다. 금문에서는 '行'과 '首'가 결합된 글자를 '道' 자로 간주한다.
66 공자 이전의 문헌에서 도는 44회 발견되지만 그것은 『논어』에서 사용되는

道', '君道', '臣道' 등의 말이 만들어지고, 4·15처럼 '吾道'라는 표현도 가능하다. 반면 도가에서는 도를 '인간 중심의 규범'이 아니라 인간을 떠난 만물의 존재원리로 여기기 때문에 수식어 없이 단독으로 '도'를 사용한다. 공자는 인간의 행동을 리드하고 통제하기 위해 '길'을 말했는데, 통제의 목적은 자기가 생각하는 질서를 유지하기 위해서이다. 유토피아를 세우기 위해서는 아니다. 인간의 행위를 통제하는 비물리적 수단이라는 점에서 도는 기능적으로 '천명'이나 '덕'과 비슷한데, 천명이나 덕은 주관적이고 임의적이지만 도는 객관적이고 보편적인 것으로 제시된다.[67] 그런 측면에서 도는 천명이나 덕을 보완하는 수단일 수 있다. 따라서 공자가 생각했던 도는 곧 통치 방법론이었고,[68] 그것의 실현은 정치권력의 장악을 통하지 않으면 안 되었다. 그래서 공자는 평생 권력을 쥐고자 무던히도 애를 썼던 것이다. 공자는 자신이 내세우는 통치 방법론은 독창적인 것이 아니라 단지 선왕지도(선왕들이 했던 방법론)를 회복하자는 것일 뿐이라고 주장하였다. 그러나 그것은 자신의 주장이 체제 부정적이고 임의적인 반동행위가 아니라 도리어 현 체제의 원형을 회복하자는 것일 뿐임을 내보이려는 레토릭일 뿐이다. 당시에 문헌이나 다른 수단을 통해서나마 구체적으로 확인할 수 있는 선왕들의 방법론이란 것도 있었을 리 없다. 자기만이 선왕지도(禮)를 가장 잘 안다고 주장했던 것은 그 때문이다.[69] 동중서(董仲舒, ?176~?104 B.C.)가 도는 정치의 길이요 인의예악은

횟수의 절반밖에 되지 않는다고 H.G. 크릴은 말한다.

67 2·04의 '주)天命'과 1·09의 '주)德' 참고.

68 그래서 벤저민 슈워츠는 "만일 도라는 것이 어떤 사태의 전체 상태를 가리키는 말이라면, 도는 현금(現今)의 서양 사회적 담론 안에서는 시스템(system)과 흡사한 개념을 가지게 된다."라고 말한다〈벤저민 슈워츠, 앞의 책, p.108〉.

69 더구나 선왕지도란 것의 내용은 명문화된 것이 거의 없으므로 자신이 규정하면 되었으니 어려울 것도 없었다. 하지만 서구 학자들은 중국인의 문화적 문법

정치의 도구라고 규정하면서 유가를 치국의 이념으로 삼자고 건의할 수 있었던 것도, 그리고 그의 건의를 무제가 채택할 수 있었던 것도, 또한 그것이 마침내 유교라는 이데올로기로 정착되어 2천 년이 넘도록 한자문화권을 지배할 수 있었던 것도, 결국 공자의 생각이 체제 옹호적이기 때문이다. 『논어』에 언급되는 도나 덕은 예와 밀접한 관련이 있다. '도'라는 외적 권위와 '덕'이라는 내적 힘은 '예'라는 조정장치를 거쳐야 한다는 생각이다.[70] 공자에 의해 이렇게 은유될 뿐이었던 도를 나중에 형이상학

─────────

을 모르기 때문에 공자가 미래에 희망을 걸지 않고 과거를 기준으로 삼고자 했다면서 그 이유를 궁금해한다. 그리스나 인도 등 대부분의 고대문명들에서는 과거 황금시기에 대한 기억과 믿음 정도는 있어도 과거의 영화로 돌아가자는 움직임은 없었다고 흥분하는가 하면, 인류문명의 최고 가치가 과거에 이미 성취되었다는 신념이 왜 하필 공자의 머리에 떠올랐을까 하면서 궁금해한다. 궁리 결과 H.G. 크릴은 주초(周初)에 이집트를 제외한 다른 고등문명권에서 보기 힘든 상대적으로 긴 대내적 평온 상태가 있었다는 점을 근거로 들고, 벤저민 슈워츠는 경험에서 얻어진 좋은 기억이 『시경』이나 『서경』 같은 성스러운 문헌에서 발견된 생각들과 결합되어 전폭적인 이상화로 귀결되었을 것이라고 추정한다(벤저민 슈워츠, 앞의 책, p.108). 기득권과 충돌하지 않는 범위에서 비교적 공공연하게 집권할 수 있는 기술적 슬로건이었다고는 도저히 생각하지 못하는 것이다. 다른 사례를 들자면 이렇다. 「출사표」에서 제갈량(諸葛亮, 181~234)이 13차례나 '先帝'를 들먹인 것은 선제인 유비(劉備, 161~223)를 향한 충정 때문이 아니다. 내가 하는 말은 곧 네 아버지의 말이니 내 말을 듣지 않으면 안 된다고 후주인 유선(劉禪, 207~271)을 압박하는 것이다. 선제가 제갈량에게 실제 그런 부탁을 했는지의 여부도 알 수 없다. 설령 부탁했다 하더라도 그런 식의 강조는 압박일 뿐이다. 후주가 똑똑하다면 당연히 치욕으로 느꼈을 정도인데도, 사람들은 그저 제갈량의 충정이 깊다고만 여기게 된다. 서구인들이 중국의 이러한 문화적 문법을 이해하기란 어려울 수밖에 없다.

70 천문의 규칙성을 관찰하게 되면서 인간의 움직임도 그것과 같아야 한다는 생각에서 만들어진 생각일 텐데, 예의 주축은 경건함이다. 1·12의 '주)禮' 참조.

적인 개념으로 받아들이게 된 까닭은 우주변화의 원리라는 『역』을 경전으로 숭상하는 분위기 탓도 있다고 보지만[71] 보다 큰 계기는 도가의 등장,[72] 그리고 한참 뒤 성리학이 등장하여 '理'라는 개념과 함께 도를 중시하면서부터이다.[73] 물론 도가에서도 도를 천지의 어머니이자 세계의 본원이라는 원리 같은 것으로 간주하기도 한다. 하지만 그것은 후기 도가의 경우이지 순자학파가 생겨나기 이전 초기 도가의 사정은 아니다. 천명의 임의성을 극복하고서 객관적이고 보편적인 것을 찾기 위한 후대 유가의 노력은 도를 외적인 것으로 본 나머지 내적인 인성(人性)이라는 것에 주목하기도 하지만(맹자의 경우) 나중에는 道도 性도 아닌 '法'에 의존하는 것이 가장 효과적이라고 결론을 내리게 된다. 그래서 유교국가들

---

71 『시』, 『서』, 『역』, 『예기』, 『춘추』 등이 유가에서 경전으로 떠받들게 되는 것은 순자학파 이후라고 본다. 시기는 대체로 전한 무렵, 그러니까 오경박사를 두고 태학을 세우던 무렵이다. 경전과 비경전의 구분은 선왕의 말씀이냐 아니냐의 여부였다. 따라서 공영달 무렵까지도 『논어』와 『효경』은 선왕의 말씀이 아니기 때문에 '經'이 아닌 '傳'으로 분류되었다.

72 도가는 형성과정도 분명하지 않고 노자라는 인물조차 알 수 없는 사람이다. 『장자』와 『노자』에 유가의 방법론이나 가치관을 조롱하거나 위험성을 지적하는 대목이 있는 것은 도가가 유가에 대한 반발로 생긴 것이기 때문이다. 노자는 획일적인 원칙을 강조하는 유자들을 향해, 그러한 원칙은 차별을 일으키기 때문에 세상과 순조로운 관계를 형성하자면 원칙 같은 것을 없애라고 주문한다. 우주의 실상은 경계가 모호한데도 유일한 원칙을 강조하는 것은 위험하다는 것이다. 우주는 관계로 되어 있고 항상 움직이기 때문에 하나의 개념으로 표현할 수도 없고 해서도 안 된다고 말한다. 그래서 그는 "道可道 非常道(도라는 것은 언제 어디에나 적용할 수 있는 것이지 유일하고 일정한 틀은 아니다)"라고 말하는 것이다. 목적론과 가치론에 빠져서는 안 된다는 생각일 것이다. 20·03의 평설 및 그곳의 각주 참조.

73 『주자어류』 권6에서 주희는 "道는 통합 명칭이고 理는 낱낱의 명칭이다(道是統名 理是細目)."라고 하였고, 권75에서는 "도란 도리이다(道是道理)."라고 하

은 표면적으로는 道니 德이니 性이니 하는 것들을 강조하지만 기본적으로는 法에 대한 두려움을 갖게 하는 방법에 의존한다.[74] 『논어』에 나오는 道를 번역할 때는 다음의 네 가지 개념에 따라 적절하게 번역어를 선택하는 것이 좋다. ① '방법' 또는 '올바른 방법',[75] ② 선왕이 만들었다는 예악제도,[76] ③ 군주나 군자 등 지배계층의 바른 도리,[77] ④ '경세지도(經世之道)'[78] 등이다. 물론 "樂道人之善"(16·05)처럼 '말하다'라는 뜻의 동사, "道聽而塗說"(17·14)처럼 '길'이라는 뜻의 일반명사로도 쓰이고, "忠告

였다.

74 法은 원래 '刑'처럼 강제적인 힘을 나타내는 글자이지만 방법, 기술, 표준, 법도 등의 의미로 쓰이다가, 법가가 등장한 이후 가혹한 형법이라는 의미가 강화된다. 함무라비법전을 탄생시킨 메소포타미아 지역의 법이 민법이나 상법이 기초였던 것과 비교하면 중국 법의 기초는 가혹한 형법이다. 따라서 중국인에게 법이란 가능한 한 피해야 하는 것이었다. 법에 기대어 자신의 문제를 해결하려고 하거나 법을 이해하려고 할 필요도 없었다. '法'의 의미에 대해서는 9·24의 주) 참조.

75 三年無改於父之道(1·11), 射不主皮 爲力不同科古之道也(3·16), 富與貴 是人之所欲也 不以其道得之不處也(4·05), 朝聞道夕死可矣(4·08), 固相師之道也(15·42) 등이 그 예이다.

76 先王之道斯爲美(1·12)가 그 예이다.

77 子謂子産 有君子之道四焉(5·15), 君子道者三(14·28) 등이 그 예이다. 그래서 공자는 지배계층의 무도(無道)를 강하게 부각시킨다(12·19, 14·19).

78 주로 '邦有道~ 邦無道~'라든가 '天下有道~天下無道~' 등의 문구로 표현하는데, 就有道(1·14), 天下之無道也久矣(3·24), 士志於道 而恥惡衣惡食者 未足與議也(4·09), 子謂南容 邦有道不廢 邦無道免於刑戮(5·01), 道不行 乘桴浮於海 從我者 其由與(5·06), 邦有道則知 邦無道則愚(5·20), 天下有道則見 無道則隱 邦有道 貧且賤焉 恥也 邦無道 富且貴焉 恥也(8·13), 邦有道穀 邦無道穀 恥也(14·01), 邦有道 危言危行 邦無道 危行言孫(14·03), 邦有道如矢 邦無道如矢(15·07), 天下有道(16·02) 등이 그 예이다.

而善道之"(12·23)처럼 '導'의 통자로도 쓰인다.

11) 其爲仁之本與(기위인지본여) : 주희는 '爲仁'을 '行仁'이라고 새긴다. 수신을 강조한 이학자로서는 그렇게 받아들이고 싶었을지 모르나, 공자가 仁의 실천을 강조한 것은 사실일지라도 이 문장을 그렇게 보기는 어렵다. 유월은 '爲'가 허사이고 '爲'가 없는 판본도 있다고 한다. 그렇다면 더욱 '行仁'으로 해석할 여지는 없다. '仁'은 '人'의 가차자(假借字)라는 주석도 많다. 4·07의 "觀過斯知仁"이나, 6·26의 "井有仁焉"이나, 15·09의 "無求生以害仁"에서도 '人'으로 읽어야 한다는 주석이 많다. 두 글자는 기본적으로 동원자(同源字)이기 때문에 옳은 주장처럼 들리지만, 고전은 있는 그대로 보는 것이 중요하다. '與'는 평서문의 말미에 붙어서 가벼운 추측이나 단정의 어기를 표현하는 조사이다. 이 조사가 붙으면 전통적으로는 '~이로다'라고 번역하였지만, 예스러운 표현이기 때문에 '~일 것이다'라고 번역하였다.[79]

12) 仁(인) : '군자'와 더불어 『논어』에서 가장 중요한 핵심어이다. 공자는 지배층과 피지배층의 구조가 안정되었던 주왕조 초기사회 모델을 회복하자는 모토를 내걸었던 사람이다. 회복의 방법은 소양을 갖춘 士계층으로 하여금 정무를 담당케 하는 것이었는데, 그 소양을 종합적으로 仁이라고 불렀고, 仁을 갖춘 士를 君子라고 불렀다.[80] 따라서 義·禮·知·孝·弟·忠·信 등은 仁의 하위개념일 뿐이고, 인은 그것들의 총화이거나 근본처럼 설명했다. 그런 구상 아래 공자는 자신이 재상이 되어 집권하고자 했고, 제자들을 관리로 적절하게 등용시키고자 노력했다.[81] 마

---

79 『논어주소』는 "禮尙謙退 不敢質言 故云與也(예는 겸양과 양보를 숭상하므로 다듬지 않은 채 말해서는 안 된다. 그래서 與라고 한 것이다)"라고 했다. '其~與'의 구문으로 사용할 경우 추측과 감탄의 어기를 함께 표시한다.

80 4·09의 '주)士' 참조.

침내 자신의 구상이 당대에 실현될 가망은 없다고 판단하게 되자 먼 장래에라도 실현될 수 있도록 교재를 만들어서 교육하는 일에 전념했던 듯한데, 이후 중국사를 보면 그의 구상은 결국 실현된 셈이다.[82] 仁은 원래 군주나 지배계층의 인품을 칭송하던 말이었는데[83] '仁한 군자'라는 말을

---

81 명시적으로 표현하지는 않았지만 본인은 노나라 재상이 되어 집권하고자 했고, 그렇게 함으로써 다른 나라들도 쇄신되어 주왕조 전체를 안정시켜야 한다고 여겼으며, 현실 정치에 뛰어들 수 있는 제자들을 직접 길러내고자 실천하였다.

82 물론 이후의 중국사가 순전히 공자의 구상대로만 흘러오지는 않았고 다양한 도전과 굴곡을 겪기는 한다. 유가의 모순을 지적하면서 대중적인 지지를 확보했던 묵가, 획일적인 기준을 내세울 때 드러날 수 있는 위험성을 지적한 도가, 예악보다는 법을 위주로 해야 한다는 법가 등 제자백가의 각축도 있었거니와, 매우 이질적인 사유체계이면서 대중적인 영향력을 지녔던 불교가 상당 기간 중국을 감싸기도 했다. 그러나 한 이후 중국의 문화사는 대체로 법가와 유가를 골간으로 하고 도가와 불가가 보완하는 형태로 흐르게 된다. 도가와 법가의 원형은 비록 공자 이전부터 있었을지 모르나 그 틀이 형성되는 계기는 어디까지나 유가의 유행에 대한 반작용이었다고 본다.

83 『시·정풍(鄭風)』「숙우전(叔于田)」에서는 장공(莊公)의 아우를 "~洵美且仁 ~洵美且好 ~洵美且武(진정 아름답고도 어질다, 진정 아름답고도 좋다, 진정 아름답고도 씩씩하다)"라면서 칭송하고, 『시·제풍(齊風)』「노령(盧令)」에서도 "其人美且仁(그분은 아름답고도 어질다)"라고 표현하는 것을 보면 멋진 외모와 어울리는 공경의 훌륭한 인품을 가리키던 말이었다고 짐작한다. 『서』에서도 마찬가지이다. 『서·상서(商書)』「중훼지고(仲虺之誥)」 제2에서 탕왕더러 "克寬克仁(매우 관대하고 매우 인자하다)"이라고 표현한 대목, 『서·상서』「태갑하(太甲下)」에서 이윤(伊尹)이 태갑왕에게 "惟天無親 克敬惟親 民罔常懷 懷于有仁 鬼神無常享 享于克誠 天位艱哉(하늘은 특정한 임금을 가까이하는 것이 아니라 공경하는 임금을 가까이할 뿐이고, 인민은 특정한 임금에게 귀부하는 것이 아니라 인자한 군주에게 귀부할 뿐이며, 귀신도 특정한 임금의 제사만 받는 것이 아니라 정성스러운 임금의 제사를 받는 것입니다. 그러니 천자의 자리는 어려운 것입니다)"라고 말한 대목, 『서·주서(周書)』「태서중(泰誓中)」에서 무왕이 "予有亂

공자는 '칭송'이 아닌 '자격'으로 바꾸어 사용하였다. 공자 이전이나 이후나 仁이란 바람직한 지배계층의 자질을 가리키지 보편적 인간의 덕성을 가리키지는 않는다.[84] 공자는 '인한 군자'가 되려면 우선 호학하는 사람이라야 한다고 여겼고, 내면으로는 예와 악을 축으로 삼고 외면으로는 『시』와 『서』를 축으로 삼아야 한다고 여겼다. 그러나 그것만으로는 부족하다고 누누이 강조했는데, 아마도 仁의 완성은 실천에 의미가 있다고 여겼기 때문이 아닐까 한다. 따라서 제자들로서는 어떻게 해야 仁을 완성할 수 있는지, 누가 仁한 사람인지에 대해 집요하게 물을 수밖에 없었지만, 그때마다 공자의 대답은 언제나 분명하지 않았다. 교언영색에는 인이 없다느니(1·03), 그 사람의 허물을 보면 인한지의 여부를 알 수 있다느니(4·07), 인자는 산을 즐기고 지자는 물을 즐긴다느니, 인자는 수명이 길다느니, 인자는 근심하지 않는다느니(6·23) 하는 말들만 나열할 뿐 인이란 무엇이며 인을 완성하기 위해서는 어떤 과정을 밟아야 하는지를 설명한 적은 없다. 인뿐 아니라 다른 추상명사들에 대해서도 마찬가지였

臣十人 同心同德 雖有周親 不如仁人(저에게는 정치를 잘하는 신하 10명이 있어 모두 동심동덕이니 주왕이 비록 지친이 있다 한들 저의 어진 신하들만은 못할 겁니다)"이라고 하늘에 맹세한 대목, 『서·주서』「무성(武成)」에서 "予小子旣獲仁人 敢祗承上帝 以遏亂略 華夏蠻貊罔不率俾(저는 어진 신하를 몇 사람 얻어서 하늘의 뜻을 감히 받들어 난동의 모략을 막아냈고 중원과 사방의 각 나라가 따르지 않음이 없었습니다)"라고 말한 대목, 『서·주서』「금등(金縢)」에서 "予仁若考能 多材多藝 能事鬼神 乃元孫 不若旦多材多藝 不能事鬼神(나는 돌아가신 아버님처럼 인한 데다 재주도 많고 재능도 많아서 귀신을 잘 섬길 수 있지만, 너희 장손은 나 단만큼 재주가 많거나 재능이 많지도 않고 귀신을 잘 섬기지도 못한다)"이라고 말한 대목 등을 종합해보면, 仁은 공자 이전부터 군주나 공경의 인품이나 능력을 칭송하는 말로 널리 사용되고 있었음을 알 수 있다.

84   그러므로 인은 서구적 관념에 의하자면 도덕은 아니다. 공자를 인본주의자나 교육가로 보는 시각은 기본적으로 오류이다.

다. 이처럼 개념을 도외시하는 태도는 공자만의 특징이 아니라 한자문화권 전체의 특징이라고 할 수 있는데,[85] 그렇기 때문에 후학들은 너도나도

---

85 이에 관한 설명은 「논어문답」 10'에 자세하다. 이런 태도를 본질주의를 부정하는 상대주의적 태도라고 말할지도 모르겠다. 대상을 투명하게 표상해야 하고 모두가 동의할 수 있는 표상을 위해 보편적인 기초를 찾고자 했던 서구의 본질주의는 종교적 근본주의처럼 권력과 관계가 깊은데, 현대에 이르러 많이 꺾이기는 했다. 투명한 표상, 모두가 동의할 수 있어야 하며 이를 위해 기초가 필요하다는 생각, 이런 것들은 인간의 이성이 존재한다는 것에 대한 불필요한 집착이라는 반성이 현대에 들어 생겼다. 언어가 인간에게 선험적으로 주어진 것이 아니라 인간이 언어를 적절하게 사용함으로써 의미를 획득하는 것일 뿐이기 때문에 대상에 대한 표상작용은 인간과 대상의 관계가 아니라 인간과 인간의 관계이고, 인식주체와 실재의 관계가 아닌 사회적 현상이라고 보았던 비트겐슈타인(Ludwig Wittgenstein) 이후의 일이다. 정신보다 물질이 위에 있다는 포이어바흐(Ludwig Feuerbach)의 견해, 동물과 인간을 하나의 메커니즘으로 설명한 다윈(Charles Darwin)의 견해, 인간의 근원성은 이성이 아닌 욕망에 있다는 프로이트(Sigmund Freud)의 주장, 인간의 근원성은 그 사람의 물질적 조건에 있다는 마르크스(Karl Marx)의 주장, 인간의 우주적 본성은 이성이 아니라 동물적 의지라는 니체(Friedrich Nietzsche)의 주장 등도 물론 상대주의적 견해를 뒷받침해왔다. 그래서 상대주의자들은 인식보다는 대화의 과정을 더 중시한다. 사유보다는 경험을 더 중시한다. 하지만 본질주의적 관점과 상대주의적 관점은 선택이 아닌 상보라고 본다. 인류의 삶이 '관계'라 하더라도 관계의 질료 또한 '인식'이기 때문이다. 공자는 본질주의적 태도의 허점을 인식한 나머지 짐짓 상대주의적 태도를 택한 것이 아니다. 그러니 개념을 중시하지 않았다는 이유만으로 공자를 상대주의자로 보는 것은 난센스이다. '이럴 수도 있다'가 아니라, 다른 가능성을 배제하면서 자신의 입장만을 고집하는 태도를 상대주의적 태도라고 말하기는 어렵다. 공자가 개념을 등한시했던 것은 보편성이란 것을 생각하지 않았기 때문이다. 『장자·천도편(天道篇)』에 나오는 윤편(輪扁)의 이야기처럼 자기만이 소유할 수 있는 감각을 중시하지 보편적인 것은 외면하는 것이 그 시대의 경향이었다. 요즘 동아시아 사람들이 보편적 이념이 내면화된 것을 기준으로 삼아야 한다고 여긴다면 그것은 서구의 영향이다. 공자는 플라톤이 생각했던 본질과 같은 것을 생각한 적

'이것이 인이다'라는 설명에 몰입하게 된다. 숱한 주석도 그래서 나오게 된다. 원전에서 개념이 설명된다면 전혀 나올 필요가 없는 것들을 조술(祖述)이라는 이름으로 생산하는 것이 주석인데, 주석 또한 원전과 마찬가지로 애매할 따름이다. "仁이란 人이고, 그 둘을 합해서 말하자면 道이다."[86]라고 조술했던 맹자처럼 仁을 人과 짝짓거나, 아니면 자기 방식의 또 다른 관념적인 언어만을 던지는 경우가 대부분이다. 그래서 주석에 대한 주석, 주석의 재생산은 이어질 수밖에 없다. 중국 학문의 특징이 주석학으로 귀결되는 데는 이러한 문화적 배경이 있다. 유학의 쇄신을 꾀

이 없다. 현실의 초월이나 피안에 대해서도 생각한 적이 없다. 자기의 생각을 표상화한 다음 그것을 이용하여 헤게모니를 잡고자 했을 뿐이다. 보편적인 욕망은 가졌을지언정 언어의 보편적 개념에 대해서는 주의하지 않았다. 질서 유지를 위한 기준만 생각했지 객관적 표준이란 것을 생각하지는 않았다. 자신의 표준으로써 상대를 보고, 자신의 언어로써 상대를 규정하였다. 자신의 생각과 맞지 않은 사람을 자신과 마찬가지의 객체가 아니라 자신의 대척점으로만 보았다. 공자의 그러한 사유방식은 오늘날 보편적인 중국인의 사유방식과 비슷하다. 맹자는 공자보다도 더 상대적 개념을 의식했던 듯하다. 그는 "인은 사람의 마음이다(仁 人心也)."〈『맹자·고자상』〉라고 단정하기도 했으니 말이다(그러나 맹자의 태도가 일관하지는 않는다). 공자의 그와 같은 질서 유지적 사유방식을 도가는 크게 부정한다. 도가는 비록 중국사상사의 헤게모니에서는 밀렸지만 세계를 '두 대립면의 긴장' 또는 '두 대립면의 상호의존관계'로 보았지 통일된 질서라는 것을 생각하지는 않았다. 중국인들은 불교가 들어온 뒤 비로소 초월적이고 본질적인 것에 대해 생각하게 된다. 그렇다고 해서 그들의 사고방식이 본질주의적 입장으로 바뀌지는 않는다. 자신의 헤게모니를 정당화하는 데 본질이라는 개념을 이용했을 뿐이다. 성리학을 내세운 송유들이 그 사례이다.

86 仁也者人也 合而言之道也(『맹자·진심하』). 맹자도 다른 데서는 다르게 표현한다. 예컨대 『맹자·고자하』에서는 "小弁之怨親親也 親親仁也(『시경』의 「소변」에 원망의 뜻이 담긴 것은 가까운 사람을 가깝게 여기기 때문이다. 가까운 사람을 가깝게 여기는 것은 인이다)"라고 말한다.

했던 주희의 주석도 비슷하다. 仁을 그저 "아낌의 이치, 마음의 덕(愛之理 心之德)"이라고만 표현한다. 정약용도 "仁은 人이고 두 사람이 仁이다. 부자, 군신, 부부가 각각 자기 분수를 다하면 인이다. 인이란 이름은 두 사람 사이에서 생겨난다. 사람과 사람 사이에서 자기 분수를 다하면 인이다."[87]라는 알쏭달쏭한 말만 던질 뿐이다. 그러니 개념 위주로 공부해온 현대인이 『논어』를 읽자면 이와 같은 중국적 전통을 극복하지 않으면 안 된다. 공자는 仁을 어떤 개념으로 사용했는지, 후학들은 어떻게 이해했는지를 계통적으로 거슬러서 살피지 않으면 접근하기 어렵다. 따라서 문자학적 지식을 바탕으로 하고 그 위에 『논어』에 표현된 仁을 모조리 분석하여 정리하자면 다음과 같다.

'仁' 자는 외형상 '人'과 '二'를 합한 것처럼 보이지만 본래 그렇지는 않았다. 갑골문에서부터 인간관계를 나타내는 추상적인 문자로 쓰였던 듯하고[88] '人'과 동원자(同源字)였다. 그 글자에다 공자가 지배계층으로서의 자격이라는 관념을 결부시켜 높은 추상성을 부여하였다. 『논어』에 '仁'은 62장에 걸쳐 109회 나오는데, 仁의 개념에 가깝게 설명한 대목으로는 ① "先難而後獲(먼저 힘든 일을 하고 보상은 나중으로 돌리는 것)"(6·22), ② "己欲立而立人 己欲達而達人(자신이 나서고 싶으면 남도 나서게 해주고, 자신이 현달하고 싶으면 남도 현달시켜주기)"(6·30), ③ "克己復禮爲仁(자기의 사적인 욕망을 누르고 보편적 규범인 예를 회복하는 것이

87　集注曰仁者本心之全德 案仁者人也 二人爲仁 父子而盡其分則仁也 君臣而盡其分則仁也 夫婦而盡其分則仁也 仁之名 必生於二仁之間 近而五教 遠而至於天下萬姓 凡人與人盡其分 斯謂之仁〈논어고금주」「안연(顏淵)」1장〉.

88　갑골문은커녕 금문에도 '仁' 자가 없다고 주장하는 학자도 있지만 『古文字類編』(高明, 臺灣大通書局, 1986)과 『校正甲骨文編』(孫海波, 臺灣藝文印書館, 1974)에는 갑골문의 仁 자가 소개되어 있고, 전국시대 중산왕정(中山王鼎)에 새긴 "亡不率仁"이라는 문장의 仁 자는 『한어대자전』에도 소개되어 있다.

인을 실천하는 방법이다)" 및 그에 대한 세부항목인 "非禮勿視 非禮勿聽 非禮勿言 非禮勿動(예에서 벗어난 것은 보지 않기, 예에서 벗어난 것은 듣지 않기, 예에서 벗어난 것은 말하지 않기, 예에서 벗어난 것은 하지 않기)" (12·01), ④ "出門如見大賓 使民如承大祭 己所不欲 勿施於人 在邦無怨 在家無怨(집을 나가서 공무를 볼 때는 누구에게나 큰 손님을 뵙는 듯 몸가짐을 조심하고, 인민을 부릴 때는 큰 제사를 모시듯 인민을 공경하는 것이 첫째 방법이다. 자신이 하고 싶지 않은 것은 남에게도 결코 요구하지 않는 것이 둘째 방법이다. 중앙에서 일하든 지방에서 일하든 결코 남의 원망을 사는 일이 없도록 하는 것이 인을 실천하는 셋째 방법이다)"(12·02), ⑤ "仁者 其言也訒(인한 사람은 말을 함부로 하지 않는다)"(12·03), ⑥ "愛人 (사람을 아끼기)"(12·22), ⑦ "居處恭 執事敬 與人忠(평소 처신은 공손하게, 제사에서나 윗사람에게나 섬기는 일은 경건하게, 남에게는 충실하게)" (13·19), ⑧ "剛毅木訥近仁(굳셈, 과감, 질박, 과묵, 이런 것들이 인과 가까운 덕목이다)"(13·27) 정도이고, 나머지는 모두 간접적인 인용이나 비유들이다. 이런 표현들이나마 분석하여 정리하자면 仁은 ① 사욕을 절제하고 예에 맞는 규범을 지키기, ② 남을 존중하기,[89] 나아가서 남을 아끼고 사랑하기, ③ 굳세고 과감하며 질박하고 과묵하기, ④ 혼자 있을 때나 업무를 볼 때나 공경한 태도를 갖추기 등으로 요약할 수 있다. 종합하자면, '타인을 의식하면서 타인과 공감하고, 나아가 타인을 존중하고 배려하며, 공직에 나가서는 공익을 우선시하는 자세를 갖추기, 그리고 이를 실천하기 위해서는 사적인 욕망을 절제하면서 예라는 규범을 존중하고 따르기' 라고 표현할 수 있다.[90] '심미적 감성에서 우러나오는 타자에 대한 배려

---

89   보편적 인간에 대한 존중, 그러니까 인권과 같은 개념은 아니다. 타자에 대한 존중은 결국 나 자신에게 이로움을 주고 전체의 조화를 가져다준다는 생각이다.
90   그러한 실천은 결국 '孝'와 '悌'라는 말로 집약된다는 것이 이 장의 주장이다.

나 사랑'으로 축약할 수도 있을 것이다. 그러니까 내적 심리보다는 지배계층으로서의 행동규범에 무게를 둔 개념이었다고 본다.[91] 4·05에서 빈천(貧賤)에 대한 자세가 인의 필수적 요소라고 강조하는 것을 보면 '타자에 대한 배려나 사랑'이라는 정의는 보다 넓어져야 할 것도 같다. 빈천을 달갑게 받아들이는 것처럼 주어지는 객관적 여건도 능동적으로 수용하는 자세까지도 포함시켜야 하지 않을까 한다. 공자는 이러한 정도를 仁이라고 불렀지만, 유학의 체계가 형성되고 그것이 국가의 제도와 묶이면서는 임의로 변용된다. 소식(蘇軾, 1037~1101)은 20세에 '형상충후지지론(刑賞忠厚之至論)'이라는 시권(試卷)으로 과거를 치를 때 "可以賞可以無賞 賞之過乎仁 可以罰可以無罰 罰之過乎義 過乎仁不失爲君子 過乎義則流而入於忍人 故仁可過也義不可過也(상을 줄 수도 주지 않을 수도 있지만 상을 주는 것은 인이 넘쳐서이다. 벌을 줄 수도 주지 않을 수도 있지만 벌을 주는 것은 의가 넘쳐서이다. 인은 넘쳐도 군자 되기에 충분하지만, 의가 넘치면 잔인한 사람이 되기 쉽다. 그러므로 인은 넘쳐도 되지만 의가 넘쳐서는 안 된다)"라는 명문장을 남긴 바 있고, 주희는 인을 "우주가 만물을 낳는 마음(天地生物之心)"이라고 규정하였다. 담사동(譚嗣同, 1865~1898)이나 강유위(康有爲, 1858~1927)처럼 서구학문을 처음 접했

---

91 그러나 벤저민 슈워츠가 仁을 '자아 인식과 반성을 포함하는 개인적 인간의 내면적인 도덕적 삶을 가리키는 것으로 정의하고 싶다'고 말하는 것을 보더라도, 서구인들은 공자를 그리스적 사고방식으로써 보려는 틀을 벗어나지 못한다고 생각된다(벤저민 슈워츠, 앞의 책, p.122). 서구인들이 공자를 자기네 사고의 틀로만 보고자 하는 것은 풍우란(馮友蘭, 1895~1990) 등 서양철학을 공부했던 중국의 학자들이 공자를 그리스의 철학가들처럼 묘사했던 탓이 크다. 仁은 서구적 개념의 도덕은 결코 아니다. 차라리 테크닉이다. 정치는 원래 도덕과 아무 관계가 없다는 마키아벨리의 말은 공자에게도 마찬가지이다. 굳이 마키아벨리적 관점에서 보지 않더라도 공자는 도덕주의자가 아니다.

던 사람들은 仁을 에테르나 전기처럼 만사만물을 관통하는 우주의 최후 실재와 동등하게 여기거나 자유·평등·박애의 근대적 이념을 위한 철학의 근본으로 삼기도 하였고, 최근의 이택후마저도 "천지에 참여하는 본체로서의 성질"이라고 규정한 다음 인을 본체로 하는 철학적 기초를 다시 세우자고까지 주장한다. 이 밖에도 '이것이 인의 본질이다'라는 저마다의 주장은 엄청나게 많은데, '빨가면 사과, 사과는 맛있어, 맛있으면 바나나, 바나나는 길어, 길면 기차~'라는 어린이 언어유희처럼 단편적인 유사점만을 가지고서 양자는 동일하다고 단정해버리는 '사과는 바나나이다'라는 주장과 같은 것이 대부분이다. 문제는 이런 황당한 주장들이 별다른 점검 없이 학문적 방법론으로까지 동원된다는 것이다. 과거의 인식은 그대로 두고 현재의 안목으로써 보아내야 하건만, 과거를 필요 이상으로 분해한 다음 그것에서 현재와 유사한 것을 찾아내서는 과거가 현재와 동일하다고 단정하는 태도도 문제이다.[92] 더구나 과거에 관한 기록

---

92 시맨틱 시프트(semantic shift: 시간이 지나면 어떤 말의 의미가 본래의 뜻과 크게 달라지는 현상)는 모든 언어에서 나타나는 현상이다. 그러나 중국의 언어와 문자는 손쉽게 의도적으로 왜곡할 수 있다는 점에서 매우 고약하다. 예컨대 '事出有因 査無實據'라는 문장과 '査無實據 事出有因'이라는 문장은 순서만 다를 뿐이지만 맥락은 정반대다. 앞 구는 '빌미가 있어서 발생한 일이지만 조사해보니 근거가 없었다'가 되고, 뒤 구는 '조사해서 근거를 찾지는 못했지만 일이 발생한 것에는 원인이 있다'가 된다. 전자는 죄가 없다는 뜻이고 후자는 공소를 한다는 뜻이다. '連戰連敗(싸우기만 하면 계속 졌다)'와 '連敗連戰(계속 패하면서도 기어이 싸운다)'도 똑같은 문자를 사용하지만 정반대가 된다. 이런 표현과는 차원이 다른 의도적인 왜곡은 더욱 심하다. 중국 정부가 '失業'을 '待業'이라고 표현하고 가난뱅이를 '待富者'라고 표현하는 것은 웃어넘길 수 있는 정도이다. 그러나 부하에게서 뇌물 받는 것을 '예절성 수뢰'라고 표현한다든가, '휴가식 치료', '정확성 착오', '보호성 철거'처럼 본질을 호도하는 표현을 대수롭지 않게 사용하는 것은 그들의 사고방식을 이해할 수 있는 실마리이다. "술을 마시기는 했지만

은 실제와는 유리된 경우가 많다. 세월이 흐르면 왜곡된 기록도 사실로 바뀐다는 것을 잘 아는 그들은 왜곡된 기록을 남기고자 애쓰고, 그것마저 시대에 따라 거듭 고치는 관행이 생긴다. 중국 학술사에서 위서(僞書) 만들기를 꺼리지 않는 것은 이런 배경 때문이며, 남의 창작을 모방하는 짓을 부끄럽게 여기지 않는 풍토도 이런 배경에서 생긴다.[93] '仁'의 한국어 번역은 ① "成仁"(15·09), "得仁"(5·18, 7·15), "志於仁"(4·04), "去仁"(4·05), "好仁"(4·06), "依於仁"(7·06), "民興於仁"(8·02)처럼 명사일 경우에는 '仁'을 그대로 사용하는 게 낫고, ② "仁者"(4·02), "人而不仁"(3·03)처럼 용언일 경우에는 '어질다'라고 번역할 수도 있지만 '賢'의 번역어와 충돌하게 되므로 '인한 사람', '인하다', '인하게 되다' 등으로 번역하는 것이 나으며, ③ "爲仁"(1·02), "仁之方"(6·30)과 같은 경우는 '인을 완성하다'거나 '인을 완성하는 방법'으로 번역하는 것이 낫지 않을까 한다. 한대 경학(經學)에서 다루는 仁과 송명대 이학(理學)에서 다루는 仁은 그 개념이 약간 바뀌는데, 그에 관한 설명은 유보한다. 仁에 대한 추가적인 설명은 12·01과 12·02의 평설에 있다.

평설

　공자의 말기 제자 유약의 말씀을 공자의 말씀에 바로 이어서 편집하였다. 이러한 편집 순서는 공자의 적전(嫡傳)제자, 즉 공문의 대표 지위를

음주운전은 안 했다."라는 말보다 훨씬 악취가 나는 왜곡이다.

93　세월이 한참 지나면 거짓 기록도 사실로 바뀌는 일은 중국사에서 흔하다. 우리가 알고 있는 공자에 관한 정보 가운데에도 상당 부분이 그랬을 것이다. 근거 없는 정보나 이야기가 미디어나 입소문을 통해 거듭 다루어지면서 사실로 받아들여지는 것을 미국 작가 노먼 메일러(Norman Mailer, 1923~2007)는 팩토이드(factoid: 의사사실)라고 불렀다. 'fact'에다 '비슷한 것'을 뜻하는 접미사 '-oid'를 붙여서 만든 용어이다.

유약이 이었음을 드러낸 것이라고 본다. 공문의 근간이념인 인의 완성은 효제의 실천이 기초라는 내용인데, 1·06이나 2·21과 같은 공자의 발언을 조합하여 만들었을 것이다. 효제하면 범상을 못하고 범상하는 일이 없으면 작란도 생기지 않는다는 인과적 설명인데, 바꾸어 말하자면 사회적 위험요소인 난을 막으려면 상하관계의 질서가 흔들리지 않아야 하고 그러자면 효제의 실천이 필수라는 것이다. 효제를 이처럼 정치에까지 연결하는 것은 2·21을 보더라도 공자의 생각이다. 유약의 독창적인 생각은 아니다. 물론 효·인·충도 공자가 처음 만든 개념은 아니다. 당시 사회가 안고 있던 여러 충돌되는 가치들, 그러니까 당시 지배계층에서 자주 제기되던 의제들을 공자가 나름대로 정리했을 뿐이다. 제자들과 함께 생활하면서 늘 제기될 수밖에 없었던 의제들이고, 공문만의 의제가 아니라 당시 정치권의 일반적인 의제였을 것이다.[94] 공자가 춘추시대에 어필할 수 있었던 까닭은 그 시대 정치의 중요한 의제들을 건드려서 이슈화하는 능력이 탁월했기 때문이 아닐까 한다.

1·03 子曰 巧言令色 鮮矣仁

스승님께서 말씀하시기를 : 꾸민 말과 꾸민 낯빛(을 가진 사람)에게는 仁(의 바탕)이 거의 없(다고 보면 되)지.[95]

---

94 '사회적 의제'라고 표현하면 오늘날의 사회, '소사이어티(society)'를 연상하게 되므로 '정치권의 의제'라고 표현하였다. 당시에는 '사회'라는 개념이 없었기 때문에 '사회적 논의'라는 개념도 있을 수 없다. 통치 차원에서 부각되는 문제들을 한정된 범주의 사람들 사이에서 논의할 수 있었다.
95 한국어 번역의 가장 어려운 점은 화법이다. 대화일 경우 두 사람의 계급과 신분에 따라 각각의 어투를 결정해야 한다. 그리고 이 장이나 1·01처럼 혼자의 언급일 경우 공자의 개성을 살릴 수 있는 어투를 결정해야만 한다. 그 말이 나오

1) 巧言令色(교언영색) : 교언은 '진실을 감추거나 포장하는 말재산', 영색은 '속맘과는 다르게 꾸미는 낯빛'이라고 새길 수 있다.[96] 이 장은 17·17에서 그대로 반복되고[97] 5·24에서는 '교언영색'이, 15·27에서는 '巧言亂德'이 언급된다. 그 밖에도 말재간을 강하게 부정하는 공자의 언급은 여러 곳에서 보이는데, 공자가 교언과 영색에 대한 경계를 유난히 강조했던 까닭은 무엇일까?[98] 말과 표정이라는 의사전달 수단의 한계를 중

게 된 맥락을 표현해주어야 한다. 1·01에서는 자문자답으로 보고서 '~않은가?'라는 어투를 택했는데, 이 장에서는 단정적인 언급이기는 하지만 '~다.'로 끝내는 것보다는 '~지.'로 끝내는 것이 발언의 강도를 더해주고 공자의 개성을 살릴 수 있다고 보았다.

96 『논어』에 나오는 '色'은 '빛깔'(10·08), '문장의 윤색'(14·08), '女色'(9·18, 15·13, 16·07) 등을 의미하지만 가장 흔하게는 '낯빛'을 가리킨다. 5·18, 5·24, 8·04, 10·03, 10·04, 10·05, 10·25, 11·21, 12·20, 14·37, 16·06, 16·10, 17·12, 17·17이 그렇다. 특히 이 장 외에 8·04, 11·21, 12·20, 14·37, 16·06 등에서는 말재간과 연결되어 부정적으로 묘사된다. 1·07, 2·08, 10·27에 나오는 '色'은 단정하기 어렵다.

97 여기 외에도 『논어』에 중복되는 장은 많다. 『맹자』는 일찌감치 조기가 『맹자장구(孟子章句)』를 지으면서 의심스러운 부분을 과감하게 제외했기 때문에 체제가 엉성한 점이 없지만 『논어』는 그런 작업을 거치지 않은 채 내려왔다고 흔히 말한다. 「논어문답」 4'의 각주 참조.

98 물론 교언영색은 공자만이 경계한 것은 아니다. 『시』에도 교언을 꼬집는 대목이 있다. 「소아·우무정(雨無正)」의 "哀哉不能言 匪舌是出 維躬是瘁 哿矣能言 巧言如流 俾躬處休(애닯구나 말도 못하니, 말로 꺼낼 수도 없어서 몸만 초췌해진다. 말 잘하는 사람은 좋겠네. 유수 같은 발림말로 제 몸 편하게 만드니까)"라든가, 「소아·교언(巧言)」의 "蛇蛇碩言 出自口矣 巧言如簧 顏之厚矣(훌륭하고 좋은 말은 입에서 나오지만, 관악기 떨림판 같은 발림말은 두꺼운 낯에서 나오는 법)" 등이 그러하다.

시해서였을까? 주희는 "언어수단과 표정수단을 좋게 여겨 밖으로 드러나는 것만 치장해서 남을 즐겁게 만들고자 하면, 방자해지게 되어 본심의 덕은 사라지고 만다."[99]라고 설명하는데, 공자가 그처럼 논리적이고 일반적인 이유 때문에 강조하지는 않았다고 본다. 말의 남용을 주의하라는 단순한 경책이 아니다. 당시 사회의 일반적인 신뢰도가 무척 낮았기 때문에, 신뢰도가 낮은 사회에서 손실과 위험을 막으려면 교언영색에 대한 경계가 절실하다는 경험적 지혜를 드러냈다고 본다. 공자가 "말 때문에 사람을 취했다가 실패한 것은 재여의 경우이고, 외모 때문에 사람을 취했다가 실패한 것은 자우의 경우이다."[100]라고 말했다는 『사기·중니제자열전』의 기록을 믿는다면, 공자는 제자들조차 신뢰하지 않았다. 그래서 그는 상대가 배신할 수 없도록 전략적인 신뢰관계를 구축하는 일을 중시했을 것이다. 후대에 삼강오륜으로 정리되는 유가의 윤리규범은 결국 공자의 생각을 정리한 것인데, 신뢰도가 낮은 사회에서 전략적 신뢰를 구축하기 위한 장치라고 본다. 교언영색을 경계하라는 말은 전략적 관계망 바깥에 있는 사람은 잠재적 위험인물로 간주하라는 말이나 다름없다. 권모술수가 판을 치던 춘추시대 상황에서 그와 같은 조언은 공자가 아니더라도 누구나 강조했을 법하다.

2) 鮮矣仁(선의인) : 황간본(皇侃本)에는 '鮮矣有仁'이라고 되어 있다. '鮮'의 새김은 '드물다'이지만 문장에서는 부정의 뜻으로 쓰이므로 '거의 없다'라고 번역하는 것이 적절하다. '~은 仁과는 거리가 멀다'는 뜻이다. 주희는 "성인의 언사는 박절하지 않기 때문에 鮮이라고만 말해도 절대 없다는 뜻임을 알 수 있다."[101]라고 주하지만 실제는 그렇지 않았다. 『논

---

99 好其言 善其色 致飾於外 務以悅人 則人欲肆而本心之德 亡矣
100 以言取人 失之宰予 以貌取人 失之子羽. 3·21의 주3)과 6·14의 주4) 참조.
101 聖人辭不迫切 專言鮮則絶無可知

어』를 통해 보건대 공자의 제자들에 대한 언사는 매우 박절하였다.

평설

이 장은 17·17에서 그대로 중복된다. 그런데 그 이유가 교언영색을 강조하기 위해서라고 설명하는 주석이 많다. 그처럼 어이없는 설명은 한자문화권 주석들의 자세나 수준을 드러내는 단적인 사례라고 본다. 필자는 그 이유를 이렇게 생각한다. 공문 대표 지위는 유약이 처음 차지했기 때문에 공자의 말씀에 이어서 유약의 말씀을 실었을 것이다. 그런데 여러 정황을 고려하자면 공문 대표의 지위는 이내 증삼이 차지했던 듯하다. 따라서 증삼의 말씀도 실어야 했는데, 유약의 말씀에 바로 이어서 싣게 되면 증삼을 유약의 아래 서열로 인정하는 셈이 된다고 여겼을 것이다. 그래서 사이에 공자의 말씀 하나를 끼우고자 했는데, 짧으면서도 강렬한 아포리즘을 뒤에서 하나 찾아다가 여기에 끼우고는 뒤의 것은 미처 제거하지 않은 탓에 17·17에 그대로 남게 되지 않았을까 한다. 중복은 어디까지나 편집상의 실수이지 의도적으로 중복했을 리는 없다고 보기 때문에 추론해본 것이다. 이처럼 엉성한 편집은 오히려 『논어』의 신뢰도를 높인다고 본다.[102]

공자는 5·24에서도 교언영색을 말하고 있고, '교언영색'이라는 표현은 아닐지라도 말재간 좋은 제자들을 미워하는 대목은 많이 있다.[103] 교언영색으로 대변되는 겉과 속이 다른 언어습관은 근대 중국의 지식인들도 비판하는 바인데, 가혹한 환경에서 살아남기 위해 형성된 습관일 것이다. 따라서 사회의 신뢰도는 낮아질 수밖에 없고, 공자는 신뢰도가 낮

---

102 『논어』의 편집이 엉성함을 보여주는 중복 사례는 「논어문답」 4'의 각주에 열거되어 있다.

103 4·24의 평설 참조.

은 사회에서 방어적 기제를 강조했다고 본다. 이기적인 사람과 속이려 드는 사람을 조심하라는 단순한 경종이 아니라, 거짓을 포장하는 말재간과 진실을 감추는 낯빛이 일상화되어버린 사회에서 교언영색에 대한 경계는 자기를 지키기 위한 행동수칙이라는 생각이었을 것이다. 공자가 경계시킨 바를 잘 따른다면 사회적 관계에서 손실당할 확률은 줄어들지 모른다. 그러나 인간의 언행에 대한 의심과 경계는 대인관계 자체를 왜곡시킨다. 사회적 신뢰도가 낮아지면 어떤 식으로든 불행은 커진다.[104]

그런데 고대 중국의 '수사'와 그리스 전통의 '레토릭(rhêtorikê)'은 많이 다르다. 둘은 역사적으로도 서로 다른 전통을 갖고 있고, 엄밀한 의미에서 고대 중국에 수사는 있었어도 수사학은 없었다. 공자의 언어관과 관련된 고대 중국의 수사기법을 그리스 소피스트 전통을 이은 서구의 수사학과 동일시할 수는 없다. 공자는 고대 그리스 철학자들처럼 개념 위주로 생각하거나 말하지는 않았기 때문이다. 공자는 자신이 가장 중시했던 仁도 개념적으로 접근한 적이 없다. 따라서 교언영색을 거부했던 공자의 생각을 비교수사학적 차원으로 접근한다면 오류이다. 논쟁에서 승리하는 것을 목표로 삼는 소피스트의 교육 방침을 비판하고 그들의 허구를 폭로하면서 수사학 교육의 이념을 제시했던 이소크라테스(Isocrates, 436~338 B.C.)의 생각과 단순 비교할 수는 있다.

최남선의 「소년논어」 번역문이 인상적이다.

---

104 "공자가 교언영색을 싫어한 것은 공자가 내세우는 仁의 세계가 비트겐슈타인이 말하는 침묵의 세계에 있기 때문이었다."라고 김용옥은 주장하는데, 공자에게 '침묵의 세계'와 같은 개념은 단연코 없었다. 공자는 '자기를 지키기 위한 행동수칙'을 말했을 뿐이다. 공자는 교언영색이 仁과 멀다고만 한 게 아니라 剛毅木訥(굳셈, 과감, 질박, 과묵)이 仁과 가깝다고도 했다(13·27).

말 납신납신 잘하고 남의 비위나 살살 잘 마추난 사람에 사람다운 사
람 업습듸다. 〈註〉제 속은 조곰도 업고 남의 얼골 보아 제 빗을 짓난 사
람을 경계하신 말삼

1·04 曾子曰 吾日三省吾身 爲人謀而不忠乎 與朋友交而不信乎 傳不
習乎

증자께서 말씀하시기를 : 나는 하루 세 번 (정도는) 내 자신을 반성하는데, (반
성하는 내용으로는) '남을 위하는 (공적인) 일에서는 성의를 다했는지, 벗과의
사귐에서는 신의를 지켰는지, 배운 바는 (제대로) 익혔는지'이다.

| 주 |

1) 曾子(증자, 505~435 B.C.) : 공자의 제자. 이름은 參(삼), 자는 자여
(子輿). 『사기·중니제자열전』에 의하면 남무성(南武城)[105] 사람으로 공
자보다 46살 적었으며, 『효경』을 지었다 한다.[106] 공자는 그가 효에 능통
했기 때문에 그를 가르쳤다고 한다. 그의 아버지 증석(曾晳) 또한 공자

---

105 지금 산동성(山東省) 조장시(棗莊市) 부근이니 당시 노나라 지역이었다.
106 사마천은 『사기·중니제자열전』에서 증삼이 『효경』을 지었다고 했다. 그러
나 후세 유자들 가운데에는 여러 근거를 대면서 공자와 증삼의 대화를 증삼의 문
인이 기록했을 것으로 추정하거나, 한대 유가의 위작으로 보는 사람이 많다. 증삼
은 공자의 말기 제자이다. 젊은 날 잠깐 공자를 모셨을 뿐인데 젊은 증삼이 공자
생존 시에 제자들을 거느렸을 리는 없다. 후대 유가의 위작이라면 한무제가 유가
를 채택하기 이전일 것이다. 고대 중국의 책들은 대체로 개인의 저술이 아닌 편
저이기 때문에 저자의 이름을 확정하기는 어렵다. 책의 권위를 확보하려는 목적
으로 '이 책 내용의 근본은 아무개에게 있다'라고 표현한 것이 나중에는 '이 책의
저자는 아무개이다'라고 바뀌게 되는 경우도 허다하다.

의 제자였다는데, 증삼이 공자보다 46살 적었다 하니 증석은 그보다 20여 살 더 많았을 것이다.『논어』에서 유약과 증삼에게만 '~子'라는 존칭을 사용하고,「학이」의 편집 순서 또한 공자의 말에 이어서 유약과 증삼의 말을 차례로 편집한 것을 보면『논어』를 편찬한 사람은 유약과 증삼을 특별히 존중해야 할 이유가 있었을 것이다. 그래서 유종원(柳宗元, 773~819), 정이, 주희 등은 유약과 증삼의 제자들이『논어』를 편찬했을 것으로 추정한다. 그런데『논어』에 유약과 관련된 장은 네 개에 불과한 반면 증삼과 관련된 장은 이 장 외에 열네 개나 있다.[107] 다만『효경』의 저자로 전해지면서도 효에 관한 언급은 많지 않을뿐더러 그나마 비중 있는 내용도 아니다. 공자가 증삼에 대해 평가한 바는 '미련하다(魯)'는 말이 유일한데(11·18), 증삼은 죽음에 임박하여 "이제는 신체가 훼손될 염려를 하지 않아도 되겠다."라고 말했다 하니 공자가 미련하다고 평가한 이유를 알 듯하다(8·03).『논어』에는 공자와 제자들 사이의 문답이 많은데, 증삼과의 문답은 4·15 한 차례일 뿐 아니라 거기에서 그가 한 말이라곤 '네'라는 대답뿐이다. 이런 정황들로 보자면 증삼을 출중한 제자로 보기는 어렵다. 단지『효경』의 저자로 알려진 점 때문에 후대 유자들은 끊임없이 그를 높였고, 그런 나머지『논어』의 편집 과정에서도 그를 우대하게 되지 않았을까 한다.[108] 증삼에 관한 일화들은 많다.[109]『한시외전』과

---

107 1·09, 4·15, 8·03, 8·04, 8·05, 8·06, 8·07, 12·24, 14·26, 19·16, 19·17, 19·18, 19·19이다.

108 그가 어떻게 해서『효경』의 저자로 규정되었는지는 알 수 없지만 그 때문에 그의 위상이 절대시된 것만은 사실이라고 본다. 효와『효경』이 유가에서 차지하는 비중에 대해서는 1·02의 주3) 참조.

109 『맹자』에 증삼은 7~8차례 거론되는데,「이루하(離婁下)」에는 다음과 같은 일화가 소개되어 있다. 언젠가 증삼이 살고 있던 무성(武城)이 월나라의 침략을 받았는데, 증삼은 침략자들이 자기 집에 들어오거나 정원의 나무를 훼손하지 못

『설원』에는 답답할 정도로 고지식했던 증삼의 심성을 살필 수 있는 이야기가 소설적인 구성으로 나온다.[110] 어쨌든 유자들, 특히 성리학자들은 그

하게 하라고 다른 사람에게 지시하고서는 자신은 먼저 도주하였다. 침략군이 돌아간 뒤에는, 자신이 돌아갈 테니 집을 수리하라고 다른 사람에게 지시하였다. 이에 사람들은 과거 자사가 위나라에 있을 때 제나라의 침공을 받자 사람들이 도망가라고 권할지라도 자신이 도망가면 군주를 누가 지키겠느냐면서 피신하지 않았던 일과 대비하면서 증삼을 비난했던 모양이다. 하지만 맹자는 증삼을 두둔한다. 자사는 군주의 신하였고 증삼은 군주의 스승이어서 두 사람은 신분이 다르기 때문에 달리 처신했던 것이므로, 만약 두 사람의 위치가 바뀌었다면 증삼도 그렇게 행동했을 것이라고 말한다. 맹자의 두둔은 설득력이 부족할뿐더러 다른 곳에 묘사된 일화들과 종합해보자면 증삼의 행실에는 바람직하지 않은 면이 있었음을 짐작할 수 있다. 그럼에도 불구하고 맹자는 증삼을 높이 평가한다. "증자는 아버지 증석을 봉양함에 있어서 반드시 술과 고기를 갖추었는데, 치울 때는 반드시 누구에게 줄 것인가를 여쭈었고, 더 있느냐고 물으시면 언제나 더 있다고 대답하였다(曾子養曾晳 必有酒肉 將徹 必請所與 問有餘 必曰有)."〈『맹자·이루상』〉라든가, "증자처럼 한다면 부모님의 마음을 잘 받들었다고 말할 수 있으리라(若曾子則可謂養志也)."〈『맹자·이루상』〉라면서 칭송한다. 맹자 당시 증삼에 대한 저평가가 이슈화되자 증삼의 뒤를 이은 자신의 학맥을 고려해서라도 맹자는 증삼을 적극적으로 옹호하고자 했을지 모르나, 만약 그런 문제가 이슈화하였다면 공자 제자들 문파 사이의 갈등에서 빚어졌을 것이다. 「등문공상(滕文公上)」에는 이런 이야기도 실려 있다. 공자가 돌아가시자 제자들은 복상을 마친 다음 공문을 유지하기 위한 방안을 의논하였는데, 유약이 스승을 닮았으니 유약을 스승의 예로 모시자고 자하·자장·자유가 제안하지만 증삼이 제동을 걸었다고 한다.

110 『예기·단궁상(檀弓上)』에도 증삼의 임종에 관한 이야기가 나온다. 증삼의 임종 즈음에 곁에서 모시던 동자가 증삼이 깔고 있던 자리(簀)를 보고서 "자리가 매우 아름답습니다, 대부가 사용하는 자리입니까?"라고 묻자 증삼은 이 말을 듣고 자신이 신분에 맞지 않은 고급의 자리를 갖고 있음을 부끄럽게 여긴 나머지 자리를 당장 바꾸게 한 다음 곧 임종하였다고 한다. 이 때문에 유가에서는 스승이나 철인의 죽음을 역책(易簀)이라고 부르게 되었다는데, 이런 일화도 증삼의 고지식함을 잘 드러낸다.

를 공문의 정통계승자로 간주한다. 자하처럼 화려한 명성을 떨치지는 못했지만 증삼은 계손씨(季孫氏)의 지우를 입어서 비(費)에 머물면서 많은 제자를 양성했던 듯하고, 그 때문에 유약의 존재는 상대적으로 가볍게 여겨졌을 것이다.[111] 주희와 정이를 비판한 바 있는 송대의 섭적(葉適, 1150~1223)은 증삼이 공자의 정통계승자라는 견해에 대해 비판적이었는데, 이른바 신신유학(新新儒學)이라고 불리는 근대 유학의 주류 위치에 있는 모종삼(牟宗三, 1909~1995)은 그 때문에 섭적을 비난한다. 이런 사례는 모종삼을 비롯한 현대 중국 유학자들의 학문 태도가 어떤 것이었는지를 짐작케 하는 사례이다.

2) 三省(삼성) : 뒤에 세 가지 사례가 나오기 때문에 흔히 '세 가지를 반성한다'라고 새긴다.[112] 그러나 수사가 뒤에 있으면 가짓수를 나타내지만 앞에 있으면 차례를 나타낸다는 이토 진사이의 지적이 옳다.[113] 정약용은 "子以四敎 文行忠信"(7·25)이라는 문장을 내밀면서 그 주장을 반박하지만, '子以四敎'에는 목적어를 표시하는 '以'가 있기 때문에 경우가 다르다. 동작을 나타내는 글자 앞에 쓰이는 수사는 차수(次數)를 가리키므로 가짓수를 나타내려면 '日省者三'이라야 한다고 양백준(楊伯峻, 1909~1992)도 거듭 지적한다. 뒤에 세 가지 사례가 열거되기 때문에 오해하게 될 뿐, 세 가지를 반성한다는 뜻은 아니다. '三'도 '세 차례'가 아

111 　유약과 증삼은 노나라 토박이였기 때문에 공자 사후에도 남아서 공문을 지켰지만 자하(衛), 자유(吳), 자장(陳)은 토박이가 아니었기 때문에 노나라에 머물지 않았을 것이라고 김용옥은 추정한다. 자하·자유·자장이 노나라를 떠나면서 유약은 헤게모니를 상실했고 그러자 또 다른 토박이인 증삼이 공문을 이끌게 되었을 것이라고 추정한다〈김용옥의 『논어한글역주 1』, p.320〉.

112 　『논어의소』와 『논어집주』가 대표적이다.

113 　"三復白圭"와 "三以天下讓"이 전자의 예문이고, "君子所貴乎道者三"과 "君子之道三"이 후자의 예문이다.

닌 '여러 차례'라는 뜻이다. 『사기·율서(律書)』에서 "수는 一에서 시작하여 十에서 마치고 三에서 이루어진다."라고 했듯이, 중국인들은 三을 음과 양이 최대로 혼합되는 변화를 일으켜서 완성을 보게 되는 숫자로 여겼다.[114] 따라서 표현은 '세 차례'일지라도 그 뜻은 '여러 차례'이다. '셋'을 가리킬 때는 평성으로 읽고 '여러 차례'를 가리킬 때는 거성으로 읽었다는 주장도 있지만 현대 중국어에 그런 구분은 없다.

3) 忠(충) : 역시 유가의 중요한 추상명사인데, 『설문』에서는 '경(敬)'의 뜻이라고 하지만 본래의 뜻은 '마음을 다하는 태도'였다. 즉, 거짓이 없는 진심을 의미했다. 그래서 '충성(忠誠)'이라는 합성어로 흔히 사용된다. '충신(忠信)'이라는 표현도 자주 사용되는데,[115] 충성과 신의는 동반하는 것이라고 생각했기 때문일 것이다. "스승님의 방법론은 충과 서일 뿐이다(夫子之道 忠恕而已矣)."(4·15)라는 문장에서 '충'은 자신에게 정성을 다하는 것, '서'는 남에게 정성을 다하는 것이라고 대체로 설명한다. 2·20에서는 "인민으로 하여금 군주에게 공경하고 충성스러우면서도 따르도록 만들다(使民敬忠以勸)."와 "부모에게 효도하고 자식을 사랑할 수 있도록 만들면 충성할 것입니다(孝慈則忠)."라는 표현이 나오는데, 모두 성심을 다해 자신의 책임을 완수하는 것을 의미한다.[116] 이처럼 『논어』에서는 '충'이 군주에 대한 자세로 강조되지는 않았지만 후대 유가에서는 군주에 대한 자세로 강조된다. 정치윤리는 가족윤리의 확대라는 생각 때문에 그렇게 여겼을 텐데, "신하는 임금을 충으로써 섬긴다(臣事君以

114　다음 예문들도 마찬가지이다. 三年無改於父之道 可謂孝矣(1·11), 回也 其心三月不違仁 其餘則日月至焉而已矣(6·07), 子在齊聞韶 三月不知肉味(7·14), 三人行 必有我師焉(7·22), 三以天下讓 民無得而稱焉(8·01), 南容三復白圭 孔子以其兄之子妻之(11·06).

115　1·08, 5·27, 7·25, 9·25(1·08의 중복), 12·10, 15·06.

116　그래서 주희는 "盡己之謂忠"이라고 표현한다.

忠).''(3·19)라는 말도 작용했을 것이다. 그리하여 '충'은 '효'와 더불어 유교윤리의 토대가 되는데, 실제에서 그것은 국가권력을 유지하는 도구가 된다. 수많은 생명들이 효와 충이라는 이름으로 기꺼이 죽을 수 있도록 국가권력은 유도하였다.[117]

　4) 交(교) : 현대 한국어에서 '친구'는 나이가 비슷하고 정서적 호감을 바탕으로 한 심미적 관계를 가리키지만, 영어의 '프렌드(friend)'나 중국어의 '펑요우(朋友)'는 사회적 관계도 포함된다. 증삼이 말하는 '교'도 심미적 관계보다는 사회적 관계를 바탕으로 한다. 요즘말로는 '인간관계'나 '인맥'이라고 표현할 수 있는 사귐이다. 그러니 당연히 신의가 강조된다.[118] 한편 자장의 '교'에 관한 견해는 19·03에 소개된다.

117　효라는 윤리 때문에 할고(割股: 넓적다리 살을 베어서 부모의 약으로 사용함)한 기록은 수도 없이 많을 뿐 아니라, 통계가 남아 있는 명·청대만 하더라도 효와 절개 때문에 자살한 여인이 6만 명 정도나 된다. 유교국가의 치밀한 형태였다고 말할 수 있는 천황제 일본에서는 태평양전쟁 말기에 가미카제 특공대라는 이름으로 5천여 명의 청년 비행사가 충을 위해 죽었다.

118　사마천은 『사기·급정열전(汲鄭列傳)』에서 交에 관한 평을 다음과 같이 한다. "태사공은 말한다. 급암(汲黯)이나 정당시(鄭當時) 같은 현명한 사람의 경우에도 권세를 가질 때는 빈객이 열 배나 되지만 권세가 사라지면 하나도 없었다. 그러니 하물며 일반 사람들이랴. 하규 땅의 적공이 이런 말을 남긴 바 있다. 처음 적공이 정위 벼슬을 할 때는 빈객이 문을 가득 메웠지만 벼슬자리를 그만두자 문밖에 새 잡는 그물을 쳐도 될 만큼 없어졌다. 그러다가 적공이 다시 정위가 되었을 때 빈객들이 적공의 집에 몰리자 적공은 대문에다 다음과 같이 크게 써 붙였다. '죽느냐 사느냐의 갈림길에서 사귐의 진정을 알게 되고, 가난과 부유의 갈림길에서 사귐의 태도를 알 수 있으며, 귀하고 천함의 갈림길에서 사귐의 진정이 비로소 드러나게 된다.' 급암과 정당시도 똑같이 그랬으니 슬픈 일이로다(太史公日 夫以汲鄭之賢 有勢則賓客十倍 無勢則否 況衆人乎 下邽翟公有言 始翟公爲廷尉 賓客闐門 及廢 門外可設雀羅 翟公復爲廷尉 賓客欲往 翟公乃大署其門曰 一死一生 乃知交情 一貧一富 乃知交態 一貴一賤 交情乃見 汲鄭亦云 悲夫)."

김정희(金正喜, 1786~1856)는 제주도에 유배되어 있을 때 제자 이상적(李尙迪, 1804~1865)이 서책을 보내주자 감격하여 답례로 세한도를 그려주면서 발문을 쓰는데, 그 발문에서 사마천의 글을 다음과 같이 인용한다. "지난해에『만학집(晚學集)』과『대운산방문고(大雲山房文藁)』두 책을 부쳐주더니 올해는 또『황조경세문편(皇朝經世文編)』을 부쳐주었구나. 이 책들은 모두 흔하지 않은 책인데 천만 리 먼 곳에서 사다가 해를 넘겨서까지 내 손에 쥐어주니, 이는 한때 잠시 나를 생각하는 일은 아니로다. 세상 사람들 죄다 권세와 이익만을 좇아서 움직이는데, 마음과 노력을 이렇듯 권세와 이득을 위해 사용하지는 않고 바다 멀리 초췌하게 시들어가는 사람에게 쏟다니. 권세와 이득을 좇는 사람이란, 태사공이 '권세와 이익을 따르는 사람은 권세와 이익이 끝나면 사귐도 소원해진다'는 그런 사람이다. 자네는 세상의 도도한 흐름 속의 한 사람일 뿐인데도 그 흐름에서 초연히 스스로 벗어나서 권세와 이익 바깥에서 권세와 이익 아닌 것을 가지고서 나를 대하는 것 아닌가? 그렇다면 태사공의 말은 틀렸던 말인가? 공자께서는 날이 추워진 다음에야 송백은 나중에 시든다는 것을 알게 된다고 말씀하신 바 있지. 그런데 송백은 기실 사계절 잎이 지지 않을 때가 없으니 겨울 전에도 그저 송백이요 겨울이 되어도 그저 송백일 따름이지만, 성인께서는 겨울이 된 다음이라는 시점을 특히 강조하셨지. 지금 자네가 나를 대하는 것은 이전보다 더한 것도 없고 덜한 것도 없이 똑같은데, 이전에 나를 대하던 것에 딱히 칭찬할 바 없었다손 치더라도 지금 나를 대하는 것은 성인에게서도 칭찬받을 점이라네. 성인께서 그 말씀을 특별히 하셨던 것은 단지 송백이 나중에 시드는 정조나 절개 때문만이 아니라 겨울이라는 힘든 계절에 감촉되신 바가 있으셨기 때문일 것이네. 오호라, 전한시대처럼 풍속이 좋았던 시절에 급암과 정당시처럼 어질었던 분조차도 빈객이 많았다 없었다 했거늘, 자기 집 대문에 '一死一生' 운운하는 글씨를 써 붙였던 하규(下邽, 추사는 '下邳'로 적었음)의 적공(翟公)은 박절감이 얼마나 심했을까. 슬프도다. 완당 노인이 씀(去年又以晚學大雲二書寄來 今年又以藕耕文編寄來 此皆非世之常有 購之千萬里之遠 積有年而得之 非一時之事也 且世之滔滔 惟權利之是趨 爲之 費心費力如此而不以歸之權利 乃歸之海外蕉萃枯槁之人 如世之趨權利者 太史公云 以權利合者 權利盡而交疏 君亦世之滔滔中一人 其有超然自拔於滔滔 權利之外不以權利視我耶 太史公之言非耶 孔子曰歲寒然後知松栢之後凋 松栢是毋四時而不凋者 歲寒以前一松栢也 歲寒以後一松栢也 聖人特稱之於歲寒之後 今君

5) 信(신) : '亻'과 '言'으로 이루어진 글자에서 짐작할 수 있듯이 信의 뜻은 '말'이 기초일 것이다. '말대로 실천함' 또는 '실천할 수 있는 말'을 뜻했다고 본다. 거기에서 '약속(約信)'이나 '약속의 징표(符信)'라는 뜻이 나왔을 것이고, 나아가 '신용'과 '신뢰'라는 뜻을 포괄하게 되었을 것이다. 현대 한국어로는 '믿음'이라는 낱말이 적절하다.[119] 고대 중국의 信은 개인의 권리나 의무를 담보하려는 목적에서 나온 개념은 아니고 예측 가능한 인간관계와 안정된 질서를 도모하기 위한 목적에서 나온 개념이다. 고대 중국은 일찍부터 강력한 전제왕권이 발달했던 탓에 안정된 권력유지 장치에 대한 탐구가 절실하였으니, 仁·義·禮·智·孝·悌·忠·信 등은 모두 거기에서 나왔다고 보면 된다. 그것들 가운데 신은 특히 위험에 대비하는 전략적 대응장치인데, '신용(credit)'보다는 '충실(loyalty)'의 뜻을 지닌다. 상대가 기대를 벗어난 행동을 하지 못하도록 만드는 전략적 장치이므로 상호관계보다는 상하관계에서 더욱 강조된다.[120] 상호관계에서의 '신용', '신뢰'의 뜻으로 사용된 사례도 많은데,[121] 예측 가능한 투명

之於我 由前而無加焉 由後而無損焉 然由前之君 無可稱 由後之君 亦可見稱於聖人也耶 聖人之特稱 非徒爲後凋之貞操勁節而已 亦有所感發於歲寒之時者也 烏乎 西京淳厚之世 以汲鄭之賢 賓客與之盛衰 如下邳榜門 迫切之極矣 悲夫 阮堂老人書)."

119 서구 유일신 종교에서 말하는 '초월적인 것에 대한 믿음(belief)'과는 별도의 개념으로서, '믿을 수 있음', '징험되는 것'을 뜻한다.

120 고대 이집트, 페르시아, 그리스를 거쳐 로마법의 원칙이 되었다가 오늘날 세계 민법의 대원칙으로 된 '팍타 순트 세르반다(pacta sunt servanda: 합의는 지켜져야 한다)'의 정신은 어디까지나 양자 간의 대등한 권리와 의무를 명시하는 정신, 그러니까 계약이라는 기초 위에 있는 개념이다. 信은 양자 상호 간의 '신용'이나 '신뢰'를 가리키기도 하지만 전통적으로는 상하 간의 질서라는 기초 위에서 강조되던 믿음이다.

121 弟子立則孝 出則弟 謹而信 汎愛衆 而親仁(배우는 과정에 있는 젊은이는

한 처신은 보편적인 관계에서도 중요하지만 벗과의 관계에서 더 강조되고,[122] 군주를 대하는 처신에서는 가장 강하게 요구된다. 그래서 신은 충과 함께 요구된다.[123] 동시에 군주의 인민에 대한 예측 가능한 처신도 강조된다.[124] 그러한 처신은 모두에게 합당하다는 의미에서 종종 '義'와 연

집 안에서는 효도하고 집 밖에서는 공손하며, 말을 삼가되 뱉은 말은 신용을 지키고, 사람들을 고루 아끼되 인한 사람을 가까이해야 한다)(1·06), 信近於義 言可復也(약속이 중요하기는 하지만 합당한 범주라야 실천될 수 있다)(1·13), 人而無信 不知其可也(사람이 되어 가지고 신용이 없다면 그런 사람을 용납할 곳이 어디 있을지 모르겠다)(2·22), 正顏色 斯近信矣(안색을 바르게 해야 신뢰를 얻게 됩니다)(8·04).

122　與朋友交而不信乎(벗과의 사귐에서는 신의를 지켰는지)(1·04), 與朋友交 言而有信(벗과 사귀면서 자신이 한 말에 신용을 지킨다면)(1·07), 老者安之 朋友信之 少者懷之(나보다 연장자들은 나를 편안히 여기고, 나의 벗들은 나를 믿고, 나보다 젊은 사람들은 나를 그리워하도록 만드는 것)(5·25).

123　君子不重則不威 學則不固 主忠信 無友不如己者 過則勿憚改(군자가 중후하게 처신하지 않으면 위엄 있지도 않고, 스승을 좇아 배웠다 하더라도 견고하지 못하게 된다. 모름지기 충성과 신의를 위주로 하고, 자기만 못한 사람과는 벗하지 말 것이며, 실수를 저질렀거든 고치기를 꺼려 말아야 한다)(1·08), 十室之邑 必有忠信如丘者焉 不如丘之好學也(열 가구 정도의 작은 마을에도 나만큼 충신한 사람이야 반드시 있겠지만, 나만큼 호학하는 사람은 없을 것이다)(5·27), 子以四敎 文行忠信(스승님께서 제자들을 가르치시는 수단은 네 가지였다. 그것은 역대의 문헌, 군자다운 행실, 공무를 담당할 때의 진심, 교우관계에서의 신용이다)(7·25), 主忠信 毋友不如己者 過則勿憚改(충성과 신의, 이 두 가지 덕목만을 위주로 하고, 자기만 못한 사람과는 벗하지 말 것이며, 실수를 저질렀거든 고치기를 꺼려 말라)(9·25), 主忠信 徙義 崇德也(충성과 신의 이 두 가지를 위주로 하면서 의로움만 좇는 것이 덕을 높이는 방법이다)(12·10), 言忠信 行篤敬 雖蠻貊之邦 行矣(말이 성실하고 믿음직하며 행실이 진지하고 조심스러우면 비록 문화가 없는 오랑캐 땅에서라도 그 사람의 뜻은 통용될 것이다)(15·06).

124　道千乘之國 敬事而信千乘(천승 정도 규모의 나라를 다스리자면, 모든 일

계되니 '신의'라는 낱말이 그것이다. 물론 일반적 의미인 '믿다', '부합하다'의 뜻으로도 널리 쓰인다.[125] 황간본·고려본 등에는 '言而不信乎'라고

을 신중하게 처리하면서 신용이 있어야 한다)(1·05), 子貢問政 子曰 足食足兵 民信之矣(자공이 정치의 요체에 대해 여쭙자 스승님께서 말씀하시기를, 인민의 먹을 것을 충족시키고, 군사력을 충족시키고, 인민이 군주를 믿게 만드는 것, 이 세 가지이다)(12·07), 上好信 則民莫敢不用情(윗사람이 신을 좋아하면 아래 민은 누구도 감히 윗사람에게 진정을 쓰지 않을 수 없다)(13·04), 何如斯可謂之士 矣 (…) 言必信 行必果硜硜然小人哉 抑亦可以爲次矣(어떻게 처신해야만 士라고 일컬을 수 있겠습니까? (…) 한번 꺼낸 말은 반드시 지키려고 하고 일단 실행한 것은 반드시 성과를 내고자 하면 '꼼꼼한 소인이로구나!'라는 말을 들을지는 모르나 그렇더라도 그다음 조건은 된다)(13·20), 君子義以爲質 禮以行之 孫以出之 信以成之 君子哉(군자는 모든 일에서 의를 바탕으로 삼고, 행동거지는 예에 맞게, 자기표현은 겸손하게, 임무 완성은 신의 있게 해야 한다. 그래야만 군자답다)(15·18), 孔子曰 能行五者於天下爲仁矣 請問之 曰恭寬信敏惠 恭則不侮 寬則得衆 信則人任焉 敏則有功 惠則足以使人(공자께서 말씀하시기를, 천하에 다섯 가지만 실천할 수 있으면 인은 완성된다. 자장이 그 다섯 가지가 무엇인지에 대해 여쭙자 공자께서 대답하시기를, 공손함, 너그러움, 미더움, 영민함, 베풂이다. 공손하면 모욕을 당하지 않고, 너그러우면 사람들을 얻게 되며, 미더우면 남들이 나에게 일을 맡기고, 영민하면 공적이 생기며, 베풀면 남을 부릴 수 있다)(17·06), 君子信而後勞其民 未信則以爲厲己也 信而後諫 未信則以爲謗己也(임금은 아래로 백성의 신뢰를 얻은 다음 백성을 부려야 한다. 백성의 신뢰를 얻지 못한 채 백성을 부리면 백성은 임금이 자신을 못살게 군다고 생각한다. 또한 위로는 군주의 신뢰를 얻은 다음 간해야 한다. 임금의 신뢰를 얻지 못한 채 임금에게 간하면 임금은 자신을 헐뜯는다고 생각한다)(19·10), 寬則得衆 信則民任焉 敏則有功 公則說(너그러우면 민중의 신망을 얻게 되고, 미더우면 인민이 맡길 것이며, 영민하면 공적을 세우게 되고, 공정하게 대해주면 모두가 즐거워할 것이다)(20·01).

125 子使漆雕開仕 對曰 吾斯之未能信 子說(스승님께서 칠조개에게 벼슬자리에 나가보라고 하시자 칠조개는 대답하기를, 저는 벼슬자리를 감당할 자신이 아직 없습니다. 칠조개가 그렇게 말씀드리자 스승님께서는 기꺼워하셨다)(5·05),

되어 있는데, 1·07의 "與朋友交言而有信"이라는 문장과 혼동한 탓일 것이다.

6) 傳不習乎(전불습호) : 하안이 '익히지 못한 것을 전수하였는가?'라고 해석한 뒤로 황간, 초순, 미야자키 이치사다, 이택후 등이 그 해석을 따른다. 그러나 그 해석은 증삼을 직업적으로 전수하는 사람으로 보는 견해이다. '學而時習之'에서 알 수 있듯이 공자는 자신도 익히기에 전념하는 사람으로 자처했지 전수하기에 전념하는 사람으로 자처하지는 않았다. 하물며 증삼을 전문적으로 전수하는 사람으로 볼 수는 없다. '전수받은 것을 익히지 않았는가?'의 뜻이 되려면 '傳而不習'이라야 한다고

聽其言而信其行(어떤 사람의 말을 들으면 그 사람의 행동도 그러리라고 믿었다)(5·09), 述而不作 信而好古(전통을 계술할 뿐 새 틀을 만들지는 않기, 전통을 믿고서 고전에 몰두하기)(7·01), 篤信好學守死善道(호학의 가치를 독실하게 믿고 죽기를 각오하고 선도를 지켜내라)(8·13), 狂而不直 侗而不愿 悾悾而不信 吾不知之矣(제멋대로이면서 정직하지도 않은 놈, 미숙하면서 성실하지도 않은 놈, 무능하면서 미덥지도 않은 놈, 나는 그런 놈들은 이해할 수 없어)(8·16), 信如君不君 臣不臣 父不父 子不子 雖有粟 吾得而食諸(진정 임금이 임금답지 않고 신하가 신하답지 않으며 아버지가 아버지답지 않고 아들이 아들답지 않다면, 비록 곡식이 쌓여 있어도 내가 그것을 편히 먹을 수 있겠습니까)(12·11), 信乎 夫子不言不笑不取乎(정말입니까, 당신의 스승께서는 말도 안 하고 웃지도 않고 남이 주는 것을 받지도 않는다는 것이?)(14·13), 雖曰不要君 吾不信也(비록 군주에게 강요하지는 않았다지만 나는 그가 진정 강요하지 않았다고 믿지는 않는다)(14·14), 不逆詐 不億不信 抑亦先覺者 是賢乎(상대가 나를 속일 것이라고 넘겨짚지도 말고, 상대를 미덥지 않은 사람이라고 억측하지도 말라. 그렇지만 속임수나 신뢰할 수 있는지의 여부를 미리 알아차릴 수는 있어야 현명하다고 하겠지)(14·31), 執德不弘 信道不篤 焉能爲有 焉能爲亡(덕을 목표로 잡고서 나가기는 하지만 태도가 군건하지는 않고 경세지도를 믿되 독실하지는 않다면, 이런 사람을 덕이나 도를 지녔다고 할 수 있을까, 지니지 않았다고 할 수 있을까)(19·02).

그들은 주장하지만, '傳'은 '不習'의 목적어로서 목적어를 강조하기 위해 도치한 구문이다. 그들은 도치문으로 보지 않기 때문에 '不習'을 '傳'의 목적어로 보는 것이다. 또한 『논어』에서는 남을 가르치는 일을 '誨'나 '敎'로 표현하지 '傳'이라고 표현하지 않는다. "君子之道 孰先傳焉 孰後倦焉"(19·12)에서의 '傳'도 직업적으로 가르치는 것을 의미하지는 않는다. 따라서 이 문장은 '전수받은 것을 제대로 익히지는 않았는지?'로 새기는 것이 옳다. 그래야 구문상으로도 '不忠乎', '不信乎', '不習乎'가 대(對)를 이루게 된다. '不習'이 '傳'의 목적어라면 대를 이루지 못한다.[126] 다만 번역은 '배운 것'이 아닌 '전수받은 것'이라고 새기었다. 하안이 그렇게 해석한 것은 교육을 직업으로 삼았기 때문일 것이다. 증삼도 자기처럼 직업적으로 가르치는 사람으로 인식한 나머지 그렇게 해석했을 것이다.

평설

네 번째에 증삼의 말씀을 실은 의도에 대해서는 앞 장에서 설명한 바 있다. 증삼은 자로·자공·염구와 같은 제자들과 비교하면 말할 것도 없고, 말기 제자들인 자하·자장 등과 견주어도 결코 무게 있는 제자로 보이지는 않는다. 그럼에도 불구하고 이처럼 높게 대접하게 된 것은 증삼의 학맥을 이은 맹자 탓이라고 본다. 후대의 유자들은 대개 맹자의 후학들이기 때문이다. 공자 사후 유약이 공문의 대표가 된다는 것에 증삼이

---

126 중국인은 생각을 글로 표현할 때 단선적으로 표현하지 않고 대립하거나 짝을 이루는 세트로 표현하는 관습이 있다. 이것을 대(對)라 하고, 대를 이루는 구절을 대구(對句)라고 한다. 인간의 뇌는 대칭으로 작동하도록 되어 있다는 학설이 있듯이, 두 가지로 대칭하여 표현하면 쉽게 각인시킬 수 있는 효과 때문에 만들어진 관습이 아닐까 한다.

반발했다는 이야기나 증삼이 효경을 만들었다는 이야기도 맹자의 후계자들이 만들었을 것으로 짐작한다.

이 장을 7·25와 대조하여 읽으면 스승의 가르침을 이으려는 증삼의 고지식한 태도가 더욱 드러난다.

1·05 子曰 道千乘之國 敬事而信 節用而愛人 使民以時
스승님께서 말씀하시기를 : 천승(정도 규모)의 나라를 다스리자면 (이런 점이 중요하다. 모든) 일을 신중하게 처리하면서 신용이 있어야 하고, 씀씀이를 절약하면서 사람을 아껴야 하며, 인민을 부릴 때는 시기를 맞추어야 해.

| 주 |

1) 道千乘之國(도천승지국) : 춘추시대 각 나라의 국력은 그 나라가 발병(發兵)할 수 있는 전차의 수효를 가지고 표시하는 것이 관례였다.[127]

---

[127] 말 4마리가 끄는 한 대의 전차에는 3명의 갑사(甲士)가 타고 72명의 보병이 딸리며 거기에다 소 12마리가 끄는 짐수레에 식량과 무기를 싣는 25명의 인부가 더해진다. 이리하여 전차 일승(一乘)에 소요되는 사람의 수효는 갑사, 보병, 인부를 합하여 1백 명 남짓이 된다. 일승에 필요한 사람과 비용을 8백 가구의 인민에게 부담시켰다고 하니 가구당 인구를 5명으로 치자면 천승지국은 인구 4백만 명 규모의 나라가 된다. 이는 어디까지나 기준일 따름이고 실제는 상황에 따라 들쭉날쭉했을 것이다. 춘추시대 초기에는 전차의 수효가 적지만 패권경쟁이 가열되면서 나라마다 점점 규모가 커진다. 『좌전』 희공 28년(632 B.C.)에 기재된 성복(城濮)의 전투에서 진(晉)의 군사력은 7백 승이었다고 하는데, 『좌전』 소공 13년(529 B.C.)에 기재된 진의 군사력은 4천 승이다. 그사이에 인구가 그처럼 급증하지는 않았을 것이므로 인민의 부담이 그만큼 늘었을 것이다. 수레를 타지 않고 말 등에 직접 올라타는 '기마' 방식은 조(趙)의 무령왕(武靈王, 325~299 B.C.)이 북방민족의 복장을 입고서 말 등에 올라타 활쏘기를 훈련한 것이 효시라고 한다.

서주 초기에는 각 제후국의 군사력 규모가 그다지 크지 않았지만 춘추
시대에 이르면 크게 증가한다. 11·26의 '千乘之國攝乎大國之間'이라
는 표현을 보더라도 공자 당대에 벌써 천승 규모의 나라는 큰 나라로 치
지 않았던 모양이다. 따라서 여기서 천승지국이라고 한 것은 家가 아닌
國의 규모를 가리키던 범칭이었던 듯하다.[128] '道'는 동사로서 마융은 '政
敎',[129] 포함과 주희는 '治'라고 했다. 모두 '導'의 뜻으로 새긴 것이다. 오
규 소라이는 천자가 제후국을 순수하기 위해 '길을 내는 것'이라고 주장
하지만, 공자는 여기서 범론을 말하고 있지 도로공사처럼 특정한 일에서
유의할 바를 말한 것은 아니다. 이 문장은 주어가 생략된 것이 아니라 원
래 없다. 중국 고문이나 한국어에서는 주어가 없어도 문장이 성립된다.
문맥에서 주어를 짐작할 수 있어야 한다.[130] 道에 대한 자세한 설명은 1·

『곡례』에 "前有車騎"라는 표현이 나오지만 그 책은 전국시대 이후에 만들어졌다.
한편 『논어주소』의 설명은 다르다. 육척일보(六尺一步), 백보일무(百步一畝), 백
무일부(百畝一夫), 삼부일옥(三夫一屋), 삼옥일정(三屋一井), 십정일통(十井一
通), 십통일성(十通一成)인데, 성(成)에서 혁거(革車) 하나를 낸다고 한다. 마융
과 포함이 인용한 전거가 각각 『주례』와 『예기』이기 때문에 설명도 이처럼 달라
진다.

128　마융은 國을 사방 오백 리나 사백 리가 되는 공후(公侯)의 나라라고 했다.
16·12를 보면 제나라는 천승지국의 규모로 일컬어졌던 듯한데, 당시 제나라의
국력은 노나라보다는 컸으므로 공자가 말한 천승지국은 노나라보다 더 큰 규모
의 나라였을 것이다. 그러나 노나라의 국력도 천승 정도는 되었다는 견해도 있다.
서주 초기에 國은 1,500개 남짓이나 되었지만 계속된 멸국겸병(滅國兼倂)으로
인해 춘추 초기에는 170개로 격감한다.

129　2·03의 "道之以政"이라는 표현을 근거로 그렇게 주했다.

130　굴절어인 라틴어에서도 주어는 생략되지만 중국 고문처럼 완전히 사라지
는 않고 서술어의 변화를 통해서 확인할 수 있다. 예컨대 'Cogito'라는 서술어는
주어가 1인칭 'ego'에 맞추어진 형태이다. 그러나 라틴어에서 분화한 현대 유럽어
들은 굴절성이 약해지면서 주어가 표기되는 쪽으로 발달한다. 특히 영어가 그러

02의 주) 참조.

2) 敬事而信(경사이신) : '경'은 태도의 표시이기 때문에 곧잘 '사(섬김)'와 연용된다. "평소 생활은 공손하게, 제사이든 윗사람이든 섬기는 일에는 경건하게, 남에게는 충실하게 대하는 것",[131] "주군을 섬김에 있어서는 그 섬김만을 공경히 하고 녹(祿)을 받아먹는 문제는 뒤로 한다"[132] 등이 그 사례이다. 여기서는 신하가 주군을 섬기는 도리를 말하는 게 아니라 천승지국을 다스리는 군주에게 하는 말이므로 '공경히 섬기다'라는 해석은 맞지 않다. "나라를 다스리는 사람은 일처리는 반드시 경건신중하게, 백성과는 반드시 성실한 신용으로"[133]라는 포함의 주석이나 "자신의 소임에 정성을 다하여 백성에게 신용을 얻다."[134]라는 주희의 주석이 더 가깝다. 그래서 '모든 일을 신중히 처리함'이라고 번역하였다. 주희는 敬을 "한 가지에만 전념할 뿐 다른 데로 빠지지 않는 것"[135]이라고 했지만, 원래 하늘이나 귀신에 대한 존경과 두려움을 뜻하던 것이 공자 단계에서 대인관계나 윤리에 있어서의 생활태도나 정서적 요구로 바뀌면서 인성을 형성하는 한 부분이 되었다고 이택후는 설명한다. 信에 대한 해설은 1·04의 주) 참조.

한데, 예컨대 "Turning the corner, a handsome school building appeared(길모퉁이를 돌자 멋진 학교 건물이 나타났다)."라는 문장은 'turning'의 주어가 나타나 있지 않으므로 비문(非文)으로 규정된다. 의미가 전달될 수 있는데도 주어가 제시되지 않은 분사는 '현수분사(dangling participle)'라면서 문법에 어긋난다고 규정한다.

131 居處恭 執事敬 與人忠(13·19).
132 事君 敬其事而後其食(15·38).
133 爲國者 擧事必敬愼 與民必誠信
134 敬其事而信於民也
135 主一無適

3) 節用(절용) : 포함은 '사치하지 않음'이라고 했다. 공자는 제경공이 정치의 도리를 질문하자 "정치의 요체는 재화를 절약하는 데에 있다."[136] 라고 대답한 바 있다. 다자이 슌다이는 '節'을 '限'으로 설명한다. 대나무 마디처럼 넘을 수 없는 한계라는 것이다.

4) 愛人(애인) : 人은 지배계층을 가리키고 民은 피지배계층을 가리킨다는 주장이 상당히 지배적이다. 아마도 11·14, 13·04, 14·40, 14·41, 14·42 등에 근거한 견해일 것이다.[137] 그러나 한정된 범주에서는 그렇게 구분했을지 모르나 일률적으로 그렇게 해석할 수는 없다. 고대 중국에서는 용어의 개념을 분명히 한다는 생각이 없었기 때문에 오늘날의 시각으로써 용어의 개념을 확정하는 것은 적절하지 않다. 여기의 '애인'은 그저 '사람을 소중히 여기다'의 뜻으로 보면 된다. 人을 지배층으로 해석할 필요는 없다. 愛는 '아끼다'로 번역하였다. 『예기·애공문(哀公問)』에는 "공자께서 대답하시기를, 고대에 정치를 할 때는 사람 아끼는 것을 큰일로

---

136 政在節財. 18·03의 주1) 참조.

137 14·40에서 人은 임금을 가리키고, 14·41에서 民은 피지배층을 가리키기는 한다. 그러나 12·09와 14·42에서 보듯이 '百姓' 또한 피지배층을 가리키는 용어로 사용된다. 고대에는 지배층만이 성씨를 가졌으므로 '百姓'이라 하면 지배층만을 가리켜야 하는데도 말이다. 중국의 용어는 이처럼 개념이 분명하지 않을 뿐 아니라, 개념이 분명하다 하더라도 시대에 따라 의미가 달라진다. 1·05, 2·03, 5·15, 6·30, 8·02, 8·09, 11·26, 12·02, 12·07, 13·03, 13·29, 13·30, 14·17, 15·33을 보자면 民은 피지배계층을 가리키는 것이 분명하지만, 1·09, 2·19, 2·20, 3·21, 6·22, 6·29, 8·01, 8·19, 12·19, 16·12, 19·10, 20·01, 20·02를 보자면 피지배계층은 물론 지배계층까지 포함하여 '군주의 대어(對語)'로 사용되고 있다. 더구나 13·04, 14·41, 19·19에서는 '上의 대어'로 사용하고 있고, 15·25에서는 人과 民을 혼용하기도 한다. 18·08을 보자면, 벼슬을 지내다 내려온 사람도 民이라는 용어에 포함시키는 듯하고, 16·09에서 困而不學하는 사람을 民으로 규정하기도 한다. 또한 '人民'을 '百姓'의 뜻으로 사용하기도 한다.

삼았습니다."**138**라는 구절이 있다.

5) 使民以時(사민이시) : 民에게 역(役)을 부과하더라도 民의 생업에 지장 받지 않는 때를 가려서 부과하라는 뜻이다. 以는 행동의 기준이나 근거를 표시하는 개사이다. 『맹자·양혜왕상(梁惠王上)』의 "농사철을 어기지 않는 것"**139**과 비슷한 뜻이다. 그래서 포함도 "농사일을 방해하거나 빼앗지 않음"**140**이라고 주한다. 民의 뜻에 대해서는 8·09의 주) 참조.

> **평설**

공자가 생각하는 국가경영 원칙이라고 할 수 있다. 일정한 규모를 지닌 국가라면 군주의 기호에 따라 임의적으로 경영되어서는 안 된다는 말이겠다.

이 장은 중국 현대사의 정치투쟁에서 크게 이용된 바 있다. 1970년대 전반, 모택동의 정적이었던 임표(林彪)를 공자와 묶어서 비판한 이른바 '비림비공(批林批孔)' 운동이 한창이던 때, 이 구절은 공자의 반동성을 증명하는 증거물로 채택된다. 이 무렵 조기빈(趙紀彬, 1905~1982)은 『논어신탐(論語新探)』을 수정 증보하여 출간하는데, 거기에서 그는 '人'은 노예 이외의 계층과 계급을 가리키는 개념으로서 귀족 노예주·일반 노예주·신흥지주계급 및 독립된 노동자를 포함하고 '民'은 노예를 가리킨다고 주장한다. 그는 "有教無類"(15·39)에 대해서도, 공자는 계층을 구분하지 않고 가르쳤던 것은 아니고 통치계층에 한해서만 구분 없이 가르쳤을 뿐이며, 특히 그 장은 제후의 군사권 강화를 의미한다고 주장한다. 그러니 공자는 모든 계층에 열려 있는 사상가가 아니라 통치계층만을 위

---

138 孔子對曰 古之爲政 愛人爲大
139 不違農時
140 不妨奪農務

한 사상가요, 人만 愛의 대상으로 여기고 民은 使의 대상으로만 여겼을 뿐인 반동사상가라고 주장한 것이다.

공자가 지배층과 피지배층을 구분했다는 조기빈의 주장은 사실이다. 그러나 '비림비공' 운동의 영향을 받아서 책을 그렇게 개정하게 되었노라고 조기빈 스스로 서문에서 밝히고 있듯이, 공자를 반동사상가로 몰기 위한 정치적 이용이라는 점에서는 아쉽다. 중국에서는 현대에 이르기까지 학술도 이렇듯 정치의 영향을 직접적으로 받는다. '비림비공' 운동이 지나간 뒤인 1970년대 후반에 공자에 대한 재평가 작업이 진행되면서 '人'과 '民'을 계급적 입장에서만 구분하려는 경향이 주류에서는 밀려나지만, 이 장에서처럼 한 문장에서 '人'과 '民'이 함께 사용될 때는 계급적 입장이 드러난다는 주장이 여전히 지지를 얻는다. 14·40의 주) 참조.

1·06 子曰 弟子入則孝 出則弟 謹而信 汎愛家 而親仁 行有餘力 則以學文

스승님께서 말씀하시기를 : (배우는 과정에 있는) 젊은이는 집 안에서는 효도하고 집 밖에서는 공손해야 해. (말을) 삼가되 (뱉은 말은) 신용을 지켜야 하고, 사람들을 고루 아끼되 仁(한 사람)을 가까이해야 해. (그러면서) 생업에 여력이 있거든 글을 배워야 해.

주

1) 弟子(제자) : 원래는 상대적으로 나이 적은 사람을 가리키던 말인데 스승을 좇아 배우는 사람이라는 뜻이 첨가되었다. 공자는 자신이 직접 가르치는 사람들에게만 한정하여 이 호칭을 사용했던 것 같지는 않고, 일반적인 젊은이들을 향해 사용했던 듯하다.

2) 入(입), 出(출) : '집에 들어왔다 하면', '집을 나섰다 하면'의 뜻이다.

3) 弟(제) : 1·02의 주) 참조.

4) 謹而信(근이신) : 謹은 말을 삼간다는 뜻이다. 그래서 信과 대응된다. 되도록 말을 삼가되 일단 뱉은 말은 신용을 지키라는 뜻이다. 그러나 주희는 謹을 '행실에 항상됨이 있음(行之有常)', 信을 '말에 실다움이 있음(言之有實)'이라고 설명한다.[141] 信에 대한 설명은 1·04의 주) 참조.

5) 汎愛衆而親仁(범애중이친인) : 汎은 愛를 수식하므로 '고루'라는 부사로 번역하였다. 무릇 인간이면 모두 소중히 여기되 그러면서도 가능한 한 인한 사람을 가까이하라는 뜻이다. 모든 인간을 평등하게 사랑하라는 뜻은 아니다. 공자에게 평등 개념은 없었다. '仁'은 '인한 사람'을 가리킨다. 중국 고문에서 추상명사 한 글자만 표기할 경우에는 그 글자의 뜻을 지닌 사람을 가리킨다.

6) 行有餘力(행유여력) : '행함에 남는 힘이 있으면'이라는 번역은 비문(非文)이다. 『논어정의』는 '앞에서 열거한 덕목들을 실천하고도 남는 힘이 있거든'이라고 새기는데, 앞에서 열거한 덕목들은 삶의 태도에 대한 강조이지 시간적으로나[142] 비용으로나 실천에 여력이 생길 수 있는 것들은 아니다. '자기 행업(行業: 생계를 위한 직업)의 여유를 이용하여'라고 새기는 것이 합당하다고 본다.

7) 以學文(이학문) : '以之學文'에서 목적어 之가 생략된 구문이다. 文은 공자와 『논어』는 물론 중국의 문화를 이해하는 데에 필수적인 낱말이다. 『논어』에서 文은 다음과 같은 뜻으로 쓰인다. ① 문헌이나 詩 등 지

---

141 주희의 주석이 매끄러운 것은 이처럼 한자와 한문이 지니는 표현력을 잘 드러냈기 때문이다. 글에 담긴 내용보다 글의 표현력이 중시되는 것이 중국 글의 특징이다. 따라서 전통시대 중국의 사상가라는 사람들도 결국 훌륭한 문장가라고 보면 된다. 제자백가 이후 모두 그렇다. 한자에 대한 지식과, 한자를 가지고서 문장을 짓는 솜씨가 뛰어나지 않으면 어떤 정신적 견해도 표현할 수 없다.

142 주희는 시간 개념으로 보기 때문에 '餘力'을 가일(暇日)이라고 했다.

배계급의 소양을 가리킨다(1·06, 3·09, 6·27, 7·25, 9·11, 11·03, 12·15, 12·24, 15·26). ② 무늬·수식·꾸밈의 뜻으로 쓰이는데(14·12, 19·08) 꾸미지 않은 바탕이라는 뜻인 質과 상응하여 사용되기도 한다(6·18, 12·08). ③ 그 뜻에서 나아가 문화나 문물제도를 가리키는데, 그 경우 文章이라고도 표현한다(3·14, 5·12, 8·19, 9·05). ④ 이상의 의미를 포괄하여 '武'의 반대 개념으로 규정되고(5·14, 14·18, 16·01, 19·22), 그 뜻을 담은 매우 훌륭한 시호(諡號)로 사용된다(5·14, 5·17, 5·18, 5·19, 9·05, 14·13, 14·15, 14·18, 15·14). 공자는 文이라는 말을 위와 같은 정도의 뜻으로 사용하였다. 그런데 文이라는 글자의 본뜻이 '본질의 위장'이라는 점을 유의해야 한다. 위장이지만 긍정해야 할 위장이라는 것이다. 또한 중국의 문자라는 것이 사실의 표현이나 사실의 기록을 위한 수단으로 만들어진 것이 아니라 본질을 꾸미기 위한 수단으로 만들어졌음도 유의해야 한다. 순자는 공자가 사용했던 文을 이렇게 정리한다. 文은 禮의 표현수단이고 理는 義의 표현수단이라고 한다. 물론 본질을 감추는 꾸밈이라는 본래의 뜻으로도 사용한다.[143] 어쨌든 공자는 통치자의 장악력이 武力이 아닌 文力이라야 한다고 피력했는데, 文力은 수단만 다를 뿐 지배 권력이라는 점에 있어서는 본질적으로 武力과 마찬가지이다. 사변체계와

---

[143] 生而有耳目之欲 有好聲色焉 順是故淫亂生而禮義文理亡焉(인간은 태어나면서 귀와 눈의 욕망 때문에 좋은 소리와 좋은 얼굴을 찾게 되는데, 그 욕망을 따르게 되면 음란이 생겨나서 禮의 文과 義의 理는 사라지게 된다)〈『순자·성악(性惡)』〉, 文理繁情用省 是禮之隆也 文理省情用繁 是禮之殺也 文理情用相爲內外表裏竝行而雜 是禮之中流也(문이나 이를 번잡하게 따지고 정이나 용은 줄이는 것은 예를 흥륭시키는 일이고, 문이나 이를 줄이고 정과 용을 번잡하게 하는 것은 예를 죽이는 일이다. 문, 이, 정, 용이 서로 내외와 표리를 이루어 함께 섞여 진행되도록 하는 것이 예의 적절한 운용이다)〈『순자·예론(禮論)』〉, 飾邪說 文姦言(사설을 꾸미고 간언을 꾸민다)〈『순자·비십이자(非十二子)』〉.

논리로써 설득하는 文이 아니라 지배를 정당한 것으로 받아들이게 만들기 위한 수단으로서의 文을 공자는 중시했다. 그렇기 때문에 중국에서는 文人이라는 이름도 기득권층의 공인을 거쳐야만 얻을 수 있었다. 천거나 과거가 그것이다.[144] 따라서 '學文'은 문학을 배우라거나 순수한 학문 활동을 하라는 요구가 아니다. 바람직한 지배계층이 되기 위한 소양으로서의 글공부를 하라는 말이다.[145] 기초적인 '學文'은 13·05에 나오듯이 시를 배우고, 그 위에 '書'와 '史'를 배우는 것 정도를 생각했을 것이다. 11·25의 "何必讀書然後爲學"과 19·13의 "學而優則仕" 참조.

평설

국가 경영능력 다음으로 필요한 군자의 능력은 사회적 소통능력인데, 사회적 소통능력 가운데 중요한 것이 효제(孝弟)·근신(謹信)·애중(愛衆)·친인(親仁)이라는 내용이다. 군자의 소양 가운데 '글 배우기'는 사회적 소통능력보다 덜 중요하다는 메시지이기도 하다.

최남선의 번역문은 다음과 같다.

工夫란 무엇이오 行實이 압섭늬다 사람의 子弟가 되얏거든 집안에 잇거니 밧게 나오거니 어룬을 잘 섬기며 每事를 다 삼가고 다 밋부게 하며 아모 사람이거니 다 사랑하되 그 中에서도 착한 사람 나보담 나흔 사람을 갓갑게 하야서 이런 일을 다 넉넉히 行한 뒤에사 工夫를 하시오.

---

144 「논어문답」 7, 10, 12, 19' 참조.
145 현대 한국어에서 '글 배우다', '공부하다'는 말의 함의에도 사회적 지위 향상을 위해 준비한다는 뜻이 있다. 文이 '도예(道藝)'라는 정현의 주는 두루뭉술한 표현이고, '고지유문(古之遺文)'이라는 마융의 주는 구체성은 있지만 가리키는 바가 분명하지는 않다. 문학을 배우라는 뜻은 결코 아니다.

〈註〉工夫만 한다고 사람 되난 法이 업단 말삼

호흡이 길기는 하지만 우리말 표현력이 여간 좋은 게 아니다.

1·07 子夏曰 賢賢易色 事父母能竭其力 事君能致其身 與朋友交言而有信 雖曰未學 吾必謂之學矣

자하가 말하기를 : 어질고 어질어지면 얼굴빛도 바뀌는 법! 부모를 섬기면서 자기 능력을 다하고, 군주를 섬기면서 자기 몸을 바치며, 벗과 사귀면서 (자신이 한) 말에 신용을 지킨다면, (그 사람이) 비록 (스승을 좇아 정규과정을) 배우지 않았을지라도 나는 그 사람을 '배운 사람'이라고 말하겠다.

| 주 |

1) 子夏(자하, 507~420 B.C.) : 공자의 제자로 성은 복(卜), 이름은 상(商), 자가 자하(子夏)이다. 공자보다 44살 적고, 유약·증삼·자장과 더불어 공자의 말기 제자에 속하는 사람이다. 온읍(溫邑) 출신인데, 온읍이 나중에 위(衛)에 합병되었기 때문에 위나라 출신으로 기록되기도 한다. 양혜왕의 할아버지인 위문후(魏文侯)가 스승의 예로 모신 바 있는 데다 魏는 衛와 발음이 같기 때문인지 魏나라 출신이라고 기록된 곳도 있다. 『논어』에는 그가 문헌에 능했다는 기록이 있는데(11·03), 그것이 공자의 직접적인 평가인지는 분명하지 않다. 공자는 그가 시를 함께 논할 수 있는 사람이라고 인정한 바는 있는데(3·08), 「모시서(毛詩序)」를 자하가 지었다는 말은 그 때문에 만들어졌다고 본다.[146] 13·17에 의하면 거

---

146 서한 이전에 「모시서」를 언급한 책은 없고 『후한서·위굉전(衛宏傳)』에서 위굉이 「모시서」를 지었다고 했으니 「모시서」는 위굉의 작으로 보아야 한다고 최

보(莒父)라는 읍의 재(宰)를 지낸 적도 있다.『사기·중니제자열전』에 의하면 B.C 483년 공자에게 와서 제자가 된 다음, 스승이 돌아가신 뒤인 B.C. 479년 晉나라의 서하(西河, 陝西省 渭南)로 가서 학당을 차리고 공부를 가르치면서 위문후의 스승 노릇을 했다고 한다. 晉나라가 셋으로 갈라질 때 서하는 魏나라가 되었는데, 그가 열었던 서하학파는 훗날 법가가 성장하는 요람이 된다.『사기·유림열전(儒林列傳)』에서는 전자방, 단간목(段干木, 475~396 B.C.), 오기(吳起, 440~381 B.C.), 금골리(禽滑釐, 390~315 B.C.) 등이 모두 자하의 문파에서 배운 다음 군주의 스승이 되었다 하고,[147] 양사훈(楊士勛, 당 정관연간 무렵)은『공양전소(公羊傳疏)』에서『춘추공양전』을 지은 공양고(公羊高)와『춘추곡량전』을 지은 곡량숙(穀梁淑)이 모두 자하에게서 배웠다고 했다. 齊의 위왕(威王)과 선왕

술은 주장한 바 있다. 주희도 자하가「모시서」를 지었다는 이야기는 부정한다. 하지만 범엽(范曄, 398~445)이 지은『후한서』는 진수(陳壽, 233~297)가 지은『삼국지』보다도 150년 정도나 뒤에 만들어진 책으로서 신뢰도가 높지 않다.

[147] "공자가 세상을 뜬 뒤 70여 제자들은 여러 제후들에게 흩어져 가서, 크게는 군주의 스승이나 경상이 되기도 하고 작게는 사대부와 벗하거나 가르쳤으며, 혹은 은거하고 세상에 나오지 않기도 하였다. 그러므로 자로는 위나라, 자장은 진나라, 담대멸명은 초나라, 자하는 서하에서 머물렀고 자공은 제나라에서 종신하였다. 전자방·단간목·오기·금골리 등은 모두 자하의 문파에서 수업한 다음 군주의 스승이 되었다. 그때 위문후만이 홀로 학문을 애호하였지만 그 뒤로는 진시황에 이르기까지 천하가 전쟁에 들어가는 바람에 유술도 사라졌다. 그러나 제나라와 노나라에서는 학자들이 사라지지 않았으니, 제나라의 위왕·선왕 무렵의 맹자니 순경이니 하는 사람들은 모두 공자의 학문을 배워서 윤색한 다음 당세에 학문으로 이름이 났다(自孔子卒後 七十子之徒散游諸侯 大者爲師傅卿相 小者友教士大夫 或隱而不見 故子路居衛 子張居陳 澹臺子羽居楚 子夏居西河 子貢終於齊 如田子方段干木吳起禽滑釐之屬 皆受業於子夏之倫 爲王者師 是時獨魏文侯好學 後陵遲以至于始皇 天下並爭於戰國 儒術旣絀焉 然齊魯之閒 學者獨不廢也 於威宣之際 孟子荀卿之列 咸遵夫子之業而潤色之 以學顯於當世)."

(宣王)은 수도 직하(稷下)에서 학궁(學宮)이라는 이름 아래 지식인들을 모아서 학문을 일으켰다고 하는데, 자하가 위나라에서 위문후를 중심으로 학단을 형성했던 것을 모델로 삼았다고 한다. 법가를 비롯한 후대 유가는 사실상 직하의 학궁에서 배출된 학자들에 의해 이어졌다고 할 수 있으므로 자하는 결과적으로 유학의 맥이 이어지는 데 큰 역할을 한 셈이다. 자공은 스승에게 자하와 자장에 대해 질문한 적이 있는데, 공자가 "자장은 지나치고 자하는 못 미친다."[148]라고 답변한 것을 보거나, 공자가 다른 곳에서 자하에게 "너는 군자유가 되어야지 소인유가 되지는 말라."[149]라고 말한 것을 감안하자면 공자는 자하를 그다지 특출한 능력을 가진 제자로 여기지는 않았던 듯하다. 하지만 19·03에 자하의 제자가 언급된 점,『묵자』에 자하의 제자가 묵자와 나눈 대화가 실린 점,『사기·유림열전』에 자하의 제자 가운데 왕후(王侯)의 스승이 된 사람이 넷이나 나오는 점,『예기·단궁』에 서하 사람들이 자하를 스승으로 여겼다는 기록이 있는 점,『순자·비십이자(非十二子)』에 자장·자하·자유의 제자들이 거론되는 점 등을 고려하자면[150] 그는 많은 제자를 두었고 여러 사람

---

148 師也過 商也不及(11·16).

149 汝爲君子儒 無爲小人儒(6·13).

150 순자는『순자·비십이자』에서 세 사람의 제자들을 모두 낮게 평가하고 있다. "모자를 삐뚜름하게 쓰고 다니고 싱거운 말만 내뱉으며 우임금처럼 절름거리며 다니고 순임금처럼 주눅 들어 종종걸음으로 다니는 것은 자장씨 일파 천유들의 특징이고, 의관을 바르게 하고 안색을 굳게 하며 겸손한 척 종일토록 말 한 마디 꺼내지 않는 것은 자하씨 일파 천유들의 특징이며, 구차하게 몸만 편코자 하고 일 하기는 꺼리면서 염치없이 먹고 마시는 것이나 탐하고 입으로는 반드시 군자란 본디 힘을 사용하지 않는다고 떠벌리는 것은 자유씨 일파 천유들의 특징이다(弟佗其冠 神襌其辭 禹行而舜趨 是子張氏之賤儒也. 正其衣冠 齊其顏色 嗛然而終日不言 是子夏氏之賤儒也. 偸儒憚事 無廉恥而耆飲食 必曰君子固不用力 是子游氏之賤儒也)."라면서 비꼰다. 그러니 맹자를 증삼의 문파로 보고 순자를 자

과 교유했음이 분명하다. 아들이 죽자 곡을 하다 실명했다는 이야기도 있다. 2·08, 3·08, 6·13, 11·03, 11·16, 12·05, 12·22, 13·17과 「자장」 편(19·03~13) 및 『맹자·공손추상』에 자하에 관한 내용이 더 있다.

2) 賢賢易色(현현역색) : 착간으로 볼 수 있을 정도로 동떨어진 구절이라서 주석이 분분하다. 공안국·황간·주희는 色을 女色으로 새긴다. 그래서 '여색을 밝히는 마음으로 현인을 밝히면 좋다', '여색을 밝히는 마음으로 현인을 밝히면 현인보다 더 賢해진다', '현인을 賢하게 대하여 여색을 밝히는 마음을 바꾸라' 등으로 해석한다. 『논어주소』의 해석처럼 앞의 賢을 '좋아서 우러름'이라는 뜻의 의동사(意動詞)로 새기고[151] 뒤의 賢을 '덕을 갖춘 사람'으로 새길 수는 있다. 하지만 '易色'을 '여색을 밝히는 마음을 바꾸어 현인을 좋아할 수 있다면 좋을 것이다'라고 새기는 것은 문장의 해석이 아니라 기호를 해석하는 정도의 비약이다.[152] 이 장의 중심어는 '雖曰未學 吾必謂之學矣'이고 그 앞이 조건절인 점은 명백하다. 그렇다면 '賢賢易色'을 '事父母~而有信'과 병렬하는 조건의 하나로 볼 것인지, 아니면 별도의 구절로 볼 것인지의 여부가 해석의 관건이라고 본다. 조건의 하나로 본다면 그 뜻은 '事父母', '事君', '與朋友交'

하의 문파로 보는 학계의 일반 견해에 대해서도 선뜻 동의하기는 어렵다.

151 중국 고문의 문법은 학자마다 이론이 달라서 문법의 틀이나 용어가 통일되지는 않지만, 동사로 쓰이는 형용사를 의동사라고 이름한다.

152 能改易好色之心以好賢則善矣. 아마도 9·18과, 『사기·공자세가』에 나오는 "공자께서 말씀하시기를, 나는 덕 있는 사람 좋아하기를 여색 좋아하듯 하는 사람을 본 적이 없다(孔子曰 吾未見好德如好色者也)."라는 구절이 이런 해석에 영향을 미쳤을 것이다. 그러나 色이 진정 여색을 의미하는지는 의문이다. '易色'을 '안색을 바꾸다'는 뜻으로 새기기도 한다. 현인을 존중할 때는 평소의 안색이 아닌 근엄한 얼굴로 바꾸어야 한다는 것인데, 지나치게 진지한 나머지 우스꽝스러운 해석이다. '현현역색'이라는 구에 한정한 해석이라면 혹시 가능할지 모르겠지만, 뒤 문장과 연결될 수는 없는 해석이다.

와 병립할 수 있어야 한다. '賢賢易色'을 『시경』의 「관저」장과 관련된 부부의 윤리로 보는 견해는 그래서 나온다. 즉, 易을 '경이(輕易)'의 뜻으로 새기고[153] 色을 '미색(美色)'의 뜻으로 새겨서는, '부인을 맞이함에 있어서는 현명한 품덕을 중시하고 미색은 가벼이 여기라'는 뜻으로 새기는 것이다.[154] 그런데 易色을 '미색을 가벼이 여기라'라고 해석하는 데는 무리가 없지만 '賢賢'을 '부인을 맞이함에 있어서는 현명한 품덕을 중시하라'고 해석하는 것은 역시 무리이다. 부자·군신·붕우의 윤리는 '事父母', '事君', '與朋友交'처럼 분명하게 표현하면서 부부윤리만 어떻게 '賢賢'이라는 애매한 표현으로 대신한단 말인가? 또한 공자는 부부관계의 중요성을 '事父母', '事君', '與朋友交'와 나란하게 언급한 적도 없고, 『논어』에는 '夫婦'라는 말도 나오지 않는다. 그러니 '賢賢易色'을 조건의 한 가지로 본다면 부부윤리보다는 차라리 '현인을 존경하고 여색을 멀리하라'는 해석이 더 낫다. 이처럼 기존 해석들이 모두 만족스럽지 못하기 때문에 새로운 해석도 계속 나오게 되는데, 착간으로 확정할 수는 없다면 필자는 다음과 같이 해석하겠다. '賢賢易色'을 뒤의 세 항목과 병립하는 조건구가 아닌 독립구, 즉 전제어나 감탄어로 보고자 한다. 즉, '賢賢易色이로다! 事父母~而有信한다면!'의 구문으로 해석이 가능하지 않을까 한다. '賢賢易色이로다!'라는 표현은 당시 사람이라면 누구나 아는 관용구일 가능성도 있지만 확실하지는 않다. 자하가 특정 인물을 만나본 다음 내뱉은 감탄일 가능성이 있다. 즉, 자하는 어느 날 평소 未學者로 여기던 한 사람을 만나게 되었는데, 그 사람의 容色이 예전보다 좋게 바뀌

---

153 '易(바꿀 역)'이 아닌 '易(가벼울 이)'로 보자는 것인데, 역시 '가벼이 여기다'라는 뜻의 의동사로 새긴 것이다.

154 '부인을 맞을 때는 덕을 중시하고 미색은 중시하지 말라(娶妻重德不重色)'라는 뜻이라는 주장이다. 정수덕의 『논어집석』, pp.31~32 참조.

어 있어서 자하를 놀라게 할 정도였던 모양이다. 자하가 보기에 현자로
여길 만한 사람으로 변해 있었던 것이다. 자신은 공문의 학도이니 學者
(배운 사람)의 반열이었지만 그 사람은 스승을 좇아서 정규과정을 이수
하지 않았기 때문에 未學者(못 배운 사람)로 여기고 있었는데, 이제 보니
그 사람의 얼굴빛이 예전과 달리 매우 좋은 얼굴빛으로 바뀌어 있자 '賢
賢易色!'이라고 감탄하지 않았을까 한다. 즉, "어질고 어질어지면 容色
이 (이처럼) 바뀌는구나!"라는 감탄이 아닐까 한다. 2·08에 '色難'이라는
구(句)가 있는데, 그때의 色도 容色이고 그때 물었던 사람도 자하인 점
을 감안하면, 色을 女色이 아닌 容色으로 번역하는 것이 무리는 아닐 것
이다. 더욱이 2·08에서 '色難'이라는 구절이 전제어임을 감안하자면 여
기서도 유사하게 전제어를 뱉었을 가능성이 있다고 본다. 즉, 중심어인
'雖曰未學~'과 상관하여, 비록 정규교육을 받은 사람은 아니지만 어질
고 어질어져 용색이 훌륭하게 바뀐 그 사람이 '事父母~與朋友交言而有
信'함을 알게 되자 저런 사람이야말로 배운 사람이라고 감탄하는 내용일
수 있지 않을까 한다.[155] 『논어』에는 어떻게 새기더라도 석연하지 않은
문장이 꽤 있는데, 착간이나 오기가 분명하지 않는 한 현전하는 대로 해
석해야겠지만 명백히 의심스러운 기존의 주해를 그대로 수용할 수는 없
다. '色'에 대한 해설은 1·03 참조.

　3) 與朋友交(여붕우교) : 심미적 관계의 우정을 나누는 교유가 아니라
사회적 관계에서의 교분을 의미할 것이다. 1·04의 주) 참조.

　4) 未學(미학) : 일정한 스승을 좇아서 배우는 과정을 밟지는 않았다
는 뜻이다. 이 구절로 보자면 당시에도 學과 未學에 대한 사회적 차별이

155　『세설신어(世說新語)·언어(言語)』에 '현현역색'이 인용된 곳이 있는데, 거
기서는 "好色之心으로 好賢하는 것이 좋다."라는 공안국의 주석대로 인용되었
다. 그 무렵 『논어』는 일반적으로 공안국의 해석을 따랐던 모양이다.

있었음을 짐작할 수 있다. 제도교육을 포함하여 권위 있는 스승 밑에서 일정한 교육을 받았다는 사실은 당시에도 지위와 권위를 확보하는 유리한 수단이었음을 알 수 있다. 19·13 참조.

5) 謂(위) : 단순히 언급하는 것이 아니라 평가하여 논하는 것을 말한다. 그래서 '일컫다'라는 번역어를 사용하였다.

평설

유약과 증삼 다음으로 자하의 어록을 실었다. 이 세 사람은 공자의 말기 제자들로서 공자 사후 공문을 이끈 사람들이다.

자하의 말에서 우리는 정치적으로 입신하자면 일정한 문벌을 거치는 것이 유리했음을 알 수 있고, 그 시대에도 교육은 사회적 지위를 결정하는 데 중요한 수단이었음을 알 수 있다. 또한 공자는 자신이 만든 문벌을 성공시킨 사람이라고 할 수 있다. 이 장은 덕행이 지식보다 우월하며 행위가 말씀에 앞서야 한다는 내용이라고 설명하는 주석가가 있는데, 문면만을 피상적으로 본 결론이다. '雖曰未學 吾必謂之學矣'라는 말에서 우리가 읽어내야 할 것은 당시 사회가 '학'을 높이 샀기 때문에 '학'과 '미학'의 구분이 있었다는 사실이지, '미학'일지라도 '事君 事父母 與朋友交'를 잘하기만 하면 '학'과 대등하게 여겼다는 것은 아니다. '안 보는 데서는 나라님도 욕할 수 있다'라는 속담에서 우리가 읽어내야 할 것은 나라님은 절대로 욕할 수 없는 존재라는 사실이지, 안 보는 데서는 나라님도 욕할 수 있는 시대가 어느 때에 있었나 보다 하고 여긴다면 난센스일뿐이다.

1·08 子曰 君子不重則不威 學則不固 主忠信 無友不如己者 過則勿憚改
스승님께서 말씀하시기를 : 군자가 중후하(게 처신하)지 않으면 위엄 있지도 않고, (스승을 좇아) 배웠다 하더라도 견고하지 못하게 된다. (모름지기) 충성과 신의를 위주로 하고, 자기만 못한 사람과는 벗하지 말 것이며, 잘못을 저질렀거든 고치기를 꺼려 말아야 한다.

주

1) 不重則不威 學則不固(부중즉불위 학즉불고) : 공안국 이후 주희까지 '중후하지 않으면 위엄이 없고 배운 바도 견고하지 못하다'라고 새긴다.[156] 固를 하안·황간·주희는 '견고(堅固: 튼튼함)', 공안국은 '蔽(폐: 막혀서 캄캄함)'[157], 초순은 '陋(루: 고루함)'라고 새기는데, 어느 견해가 적절한지의 여부는 '學則不固'가 독립구인지 아니면 앞 구절의 결과구인지에 따라 결정될 것이다. 독립구라면 '군자는 배우면 고루하지 않게 된다'라는 뜻일 것이고, 결과구라면 '~하면 배웠다 하더라도 견고하지 못하게 된다'라는 뜻일 것이다. '不重'과 '學'이 대를 이룬다면 '學則不固'가 앞 구와 병렬하는 독립구일 수 있지만 重과 學은 형용사와 동사인 데다 重에는 부정어까지 붙어 있으므로 대를 이루지는 못한다. 따라서 '學則不固'는 독립구가 아닌 앞 구절의 결과구로 볼 수밖에 없고, 固도 '견고'의 뜻으로 보는 것이 낫다. '主忠信' 이하가 9·25에서 반복되는 것을 감안하자면 문장은 일단 '學則不固'에서 끊어진다고 본다. 그렇다면 "儉則固"(7·36)에서는 固가 '고루하다'는 뜻이지만 여기서는 '견고하다'는 뜻

---

156 주희는 威를 '威嚴'이라는 뜻의 명사로 보고 '중후하게 처신하지 않으면 위엄이 없어진다'고 새긴다. 그러나 오규 소라이는 '無威'가 아닌 '不威'이기 때문에 威를 동사로 새겨야 한다면서 '중요한 일이 아니면 위엄을 부리지 않는다'는 뜻이라고 주장한다. 구문상 동사로 새기는 것이 옳다. 그런데 威가 '위엄을 부리다'는 뜻이라면 부정적인 의미가 되므로 문맥과 맞지 않다. '위엄을 지니다' 또는 '위엄을 풍기다'라고 새겨야 한다.

157 공안국은 '견고'의 뜻으로 새기면서 동시에 다른 새김도 소개한 것이다.

이 확실할 것이다.[158] 學은 '학문'이 아니다. 공자가 여기서 말하는 學은
공인된 수업과정을 마쳤다는 뜻이다. '배움도 견고하지 못하게 된다'라
는 번역보다 '배웠다 하더라도, 즉 정규과정을 마쳤다 하더라도 튼튼하
지 못하다'라는 번역이 낫다. 19·13 참조.

2) 主忠信(주충신) : 主는 '위주로 하다'의 뜻이다. 守(수: 지킴)나 宗
(종: 으뜸으로 삼음)의 뜻이라는 정약용의 견해도 가깝다. 정현은 主를 親
으로, 憚을 難으로 새긴다. 유보남은 그것을 인신의(引伸義)라고 한다.
문자적인 가까움을 내세운 해석일 뿐이라는 것이다. 유월은『대대례기·
증자제언(曾子制言)』의 "아는 사람은 友라 하고 알지 못하는 사람은 主
라 한다(有知焉謂之友 無知焉謂之主)."라는 구절을 근거로 들면서, 이 문
장에서 主는 友의 對라고 주장한다. "主가 되는 사람은 반드시 忠信한
사람이어야 하고 友가 되는 사람은 자기만 못한 사람이어서는 안 된다
(所主者 必忠信之人 所友者 無不若己之人)."라는 뜻이라는 것이다. 하지
만 공자가 主와 友라는 형식논리에 의해 이 말을 했다고 보지는 않기 때
문에 수용하지 않는다. 정현처럼 忠信을 '충신한 사람'으로 새긴다면 혹
그런 해석이 가능할 수 있겠지만, 主를 '以是爲主(이것을 위주로 삼아야
한다)'로 풀이한 주희의 의견이 더 합당하다고 본다. 유월은 고전에 박식
했기 때문에『논어』의 구절마다 다른 고전의 유사한 대목을 끌어와서 대
비시키곤 하는데, 그 가운데는 수긍할 만한 것도 꽤 있지만 외형의 닮음
만 가지고 억지로 동일시하는 경우도 많다. 충과 신의 의미에 대한 설명
은 1·04의 주) 참조.

3) 無友不如己者(무우불여기자) : 無는 금지사 '毋'와 같고 友는 동사

---

158 오규 소라이는『예기·내칙』의 "博學無方"이라든가, 19·22의 "夫子焉不學
而亦何常師之有" 등을 들면서 '배움은 한 스승의 학설만을 고집하지 않는다'는
뜻이라고 주장하는데, '學則不固'를 독립구로 볼 때만 가능한 해석일 뿐이다.

이다. 이 구절 때문에 공자는 인간을 단선적 기준으로써 서열화하려고 했던 사람이자 비논리적인 사람이라고 비판받는다. 모두가 나만 못한 사람과는 벗하지 않으려고 하면 이 세상에 벗할 사람은 아무도 없을 것 아니겠느냐는 이유 때문이다. 세상에는 나보다 나은 사람, 나와 비슷한 사람, 나보다 못한 사람의 세 부류가 있는데 그 가운데 나와 비슷한 부류와 벗하라는 요구이므로 논리적 허물은 없다고 옹호하는 주석가도 있지만, 구차한 옹호일 뿐이다. 공자의 이 말에서 우리는 공자의 友에 대한 관념을 짐작할 수 있다. 1·04의 주)와 1·07에서도 설명한 바 있지만, 그가 생각하는 友는 사회적 관계에서 쌓아나가는 인맥이지 심미적 감수성과 결합된 관계, 그러니까 우정을 매개로 한 관계는 아니다.[159] 『여씨춘추(呂氏春秋)』에는 주공단(周公旦)이 "나만 못한 사람과 나는 함께하지 않을 것이니 나에게 피해만 입힐 따름이기 때문이요, 나와 비슷한 사람과도 나는 함께하지 않을 것이니 나에게 무익하기 때문이다."[160]라고 말했다는 대목이 있는데, 공자의 이 말과 같은 취지이다. 친구를 사귀더라도 도움되는 친구만 사귀라는 말이다. 모든 인간관계란 오로지 실리를 바탕으로 해서 구축하는 것이 중요하다고 철저하게 주지시킨 것이다.

> **평설**

'重하라', '主忠信하라', '無友不如己者하라', '過則勿憚改하라'라는 네 가지 주문인데, 문장이 매끄럽지는 않다.[161] 9·25에서 '主忠信 無友

---

159 물론 그렇다고 해서 우정에 대한 기대가 전혀 없었다고 말할 수는 없을 것이다.

160 不如吾者吾不與處累我者也 與吾齊者吾不與處無益我者也

161 오규 소라이는 공자가 지은 말이 아니라 고언(古言)을 인용했을 뿐이기 때문에 그렇다고 한다. 『춘추』의 속사비사(屬辭比事: 옛말을 가져다 현재의 일에 견줌)와 같은 사례라는 주장인데, 『논어』의 모든 껄끄러운 문장을 모조리 그 탓

不如己者 過則勿憚改'가 반복되는 것을 보면 편집과정에서 흐트러짐이 있었을 것이다. 그래서 '主忠信' 이하를 별도의 장으로 간주하기도 한다.

대개의 교조적 리더는 자신의 무오류를 강조하지만 공자는 여기서 보듯이 자신의 허물을 고쳐나가라고 강조한다. "허물을 저지르고도 고치지 않는 것, 이것이야말로 허물이다."[162]라고 강조하기도 한다. 知에 대해서도 마찬가지이다. "아는 것은 안다고 하고 모르는 것은 모른다고 하는 것, 이것이 바로 아는 것이다."[163]라고 말한다. 공자의 이런 태도는 절대적인 것에 집착하는 서구문화와는 다른 면으로서, 현실에 대한 적응력의 강조라고 본다. 유가에서 중시하는 '중용'도 역시 적응력에 대한 강조이다. "過猶不及"(11·16)이라는 말도 마찬가지이다. 판단의 기준을 쌓아올린 '실적'이 아닌 '적응'으로 삼기 때문에 過는 不及과 마찬가지인 것이다.

최남선의 「소년논어」 번역문은 다음과 같다.

사람이 重厚하게 몸을 가져야 남이 나를 점잔케 보난 法이며 工夫를 하여야만 固陋치 아니한 법이며(朱子의 註를 싸르진댄 學則不固는 사람이 重厚치 아니하면 工夫를 하야도 堅固치 못하단 말이라 하얏더라) 眞實하여야만 잘못함이 업슬 것이며 나보담 나흔 사람만 사괼 것이며 잘못한 일이 잇거든 그저 고치되 조곰도 躊躇치 마르시오 〈주〉사람이 제 몸 다사리난 法을 말삼하심

으로 돌릴 수는 없다.

162   過而不改 是謂過矣(15·30).

163   知之爲知之 不知爲不知 是知也(2·17).

1·09 曾子曰 愼終追遠 民德歸厚矣

증자께서 말씀하시기를 : 상례(喪禮)를 신중히 처리하(게 하)고 제례(祭禮)를
극진히 모시(게 만들기만 하)면 인민의 덕은 도타워지게 된다.

주

1) 曾子(증자) : 공자의 제자 증삼. 1·04의 주) 참조.

2) 愼終追遠(신종추원) : 주희는 "신종이란 상을 당해서 슬픔을 다하
는 것이고, 추원이란 제사 모시면서 공경을 다하는 것이다."[164]라는 공안
국의 주를 글자만 바꾸어서 "愼終者 喪盡其禮 追遠者 祭盡其誠"이라고
주한다. 終은 부모의 죽음, 遠은 먼 조상을 뜻한다. 愼은 『이아·석고(釋
詁)』에서 '誠'이라 했고, 『설문』에서는 '謹'이라 했다. 신종과 추원은 춘추
시대에 상례와 제례를 가리키는 관용어였던 모양이다.

3) 民(민) : 1·05의 주) 참조.

4) 德(덕) : 天·道와 더불어 고대 중국인의 추상세계에 대한 관념을
알 수 있는 중요한 낱말이다. 원래의 뜻은 무언가를 '얻음'이었다. 그래서
흔히 '得(얻을 득)'으로 새긴다. 선진시대 추상적 관념인 仁·理·性 등은
갑골문에서 발견되지 않지만 德은 '行' 자의 중간에 '目' 자가 가로로 누
워 있는 형상으로 나타난다. 무언가를 할 수 있는 힘이라는 측면에서 德
은 力과 비슷하지만 힘의 동력과 관련해서는 대립된다. 즉, 德과 力은 모
두 남을 지배하는 힘의 원천이지만 力은 상대의 의지와 무관하게 상대를
움직일 수 있는 물리적 힘이고, 德은 상대가 자발적으로 복종하도록 만
드는 선악을 초월한 위력이다. 덕은 은혜나 도움을 주는 행위에서 생길
수도 있고, 공동체의 어려움을 해결하는 특별한 능력에서 생길 수도 있
다. "천리마라는 이름은 그 말이 지닌 힘 때문에 붙는 것이 아니라 그 말

---

[164] 愼終者 喪盡其哀 追遠者 祭盡其敬

이 지닌 덕 때문에 붙는다."[165]라는 공자의 말에서도 그 점을 유추할 수 있다. 글자의 근원을 살피자면 처음에는 통치자의 가치중립적인 통치행위를 가리켰던 듯하고, 나중에는 거기서 나아가 통치자의 '위대한 통치행위' 내지는 시혜(施惠)라는 가치지향적인 개념으로 바뀐다.[166] 『논어』에는 가치중립적인 의미와 가치지향적인 의미가 모두 쓰이고 있기 때문에 단순히 '성숙한 도덕적 성품'이라는 뜻으로만 새길 수는 없다. 『논어』에 나오는 德은 다음과 같이 정리할 수 있다.[167] ① 하늘이 내려주거나 저절로 갖고 태어나는 것이 아니라 후천적으로 스스로 갖추는 것이다.[168]

---

165 驥不稱其力 稱其德也(14·33).

166 天命보다는 다소 부드럽지만 인간을 설득하여 지배하기 위한 수단이라는 점에서는 마찬가지이다. 그렇다면 道는 덕보다 더 부드러우면서도 더 당위적인 지배력을 요구하는 세련된 수단으로 고안된 개념이라고 할 수 있을 것이다. 어쨌든 덕을 제대로 이해하자면 哲이나 明 등 권력과 관계되는 몇몇 개념들에 대한 이해도 곁들여야 한다. 권력은 어떤 식으로 힘을 행사하고자 하고 어떤 식으로 소통하고자 하는지의 문제와 관계가 있기 때문이다. 그래서 덕은 天을 내세웠던 은왕조가 멸망하고 주왕조가 들어선 이후에 나타난 개념이라고 대체로 설명한다. 그렇다면 은왕조를 무너뜨린 것이 천명을 어긴 것이라는 공격을 피하기 위해, 또한 주왕조 성립의 당위성을 설명하기 위해 德이라는 관념을 내세웠을 것이다.

167 이 장 외에 2·01, 2·03, 4·25, 6·29, 7·03, 7·06, 7·23, 8·01, 8·20, 9·18, 11·03, 12·10, 12·19, 12·21, 14·04, 14·05, 14·33, 14·34, 15·04, 15·13, 15·27, 16·01, 16·12, 17·13, 17·14, 18·05, 19·02, 19·11에 나온다.

168 그래서 상덕(尚德: 덕을 높임)이니 수덕(修德: 덕을 닦음)이니 하는 말이 나오게 된다(1·09, 4·25, 6·29, 7·03, 12·10, 12·21, 14·05, 16·01). 德을 갖춘 왕에게 천명이 주어진다는 『상서·주서(周書)』의 언급과 상통하는 윤리적 범주로서의 개념이다. 처음에는 천명만이 위력을 떨쳤지만, 천명을 극복할 수 있는 인간의 힘이라는 차원에서 생각해낸 것이 德이다. 따라서 德은 가변적이지 않고 꾸준한 것으로 여겼으며(13·22), 尚德과 修德의 방법으로는 남에게서 칭송을 받도록 처신하는 것이고, 칭송받기 위해서는 베풀어야 한다고 여겼다(16·12). 공자가 강조한

② 禮가 인민을 통제하는 데 효과적인 수단임에 견주어 德은 인민을 인도하는 데 효과적인 수단이다.[169] ③ 道 및 仁과 병칭할 수 있는 덕목이다.[170] ④ 仁과 상관관계가 가깝다.[171] 한편, 덕에 대한 제자(諸子)의 관념은 약간씩 다르다. 유가는 덕을 仁처럼 선천적으로 부여받은 도덕적 씨앗과 같은 성질의 것으로 받아들인다. 그래서 교육에 의한 덕의 배양과 내면의 성찰에 의한 덕의 회복을 중시한다. 도가는 덕을 얻음의 기원이라는 측면에서 후천적인 사회화 과정으로 수용되거나 주입되는 것으로는 보지 않고 자연적으로 갖게 되는 것으로 본다. 장자는 덕을 유가의 性과 비슷한 개념으로 간주한다. 법가는 덕을 사적인 관계에서 수수되는 은혜나 그것으로 인해 생기는 감정의 맥락으로 받아들인다. 갚아야 하는 채무의 일종이라는 것이다. 받은 이로 하여금 베푼 이에게 인격적으로 의탁하게 만들기 때문에 인민이 국가 대신 세습귀족과 관계를 맺는 요인으로 파악하였다. 그래서 법가는 덕치를 온정주의로 비판하고 법률에 의

여러 덕목과 마찬가지로 德 또한 기본적으로 지배계층의 덕목이었다.

169 그러므로 공자는 덕을 유용한 정치의 수단으로 여겼다(2·01, 2·03, 12·19).

170 7·06, 14·04, 19·02 참조. 그런데 '至仁'이라고 표현하지는 않지만 '至德'이라고는 표현하는 것으로 보자면(8·01, 8·20) 仁은 완성된 상태를 가리키고 德은 키워갈 수 있는 것으로 여겼음을 알 수 있다. 예외적으로 덕을 하늘이 주는 것으로 표현한 곳도 있는데(7·23) 그것은 아마도 덕 또한 사람을 지배하기 위한 수단으로 쓰였음을 드러낸 것이 아닐까 한다. 하늘이 내려준 것이라는 의미로는 대체로 性을 사용하였으니 말이다. 공자는 德을 仁과 대비시키면서도 好仁을 好色에 비유하지는 않지만 好德은 好色에 비유한다(9·18, 15·13).

171 德과 言의 관계를 仁과 勇의 관계로 비교하는 것도 그렇고(14·04), "巧言亂德"(15·27)이란 말도 "巧言令色 鮮矣仁"(1·03)과 유사하다. '先事後得'을 崇德이라 말하고(12·21), "仁者先難而後獲 可謂仁矣"(6·22)라고 말하는 것도 유사하다. "道聽而塗說 德之棄也"(17·14)라는 표현도 공자가 덕을 어떻게 여겼는지 짐작할 수 있는 사례이다.

한 법치를 주장한다. 『시경』, 『상서』 등 『논어』 이전의 문헌에서는 덕에 관한 언급이 단연 많지만 『논어』에 이르러서는 仁이 가장 많고, 德은 道, 禮, 樂, 知, 學을 언급하는 횟수에도 미치지 못할 정도가 된다. 그것은 덕이 주왕조 초기에 강조되던 개념이라는 주장을 뒷받침하는 예증일 수 있다.[172]

平說

역대의 주석은 대체로 조건절과 주절의 문장으로 보고서 '군주나 지배층이 신종추원하면 민덕이 귀후하게 된다'는 뜻으로 새긴다. 그러나 정약용은 民을 피지배층이 아닌 보편적인 인간으로 본다. 상례나 제례는 위아래를 가리지 않고 통하는 것이니까 '民德歸厚矣'를 '지배층의 감화를 받아서 피지배층의 덕이 두텁게 된다'로 해석할 필요가 없다는 것이다. 양반은 물론 상민과 천민들까지 『주자가례』에 따라 예를 차리도록 만들었던 조선의 성리학자로서는 그렇게 보고자 할 것이다. 하지만 공자 당대는 물론 청대에 이르기까지 중국의 피지배층은 조선왕조처럼 철저하게 유교로 무장되지는 않았다. 정약용의 해석은 인문주의적 입장에서

---

172 은왕조를 무너뜨리고 주왕조를 세운 사람들은 上帝가 命을 주었던 은왕조를 무너뜨린 이유를 설명해야 했을 텐데, 그때 덕이라는 개념을 사용했다. 천명이란 고정된 것이 아닐뿐더러, 천명을 받자면 자격을 갖추어야 하니 그것이 덕이라는 것이다. 은왕조는 덕이 없으므로 무너뜨렸다고 설명했을 것이다. 그렇다면 덕은 자발적 복종을 유도하는, 자의를 가장한 기만적인 타로서 고안된 개념이라고 볼 수 있다. 덕의 그러한 속성을 파악했기 때문에 『사기·유협열전』에는 "何知仁義 已饗其利者爲有德(인의를 따져서 뭐해? 이익을 먼저 챙기는 놈이 유덕자가 되는 것인데)"이라거나, "竊鉤者誅 竊國者侯 侯之門仁義存 非虛言也(허리띠를 훔치는 놈은 죽지만 나라를 훔치는 놈은 후가 된다. 인의란 것은 후의 집안에만 있는 것이라는 말은 빈말이 아니다)"라는 말이 실릴 수 있었다.

도 매우 현대적이다. 그 점이 중국 성리학과는 다른 조선 성리학의 특징이라고 본다.[173] 하지만 원전의 의미가 그처럼 인문주의적이지는 않다고 본다.

씨족사회 전통을 유지하던 중국 고대사회에서 공동체의 결속보다 더 중요한 과제는 없었다. 인간사회를 가족, 마을, 국가로 확장되는 중층의 공동체로 보았기 때문에 개인의 입장에서 자신이 공동체의 일원이라는 느낌, 공동체가 자신을 보호해준다는 느낌을 갖도록 만드는 일이 무엇보다 중요하였다. 공동체에서 배척당한다는 것은 죽임을 당하는 것이나 마찬가지로 여겨졌다. 공동체에 속하지 못한 사람은 인격을 잃은 사람처럼 여기는 것이 그들의 문화적 관행이기 때문에 중국인들은 지금도 그 사람의 신분을 그가 속한 공동체를 통해 인식하려는 경향이 강하다.[174] 자신이 공동체의 일원이자 공동체의 보호를 받고 있다는 느낌을 확실하게 갖도록 만드는 일 가운데 중요한 것은 구성원의 죽음에 공동체가 집단으로 경건한 자세를 취하는 일이다. 공동체 구성원의 죽음에 문상하는 일은 유교문화권에서 공동체의 결속을 유지하는 데 매우 중요한 기제이다.

1·10 子禽問於子貢曰 夫子至於是邦也 必聞其政 求之與 抑與之與 子貢曰 夫子溫良恭儉讓以得之 夫子之求之也 其諸異乎人之求之與

자금이 자공에게 여쭙기를 : 스승님께서는 어느 나라에 가든지 반드시 그 나라 정치 상황에 대하여 알게 되시던데, (스스로) 찾기 때문입니까 아니면 (남이)

---

173 정약용이 조선 성리학자로서 독특하게 해석하는 관점은 「논어문답」 12'의 공과 사에 관한 설명의 각주에서도 드러난 바 있다.

174 자신이 속해 있는 관청이나 회사와 같은 공동체를 현대 중국에서는 '단위(單位)'라고 부르는데, 현대 중국에서도 개인은 자기가 속해 있는 단위에 무게를 많이 둔다.

알려주기 때문입니까? 자공이 말하기를 : 스승님은 온화함, 선량함, 공손함, 검약, 겸양으로써 (모든 것을) 얻(는 분이)시라네. (그러니 설혹) 스승님께서 (스스로) 찾으셨다 하더라도 (다른) 사람들이 찾는 것과는 다를 거네.

주

1) 子禽(자금, 511~? B.C.) : 자금은 자(字)일 텐데, 이 사람의 전기는 분명하지 않다. 정현은 16·13에 나오는 진항(陳亢)이라고 한다. 『예기·단궁』에 나오는 공자의 제자 진항과 19·25에 나오는 진자금(陳子禽)이 『사기·중니제자열전』에 이름이 나오는 원항적(原亢籍)과 동일인물이라는 것이다.[175] 原과 陳이 원래 같은 氏이기 때문에 그렇게 보았을 텐데, 정현의 그러한 견해를 대체로 받아들인다. 이 사람은 공자보다 자공이 더 훌륭하다고 말한 적도 있으니(19·25) 그 때문에 주희를 비롯한 유자들은 그를 공자의 제자가 아닌 자공의 제자로 추정하기도 한다. 세 군데에 실린 사람이 만약 동일인물이라면 어떤 식으로든 공문에 출입하기는 했을 것이다.

2) 子貢(자공, 520~446 B.C.) : 공자의 제자로 성은 단목(端木), 이름은 사(賜), 자공은 자이다. 고대 문헌에는 모두 '공(贛)'으로 표기되었는데, 貢은 '공헌(貢獻)'의 뜻이고 贛은 '賜'의 뜻이니 그의 이름을 감안하자면 贛이라야 옳지만, 대체로 간략한 글자인 '貢'으로 표기한다. 위나라 사람으로 공자보다 31살 적었다 하며, 공자의 제자들을 3기로 나누자면 제2기에 해당하는 제자라고 할 수 있다. 노나라와 위나라에서 상(相)을 지내

---

175 『사기·중니제자열전』에는 '子禽'이라는 이름은 없고 '原亢籍'이라는 이름만 있다. 공자의 아들 鯉에게 아버지가 특별하게 가르쳐 주신 바가 있는지 물은 사람은 진항이고(16·13), 자공더러 스승보다 더 훌륭하다고 말한 사람은 진자금이다(19·25). 진항과 자금은 별도의 인물이라는 주장도 있다.

는 등 공자 제자 가운데는 가장 현달했던 사람이다. 『사기·화식열전(貨殖列傳)』에 의하자면 그는 위나라에서 벼슬할 때 조(曹)와 노(魯)를 오가면서 물건을 사쟀다가 파는 방식으로 재산을 축적하여 제자들 가운데 가장 부유했다고 한다. 갖은 폐백을 제후들에게 바친 탓에 제후들이 모두 그를 대우하였고 공자의 이름이 천하에 퍼진 것은 자공의 공이라고 사마천은 기술한다. 공자가 노나라를 떠나 있던 B.C. 495년에 자공은 중요한 외교회의에 참석한 바 있고, B.C. 488년 오나라가 당시 노나라의 실권자인 계강자에게 회맹에 출석할 것을 요구할 때 자공이 대신 가서 수습하는 등 외교적 수완을 발휘한 바 있으며, 그의 활약으로 십여 년 만에 다섯 나라에 변화가 있었다고 사마천은 극찬한다.[176] 공자가 세상을 뜰 무렵에는 안회·염백우·재아·자로 등 중요한 인물들이 모두 공자보다 먼저 세상을 떴기 때문에 제2기 제자로 볼 수 있는 42세의 자공이 31세의 공서화, 30세의 유약, 29세의 자하, 28세의 자유, 27세의 증삼, 25세의 자장 등을 통솔했을 것으로 짐작한다. 공자의 장례도 자공이 총관했던 듯하고, 『맹자·등문공상』에 의하자면 공자 사후 다른 제자들은 모두 삼년상을 치르고 자공에게 인사한 다음 떠나갔지만 자공 혼자 삼년을 더 지냈다고 한다. 자공의 정치적 역량은 그의 훌륭한 언변 때문이라고 보는

---

176 『사기·중니제자열전』에서는 자공의 외교적 활약을 매우 길게 기술한 다음 "그러므로 자공이 한 번 나서가지고 노나라를 구했고, 제나라를 어지럽게 했으며, 오나라를 격파시키고, 진나라를 강하게 만들었으며, 월나라를 패자로 만들었다 (故子貢一出 存魯亂齊破吳彊晉而霸越)."라고 결론짓는다. 하지만 반고는 사마천의 이러한 평가를 못마땅해한다. 사마천이 육경을 경시하고 유협(游俠)을 높이며 화식(貨殖)을 숭상했다고 폄하한다. 그래서 통사가 아닌 단대사인 『한서』에 한대의 인물도 아닌 자공을 끌어다 좋지 않게 평가하는데, 후대의 유자들 가운데는 반고의 이러한 자세에 찬동하는 사람이 많다. 변설에 능하고 많은 재물을 축적한다는 것은 공자의 가치관과는 어긋난다는 생각 때문일 것이다.

데, 공자는 그의 말재간에 대해서는 자주 주의를 주었다. 하지만 그의 능력을 인정하지 않을 수 없어 공자는 그를 호련이라는 훌륭한 그릇에 비유하기도 한다(5·03). 그의 말재간은 1·15, 5·08, 7·15, 12·08, 19·21 등에서도 확인할 수 있고, 자신을 공자보다 더 뛰어나다고 칭찬하는 사람에게 대꾸하는 내용인 19·23과 19·25, 공자를 폄훼하는 사람에게 적절히 타이르는 19·22와 19·24에서는 특히 두드러진다. 그런 이야기들이 만들어지게 된 배경이 의문스럽기는 하지만 자공의 자질과 말재간을 함께 드러내는 좋은 사례라고 본다. 어쨌든 자공은 『논어』를 통해서만 보더라도 후세 사람들이 공자를 성인으로 추앙하도록 만드는 데 가장 진력했고 가장 공이 있는 제자이다. 『맹자·공손추상』에도 자공이 "인민이 생겨난 이래 우리 스승 같은 분은 없으셨다."[177]면서 스승을 극존하는 대목이 있다. 자공이 제자들을 거느리고 독자적인 문파를 세웠는지에 대한 기록은 없다. 『한비자·현학(顯學)』에는 당시 유가의 여덟 유파를 거느렸던 사람들의 이름이 소개되어 있지만 거기에 자공은 없다. 자공이 스승께 "저는 배움에 싫증이 납니다. 임금 모시는 일도 쉬고 싶습니다."[178]라고 말했다는 『순자·대략(大略)』의 기록을 믿는다면, 자공은 후학을 기르는 일에는 실패하였거나 관심을 두지 않았던 듯하다. 그가 그런 태도를 가졌던 원인을 추정할 만한 근거는 찾기 어려운데, 그가 노나라 출신이 아닌 위나라 출신이기 때문이라고 추정하는 사람도 있다. 사마천은 『사기·유림열전』에서 자공이 제나라에서 죽었다고 하는데, 그렇다면 공자의 가르침이 제나라에 특히 많이 퍼지게 된 것이 자공 때문은 아니었는지 모르겠다. 자공의 외교적 활약상은 『사기·중니제자열전』과 『좌전』 애공 7년, 11년, 12년, 15년조에 나오고, 『예기』에는 자공의 재력이 풍부했

177　自生民以來 未有夫子也
178　賜倦於學矣 願息事君

음을 짐작할 수 있는 기록들이 있으며, 『오월춘추(吳越春秋)』, 『한비자·오두(五蠹)』, 『월절서(越絶書)』 등에는 종횡가와도 같은 자공의 활약이 기록되어 있다.[179]

3) 夫子(부자) : 춘추시대 이후 사용된 경칭인데, 원래 대부 이상을 지낸 사람에게 쓸 수 있었던 3인칭 경칭이었지만 『논어』에는 2인칭으로 쓰인 곳도 있다. 17·04와 17·05에서 2인칭으로 사용된 것은 전국시대의 어투이므로 그런 대목은 후대에 끼워 넣은 것이라고 최술은 주장하지만, 『논어』는 어차피 나중에 편찬되었을 것이므로 호칭은 편찬할 당시의 관습에 맞게 조정했을 수 있다. 공자가 노나라의 사구(司寇)를 지냈다는 사실은 차치하더라도[180] 공자 스스로 '吾從大夫之後'라고 표현한 것을 보면(11·08) 제자들이 그를 '부자'라는 호칭으로 불렀을 가능성은 있다. 그러나 후대 유가에서는 이 호칭을 공자만을 부르는 경칭으로 사용한다. 1·01의 주1) 참조.

4) 是邦(시방) : 是는 막연한 것을 가리키는 지시대명사이다. 따라서 '이 나라'가 아니라 어느 나라든 공자가 가게 되는 나라라는 뜻이다. 『여씨춘추』는 공자가 천하를 돌면서 80여 군주를 만났다 하고, 『설원·귀덕(貴德)』은 72 군주를, 『사기』 「육국표(六國表)」와 「유림전(儒林傳)」에서는 70여 군주를 만났다고 한다. 그러나 그 기록들이 죄다 신빙성 없음은 『논어색은(論語索隱)』에 잘 설명되어 있다.

---

179 1·15, 2·13, 3·17, 5·03, 5·08, 5·11, 5·12, 5·14, 6·30, 9·06, 9·13, 11·03, 11·13, 11·16, 12·07, 12·08, 12·23, 13·20, 13·24, 14·17, 14·28, 14·29, 14·35, 15·10, 15·24, 17·19, 17·24, 19·20~19·25 참조.
180 사구는 형(刑)을 관장하는 직책이다. 공자가 사구직에 있었다는 사실은 학자들이 대체로 믿지 않는다. 예에 밝아서 이름이 났다는 공자이건만, 사람들이 가장 무섭게 여기는 권력기구의 장을 맡았다고 여기게 된 것도 의심스러운 점이다. 노나라에서 사구는 장씨(臧氏)의 세습직이었다는 주장도 있다.

5) 聞(문) : 뒤의 '溫良恭儉讓而得之'라는 표현을 보더라도 聞은 '得聞'의 뜻이다. 번역은 '듣다'보다는 '알다'로 하는 것이 낫다.

6) 政(정) : 고대 중국에서 '政'은 정치와 행정을 아우른다. 통치업무를 총괄하는 의미이다. 그래서 경우에 따라 '정사(政事)', '정령(政令)', '정무(政務)' 등으로 번역되는 것이 좋다. 12·17에서 공자는 政을 발음이 같은 '正'으로 설명한다. '正'은 원래 순종하지 않은 사람들의 주거지를 징벌적으로 공격한다는 뜻이다. 거기서 '바로잡다', '정당하다'는 뜻이 나오게 되고, '政'과 '征'이 파생된다. 政을 명사로 사용할 때는 '위정(爲政)'이나 '종정(從政)'으로 표현하는 것이 좋다.

7) 抑與之與(억여지여) : '그렇지 않으면 (그쪽에서) 알려주는 것인가?'라는 뜻이다. 抑은 선택을 표시하는 접속사이고, 앞의 與는 동사이며, 뒤의 與는 의문의 어기를 나타내는 조사이다.

8) 溫良恭儉讓以得之(온량공검양이득지) : 『논어주소』는 각각 敦柔潤澤, 行不犯物, 和從不逆, 去奢從約, 先人後己로 새기고,[181] 주희는 각각 和厚, 易直, 莊敬, 節制, 謙遜이라고 새기는데, 모두 임의적인 해석이다. 현대 한국어에서 각 글자가 포함된 낱말로는 온화(溫和)·선량(善良)·공손(恭遜)·검약(儉約)·겸양(謙讓)이 있는데, 그 낱말들의 현재의 의미가 원전의 의미와 꼭 맞지는 않다. 번역상 불가피하게 선택했을 뿐이다. '易直'이라는 주희의 주석에 대해 오규 소라이가 良은 良馬·良相·良醫처럼 '훌륭한 재주'를 뜻한다고 지적하듯이, 시비는 생길 수밖에 없다. 溫은 용모, 良은 재주, 恭은 자기 처신, 儉은 쓰임의 절제, 讓은 사람과

---

181 돈유윤택(敦柔潤澤)은 '돈후하고 유순하여 윤택함', 행불범물(行不犯物)은 '남의 물건을 범하는 행실을 하지 않음', 화종불역(和從不逆)은 '화합하고 순종하여 거스르지 않음', 거사종약(去奢從約)은 '사치를 멀리하고 검약을 좇음', 선인후기(先人後己)는 '남을 앞세우고 자기를 뒤로함' 등으로 번역될 것이다.

의 사귐이라는 오규 소라이의 해석이 낫다. 以는 원래 수단·방법·원인을 나타내는 개사인데, 대명사 之가 생략되어 개사와 목적어가 도치되었다. 以의 이러한 성격은 점차 순접관계를 표시하는 접속사 而와 같은 기능이 된다. 정약용은 讓을 아래 구에 붙여 읽어야 한다면서, '부자께서는 溫良恭儉하시므로 퇴양할지라도 결국 알게 된다'라는 뜻이라고 주장하지만 동의하기 어렵다.

9) 其諸(기제) : 주희는 『논어주소』를 좇아서 어사(語辭)라고 하지만, '아마도(或者)'라는 뜻의 제노(齊魯) 지방 방언이라는 양백준의 설명에 동의한다.[182] 다만 문자 그대로 '그 모든 것'이라고 새기더라도 뜻이 통한다.

유약, 증삼, 자하에 이어 네 번째로 제자의 어록을 실었다. 자공은 유약, 증삼, 자하보다는 먼저 입문한 제2기 제자로서, 나이로 보더라도 유약보다 12살, 증삼보다 15살, 자하보다는 13살이나 더 많았을 뿐 아니라 모든 역량이 공자의 제자들 가운데서는 가장 뛰어났던 사람이다. 그런데도 공문의 후계구도에서는 흔적이 없다. 공자 사후 공문의 대표라는 자

---

[182] "홍이훤(洪頤煊)은 『독서총록(讀書叢錄)』에서, 『공양전』「환육년(桓六年)」의 '其諸以病桓與', 「민원년(閔元年)」의 '其諸吾仲孫與', 「희이십사년(僖二十四年)」의 '其諸此之謂與', 「선오년(宣五年)」의 '其諸爲其雙雙而俱至者與', 「선십오년(宣十五年)」의 '其諸則宜於此焉變矣'에서 '其諸'는 제나라·노나라 지역의 말이라고 했다. 위 예문들을 보면 모두 불긍정의 어기를 나타낸다. 황가대(黃家岱)는 『흥예헌잡저(興藝軒雜著)』에서 '其諸'는 '或者'의 뜻이라고 했다"〈『論語譯註』(中華書局, 1958)〉.

『한서·연자왕단전(燕剌王旦傳)』에는 "과인이 관복을 입고 조정에 선 것이 삼십여 년이나 되어도 일찍이 들은 바가 없으니 아마도 과인이 미치지 못하는 것인가 보다(寡人束帶聽朝 三十餘年 曾無聞焉 其者寡人之不及與)."라는 대목이 있는데, '其者'로도 썼음을 알 수 있다.

리는 사회적 지위를 누리는 자리는 아니었을 테고, 기껏해야 공문의 재산이나 문헌자료를 보관하는 정도의 책임을 맡았을 것이다. 그러니 그런 자리는 마지막까지 스승을 곁에서 모시던 말기 제자들의 몫이었을 것이다. 다만 재전(再傳) 또는 삼전(三傳) 제자들로서는 공문 대표의 지위를 중요하게 받아들였을 것이다. 『논어』의 여러 대목들을 보자면 자공은 본래 헤게모니에 관심이 없었던 듯하고 세속에서도 현달했기 때문에 스승이 돌아가신 다음 공문의 대표 자리에는 관심을 갖지 않았을 것으로 짐작한다. 이 장을 보더라도 자공은 오로지 자기 스승만을 진지하게 높였던 사람이다.

자금의 질문이 다소 유치하기는 하지만 자공의 대답은 전형적인 중국식 화법이다. 선택질문을 받으면 둘 가운데 하나를 선택하여 답하는 것이 아니라 다른 말을 던짐으로써 질문 자체를 회피한다. 공자가 요구해서 얻게 되었음을 부정하지는 않으면서 요구하는 방식이 다른 사람과는 달랐다고만 대답한다. 자공의 이런 화법은 전형적인 중국식 화법이다.

공자는 춘추시대 여러 나라의 정치 현안을 언제나 정확히 파악하고 있었음을 드러내려는 의도도 보인다. 공자가 각 나라의 정치 상황을 언제나 소상하게 알고 있었다는 표현은 당시 각 나라의 정치 상황에 대한 정보가 얼마나 중요한 관심사였는지를 알 수 있는 증거이기도 하다.

1·11 子曰 父在觀其志 父沒觀其行 三年無改於父之道 可謂孝矣
스승님께서 말씀하시기를 : 아버님 (살아) 계실 때는 아버님 뜻(이 무엇인지)를 살피고, 아버님 돌아가시면 아버님 (생전의) 행실(은 어떠했는지)를 헤아려서, 삼 년 정도 아버님 방식을 고치지 않(고 따)라야 효(성스러운 사람이)라고 일컬을 수 있을 거야.

1) 父(부) : 공자는 가족윤리를 언급할 때 '父母'(1·07, 2·06, 4·18, 4·19, 4·21), '親'(12·21, 18·10, 19·17)이라는 낱말을 사용한다. 父는 '부모'의 약칭일 수 있지만 전통시대의 관념대로 부모의 대명사를 '아버지'로 번역하는 것이 문맥에 더 적합하다.[183] 본문에 나오지는 않지만 '子'도 '자식'보다는 '아들'로 번역하는 것이 낫다.

2) 其(기) : 공안국·하안·주희는 '아들'로 보고서, '아버지가 살아 계실 때는 아들이 제멋대로 행동할 수는 없으므로 아들의 뜻이 어떠한지를 관찰하고, 아버지가 죽고 난 다음에는 아들이 어떻게 행동하는지를 관찰하라'라고 새긴다. 그러나 다음 이유 때문에 동의하지 않는다. 첫째, '可謂孝矣'는 이 장의 중심어로서 '三年無改於父之道'만 받지 않고 앞 문장 전체를 받는다. 앞 두 구절이 공자의 말이 아닌 인용된 고어라 하더라도 공자는 '可謂孝矣'를 통해 하나의 문장으로 녹여서 사용했다. 그렇다면 '아버님 살아생전에는 늘 아버님의 뜻을 살피고, 아버님 돌아가시면 유사한 상황에서 아버님께서 취하셨던 행동을 잘 기억하라고 했듯이, 적어도 3년 정도는 아버님의 방식을 이어야 효성스럽다고 할 수 있다'라고 새기면 된다. 둘째, 한 문장에서 뒤에 나오는 대명사 其는 반드시 앞에 나왔던 명사를 대신한다. 앞 문장에 표현되지 않은 다른 명사를 가리킬 수는 없다. 其는 앞에 나온 父를 가리키는 지시대명사로 보는 것이 순리이다. 셋째, 어떤 사람이 효성스러운지 아닌지를 확인하는 일이 엄청난

183　이 장은 가족윤리 가운데 사회적 활동에 대한 내용이다. 당시 사회적 활동이란 아버지에게 국한될 수밖에 없으므로 '부모' 대신 '아버지'로 번역하는 것이 문맥상 적절하다. 19·18의 "其不改父之臣與父之政"이나, 12·11의 "君君臣臣父父子子", 17·09의 "邇之事父 邇之事君", 11·24의 "弑父與君", 그리고 이 장의 반복인 4·20의 경우도 마찬가지이다.

대사라면 그 사람의 아버지가 돌아가시기 전부터 돌아가신 뒤 3년 남짓이나 그 사람 행실을 면밀히 관찰한 다음 판정을 내리는 것이 합당하겠지만, 일상적으로는 불가능하다. 아무리 효를 강조한다 하더라도 아들이 효성스러운지의 여부를 3년 이상 관찰한 다음에나 판단할 수 있다고 말했을 리는 없다. 중국 고문이 문언문이기는 하지만 문장을 일부러 비틀거나 꼬지는 않는다. 특별한 사유가 없는 한 문장은 순조롭게 읽어야 한다. 범조우(范祖禹, 1041~1098), 전대흔(錢大昕, 1728~1804), 장식(張栻, 1133~1180), 정수덕(程樹德, 1877~1944) 등도 이와 비슷한 문제점을 지적한 바 있다.

3) 觀其行(관기행) : 어찌해야 좋을지 모르는 상황에 부닥치면, 아버지께서는 그 상황에서 어떻게 대처했는지를 기억해보라는 의미일 것이다. 아버지의 뜻을 추리하라는 것이 아니라 아버지께서 하시던 방식을 기억하라는 요구이다.

4) 無(무) : 不이 아닌 無로써 용언을 부정하는 경우에는 동작을 부정하는 것이 아니라 그런 일이 없었다는 표현이다. 5·11의 경우도 마찬가지이다.

5) 父之道(부지도) : 아버지의 방식. 道에 관한 해석은 1·02의 주) 참조.

6) 可謂孝矣(가위효의) : 효에 대한 최소한의 요구라는 뜻이다. 謂는 1·07의 주)에서 설명하였듯이 그냥 말하는 것이 아니라 평가하여 말하는 것이다. 孝에 관한 설명은 1·02의 주) 참조.

| 평설 |

'3년', '3일', '3차례'에서의 '3'은 경험적으로 확인되는 물리적 시간이 아닌 정서적으로 요구되는 시간이다. 공자의 도덕관념이 정서에 기인한다는 것은 이런 데서도 알 수 있다.

이 장은 도덕을 말하는 것이기는 하지만 젊은이의 의욕이나 독단이 가져올 수 있는 실패를 막기 위한 장치이기도 하다. 효는 이처럼 씨족사회 전통을 지키기 위한 안전장치이다. 중국사회는 현대에 이르기까지 기본적으로 씨족사회라는 틀을 벗어난 적이 없다. 씨족을 넘어 민족이라는 개념을 실천했던 몽골이 중국을 지배하던 시기가 있기는 했지만 몽골이 물러난 뒤 이내 씨족사회의 틀로 돌아간다.

1·12 有子曰 禮之用和爲貴 先王之道斯爲美 小大由之 有所不行 知和而和 不以禮節之 亦不可行也

유자께서 말씀하시기를 : 예는 화를 귀히 여긴다. 선왕들의 예악제도가 훌륭한 것도 이 때문이다. 작은 일이든 큰 일이든 이(화)를 말미암아야 한다. (다만) 해서는 안 되는 바가 있는데, 화(의 소중함)을 알고서 (무조건) 화하고자만 할 뿐 예로써 (화를) 조절하지는 않는 일(이다. 그것)은 결코 해서는 안 된다.

주

1) 有子(유자) : 1·02에서 나왔던 공자의 제자 유약을 가리킨다.

2) 禮(예) : 공자는 仁을 완성할 수 있는 수단으로 禮와 樂(악)을 꼽았다.[184] '禮'의 갑골문은 음식을 담은 그릇 모양이다. 조상신에게 음식을 바치는 제사를 의미했을 것이다. 조상신은 사람 사는 세상에 함께 있으면서 사람의 일을 주재한다고 여겼기 때문에 고대인은 조상신에게 음식을 바치면서 공대하는 일을 삶의 토대로 여겼으니, 그것이 제사이다.[185] 제

---

184 악(樂)에 대한 설명은 3·03의 주) 참조.
185 2·05의 '주)祭' 참조. 3·12의 "祭如在 祭神如神在 子曰 吾不與祭 如不祭('조상신을 모시는 제사는 조상신이 와 계시는 것처럼, 신령을 모시는 제사는 신령이 와 계시는 것처럼'이라는 말이 있다. 스승님께서 말씀하시기를, 내가 참여하

사는 공경하게 모셔야 하므로 의식(儀式)을 중시한다. 그리하여 제사를 뜻하던 '예'는 '의식'이라는 뜻을 갖게 되는데, 나아가서 '규범'이라는 추상적 의미가 더해진다. 조상신을 대하는 규범에서 사회적 규범으로 의미가 확장하게 된다.[186] 공자 이전에 원형이 만들어졌을 것으로 짐작되는 『시』와 『서』에서 이미 예를 규범으로 이해하는 대목이 있다. 공자가 예의 본질이 인과 의라고 강조하면서 규범으로서의 예는 의미가 고정된다.[187] 공자가 강조한 예라는 규범은 지배계층에 한하여 적용된다. 피지배계층은 형(刑)이라는 규범을 적용한다. 지배계층은 군주의 대가족이므로 형이 아닌 예로써 통제해야 한다고 여겼던 것이다.[188] 따라서 유가의

지 않은 제사는 지내지 않은 것과 같다)"라는 제사에 대한 그러한 근본 취지를 강조하는 내용이다. 그런 생각의 발단은 물론 왕이다. 왕의 생각과 관습이 점차 아래로 퍼져 지배층은 물론 피지배층까지도 조상신에게 제사를 지내는 습속이 이루어지게 되었을 것이다.

186 禮라는 이름의 제사 의식은 제사에 참가할 자격을 지닌 사람들의 사회화 과정이라고 할 수 있다. 현대사회에서도 예의 바른 사람이란 사회화가 된 사람이라는 의미이다.

187 『좌전』 소공 25년조에서는 정국자산(鄭國子産)의 말을 인용하여 禮를 儀와 구분한다. 揖讓周旋之禮는 儀이지 禮가 아니라면서, "예는 상하의 기강이자 천지의 경위이며 백성이 살아가는 바이다. 그러므로 선왕께서도 숭상하셨다(禮上下之紀 天地之經緯也 民之所以生也 是以先王尙之)."라고 한다. 『예기·경해(經解)』에서도 "예로써 나라를 바로잡는 것은 저울로써 무게를, 먹줄로써 곡직을, 자와 콤파스로써 네모와 동그라미를 바로잡는 것과 같다(禮之於正國也 猶衡之於輕重也 繩墨之於曲直也 規矩之於方圜也)."라고 규정한다. 물론 『좌전』이나 『예기』는 공자보다 뒤에 완성되는 책이기는 하지만 공자의 생각을 정리한 것임은 분명하다.

188 "예는 아래로 서민들에게까지 적용되지는 않고, 형은 위로 대부에게까지 적용되지는 않는다(禮不下庶人 刑不上大夫)."라는 『예기·곡례상』의 언급이 그 관념을 단적으로 드러낸다.

예를 오늘날 보편적으로 적용하고자 한다면 그 점을 유의해야 한다. 한대 이후 유가는 예를 개념적으로 추상화하고 기능적으로 세분화하여 길례(吉禮)·흉례(凶禮)·빈례(賓禮)·군례(軍禮)·가례(嘉禮)라는 다섯 가지로 정비한다. 이후 예는 문화적 전장(典章)제도로서의 '의례(儀禮)'와 도덕적 심리의식으로서의 '공경(恭敬)'이라는 의미를 내포하면서 교화나 교육의 수단으로 활용된다. 그러므로 예는 오늘날의 에티켓이나 공중도덕과는 차원이 다르다. 종교국가의 종교의식과 가깝다.[189] 공자가 禮에 관한 문헌을 지었다는 증거는 없지만 『좌전』에 의하자면 춘추시대에 예에 관한 전문적인 문헌은 있었던 듯하다. 다만 『논어』에 '禮曰'이라는 표현이 없는 것을 보자면 공자 당시에 책의 형태를 갖추지는 못했을 것이다.[190] 『논어』를 보거나 제자서(諸子書)를 보거나 간에 공자가 제자들을 가르치던 주요 텍스트는 『시』와 『서』가 분명하지만 구체적이고 중점적으로 강조한 것은 예였다. 유교 경전 가운데 예에 관한 것으로는 『예기』, 『주례』, 『의례』가 있는데, 『예기』는 전한의 대성(戴聖, 선제 무렵)이 편찬한 것이 확실하고, 『주례』는 전국시대나 한초(漢初)에 만들어졌을 것으로 추정한다. 『의례』와 『예기』에는 『논어』와 비슷한 문장이 많을 뿐 아니라 『논어』처럼 공자와 제자들이 주고받은 문답 및 공자 직전(直傳)제자들의 어록이 다수 포함되어 있다. 공자와 관련된 기록물이면서 『논어』에는 편입되지 못한 것들 가운데 예에 관한 주제들만 모은 것으로 짐작된다. '禮'는 『논어』에서 45개 장에서 75회나 나오는데, 그 내용을 정리하면 다음과 같다. ① 예는 인을 위해 필요한 것이다. 인을 위하지 않는 예는 소용없다(3·03, 3·08). '克己復禮'가 인이다(12·01). ② 의라는 바탕이 없으면 예는 소용없다(15·18). ③ 예는 文(꾸밈)이기는 하나 검(儉)이라

---

189 유교의 종교성에 대한 설명은 김용옥의 『논어한글역주 2』, pp.23~25 참조.
190 H.G. 크릴의 앞의 책, 제7장 주)149 참조.

는 가치를 우선해야 하고(3·04, 9·03, 11·01), 예를 행하는 방법은 경(敬)과 공(恭)이 필수이다(3·26, 12·05). ④ 재산이 많다고 예를 무시해서는 안 되며(1·15), 예의 효용은 '和'라는 효과를 낸다(1·12). ⑤ 군주의 통치 행위도 예양을 우선해야 하는데(2·03, 3·19, 4·13, 11·26), 예양은 임의로 하는 것이 아니라 제도화해야 한다(2·23, 3·09). 그렇지 않으면 형벌이 균형을 잃어 인민이 살 수 없게 된다(13·03). ⑥ 윗사람이 예를 지키면 아랫사람도 도리를 다하게 될 뿐 아니라(13·04) 인민을 부리기도 쉬워진다(14·41). 예악은 천자를 정점으로 하여 질서 있게 이루어져야 한다(16·02). ⑦ 지배계층인 군자는 '博學於文 約之以禮'해야 하며(6·27, 9·11), 예를 아는 처신이 어떤 것인지 늘 점검해야 하고, 자신도 상대와의 대화를 통해 점검하고 깨달은 적이 있다고 공자는 토로한다(7·31). ⑧ 예는 인민의 삶에서 효로 나타나게 되며(2·05), 詩와 樂을 병행해야 한다(8·08, 16·05, 16·13, 17·21). 이상을 종합하면 이렇게 말할 수 있다. "지배계층으로서의 책임을 다하려면 인간의 존재 토대가 되는 육체적 감성의 맹목성을 제어할 수 있어야 하는데, 삶의 전반에서 광범위하게 요구되는 그 제어를 위한 규범이 예이다. 다만 제어한다고 해서 육체적 감성을 아예 여읜다면 삶 자체가 공허하게 되므로 규범으로써 제어하되, 규범과 감각을 조화시키는 심미적 일체성을 유지하는 것이 삶의 완성된 단계라고 본다." 공자는 樂(악)을 禮와 균형 있게 중시했다. 맹자를 거쳐 순자에 이르면 예의 개념은 보다 분명해지는데, 순자는 예가 개체로서는 각자의 직분을 밝히는 수단이지만 예의 궁극 목적은 군체(群體)가 하나로 화(和)하는 것이라고 정의한다. 예도 기본적으로 통치의 수단이라는 공자의 생각을 정확히 이해한 것이다.[191] 『설문해자』는 예를 "귀신을 섬

---

191 "禮者法之大分(禮經은 법의 전제이다)"이라는 『순자·권학(勸學)』의 표현이나, "國無禮則不正 禮所以正國(나라에 예가 없으면 나라가 반듯해지지 못한

겨서 복을 오게 하는 것"¹⁹²이라고 해석한다.

　3) 用和爲貴(용화위귀) : 『논어주소』와 『논어집주』는 '禮之用'을 주어로 보지만¹⁹³ 유월과 오규 소라이는 用이 '체용(體用)의 用'이 아니라 '以'의 뜻이라고 주장한다. '以'와 '用'은 고대에 통용되었고, 『예기·유행(儒行)』에 "禮之以和爲貴"라는 구절이 있는 것을 보면 두 사람의 주장은 설득력이 있다. 더구나 '체와 용'이라는 상대적인 관념은 불교에서 비롯한 관념으로서 송유들이나 꺼낼 수 있는 말이지 춘추시대에 나올 수 있는 말은 아니다. 用을 以로 새겨야 한다면 之는 주격조사로 새겨야 할 것이다. 爲는 '~하다', '~한 셈이다'의 뜻인데, '가장 ~하다'는 어기를 포함한다. 이와 비슷한 기능의 조사에는 '乃'와 '則'이 있는데, 爲·乃·則은 각각 현대 중국어로 '算是~(~인 셈이다)', '却是~(알고 보니 ~이다)', '就是~(바로 ~이다)'의 의미라고 중국의 학자들은 풀이한다.

　4) 和(화) : 「중용」에는 "희로애락이 표출되지 않은 상태를 中이라 하

다. 예는 나라를 반듯하게 만드는 소이이다)"이라는 『순자·왕패(王覇)』의 구절에서 보듯이 순자는 예를 治의 수단으로 인식한다. 이는 공자의 생각과 조금도 다르지 않다. 이후 한비자는 순자의 그 생각을 비판하면서 통치에 중요한 것은 禮보다는 法이라고 주장한다. 한편 브루스 브룩스와 타에코 브룩스는 공자는 다만 仁을 제시했을 뿐 禮와 孝는 모두 뒷사람들이 끄집어낸 것이지 공자의 본뜻이 아니라고 주장한다.

192　所以事神致福也

193　이렇게 설명한다. "禮란 천지가 운행하는 이치의 절도 있는 형식이자 인간사의 행동규범이다. 和는 차분하여서 다그치지 않는다는 뜻이다. 禮의 본체는 비록 엄숙하지만 모두 자연의 이치에서 나오는 것이므로 그것의 활용은 반드시 차분하여서 다그치지 않아야 한다. 선왕지도는 이 때문에 훌륭한 것인데, 작은 일이든 큰일이든 그것을 말미암지 않음이 없다(禮者天理之節文 人事之儀則也 和者從容不迫之意 蓋禮之爲體雖嚴 然皆出於自然之理 故其爲用 必從容而不迫 乃爲可貴 先王之道此其所以爲美 而小事大事無不由之也)."

고, 표출하되 모두 절도에 맞는 것을 和라고 한다."[194]라고 되어 있다.『설문』에서는 "龢 調也(龢는 고르게 하는 것이다)", "盉 調味也(盉는 맛을 고르게 하는 것이다)"라고 설명한다. 음악의 조절을 龢(화), 맛의 조절을 盉(화), 일의 조절을 和로 적는 구분이 원래 있었다고도 하지만 일반적으로는 모두 '和'로 표기한다. 이 문장에서 和의 의미에 대해서는 여러 설명이 있다. 형병·정이·범조우는 和가 樂(악)이라고 하는데, 공자가 예와 악을 늘 함께 강조한 것은 사실이지만 여기의 和를 악으로 단정하는 것은 비약이다. '적합함', '어울림', '균형 잡힘'의 뜻으로 보는 것이 원만한 해석이다. 오규 소라이는『예기·왕제(王制)』의 "백성을 교육하되 백성의 풍속마저 바꾸지는 않으며, 정치를 가지런하게 하되 가지런하지 못하다는 이유로 합당한 것조차 바꾸지는 않는다."[195]와,『예기·곡례(曲禮)』의 "군자는 예를 실행하면서 풍속까지 바꾸려고 하지는 않으니, 제사지내는 예나 거상하는 복식이나 곡읍하는 위치 같은 것은 모두 각 나라에서 해오던 대로 한다."[196]라는 대목이 '禮之用和爲貴'의 뜻이라고 주장한다. 일률적인 잣대를 적용하지 않고 적합하고 어울리게 적용한다는 뜻에서 충분히 수긍된다. 하지만 한자문화권에서 和는 예에 한정하지 않고 강자가 약자나 소수자를 누르는 기제로 작용하였다. 지금도 和를 강조하는 사람은 언제나 기득권자이다.

5) 先王之道(선왕지도) : 선왕(先王)·선현(先賢)처럼 '先'은 죽은 사람에 대한 관형격 경칭이다. 공자는 자신의 정치 이상을 '先王之道'라고 표현했다. 구체성이 없는 이름이지만 번역은 '선왕들의 방법론'이라고 하였다. 그 방법론이 구체적으로 무엇인지는 道에 관한 설명으로 대신할

---

194 喜怒哀樂之未發謂之中 發而皆中節謂之和

195 修其教 不易其俗 齊其政 不易其宜

196 君子行禮 不求變俗 祭祀之禮 居喪之服 哭泣之位 皆如其國之故

수밖에 없다. 道에 관한 설명은 1·02의 '주)道' 참조.

6) 斯(사) : 斯를 '此'로 본 형병의 견해는 틀렸으며 '禮'로 해석해야 한다고 유월은 주장하지만 문맥상 앞 구를 가리키는 것으로 보아야 한다.

7) 美(미) : '훌륭하다', '좋다'는 뜻이다. 美에 대한 뜻은 3·25의 주) 참조.

8) 小大由之(소대유지) : 小大는 일을 가리키는 것이 아니라 지위를 가리킨다고 정약용은 주장하면서 『상서·미자(微子)』 제17편의 "殷罔不小大 好草竊姦宄(은왕조는 대소 관원 가릴 것 없이 노략질과 간악한 짓을 좋아했다)"라는 구절과 『시·노송(魯頌)』「반수(泮水)」의 "無小無大 從公于邁(대소 관원 가리지 않고 그분 좇아 달려온다)"라는 구절을 예문으로 든다. 그 예문의 '罔不小大'나 '無小無大'는 '지위를 가리지 않고 모두'라는 뜻이다. 하지만 이 문장에서 小大는 주어이다. 無와 같은 부정어도 없다. 맥락과 관계없이 비슷한 글자만을 찾아서 대입시키려는 오류이다. '작은 일이든 큰 일이든 그것을 말미암는다'라고 새길 수밖에 없다.

9) 有所不行(유소불행) : '所不行'은 有의 목적어가 되는 명사구이다. 통행되지 못하는 바가 있다고 현상을 말하는 것이 아니라 그래서는 안 된다고 규범을 말하고 있다.

10) 亦不可行也(역불가행야) : 한석경(漢石經)에는 '可' 자가 없고, 앞에서도 '有所不行'이라고 했으니 이 구절도 '亦不行也'라야 한다고 유월은 주장하지만, 형식논리에 불과하다. 有所不行을 한 번 더 강조하고자 표현을 달리했을 뿐이라고 본다.

평설

유약의 두 번째 어록으로서, 예에 관한 내용이다. 효제 다음 예를 거론하는 것은 유자로서는 당연하다. 다만 문장의 표현이 정확하지 않은 탓에 여러 해석이 나오게 된다. 禮는 和 때문에 귀중하다고 말하고서는 다시 禮로써 和를 조절하라는 형식논리도 이상하다. 중국의 고문에는 이처럼 형식논리상 모순이 잦은데, 한 글자를 여러 의미로 중복하여 사용하는 단음절어 탓이 크다고 본다. 언어 관습이 사고 또한 그렇게 만들기 때문이다.

1·13 有子曰 信近於義 言可復也 恭近於禮 遠恥辱也 因不失其親 亦可宗也

유자께서 말씀하시기를 : 약속도 합당해야 실천될 수 있고, 공손함도 예법에 맞아야 모욕당하지 않게 된다. 그러면서도 (관계망에서의) 친밀함을 버리지 않는 것이 무엇보다 중요하다.

| 주 |

1) 信(신) : 황간은 '속이지 않음'이라고 주하지만 약신(約信: 약속의 말)이라는 주희의 주가 문맥에 더 맞다. 1·04의 '주)信' 참조.

2) 義(의) : 이 글자의 새김은 '옳음'이다. '그름(非)'의 반대어로서의 '옳음(是)'이 아닌 '합당함'이라는 뜻으로서의 '옳음'이다. 그래서 '宜(의: 마땅함)'는 '義'와 동원자이다. '마땅함', '그르지 않음', '응당'이라는 뜻도 파생된다. 4·16에서 공자는 義의 대척점을 利로 간주하는데, 利는 개인에게 마땅한 것이고 義는 모두에게 마땅한 것이라는 생각에서이다. 공자의 이러한 견해는 현대 윤리학의 견해와 다를 바 없다.[197] 군자와 소인이

<hr>

197 윤리학에서 '정의'는 이기주의의 대칭물이다. 이기주의자는 생존수단에 관하여 '모든 것은 나를 위해 존재한다. 비록 타인을 위해 존재하는 어떤 것조차도'라는 입장을 취하지만, 정의는 이기주의에 대항하여 '남이 나에게 하기를 바라지 않는 것은 너도 남에게 하지 말라'는 것이라고 니콜라이 하르트만(Nicolai Hartmann, 1882~1950)은 설명한다〈Ethik 4(Berlin: unveränderte Auflage, 1962), S.419〉. 한편 프리드리히 파울젠(Friedrich Paulsen, 1846~1908)은 덕목으로서의

라는 대립구도도 마찬가지이다. 모두의 이를 추구하는 사람이 군자이고 개인의 이를 추구하는 사람이 소인이다. 이 자체는 긍정하되 그것이 모두를 위한 이인지 개인을 위한 이인지를 구분하는 기준이 '옳음'이었던 것이다. 그렇다면 모두에게 이가 되는 기준은 무엇인가? 그 지점부터는 의견이 분분하다. 물질적 이익보다는 가치를 내세우는 것은 분명한 듯한데, 구체적이지는 않다. 가치라는 것에 대한 고대 중국인의 생각 자체가 분명하지 않기 때문이다. 선왕지도를 들기도 하지만 그것은 구체적이지 않고 막연하다. 따라서 무엇이 의인가 하는 문제는 각론으로 들어가면 임의적이고 자의적일 수밖에 없는데, 중국사에서 대체적으로 그 기준은 질서라는 이름의 권력이었다. 질서, 즉 현존하는 권력을 거스르는 것이 가장 큰 불의였다.[198] 문자학적으로 '의'는 '殺'에서 나왔다는 견해도 그 견해를 뒷받침한다. 왜 죽이는지에 대한 합당한 이유라는 점에서 '마땅함'이라는 뜻이 파생되었을 것이다. 외재적 강제성과 권위를 드러낸 것이다. 『상서』「중훼지고(仲虺之誥)」 제2에서 "의는 일을 통제하는 수단이고 禮는 마음을 통제하는 수단이다."[199]라고 말했지만, 공자에 이르게 되면 의는 행위의 정당함과 아울러 책임까지 포함하는 도덕관념으로 바뀐다. 따라서 공자가 말하는 의는 '공공의 선이나 공공의 이익, 또는 그것을 실천하기 위한 규범'으로 번역될 수 있다. 그래서 '합당해야'라고 번역하였다. 2·24, 7·03, 12·10, 16·11에서 의는 단순한 기준이 아니라 능동적으로 실천해야 할 목표로 표현된다. 올바름으로서의 '도리'와 마땅함으

'정의'를 "타인의 생명과 이익에 장애를 주는 불법을 피하고, 타인의 그와 같은 불법에 대해서도 가능한 한 맞서는 행위양태"라고 규정하는데, 전자는 공자가 말하는 義에 포함되지만 후자는 포함되지 않는다.

198 '저스티스(justice)'라는 낱말에도 역사적으로 그런 뜻이 담겨 있다.

199 以義制事 以禮制心

로서의 '당위'를 아우르는 '가치'가 된 것이다. 공자에게 의는 인의 하위 개념에 불과했던 것으로 짐작되지만 맹자는 의를 도덕적 실천의지로 강조한다. '所爲(하는 것)와 所不爲(하지 않는 것)', '所欲(바라는 것)과 所不欲(바라지 않는 것)'을 분별하는 기준이 의이고, 의를 실천하는 목적은 '與人爲善'이라고 설명한다. 심지어 목숨을 버려서라도 취해야 할 가치라고 맹자는 강조하는데,[200] 맹자의 그런 생각은 마침내 송대의 이학자들에게 이어진다. 권력자들에게는 더할 수 없이 좋은 이론이었던 셈이다.[201]

---

[200] 生亦我所欲也 義亦我所欲也 二者不可得兼 舍生而取義者也〈『맹자·고자 상』〉.

[201] 한편 순자는 의를 인간이 동물과 달리 사회생활을 영위하는 데 있어서 직분을 나누는 기준으로 본다. '分'이라는 글자로써 신분질서(요즘 개념으로는 분업이라고 표현할 수도 있겠지만)를 정당화한 것이다. "물과 불은 기만 있을 뿐 생명은 없다. 초목은 생명만 있을 뿐 지각은 없다. 금수는 지각은 있으나 예의가 없다. 사람은 기도 생명도 지각도 있으면서 예의도 있기 때문에 천하에서 가장 귀한 존재가 된다. 사람의 힘은 소만 못하고 달리는 능력은 말만 못한데도 사람이 소나 말을 부릴 수 있는 것은 어째서인가. 사람은 무리를 짓고 우마는 무리를 지을 줄 모르기 때문이다. 사람은 어떻게 해서 무리를 지을 줄 알게 되었는가. 직분 때문이다. 직분은 어떻게 해서 실행될 수 있는가. 합당함 때문이다. 합당함으로써 직분을 나누면 화합하게 되고, 화합을 하면 하나가 되며, 하나가 되면 힘이 세지고, 힘이 세지면 강해지며, 강해지면 만물을 다룰 수 있게 되어 집을 만들어서 살게 되는 것이다. 그러므로 네 계절을 따르고, 만물을 마름질하며, 천하를 이롭게 하는 것은 다름이 아니라 합당한 직분들을 각자 얻는 것이다. 인간의 삶은 집체생활을 하지 않을 수 없는데, 집체생활을 하면서 직분이 없으면 다툼이 생기고, 다툼이 생기면 난의 상태가 되며, 난의 상태가 되면 뿔뿔이 흩어지게 되고, 흩어지면 약해지고, 약해지면 만물을 다룰 수 없게 되어 집을 짓고 살 수가 없게 된다. 그래서 사람은 잠시라도 예의를 버릴 수 없다고 말하는 것이다(水火有氣而無生 草木有生而無知 禽獸有知而無義 人有氣有生有知亦且有義 故最爲天下貴也 力不若牛 走不若馬 而牛馬爲用 何也 曰人能羣 彼不能羣也 人何以能羣 曰分 分何以能行 曰義 故義以分則和 和則一 一則多力 多力則彊 彊則勝物 故宮室可得而居也

의는 2·24, 4·10, 4·16, 5·15, 6·22, 7·03, 7·16, 12·10, 12·20, 13·04, 14·12, 14·13, 15·17, 15·18, 16·10, 16·11, 17·23, 18·07, 19·01에도 나온다.

3) 復(복) : 하안은 '覆(복: 뒤집다)'이라고 하는데, 信이 義에 맞지 않으면 뒤집을 수 있다는 뜻으로 새긴 것이다. 유보남은 '반복'이라고 하는데, 의로운 약속이면 반복할 수 있다는 뜻으로 새긴 것이다. 어긋나지 않은 해석이기는 하지만 관념적이다. '징험'이라는 황간의 견해도 마찬가지이다. '말의 실천'이라는 주희의 견해가 가장 무난하다.

4) 恭(공) : '공손하다'로 새길 수 있는 한자에는 '恭'과 '敬'이 있는데, 5·15에서 공자가 설명한 바에 따르자면 '공'은 행동거지가 공손하다는 뜻이고 '경'은 윗사람을 섬기는 태도가 정중하다는 뜻이다. 1·10, 7·38, 19·25에서 공은 행동거지가 공손함을 나타내는 형용사로 쓰였고, 15·05에서는 '공손히 하다'는 뜻의 동사로 쓰였다. 지나친 공손은 경계하기도 했다(5·24). 공자는 어떤 덕목을 말할 때 대체로 그것과 어울리는 다른 덕목을 함께 거론한다. 예컨대 여기서처럼 '義에 맞는 信'과 '禮에 맞는 恭'을 함께 강조하거나, 敬·惠·義와 함께 말하거나(5·15, 12·05, 16·10), 愼·勇·直과 함께 말한다(8·02). 仁이 무엇이냐는 질문에도 恭·敬·忠을 들어 대답하고(13·19), 恭·寬·信·敏·惠를 들기도 한다(17·06).

5) 遠(원) : '멀다'라는 뜻의 형용사가 '멀리하다'는 뜻의 사역동사로 쓰였다. 번역은 한국어 문맥에 맞게 '당하지 않게 된다'라고 하였다.

6) 因(인) : 주희는 因을 依의 뜻으로 보아서 '因不失其親'을 '의지하는 사람이 친할 만한 사람이면'[202]의 뜻이라고 한다. 양백준과 전목(錢穆,

故序四時 裁萬物 兼利天下 無它故焉 得之分義也 故人生不能無羣 羣而無分則爭 爭則亂 亂則離 離則弱 弱則不能勝物 故宮室不可得而居也 不可少頃舍禮義之謂 也).〈『순자·왕제(王制)』〉.

1895~1990)도 주희의 견해에 동의한다. 공안국은 因을 親의 뜻으로 보아서 '친해야 할 사람과의 친밀함을 잃지 않는다면'[203]의 뜻이라고 한다. 정현, 하안, 황간, 오규 소라이, 계복(桂馥, 1737~1805) 등은 因을 姻으로 새겨서는, '혼인은 가까운 부류의 여자와 하는 것'이라고 한다. 신분관념을 따르는 이 해석은 '공자가 혼인은 비슷한 계층끼리 하라'고 했다고 변질되기도 했다. 하지만 이 문장에서 因은 '거기에 덧붙여'라는 뜻의 접속사로 보는 것이 자연스럽다.

7) 失(실) : 글자의 뜻은 수동형인 '잃다'이다. '失民', '失百姓'은 '백성의 인심을 잃다'는 표현이다. 하지만 주체가 인심 잃을 짓을 능동적으로 하는 것을 강조하는 것이 문맥이므로 능동형으로 바꾸어서 번역하였다.

8) 不失其親(불실기친) : '가깝게 지내왔던 사람들과 유대의 끈을 놓지 않고 지속한다면'의 뜻이다. 정약용은 '친척의 신임을 잃지 않음'이라고 새기지만 어법을 넘은 새김일 뿐 아니라, 앞에서 信을 강조하고서 여기서 다른 信을 강조하는 것이 되므로 문맥상 충돌한다. "친척이 좋아하지 않으면 외부와 교제하지 않는 것이 고인의 뜻이다."[204]라는 보충설명은 지나친 추단이다.

9) 亦可宗(역가종) : '역'은 강조의 어기를 나타내는 허사이다. 宗은 공안국이 '종경(宗敬)'이라고 주했듯이 '으뜸 규범'이라는 뜻인데, 문면은 비록 '으뜸 규범으로 삼을 만하다'이지만 형용사로 번역하는 것이 한국어 문맥에 더 맞다.

---

202 所依者不失其可親之人

203 所親不失其親 亦可宗敬

204 親戚不悅 不敢外交 古人之義也

　'약속은'이라 하지 않고 '약속도'라고 한 것은 약속이란 것이 반드시 지켜야 하는 것임을 전제로 한다는 뜻을 나타내기 위해서이다. '공손함도'라고 한 것도 마찬가지이다. 따라서 이 문장은 이렇게 풀어서 말할 수 있다. "약속의 말은 반드시 지켜야 하지만 어디까지나 합당한 내용이라야 한다. 대인관계에서 공손함은 반드시 요구되는 덕목이지만 지나치면 도리어 욕을 당할 수 있다. 예에 맞는 정도까지만 공손해야 한다. 합당한 신의를 지키고 예에 맞는 공손함을 유지하면서도 그 위에 인간다운 친밀함이라는 귀중한 가치를 잃지 않는 것이 가장 중요하다."

　공자와 그 제자들은 이처럼 경우에 맞고(=義) 예에 맞아야 한다고만 말하지 義와 禮가 무엇이라고 설명하거나 규정하지는 않는다. 질문을 받더라도 하늘의 이치라든가 본성이라든가 선왕지도라든가 하는 식으로 기존의 권위를 빌려서 대답하기만 할 뿐 자신의 생각을 말하지는 않는다. 이 장은 유약의 말씀에는 앞 장처럼 공자의 말씀을 부연하기만 한 것뿐 아니라 독자적인 생각을 뱉은 것도 있다고 보여주려는 의도에서 넣지 않았을까 한다.

　'復'과 '辱', '義'와 '禮'는 압운되었다. '宗'의 옛 새김은 '尊'이므로 '親'과 협운(協韻)이라고 볼 수도 있다.

1·14　子曰 君子食無求飽 居無求安 敏於事而愼於言 就有道而正焉 可謂好學也已

스승님께서 말씀하시기를 : 군자는 먹는 것 배부르고자 하지 않고, 사는 것 안락하고자 하지 않으며, 사무는 꼼꼼하게, 말은 신중하게, (그리고 종당에는) 유도지방에 가서 정치하(기를 목표로 삼)아야 호학이라고 일컬을 수 있단다.

1) 居(거) :『논어』에서 居는 ① 기거, 또는 편안한 거처,[205] ② 움직이지 않고 제 위치를 잡고 있음,[206] ③ '갈무리하다', '가업을 꾸리다'를 의미한다.[207] 여기서는 ①의 뜻이다.

2) 安(안) : '안락', '안일'의 뜻이다. '안전'이나 '편안한 상태'를 뜻하지는 않는다.

3) 敏於事(민어사) : 초순(焦循, 1763~1820)은『논어보소』에서『공양전』의 주소나『좌전』의 주를 인용하면서 敏의 뜻이 '빠름'이 아닌 '자세히 살핌'이라고 설명한다. 그래서 '사무는 꼼꼼하게'로 번역하였다. 7·20 및 17·06 참조.

4) 就有道而正焉(취유도이정언) : 공안국에서 주희에 이르기까지 '도를 갖춘 사람에게 가서 시비를 바로잡는다'[208]라고 새긴다. 그러나 1·02 '주)道'에서 설명했듯이,『논어』에 나오는 道에는 주희가 말하는 '사물의 당연한 이치로서 사람이 공유해야 할 바'[209]와 같은 형이상학적 개념은 없다. 道를 형이상학적 개념으로 사용하는 것은 한참 뒤이다.『논어』에 '有道'라는 표현은 여러 차례 나오는데, 12·19를 제외하고는 모두 '有道

---

205 居無求安(1·14), 居敬而行簡(6·02), 燕居(7·04), 亂邦不居(8·13), 君子居之 何陋之有(9·14), 居不容(10·24), 居之不疑(12·20), 居處恭(13·19), 士而懷居(14·02), 居是邦也(15·10), 羣居終日言不及義(15·17), 隱居以求其志(16·11), 隱居放言(18·08) 등이 그 뜻으로 쓰였다.

206 北辰居其所而衆星共之(2·01), 居上不寬(3·26), 吾見其居於位也(14·44), 居吾語女(17·08), 惡居下流而訕上者(17·24), 百工居肆以成其事(19·07), 君子惡居下流(19·20) 등이 그 뜻으로 쓰였고, 17·21의 '居喪'이라는 낱말도 위치를 잡고 들어앉아서 움직이지 않기 때문에 만들어진 말이다.

207 臧文仲居蔡山節藻梲(5·17), 善居室(13·08) 등이 그 뜻으로 쓰였다.

208 就有道之人 以正其是非

209 事物當然之理 人之所共有者

之邦(바른 도리가 시행되는 나라)'의 뜻이지 '有道之人(바른 도리를 갖춘 사람)'의 뜻은 아니다.[210] 就는 방향을 잡고서 나가는 것을 의미하고, 焉은 조건의 어기를 나타내는 허사이다.[211] 그렇다면 '有道之邦에 가서 正하다'란 무슨 뜻인가? '正'은 '政'의 통자이기 때문에 '政事에 종사하다'는 뜻으로 보는 것이 무난하다.[212] '食無求飽 居無求安'은 군자가 되고자 하는 사람의 전제 조건이고, '敏於事~' 이후는 군자가 되고자 하면서 호학이라는 평가를 들을 수 있는 조건에 대해 설명했을 것이다.

  5) 好學(호학) : 공자는 好學이라는 말을 자주 사용하는데,[213] 6·03에

---

210 子謂南容 邦有道不廢 邦無道免於刑戮(5·01), 邦有道則知 邦無道則愚(5·20), 天下有道則見 無道則隱 邦有道 貧且賤焉 恥也 邦無道 富且貴焉 恥也(8·13), 邦有道穀 邦無道穀 恥也(14·01), 邦有道 危言危行 邦無道 危行言孫(14·03), 邦有道如矢 邦無道如矢(15·07), 天下有道(16·02) 등이다. "季康子問政於孔子曰 如殺無道 以就有道 何如"(12·19)의 경우는 문맥상 '有道之人'으로 해석해야 부드럽기는 하지만 '有道之邦'의 뜻으로 해석하더라도 무방하다.

211 허사로 흔히 쓰이는 글자가 다른 품사로 쓰이는 경우도 있기는 하지만 명백한 경우를 제외하고는 허사로 보아야 한다. 그 자리에 그 허사를 사용하는 이유는 반드시 있기 때문이다. "吾未嘗無誨焉"(7·07)에서도 焉을 誨의 목적어인 삼인칭대사로 보는 주석가가 있는데, 그렇게 보아야 할 필연성은 없다.

212 양백준은 正을 '匡正' 또는 '端正'이라고 주하는데, 목적어를 명시할 필요가 없기 때문에 그렇게 새겼을 것이다. 匡正이라는 것도 넓게는 政事에 속한다고 볼 수 있다.

213 『논어』에서 '好學'은 다음과 같은 대목에서 나온다.

  "子貢問曰 孔文子何以謂之文也 子曰 敏而好學 不恥下問 是以謂之文也(자공이 스승님께 여쭙기를 : 공문자는 어째서 文이라는 시호로 불리게 되었습니까? 스승님께서 말씀하시기를 : 영민하면서 호학하고, 아랫사람에게 물어서 배우는 것도 부끄러워하지 않았기 때문에 문이라는 시호로 불리게 되었지)"(5·14).

  "子曰 十室之邑 必有忠信如丘者焉 不如丘之好學也(스승님께서 말씀하시기를 : 열 가구 정도의 작은 마을에도 나만큼 충신한 사람이야 반드시 있겠지만, 나

만큼 호학하는 사람은 없을 거야)"(5·27).

　"哀公問 弟子孰爲好學 孔子對曰 有顔回者好學 不遷怒 不貳過 不幸短命死矣 今也則亡 未聞好學者也(애공께서 공자께 여쭙기를 : 당신의 제자들 가운데 누가 호학이라고 할 만한 사람인가요? 공자께서 대답하시기를 : 안회라는 제자가 호학이라고 할 만한 사람이었지요. 그 제자는 어떤 사람에게서 받은 노여움을 다른 사람에게 옮겨서 화풀이하는 적이 없었고, 똑같은 허물을 재차 저지른 적도 없었습니다. 그렇게 훌륭했지만 불행히도 명이 짧아 죽었습니다. 지금은 그 제자가 죽고 없으니 그 뒤로 호학이라고 할 만한 사람의 이름은 들은 적이 없습니다)"(6·03).

　"子曰 篤信好學 守死善道 危邦不入 亂邦不居 天下有道則見 無道則隱 邦有道 貧且賤焉 恥也 邦無道 富且貴焉 恥也(스승님께서 말씀하시기를 : 호학의 가치를 독실하게 믿고, 죽기를 각오하고 선도를 지켜내라. 위태로운 나라에는 들어가지 말고, 어지러운 나라에서는 살지 마라. 천하의 경세지도가 잡히거든 자신을 세상에 드러내고, 경세지도가 잡히지 않거든 숨어 있으라. 나라의 정치환경이 경위 바르게 돌아가는데도 가난하고 천하게 산다면 자신의 무능을 드러내는 수치이고, 나라의 정치환경이 경위 바르게 돌아가지 않는데도 부유하고 귀하게 산다면 자신의 염치없음을 드러내는 수치이다)"(8·13).

　"季康子問 弟子孰爲好學 孔子對曰 有顔回者好學 不幸短命死矣 今也則亡 (계강자가 스승님께 여쭙기를 : 제자들 가운데서 누가 '호학'이라고 부를 만한 사람인가요? 스승님께서 대답하시기를 : 안회라는 제자가 호학이라고 부를 만한 사람이었지요. 그러나 불행히도 명이 짧아 죽었습니다. 그래서 지금은 호학이라고 부를 만한 제자는 없다고 하겠습니다)"(11·07).

　"好仁不好學 其蔽也愚 好知不好學 其蔽也蕩 好信不好學 其蔽也賊 好直不好學 其蔽也絞 好勇不好學 其蔽也亂 好剛不好學 其蔽也狂(인을 좋아한다면서도 스승을 좇아 배우지 않아서 '어리석게 되는' 폐단, 지를 좋아한다면서도 스승을 좇아 배우지 않아서 '제멋대로 하게 되는' 폐단, 신을 좋아한다면서도 스승을 좇아 배우지 않아서 '남을 해치게 되는' 폐단, 직을 좋아한다면서도 스승을 좇아 배우지 않아서 '박절하게 되는' 폐단, 용을 좋아한다면서도 스승을 좇아 배우지 않아서 '난폭해지는' 폐단, 강을 좋아한다면서도 스승을 좇아 배우지 않아서 '못 할 짓이 없게 되는' 폐단이 그것이다)"(17·08).

서 안회를 호학이라고 일컫는 이유를 "不遷怒 不貳過"라고 말하는 것을 보더라도 공자가 생각하는 호학에는 배움에 대한 열정이나 호기심 외에 도덕적 실천도 포함된다. 단지 '~를 배우기 좋아하다'는 뜻은 아니고 '배 움을 ~로까지 연결하는 결과를 낼 수 있다'는 뜻이다. 따라서 '참된 지식 인'으로 번역될 수 있다. 17·08을 보더라도 공자는 매사에 호학의 자세 가 필요하다고 강조한다. 1·01의 '주)學'과 아울러서 살필 필요가 있다.

보기 **평설**

이 장의 핵심어는 '호학'이다. '배움'을 강조하는 내용이다. 「학이」편 첫 장의 주제는 '배움', '즐거움', '자신만의 목표'라는 세 가지였는데, 『논 어』 편집인은 「학이」편을 마감하면서 그 세 가지 주제를 강조하는 내용 을 차례로 엮고자 하지 않았을까 한다. 즉, 이 장의 주제는 '배움'이고, 다 음 장의 주제는 '즐거움'이며, 마지막 장의 주제는 '자신만의 목표'이기 때문이다.

"子夏曰 日知其所亡 月無忘其所能 可謂好學也已矣(자하가 말하기를 : 자신 이 몰랐던 것을 날마다 알아가고, 자신이 잘하게 된 것을 달을 넘기도록 망각하 지 않고 유지한다면, 호학이라고 일컬을 수 있다)"(19·05).

「중용」에는 "好學近乎知 力行近乎仁 知恥近乎勇 知斯三者則知所以脩身 知 所以脩身 則知所以治人 知所以治人 則知所以治天下國家矣(호학하면 지에 가 까워지고 역행하면 인에 가까워지며 수치를 알면 용에 가까워진다. 이 세 가지를 알게 되면 수신의 소이를 알게 되고, 수신의 소이를 알게 되면 치인의 소이를 알 게 되며, 치인의 소이를 알게 되면 천하국가를 다스리는 소이를 알게 된다)"라고 되어 있다.

1·15 子貢曰 貧而無諂 富而無驕 何如 子曰 可也 未若貧而樂 富而好
禮者也 子貢曰 詩云 如切如磋 如琢如磨 其斯之謂與 子曰 賜也 始可與
言詩已矣 告諸往而知來者

자공이 (스승님께) 여쭙기를 : 가난하지만 비굴(하게 남의 도움을 바라는 점)이
라곤 없고 부유하지만 교만(하게 남을 업신여기는 점)이라곤 없다면, (그런 사람
은) 어떻(다고 평가할 수 있겠)습니까? 스승님께서 대답하시기를 : 괜찮(은 사람
이기는 하)지. (그러나) 가난하면서도 음악을 좋아하고 부유하면서도 예를 좋아
하는 사람만은 못하(다고 하)겠지. 자공이 (다시) 여쭙기를 :『시』에 '잘라낸 듯
쓸어낸 듯(반듯하시고), 쪼아낸 듯 갈아낸 듯(단정하시도다)'이라는 구절이 있
는데, 그 구절은 바로 (스승님께서 방금 말씀하신) 이 내용을 일컬은 것이겠지
요? (이에) 스승님께서 말씀하시기를 : 사야, 이제 너와『시』를 가지고 얘기해
도 되겠는걸. 가는 것을 말해주면 오는 것을 알아차리니 말이다.

| 주 |

1) 子貢(자공) : 공자의 제자. 1·10의 주) 참조.

2) 貧而無諂(빈이무첨) : 공자는 빈부에 대해 생각하기는 했지만 그것
을 우선적인 문제로 여기지는 않았다. 仁에 충실하면 빈천은 벗어날 수
있다고 여겼고(4·05), 가난을 개인의 문제로만 볼 뿐 사회적 원인에 대
해서는 생각하지 않았다(8·10).[214] 국가를 경영하는 사람도 인민 개개인
의 가난보다는 경제의 불균형에 더 유의해야 한다고 강조한다(16·01).[215]
諂은 '아첨'이라는 뜻이지만 문맥에 가깝도록 주희의 '비굴'이라는 주석
을 취하였다. 14·10에는 "가난하면서 남을 원망하지 않기는 어렵지만,

---

214 개인의 가난이 사회적 책임이라는 생각은 지극히 근대적인 생각이다.
215 빈부에 관한 공자의 생각은 4·05, 8·10, 8·13, 14·10, 15·32, 16·01에서도
확인할 수 있다.

부유하면서 교만하지 않기는 쉽다."[216]라는 구절이 있다.

3) 富而無驕(부이무교) : 주희는 驕를 '긍사(矜肆: 교만하고 방자함)'라고 한다. 『예기·방기(坊記)』에는 "스승님께서 말씀하시기를, 소인은 가난하면 바로 쪼들리게 되고 부유하면 바로 교만해진다. 쪼들리면 바로 남의 것을 훔치게 되고, 교만하면 바로 세상을 어지럽히게 된다. 예라는 것은 사람의 감정을 절도와 문채로 꾸며 가지고 인민이 세상을 어지럽히지 못하도록 막는 것이다. 그러므로 성인께서는 부귀를 제어하시어 인민이 부유하더라도 교만하지 않게 만들고 가난하더라도 쪼들리지 않게 만들며 귀하게 되더라도 윗사람을 업신여기지 않게 만드시니, 그렇게 하면 난동이 점차 사라진다."[217]라는 구절이 있다. 거기에도 공자의 말이라고 되어 있는 것을 보면 당시 이런 부류의 여러 말이 각각 공자의 말씀이라는 이름으로 유통되었을 것이다.

4) 貧而樂(빈이락) : 황간본·고려본·족리(足利)본에는 '樂' 다음에 '道' 자가 있다. 『고논어』와 『노논어』의 차이일지 모른다고 정수덕은 말하지만, 『사기·중니제자열전』을 따랐을 것이다. 사마천 무렵에는 '안빈낙도'라는 말이 성어처럼 유행했기 때문에 '貧而樂'에 이어서 '道'를 첨가하게 되지 않았을까 한다. 그런데 오규 소라이는 『예기·방기』의 "貧而好樂 富而好禮"라는 구절을 들어서 '樂' 앞에 '好' 자가 탈락했을 것이라고 주장한다. '樂'을 '즐거울 락'이 아닌 '풍류 악'으로 읽은 것이다. '貧而無諂 富而無驕'와 대응될 뿐 아니라 '가난해도 즐거워한다'거나 '가난해도 도를 즐긴다'는 다소 엉뚱하고 유심주의적인 표현보다는 낫다. 그래서 확신할 수는 없지만 오규 소라이의 견해를 따랐다.

216　貧而無怨難 富而無驕易

217　子云 小人貧斯約 富斯驕 約斯盜 驕斯亂 禮者 因人之情而爲之節文 以爲民坊者也 故聖人之制富貴也 使民富不足以驕 貧不至於約 貴不慊於上 故亂益亡

5) 詩(시) : 후대에 '시경'이라고 높여 부르는 고대 시집을 당시에는 이처럼 '시' 또는 '시삼백(詩三百)'이라고 불렀다.[218] 고대 중국의 시는 서구 문학사의 시와는 상당히 다른데, 그에 대한 설명은 이 장의 평설과 3·08 및 13·05의 평설이 참조할 만하다.

6) 如切如磋(여절여차)~ : 『시경·위풍(衛風)』「기오(淇澳)」의 시구인데, 원시는 다음과 같다.

瞻彼淇澳 菉竹猗猗 (첨피기욱 록죽의의)
有斐君子 如切如磋 如琢如磨 (유비군자 여절여차 여탁여마)
瑟兮僩兮 赫兮喧兮 (슬혜한혜 혁혜훤혜)
有斐君子 終不可諠兮 (유비군자 종불가훤혜)

저기 저 기수의 물굽이를 바라보라 / 왕골풀 마디풀이 우거져 있잖은가
훌륭하신 우리 군자 / 잘라낸 듯 쓸어낸 듯 / 쪼아낸 듯 갈아낸 듯
무겁고도 위엄 있고 / 훤하고도 의젓하니
훌륭하신 우리 군자 / 영영 잊지 못할세라

『이아·석기(釋器)』는 절(切)·차(磋)·탁(琢)·마(磨)가 각각 뼈를 자르고, 상아를 줄로 쓸고, 옥을 끌로 쪼고, 돌을 가는 가공법이라고 설명한다. 그러나 『이아·석훈(釋訓)』의 "여절여차는 배움을 인도하는 것을 말하고 여탁여마는 스스로 닦는 것을 말한다."[219]라는 설명, 『관자·제자직

---

218 유가의 중요 문헌을 '經'이라는 이름으로 높여 부르기 시작한 것은 한대부터의 일이다. 『맹자』에도 '經'이란 말은 없다.

219 如切如磋者道學也 如琢如磨者自脩也. 「대학」에도 "如切如磋者道學也 如琢如磨者自脩也"라는 구절이 있다. 道는 '말하다'가 아닌 '導'의 뜻이다. "君子尊

196

(弟子職)』의 "相切相磋"라는 표현, '詩可以群'에 대한 공안국의 "群居相切磋"라는 주석 등을 참고하자면, 친구 사이에 서로 곤란한 문제에 대해 물음을 주고받는 것을 뜻한다는 오규 소라이의 설명이 더 적절하다고 본다. 원재료를 잘라내서 쓴 다음 쪼고 또 갈아서 가공을 마무리하듯이 사람도 반복해서 갈고닦아 형성해야 함을 노래로써 비유한 데서 유래했을 것이다. 한자로 지은 중국의 시를 다른 언어로 번역한다는 것은 그림이나 소리를 문자로 표현하는 일처럼 동떨어진 일이 된다. 한 언어로 된 시를 다른 언어로 번역할 때는 감성적 표상만을 옮기는 것이 가능할 뿐인데, 중국의 시는 문자의 조합이나 운율의 조합을 위주로 하지 감성적 표상을 위주로 하지는 않기 때문이다. 서구의 시관념을 기준으로 하더라도 그렇다. 헤겔(Georg Wilhelm Friedrich Hegel, 1770~1831)에 따르자면, 시는 낭만적 예술의 최종 형태로서 '의미'가 표현을 담당한다. 감각이 아니라 의미라는 관념적 표상이 예술의 표현수단이 된다. 하지만 중국의 시는 '의미'를 중시하지 않는다. '문자 구성의 묘함'을 최고로 친다. 그래서 고시(古詩)이건 근체시이건 한자로 된 시를 다른 언어로 번역한다는 것은 밥을 씹어서 남의 입에 넣어주는 것과 마찬가지의 일이 되고 만다. 중국의 시는 분석할 가치는 있을지언정 번역하여 감상할 가치는 거의 없다. 언어와 문자 때문에 그렇다.

7) 其斯之謂與(기사지위여) : 1·10에서 '其諸'가 '아마도'의 뜻이었듯이 여기의 其도 추측을 나타내는 부사로 볼 수 있다. 하지만 문장의 어기에 이미 추측의 뜻이 포함되어 있으므로 굳이 其를 부사로 볼 필요는 없다. 목적어를 동사 앞에 두어서 강조하고자 할 때 목적어와 동사 사이에 구조조사 之를 삽입하는 것이 당시의 관행이다.

德性而道問學"이라는 「중용」의 구절에서도 '道'는 '導'의 뜻이라고 오규 소라이는 지적한다.

8) 始可與言詩已矣(시가여언시이의) : 공자는 자공과 자하에게만 이렇게 칭찬한다(3·08). '已矣'는 새로운 상황이 발생했거나 그럴 가능성이 있음을 단정적으로 표시하는 어기조사이다.

9) 告諸往而知來者(고저왕이지래자) : '諸'는 '之於'의 합음자이니, '往을 말하면 來를 아는 사람'이라는 뜻이다. 당시의 성어였을지도 모른다. 공안국은 "貧而樂道를 말하자 절차탁마로 대답했다." 하고, 주희는 往者는 자신이 이미 말한 것이고 來者는 자신이 아직 말하지 않은 것이라고 한다.

<u>평설</u>

고대 중국의 글은 시가 아닌 산문에도 문면에 드러나지 않은 함의가 들어 있다. 그래서 문면만 읽다가는 속뜻을 놓치게 된다. 이 장은 「학이」 편 첫 장의 '배움'이라는 주제를 수렴하는 내용이면서 동시에 자공이란 사람이 공자에게서 인정받았던 사람이었음을 내보인다. 아마도 자공의 어록 가운데 두 번째 중요하다고 생각되는 것, 특히 공자의 생각과 일치하는 것을 골라서 편집했을 것이다. 자공은 빈한하다가 나중에 부유해진 사람이라고 전해지므로 빈부를 통해서 절조를 지키기에 노력한 자신에 대한 평가를 공자에게 물어본 것이라고 형병과 주희는 설명한다. 그 견해를 받아들인다면, 자신의 처지와 경험에 빗대어 질문하는 자공을 공자는 괜찮은 사람으로 평가하는 동시에 미진한 부분까지 일러주면서 앞으로 더 노력하라고 권했다고 볼 수 있다. 물론 자공의 이해력에 기뻐하는 공자의 모습을 표현하려는 의도도 있다.

이 장은 고대 중국사회에서 시가 어떤 효용을 지녔는지를 짐작할 수 있는 대목이기도 하고, 공자가 제자를 가르칠 때 시를 활용했음을 알 수 있는 증거이기도 하다. 고대 중국의 시관(詩觀) 위에 공자의 시관까지 엿볼 수 있는 대목은 이 장 외에도 2·02, 2·18, 3·08, 3·20, 8·08, 11·06,

13·05, 16·13, 17·09에서 더 확인할 수 있는데, 13·05의 평설이 특히 참고할 만하다. 논리적 추론보다 유비추리(類比推理)[220]를 중시하는 이와 같은 시 해석 방식은 중국 특유의 실용이성 탓이라고 이택후는 설명하는데, 동의하지 않는다. 중국 시의 그러한 특성은 곧 한자의 특성이며, 그것은 중국인의 사유방식과 연결된다. 한자를 이용하여 문장을 만드는 고대 중국의 글짓기는 문법이나 논리적 추론이 분명하지 않다. 중국인의 사유방식이 그러하기 때문이다. 경험적 요소와 정서적 요소를 유비적으로 연상하는 방식으로 사고하기 때문에 고대 중국의 글에는 모호하며 다의적인 형식이 두드러진다. 사고가 단선적으로 연결되기보다 그물처럼 교직된다고 말할 수 있다.[221] 그것을 이성으로 포장하기 위해 '실용이성'

220　유비추리는 양자 간에 대응적으로 존재하는 외형적 닮음을 찾아서 연결시키는 사고방식을 말한다. 유비적 사고는 인간의 집단행동을 설명하는 기제도 될 수 있다. 다른 사람이 나와 비슷하게 생각하거나 행동한다는 것을 알아차리는 순간 자기도 곧 따라서 하게 되는 집단행동은 공감과 공명을 위한 기제이다. 논리적 사고는 계몽적이기 때문에 소통이 어렵지만 닮은꼴을 찾는 유비적 사고는 흉내 내기와 비슷하기 때문에 소통에 유리하다. 그래서 유비는 초보적인 논증이라고 할 수도 있다. 다만 같게 보고자 하면 같아 보이는 법이기 때문에 보편적 획일성을 강요하는 위험성도 있다. 이택후는 유비추리를 통한 깨우침은 범위가 넓고 직각적(直覺的)이어서 받아들여 창조적으로 응용하기에 좋다면서, 『시경』은 유비적 추론과 연상적 사유의 보고이기 때문에 공사(公私)의 생활에서 자주 활용되었다고 주장한다. 유비적 사고에 대한 추가 설명은 7·08의 평설 참조.
221　이택후는 이를 이성적 방식이 아닌 미학적 방식이라고 이름하면서, 직관·모호함·다의성이 도리어 간명정확하다고 주장한다. 논리적 추론을 중시하지 않고 연역과 귀납을 중시하지 않으며, 문법과 문장구조를 중시하지 않고 직관적 연상이나 유비추리를 중시하는 특성은 모두 시와 관계되는 특성이라고 주장한다. 순수이성이 아닌 미학적 방식의 사고로서, 이런 유비적 사고방식의 근원은 무속(J.G. 프레이저가 말하는 유사의 법칙과 접촉의 법칙)에 있다고 주장한다. 그러나 유비적 사고방식의 동인(動因)은 무속보다는 '타자와 결합하려는 추향(趨向)'이

이라는 이름을 만든 것인데, 불필요한 꾸밈이다.

1·16 子曰 不患人之不己知 患不知人也

스승님께서 말씀하시기를 : 남이 나를 알아주지 않는다고 아파하지 말고 (내가) 남에게 알려질(만큼 잘하)지 못했음을 아파해야지.

주

1) 患不知人也(환부지인야) : 대체로 '내가 남을 알아보지 못함을 아파하라'라고 새긴다. 그렇게 해석될 수 있는 문장이기는 하다. 아예 '患己不知人也'로 된 판본도 있다. 그러나 『논어』의 다른 표현들을 감안하자면 그렇게 해석될 수 없다. "不患莫己知 求爲可知也(아무도 나를 알아주지 않는다고 아파할 게 아니라 남이 나를 알아줄 수 있도록 노력하라)" (4·14), "不患人之不己知 患己不能也(남들이 나를 알아주지 않는다고 아파하지 말고 남들이 나를 알아줄 만큼 내가 잘하지 못했음을 아파하라)"(14 ·30), "君子病無能焉 不病人之不己知也(군자는 자기의 무능을 아파하지 남이 자기를 알아주지 않는 것을 아파하지 않는다)"(15·19) 등을 참고하자면, 공자는 자기 노력이 부족해서 남들이 알아주지 못하는 것으로 여기라고 일관되게 요구한다. 남을 이해하라거나, 자기보다는 남의 장점을 이해하려고 애쓰라고 말한 적이 없다. 따라서 이 구절도 '남이 나를 알아

라고 본다. 공감하고 공명하는 능력이다. 상대를 자기에게 예속시키거나 자기를 상대에게 예속시키려는 합목적적 행동이 아니라, 타자와 결합하여 더 큰 자기가 되고자 하는 추향일 뿐이라고 본다. 자신과 같거나 비슷한 대상과 정서적으로 공명하고자 할 뿐 아니라 형태적으로도 결합하고자 하는 추향은 생물 일반의 번식 욕구와 다를 바 없다.

주지 않는다면 그것을 자신의 탓으로 여기라'는 뜻으로 새겨야 할 것이다. 知에 대한 설명은 9·29 참조.

첫 장의 주제와 비슷한 주제의 내용을 마지막에 차례로 놓음으로써 전편이 일관한다는 느낌을 주려는 의도가 보인다.

공자는 일의 성패의 원인을 남에게서 찾지 말고 자신에게서 찾으라고 말한다. "남이 알아주는지의 여부에 관계치 말라(人不知而不慍)."에서 나아가, "남에게 알려지도록 만들지 못한 자신을 아파하라(患不知人也)."라고 주문한다. 타인과의 관계망에서 나를 알리기 위해 얼마나 노력했는가를 반성하라는 주문이다. 공자의 사고는 이처럼 어디까지나 전략적이다. 욕망의 본질에 대해 탐구하거나 회의한 적은 없다. 욕망은 당연히 인정하고서, 욕망을 달성하는 데 유효한 전략에만 주의를 기울였다. 이렇게 처신하는 것이 유리하다는 일종의 '처세적 지혜를 베풀어' 줄 따름이지 자신의 '철학적 견해를 권유'하지는 않는다. 자신의 완벽을 전제할 때만 나올 수 있는 태도가 아닐 수 없다.

위정(爲政) 제이(第二)

　『논어정의』는 "『좌전』에 '學而後入政(배운 다음에 정치에 입문한다)'이라고 되어 있으니 「학이」편 다음에 「위정」편을 둔 것이다. 이 편에서 논하는 孝·敬·信·勇은 爲政의 덕이고, 성현군자는 爲政하는 사람이다. 그래서 爲政의 내용이 담긴 장을 편의 첫머리에 놓아 편의 이름으로 삼았다."라고 설명한다.

　기무라 에이이치(木村英一, 1906~1981)는 이 편을 증삼의 후학이 편집한 것으로 보면서, 1~4는 전편의 강령, 5~8은 효, 12~14는 군자의 덕성, 15~18은 학문의 방법, 19~21은 정치문답, 23~24는 禮에 대한 주제이면서 禮를 집중적으로 다룬 「팔일(八佾)」과의 접착제 역할을 한다고 본다. 혹자는 23, 24를 「팔일」편의 착간으로 보기도 한다.

　위와 같은 분석은 어느 정도 의미를 지닐 수 있지만, 「학이」에서 설명한 바 있듯이 『논어』를 기독교의 경전처럼 독립적으로 유행하던 각 편이 합집된 것으로 보는 견해는 가당치 않다.

2·01 子曰 爲政以德 譬如北辰居其所 而衆星共之

스승님께서 말씀하시기를 : 정치는 덕으로써 하는 거야. (그 말은) 비유컨대, 북극성은 자기 자리를 차지하고만 있고 뭇별들이 북극성을 둘러싸는 것처럼 하라는 것이지.

| 주 |

1) 爲政以德(위정이덕) : '政'을 '正'으로 '德'을 '得'으로 새기는 주희의 주석은 지나치게 관념적이다. 만물이 모두 본성을 얻는 것이 덕이니 정치를 하는 것은 만물의 본성을 얻도록 하는 것이라는 황간의 설명도 마찬가지이다. 오규 소라이는 『좌전』의 "我死子必爲政(내가 죽으면 그대가 반드시 정권을 잡을 것이다)"이라는 구절을 들면서, 爲政은 '정권을 잡다'이고 以德은 '덕을 갖춘 사람을 등용하다'라는 뜻이라고 한다. 이 구절만 보자면 그런 해석이 가능하지만 뒤 문장과 연결은 어렵다. 2·03에서 "인민을 덕으로써 다스리고 예로써 통제한다."[1]라고 말하는 것을 보더라도, 덕은 그 성격이나 연원이 예와 비슷하다. '德'에 대한 설명은 1·09의 주) 참조.

2) 北辰(북신) : 북극성을 가리킨다. 『이아·석천(釋天)』에서는 북극성

---

1   道之以德 齊之以禮

을 북신이라 한다.[2] 『논어주소』에서는 북극성과 관련한 당시의 천문 지식을 길게 설명하지만 요즘 의미 있는 내용은 없다.

3) 居(거) : 위치를 잡고서 움직이지 않고 있다는 뜻이다. '居'의 뜻은 1·14의 주) 참조.

4) 共(공) : 정현은 '두 손을 모아 절하다', 형병은 '함께 존대함', 주희는 '향하다'라고 한다.

평설

포함(包咸, 6 B.C.~65 A.D.)과 하안(何晏, 193~249)은 "군주가 덕을 갖추기만 하면 인위를 가하지 않더라도 정치는 저절로 잘된다는 뜻이다." 라고 설명한다. 두 사람의 그런 설명은 도가적인 주석이라고 비판받는다. 아마도 두 사람은 실제 도가에 기울어진 적이 있다는 기록 때문에 더욱 그러한 비판을 받을 것이다. 그러나 도가의 '무위이치(無爲而治)'는 유가나 법가의 '무위이치'와는 다르다. 전자는 일정한 기준이나 이념에 의하지 않고 자발적으로 이루어지도록 만드는 통치 방식을 가리키고, 후자는 군주가 신하들에게 통치를 위임하는 것을 가리킨다. "작위를 가하지 않고서도 나라를 잘 다스렸던 분은 순임금일 것이다. 그분이 작위를 가한 게 뭐가 있나? 그저 자신을 공손히 하고서 똑바로 남면만 하고 계셨을 뿐이지."[3]라는 대목과 이 장의 '北辰居其所'가 15·05의 "恭己正南面而已矣"와 같은 표현임을 보더라도 알 수 있다. 주희가 "덕으로써 정치를 하면 인위적인 노력을 하지 않아도 천하 사람들이 귀속하게 되는데, 그 모습은 이렇듯 북극성과 뭇별의 관계와 같다."[4]라고 주한 것도 유가로서의

---

2   北極謂之北辰

3   無爲而治者其舜也與 夫何爲哉 恭己正南面而已矣(15·05).

4   爲政以德 則無爲而天下歸之 其象如此

지향점을 말한 것이지 도가에 기운 설명은 아니다. 15·05의 "無爲而治"는 도가의 그것과 방법과 내용은 다를지라도 지향은 비슷하다.

　법가는 이 문장을 '군주는 편안하고 신하는 수고롭다'고 해석한다. 정치는 현명한 재상에게 맡겨야 한다는 것이 법가의 관념이기 때문이다.[5] 정약용도 무위이치를 도가적 표현이라고 여긴 나머지 "공자는 분명히 '爲政'이라고 했지 '無爲而治'를 내세웠던 것은 아니다."라고 주장한다. 주자성리학을 국시로 삼던 조선왕조의 선비로서 공자가 도가와 연결된다는 말에는 참을 수 없었을 것이다. 하지만 정수덕이 '힘에 맡기면 수고롭지만 덕에 맡기면 편안하다'[6]는 뜻이라고 설명하듯이 이 장은 덕이 지닌 힘을 강조하고 있지 무위이치라는 관념을 강조하고 있지 않다. 무엇보다 공자 당대에는 유가니 도가니 하는 구분 자체가 없었다.

2·02 子曰 詩三百 一言以蔽之 曰思無邪

스승님께서 말씀하시기를 : 『시』 삼백 편(모두)를 (그 속에 있는) 한마디로써 표현하자면 '사무사'(라는 말이 가장 적합하)지.

| 주 |

　1) 詩三百(시삼백) : 후대에는 '시경'이라고 높여서 부르지만 공자 당

5　그 관념은 사실 공자가 처음 가졌기 때문에 유가의 갈래인 법가에서 그렇게 주장하게 된다. 정도전은 『경제문감(經濟文鑑)』에서 "군주의 권한은 단 두 가지뿐이다. 하나는 재상을 선택 임명하는 것이고 다른 하나는 그 한 사람의 재상과 정사를 논하는 것이다."라고까지 주장한다. 『맹자·양혜왕하(梁惠王下)』를 인용하여 "어짊과 올바름을 해친 자는 군주가 아니라 한 사람의 사내에 불과하므로 죽여도 된다."라고 주장한다.

6　任力者勞 任德者逸

대에는 '시' 또는 '시삼백'이라고 불렀다. 현전『시경』에는 305편의 시가 실려 있고 6편은 제목만 있다. 사마천은 공자가 3천여 편의 시 가운데 중복된 것을 제거하고 예의에 맞는 것만 골라 305편으로 간추린 다음 반주하여 노래 불렀다고 했다. 하지만 여기의 '시삼백'이나 13·05의 "誦詩三百"이라는 표현을 보더라도 공자 당대에 이미『시』는 3백 편으로 인식되었다고 본다. 사마천은 3천여 편의 시를 공자가 산정(刪定)했다는 전설을 옮겼을 뿐이라고 본다.[7] 유가는 자신들의 경서를 처음에는 '3경'이라고 하다가 당송대에는 '13경'으로까지 늘리는데, 공자 당대에는『시』, 『서』의 조각들과 예에 관한 단편적인 기록들만 문헌 형식으로 존재했을 것으로 추정한다.

2) 一言以蔽之(일언이폐지) : '以一言蔽之'의 도치문이다. 蔽를 포함은 '當(당: 상당하다)', 주희는 '蓋(개: 덮다)', 한유와 정약용과 정수덕은 '斷(단: 단정하다)'으로 해석한다. 요즘 말로는 '대신 표현하다'라고 할 수 있다. 다섯 글자로 만든 시를 '오언시'라고 부르듯이 '一言'은 '一字'의

---

7   공자는 '시삼백' 안에 들어 있는 정시(鄭詩)에 대해서 15·11과 17·18에서 심하게 비난하는데, 만약 사마천의 말대로 공자가 3천여 편의 시를 산정하여 3백 편으로 만들었다면 당연히 정시를 뺐을 것이다. 정약용은 '시삼백'을 성수(成數)로 보지 않고 이익(李瀷)의 견해를 인용하면서, 305편 가운데 상송(商頌) 5편은 주왕조 때의 것이 아니므로 계산될 수 없으니 그것을 제외한 숫자가 300이니까 '시삼백'이라고 표현했다고 주장한다. 정약용이 그런 것을 고증이라고 여겼다면 답답하다. 『한서·예문지』에서는 『예(禮)』도 '禮經三百 威儀三千'이던 것을 주왕조가 망하고 진나라를 거치면서 줄어들었다고 한다. 그런 이야기들은 진의 흥망을 거친 뒤인 한대에 생겨난 이야기이다. 진시황이 전적들을 모조리 불태운 적이 있었기 때문에 "예전에는 지금보다 열 배는 더 많았다."라는 말이 이후 나돌았을 것이다. 반고는 진왕조의 분서(焚書)를 거치고도 시 305편이 온전히 남을 수 있었던 것은 그것이 죽백(竹帛)에 적히기만 한 것이 아니라 대중들 사이에 풍송(諷誦)되었기 때문이라고 설명한다.

뜻이다. 그러나 대답이 一字가 아닌 一句인 것을 보면 '한 글자'보다는 '한 마디'로 번역하는 것이 낫다.

3) 思無邪(사무사) : 『시경·노송(魯頌)』「경(駉)」의 마지막 행 한 구이다. 그 시는 공자보다 150여 년 전에 살았던 노희공(魯僖公, 659~627 B.C.)을 칭송한 시라고 전해지는데, 원시는 다음과 같다.

駉駉牡馬 在坰之野 薄言駉者 有驈有驦
(경경모마 재경지야 박언경자 유율유황)
有驪有黃 以車彭彭 思無疆 思馬斯臧
(유려유황 이거팽팽 사무강 사마사장)
駉駉牡馬 在坰之野 薄言駉者 有騅有駓
(경경모마 재경지야 박언경자 유추유비)
有騂有騏 以車伾伾 思無期 思馬斯才
(유성유기 이거비비 사무기 사마사재)
駉駉牡馬 在坰之野 薄言駉者 有驒有駱
(경경모마 재경지야 박언경자 유탄유낙)
有駵有雒 以車繹繹 思無斁 思馬斯作
(유류유락 이거역역 사무역 사마사작)
駉駉牡馬 在坰之野 薄言駉者 有駰有騢
(경경모마 재경지야 박언경자 유인유하)
有驔有魚 以車祛祛 思無邪 思馬斯徂
(유담유어 이거거거 사무사 사마사조)

건장한 수말들 먼 들에서 노니는데 / 건장하다 황창워라 그리고 황부루
가라말과 절따말 수레 매면 팽팽하니 / 아 끝없어라 이 말들 착한 말들
건장한 수말들 먼 들에서 노니는데 / 건장하다 오추마 그리고 공골말

절따말과 철종이 수레 매면 힘 솟으니 / 아 한없어라 이 말들 좋은 말들

건장한 수말들 먼 들에서 노니는데 / 건장하다 연전총 그리고 가리온

월따말과 흰 가리온 수레 매면 잘 달리니 / 아 왕성하다 이 말들 닫는
말들

건장한 수말들 먼 들에서 노니는데 / 건장한 이총마 그리고 적부루말

사족백(四足白)이 흰 눈이 수레 매면 튼튼하니 / 아 의젓해라 이 말들
장한 말들

시에서 思는 실사가 아닌 허사이고, '邪'는 '사악'의 뜻이 아니라 '徐'와
통자로서 쌍성어인 '허서(虛徐: 느릿한 모습)'의 뜻이다. 그러니까 '思無
邪'는 '아, 의젓해라' 정도의 뜻이다. 그렇다면 공자는 왜 '思無邪'라는 구
절을 시경 전체를 대신하는 말로 여겼을까? 그 시에서 思는 허사에 불과
하고 邪는 徐의 통자라는 것을 공자가 몰랐을 리는 없다. 그럼에도 불구
하고 '思無邪'를 인용한 것은 그 구절이 원전에서 떨어지는 순간 원전과
는 다른 의미가 되기 때문이었을 것이다. 즉, '思無邪'를 시에서 떼어내
면 思는 허사가 아닌 실사가 되고 邪 또한 본래의 뜻으로 읽혀서, '생각
에 삿됨이라곤 없다'는 의미가 된다. 이는 중국인들이 자주 사용하는 단
장취의(斷章取義: 문장의 일부만을 끊어서 그 뜻을 임의로 인용함) 방식이
다. 주석가들도 공자의 이런 의도를 잘 알기 때문에 포함은 思無邪를 '바
름으로 돌아간다'라고 주하고, 정이는 '誠'이라고 주하며, 주희도 '사람으
로 하여금 바른 정과 바른 성을 얻도록 만듦'[8]이라고 주한다.

평설

공자가 시의 본질을 '생각에 삿됨이라곤 없음'으로 이해했다면 오늘날

---

8   使人得其情性之正

공자를 인문주의자로 추앙하더라도 부족함이 없는 이유가 될 것이다. 시에 관한 공자의 관념은 여기 외에 1·15, 2·18, 3·08, 3·20, 8·08, 11·06, 13·05, 16·13, 17·09에서 확인할 수 있다.

2·03 子曰 道之以政 齊之以刑 民免而無恥 道之以德 齊之以禮 有恥且格

스승님께서 말씀하시기를 : 정령으로 다스리고 형벌로 통제하면 인민은 (정령과 형벌을) 면하려고만 해서 염치가 없어져. (그러나 인민을) 덕으로 다스리고 예로 통제하면 염치도 갖추고 바르게 되지.

주

1) 道(도), 齊(제) : '道'는 동태적인 측면에서 의도하는 방향으로 이끈다는 뜻이고, '齊'는 정태적인 측면에서 획일적으로 통제한다는 뜻이다. 政과 刑, 德과 禮라는 두 항목을 언급하기 위해 글쓰기의 관례상 동사도 두 가지로 나누어 썼을 뿐 동사의 의미는 비슷하다. 道를 『논어주소』는 '교화하여 유도함', 『논어집주』는 '이끌어 인도함'이라고 새기고, '齊'를 마융은 '가지런히 정돈함', 주희는 '한결같게 함'이라고 새기지만, 둘 사이 의미상 차이는 없다.[9]

2) 政(정) : 공안국은 법제(法制)와 교령(敎令)이라는 뜻에서 '법교(法敎)'라고 새긴다. 주희는 법제와 금령(禁令)이라고 한다. 정령(政令)으로 번역하면 되겠다. 1·10의 '주'政을 참조.

3) 免而無恥(면이무치) : 免은 '벗다', '재앙이나 형벌을 벗어나다'는 뜻이다.[10] 중국 고문에서 모든 동사는 '~하다'와 '~하려고 하다'의 두 가

---

9   1·05의 "道千乘之國"이라는 구절도 마찬가지이다.

지 해석이 가능한데, 여기서는 후자이다. 恥는 '부끄러움', '염치'의 뜻이다. '免而無恥'는 법망을 피할 수만 있다면 못 하는 짓이 없게 된다는 뜻이다. 위법만 아니라면 탈법행위를 서슴지 않게 된다는 뜻이겠다.[11] 『논어주소』는 '백성이 모두 교묘하게 속이거나 구차하게 빠져나가려고만 해서 맘속으로나마 부끄러워하는 바가 없어지는 것'이라고 새긴다.[12] 『논어집주』는 '구차하게 형벌만 면하려 하고 부끄러워하는 바라곤 없어져서 나쁜 짓을 일부러 하지는 않더라도 나쁜 짓을 하려는 마음이 없어지지는 않은 것'이라고 새긴다.[13]

4) 格(격) : 보통 '正' 또는 '至'로 새긴다.[14] 하안은 "歸於正"이라 하고, 주희는 "인민이 불선을 부끄러워하게 되고 선에 이르게도 된다."[15]라고 한다. '來'라는 정현의 주석도 '至'의 뜻과 같다. '格' 대신 '恪(각: 삼가다)'이나 '彳各'(=至)으로 된 판본이 있기 때문에 주희는 '至'라고 새긴 듯하

---

10   『사기·중니제자열전』의 "君子死而冠不免(군자는 죽어도 갓을 벗지 않는다)", 17·21의 "子生三年 然後免於父母之懷(자식은 태어나 삼 년은 지나야 부모의 품을 벗어난다)", 8·03의 "而今而後 吾知免夫(이제는 그 부담감을 벗어날 수 있겠구나)", 『맹자·양혜왕상』의 "凶年不免於死亡(흉년에는 죽음을 벗어날 수 없다)", 5·01의 "邦無道免於刑戮(나라가 무도한 때는 형륙에서 벗어난다)" 등이 그 용례이다.

11   중국에는 '상유정책 하유대책(上有政策 下有對策)'이라는 말이 있다. 국가에서 어떤 정책을 내놓더라도 국민은 그것을 피할 수 있는 대책을 만들어낸다는 뜻이다.

12   民皆巧詐苟免而心無愧恥也

13   苟免刑罰而無所羞愧 蓋雖不敢爲惡而爲惡之心未嘗亡也

14   '格式', '風格' 등이 전자의 뜻이고, '格物致知'는 후자의 뜻이다. 『이아』는 格을 至로 새기고, 『설문』도 『상서』의 '格于上下' 구를 인용하여 假로 새기면서, 假는 徦(=至)와 동자이고 假는 格과 통자라고 하였다.

15   民恥於不善 而又有以至於善也

지만, '善에 이르게 하다'는 뜻을 나타내고자 했다면 굳이 格 자를 쓸 필요가 없을 것이다. 그러니 '正'의 뜻으로 새기는 것이 낫다.『예기·치의 (緇衣)』의 "스승님께서 말씀하시기를, 인민이란 덕으로 가르치고 예로 다스리면 바른 마음을 갖게 되지만 정령으로 가르치고 형벌로 다스리면 피하려는 마음만 갖게 된다."[16]라는 구절을 보더라도 '格心'은 '正心'과 비슷한 뜻임을 알 수 있다. 정약용은『상서·요전(堯典)』의 "格于上下" 와『시·대아』「탕지십(蕩之什)·억(抑)」의 "神之格思 不可度思"를 근거로 들면서, '감화(感化)' 또는 '감격(感格)'의 뜻이라고 주장하는데, 외형이 유사한 구절을 찾아서 같게 해석하려는 태도이다. 유월도 그런 경향을 많이 보이는데, 맥락을 무시하면서까지 외형이 비슷한 문장끼리 같게 해석하려는 태도는 곤란하다. 且는 체증(遞增: 차츰 늘어남)의 관계를 표시하는 접속사이다.

평설

2·01과 비슷한 내용이다. 정치의 방법은 정령과 형벌이 아닌 덕과 예로써 하는 것이라는 강조이다. H.G. 크릴은 공자 정치철학의 요체가 이것이라고 말한다.[17] 한편, 덕과 예만 강조하고 정과 형을 무시하면 안 된다고 줄곧 이의를 제기하는 사람들이 있었으니, 법가가 그들이다. 법가의 이런 공격에 대해 조선의 이익(李瀷, 1681~1763)은 적절하게 대답한

16 子曰 夫民敎之以德 齊之以禮 則民有格心 敎之以政 齊之以刑 則民有遯心
17 "금지를 위한 처벌이 아닌 권장을 위한 솔선수범, 다시 말해 무엇을 해서는 안 된다는 장광설이 아니라 무엇을 해야 한다는 교육을 백성들에게 제공해야 하며, 공포로써 지배하는 경찰국가가 아닌 피치자와 치자 간의 상호이해와 선의가 깔려 있는 협동적인 국가가 되어야 한다는 것이다. 공자의 견해가 최근의 민주주의 이론과 일치하는 점이 바로 이것이다."라고 말한다(H.G. 크릴,『공자: 인간과 신화』(이성규 역, 지식산업사, 1983), 제10장 참조).

적이 있다.[18]

춘추시대 사회가 국가체제로 성장하면서 정령과 형벌이 강조되자 공자는 그것의 위험성을 강조하고 싶었던 모양이다. 하지만 태평한 씨족사회에서나 가능했던 관습법인 덕교와 예교만으로는 국가체제를 다스릴수는 없다는 반발이 나올 것은 당연했다. 법가는 공자의 말이 정령과 형벌을 없애자는 뜻이라면서 공격하지만 법가는 기본적으로 유가와 대립되지는 않는다. 유가의 보완이다. 중국사의 모든 왕조가 유가를 표방하면서도 실제로는 법가적 통치를 한 것은 그 때문이다.

이렇듯 형정과 예덕이라는 상반되는 주제에 대한 춘추시대 이후의 논쟁은 여러 전적에 남아 있다. 주4)에서 인용한 『예기·치의』의 구절은 『논어』의 이 구절을 번안한 것으로 짐작되는데, 『대대례기(大戴禮記)』, 『공자가어』, 『공총자(孔叢子)』 등 여러 책에도 언급된다.

---

18 그는 『성호사설·인간문(人事門)』 「정형(政刑)」에서 다음과 같이 설명한다. "후세에 이르러 인민에 대한 교화가 실종된 지 오래다. 비단 선자가 적고 악자가 많아지기만 한 것이 아니다. 덕과 예로써 교화하라는 공자의 가르침만 믿고서 거의 가만히 앉아 있다시피 하면서 정치하는 사람도 있다. 그런 것은 지혜가 아니다(至若後世 民之失敎 久矣 不啻善者少而惡者多 猶恃德禮之訓 庶幾安坐而治者 不得爲明智也)."라고 말한 다음, "형벌은 난을 다스리는 약과 같고 덕교는 홍평할 때 먹는 음식과 같은 것이거늘, 덕교로써 잔악함을 없애려는 생각은 약이 아닌 자양분에 불과한 음식으로써 병을 고치려는 것과 같다(刑罰者治亂之藥石 德敎者興平之粱肉 以德敎除殘 是以粱肉理疾也)."라는 『후한서·최식전(崔寔傳)』의 기록과 『한비자·오두』에 나오는 '檃栝'의 개념을 인용하면서, "선으로 인도하자면 덕과 예보다 나은 것이 없지만 악을 종식시키자면 정과 형만 한 것이 없다(導善莫若於德禮 熄惡莫若如政刑)."라고 설명한다.

2·04 子曰 吾十有五而志於學 三十而立 四十而不惑 五十而知天命 六十而耳順 七十而從心所欲不踰矩

스승님께서 말씀하시기를 : 나는 열다섯 살(무렵)에 배움이란 것에 뜻을 가졌고, 서른 살(쯤)에는 (삶의 목표를) 세웠으며, 마흔 살(무렵)에는 (그 목표를 향한 의지가 더는) 흔들리지 않더라. 쉰 살(무렵)이 되자 (나의) 천명(이 무엇인지)를 알(것 같)았고, 예순 살(무렵)이 되니 귀(에 들리는 세상 모든 소리)가 순순해지더니, 일흔 살이 되니까 (무슨 일이든) 마음 내키는 대로 해도 (사회적) 규범을 벗어나지는 않더라.

주

1) 十有五而志於學(십유오이지어학) : 『백호통(白虎通)·벽옹(辟雍)』의 "十五入大學"과 『대대례기·보전(保傳)』의 "束髮而就大學"을 근거로 대학에 입학한 것을 뜻한다고 새기는 주석이 많다. 그러나 공자가 대학에 입학했다는 기록은 어디에도 없을 뿐 아니라, 『서경·주전(周傳)』에는 "十五始入小學十八入大學", 『당전략설(唐傳略說)』에는 "十八入大學"이라고 되어 있으니 나이가 맞지도 않다. 시대에 따라 입학연령이 달랐을 뿐이지 대학 입학을 가리키는 것이 분명하다고 고집하는 주석가도 있지만, 『논어』를 주석하면서 후대의 저작인 『백호통』과 『대대례기』를 근거로 삼는 것은 합당치 않다. 學은 '大學之道'를 뜻한다는 주희의 설명은 더욱 지나치다. '열다섯 무렵에 지적 호기심에 눈을 떴다'는 새김도 적절하지 않다. 춘추시대에 學에 뜻을 가진다는 것은 지적 호기심을 가졌다는 뜻이 아니다. 배움을 통한 신분상승 욕구를 가졌다는 뜻이다. 인간이 세상을 이해하는 관점이 대개 그 나이 무렵에 형성된다는 점을 감안하자면, 공자는 그 나이에 포부를 갖게 되었다고 보는 것이 옳을 것이다. 有는 '~하고도 또'의 뜻인데, 숫자를 표현하는 중국인의 관행 때문에 사용된다. '15'를 '10'이라는 실체와 '5'라는 실체의 결합으로 이해하기 때문

에 생긴 관습이다.[19] '於' 대신 '于'나 '乎'로 된 판본도 있는데, 중국 고문에서 허사 於·于·乎는 언제나 통용한다.

2) 立(립) : 고주들은 대체로 "경전 한 권을 떼는 데 3년 정도 걸리므로, 열다섯 살에 시작하여 15년 걸려 오경을 다 뗀 것을 말한다."라고 설명한다. 오경이라는 개념이 한대에 이르러서야 형성된다는 점을 지적하지 않더라도 고식적인 견해가 아닐 수 없다. "能自立於斯道也"라는 주희의 주처럼 신주들은 대체로 '자립하다', '학문의 기초를 확립하다'라고 해석한다. 양백준은 8·08의 "立於禮"와 16·13의 "不學禮 無以立"을 들면서 '예를 알게 되었다'라고 해석하는데, 유비추리이다. 4·14와 15·14에 나오는 '立'은 지위를 나타내고,[20] 8·08, 16·13, 20·03의 경우는 예를 통하여 사회생활에서 일정한 위치를 잡는 것을 말한다.[21] 6·30, 9·30, 19·25의 경우는 대체로 '세우다'라는 뜻이지만 각각의 섬세한 번역은 달라진다.[22]

19　'머리말'의 각주11) 참조.

20　不患無位 患所以立(주어진 지위가 없다고 아파할 게 아니라 내가 어떤 지위에 설 수 있는 능력이 있는지를 아파하라)(4·14), 臧文仲其竊位者與 知柳下惠之賢而不與立也(장문중이란 사람은 지위를 훔친 사람이다. 유하혜가 현명한 줄을 알고서도 그를 추천하여 그와 함께 벼슬하지는 않았으니 말이다)(15·14).

21　興於詩 立於禮 成於樂(군자는 시로써 시작하고, 예로써 확립하며, 악으로써 완성된다)(8·08), 不學禮 無以立(예를 배우지 않으면 대인관계나 벼슬길에서 설 자리가 없다)(16·13), 不知禮 無以立也(예에 밝지 못하면 사회생활에서 자기 자리를 잡을 수 없다)(20·03).

22　夫仁者 己欲立而立人(인이란 것은 자신이 나서고 싶으면 남도 나서게 해주는 것이다)(6·30), 可與共學 未可與適道 可與適道 未可與立 可與立 未可與權(같이 배울 수 있다고 해서 같은 길을 갈 수 있는 것은 아니다. 같은 길을 갈 수 있다고 해서 같은 자리에 설 수 있는 것은 아니다. 같은 자리에 설 수 있다고 해서 같이 권력을 쥘 수 있는 것은 아니다)(9·30), 夫子之得邦家者 所謂立之斯立 道之斯行 綏之斯來 動之斯和(우리 스승께서 나랏일을 맡으셨다면 이른바 백성

나머지는 모두 '세우다' 또는 '서다'의 뜻이다. 이 구절은 '서른이 되자 삶의 목표와 방향을 스스로 세우게 되었다'라고 새기는 것이 무난하다.

3) 不惑(불혹) : 양백준은 9·29와 14·28의 '知者不惑'과 연결하여 '지식을 알게 되다'라고 새기는데, 역시 유비추리이다. 그런 식으로 닮은 것끼리 연결한다면, 공자가 14·28에서 "知者는 不惑하지만 자신은 그렇지 못하다."라고 말한 것을 어떻게 이해할 것인가. 외형이 닮은 문장끼리 무조건 같은 뜻으로 해석하는 것은 너무 단순한 처사이다. 이 구절은 '辨惑(변혹: 미혹함을 분별하는 것)'에 대한 공자의 견해를 참고할 필요가 있다.[23] 자신이 설정한 목표에 더는 회의하지 않게 되었다고 새기는 것이 낫다고 본다. 맹자가 "我四十不動心"[24]이라고 한 것은 공자의 이 말을 자기방식으로 표현한 것이다. '不惑'은 나중에 '나이 사십'을 가리키는 대명사로 쓰이는데, 17·26에서 정현이 "年在不惑"이라고 표현하는 것을 보면 이미 한대부터 그랬던 모양이다.

4) 天(천) : 갑골문이나 금문에서 '天' 자는 '大' 자 위에 가로줄이나 네

을 살게 해주면 백성이 저절로 자립하고, 백성을 바른 길로 인도하면 백성이 저절로 그 길로 따라가며, 백성을 편안케 해주면 여기저기에서 백성들이 저절로 찾아오고, 백성을 감동시키면 백성이 저절로 화목하다는 말대로 되었을 겁니다)(19·25).

23 12·10에서 자장이 변혹에 대해 여쭙자 공자는 "아끼면 살아 있어주기를 바라고, 미우면 죽어 없어지기를 바라는 것인데, 살아 있어주기를 바랐다가는 죽어 없어지기를 바라는 것, 그것이 미혹함이다(愛之欲其生 惡之欲其死 旣欲其生 又欲其死 是惑也)."라고 설명한다. 동일한 대상에 대해 상반되는 감정이 갈마드는 것을 미혹으로 규정한 것이다. 12·21에서도 "하루아침의 분노 때문에 자신의 본분을 잊고서 실수한 나머지 그 재앙이 부모에게까지 미친다면 그것이 미혹이다."라고 정의하는 것을 보면, 공자가 생각하는 미혹이란 판단력의 문제가 아닌 '일관하지 않는 감정', 즉 정서적인 흔들림이라고 본다.

24 『맹자·공손추상』.

모 형상이 있는 모습이다. 커다랗고 특별한 존재를 뜻하였을 것이다.[25] 중국의 天이라는 개념은 자연과 우주에 대한 성찰에서 나왔다고 보지 않는다. 지존의 권력인 왕이 만들어낸 개념이었을 것이다. 왕의 권력과 권위는 육신이 죽더라도 사라지지 않는다고 말해야 할 필요에서 '天'이라는 개념을 만들었다고 본다. 왕은 죽어서도 이 세상을 계속 주재한다고 해야만 왕의 권력과 권위는 흔들리지 않는다고 여긴 나머지 왕은 육신이 죽은 다음 天에 머문다고 말하게 되었을 것으로 짐작한다.[26] 세월이 흐름에 따라 죽은 왕의 수효가 누적되므로 선왕들이 공존하는 융합체라는 개념도 떠올렸을 것이며, 현존 왕의 권력은 선왕들이 내려준 것에 불과하다는 설명도 따르게 되었을 것이다. 따라서 고대 중국에서 天은 창조주도 아니요 도덕률도 아니며 원리도 아니었다. 현실 권력의 주체와 그것의 권위를 설명하기 위한 수단이었다고 본다. 서구의 인격신들처럼 감정에 따라 변덕을 부리기도 하는 '존재'에 대한 이름은 아니다.[27] 지위를 따

---

25 吳

26 물론 이때 지상 위의 공간을 가리키는 이름인 天을 차용했을 수 있다. 고대 메소포타미아나 그리스, 인도 등지에서 최고신 개념이 등장하는 것과 비교할 때 중국에서 천이라는 최고신의 등장은 중앙집권적 정치체제의 등장과 관계가 있다는 벤저민 슈워츠의 견해는 그런 차원에서 타당하다고 본다〈벤저민 슈워츠, 앞의 책, 제1장 참조〉. 하지만 중국의 天에 관한 벤저민의 생각은 서구 종교의 '하늘'에 관한 관념과 중복된다. 중국의 天은 중동지역이나 인도의 창조주와 같은 최고신도 아니고 존재론적인 존재도 아니다. 중국의 天은 현실세계의 최고 권력이 자신의 최고 권력을 영속하기 위해 만들어낸 지극히 현실적인 장치였다. 영적 세계의 최고신이 아니라 현실세계를 관장하는 최고 권력, 즉 왕의 거울과도 같은 개념이었다.

27 "天何言哉 四時行焉 百物生焉 天何言哉(하늘이 무슨 말을 하더냐? 네 계절이 돌아가는 것이, 만물이 자라는 것이, 하늘이 무슨 말을 하기 때문이더냐)"(17·19)라는 대목과, "天之曆數在爾躬 允執其中 四海困窮 天祿永終(하늘이 정

지자면 지고하지만 여러 신 가운데 최고가 天이라는 생각도 없었다. 중국에서 신들의 세계와 그들 사이의 상하관계라는 것에 대한 설명이 없는 것은 그 때문이다. 한편 상왕조에서는 선왕들을 '帝(上帝)'라고 불렀지만 상왕조를 무너뜨리고 등장한 주왕조가 그 이름을 '天'으로 바꾸었다고 한다. 주왕조로서는 자신의 조상을 상왕조 조상의 이름으로 부를 수는 없었기 때문에 바꾸었을 것이다.[28] 공자는 주왕조의 제도를 완성한 사람이 주공단이었다고 말하지만, 帝를 天으로 바꾼 것은 로마인이 로마 신의 일부를 그리스 신과 일치시킨 것과 마찬가지라고 H.G. 크릴은 설명한다. 중국어에는 단수와 복수의 구별이 없기 때문에 단수의 인격신인 天帝는 복수의 天과 동일하게 표현되기도 했다고 그는 부연하지만, 그 생각은 서구문화의 인격신 개념을 따르는 생각이지 고대 중국의 帝나 天

한 임금의 순서는 이제 네 몸에게 있으니 신실하게 중심을 잡아나가거라. 그리하면 그 덕화가 천하 끝까지 이르게 되고, 하늘이 너에게 내리는 녹은 길이 이어질 것이다)"(20·01)이라는 대목, 이 장과 16·08에 나오는 '天命', 그리고 5·12에 나오는 '天道'라는 표현 등에서 그것을 확인할 수 있다. "夫子之不可及也 猶天之不可階而升也(우리 스승님을 따라갈 수 없는 것은 마치 사다리를 타고 하늘에 오를 수 없는 것과 마찬가지입니다)"(19·25)라는 표현에서는 공간을 가리킨다. 그 밖에도 3·13, 3·24, 6·28, 7·23, 8·19, 9·05, 9·06, 9·12, 11·09, 12·05 등 많은 용례가 있다.

28 최고 권력의 조상을 부르는 이름이 바뀌어야 했던 이유는 현실세계의 최고 권력이 바뀌었기 때문이다. 주왕조가 서북쪽에서 내려온 기마민족의 왕조라는 점을 감안하고, '하늘' 혹은 '하느님'을 의미하는 튀르크의 고어가 'tängri'인 점과 '天'의 음이 'tian'인 점을 감안하면 두 왕조의 민족어가 달랐던 것도 한 원인이지 않았을까 한다. 왕조는 바뀔지언정 피지배층 인민은 그대로이기 때문에 고고학적 발굴 결과는 두 왕조 사이에 차이가 있을 수 없다. 몽고족의 원왕조나 여진족의 청왕조를 보더라도 지극히 적은 수효의 지배층만이 교체되었을 뿐 인민의 삶과 문화는 근본적으로 변화가 없었던 곳이 중국이다.

을 정확히 설명하지는 못한다고 본다.[29] 帝나 天은 서구문화의 인격신과 대비시키기는 어렵다. 고대 중국에서 세계(우주)의 중심은 어디까지나 王이기 때문이다. 天(하늘)이란 선왕들의 존재형식과 존재공간을 아울러서 부르는 현실세계의 이름이었지 현실세계와는 별도의 피안을 가리키는 이름은 아니었다.[30] 지상세계와 분리된 하늘만의 세계, 존재론적인 신들이 살고 있는 세계가 따로 있다고 생각하지는 않았다. 『논어』에서도 사용되는 '天下'라는 표현은 현실세계 왕의 권력은 하늘이 보장한 것이라는 점을 드러내는 표현일 뿐이다. 그러다가 순자에 이르게 되면 天을 권력과 의지를 가진 존재보다는 객관적이고 기계적인 자연현상으로 보는 시각이 생긴다.[31] 天의 보편성에 주목했기 때문일 것이다.[32] 그리하여

---

29 H.G. 크릴, 앞의 책, 제9장 참조.

30 차안과 단절된 피안의 세계라는 개념은 불교가 들어온 이후 처음 중국에 들어왔을 뿐이다.

31 雩而雨何也 曰無何也 猶不雩而雨也 日月食而救之 天旱而雩 卜筮然後決大事 非以爲得求也 以文之也 故君子以爲文 而百姓以爲神 以爲文則吉 以爲神則凶也(기우제를 지내면 비가 내리는 까닭은 무엇인가. 아무런 까닭이 없다. 기우제를 지내지 않아도 비는 내린다. 일식·월식이 생기면 제사를 지내고, 날이 가물면 기우제를 지내고, 점을 친 다음에야 대사를 결정하고 하는 것은 그렇게 해야 이룰 수 있어서가 아니다. 그렇게 꾸미는 것이다. 그러므로 군자는 그렇게 꾸민다고 이해하지만 백성은 신령하다고 여긴다. 꾸미는 것으로 여기면 길하고 신령하다고 여기면 흉하다)〈『순자·천론(天論)』〉. 「천론」에 보이는 순자의 생각은 현상적으로 나타나는 天을 이해하고 적응하고 응용하는 것이 현명하지 天의 본시(本始)가 무엇인지를 알고자 하는 짓 또는 天의 의지를 인간이 움직이려고 하는 짓은 어리석다는 뜻이겠다.

32 순자 이전에도 天을 보편성으로 이해하는 움직임은 있었다. 왕이 죽어서 天에 합류하게 되면 天으로서의 영향력을 갖게 되므로 그 후손이 조상에 대한 제사를 게을리하면 天의 보복을 받는다고 생각하였다. 왕조를 멸망시키더라도 마지막 왕과 그 후손들이 조상 제사만큼은 지낼 수 있도록 대대로 보장해주는 관행이

天은 우주 변화의 기준(질서)을 의미하기도 하며, 주체나 질서가 범재하는 공간을 가리키기도 하는 등 복합적인 존호(尊號)가 된다.

5) 天命(천명) : '하늘의 명령'이라는 말은 원래 왕이 사용하는 말로서 자신의 권력은 역대의 선왕들, 그러니까 '天'이 내려준 것임을 드러낼 때 쓰던 말이다. 천명을 받은 사람은 天의 후손이므로 왕은 자신을 천자(天子)라고 부르고,[33] 한번 받은 천명은 후손에게 세습한다. 권력자의 이러한 사고체계는 덕능(德能)주의와 세습주의가 결합된 것으로서 周왕조 및 제후국의 정통성과 지속성을 정당화하는 이념적 지주였다.[34] 따라서 왕이나 왕손이 아닌 공자는 천명이라는 말을 사용할 수 있는 주체가 못 된다. 그럼에도 불구하고 공자는 '天命'이라는 말을 자의적으로 사용하였다. 하늘이 나에게 시킨 바가 있다는 말을 자주 하였다.[35] 그래서 맹자를 비롯한 후대 유자들도 자신의 욕망이나 포부를 천명이라고 표현하게 된다. 결과적으로 공자는 최고 권력의 전유였던 '군자'니 '천명'이니 하는 관념의 권위를 무너뜨렸다고 말할 수도 있다. 지배와 피지배라는 구조가 사라진 오늘날 공자의 말이 지배층이 아닌 일반인에게도 감동을 줄 수

생긴 것은 그들의 조상신이 현세의 왕조에게 위해를 가할지 모른다는 생각 때문일 것이다. 天에 대한 중국인의 생각은 그 정도로 복잡하고 모순되었다. 그리고 그런 생각은 지배층과 피지배층에도 전파되어 제사를 지내지 않으면 조상신의 보복을 받을 수 있다는 생각이 보편화한다.

33 '天子'라는 말은 3·02에서 보듯이 『논어』보다 앞서 성립되었을 『시』에도 있고 『서·우공전(禹公傳)』에도 있다.

34 이성규, 『강좌중국사 Ⅰ-고대문명과 제국의 성립』(지식산업사, 1989), p.74.

35 7·23, 9·05, 11·09, 14·35, 14·36에 나온다. 그는 자신이 천명을 받았다는 표현을 기술적으로 했을 것이다. 아마도 군주가 되는 것이 아닌 재상으로 발탁되는 것이라고 암시했을 것이다. 그런 대비 없이 공공연하게 천명을 받았다고 말하고 다녔다면 아무리 어지러운 시대였다 하더라도 위험한 짓이다. 현전 『논어』에 있는 표현들은 공자를 위대하게 묘사하는 윤색이 많을 수밖에 없다.

있는 이유는 지배층이 아니면서도 지배층으로서의 자부심을 표현하였기 때문이라고 본다. 공자의 꿈은 재상이 되어 집권하는 것이었는데, 그렇다면 공자가 나이 오십에 알게 된 천명이란 무엇일까? 장차 재상이 된다는 것인가? 재상이 되고자 하는 꿈을 이제는 포기해야 한다는 것인가? 그거야 알 수 없지만, 내가 살아온 이력을 사적인 욕망의 자취가 아닌 하늘의 뜻으로 받아들이겠다는 뜻이 아닐까 한다. 요즘 식으로 말하자면 사회적 책임을 느끼게 되었다는 표현으로 들린다. 공안국은 '知天命'을 '천명의 끝과 시작을 알다'라고 새긴다. 나이 오십에 무언가를 시작한다는 것은 맞지 않을 듯하므로 무언가 끝났다는 암시로 받아들인 것이다. 천명을 생애 전반을 관장하는 운명으로 보지 않고 특정한 임무처럼 이해한 것이다. '命'에 대한 설명은 9·01의 주3) 참조.

6) 耳順(이순) : 정현은 "말을 들으면 그 말의 미묘한 뜻을 알아차린다."[36], 왕필은 "듣기도 전에 마음으로 알아차린다."[37], 주희는 "바깥의 소리가 귀로 들어오면 마음과 상통하여 어긋나거나 거슬림이 없게 되는데, 이는 知의 궁극적인 경지로서 숙고하지 않고도 체득하는 단계이다."[38]라고 주한다. 듣기만 하고도 헤아릴 수 있는 신비한 능력을 갖추게 되었다는 해석인데, 어떤 능력을 갖추거나 어떤 경지에 도달했다는 뜻은 아니라고 본다. 입수되는 정보에 대해 감정상 동요가 나타나지는 않게 되더라는 의미일 것이다. 따라서 '귀에 거슬리지 않다'라는 번역도 가능하다.

7) 從心(종심) : 황간이 從을 '放'으로 새겨서는 "비록 마음대로 방종하더라도 법도를 넘지 않았다."[39]라고 해석한 이후 흔히 從을 '縱'으로 새

36　聞其言而知其微旨也

37　心識在聞前也

38　聲入心通 無所違逆 知之之至 不思而得也

39　雖復放縱心意 而不踰越于法度也

긴다. '從心'에서 끊어 읽기도 하고 '所欲'에서 끊어 읽기도 하는데, 유종원이 「여양회지서(與楊誨之書)」에서 "孔子七十而縱心"이라고 한 것을 보면 당대 이후로는 從心에서 끊어 읽는 것이 보편적이지 않았을까 한다. 어떻게 끊어 읽더라도 해석상 큰 차이는 없다. "칠십이 되어 인을 완성하게 되니 오류가 없어졌다."라는 주석은 仁을 수행 결과 얻어지는 어떤 경지처럼 여기는 생각이다. 수행의 단계에 따라 각각의 경지가 얻어지게 된다는 생각은 성문·연각·보살·불타의 차례로 경지가 얻어진다는 불교 화엄학의 영향을 받은 생각이다. 心이 도덕의지라는 주석도 옳지 않다. 한자문화권에서는 心을 도덕의지로 해석하려는 경향이 강하다. "其心三月不違仁"(6·07)의 心도 도덕의지로 설명하곤 하지만 맞지 않다. 心은 '마음에서 나오는 생각'이다. 心은 마음(情)에서 일어나는 생각과, 그 생각이 이끄는 행동을 포함한다. '감정적인 욕망'으로 이해하는 것이 낫다.[40] 고대 중국인은 '생각'이 두뇌가 아닌 心에서 나온다고 여겼다. 이때의 心은 '심장'이 아니다. 불교가 心에 대한 주의를 환기시킨 이후 송대의 신유학이 心을 둘러싼 이기론을 다룬 바 있고, 조선 성리학에서도 호락(湖洛)논쟁이나 심학(心學)논쟁이 있었다. 춘추시대의 心에 대한 이해를 위해서는 이 장과 더불어 6·07, 14·39, 17·22, 20·01이 참고할 만하다.

8) 不踰矩(불유구) : 마음은 矩를 '法'이라고 하지만 강제적 의미가 강한 '법'보다는 '규범'으로 새기는 것이 낫다. 사람의 행동을 이끄는 욕망은 다른 사람의 이해관계와 충돌하는 경우가 대부분인데, 일흔 살쯤 되었을 때 생기는 욕망은 그럴 일이 없더라는 뜻으로 들린다.

---

40   벤저민 슈워츠는 의도, 사고, 욕망, 감정의 중추라고 해석한다.

이 장은 공자가 너무 잘난 체하는 내용이기 때문에 공자의 육성으로는 믿기지 않는다고 H.G. 크릴은 말하는데, 중국 글을 서구적 시각으로 보기 때문에 그렇게 여기게 된다.[41] '知天命'은 '나에게는 사회적 책무가 있음을 자각했다'거나 '나의 한계를 느꼈다'는 뜻이지 '나는 천명을 알아차리는 능력을 갖추었다'는 자랑이 아니다. '四十而不惑'도 '40이 되니까 모르는 게 없어졌다'는 자랑이 아니다.

공자가 자신의 생각을 나이와 연결시켜 표현한 사례는 더 있다(9·23, 17·26). 그러니 나이와 연결하여 자신의 생각을 표현한 것을 가지고 공자의 육성인지의 여부를 가린다면 맞지 않다고 본다.[42] 공자를 사숙하는 사람들은 자신의 삶을 공자의 삶과 견주려는 생각에서 이 장을 매우 의

---

41 『논어주소』의 해석은 정반대이다. "이 장은 공자가 성인임을 숨기고 범인과 다름없음을 보여서 사람들에게 권한 것이다(此章明夫子隱聖同凡 所以勸人也)."라고 설명한다. 잘난 체하는 것이 아니라 도리어 잘난 것을 숨긴 것이라고 본 것이다.

42 『곡례』에는 "사람이 태어나 열 살이 되면 유(幼)라고 하는데 배우는 나이이고, 스무 살은 약(弱)이라 하는데 관례를 올리는 나이이며, 서른 살은 장(壯)이라 하니 부인을 맞이하는 나이이고, 마흔 살은 강(强)이라 하니 벼슬에 나가야 하는 나이이며, 쉰 살은 애(艾)라 하니 벼슬아치가 되어 정사를 담당하는 나이이다. 예순 살은 기(耆)라 하니 남을 시키게 되는 나이이고, 일흔 살은 노(老)라고 하니 다음 세대에게 물려주어야 하는 나이이며, 여든 살과 아흔 살은 모(耄)라 한다. 일곱 살을 도(悼)라고 하는데, 도와 모는 비록 죄를 짓더라도 형벌을 주지 않는다. 백 살은 기(期)라 하는데 받들어 봉양해야 하는 나이이다(人生十年曰幼學 二十曰弱冠 三十曰壯有室 四十曰强而仕 五十曰艾服官政 六十曰耆指使 七十曰老而傳 八十九十曰耄 七年曰悼 悼與耄雖有罪 不加刑焉 百年曰期頤)."라는 대목이 있다. 이를 보더라도 사람의 나이를 숫자 대신 인생의 마디를 가리키는 다른 표현으로 나타내는 것은 당시부터 지금까지 이어지는 중국인의 관습임을 알 수 있다.

미 있게 받아들이는데, 그런 사람들일수록 이 구절의 해석을 자기만의 경험이나 인식체계와 견주려는 경향이 강하다.[43] 그래서 이 장은 온갖 해석이 나오게 된다.

2·05 孟懿子問孝 子曰 無違 樊遲御 子告之曰 孟孫問孝於我 我對曰 無違 樊遲曰 何謂也 子曰 生事之以禮 死葬之以禮 祭之以禮

맹의자가 (어떻게 하는 것이) 효(인지)에 대해 여쭙자 스승님께서는 '어기지 않는 것'이라고 대답하셨다. (맹의자와의 면담을 마친 스승님께서 귀가하실 때에) 번지가 수레를 몰았는데, 스승님께서는 번지에게 이르시기를 : 맹손씨가 나한테 효에 대해 묻기에 '어기지 않는 것'이라고 대답해주었단다. 번지가 여쭙기를 : (어기지 않는다는 말은) 무슨 뜻입니까? 스승님께서 말씀하시기를 : (부모님) 살아 계실 때는 예에 따라 섬기고, 돌아가시면 예에 따라 장사 지내고, 예에 따라 제사 지내(는 것을 어기지 말)라는 뜻이지.

| 주 |

1) 孟懿子(맹의자, 518~481 B.C. 재위) : 노나라 맹손씨의 9대 종주(宗主)로 성은 중손(仲孫)이고 이름은 하기(何忌)이며 의(懿)는 시호이다. 맹희자(孟僖子 仲孫貜, 542~518 B.C. 재위)의 아들이자 맹무백(孟武伯)

의 아버지인데, 맹희자는 임종 시에 그의 첩 소생의 아들 둘(맹의자 하기,
남궁경숙 열)을 공자에게 보내 예를 배우게 하라고 유촉했다고 한다.[44]

---

44 "9월에 소공이 초나라에서 돌아왔다. 맹희자는 초나라에서 소공의 예를 돕
는 일을 제대로 하지 못한 것을 한스럽게 여긴 나머지 예를 배웠다. 예를 잘 아는
사람이라면 찾아가 배웠다. 그러다가 임종에 즈음하여 대부들을 불러놓고 이르
기를, 예라는 것은 사람의 기둥으로서 예가 없다면 사람은 설 수가 없다. 내가 듣
건대 예에 통달한 공구라는 사람이 있다는데, 그는 성인의 후예로서 송나라에서
멸문의 화를 당하였지만 그의 조상 불보하는 송의 군주 자리를 동생 려공에게 물
려주었고, 불보하의 증손인 정고보는 대공, 무공, 선공 3대를 보좌하면서 삼명(上
卿)이 되었지만 더욱 공경스러웠다. 이에 그의 사당에 있는 정명에는 '대부가 되
어서는 몸을 숙이고, 하경이 되어서는 허리를 굽혀 절을 하였으며, 상경이 되어
서는 몸을 엎드렸다. 길을 다닐 때도 가운데로 걷지 않고 담장을 따라 걸으니 아
무도 나를 업신여기지 않았으며, 된 죽이건 맑은 죽이건 입에 풀칠만 하고 살았
다'라고 쓰여 있다. 그의 공경스러움이 이와 같았다. 대부 장손흘이 말하기를, 성
인은 명덕을 지니고 있어서 만일 군주가 되지 못하면 그 후손에서 반드시 현달한
인물이 나온다고 했으니 그게 공구가 아니겠는가. 내가 만약 죽으면 반드시 남궁
경숙 열과 맹손하기로 하여금 그분을 좇아 예를 배워서 지위를 안정되게 하라.
그리하여 맹의자와 남궁경숙은 중니를 사사하니 중니는 '허물을 고치는 사람이
군자이다, 『시경·소아』「녹명장」에 군자는 옳은 것이면 본을 받는다고 했으니 맹
희자는 본을 받았다고 할 수 있다'라고 말하였다(九月公至自楚 孟僖子病不能相
禮 乃講學之 苟能禮者從之 及其將死也 召其大夫曰 禮人之幹也 無禮無以立 吾聞
將有達者曰孔丘聖人之後也 而滅於宋 其祖弗父何以有宋而授厲公 及正考父佐戴
武宣三命玆益共 故其鼎銘云 一命而僂 再命而傴 三命而俯 循牆而走 亦莫余敢侮
饘於是 鬻於是 以餬余口 其共也如是 臧孫紇有言曰 聖人有明德者 若不當世 其後
必有達人 今其將在孔丘乎 我若獲沒 必屬說與何忌於夫子 使事之 而學禮焉 以定
其位 故孟懿子與南宮敬叔師事仲尼 仲尼曰 能補過者君子也 詩曰君子是則是效
孟僖子可則效已矣)."(『좌전』 소공 7년(535 B.C.)).

"공자의 나이 열일곱 살 때 노나라의 대부 맹리자가 병이 들어 죽게 되자 자기
아들 맹의자에게 다음과 같이 일렀다. 공구는 성인의 후예로서 송나라에서 멸문
의 화를 당했다. 그의 선조 불보하는 본래 송의 군주가 될 예정이었지만 동생인

려공에게 사양했고, 그 후손 정고보는 대공, 무공, 선공 3대를 보좌했는데 갈수록 더욱 공손하였다. 그래서 그의 정에는 다음과 같은 글이 새겨져 있다. '첫 번째 대부의 명을 받을 때는 몸을 숙이고 두 번째 하경의 명을 받을 때는 허리를 굽혀 절을 하였으며 세 번째 상경의 명을 받을 때는 엎드렸다. 길을 다닐 때는 가운데로 걷지 않고 담장을 따라 걸으니 아무도 나를 업신여기지 않았으며, 된 죽이건 맑은 죽이건 입에 풀칠만 하고 살았다.' 그 사람의 공손함은 이 정도였다. 내가 듣건대 성인의 후손은 비록 군주가 되지는 못할지라도 현달한 사람은 반드시 나온다고 한다. 지금 공구는 나이는 어리지만 예를 좋아한다 하니 그가 곧 현달한 사람이 아니겠는가 한다. 그러니 내가 죽더라도 너는 반드시 그를 스승으로 삼거라. 맹리자가 죽자 맹의자는 노나라 사람 남궁경숙과 공자에게 가서 예를 배웠다. 그해 계무자가 죽고 계평자가 대를 이었다(孔子年十七 魯大夫孟釐子病且死 誡其嗣懿子曰 孔丘聖人之後滅於宋 其祖弗父何始有宋而嗣讓厲公 及正考父佐戴武宣公 三命玆益恭 故鼎銘云 一命而僂 再命而傴 三命而俯 循牆而走 亦莫敢余侮 饘於是 粥於是 以餬余口 其恭如是 吾聞聖人之後 雖不當世 必有達者 今孔丘年少好禮 其達者歟 吾卽沒若必師之 及釐子卒 懿子與魯人南宮敬叔往學禮焉 是歲季武子卒平子代立)."(『사기·공자세가』).

『좌전』은 『공양전』이나 『곡량전』과는 달리 소설적 구성으로 된 책이고, 『사기·공자세가』 또한 공자에 관한 여러 이야기들을 짜 맞춘 내용이다. 기록 그대로를 사실로 받아들일 게 아니라 시사하는 바를 이해하면 된다. 『사기』는 '孟僖子'를 '孟釐子'라고 오기한 점, 그리고 아무리 성인의 후예라고 한들 17세밖에 되지 않은 공자에게 가서 배우라고 했다는 점이 결정적인 오류이다. 초령왕(楚靈王)이 호화로운 장화대(章華臺)를 축조한 다음 제후들을 초청하여 낙성식을 가지려고 했는데 제후들이 오지 않자 태재 위계강(薳啓彊)을 노나라로 보내 소공을 초청하니 소공은 어쩔 수 없이 초나라에 갔다. 이때 소공을 모시고 다녀온 맹희자가 외교적 의례에서 두 번에 걸쳐 실수를 하게 되자 예의 중요성을 절감하고서 예를 공부했다는 것이 『좌전』 그 대목의 발단이다. 그런데 그 일은 소공 24년(518 B.C.)의 일임에도 소공 7년 기사에 실렸다. 최술은 맹희자의 예에 관한 이야기를 하던 끝이기 때문에 소공 7년의 일로 잘못 기록하게 되었을 것이라고 『수사고신록』에서 주장한다. 그러나 그보다는 맹희자가 아들에게 공자를 좇아서 예를 배우라고 했다는 이야기 자체의 신빙성이 낮기 때문에 빚어진 오류로 보는 것이 합리

2) 問孝(문효) : '효란 무엇인가?'라는 추상적인 물음이 아니다. '어떻게 하는 것이 효인가?'라는 구체적인 실천지침을 물은 것이다. 이 장 뒤로 4개의 장이 모두 효에 관한 언급인데, 효에 대한 공자의 관념은 1·02의 주)에서 설명한 바 있다.

3) 違(위) : 주희는 "도리에 배반하지 않아야 함을 말한 것이다."[45]라고 한다. 바로 뒤에서 공자가 예를 언급하기 때문에 違의 목적어가 예라는 주석이 많다. 그러나 이 문장에서 목적어를 명시할 필요는 없다. 禮나 理를 배운 다음에야 효를 알게 되는 것은 아니므로 공자의 이 말을 예나 이를 어기지 않는 것으로 한정할 수는 없다. 주희는 「대학」뿐 아니라 『논어』까지도 공자가 아닌 주희의 책으로 만들었다고 정수덕이 비판하는 것은 이 때문이다.

4) 樊遲(번지, 515~? B.C.) : 공자의 제자. 이름은 수(須), 자는 자지(子遲), 노나라 사람이다. 『사기』는 공자보다 36살, 『공자가어』는 46살 적다고 한다. 『좌전』 애공 11년에 의하자면 제나라가 노나라를 침공할 때 염구가 좌사(左師)를 맡았는데, 그때 염구는 나이가 어리다는 계강자의 걱정을 물리치면서 번지를 부관으로 삼았다고 한다. 그 사실을 감안하자면 공자보다 46살 적다는 기록이 사실에 가깝다고 보고, 염구가 그를 추천하여 입문시켰을 것으로 짐작한다. 『논어』에는 번지가 仁의 개념을 물은 곳이 세 군데나 있는데 그때마다 공자는 다르게 대답한다. 12·21에서 숭덕(崇德)·수특(修慝)·변혹(辨惑) 등에 대해 묻는 것을 보자면 그는 추상적인 주제에 대해 진지했던 사람으로 추정된다. 특히 12·22에서는 고지식하고 순진한 성향을 짐작할 수 있다. 13·04에서는 농사에 대해서 질문하는데, 그때 공자는 짜증을 내면서 그를 소인이라고 비난한다. 주희가

적일 것이다.

45   謂不背於理

12·21의 주에서 그를 '추비근리(麤鄙近利: 비루하고 잇속을 가까이한다)'라고 평한 것은 공자의 그 말을 따랐을 것이다. 당현종은 그를 번백(樊伯)에 봉했고, 송진종은 익도후(益都侯)에 가봉(加封)하였으며, 명나라 때는 선현번자(先賢樊子)로 바꾸어 불렀다. 2·05, 6·22, 12·21, 12·22, 13·04, 13·19 참조.

5) 御(어) : 말이 끄는 수레를 모는 동작을 가리킨다. 남이 모는 수레에 타는 것은 '乘'이고, 수레가 아닌 말 등에 올라타는 것은 '騎'이다. 6·04의 주7) 참조.

6) 祭(제) : 천지신명이나 조상신에게 희생을 바치면서 정성을 다해 공대하는 의식을 가리킨다. 이 글자의 고자(古字)는 '示' 부를 따르면서 손으로 고기를 드는 형상인데, 귀신에게 고기를 바친다는 뜻일 것이다. 고대 중국의 군주는 자신의 조상신이 인간 세상과 동일한 세상에서 존재할 뿐 아니라 자신의 삶뿐 아니라 자기가 장악한 나라의 운명까지 좌우하는 힘을 지니고 있으므로 희생이나 음식을 바치면서 공대해야 한다고 선전하였다.[46] 군주의 그러한 관념과 선전은 지배계층에서도 점차 공유하게 되었고, 유교가 보편화되면서는 마침내 인민 전체의 관념으로 된다. 따라서 중국에서 제사는 국가적으로 막중한 일이었고, 개인적으로도 후사가 끊어져 제사 지낼 사람이 없게 되면 조상신을 굶게 만드는 큰 죄악이라고 여겼기 때문에 입양을 해서라도 후사는 반드시 이어야 하는 것으로 알게 되었다. 제사는 자신의 삶을 보호하거나 자신의 운명을 개선하고자 조상신의 힘을 빌려는 행위로 이해되지만, 그 기능은 군주의 권력 유지 장치로 작동한다. 따라서 피지배계층에게 국가의 제사와 전쟁에의 징집은 가장 고통스러운 압박이었을 것이다. 길제(吉祭)는 제(祭)라 부르고 흉제(凶祭)는 전(奠)이라고 부르는 구분이 있었다지만 대체로는 구분하

---

46 3·12 참조.

지 않고 祭라고 한다.

이런 이야기가 전해지기 때문에 맹희자가 아들더러 공자한테 가서 배우라고 유촉했다는 이야기도 만들어졌을 것이다. 대화 내용을 보건대 맹의자는 아버지의 지위를 이은 뒤에 공자를 만났을 것이다.

이택후는 "중국에서는 예로부터 '~란 무엇인가', 즉 존재와 사유의 문제는 적었고 결국 '어떻게'가 문제였다. 이는 중국 실용이성의 중요한 특징으로서, 이러한 시각·과정·문제·언어·사유방식은 그리스와는 사뭇 다르다. 이런 의미에서 중국철학의 전통은 비본질주의적이고 반형이상학적이었으며 존재의 다원적인 상태와 기능을 중시했지 고유한 실체나 본질을 중시하지 않았다. 이 점에서는 유가·도가·법가·음양가 등 여러 학파가 모두 마찬가지였다."라고 설명한다. 중국인이 존재보다는 '어떻게'를 파고든다는 설명에는 동의한다. 하지만 중국철학의 전통이 존재의 다원적인 상태와 기능을 중시했다는 설명에는 동의하지 않는다. 그 이유는 다음 장의 평설에 있다.

2·06 孟武伯問孝 子曰 父母唯其疾之憂
맹무백이 효(의 근본이 무엇인지)를 여쭙자 스승님께서 말씀하시기를 : 부모가 오직 자식 아플까만을 근심할(뿐 다른 것에 대해서는 근심하지 않)도록 만드는 것이겠지요.

1) 孟武伯(맹무백, 481~468 B.C. 이후) : 앞 장에 나오는 맹의자의 아들로서 이름은 체(彘), 무(武)는 시호, 백(伯)은 항렬이다. 공자는 맹희자

부터 맹무백까지 삼 대에 걸쳐 맹손씨와 어떤 식으로든 인연을 맺었던 모양이다. 맹의자는 B.C. 481년에 죽는데, 그해 공자는 71세로서 안회를 잃은 해이자 아들 이(鯉)를 잃은 지 두 해 되던 때였다. 이 대화의 시점은 맹무백이 아버지의 자리를 이은 뒤일 것으로 짐작되지만, 만약 맹의자가 살아 있을 때의 대화라면 본문의 해석은 달라질 수 있다. 5·07 참조.

2) 唯其疾之憂(유기질지우) : 1·15의 "其斯之謂與"처럼 목적어를 강조하고자 之를 이용하여 '唯憂其疾'을 도치한 문장이다. 맥락이 분명하지 않은 탓에 '其'를 부모로 보는 견해와 자식으로 보는 견해가 갈린다. 맹무백이 병석에 누운 아버지 때문에 시름에 겨운 나머지 공자에게 질문하는 장면인지, 아니면 단지 효에 대한 대화를 나눈 것인지에 따라 해석은 달라질 것이다. '其'를 '부모'로 본다면 자식이 부모의 질환을 근심하는 것이 효의 기본이라는 뜻이 되고, '자식'으로 본다면 부모가 자식의 질환 외에 다른 걱정은 안 하도록 만드는 것이 효의 기본이라는 뜻이 될 것이다.[47] 주어진 문면으로는 단정하기 어렵지만, 후자가 낫다. 자식의 도

---

47   왕충(王充, 27~97)과 고유(高誘, 212 무렵)의 견해가 전자이고, 마융(馬融, 79~166)의 견해가 후자이다. 왕충은 "맹무백이 곧잘 부모 걱정을 했기 때문에 唯其疾之憂라고 말씀하신 것이다."라고 한다. 고유는 『회남자·설림훈(說林訓)』의 "憂父之疾者子 治之者醫(부모의 질환을 근심하는 것은 자식이지만, 고치는 것은 의사이다)"에 대한, "논어에 '父母唯其疾之憂'라는 구절이 있으므로 회남자는 부모의 질환을 근심하는 것은 자식이라고 말한 것이다."라는 주석을 제시한다. 마융은 "효자란 함부로 그른 짓 하지 않고 오직 아플 때만 부모를 근심하게 만들 뿐임을 말한 것이다."라고 한다. 라이어널 자일스(Lionel Giles, *The Sayings of Confucius*, 1907)와 아서 웨일리(Arthur Waley, *The Analects of Confucius*, 1938)도 "자식들의 건강 외에 다른 것을 걱정하지 않게 만드는 것이 효이다."라고 번역한다. 주희는 "부모가 자식을 사랑하는 마음은 가 닿지 않은 곳이 없지만 오로지 자식이 아플까만을 걱정하는 일만을 언제나 근심으로 삼는다. 자식도 이를 체득하여 부모 마음과 똑같이 자신의 마음을 가진다면~"이라고 말한다. '其'를 '자식'으로

230

리인 孝를 설명하면서 '부모는 자식의 질병만을 걱정한다'고 말하는 것이 적절하지 않기 때문이다. 다만 '父母'를 주어가 아닌 제시어로 본다면 '其'도 부모로 보아서 '부모, 오직 그분들이 편찮으실까 근심하는 것이 효의 본질이다'라고 새길 수는 있다. '父母'가 제시어가 아니라면 주어일 수밖에 없는데, 그렇다면 '父母唯憂其疾'을 구조조사 之를 사용하여 도치한 다음 목적어를 강조하고 그 목적어의 단일성을 표시하기 위해 목적어 앞에 부사 '唯'를 더한 것으로 보아야 할 것이다.[48] 즉, '父母'가 주어라면 '其'는 자식이 될 수밖에 없다. 그런데 이 문장에서 '孟武伯問孝 子曰'이라는 상황어가 없다면 '父母'는 당연히 주어이겠지만 상황어가 있기 때문에 달라진다. 고문을 해독할 때 상황어나 제시어를 놓치면 안 된다. 상황어나 제시어에 따라 해석은 달라지기 때문이다. 이 장은 문면을 달리 해석한다고 해서 의미가 크게 바뀌지는 않기 때문에 주희도 두 가지로 해석했을 것이다. 다만 '其'를 어떻게 보더라도 공자의 대답이 선문답 같다는 지적은 피하기 어렵다. 그것이 공자의 화법이자 중국식 화법이다.

| 평설 |

이택후는 다음과 같이 설명한다. "각종의 구체적 사물과 구체적 개념

도 '부모'로도 보면서, "자식으로서 부모로 하여금 자식이 불의에 빠질까 봐 근심하게 만들지 않고 오직 자식이 아플까만을 근심하게 만들어야 효라고 할 수 있다는 구설도 뜻이 통한다."라고 말한다.

48 예컨대 『좌전』 문공 13년의 "富而不驕者鮮 吾唯子之見(부유하면서도 교만하지 않은 사람은 드문데, 나는 바로 그런 당신을 만났군요)"이라는 문장이나, 『국어·주어하(周語下)』의 "古之聖王 唯此之愼(옛 성왕께서는 바로 이것을 신중히 여기셨다)"이라는 문장과 같은 구조라는 것이다. '富而不驕者鮮 吾唯子之見'과 '古之聖王 唯此之愼'에서는 '吾'와 '古之聖王'이 주어이다.

에서 보편적인 필연성 또는 초월적인 이데아를 추출해내고, 그것을 표준 또는 준칙으로 삼아 구체적 세계를 규범화하는 것이 플라톤과 같은 그리스적 사유방식인 데 반하여, 공자학파의 유학은 진리란 결국 구체적이고 다원적인 인물·사건·활동·응용 가운데에 있다고 인정한다. (…) 여기에 실용이성이 있고 '이성 본체'가 아닌 '정서 본체'가 있으며, 두 개의 세계가 아닌 하나의 세계라는 특징이 있다." 이택후의 설명은 중국인으로서 자기긍정이다.[49] 그런데 중국인이 실용이성을 중시했다면서 이택후가 제시한 것들은 이성이 아닌 감성의 영역들이다. 실용이라기보다는 실리, 욕망에 대한 무한한 긍정, 목적을 위해서라면 정당화되는 수단, 이런 것들이다. 도저히 이성이라고 부를 수는 없는 것들이다.[50] 이성이 아닌 것을 이성으로 포장하고자 '실용이성'이라는 이상한 용어를 만든다. 이는 중국은 서구와 달리 이성을 중시하지 않았다고 말하면 될 텐데도 굳이 우리도 이성을 중시했다고 말하려는 왜곡이다.[51]

---

49 자기긍정은 나무랄 바 아니다. 다소 지나친 포장도 용납될 수 있다. 하지만 자기만의 특수성을 보편적인 것이라고 왜곡한다면 곤란하다. 아편전쟁 이후 서구에 의해 눌렸던 자존의식을 요즘 들어 신장된 국력을 바탕으로 회복하거나 선양하려는 태도는 나무랄 바 아니지만, 자기만의 특수성을 보편적이라고 왜곡한다면 중화주의라는 왜곡된 가치관을 고집하던 과거의 관행과 다를 바 없다.

50 이택후도 15·27에서 그 점을 인정하기는 한다.

51 이성은 주동적 의지에 따른 선택의 권한이 있어야 확보될 수 있다. 전체주의적 환경에서는 강조되기 어렵다. 중국의 학문은 전통적으로 정치권력으로부터 독립된 영역이 아니었다. 그러나 현재에도 그런 전통이 이어진다면 중국의 학문은 인정받기 어려울 것이다. 지극한 소수였던 지배계층의 사유방식과 문화를 인민 전체의 문화처럼 설명하는 것도 왜곡이다. 현대의 중국 인민은 피지배 상태에서 개인의 권리와 존엄을 부정당하던 전통시대 인민과는 다르다. 자신의 전통과 문화를 굳이 부정할 필요는 없지만, 지배와 피지배의 구분이 명확했던 시대의 문화를 전통이라는 이유로 오늘날에도 유지하려 한다면 곤란하다. 모택동이 혁명

또한 이택후는 "중국인이 구체적인 사물에서 보편적인 원리 같은 것을 추출하려고 하지 않았던 것은 그들이 다원적이고 구체적인 것 자체에서 진리를 찾았기 때문이며, 따라서 중국인은 인생을 떠난 초월적인 것도 구하지 않았다."라고 말한다. 그렇다면 구체적인 사물에서 중국인이 찾아낸 진리란 무엇인가? 그런 게 있는가? 중국인은 구체적인 사물에서 '진리'를 찾았던 것이 아니라 구체적 사물의 '효용'을 중시했고 구체적 사물의 '향유'를 추구했다. 실재하는 구체적인 것들을 그대로 인정하면서, 실재하는 구체적인 것들을 향유하려는 욕망이 언제 어디서 누구에게나 긍정되던 것이 중국의 문화였다. 관념보다는 실제를, 이성보다는 감성을 중시하며, 욕망은 철저히 긍정했던 것이 중국의 문화였다. 국가나 천하도 개인이 차지할 수 있는 대상이었다.[52] 이택후가 이름한 '정 본체'라는 것은 바로 그런 것이다.[53] 중국문화의 이런 특징을 서구문화와 비교하

에 성공할 수 있었고 또 오늘날까지 인민의 존경을 받는 까닭은 무엇인가? 이제 중국의 주체는 지배계층이 아닌 전체 인민임을 선언하고 실천했을 뿐 아니라, 전통문화 가운데 부정적인 것들을 과감히 부정하고 혁파했던 솔직함 때문이었다. 과거의 정치인도 그랬거늘 하물며 현대의 학자들이 봉건시대의 문화와 전통을 왜곡하면서까지 긍정하려 든다면 우리는 중국의 학문에서 기대할 것이 없다. "이성은 감각들의 증거를 날조하도록 만드는 원인이다. 감각들이 생성, 소멸, 변화를 보여줄 때 그것들은 결코 거짓말을 하지 않는다."라는 니체의 말은 값지다.

52 따라서 중국의 전통문화에는 오늘날 기준으로 볼 때 사적 영역만 있을 뿐 공적 영역이란 없었다. 그렇기 때문에 이 세상(此岸)을 떠나 저 세상(彼岸)으로 건너가는 것을 종지로 삼는 불교마저도 중국에 들어와서는 세속종교로 바뀐다. 중국의 학자들은 중국의 전통에서 오늘날 'public'의 개념을 구현할 수 있는 방안을 모색할 필요가 있다고 본다. 「논어문답」 12' 참조.

53 그는 2·08에서 理와 欲의 융합이 情이라고 말하는데, 理와 欲이 어떻게 융합될 수 있으며, 설령 융합이 가능한들 그것을 어떻게 情이라고 부를 수 있는지는 설명하지 않는다. 그냥 그렇다고만 말할 따름이다. 설명할 방법이란 없기 때문

여 높으니 낮으니 평할 수는 없다. 둘은 그저 다를 뿐이다.[54] 각자 자신과 상충하는 것은 배제하고 맞는 것은 받아들이면서 자기 문화를 이루어간다. 앞으로도 그럴 것이다. 중국의 문화에 서구의 가치와 유사한 것이 있다 한들 굳이 이성이라는 이름으로써 포장할 필요는 없다. 더구나 중국은 워낙 커다란 규모를 워낙 오랫동안 유지해왔기 때문에 문화의 특징을 한두 가지로 표현하기란 어렵다. 만약 표현한다면 특정 인물이나 정치권력의 의지가 작용한 것일 뿐이기 마련이다. 중국문화의 특징을 굳이 표현한다면 '종합성' 또는 '종합 그 자체'라고 하는 것이 더 타당하다.

일 것이다. 불합리한 것을 합리하다고 말하는 것은 비합리일 뿐 아니라 위험하다. 학문이라는 이름으로 그렇게 말하는 것은 더욱 위험하다. "우리는 理보다는 情 위주로 살아왔다."라고 말하면 될 텐데도 그러고 싶지 않기 때문에, 또한 理 위주로 사는 것을 좋다고 여기는 탓에 만들어낸 수사에 불과하다고 본다. 합리적(合理的)으로 살아가는 것이 합정적(合情的)으로 살아가는 것보다 가치 있을 이유도 없고 바람직할 이유도 없다. 그러나 설명만큼은 합리적이라야 한다.

54   서구 학자들은 일정한 틀을 가지고 세상을 보려는 경향이 있다. 그래서 틀을 중시한다. 인과를 밝히는 자연과학에서조차 일정한 틀을 만들려고 한다. 우주와 자연을 있는 그대로 받아들이기보다는 원리나 체계를 추출하고자 한다. 그런 방식은 궁극적으로 인식의 한계에 부닥칠 수밖에 없다. 예컨대 우주의 기원을 찾겠다고 로켓을 쏘아서 태양계 밖으로까지 탐사장비를 보내지만, 그런 것은 찾을 수 없다. 기원을 찾겠다는 생각 자체가 틀에 불과하기 때문이다. 사회과학 또한 마찬가지이다. 세상을 들여다보는 틀(이론)을 학자들마다 생산하지만 유효범위나 유효기간은 짧을 수밖에 없다. 세상은 그렇게 보고자 할 때 그렇게 보일 뿐이기 때문이다. 다르게 보고자 하거나 다른 것을 볼 때면 맞지 않게 된다. 한편 동아시아의 지성은 우주와 자연을 통째로 단박에 이해하려는 경향을 지닌다. 인간은 물론 우주에게 불변하는 실체가 있다고 생각하지는 않는다. 모든 것은 돌고 돈다는 생각이 일찌감치 대세였다. 그래서 시작과 끝을 찾을 필요도 없었고 원리 따위를 찾지 않아도 되었다. 주어진 상황을 긍정하면서 수용하고, 그 상황 속에서 욕망을 성취하는 것만을 목표로 삼았다.

서구와 동아시아 간의 문화적 차이를 빚는 요인은 여러 가지가 있겠지만 죽음, 달리 말하자면 시간에 대한 인식의 차이가 크다고 본다. 서구 문화는 실존하는 인간의 목숨은 유한하기 때문에 그것을 초월하려는 욕망이 강하고, 동아시아 문화는 실존하는 인간의 목숨은 과거와 미래의 연결에 불과하다고 보기 때문에 실존에 안주하려는 욕망이 강하다.[55] 시간을 단선적이며 영속하는 것으로 인식하면 자기를 중심으로 바깥 세계를 보게 될 것이고, 시간을 순환적인 것으로 인식하면 관계망을 중심으로 세계를 보게 될 것이다. 시간에 주의하는지 아니면 공간에 주의하는지의 차이는 영속을 중시하느냐 향유를 중시하느냐의 차이로 나타나지 않을까 한다. 자신을 중심으로 해서 세상을 보게 되면 타자를 이길 수 있는 자신의 힘에 대한 요구가 커지고, 관계망을 중심으로 해서 세상을 보게 되면 타자의 힘조차 자신의 향유 수단으로 삼으려고 한다. 전자는 없애야 할 존재론적인 타자를 '惡'이라고 설정하면서 타자를 늘 힘으로 누르고자 하고, 후자는 나에게 유리한 타자는 누구이고 불리한 타자는 누구인지를 식별할 수 있는 능력에 늘 민감하게 된다. 그런 차이가 있을 뿐이다. 그래서 중국문화에서는 역사적 실재를 중시할 뿐 역사경험을 떠난 관념적인 것에 대해서는 관심이 적었다. 플라톤의 '이데아'처럼 현상과 분리되는 본질이나 원리 같은 것을 생각하지 않았다. 따라서 '이성'이라는 기준을 가지고 중국의 문화를 체계화하려는 이택후의 시도는 중국문화의 실재와는 맞지 않다. 주돈이(周敦頤, 1017~1073)는 젊은 날 우주 변화의 원리라면서 이렇게 내세웠다. "끝남이란 것이 없기에 '거대한 끝'이다. '거대한 끝'이 움직이면 양이 생겨난다. '거대한 끝'의 움직임이 끝나면 고요해지는데, 고요해지면 음이 생겨난다. 고요함이 끝나면 다시

움직인다. 한 차례의 움직임과 한 차례의 고요함은 서로의 뿌리가 된다. (…) 움직임과 고요함 두 기운이 섞이어 감촉해가지고 만물을 만들어낸다."[56] 그것은 개인의 영감에 불과하다. 이택후의 생각도 개인의 영감에 불과하다. 개인의 영감에 불과할지라도 정치적 세력을 얻었기 때문에 주돈이의 태극도설은 후대에까지 일정한 영향력을 지닐 수 있었다. 그러나 지금도 그러한가? 이택후의 주장도 태극도설처럼 앞으로 영향력을 지닐 수 있을까?

묵가나 법가처럼 이론적이고 시스템적인 사유방식이 중국사에서 크게 힘을 떨치지 못했던 이유는 인간의 감성과 욕망을 적극적으로 긍정하는 유가에게 밀렸기 때문이다. 유가의 사고틀이 전제권력 유지에 유리함을 간파한 정치권력이 유가만을 옹호하면서 다른 사고틀을 배제했기 때문이다. 중국사에서는 정치권력을 누르거나 정치권력으로부터 독립된 영역을 확보했던 개인이나 단체가 있은 적이 없다. 그러니 묵가·법가·도가 등이 독자적인 세력을 가질 수는 없었다. 다만 유가는 기존의 전제왕권을 가볍게 무너뜨리고 다른 전제왕권으로 대체하는 것을 천명이라는 근거를 가지고 긍정함으로써 변화와 적응이라는 생명력을 유지하였다. '왕후장상의 씨가 따로 있냐'던 진승(陳勝, ?~208 B.C.)과 오광(吳光, ?~208 B.C.)부터 모택동에 이르기까지 그렇게 해서 유지해왔다. 오늘날의 중화인민공화국은 수천 년 지속되었던 전제왕권과는 단절된, 이념에 의해 움직이는 사실상의 첫 국가이기 때문에 현 체제의 변모나 성패 여부는 앞으로 중국사에서 중요한 의미를 지닌다고 본다. 새로운 틀을 만들어낼지, 아니면 겉과는 달리 속으로는 전통시대와 다름없는 사회를 유지하게 될지, 귀추가 주목된다.[57] 따라서 중국인의 사유방식이나 중국의 문화적

---

56 無極而太極 太極動而生陽 動極而靜 靜而生陰 靜極復動 一動一靜 互爲其根 (…) 二氣交感 化生萬物

특징을 추출하고자 한다면 관념적이고 추상적인 것에서 찾을 것이 아니라 강력한 전제왕권 사회가 지속될 수 있었던 요인에서 찾는 것이 더 유효하다. 중국의 미래를 설계하는 일도 한·당·청과 같은 전제왕조의 영광에서 찾기보다는 전제왕권 사회의 모순, 그리고 그 모순에 저항했던 움직임들에서 찾아나가는 것이 더 유효하고도 바람직할 것이다.

공자는 제자의 물음에 이런 식으로 빗대어서 대답할 것이 아니라 질문을 성실하게 마주하면서 직접적인 대답을 하려고 노력했더라면 하는 아쉬움이 있다. 공자가 그런 태도를 취하지 않음으로 인해 후세에 미친 영향은 매우 크다.

2·07 子游問孝 子曰 今之孝者 是謂能養 至於犬馬 皆能有養 不敬何以別乎

자유가 효(의 근본이 무엇인지)를 여쭙자 스승님께서 말씀하시기를 : 오늘날 효라고 하면 (부모를) 먹여 살리는 것만 일컫더라. (그러나 먹여 살리는 것만을 가지고 일컫는다면야 사람은) 개나 말(같은 짐승)도 모두 먹여 살린다. (자식으로서 부모를) 공경하지 않(고 먹여 살리기만 한)다면 (짐승을 먹여 살리는 것과) 어떻게 구별되겠니?

> 주

1) 子游(자유, 506~443 B.C.) : 공자의 제자로 성은 언(言)이고, 이름은 언(偃)이며, 자유(子游)는 자이다. 제자들 가운데 유일하게 남방 오나라

---

57   정치체제나 그것을 운용하는 방면뿐 아니라, 등소평의 선부론(先富論)에서 출발했다고 볼 수 있는 현재 중국사회의 빈부 격차 및 사회적 격차 문제에 대해 정권과 인민이 어떻게 대응하는지가 중요한 지표라고 본다.

출신으로서 공자보다 45살이 적었다고 한다. 11·03에 의하자면 자하와 더불어 문헌에 밝았다고 한다. 6·14와 17·04에서 나오듯이 무성(武城)의 읍재를 지낸 바 있고, 유약·자장·증삼·자하 등과 더불어 말기 제자로서 공자 사후 자신의 문파를 이끌면서 공자의 학문을 전파하는 데 중요한 역할을 했을 것으로 짐작되는 사람이다.[58] 『예기·단궁하(檀弓下)』에는 유약의 상에 도공(悼公)이 조문하러 오자 자유가 인도했다는 기록이 있고, '大同'이니 '小康'이니 하는 국가관이나 人情·人義·人利·人患 등의 우주관을 공자가 서술하는 내용인 『예기·예운』은 자유의 질문에 공자가 답하는 형식으로 되어 있다. 그래서 『예기』의 「단궁」과 「예운」 등 여러 편은 자유의 문파들이 만들었을 것으로 추정하기도 한다. 나중에 고향으로 내려감으로써 동남지역의 문화발전에 기여했다는 평을 받기도 한다. 4·26, 6·14, 11·03, 17·04, 19·12, 19·14, 19·15 참조.

2) 是(시) : 왕인지의 『경전석사』 권9에 의하면 '祇(기: 다만)'와 같은 뜻이라고 한다.

3) 至於犬馬 皆能有養(지어견마 개능유양) : 養은 먹여 살린다는 뜻이다. 정신적으로 성장을 도와주거나 윗사람에게 음식을 바친다는 뜻은 거기에서 파생한다. 이 구절은 '사람이 견마를 기른다는 뜻'이라는 견해와 '견마가 사람을 봉양한다는 뜻'이라는 견해로 갈린다. 개가 부모의 집을 지켜주고 말이 부모를 등에 태우고 다니는 것은 개와 말이 자기의 부모를 섬기는 것이라고 포함은 설명하는데, 개나 말은 어디까지나 사람이 사육하는 대상이지 개와 말이 의지를 갖고서 사람을 봉양한다고 볼 수는 없기 때문에 적절하지 않다.[59]

---

58 『순자·비십이자』에는 자유의 문파를 낮추어 평가한 대목이 있다. 1·07의 주1)과 그 각주 참조.

59 『홍재전서』 권75에는 정조(正祖)가 경연에서 신하들과 이 대목을 가지고

4) 敬(경) : 1·05와 1·13의 주) 참조.

평설

『예기·내칙』의 "그러므로 부모가 아끼는 바를 자식도 아끼고 부모가
공경하는 바를 자식도 공경해야 하는 것이니 개나 말도 모두 그렇거늘
하물며 사람에 있어서랴!"[60]라는 증삼의 말은 이 장을 변안했을 것이다.
『예기·방기』에는 "스승님께서 이르시기를, 소인도 모두 자기 부모는 모
시니 군자로서 부모를 모시면서 공경하지 않으면 어떻게 소인과 구분되
겠는가?"[61]라는 구절이 있고, 『예기·제의(祭義)』에는 "증자가 말하기를,
효에는 세 가지가 있으니 가장 큰 효는 부모를 존경하는 것이고, 그다음
효는 부모를 욕되지 않게 하는 것이며, 그다음은 부모를 모실 수 있는 것
이다."[62]라는 구절이 있는데, 효를 '能養'으로만 여겨서는 안 된다는 것이
공자 이후 유가에서 줄곧 제기된 의제였음은 그런 구절들에서 확인할 수
있다. 『예기』는 한대에 와서야 책으로 엮인 것인데, 문장을 다듬기는 했
을지언정 내용만큼은 전국시대 이전부터 내려오던 것이었다고 본다. 설
령 짐짓 만들었다 할지라도 유가가 중시하는 의제와 무관한 것을 만들지

대화한 내용이 실려 있다. 犬馬 기르기를 부모 모시기에 비유한 주희의 견해에
대해 정조가 이의를 제기하자, 윤광안(尹光顏, 1757~1815)은 能의 주어가 犬馬
이므로 견마가 사람을 봉양한다는 뜻으로 보아야 한다는 견해가 『논어집해』부터
소개되고 있다고 대답한다. 윤광안의 대답은 임금 생각에 대한 맞장구이기는 하
지만 조선의 선비가 『논어집주』 외에 다른 주석서도 읽었음을 알 수 있다. 정조는
설마 성인께서 부모 모시기를 개나 말의 사육에다 비유했을까 하는 생각에서 물
었겠지만 이 문장을 달리 해석하기는 어렵다. 『맹자·만장하』에는 "君之犬馬畜伋
(군주가 개나 말을 기르는 것처럼 자사를 길렀다)"이라는 표현도 나온다.

60 是故父母之所愛亦愛之 父母之所敬亦敬之 至於犬馬盡然 而況於人乎
61 子云 小人皆能養其親 君子不敬何以辨
62 曾子曰 孝有三 大孝尊親 其次弗辱 其下能養

는 않았을 것이다.

2·08 子夏問孝 子曰 色難 有事弟子服其勞 有酒食先生饌 曾是以爲孝乎

자하가 효(의 근본이 무엇인지)를 여쭙자 스승님께서 말씀하시기를 : (참다운 효
행은) 얼굴빛(으로까지 드러나야 하는데, 그렇게 하기)는 어렵지. (힘든) 일이 생
기면 아랫사람이 수고하고 먹을 것이 생기면 윗사람이 (먼저) 잡숫도록 하는
것, 어찌 그런 것을 효라고 하겠느냐?

주

1) 子夏(자하) : 공자의 제자. 1·07 참조. 3·08, 6·11, 11·03, 12·05,
12·22, 13·17 및 19편의 여러 곳에서도 나온다.

2) 色難(색난) : 효행은 얼굴빛으로까지 드러날 정도로 진실해야 하는
데 그렇게 하기는 어렵다는 뜻으로 짐작된다.[63] '얼굴빛을 부드럽게 하기
가 어렵다'거나 '부드러운 얼굴로 부모를 섬기기가 힘들다'는 뜻은 아니
라고 본다. 그런 뜻이라면 뒤 문장과 연결되지 않는다. 포함, 마융, 주희
는 '色'을 자식의 容色이 아닌 부모의 容色으로 새겨서는, 부모의 얼굴
빛을 받들어 모시기가 어렵다는 뜻이라고 새기는데, 문면으로는 가능하
지만 맥락상 맞지 않다.『예기·제의』의 "효자로서 부모를 깊이 사랑하는
마음을 갖춘 자는 반드시 얼굴에 온화한 기색이 있고, 온화한 기색을 갖
춘 자는 반드시 얼굴에 유쾌한 기색이 있으며, 유쾌한 기색을 갖춘 자는
반드시 상냥한 태도가 있다."[64]라는 대목은 이 장과 같은 내용이라고 본
다. 따라서 '色'은 부모의 낯빛이 아닌 자식의 낯빛으로 새기는 것이 옳

63　춘추시대에 '難'이라는 용언이 어떻게 사용되었는지에 대해서는 좀 더 알아
볼 필요가 있다.

다. '色'에 대한 해설은 1·03 참조.

3) 弟子(제자) : '先生'의 반대 개념으로서, 상대적으로 나이가 적은 손아랫사람을 가리킨다. 『논어』에 '弟子'는 일곱 차례 나오는데, 여기를 비롯한 두 군데에서는 나이가 적은 사람을 가리키고 나머지는 모두 스승의 문인을 가리킨다.

4) 服其勞(복기로) : '그 수고를 감당하다'는 뜻이다. 服은 '입다', '쓰다', '쓰이다'의 뜻이다.

5) 酒食(주사) : 술과 밥. 마실 것과 먹을 것의 대명사인데, 번역은 '먹을 것'이라고 줄였다.

6) 先生(선생) : '先生'은 여기와 14·44에서 두 차례 나오는데, 모두 나이가 많은 어른을 가리킨다. 스승을 '先生'이라고 부르게 된 것은 나중이다.[65] 주희는 마음의 주를 좇아서 '父兄'이라고 주하지만, 문장에서의 뜻은 부형과 비슷할지라도 부형을 선생이라고 부르지는 않는다.

7) 饌(찬) : '먹게 하다'의 뜻이다. 중국 고문에서 동사는 원칙적으로 자동사와 타동사 모두 해석이 가능하다. 『노논어』에는 '餕'으로 표기되었다고 하는데, '餕'을 자전에서는 '남은 밥'이라고 새기지만 여기서는 '進'과 동자이다.

8) 曾是以爲孝乎(증시이위효호) : '是以爲孝'는 '以是爲孝'의 도치이다. 『설문』은 '曾是'를 '乃是', '則是'라고 새기고, 정약용은 曾을 어조를 완만하게 만드는 어사로 본다. 그러나 曾은 여기서 반문의 뜻을 나타내는 의문대사이다. 즉, '曾~乎'는 '일찍이 ~한 적이 있더냐?'는 뜻이다. 따

64　孝子之有深愛者必有和氣 有和氣者必有愉色 有愉色者必有婉容

65　장림(臧琳, 1650~1713)의 『경의잡기(經義雜記)』에는 "古謂知道者曰先生何也 曰猶言先醒也(옛날에 도를 아는 분을 선생이라고 일컬었던 까닭은 무엇인가? 먼저 깨달았다는 말과 같다)"라는 구절이 있다.

라서 '어찌 이런 것을 가지고 효라고 하겠느냐?'라는 번역이 문맥상 적절하다.

부모를 기쁘게 만드는 것은 확실히 자식의 낯빛이다. 공자의 말은 이처럼 인간사의 핵심을 짚기 때문에 힘을 지닌다. 그러나 제자들을 향한 공자의 말은 대체로 따뜻하지 않다. 시니컬하게 꼬집거나 노골적인 반문으로써 공격하기 일쑤이다. 그것이 공자가 지니는 카리스마의 원천이기도 하다. 5·08과 13·14의 경우도 마찬가지이다.

孝를 말하면서 '자식'과 '부모' 대신 '弟子'와 '先生'이라는 낱말을 사용하는 것은 孝가 대가족 내부의 윤리에서 나왔음을 입증한다 할 것이다.

2·09 子曰 吾與回言 終日不違如愚 退而省其私亦足以發 回也不愚

스승님께서 말씀하시기를 : 나는 (언젠가) 안회와 대화한 적이 있었는데, (그는) 종일토록 바보같이 (내 말에) 이의를 제기하지 않더라. (그런데 대화를 마치고) 물러가서 혼자(하는 행실)을 살폈더니 (그는 내 말을) 충분히 실천하더라. (그러니) 안회는 (결코) 바보 같지 않았던 거야.

1) 回(회, 521~481 B.C.) : 공자의 제자. 성은 안(顏), 이름은 회(回). 자가 자연(子淵)이므로 안연(顏淵)이라고도 부른다. 노나라 사람으로 공자보다 40살가량 적었고, 공자 71세 때에 죽은 것으로 짐작된다.[66] 『논어』

---

66 『사기·중니제자열전』은 "공자보다 30살 적고, 29세에 머리털이 다 세어 일찍 죽었다."라고 하는데, 그의 나이에 관한 기록은 오류가 분명하다고 본다. 안회

를 읽으면 누구나 그를 공자의 으뜸 제자로 여기게 된다. 공자는 안회를
노골적으로 칭찬해 마지않기 때문이다. 5·08, 5·25, 6·03, 6·07, 6·11, 7
·11, 9·11, 9·20, 9·21, 11·03, 11·04, 11·07~11·11, 11·19, 11·23, 12
·01, 15·11 등에도 나오는데, 그에 관한 일화라곤 없다. 9·11은 공자가
안회를 치켜세우지 않을 수 없는 이유라고 할 정도로 안회가 스승을 극
도로 칭송하는 내용이고, 5·25, 11·03, 12·01, 15·11을 제외한 나머지
는 모두 공자가 안회를 극찬하는 내용이다. 특히 11·07부터 11·11까지
는 안연이 죽었을 때의 언급이다. 여러 제자들과 공동체 활동을 했던 공
자가 어쩌면 그다지도 특정인만을 차별적으로 대했는지는 의문이다.『논
어』편찬자의 의도적인 왜곡을 의심할 수도 있지만 여러 기록을 일률적
으로 조작할 수는 없을 테니, 아무래도 원인은 공자에게 있다고 본다. 다
혈질이었던 공자로서는 자신과 반대 기질의 안회를 좋아할 수는 있었겠
지만 상당수 주석가들이 안회를 공자의 동성애 상대로 간주할 정도로 공
자의 편애는 현저하게 균형을 잃었다.[67] 안회는 자로, 염구, 자공처럼 정
치적으로 현달하지도 않았고 어느 군주의 주목을 받은 적도 없다. "등용
되면 일하고 물러나면 들어앉는 것, 오직 나와 너만이 이런 자세를 가지
고 있지."[68]라는 공자의 언급을 보자면 공자가 그에게만 벼슬살이를 하
지 말라고 했던 것 같지도 않건만, 그는 관직에 나간 흔적은 물론 군주와
면담한 흔적도 없다.[69] 평생 가난하게 살았다는 사실만 강조된다. 그렇다

의 나이에 관한 설명은 6·03의 주5)에 자세하다.

67 황간은 다음과 같은 유흠(劉歆, 53 B.C.~23 A.D.)의 평가를 인용한다. "안연
과 공자는 자연적 대칭인물로서 육체만 다르지 같은 기이다. 그러니 안연이 죽는
다는 것은 공자 몸의 한 부분이 사라지는 것이다. 그래서 안연이 죽자 공자는 하
늘이 나를 죽였다고 외쳤던 것이다."

68 子謂顔淵曰 用之則行 舍之則藏 惟我與爾有是夫(7·11).

69 업적을 내거나 평판을 받을 만한 나이가 되기도 전에 죽었기 때문이라고 해

면 공자는 단지 그의 품성 때문에 그토록 애달프게 안회를 아꼈다는 것인데, 상식적으로 이해하기 어려운 표현이 많다. 아마도 안회는 사회성이 부족한 성격이지 않았을까 한다. 그래서 『맹자·이루하(離婁下)』에도 나오듯이 그저 안빈낙도의 대명사로만 인식되었을 것이다. 안회의 그러한 기질을 권회(卷懷: 재능을 감춘 채 물러남)와 행장(行藏: 발탁되면 나가고 버려지면 감추는 것)이라는 용어로 설명하면서, 그 두 가지 기질은 『장자』의 출세간적 경향과 같다고 주장하는 사람도 있고, 심지어 장자의 학통이 안회에서 비롯했다고 주장하는 사람도 있지만, 그런 견해들은 모두 소설이다.[70] 안회에 대한 칭찬은 『논어』뿐 아니라 『역경』이나 「중용」에도 나온다.[71] 최술은 『수사고신여록』에서 안회에 대한 기록을 온전하게 사실로 믿으면서 그를 공자의 다음 서열로 간주한다. 『논어』의 허점을 예리하게 지적하는 최술일지라도 그런 점에서는 유교 종사(宗師)로서 손색이 없다. 후대 유자들로서는 그를 으뜸 제자로 인정하지 않을 수 없었고, 일찌감치 아성(亞聖)으로 불리다가, 당현종이 정식으로 '아성'이라는

석할 수는 있다. 『한시외전』과 『순자·애공』에 안회가 노정공(魯定公)과 면회하는 일화가 실려 있기는 하나 이는 최술이 지적했듯이 안회를 너무 딱하게 여긴 후대 유자들이 꾸민 이야기일 것이다.

70   외형적인 유사점을 가지고 연원관계를 설명하는 것은 대체로 황당한 추론이다. 장자와 안회가 서로 통한다고 말한다면 서로 통하지 못할 사람은 중국사에 아무도 없다. 『장자』는 유가를 꼬집고자 만든 글이거늘 장자가 안회의 학통을 이었다는 주장은 터무니없다.

71   『역경·계사하(繫辭下)』에는 "顔氏之子其殆庶幾乎 有不善未嘗不知 知之未嘗復行也(안씨의 아들은 아마도 거의 도를 완성한 사람일 거야. 잘못이 있으면 깨닫지 못한 적이 없었고, 깨달았으면 더는 잘못을 저지른 적이 없었으니 말이야)"라는 대목이 있고, 「중용」에는 "回之爲人也擇乎中庸 得一善則拳拳服膺而弗失之矣(안회의 사람됨은 중용을 택하기 때문에 한 가지 좋은 것을 얻으면 가슴속에 꼭꼭 새겨서 실수한 적이 없었다)"라는 대목이 있다.

칭호를 부여하면서 십철(十哲)의 으뜸으로 모시게 된다. 11·10의 평설 참조.

2) 終日(종일) : '終日'을 위 구절에 붙여 읽기도 하고 아래 구절에 붙여 읽기도 하는데, 『논어』에 '終日'은 네 차례 나오지만 모두 뒤를 수식한다.[72]

3) 不違如愚(불위여우) : '違'는 능동적으로 어긴다는 뜻이 아니다. "공자의 말에 괴이하다고 여겨 묻는 바라곤 없이 바보처럼 묵묵히 받아들이기만 하다."[73]라는 공안국의 설명이 적절하다.

4) 私(사) : 『논어주소』는 '사실(私室)'이라 하고, 『논어집주』는 '스승께 여쭐 때가 아니고 편히 혼자 거처할 때'[74]라고 한다.

5) 足以發(족이발) : 足은 조동사로서 원래 '以~足~' 형식의 구문이지만 以의 목적어를 생략하고 足을 앞에 놓으면서 '足以'가 조동사 기능을 한다. 發은 '발양하다', '발휘하다'는 뜻이니 가르쳤던 내용대로 행동하더라는 뜻이겠다. 대화할 때는 알아들었는지 못 알아들었는지 알 수 없었지만 물러난 다음 그의 행동거지를 살펴보니 충분히 알아듣고서 행동하더라는 뜻이다.[75]

---

72 "終日言不及義(종일토록 義에 관한 대화라고는 조금도 없다)"(15·17), "終日不食 終夜不寢(종일토록 먹지도 않고 밤새도록 눕지도 않으면서)"(15·31), "終日無所用心(종일토록 어느 것 한 가지에도 마음 쓰는 바 없다)"(17·22). 여기서도 대화를 종일 했다는 뜻이 아니고 '終日'을 아래로 붙여서 '종일토록 어김이 없었다'고 보는 것이 낫다.

73 無所怪問於孔子之言 默而識之如愚

74 燕居獨處 非進見請問之時

75 發을 '깨우침을 주다', 즉 안회의 태도가 공자에게 깨우침을 주었다고 해석하는 주석가가 많은데, '發'에 '觸發', '啓發'의 뜻이 있기는 하지만 '물러난 다음의 사적인 언행을 살펴보았더니'라는 조건절이 앞에 있으므로 '啓發시키다'의 뜻으로 볼 수는 없다. '살펴보니'라는 조건절이 앞에 있으므로 결과는 '생각했던 것

　공자는 제자를 비롯한 다른 사람들의 단점을 빈틈없이 꼬집었던 사람이고, 건네는 말이라고는 언제나 까칠하기만 했던 사람이다. 남을 가차없이 재단하는 데에 특장을 가진 사람이었고 자기보다 나은 사람이라곤 본 적이 없는 사람이다. 그러한 공자를 누그러뜨릴 수 있었던 단 한 사람이 바로 안회이다. 그 사람에게서는 트집이라곤 잡아낼 수 없다고 공자는 말한다. 다른 장들을 보자면 공자는 안회에게 푹 빠져서 어쩔 줄 몰라 하는 사람처럼 묘사되어 있다. 짐작컨대 안회는 은근하게 실천하기만 할 뿐 말이라고는 잘 꺼내지 않는 기질이었던 모양이다. 그러나 안회가 아무리 훌륭한 인품을 가졌다 하더라도 안회에 대한 공자의 언급들을 모아 보면 공자는 결코 객관적이고 균형 잡힌 판단을 했던 것으로 여겨지지 않는다.

2·10　子曰 視其所以 觀其所由 察其所安 人焉廋哉 人焉廋哉

스승님께서 말씀하시기를 : 그 사람 하는 일(이 무슨 일인지)를 보고, (그다음에) 그 사람(이 그 일을 하게 된) 동기(가 무엇이었는지)를 잘 들여다보고, (마지막으로) 그 사람이 편안해하(고 즐거워하)는 바(는 무엇인지)를 꼼꼼히 살핀다면, 사람이 어떻게 (제 기질을) 감추겠니? 어느 누군들 (자기 모습을) 감출 수 있겠어?

과는 다르더라'는 내용이라야 자연스럽다. 공안국은 "察其退還 與二三子說釋道義 發明大體 知其不愚(그가 물러나 돌아가서 몇몇 제자들과 도의 의의를 풀어내고 대체를 꺼내어 밝히는 것을 살펴보니 그가 어리석지는 않음을 알았다)"라고 주하였다.

1) 視(시), 觀(관), 察(찰) : 살피는 정도가 점차 더 세밀해지는 뜻의 동사를 차례로 사용하였다. 그래서 번역도 '보다', '잘 들여다보다', '꼼꼼히 살피다'라고 달리했다.

2) 以(이) : 『정의』는 '用', 정약용은 '因'이라고 주하지만 '爲'라는 주희의 주석이 적절하다. 그가 하는 일을 보라는 뜻이다. 오규 소라이는 18·10의 사례를 들면서 以를 '登用'으로 새기는데, 이 문장을 군주를 향한 말로 보는 것이므로 취할 수 없다. 군주를 향한 말은 아니라고 본다.

3) 所由(소유) : 대체로 '경종(經從: 현재까지의 경과나 궤적)'이라고 새기지만, 현재 하는 일과 하게 된 동기 사이의 연관성으로 이해된다.

4) 所安(소안) : '편안하게 여기는 바'란 결국 '즐거워하는 바'이다. 그 사람이 무슨 일을 할 때 즐거워하는지를 관찰하라는 말이겠다.

5) 人焉廋哉(인언수재) : 焉은 의문사이고, 廋는 '감추다'는 뜻이다. 누구인들 감출 수 없다는 뜻이다.

공안국과 유보남은 세 가지를 시간적인 단계로 본다.[76] 그러나 사람을 제대로 식별하자면 시간의 축적도 중요하지만 이 문장이 시간적 흐름에 주안을 두지는 않았다. 정약용은 "어떤 사람의 행동을 그 일을 하게 된 동기와 하는 과정과 목적을 관찰하면 그 진정을 감출 수 없다."라고 설명하는데, 설명 자체야 하자 없지만 본문과 부합하지는 않는다. H.G. 크릴은 "그 사람의 목적을 자세히 관찰하고, 그가 목적을 달성하기 위해 사용하는 수단을 보라. 그리고 그를 만족시키는 것이 무엇인가를 살펴보라.

---

76 그 사람의 종시(終始)를 관찰하면 진정이 어떻게 감추어지겠느냐는 것이다. 물론 정약용의 설명도 시간적인 과정을 말한 것으로 볼 여지가 있다.

이렇게 하면 그 사람이 자기의 사람됨을 어떻게 숨기겠는가?"라고 해석하는데, 역시 임의적인 해석이지 번역이라고 하기는 어렵다. 오규 소라이는 군주를 식별하는 기준으로 이해한다. 즉, 군주가 등용하는 사람이 어떤 사람인지를 보고, 그가 선왕지도(先王之道)를 사용하는지 아니면 형명지도(刑名之道)를 사용하는지의 여부를 알아보며, 그가 인의를 즐기는지 재리(財利)를 즐기는지 성색(聲色)을 즐기는지를 살핀다는 뜻이라는 것이다. 그러나 '以'와 '用'을 통용한다 하더라도 그때의 用이 인재의 등용을 가리키지는 않는다. 군주를 가리켰다면 '人'이라고 표현하지도 않았을 것이다.

이 문장은 공자의 인물식별 방법론이다. 이 기준으로 군주를 식별할 수도 있겠지만 공자의 발언은 어디까지나 군자를 향한다. 군주를 향하지는 않는다. 이를 현대인에게 적용하자면 일반론이 될 수 있다. 예컨대 면접관이 갖추어야 할 핵심사항이라 해도 무방할 것이다. 면접이란 그 사람의 역량과 미래를 가늠하는 절차인데, 그 사람의 미래를 알고 싶다면 모범답안처럼 내밀 수 있는 포부나 가치관 따위를 물을 게 아니라 그 사람이 지나온 삶을 확인하는 것이 가장 유효하다. 공자도 그 사람의 과거에서 현재까지를 보라고 한다. "그 사람이 평소에 누구와 가까이 지내는지, 부유할 때 남에게 주는 것은 있는지, 현달할 때 누군가를 추천하기는 하는지, 궁색할 때도 결코 하지 않는 일은 있는지, 가난할 때도 결코 취하지 않는 것은 있는지 등을 살피라."[77]라는 사마천의 설명은 공자의 말을 정확히 이해한 설명이다.

"사람 몸 가운데 눈동자보다 더 훌륭한 것은 없다. 눈동자는 그 사람의 추한 점을 가릴 수 없다. 가슴속이 바르면 눈동자는 밝게 빛나고 그렇

77　居視其所親 富視其所與 達視其所擧 窮視其所不爲 貧視其所不取〈『사기 · 위세가(魏世家)』 제14〉.

지 않으면 눈동자는 흐릿하게 된다. 사람의 말을 들을 때는 그 사람의 눈동자를 보라. 그러면 누구인들 감출 수 없게 된다."[78]라는 맹자의 말은 공자의 이 말을 바꾼 것이다. 공자(551~479 B.C.)보다 150여 년 뒤의 맹자(372~289 B.C.)가 이처럼 공자의 말을 정확하게 인용하면서 부연하는 것을 보면 맹자는 비록 '논어'라는 이름은 아니었을지언정 기록물 형태로 된 공자의 어록은 접했을 것으로 짐작한다.

타인을 이해하거나 평가하는 데 있어서 언어적 단서보다는 비언어적 단서에 더 점수를 주는 중국인의 관행은 이처럼 공자 이후 면면히 이어 왔다. 조긍호는 이를 현대 심리학에서의 비언어적 누출 가설(nonverbal leakage hypothesis)의 관점과 유사한 것으로 본다.[79] 중국 고대사회는 사회적 신뢰도가 매우 낮았던 탓에 지배층이든 피지배층이든 사람을 식별하는 능력이 필수적이었다. 그래서 사람됨, 즉 인간의 신뢰도를 파악하는 일이 무척 중요했고, 인물감식에 대한 방법론이 유행하였다. 감인술(鑑人術: 사람을 감별하는 기술), 지인술(知人術: 사람을 분별하는 기술), 관인술(觀人術: 사람을 관찰하는 기술)이라는 말은 그렇게 해서 만들어진다. 관계를 설정해가는 과정에서 신뢰를 담보할 수 있는 방안을 구축하려고 하는 게 아니라 초기 단계부터 신뢰할 만한 사람을 고르는 것이 안전하다고 여겼기 때문이다. 물론 사회적 신뢰를 강제할 기술도 강구하였으니 어인술(御人術: 사람을 다루는 기술)이 그것이다. 아무리 신중하게 감별해서 관계를 맺는다 해도 상황에 따라 신뢰가 약화될 수 있으므로 배신당하지 않도록 상대를 다루는 기술도 필요했던 것이다. 『논어』에는 이처럼 사회적 신뢰를 담보하기 위한 당시 사람들의 노력과 공자 나름의 방

---

78   存乎人者 莫良於眸子 眸子不能掩其惡 胸中正則眸子瞭焉 胸中不正則眸子眊焉 聽其言也 觀其眸子 人焉廋哉〈『맹자·이루상』〉.

79   조긍호, 『유학심리학』(나남출판, 1998), p.180.

안이 들어 있기 때문에 현대에 와서 대인관계의 지혜를 담은 책으로도 읽힐 수 있는 것이다. 공자의 인물품평이나 관인술에 대해서는 5·15, 5·17, 13·24, 14·09, 14·25, 14·29 참조.

2·11 子曰 溫故而知新 可以爲師矣

스승님께서 말씀하시기를 : 옛것도 궁리하고 새것도 알아야 (남 가르치는) 스승이 될 수 있단다.

주

1) 溫故而知新(온고이지신) : 溫은 대체로 '尋(심: 거듭 반복하다)', '尋繹(심역: 되짚어 생각하다)', '溫燖(온습: 데워서 익히다)'의 뜻이라고 주한다.[80] 그런데 이 문장에서 '溫故而知新'은 어디까지나 조건절이고 주절은 '可以爲師矣(~야만 남을 가르치는 스승이 될 수 있다)'이다. 앞 구절만 떼어서 해석하려고 하면 안 된다. 그리고 접속사 而는 '~하여서'라고 새길 수도 있고, '~하면서 동시에~'라고 새길 수도 있는데, '溫故해서 知新해야만 스승이 될 수 있다'는 뜻이 나은가, 아니면 '溫故하면서 동시에 知新도 해야만 스승이 될 만하다'는 뜻이 나은가? 대부분의 주석가는 전

---

80 "故學之熟矣 後時習之(예전에 배워서 익숙하지만 나중에 때때로 익히는 것)"라는 정현의 주석, "舊所學得者 溫尋使不忘(예전에 배워서 알게 된 것을 잘 익혀서 잊지 않도록 하는 것)"이라는 형병의 주석, "故者舊所聞 新者今所得 言學能時習舊聞而每有新得 則所學在我而其應不窮 故可以爲人師(고는 예전에 들은 것, 신은 지금 터득한 것이다. 배움이란 예전에 들은 것을 그때그때 익혀서 늘 새롭게 터득할 수 있어야 하니, 그렇게 해야 배운 것이 내 안에 들어 있어서 그 응용이 막히지 않게 되고, 그래서 남을 가르치는 스승이 될 수 있다는 말이다)"라는 주희의 주석이 그러하다.

250

자로 새긴다. 그러나 溫故(옛것을 익힘)하기만 하면 저절로 知新(새로운 것을 알게 되다)이 되는가? 그건 아니다. '옛것을 익혀서 새것을 창출한다'는 말이 모순은 아니다. '溫故而知新'만을 해석한다면 그렇게 새길 수 있다. 그러나 온고이지신은 이 문장에서 어디까지나 조건절이다. 따라서 이 문장은 "溫故하면서 동시에 知新도 해야 스승이 될 자격이 있다.", 즉 고전에도 밝고 시사에도 밝아야 남을 가르칠 수 있는 자격을 갖추게 된다는 뜻으로 읽는 것이 훨씬 더 합리적이다. 흔히 주절은 생략하고 조건절만 인용하기 때문에 '溫故而知新'을 '옛것을 익혀서 새로운 것을 터득하게 되다'라는 뜻으로 받아들이게 되었을 뿐이다. 知에 대한 설명은 9·29 참조.

2) 可以(가이) : 2·09 주5)의 足以와 마찬가지 구문으로서 '以~可~'의 구문에서 목적어를 생략하고 可를 앞으로 놓아 '可以'를 조동사처럼 사용한다.

3) 師(사) : 師는 갑골문에서부터 '많은 사람'을 뜻하는 글자였다. 그래서 군대의 단위를 가리켰고, 많은 무리를 인도하는 사람이라는 뜻도 생겼다. 스승이라는 뜻은 거기에서 비롯하였다. 또한 전문적인 직책의 이름으로도 사용된다. 『논어』에서는 그 세 가지 뜻이 모두 사용된다. 유가에서는 '學'을 강조하므로 스승의 권위를 높이려는 노력도 대단하다. 후한 무렵에는 모든 지식인의 발언이나 변론이나 문장은 스승의 가르침을 벗어나서는 안 된다는 사승(師承)이라는 규정이 보편화한다. 그 규정과 전통 때문에 이후 중국 지식인들의 사고력과 상상력은 제한되었다고 본다.

평설

흔히 조건절 '溫故而知新'만을 인용하기 때문에 해석이 꼬이게 된다. '溫故而知新'이 조건절이 아니라면 '옛것을 익혀서 새것을 터득하다' 또는 '고전을 바탕으로 하여 새로운 지식을 넓혀나간다'라고 새길 수 있다.

하지만 이 문장에서 '溫故而知新'은 어디까지나 조건절이고 주절은 '可以爲師矣'이다. 공자는 溫故而知新을 말하려는 것이 아니라 남을 가르치는 사람의 자격을 말하고 있다. 그렇다면 고전에 대한 지식도 풍부하고 현재의 시사문제 및 미래에 대한 예지도 겸해야 남을 가르칠 수 있는 스승 자격이 있지 않겠는가? 정수덕이 인용한 "시사적인 것만 밝히는 사람은 옛것을 싫어하니 반드시 옛것을 익히도록 해야 하고, 옛것에 빠져 있는 사람은 시사적인 지식이 얄팍하니 반드시 시사적인 것을 잘 살피도록 해야 한다. 옛것도 알고 지금 것도 알아야 스승이 되기에 부끄럽지 않게 된다."[81]라는 설명도 그 점을 지적한 것이다. 하지만 선왕지도를 이념으로 삼을 뿐 아니라 '술이부작'을 강조하는 공자의 사유방식을 지레짐작하는 주석가들은 이 구절을 '溫故해서 知新하다'는 뜻으로만 보고자 한다.

'溫故해서 知新하다'는 뜻이라면 차라리 박지원(朴趾源, 1737~1805)의 '법고창신(法古創新)'이라는 표현이 더 합당하다. 박지원이 '溫故而知新'을 어떻게 이해했는지는 알 수 없지만 법고창신이라는 말은 주희의 주석과 같은 취지이다.[82] 「중용」에 "溫故而知新 敦厚以崇禮"라는 구절이 있는 것을 보면 이미 전국시대부터 앞 구절만 떼어서 '溫故해서 知新하다'는 뜻으로 이해했던 듯하다. 황간은 19·05의 "日知其所亡 月無忘其所能 可謂好學也已矣(자신이 몰랐던 것을 날마다 알아가고, 자신이 잘하게 된 것을 달을 넘기도록 망각하지 않고 유지한다면, 호학이라고 일컬을

81　趣時者厭古 而必燀溫之 泥古者薄今 而必審知之 知古知今 乃不愧爲師
82　박지원이 「초정집서(楚亭集序)」에서 한 말인데, '法古해서 創新한다'는 것이나 '溫故해서 知新한다'는 것이나 新의 범주는 어디까지나 古의 테두리를 벗어나지 않는다. 박지원의 표현은 한자문화권에서 創이나 新을 어떻게 이해하고 있는지를 보여주는 또 하나의 사례일 뿐이다. 다만 아무런 인과관계 없는 순전한 創이나 新은 사실 우주 어디에도 없다.

수 있다)"라는 구절을 동원하면서 溫故는 '月無忘其所能'을 가리키고 知新은 '日知其所亡'을 가리킨다고 주하는데, 생각은 기발하지만 불필요한 유비추리이다.

2·12 子曰 君子不器

스승님께서 말씀하시기를 : 군자는 그릇(처럼 용도를 가지고 구분)하지는 않는 게야.

> **평설**

　흔히 '군자는 특정한 용도가 정해지는 그릇과 같은 존재는 아니다'라고 번역하는데, 그런 뜻이 되려면 '君子非器'라야 한다. 器는 이 문장에서 체언이 아닌 용언이므로 '器하다' 또는 '器하려고 하다'로 새길 수밖에 없다. '器가 되려고 하다'라고 새길 수는 없다. 그렇다면 '器하다' 또는 '器하려고 하다'는 무슨 뜻인가?

　13·25에 "군자는 모시기는 쉬워도 기쁘게 하기는 어렵다. (…) 군자가 아랫사람을 부릴 때는 상대방의 역량을 헤아려서 부리기 때문이다."[83]라는 구절이 있는데, 거기서 '器'는 동사이다. 군자가 사람을 부릴 때에는 그 사람의 능력을 헤아린 다음에 그 능력에 맞도록 일을 시킨다는 뜻이다. 용언으로 쓰이는 器는 그런 뜻이다. 즉, '君子不器'는 '군자는 그릇처럼 일정한 용도를 가지고서 규정되지는 않는다', '군자는 그릇처럼 한정된 용도의 전문성만을 갖추려고 해서는 안 된다', '군자의 자격은 형이하적 기준으로써 규정할 수는 없다'는 뜻이다.[84] 예컨대 六藝 가운데 禮에

83　君子易事而難說 (…) 及其使人器之

84　"形而上者謂之道 形而下者謂之器(형이상인 것을 도라 일컫고 형이하인

뛰어나다거나 또는 樂에 뛰어나다고 해서, 말재간이나 일처리 능력이 뛰어나다고 해서 군자로 규정되는 것은 아니라는 뜻이다.[85]

바꾸어 말하자면 공자는 전문능력을 지배계층의 자격으로 여기지는 않았다는 뜻이다. 지배계층은 특정한 방면의 전문지식이 아닌 종합적 교양을 갖추어야 한다는 공자의 생각은 이후 유교국가에서 줄곧 유지된다. 전문지식을 갖춘 사람을 지배층으로 등용하지 않았음은 물론 등용된 지배계층에게 전문지식을 익히도록 요구하지도 않았다. 과거를 통해 선발된 사람은 교양 관료로서의 기능만 할 뿐 전문적인 업무는 중간계급이 담당했다. 그래서 지배계층의 책임의식이 낮았다는 비판을 받기도 한다.[86] 공자는 위나라의 경우 영공(靈公)이라는 군주가 그처럼 무도한데도 나라가 망하지 않는 이유를 외교와 예악제도와 군사라는 세 방면에서 뛰

것은 기라 일컫는다)"라는 『역경·계사전』의 구절을 참고하더라도, '君子不器'는 '군자인지의 여부는 형이하적으로 규정하지 않는다'는 뜻이 분명하다.

85　"그릇은 각각 용도가 있기 때문에 통용할 수 없지만 덕을 갖춘 선비는 바탕을 빠짐없이 갖추었기 때문에 통용된다. 특별히 한 가지 재주나 한 가지 능력 때문에 군자인 것은 아니다(器者各適其用而不能相通 成德之士 體無不具 故用無不周 非特爲一才一藝而已)."라는 주희의 주석은 "그릇은 각각의 용도가 있지만 군자는 쓰이지 않는 곳이 없다(器者各周於用 至於君子 無所不施)."라는 포함의 해석을 부연한 것이다. 『논어주소』는 "器라는 것은 물상의 이름으로서 모양을 갖춘 그릇이 만들어지면 각각 그 용도가 있다. 예컨대 배는 내를 건너고 수레는 육지를 다니는데 반대로 수레로 내를 건너고 배로 육지를 다니지는 못한다. 그러나 군자의 덕은 그처럼 한 가지 일만 할 수 있는 기물과는 달라서 기미를 보고 시작하기 때문에 하지 못하는 일이 없다(器者物象之名 形器旣成 各周其用 若舟檝以濟川 車輿以行陸 反之則不能 君子之德 則不如器物 各守一用 言見幾而作 無所不施也)."라고 설명한다.

86　막스 베버(Max Weber, 1864~1920)는 『중국의 종교』라는 책에서 '君子不器'를 언급하면서 이와 관련된 내용을 기술한 바 있는데, 그에 대한 설명은 김용옥의 『논어한글역주 1』, pp.522~533에 자세하다.

어난 대신들이 받치고 있기 때문이라고 발언한 적이 있으면서도(14·19) 외교·행정·군사에 관한 전문적인 능력을 갖추기 위한 교육 시스템에 대해서는 주의하지 않았다. 인간사의 해결책을 개인의 교양에만 맡기고 법률, 제도, 행정 같은 것에는 주의하지 않았던 것이다. H.G. 크릴은 공자의 이런 관념을 아리스토텔레스가 지적한 '최선의 법률이 다스려야 하는가, 아니면 가장 훌륭한 사람이 다스려야 하는가라는 성가신 문제'와 대비시키지만,[87] 공자가 양자를 놓고 고민한 적은 없다. 공자의 관심 대상은 어디까지나 지배 권력이었기 때문에 전문 지식이 없는 사람이 지배층이 되었을 때 피지배층에게 닥칠 위험성 같은 것은 고려하지 않았다. 周왕조를 뒤이어 백 대의 왕조를 내려가더라도 그 나라의 제도를 알 수 있다고 장담했는데, 그때의 제도도 전문적인 제도는 아닌 예악을 가리켰다(2·23). 예악은 변할 까닭이 없다고 보았기 때문에 자신했을 것이다. 그러니 공자의 생각은 아리스토텔레스의 생각과는 성격이 다르다. 공자의 그런 생각은 순자에 이르면 보다 분명해진다. 지배층은 예악으로 규제하지만 피지배층은 준엄한 법으로 다스려야 한다고 순자는 강조한다. 이처럼 지배층과 피지배층의 세계를 철저하게 구분하는 것이 유가의 존립 기반이다. 오늘날 유학을 계승하고자 하는 사람들은 지배와 피지배라는 유학의 존립 기반에 대한 자신의 견해부터 결정할 일이다.

2·13 子貢問君子 子曰 先行其言 而後從之
자공이 군자(의 처신은 어때야 하는지)에 대하여 여쭙자 스승님께서 대답하시기를 : 먼저 (자기가 한) 말을 실천하고, 그다음 (남들이 자기를) 따르도록 만들어야지.

87　H.G. 크릴, 앞의 책, 제10장 참조.

1) 子貢(자공) : 공자의 제자. 1·10 참조.

2) 先行其言而後從之(선행기언이후종지) : 而는 上·下·前·後·往·來
와 같은 낱말을 뒤에 동반하여 범위를 나타내는 접속사이다. 대체로 '先
行'에서 구두를 끊어서는 '먼저 실행하고, 말은 그다음에 하라'라고 새긴
다. 말보다 실천을 앞세워야 한다는 유교적 도덕 명제를 감안할 때 거슬
리지 않는 해석이 된다. 그러나 그런 뜻이려면 '先行 其言後之'라야 한
다. '從之'는 사역형 문장이므로 '따르게 하다'라고 새기게 되지 '따르다'
라고 새길 수는 없다. 정주한묘죽간본에 '先行其言從之'로 되어 있고
『대대례기·증자제언(曾子制言)』에 "君子先行後言"이라는 구절이 있는
데, 그 둘은 아마도 대부분의 주석가들처럼 해석한 탓에 나오게 된 오기
(誤記)라고 본다.

평설

'先行其言 而後從之', '先行其言後之', '先行其言從之', '先行後言'이
라는 문장들은 모두 비슷한 내용이면서도 뉘앙스는 각각 다르다. 고전을
경전으로 떠받들기만 하면서 한 글자 한 글자를 정밀하게 새기지 않는다
면 학술이 아니다.

2·14 子曰 君子周而不比 小人比而不周
스승님께서 말씀하시기를 : 군자는 두루 친하고 패거리 짓지는 않지만, 소인은
패거리만 지을 뿐 두루 친하지는 않는다.

주

1) 周(주), 比(비) : 周와 比는 모두 '親'이나 '合'의 뜻이지만 공자는

상반되는 뜻으로 표현하고 있다. 그래서 공안국은 "周는 忠信, 比는 阿黨(아당: 윗사람의 뜻에 영합하거나 아랫사람과 이익을 위해 결탁함)"이라 하고, 정약용은 "마음을 가까이하는 것이 周, 세력을 가까이하는 것이 比"라 하며[88] 정수덕은 "義에 맞추는 것이 周, 利에 맞추는 것이 比"라고 한다. 원래 周는 '周密(주밀: 골고루 미침)'의 뜻이고 比는 적은 수효의 묶음을 가리킨다.[89] "周는 보편이자 周公(주공: 공평하게 두루 미치다), 比는 편당이자 比私(비사: 사사롭게 따르다)"라는 주희의 설명이 무난하다.

2) 小人(소인) : 공자는 '군자'의 반대 개념을 소인이라고 했다. 공자는 신분을 가리키는 이름인 '군자'를 가치를 가리키는 이름으로 사용했듯이[90] 역시 신분을 가리키는 이름인 '소인'을 가치를 가리키는 이름으로 사용한 것이다. 『상서·무일(無逸)』의 "소인들을 보자면, 부모는 힘들여 농사를 짓건만 그 자식은 농사의 어려움을 모른다."[91]라는 대목과, 『좌전』 양공 13년의 "세상이 잘 다스려질 때는 군자는 능력 있는 사람을 우대하고 아랫사람에게도 양보하고 소인은 농사를 힘들여 지어서 윗사람을 섬기지만 (…) 세상이 어지러울 때는 군자는 자신의 공만 내세우면서 소인들에게 위세를 부리고, 소인은 자신의 재주를 자랑하여 군자를 업신여기

88　정약용은 몇 가지 전거를 제시하면서 比는 竝力(병력: 힘을 합치는 것)의 뜻이라고 극력 주장한다. 이 문장에 한해서는 그런 해석도 가능하고, 그렇게 해석하더라도 문맥과 어긋나지는 않는다. 그러나 그 경우 공자는 소인을 '세력을 뭉치는 사람'이라고 단정했다는 견해가 나올 수 있다. 나아가서는 모반을 꿈꾸는 사람이라는 견해도 나올 수 있다. 합리적이지도 않고 오해를 유발할 수 있는 해석을 굳이 고집할 필요는 없다.

89　『주례』의 "五家爲比 五族爲黨", 『시·소아』「유월(六月)」의 "比物四驪", 『의례·대사의(大射儀)』의 "遂比三耦" 참조.

90　1·01의 주) 참조.

91　相小人 厥父母勤勞稼穡 厥子乃不知稼穡之艱難

게 된다."[92]라는 대목을 보더라도 소인은 원래 농사짓는 사람들을 가리키는 말이었다. 『시』에서 인품이 부족한 지배층을 가리킬 때 비유적으로 차용한 적은 있지만 소인을 군자의 대칭 개념으로 사용한 것은 공자가 처음이라고 본다. 『주역』에서 바람직하지 못한 지배층을 '소인'으로 부르는 것도[93] 공자 이후 형성된 개념을 따랐을 것이다. 『주역』은 '소인'이 '군자'의 대칭 개념으로 굳어진 뒤에 만들어진 책이 분명하다.[94]

> 평설

한자로 만드는 중국 고문의 장점이 잘 드러난 문장이다. 간명하게 대비시키는 효과가 뛰어나다. 하지만 대칭적 표현에만 치중함으로써 본질에 대한 묘사는 부족하거나 심지어 왜곡되는 경우도 잦다. 다음 장도 비슷하다.

2·15 子曰 學而不思則罔 思而不學則殆

스승님께서 말씀하시기를 : (스승에게) 배우기만 하고 (자기 나름으로) 생각(해서 정리)하지 않으면 남는 게 없게 되고, (자기 나름으로) 생각만 하고 (스승을 좇아) 배우지는 않으면 결단력이 없게 된다.

---

92 世之治也 君子尙能而讓其下 小人農力以事其上 (…) 及其亂也 君子稱其功以加小人 小人伐其技以馮君子

93 上六 大君有命 開國承家 小人勿用〈『주역·사괘(師卦)』〉, 象曰 大君有命 以正功也 小人勿用 必亂邦也〈『주역·사괘』〉, 九三 公用亨于天子 小人弗克〈『주역·대유(大有)』〉, 象曰 公用亨于天子 小人害也〈『주역·대유』〉.

94 지배계층 '군자'에 대응하는 피지배계층의 이름은 '民'이다. '小人'은 아니다.

1) 學(학), 思(사) : 學은 남을 좇아 배우는 일이고 思는 스스로 궁리하는 일이다. 여기의 思는 '사유'의 뜻이 아니다.[95] 맹자는 思를 '耳目'의 소관이 아닌 '心'의 소관이라고 한다.[96]

2) 罔(망), 殆(태) : '없다'는 뜻을 목적어를 명시하여 표기할 때는 '無+목적어' 형식으로 쓰지만 목적어를 명시하지 않은 채 표기할 때는 '罔'(또는 '亡') 한 글자만 쓴다. 포함은 이 문장에서 罔은 殆와 대응하는 용언이기 때문에 '없다'는 뜻이 아니라 '惘然(망연: 멍한 모양)'의 뜻이라고 주장한다. 오규 소라이는 誣(무: 무고)의 뜻이라고 주장한다. 정약용은 受欺(수기: 속임을 당함)의 뜻이라고 주장한다. 모두 殆를 '위태롭다'는 뜻으로 보기 때문이다. 그러나 殆는 '倦殆'나 '危殆'의 뜻이 아닌 '疑而不決(의이불결: 의심스러워 결단을 내리지 못함)'의 뜻이라는 왕념손(王念孫, 1744~1832)의 견해가 타당하다.[97] '多見闕殆'(2·18)의 주)를 참조.

學과 思를 대비시키는 수사법은 암송을 중시한 학습법을 고려한 장치

---

[95] 아서 웨일리는 '思'를 '메디테이션(meditation)'이라고 번역하는데, 15·31의 "吾嘗終日不食 終夜不寢 以思 無益 不如學也"라는 구절 때문에 그렇게 번역했을 것이다. 그러나 거기서도 '思'는 '명상'의 뜻은 아니다.

[96] 耳目之官不思 而蔽於物 物交物 則引之而已矣 心之官則思 思則得之 不思則不得也 此天之所與我者(『맹자·고자상』). 思에 대한 추가 설명은 9·31과 15·31 참조.

[97] 왕념손, 『독서잡지(讀書雜誌)』. 하안은 "精神疲勞倦殆"라고 새기고, 주희도 "마음속으로 추구하지 않으면 원래 몰랐던 것과 마찬가지가 되어 얻는 바가 없게 되고, 배운 것을 익히지 않으면 원래 위태로운 것과 마찬가지가 되어 안전하지 못하게 된다(不求諸心 故昏而無得 不習其事 故危而不安)."라고 새긴다. 둘 다 취하지 않는다.

라고 신정근은 설명하지만, 중국은 인도처럼 암송이나 구술을 중시하지는 않는다.[98]

공자의 이 말을 인식론적으로 말하자면 '지성이 없는 감성은 맹목이고, 감성이 없는 지성은 공허하다'라는 칸트의 말과 거의 같은 사고방식이라고 이택후는 설명한다. 김용옥도 '내용이 없는 사고는 공허하고, 개념이 없는 직관은 맹목적이다'는 칸트의 말과 상통한다고 설명한다.[99] 그러나 굳이 비슷한 점을 찾는다면 대비시키는 표현법이 비슷할 뿐 내용이 비슷하지는 않다. 공자를 서구 철학자와 대비시키려는 시도는 대체로 무의미하다.

2·16 子曰 攻乎異端 斯害也已

스승님께서 말씀하시기를 : 엉뚱한 단서를 (잡고서) 열심히 파보았자 해로울 뿐이지.

---

98 신정근,『공자씨의 유쾌한 논어』(사계절, 2009) 참조. 중국의 문언문이 낭송을 경시하지는 않지만 암송에 유의하여 짓는 글은 아니다. 한편 '學而不思'와 '思而不學'이라는 조건절은 대(對)가 되기 때문에 기억하기 쉽지만 '罔'과 '殆'는 압운이 되어 있지도 않고 헷갈리기 쉽다. 이 문장은 어디까지나 중국적 미의식을 바탕으로 한 대구이지 암송을 위한 수사는 아니다. 만약 암송을 중시한다 하더라도 하필 이 장에서만 중시할 리는 없다. 중국은 문자뿐 아니라 언어도 서면어(書面語)의 성격이 강하다. 인도의 베다처럼 기다란 내용을 암송하기 쉬운 장치가 발달하지는 않았다. 「공작동남비(孔雀東南飛)」처럼 스토리가 있는 장편 서사시도 기록을 염두에 두고 문언문으로 쓴 것이지 구두로 전송되던 것을 적은 것은 아니다. 중국시의 압운도 음악적 아름다움을 위한 장치이기는 하지만 암송의 편의를 위한 장치는 아니다.

99 김용옥은 칸트의 원전과 번역문을 다 제시하지만, 이택후는 칸트의 말을 임의로 바꾸었다.

1) 攻乎異端(공호이단) : 攻을 '전공(專攻)'으로 보는 견해와 '공벌(攻伐)'로 보는 견해가 있다. 하안은 '治'라 하고, 범조우는 『시경·소아(小雅)』의 "可以攻玉"과 『주례·고공기(考工記)』의 "攻木之工" 및 『여씨춘추·상농(上農)』의 "農攻粟 工攻器 賈攻貨" 등을 근거로 '전치(專治: 오로지 파고들면서 공부함)'의 뜻이라고 한다. 주희를 비롯한 신유학자들은 그 견해를 따른다. 반면 오규 소라이, 정수덕, 양백준은 11·17과 12·21을 들면서 '공벌(攻伐: 공격함)'의 뜻이라고 한다. '已'를 동사로 해석해서는 '이단을 공격해야 그 폐해가 멈춘다'고 해석하기도 한다. 그러나 그런 해석은 패권주의적인 해석이다. 유가가 백가를 물리치고 패권을 차지한 뒤 '이단'은 자기와 다른 견해를 가진 사람을 가리키는 말로 사용된다. 攻을 '공벌'로 이해하는 견해는 그런 견해를 취한 것이다.[100] 그러나 '공벌'의 뜻이려면 11·17과 12·21에서 보듯이 목적어가 바로 이어져야 한다. 이 문장은 조사 '乎'가 끼어 있다. 乎는 목적격조사가 될 수 없다. 따라서 '攻乎異端'은 아무리 양보해도 '이단을 공격하다'는 뜻이 될 수는 없다.[101]

---

100 이단이란 양주(楊朱)나 묵적(墨翟)을 가리킨다면서, 그들을 공격한다는 뜻이라고 주희는 설명한다. 하지만 공자 당대에 양주와 묵적은 태어나지도 않았다. 노자와 불타를 가리킨다는 견해도 마찬가지이다. 노자는 실재했던 인물이 아니며, 불교는 공자 사후 수백 년이 지난 뒤에야 중국에 들어왔다. 19·04에서 언급되는 '소도(小道)'를 이단으로 볼 수 있다는 견해도 있지만, 19·04는 공자의 발언이 아니라 자하의 발언이니 공자 사후에나 기록되었을 것이며, 공자는 특정한 대상을 이단으로 규정하면서 공격하려고 한 적이 없다. 이단을 공격한다는 생각 자체가 전체주의적인 권력이 자기와 다른 견해를 가진 사람들을 제거하려는 목적으로 가졌던 관념일 뿐이다. 공자는 무엇을 이단으로 여겼을까 하는 의문 자체가 오류이다.

101 정주한묘죽간본에 '功'으로 표기된 것도 '공벌'의 뜻으로 보지 않는다는 증거가 된다.

'이단'은 원래 '실마리의 다른 쪽 끝'이라는 뜻이므로 '攻乎異端'은 '다른 쪽을 잡고서 파고들다'라고 새기는 것이 합당하다. 이단을 '부동귀자(不同歸者: 귀결이 같지 않은 것)'라고 새기는 하안의 주석이 비교적 가깝다. 박세당(朴世堂, 1629~1703)은 두 가지 해석이 모두 천루(淺陋)하다면서, 8·10의 "人而不仁 疾之已甚 亂也(인하지 못한 사람이 미움을 심하게 당해도 난동을 일으키기 쉽다)"의 취지와 같다고 주장한다. 나쁜 사람도 너무 구박을 당하면 난동을 일으키게 되므로 결과적으로 해롭다는 뜻이라는 것이다. 주희 주석에 얽매이지 않는 시도라는 점에서는 평가할 수 있을지 모르나, 8·10의 '亂'을 이 장의 '害'와 같다고 여기는 것은 지나친 상상력이다. 더구나 '이단'을 '不仁한 사람'으로 본다는 것도 결국 攻을 '공벌'로 본다는 것이다. 공자는 불인한 사람을 미워하지 말라고 말한 적도 없다.[102]

2) 斯害(사해) : 斯는 '~하면 곧', '~하면 그제야'라는 뜻의 접속사이

---

102 『사변록-논어』「위정」16장. "범조우가 공은 '전치'의 뜻으로서 이단만을 오로지 파고들면 해로움이 심하다고 말한 것을 집주는 따랐고, 어떤 사람은 攻은 '伐'이요 已는 '止'라고 해석하면서 이단을 쳐부수어야 해로움을 멈추게 할 수 있다고 해석한다. 두 가지 설은 같지 않지만 모두 천루한 흠이 있다. 이단만을 파고들면 해롭다거나 이단을 쳐부수어야 해가 멈춘다는 말은 설명할 필요도 없는 말이다. 어리석은 사람도 알 수 있는 내용이거늘 성인이 어찌 이런 말을 했겠는가. 그리고 누군들 이단인 줄 알면서 파고들려고 하겠는가. 공부자께서는 '사람이 어질지 못하다고 심하게 미워하면 난동을 일으킬 수 있다'고 말씀하신 바 있는데 내 생각으로는 이 장의 뜻도 그것과 같다고 본다. 비록 이단일지라도 공격을 지나치게 하면 도리어 해가 될 수 있을 것이다(范氏謂攻專治也 專治異端 爲害甚矣 註從之 或謂攻伐也 已止也 攻伐異端 害可以止 二說不同而皆病於淺陋 夫治異端 而爲害 與伐異端而害止 不待費說 愚夫猶知 聖人何爲於此 且孰有知其爲異端而 欲專治之者乎 夫子嘗曰人而不仁 疾之已甚亂也 愚意恐此章之義亦如此 雖異端而 若攻擊之太過 則或反爲害也)."

다. 害는 '해악'의 뜻이 아닌 '손해'의 뜻이다. 이로운 점이라고는 없다는 강조이다.

3) 已(이) : 황간본·고려본 등 몇몇 판본에는 '已' 뒤에 '矣' 자가 추가되어 있다. 그래서 '已'를 조사로 보지 않고 '그치다'는 뜻의 동사로 보아서는, '이단을 공격해야만 그 폐해가 멈추게 된다'고 새기기도 한다. 그러나 문맥을 감안하건대 17·05의 "末之也已"나 17·26의 "其終也已", 6·30의 "可謂仁之方也已"와 같은 용례의 조사로 보는 것이 합당하다.

평설

攻을 '공벌'의 뜻으로 새기는 것은 제자백가 사이의 경쟁을 의식한 후대의 해석이자 교조적인 해석이다. 공자 당대에 제자백가라는 것이 있지도 않았으니 그런 견해는 아마도 양주와 묵적을 심하게 공격했던 맹자 추종 세력에게서 비롯하였을지 모르겠다.

유가는 이처럼 이단을 관용하는 정신을 가졌다고 말하는 이택후의 설명은 엉뚱하다. 『논어』를 균형감 없이 읽으면 그처럼 교조적으로 높이고자 하려고만 한다. 이 문장은 그저 실익 없는 일에 파고들 필요는 없다는 취지의 말일 뿐이다.

2·17 子曰 由誨女知之乎 知之爲知之 不知爲不知 是知也

스승님께서 말씀하시기를 : 유야, 너에게 일러줄 테니 (잘) 기억하려무나. 아는 것은 안다 하고 모르는 것은 모른다 하는 것, 이것이 (바로) 안다는 것이야.

주

1) 由(유, 542~480 B.C.) : 성은 중(仲), 이름은 유(由), 자는 자로(子路)이다. 공자의 초기 제자로서 공자보다 9살 적었다 한다. 『사기·중니제자

열전』에 의하면, 노나라와 위(衛)나라 사이에 위치한 변(卞, 산동성 사수현 동쪽 50리 부근) 출신으로서 성품이 비루하여 힘자랑이나 하고 기질이 뻣뻣하여 이상한 복장을 하고 다니면서 공자를 업신여겼지만, 공자가 예를 갖추어 설복하자 유복(儒服)을 입고 부드러운 기질로 바뀌어 마침내 제자가 되었다고 한다.[103] 계씨가의 재(宰)를 지낸 적이 있고, 위(衛)나라의 포(蒲) 지역에서 대부로 지내다가 공리지난(孔悝之難) 때 장공에게 대들다 죽었다고 한다. 위나라에서 정변이 일어났다는 말을 들은 공자는 자로가 죽을 것을 예언했다고 한다.[104] 자신의 원칙에 엄격하면서

---

103 "변 땅 사람이다. 공자보다 9살이 적었다. 자로는 성품이 비루하고 힘쓰기를 좋아하며 뜻이 곧은 데다 수탉의 깃을 모자에 꽂고 수퇘지 가죽으로 장식한 칼을 차고 다니면서 공자를 무시하고 모욕하였다. 그러나 공자가 예를 늘어놓으면서 조금씩 자로를 유도하자 자로는 나중에 유자의 복장을 하고 예물을 가지고 와서 문인을 통하여 제자 되기를 청하였다(卞人也 少孔子九歲 子路性鄙 好勇力 志伉直 冠雄雞 佩豭豚 陵暴孔子 孔子設禮稍誘子路 子路後儒服委質 因門人請爲弟子)." 자로에게 무협의 기질이 있었음을 표현하는 대목인데, 『설원』의 「귀덕(貴德)」과 「잡언(雜言)」에는 자로가 공자를 만나기 이전의 모습이 더 자세하면서 과장되어 있다. 공자를 만난 다음 바뀌었다고 강조하고자 점점 더 과장했을 것이다.
104 "자로가 위나라 포읍의 대부가 되어 공자께 하직인사를 하자 공자는 '포에는 장사가 많고 다스리기 힘든 곳이다. 그러나 공·경으로써 날쌘 사람들을 잡고, 관·정으로써 대중과 나란히 하며, 그 위에 정으로써 윗사람에게 보답하거라'라고 말씀하셨다. 원래 위나라 영공에게는 남자라는 총희가 있었는데 영공의 태자 괴외가 그녀를 범하고서는 아버지에게 들킬까 봐 두려워 나라 밖으로 도주하였다. 영공이 죽은 다음 영공의 부인은 공자영에게 군주의 지위를 잇게 하려고 했으나 영은 사양하면서, 도주한 태자의 아들 첩을 세우라고 했다. 이에 위나라는 첩을 군주로 세우니 그가 곧 출공이다. 출공이 즉위한 뒤 12년 동안 그의 아버지 괴외는 나라 밖에 있으면서 위나라에 들어올 수가 없었는데, 그사이 자로는 위나라 대부 공리가 관할하는 포읍의 읍재가 되었다. 괴외는 공리와 모의하여 공리의 군사를 빌려 아들 출공을 공격하자 이에 출공은 노나라로 도주하고 그의 아버지 괴

공자에게도 거리낌 없이 들이댈 수 있는 유일한 제자였기 때문에 공자의 비판자이자 동지적 관계였다는 평가도 듣는다. 공자가 노나라를 떠나 처음 찾아간 곳이 위나라에 있는 자로 처형인 안탁추(顔濁鄒)의 집이었

외가 입국하여 즉위하니 그가 곧 장공이다. 공리가 괴외와 변란을 꾸밀 무렵 자로는 나라 밖에 있었는데, 공리가 변란을 일으켰다는 소식을 듣고는 위나라로 달려갔다. 위나라 도성에 도착할 무렵 마침 자고가 위나라의 성문을 나오다 자로를 만나서는 '출공은 이미 도주했고 성문도 닫혔으니 발길을 돌리시는 게 좋겠습니다. 헛되이 화를 입지 마십시오.'라고 말하였다. 그러나 자로는 '그 사람의 식읍을 받아먹는 사람이면 그 사람의 어려움을 보고서 회피하지 않는 법이다.'라고 대답하였다. 자고는 자로의 뜻을 꺾지 못하고 하는 수 없이 가버렸고, 자로는 마침 도성 안으로 들어가는 사자를 따라서 안으로 들어가 마침내 괴외의 앞에 당도하였다. 그때 괴외는 공리와 함께 누대에 있었는데, 자로는 괴외를 보고서 '어떻게 공리 같은 놈을 등용하십니까? 그놈을 죽이소서!'라고 청하였지만 괴외는 듣지 않았다. 이에 자로는 누대에 불을 지르려 했고 그러자 괴외는 놀라서 석걸과 호염에게 내려가서 자로를 치라고 시켰다. 싸움 끝에 자로의 갓끈이 칼에 맞아 떨어지게 되자 자로는 '군자는 죽더라도 관을 벗지 않는 법이다'라면서 갓끈을 고쳐 맨 다음 죽었다. 공자는 위나라에서 변란이 일어났다는 소식을 듣고 '아, 자로가 죽겠구나!'라고 탄식하였는데, 얼마 지나지 않아 과연 자로가 죽었다는 소식을 듣게 되었다. 그래서 공자는 '내가 자로를 제자로 얻은 뒤로는 나쁜 말이 내 귀에 들린 적이 없었는데!'라고 말했다 한다(子路爲蒲大夫 辭孔子 孔子曰 蒲多壯士又難治 然吾語汝 恭以敬可以執勇 寬以正可以比衆 恭正以靜可以報上 初衛靈公有寵姬曰南子 靈公太子蕢聵得過南子 懼誅出奔 及靈公卒而夫人欲立公子郢 郢不肯曰 亡人太子之子輒在 於是衛立輒爲君 是爲出公 出公立十二年 其父蕢聵居外不得入 子路爲衛大夫孔悝之邑宰 蕢聵乃與孔悝作亂 謀入孔悝家 遂與其徒襲攻出公 出公奔魯 而蕢聵入立 是爲莊公 方孔悝作亂 子路在外 聞之而馳往 遇子羔出衛城門 謂子路曰 出公去矣 而門已閉 子可還矣 毋空受其禍 子路曰 食其食者不避其難 子羔卒去 有使者入城 城門開 子路隨而入造蕢聵 蕢聵與孔悝登臺 子路曰 君焉用孔悝 請得而殺之 蕢聵弗聽 於是子路欲燔臺 蕢聵懼 乃下石乞壺黶攻子路 擊斷子路之纓 子路曰 君子死而冠不免 遂結纓而死 孔子聞衛亂曰 嗟乎由死矣 已而果死 故孔子曰 自吾得由 惡言不聞於耳)."

다고 하니 그렇게 표현해도 과장은 아닐 것이다. 7·35와 9·12를 보자면 공자의 만년까지 수제자로서 나머지 제자들을 지휘하였던 듯하다. 그러나 『논어』에는 공자가 자로를 인정하기보다는 꾸짖는 내용이 훨씬 더 많다.[105] 두 사람의 기질적 차이 때문이기도 하겠지만 『논어』가 형성되는 과정에서 소설적으로 편집되었다고 본다. "君子死而冠不免(군자는 죽더라도 관을 벗지는 않는다)"이라고 외치면서 죽었다는 전설적인 이야기는 이후 '士'의 전범이 된다.[106]

2) 誨女知之乎(회여지지호) : 敎는 상대를 변화시킬 목적으로 가르치는 행위이고, 誨는 정보나 지식을 알려주는 행위이다.[107] 따라서 敎는 '가르치다', 誨는 '가르쳐주다' 또는 '알려주다'라고 새기는 것이 좋다. 그런데 이 구절의 '知'는 뒤에 다섯 번 나오는 '知'와는 달리 '志'의 뜻이라고 유월은 지적한다. '너에게 알려줄 테니 새겨두라!'는 뜻이라는 것이다.

---

105 5·06, 5·07, 5·13, 5·25, 6·08, 6·28, 7·11, 7·19, 7·35, 9·12, 9·27, 10·27, 11·03, 11·12, 11·13, 11·15, 11·18, 11·22, 11·24~11·26, 12·12, 13·01, 13·03, 13·28, 14·12, 14·16, 14·22, 14·36, 14·38, 14·42, 15·02, 15·04, 16·01, 17·05, 17·07, 17·08, 17·23, 18·06, 18·07 등에서 자로가 언급되는데, 이 가운데 5·06, 6·08, 9·27, 12·12 정도만이 자로를 인정하는 내용으로 볼 수 있고, 7·11, 9·12, 11·13, 11·15, 11·18, 11·25, 11·26, 13·03, 15·02, 16·01 등은 자로를 폄하하는 내용이다.

106 『순자·대략(大略)』에 "제나라 사람들이 노나라를 공격하더라도 변장자를 꺼려서 감히 卞읍을 지나지는 않았고, 진나라 사람들이 위나라를 치더라도 자로를 두려워하여 감히 포읍을 지나지는 않았다(齊人欲伐魯 忌卞莊子 不敢過卞 晉人欲伐衛 畏子路 不敢過蒲)."라는 말이 있는 것을 보더라도, 중국인들은 유명한 역사 인물을 마치 현재 살아 있는 사람처럼 여기는 전통이 그때부터 있었음을 알 수 있다. 죽은 사람을 살아 있는 사람과 똑같이 여기는 것이 유가의 토대이다.

107 『맹자·고자』에 '불설지교회(不屑之敎誨)'라는 표현이 있는 것을 보면 맹자 단계에서는 두 글자 사이에 엄격한 구분 없이 이음절어처럼 사용했던 모양이다.

『순자·자도(子道)』의 "孔子曰 志之 吾語女 (…) 故君子知之曰知之 不知曰不知 言之要也"라는 대목과, 『한시외전』의 "孔子曰 由志之 君子知之爲知之 不知爲不知 言之要也"라는 대목을 근거로 제시하는데, 知는 확실히 志로 새겨야 하고 乎는 잘못 들어간 것으로 보인다.[108] 『순자』와 『한시외전』은 비록 후대의 자료이지만 비교의 가치마저 없지는 않다. 만약 '유야, 너에게 안다는 것(이 무엇인지)를 가르쳐줄까?'라는 문장이 되려면 '知之乎'가 아닌 '知乎'라야 할 것이다.[109] 오규 소라이는 13·02의 "子曰 擧爾所知 爾所不知 人其舍諸"라는 대목을 들면서 여기의 知는 사람을 알아보는 것을 뜻한다고 주장하지만, 지나친 견해이다. 그 구절은 현재(賢才)를 천거하는 방법론을 묻는 물음에 대한 대답이기 때문에 '爾所知'와 '爾所不知'를 함께 언급했을 뿐이고, 여기서는 知와 不知를 함께 언급한 것이 아니라 양자의 차이를 대비시키고 있다. 형식으로나 내용으로나 동일시할 수 있는 성격이 아니다. 다른 고전의 비슷한 대목을 찾아서 동일시하려는 태도는 오규 소라이와 유월이 닮은 점인데, 둘 다 지나칠 때가 더 많다. 知에 대한 설명은 9·29에 자세하다.

평설

공자의 말이기 때문에 자주 인용되곤 하지만, 내용은 너무 평범하다.

---

108 만약 잘못이 아니라면, 의문조사가 아닌 당부의 뜻을 나타내는 조사로 볼 수도 있다.

109 한편 정주한묘죽간본에는 '誨女智乎'라고 되어 있다. 그것을 따르자면 知를 志로 새길 근거는 없어지지만 之는 잘못 들어간 것이 된다. 한대 무렵에는 발음이 같은 탓에 '志之乎'로 이해하기도 하고 '知乎'로 이해하기도 했다고 보아야 할 것이다. 또한 공자의 대답이 '是知也'인 점을 감안하면 '知乎'라고 물었어야 하며 '之'는 베끼는 과정에서 잘못 끼어 들어간 것으로 보아야 할 것이다. 그러나 정주한묘죽간본 자체가 그다지 신뢰도가 높지 않기 때문에 그것을 따르지는 않는다.

다만 공자가 하필 자로에게 이렇게 강조한 배경은 궁금하다. 자로가 알지도 못하면서 아는 척하는 어떤 장면에서 이렇게 말했을 것이라고 단순하게 짐작할 수 있지만, 그런 단순한 짐작이 자로를 더욱 단순하게 보도록 만들었을지도 모른다.

모르는 것은 모른다고 말하는 것이 아는 것이라는 공자의 태도는 확실히 교주다운 태도는 아니다. 그가 천명을 말하는 대목에서는 교주다운 느낌을 갖게 되지만 공자는 기본적으로는 이처럼 상식적인 사람이었다. 추종자들에게 자신을 모르는 것이 없는 사람으로 꾸미는 뻔뻔함은 없었다.

2·18 子張學干祿 子曰 多聞闕疑 愼言其餘則寡尤 多見闕殆 愼行其餘則寡悔 言寡尤 行寡悔 祿在其中矣

자장이 (『시경』의)「간록」장을 공부하고 있었는데, (그 모습을 보신) 스승님께서 말씀하시기를 : 많이 듣되, (그 가운데) 미심쩍은 부분은 빼고 나머지(분명한 것들에 대해서)만 조심스럽게 발언하면 실수는 적을 거야. (또한) 많이 보되, (그 가운데) 확실하지 않은 것은 빼고, 나머지(확실한 것들에 대해서)만 조심스럽게 행동한다면 뉘우침은 적을 거야. 말에 실수가 없고 행실에 뉘우침이 없으면, 녹은 (바로) 그 안에 있단다.

주

1) 子張(자장, 503~447 B.C.) : 성은 전손(顓孫), 이름은 사(師), 자는 자장(子張)이다. 공서화·유약·자하·자유·증삼과 더불어 공자의 말기 제자에 해당하는 사람으로, 공자보다 48살 적었다 한다. 그의 조상은 본래 진(陳)나라 사람이었으나 10세대 앞에 제나라에서 노나라로 망명해 왔다는 설도 있다.『사기·유림열전』에서는 자장이 진나라에서 산 것으로 표현된다. 자장은 제자들 가운데 학문적 자세가 진지하고 정력적이었던

사람으로 짐작된다. 특히 그는 추상적 관념에 대해 질문을 많이 했다. 11·20에서는 '선인지도(善人之道)'에 관하여, 12·06에서는 '명(明)', 12·10에서는 '숭덕변혹(崇德辨惑)', 12·14에서는 '정(政)', 12·20에서는 '달(達)', 15·06에서는 '행(行)', 17·06에서는 '인(仁)'에 관하여 묻는데, 이처럼 일관되게 추상적 관념에 대해 질문했던 제자는 자장 말고는 없다.[110] 그는 "선비로서 나라가 위급한 때를 만나면 목숨이라도 내놓으려 하고, 얻어지는 것이 생기면 그것을 내가 챙기는 것이 옳은지를 생각하며, 제사에 임해서는 귀신을 공경해야 한다는 것만을 생각하고, 상사(喪事)에 임해서는 슬픔만을 생각한다면 아마도 선비로서는 괜찮다고 할 수 있을 것이다."[111]라고 천명한 바 있다. 군자가 아닌 士의 가치관을 강조하는 점이 공자와 차별성을 보일 뿐 아니라 내용 또한 에둘러 표현하지 않는다. 공자는 "천하의 경세지도가 잡히거든 자신을 세상에 드러내고 경세지도가 잡히지 않거든 숨어 있으라."[112]라고 말했지만, 자장은 스승과는 반대로 나라가 위급하면 목숨이라도 내놓으라고 말한다. 제자백가가 거의 공통으로 추구하던 실리, 즉 유리한 상황이 될 때까지 추이를 보면서 기다리거나 유리한 상황을 임의로 만들어내는 태도를 싫어하고, 가치의 실천에는 능동적이어야 한다고 생각했던 것이다. 그러면서도 제(祭)와 상

---

110 19·03에서 그의 문인이 '交'에 대해 질문하자 "군자는 현명한 사람을 존경하면서도 보통사람들도 용납하고, 잘하는 사람을 치켜세우면서도 못하는 사람도 북돋아준다. 내가 크게 현명하다면 남에게 용납되지 못할 바가 어디 있겠으며, 내가 현명하지 못하다면 남이 먼저 나를 거절할 테니 내가 어떻게 남을 거절한단 말인가(君子尊賢而容衆,嘉善而矜不能. 我之大賢與,於人何所不容? 我之不賢與, 人將拒我,如之何其拒人也)."라고 대답하는 것을 보면 그의 지적 수준은 매우 높았다고 본다.

111 士見危致命,見得思義,祭思敬,喪思哀,其可已矣(19·01).

112 天下有道則見 無道則隱(08·13).

(喪)을 강조함으로써 스승에 대한 자신의 정통성 또한 충분히 유지한다.

이러한 자장에 대한 공자의 평가는 흥미롭다. 자장과 자하 가운데 누가 더 나으냐고 자공이 묻자, 자장은 지나치고 자하는 부족하다고 공자는 대답한다(11·16). 이에 자공은 자장이 더 나은 것으로 결론지으려 하지만 공자는 '과유불급(過猶不及: 지나친 것은 못 미친 것과 같다)'이라는 유명한 말로써 평가절하한다. 공자가 이처럼 자장을 높이 치지 않았기 때문인지 동문들의 자장에 대한 평가도 좋은 편이 아니다. 자유는 "내가 자장을 벗하는 것은 뛰어난 재능 때문이다. 하지만 仁에는 부족하다."[113]라고 말한 바 있고, 증삼은 "자장은 당당하기는 하지만, 그 당당함이 인의 실천과 함께하기는 어렵다."[114]라고 말한다. 이와 같은 폄하는 의도적이라고 보는데, 그것은 공자가 어떤 성향의 제자들을 높이 쳤는지, 또한 공자 사후 공문의 동향이 어떠했는지를 짐작할 수 있는 대목이기도 하다. 안회나 증삼을 높이는 쪽이 주도권을 장악했기 때문에 자장에 대한 평가는 아무래도 인색할 수밖에 없었을 것이다. 자장이 제자를 거느렸다는 언급이 『논어』에는 없다. 그러나 『한비자』와 『사기』는 공자의 제자들 가운데 자신의 제자를 거느렸던 사람으로 자장의 이름을 들고 있고, 특히 『한비자』에서는 자장의 문파가 유가의 여덟 문파 가운데 으뜸이었다고 말한다.[115] 그렇다면 공자 사후 자공·자유·증삼·자장·유약 정도는 각각 자신의 문파를 거느리면서 상호 경쟁하지 않았을까 한다. 강유위는 자장을 칭송하면서, 그의 견해가 곧 공자사상의 중심이 된다고까지 말한다. 그러나 자장의 견해가 요즘 관점으로 볼 때 뛰어나다고 평가한다면 모를까 공자사상의 중심이라고 하는 것은 지나치다. 이택후는 한비자

---

113 吾友張也爲難能也,然而未仁(19·15).

114 堂堂乎張也 難與並爲仁矣(19·16).

115 『대대례기』의 「천승(千乘)」편은 자장학파의 저작으로 간주되기도 한다.

가 언급한 여덟 문파 가운데 안회와 증삼을 대표로 하여 송명대 이학에서 최고봉에 도달하게 되는 내성(內聖)을 지향하는 흐름과, 자공과 자장을 대표로 하여 순자와 동중서를 거쳐 후대의 허다한 정치가 사상가들에 이어지는 외왕(外王)을 지향하는 흐름, 이 두 가지 흐름이 가장 두드러진다고 말한다.[116] 유향의 『신서(新序)』에는 자장이 애공을 알현하려 했으나 7일이 되어도 만나주지 않았다는 이야기가 있는데, 그것은 전국시대 종횡가들이 꾸며댄 이야기라고 최술은 단언한 바 있다. 그 이야기는 『장자·천도(天道)』에도 있는데 아마도 유가의 이중성을 비판하기 위해 꾸민 이야기가 아닌가 한다. 『예기·단궁』에는 자장이 죽음에 이르러 아들 신상(申祥)을 불러놓고 "군자의 죽음은 종(終)이라 하고 소인의 죽음은 사(死)라고 하는데, 내가 오늘 죽으면 종(終)이라고 할 수 있을지."[117]라고 말했다는 기록도 있다. 『순자·비십이자』에는 "모자를 삐뚜름하게 쓰고 다니고 싱거운 말만 하고 다니며, 우임금처럼 절름거리며 걸어 다니고 순임금처럼 풀이 죽어 종종걸음으로 다니는 것은 자장을 스승으로 모시는 문파의 천박한 유생들이다."[118]라는 표현이 있다.[119] 자장과 관련된 내용은 2·23, 5·18, 14·40, 15·42, 20·02에 더 있다.

2) 學干祿(학간록) : 형병의 『논어주소』 이후 '녹을 얻는 방법을 배우다'라고 새기는 경우가 많은데, 이 문장에서는 '『시』 「간록」장을 배우다'라고 새기는 것이 옳다고 본다. 『사기·중니제자열전』에는 '學干祿'이 아

---

116 수신제가(修身齊家)를 지향하는 경향과 치국평천하(治國平天下)를 지향하는 경향으로 나누기도 한다.

117 君子曰終 小人曰死 吾今日其庶幾乎

118 弟佗其冠 神襢其辭 禹行而舜趨 是子張氏之賤儒也

119 이택후는 자장과 순자의 연관성을 말한다. 순자가 자장을 비난했다면 같은 학맥 안에서 정통성 경쟁을 하는 과정에서 자장을 부정해야 할 필요성 때문에 그랬을 것이다.

닌 '問干祿'으로 되어 있는데, 그렇다면 '녹을 얻는 방법을 묻다'라고 새겨야겠지만 '學干祿'으로 되어 있기 때문에 '시경의 간록장을 배우다'라고 새기는 것이 낫다. 공자의 대꾸가 녹을 구하는 것에 대한 내용이기 때문에 그렇게 해석하게 된다. 어쨌든 자장이 시경을 배우는 과정에서 있었던 대화의 한 장면일 것이다. 공자가 요즘의 학교교육처럼 교재를 강론했는지는 알 수 없지만 자신의 견해를 제자에게 던지는 방식으로 가르쳤음은 알 수 있다.[120]

---

120 '干祿'은 『시경』 「대아」의 '한록(旱麓)'장을 가리킨다. 「대아」의 '가락(假樂)'장에도 '干祿'이라는 표현이 나오기는 하지만 대체로 '한록'장일 것으로 간주한다. 그런데 '한록'장은 반드시 벼슬을 구하는 내용은 아니고 일반적인 복록을 구하는 내용이다.

瞻彼旱麓 榛楛濟濟 豈弟君子 干祿豈弟
(첨피한록 진고제제 기제군자 간록기제)
瑟彼玉瓚 黃流在中 豈弟君子 福祿攸降
(슬피옥찬 황류재중 기제군자 복록유강)
鳶飛戾天 魚躍于淵 豈弟君子 遐不作人
(연비려천 어약우연 기제군자 하불작인)
淸酒旣載 騂牡旣備 以享以祀 以介景福
(청주기재 성모기비 이향이사 이개경복)
瑟彼柞棫 民所燎矣 豈弟君子 神所勞矣
(슬피작역 민소료의 기제군자 신소로의)
莫莫葛藟 施于條枚 豈弟君子 求福不回
(막막갈류 이우조매 기제군자 구복불회)

보게나 한산 기슭 우거진 저 개암 싸리 / 의젓하신 군자님 복록도 소담하네
맑아라 저기 옥찬 누런 울창 담겨 있네 / 의젓하신 군자님 복록도 절로 오네
솔개는 하늘 날고 물고기는 못에 놀고 / 의젓하신 군자님 아름답게 교화

3) 聞(문), 見(견) : 자기 바깥의 지식과 정보를 받아들이는 대표적인 두 가지 수단이다.

4) 闕疑(궐의), 闕殆(궐태) : 자기 바깥의 지식과 정보를 받아들이는 것을 '聞'과 '見'으로 나누어 표현했듯이 자기 내부에서 일어나는 감촉도 '疑'와 '殆' 두 가지로 표현했다. 闕은 말하거나 실행하기 의심스러운 부분은 일단 제쳐두라는 뜻이다. '殆'는 2·15의 주)에서 설명했듯이 '위태롭다'는 뜻이 아니라 '결단하지 못함'이라는 뜻이다. 疑와 殆는 당시 협운(叶韻)이었던 모양이다.

5) 寡(과) : 원래는 '적다'는 뜻이지만 '鮮'과 마찬가지로 부정의 뜻을 나타내기 때문에 '(거의) 없다'라고 번역하는 것이 좋다.

6) 尤(우), 悔(회) : '실수'와 '뉘우침'으로 새길 수 있다. '悔'는 7·11에서도 나오는데, '자발적인 뉘우침'보다는 '후회'나 '회한'의 뜻이다. 실수를 저질러서 비난을 받거나, 판단을 보류하지 않고 함부로 말하고 행동함으로 인해 후회하게 되는 일은 없을 것이라는 뜻이다.

평설

말실수하지 않고 후회할 짓만 하지 않으면 공직생활을 무난하게 할 수 있다는 말이나 다름없다. 그렇다면 요즈음 복지부동(伏地不動)이라고 비판받는 공직자의 바람직하지 못한 행태의 근원을 공자에게서 찾아야 할지도 모르겠다. '언행에 실수가 없도록'은 '언행에서 트집 잡히지 않도록'

하네

　맑은 술 익어가고 붉은 소 준비되니 / 신령께 제사 드려 큰 복을 빌어보세
　맑은 저 가래 떡갈 백성들 땔감이네 / 의젓하신 군자님 귀신이 위로하네
　우거진 저 칡과 다래 가지마다 걸렸는데 / 의젓하신 군자님 복을 비니 내려오네

과 다름없기 때문이다. '祿在其中矣'도 '그래야 공직생활이 무난하다'는 말이나 다름없다. 공자는 이렇듯 현실을 중시했다. '결과가 의심스러운 것은 일단 제쳐두라'는 말보다 더 현실적인 가르침이 어디 있겠는가? 끝까지 궁리하라고 하지는 않는다. 인과를 궁리하여 보편적 원리를 추출하는 것이 과학인데, '끝까지 궁리한다는 것은 어리석은 짓일 뿐'이라고 가르치는 공자교도들에게서 과학 탐구를 기대하기는 어려운 일이 아니겠는가?

공자의 시관(詩觀)은 1·15, 2·02, 3·08, 3·20, 8·08, 11·06, 13·05, 16·13, 17·09에도 있다.

2·19 哀公問曰 何爲則民服 孔子對曰 擧直錯諸枉則民服 擧枉錯諸直則民不服

애공이 (공자께) 여쭙기를 : 어떻게 해야 인민이 복종할까요? 공자께서 대답하시기를 : 굽은 사람을 빼내고 그 자리에 곧은 사람을 천거하여 앉히면 인민이 복종할 것이고, 곧은 사람을 빼내고 그 자리에 굽은 사람을 천거하여 앉히면 인민이 복종하지 않겠지요.

주

1) 哀公(애공, 494~468 B.C. 재위) : 노나라 정공(定公)의 아들이자 도공(悼公)의 아버지로서, 공자 58세 때에 10세의 나이로 26대 군주로 즉위하였다. 공자는 55세에 노나라를 떠나 68세에 돌아왔으니 이 대화는 공자가 노나라로 돌아온 뒤에 있었을 것이다. 3·21, 6·03, 12·09, 14·21에도 등장하는데, 12·09와 14·21을 보자면 그다지 바람직한 군주로 묘사되지는 않는다. 당시 노나라의 실권은 환공 아들 삼형제의 후손인 맹씨·숙씨·계씨 세 대부가 쥐고 있었는데, 애공은 월나라의 힘을 빌려 이

들을 제거하려다 실패하여 월나라로 도주하여 거기서 죽는다. 『좌전』에
는 공자의 죽음에 그가 지은 뇌문(誄文)이 실려 있다. 『순자』에는 애공과
공자 및 안연의 대화를 묶어 「애공」편을 두었는데, 전국시대에 꾸며진
이야기들을 다듬었을 것이다.

2) 孔子對曰(공자대왈) : 공자에 대한 호칭은 대내적 입장에서 기록할
때는 '우리 스승님'이라는 의미에서 '子'로 표기하지만, 공자와 제삼자의
대화를 외부자적 입장에서 기록할 경우에는 '孔子'로 표기한다. 서구어
에서는 1인칭, 2인칭, 3인칭으로 구분하지만 중국어에서는 2인칭도 대내
와 대외의 여부에 따라 호칭을 구분한다.[121] 공자보다 신분이 높은 사람
과의 대화는 '孔子'로 표기했다고 주희는 설명하지만, 제자와의 대화일
지라도 외부자 입장에서 그 대화를 기록할 경우에는 '孔子'로 기재한 경
우가 많다. 1·01의 주1) 참조.

3) 擧(거) : 시험을 치러서 인재를 선발하는 방식이 채택되기 전까지
중국의 인재 등용방식은 '천거'였다. 그래서 시험을 치러서 뽑는 방식도
'과거'라고 불렀다. 12·22의 주5) 참조.

4) 直(직) : 공자는 '직(直: 곧음)'이라는 덕목을 높이 샀다. 사람의 바
탕은 곧아야 한다고 강조하고(12·20), 곧지 못한 삶은 요행으로 화를 면
하는 삶일 뿐이라고 한다(6·19). 곧은 사람을 등용해야 한다 하고(2·19,
12·22), '직도이행(直道而行)'을 강조하는가 하면(15·25), 유하혜(柳下
惠, 720~621 B.C.)를 예로 들면서 임금 모시는 일은 직도(直道)로 하라고
한다(18·02). 仁·知·信·直·勇·剛을 모토로 삼더라도 호학하지 않으면

---

121 현대 중국어에서도 대내와 대외의 구분에 따라 호칭을 달리한다. 예컨대
'우리'라는 뜻의 대명사에는 '我們'과 '咱們'의 두 가지가 있는데, 상대방을 제외
하면서 대내적으로 사용할 때는 '我們'이라 하고, 상대방을 포함하면서 대외적으
로 사용할 때는 '咱們'이라 한다.

안 된다고 말하는 대목을 보면(17·08) 직을 인·지·신 다음가는 덕목으로는 여겼던 듯하다. 곧은 친구가 이롭다고도 말한다(16·04). 옛날의 어리석은 사람은 현명하지는 못해도 처신만큼은 곧았지만 요즘 어리석은 사람은 현명하지도 못하면서 남을 속이려고만 한다고 말하는 것을 보면 (17·16) 곧은 처신은 당시에도 어리석다는 평가를 들었던 듯한데, 그럼에도 불구하고 공자는 곧은 처신을 높이 샀다. 하지만 직이 무엇인지에 대한 설명은 마찬가지로 없다. 『논어』에 보이는 직은 서구문화권의 진 (眞)이나 선(善)과 대비된다. 곧다는 평가를 듣는 미생고라는 사람을 예로 들면서, 다른 사람이 뭔가 얻으러 왔을 때 자기에게 없으면 없다고 말하면 그만이지 이웃에서 얻어다 주기까지 하는 것은 곧다고 할 수 없다 한다(5·23). 사어(史魚)라는 사람을 예로 들면서는, 나라의 정치환경이 좋을 때도 화살처럼 곧게 처신하고 나라의 정치환경이 좋지 않을 때도 역시 화살처럼 곧게 처신하는 태도를 칭찬한다(15·07). 곧은 처신이 다 듬어지지 않을 경우 박절한 탓에 남에게 상처를 줄 수 있다고도 강조한 다(8·02). 자공 또한 고자질을 곧은 처신으로 여기는 사람을 미워한다고 말한다(17·24). 5·23과 13·18의 주) 참조.

5) 錯(조) : 포함은 "정직한 사람을 천거하여 쓰고 비뚤어진 사람을 버리면 백성은 자기 주상에게 복종한다."[122]라고 주한다. 주희는 '사치(捨置: 버려두다)'라고 한다. 그러나 錯('착'이 아닌 '조')는 措(조)의 가차자로서, 어떤 것을 빼내고 그 자리에 다른 것으로 바꾸어놓는다는 뜻이다. 枉을 빼내고 그 자리에 直을 놓는다는 뜻이다. 오규 소라이는 목재를 쌓는 이치처럼 굽은 나무 위에 곧은 나무를 놓아두면 굽은 나무도 곧아진다는 뜻이라고 하는데 '擧直錯諸枉'으로 끝나는 문장이라면 혹 그와 같은 물리적 이치를 말한 것으로 볼 수도 있겠지만 '擧枉錯諸直'까지 말하고 있

---

122 擧正直之人用之 廢置邪枉之人 則民服其上

으므로 취할 수 없다.[123] '대체하여 바꾸다'는 뜻이 분명하다.

6) 諸(저) : 주희는 '여러 굽은 사람을 버리고 정직한 사람을 천거한다'고 새긴다. 錯를 '버리다'라고 새기니까 諸도 '중(衆: 여러 사람)'이라고 새길 수밖에 없게 된다. 하지만 '여러 굽은 사람을 버리고 곧은 한 사람을 등용한다'거나, '여러 곧은 사람을 버리고 굽은 한 사람을 등용한다'라는 표현은 성립될 수 없다. 錯의 뜻을 감안하자면 諸는 '之於'의 합자로 보아야 한다.

7) 枉 : 直의 반대어이다. 18·02에서는 直道와 枉道라는 상반어를 사용한다.

8) 服 : 정이는 '심복(心服)'이라고 하지만, 군주를 마음으로까지 복종하라는 요구는 송유(宋儒)로서의 생각일 뿐이다. 당시로서는 지휘와 권위에 복종한다는 뜻이면 충분하다.

평설

공자의 대답은 너무 단순하고 평범하다. 오규 소라이는 '先王之法言'이라고 말하지만, 의외의 단순한 대답으로써 애공의 의표를 찌르는 수법이다. 다만 이 장의 핵심은 공자가 애공이라는 군주를 만났다는 사실에 있지 문답의 내용에 있지는 않다. 다음 장도 마찬가지이다. 공자가 계강자라는 최고 권력자를 만났다는 사실에 의미가 있지 대화의 내용에 특

---

123 『사기·공자세가』에 계강자가 정사에 대해 질문하자 "擧直錯諸枉則枉者直"라고 대답했다는 대목이 있는데, 오규 소라이는 그 구절에서 착안했을 것이다. 김용옥은 12·22의 "擧直錯諸枉 能使枉者直"을 예로 들면서 오규 소라이의 해석에 지지를 표하지만, 거기서도 굽은 것을 곧게 만드는 것이 물리적 힘은 아니다. 굽은 사람 대신 곧은 사람을 임명하면 굽은 사람도 곧게 된다는 이치를 설명했을 뿐이다. 곧은 사람을 굽은 사람의 상사로 임명하면 아래에 있는 굽은 사람도 곧아진다는 생각은 지나치게 소박한 생각이다.

별한 의미는 없다. 이 장의 '服'이나 다음 장의 '敬忠以勸'은 그렇고 그런 내용일 따름이다.[124]

공자는 이렇듯 直과 枉의 대립에 대해서는 생각했어도 '참과 거짓'이나 '선과 악'의 대립에 대해서는 생각한 적이 없다. 그런 것은 서구적 가치관이다. H.G. 크릴은 중국의 역대 왕조가 행정의 중심을 군주가 아닌 대신에게 두었던 전통이 공자의 영향이라고 하면서, 그 근거를 공자의 이런 말에 둔다. 순임금의 고요(皐陶)나 탕임금의 이윤(伊尹)과 같은 고대 명재상에 관한 전설들은 공자 이후에 만들어졌다고 본다.[125]

2·20 季康子問 使民敬忠以勸 如之何 子曰 臨之以莊則敬 孝慈則忠 擧善而敎不能則勸

계강자가 (스승님께) 여쭙기를 : 인민이 (군주를) 공경하고 (군주에게) 충성하며 부지런하도록 만들려면 어떻게 해야 할까요? 스승님께서 말씀하시기를 : 인민에게 위엄 있게 다가가면 (인민은 군주를) 공경할 것이고, (부모에게) 효도하고 (자식을) 사랑할 수 있도록 해주면 (인민은 군주에게) 충성할 것이며, 잘하는 사람을 천거하여 잘하지 못하는 사람을 가르쳐주도록 하면 (인민은) 부지런해질 겁니다.

주

1) 季康子(계강자, 492~468 B.C. 재위) : 노나라 대부 계환자(季桓子 季孫斯, 505~492 B.C. 재위)의 아들로 이름은 비(肥)이고 강(康)은 시호

---

124 물론 『논어』 편찬자가 대화의 내용에는 전혀 비중을 두지 않았다는 것은 아니다.

125 12·22 참조.

이다. 애공 3년에 계손씨의 7대주가 된다. 계환자의 병이 위중할 때 그의 처 남유자(南孺子)는 임신 중이었는데, 계환자는 아들이 태어나면 상속자로 삼고 딸이 태어나면 계강자를 상속자로 삼으라고 유언했다. 아들이 태어났지만 누군가에 의해 살해되어 결국 계강자가 뒤를 잇게 되는데, 『좌전』에는 그것이 계강자의 짓임을 암시하는 대목이 있다. 애공 7년 오나라 왕 부차가 제나라를 공격하자 계강자는 자공을 파견하여 부차와 오나라의 태재비(太宰嚭)를 설득하게 한 일이 있고, 애공 11년 제나라가 노나라를 공격하자 계강자는 염유를 등용하여 해결하게 한다. 『논어』에서 군주인 애공은 약간 부정적으로 표현되지만 실권자였던 계강자는 그다지 부정적으로 표현되지 않는다. 염구·자공·자로·번지 등 공문 제자들을 등용한 사람도 계강자이고 유랑하던 공자를 노나라로 불러들인 사람도 계강자였기 때문이 아닐까 한다. 계강자와 공자의 대담은 6·08, 11·07, 12·17, 12·18, 12·19에도 있다.

　2) 敬忠以勸(경충이권) : '경충하도록 권한다'라고 새길 수는 없다. 공자가 세 가지로써 대답하는 것을 보더라도 경·충·권 세 가지를 물었다고 본다. '以'는 여러 가지를 열거할 때 마지막 조목의 앞에 붙여서 첨가의 어기를 더해주는 연결사이므로 '~하고도'라고 새기면 된다. 따라서 勸은 『논어주소』처럼 '勸勉爲善(선행을 하도록 권면한다)'으로 새기거나 『논어집주』처럼 '有所勸而樂於爲善(권면하는 바 있어 선행을 즐겁게 행한다)'이라고 새길 것이 아니라 '부지런하다'는 뜻으로 새기는 것이 옳다. 敬에 대해서는 1·05와 1·13의 주)를, 忠에 대해서는 1·04의 주)를 참조.

　3) 如之何(여지하) : '어떻게 할까'라는 뜻의 의문사 '如何'는 목적어를 가운데에 둔다. 如가 원래 '처리하다'는 뜻의 동사이므로 '如~何'라는 구문이 의문사로 쓰이게 되었을 것이다. 3·19, 9·14, 9·24, 11·14, 11·22, 12·09, 15·16, 17·07, 18·07, 19·03, 19·12, 19·25에도 나온다.

　4) 莊(장) : 포함은 '嚴', 주희는 '容貌端嚴'이라고 한다. 정주한묘죽간

본에는 '狀'으로 적힌다.

5) 孝慈則忠(효자즉충) : 앞에 '臨之以'가 생략된 것으로 보고서 '군주가 인민을 효자(孝慈)로써 대하면 인민이 충성하게 된다'라고 흔히 새긴다. 그러나 인민이 군주를 효자로써 대한다면 모를까 군주가 인민을 효자로써 대한다는 표현은 맞지 않다고 본다. '군주가 스스로 효자하면 인민은 군주에게 충하게 된다'거나, '군주가 인민으로 하여금 효자할 수 있도록 해주면 인민도 군주에게 충할 것이다'는 의미라야 한다. 군주가 인민을 대하는 태도에 따라 인민도 군주에 대한 태도를 결정한다는 상대주의적인 생각은 당시로서는 불가능한 생각이다. '효에는 인도(引導)의 뜻이 있기 때문에, 몸소 인도하고 은혜로 기르면 인민이 충성하게 된다는 뜻이다'라는 해석도 마찬가지로 불가능하다.

6) 擧善而教不能(거선이교불능) : 善은 원래 '해치지 않다'는 뜻이다. 나아가 '착하다'라는 추상적인 가치를 포함하게 되고, 뭔가를 '잘하다'라는 뜻도 지니게 된다. '잘하다'라는 뜻일 경우 반대어는 '불능(不能)'이다. 3·25, 8·04, 8·13은 '착하다'는 뜻이고, 7·03, 7·22은 '잘하다'는 뜻이다. 2·20, 7·26, 11·20, 13·11, 13·29에서는 '善人'을 군자보다는 못하지만 정치를 담당할 만한 사람이라는 뜻으로 사용한다.[126] 이 장에서도 擧라는 동사가 있으므로 善은 善人을 가리킨다. '착한 점은 치켜세우고 못하는 점은 가르치다'라는 뜻은 아니다. '선인을 등용하고, 할 줄 모르는 사람을 가르치다'라고 새기면 인민이 부지런하게 되는 동기에 대한 설명으로는 설득력이 약하다. 따라서 '선인을 등용하여 할 줄 모르는 (무지한) 사람들, 즉 인민을 가르치도록 한다'라는 뜻으로 새기는 것이 인민이 부지런하게 되는 동기로는 더 설득력이 있다. 공자는 정치의 과제를 결국 인민을 계몽하는 것으로 보았다고 할 수 있다.[127]

---

126 20·01의 '善人'은 단순히 착한 사람이라는 의미이다.

공자가 사구(司寇)를 비롯한 중책을 맡은 적이 있다고 여기는 사람들은 대개 이 장을 그 근거로 삼는다. 그러나 대화내용은 의례적인 내용이지 정무 담당자와 정치 현안에 대해 나눈 내용은 아니다. 2·19의 애공과의 대담도 마찬가지이다. 이 장과 2·19는 공자가 계강자 및 애공과 면담한 적이 있음을 드러내는 데에 중점이 있지 면담의 내용에 중점이 있지는 않다. 유자들로서는 공자가 제자들보다 더 높은 지위에 오른 적이 없었다는 사실을 받아들이기 어렵기 때문에 최고위직인 대사구 직위에 올랐다고 확신하지만, 많은 학자들은 믿지 않는다. 춘추시대에 재상이라는 관직은 없었고 정권을 잡은 경(卿)에 대해 '相某君(상모군: 아무개 군주를 돕는 사람)'이라고 표현했을 뿐이다.『춘추곡량전』정공 10년의 "孔子相焉"이라는 표현도 단지 '공자가 도왔다'는 뜻임에도 공자가 재상을 지낸 것으로 읽는 것은 잘못이라고 최술은 고증한 바 있다.[128] 공자가 노나라 대사구를 지냈다는 기록은『맹자』,『좌전』,『묵자』등에 나오는데,『좌전』과『묵자』는『맹자』보다 뒤에 만들어진 것이기 때문에『맹자』가 처음이라고 할 수 있다.

2·21 或謂孔子曰 子奚不爲政 子曰 書云 孝乎惟孝 友于兄弟 施於有政 是亦爲政奚其爲爲政

어떤 이가 공자께 "당신(같은 분)이 왜 정무를 보지 않으십니까?"라고 일컫자 스승님께서 말씀하시기를 :『상서』에 "효도해야 할 사람(인 부모)에게 효도하고

---

127 13·09를 보자면 공자는 정치의 첫째 과제를 인민을 부유하게 만드는 것으로 여겼고, 그다음 과제로는 가르치는 일로 보았다. 1·01의 주2) 참조.

128 10·03의 주1) 참조.

형제에게 우애하여 정치에까지 연장한다."라는 말이 있습니다. (효도하고 우애하는) 이런 것도 정무를 보는 것입니다. 어찌 (직위에 앉는) 그런 것만이 정무를 보는 것이겠습니까?

주

1) 謂(위) : '曰'은 상대를 특정하지 않은 발언에, '謂'는 상대를 특정하는 발언에 쓰는 표현이다. 그래서 '말하다'가 아닌 '일컫다'라고 번역하였다. 1·07, 1·11, 1·14, 2·07 등 참조.

2) 奚不爲政(해불위정) : 대개는 이 구절을 공자에 대한 질문으로 여기고서 공자가 벼슬길에 나가지 않은 이유를 나름대로 설명한다.[129] 그러나 형식은 질문이지만 내용은 비웃음이다. 발탁되지 못하고 있는 사람에게 그렇게 질문하는 것은 비웃는 짓일 수 있다. 공자의 대답이 말장난처럼 느껴지는 것도 그 때문이다. 공자가 높은 벼슬에 오른 적이 없다는 사실을 곤혹스럽게 여겼던 전통시대의 유자라면 몰라도 얼토당토않은 설명으로써 발탁되지 못하는 점을 해명하고자 한다면 곤란하다. 정주한묘죽간본에는 '奚'가 모두 '何'로 되어 있다. 당시 두 글자가 서로 통용되었거나 지방에 따라 사용하는 의문사가 달랐을 것이다.

3) 書云(서운) : 『상서』에 이런 구절이 있다'는 뜻이다.[130] 그런데『금문상서』에는 그 구절이 없고 위서로 밝혀진 『고문상서·주서(周書)』의

---

129 양화가 권력을 장악하던 시기라서 공자가 벼슬하지 않고 있을 때 이 질문을 받았을 것이라고 주희는 설명하지만, 주희 역시 이 구절을 진지한 질문으로 보기 때문에 그처럼 합리적인 변명을 하게 된다.

130 『사기·공자세가』는 『서』도 『시』와 마찬가지로 공자가 3,420건의 문서 가운데서 가려 뽑은 것이라고 설명한다. '상서'는 『서』를 한대에 부르던 이름이다. 남송 때 '서경'이라고 높여 부르기 시작한 뒤 명대 이후로는 '서경'이라는 이름이 더 많이 쓰였다.

「군진(君陳)」편에만 "君陳 惟爾令德孝恭 惟孝 友于兄弟 克施有政"[131]
이라는 대목이 있다. '施於有政'이 아닌 '克施有政'으로 쓰였기 때문에
하안은 '孝乎惟孝友于兄弟'만 『상서』의 원문이라고 주장하지만, '施於
有政'까지 인용문으로 보는 것이 합리적이다.[132] H.G. 크릴은 '書云'이
'상서에서 말하기를'이라는 뜻은 아니고 '이런 말이 적힌 문서가 있다' 정
도로 이해해야 한다고 주장한다.[133] 『고문상서』가 위서라는 점을 의식한
주장일 것이다.

　4) 孝乎惟孝(효호유효) : 『고문상서』를 위조한 사람은 공자가 인용한
대목을 약간 다르게 썼다. 어쨌든 이 구절은 공자가 『서』를 인용했던 의
도대로 해석할 수밖에 없는데, 그러자면 '孝乎惟孝'는 '효도해야 될 분에

131　"군진이여, 그대는 참으로 덕이 훌륭하고 효성스럽고 공손하였소. 진정으로
부모에게 효성스럽고 형제에게 우애하면 정치도 잘 베풀게 된다오."
132　이 대목을 보면 다음과 같이 추정해볼 수 있다. "『논어』와 『상서』에 모두 밝
은 사람들 가운데는 이 대목이 『상서』에 없다는 사실에 착안하게 된다. 그렇다면
전해지는 『상서』 외에 원형이 되는 『상서』가 따로 있었을지도 모른다고 생각하기
도 한다. 그렇게 생각하는 사람들 가운데 과감한(?) 어떤 사람이 마침내 결행을
한다. 그는 『논어』를 비롯한 여러 고전에서 주워 모으기도 하고 자신이 임의로 보
충하기도 하여 『상서』의 원형을 만든다. 신뢰도를 높이기 위해 그는 그것을 금문
자(今文字)가 아닌 고문자(古文字)로 적고, 그것이 공자의 집 담벼락에서 나왔다
고 말하게 된다. 그래서 사람들은 그것을 『고문상서』라는 이름으로 부르게 되지
만, 마침내 청대의 고증학자들에 의해 위작으로 판명난다."
133　『논어』에서 『서』를 인용한 대목은 여기와 7·18, 그리고 14·40의 세 군데이
다. 왕실의 문서보관소에 있던 문서들이 '서'라는 이름의 책으로 집대성되는 시
기는 공자의 사후로 추정되기 때문에 그는 그렇게 추정하는 것이다. H.G. 크릴은
공자가 교육에 있어 책의 비중은 상대적으로 적게 두고 실제적인 개혁에 많은 비
중을 두었다고 한다. 책을 점점 강조하게 되는 것은 공자 사후 유교사에서 실제
적인 개혁보다는 추상적인 학문에 몰두하는 쪽으로 관심이 옮겨가는 조짐이라고
하는데, 충분히 수긍되는 지적이다.

게 효도하다'는 뜻이라야 한다. 즉, 부모에게는 효도해야 한다는 뜻이다. 한위육조시대까지 '孝乎惟孝 友于兄弟'로 읽던 것을 정이와 주희는 '孝乎 惟孝友于兄弟(효도하라, 오직 효도하고 형제와 우애 있으라)'로 바꾸지만, 정수덕이 지적했듯이 오류이다.

5) 施(이) : 정약용은 '연(延: 끌어가다)'의 뜻이라고 했다.

6) 奚其爲爲政(해기위위정) : '어째서 그렇게 하는 것만이 정무를 보는 것이냐?'라는 뜻이다. 그렇다면 其는 '직책을 가져서 정무를 담당하는 것'이겠다. 미야자키 이치사다는 爲와 爲 사이에 '不'이 생략되었다고 주장하지만 4·05의 경우처럼 구문을 이해하지 못한 주장일 뿐이다. 정약용은 '爲政'이라는 말의 의미를 따진다. 위정은 '정치 참여'나 '벼슬자리 차지'가 아니라 '主事', 즉 모든 일에서 주관하는 것을 가리킨다고 주장한다.[134] '有政'은 벼슬자리를 차지한다는 뜻이지만 '爲政'은 정권을 잡는다는 뜻이라는 것이다. 합리적인 지적이므로 번역에 반영하였다.

평설

정치에 대한 발언은 많이 하면서도 현실 정치에는 왜 참여하지 못하느냐는 조롱에 공자는 이렇게 응대했다는 설명이다. 공자의 대답도 말장난처럼 들리지만, 정치란 것이 효제(孝弟)의 연장에 불과하다는 견해만큼은 공자의 정치관과 어긋나지 않는다. 공자의 일관된 생각이자 유가 정치철학의 기초이다. 현실 정치 참여에의 꿈을 단념하고 문헌의 정리에나 열정을 쏟던 만년의 일이었을지는 모르나, 신분은 낮으면서도 이상적인

---

134 "趙宣子爲政(조선자가 정권을 잡았다)"〈『좌전』 선공 원년〉, "我死子必爲政 (내가 죽으면 그대가 반드시 권력을 잡게 될 것이다)"〈『좌전』 소공 20년〉, "疇昔 之羊子爲政 今日之事我爲政(접때 양요리는 그대가 주관했지만 오늘 전투는 내가 주관하겠다)"〈『좌전』 선공 2년〉 등의 구절을 사례로 든다.

정치에 대한 발언을 지속했던 공자로서는 어쩌면 이와 같은 조롱을 평생 받았을지도 모르겠다.

2·22 子曰 人而無信 不知其可也 大車無輗 小車無軏 其何以行之哉

스승님께서 말씀하시기를 : 사람이 되어 가지고 신용이 없다면, 그런 사람 쓰일 데(가 어디일지)를 모르겠어. 큰 수레에 마구리가 없고 작은 수레에 멍에막이가 없다면, 그것이 어떻게 굴러가겠는가!

| 주 |

1) 人而無信(인이무신) : 명사 뒤에 붙는 '而'는 일반적으로 자격의 뜻을 나타낸다. '人也而無信'에서 '也'가 생략된 구문으로 볼 수도 있다. '사람으로서', '사람이 되어 가지고'의 뜻이다. 동시에 가정이나 조건의 뜻도 포함한다. 3·03과 8·10의 "人而不仁", 3·22의 "管氏而知禮", 7·12의 "富而可求也", 7·31의 "君而知禮", 13·22의 "人而無恒", 17·10의 "人而不爲周南召南" 등도 같은 경우이다. 信에 대한 설명은 1·04의 주) 참조.

2) 不知其可(부지기가) : 대개는 可를 '옳음'으로 其를 '人而無信'으로 해석해서는, '신용 없는 사람이 옳은지 모르겠다'라고 새긴다. 공안국도 "사람으로서 신용이 없으면 그 나머지는 종당에 쓸모없다."[135]라고 말한다. 하지만 無信이 옳지 않음은 당연하기 때문에 형식논리상 맞지 않다. 可는 허용되거나 가능한 것을 의미하므로 '그런 사람 쓰일 데를 알지 모르겠다'고 새기는 것이 낫다.

3) 輗(예), 軏(월) : 포함과 주희는 輗를 '끌채 끝의 가로나무로서, 멍에를 묶어 소에 지우는 것', 軏을 '끌채 끝 위에 굽어진 고리를 걸어 말에 지

---

135 人而無信 其餘終無可

우는 것'이라고 한다.[136] 大車는 소가 끄는 짐수레이고 小車는 말이 끄는 兵車, 乘車, 田車 따위인데, 수레와 우마를 연결하는 중요 부위의 이름을 각각 다르게 불렀던 모양이다. 信이 사람과 사람을 연결하는 관건이기 때문에 우마와 수레를 연결하는 중요 부위로써 비유했을 것이다. 정주한 묘죽간본에는 거(車) 대신 여(輿)로 되어 있다.

4) 其何以行之哉(기하이행지재) : 其를 '장차(~하려고 하다)'라는 뜻의 부사로 보아서 '장차 어떻게 운행된단 말인가?'라고 새길 수 있다. 결국 '그것이 어떻게 굴러가겠느냐?'라는 반문이다. 재(哉)는 주로 감탄의 어기를 나타내는 조사인데, 여기서처럼 반문구 형식의 감탄문에도 쓰인다.

평설

씨족사회의 가족공동체 규범이었던 효와 그것을 국가체제로까지 확대한 충은 수직적 인간관계의 규범이다. 그것만으로 사회적 안정을 기대하기는 어렵다고 보았는지 공자는 信을 강조한다. 그렇다면 信은 수평적 인간관계의 규범인가? 그렇지 않다. 信을 외따로 강조하지 않고 忠과 묶어서 강조하는 것을 보더라도 그렇지는 않음을 알 수 있다.[137]

신뢰에는 아는 사람에 대한 신뢰와 낯선 사람에 대한 신뢰가 있다고 에릭 M. 우슬러너(Eric M. Uslaner)는 설명한다. 아는 사람에 대한 신뢰는 '전략적 신뢰'이지만 모르는 사람에 대한 '일반적 신뢰'가 중요하다고 강조한다.[138] 전략적 신뢰는 깨지기 쉽지만 모르는 사람에 대한 신뢰는 그 사람과 내가 가치적으로 동등하다는 도덕적 토대 위에서 성립되는 신뢰

---

136 '轅端橫木縛軏以駕牛者', '轅端上曲鉤衡以駕馬者'.

137 1·08, 5·27, 7·25, 9·25, 12·10, 15·06의 경우가 그러하다. 忠과 信의 관계에 대해서는 1·04의 주3)과 주5) 참조.

138 에릭 M. 우슬러너, 『신뢰의 힘』(박수철 역, 오늘의 책, 2013).

이므로 영속적이다. 확실히 그러하다. 알지 못하는 사이의 인간을 신뢰할 수 있다면 사회적 갈등은 훨씬 줄어들 것이다. 그러나 일반적 신뢰가 교육만으로 확보될 수는 없다. 구성원들의 사회적 조건에 차별이 없고 평등이 전제되어야 가능할 것이다. 고대 중국에서 전략적 신뢰가 강조되었던 것은 그 사회가 그만큼 차별이 심하고 평등하지 않았다는 증거이다. 지배와 피지배가 분명하고, 지배계층도 여러 위계가 있는 데다 그나마도 쉬 흐트러지는 사회에서 모르는 사람에게 신뢰를 기대한다는 것은 불가능했을 것이다. 전략적으로 짐짓 얽어놓은 관계에서도 신뢰는 쉬 무너졌다.

2·23 子張問 十世可知也 子曰 殷因於夏禮 所損益可知也 周因於殷禮 所損益可知也 其或繼周者 雖百世可知也

자장이 (스승님께) 여쭙기를 : 열 왕조(뒤의 사람들)도 (지금 주왕조의 예악제도를) 알게 될까요? 스승님께서(는 당연하다는 듯이) 말씀하시기를 : 은(왕조의 예악제도)는 하(왕조)의 예악제도에 근거했으니까 (둘 사이에) 빠지고 더해진 부분(이 무엇인지)를 (견준다면 하왕조의 예악제도를) 알아낼 수 있지? 주(왕조의 예악제도)는 은(왕조)의 예악제도에 근거했으니까 (둘 사이에) 빠지고 더해진 부분(이 무엇인지)를 (견주면 은왕조의 예악제도를) 알아낼 수 있지? (그렇게 계속해나간다면) 주왕조 뒤를 이어 (열 왕조 아닌) 백 왕조가 지나더라도 (지금 주왕조의 예악제도를 충분히) 알 수 있겠지.

주

1) 十世可知也(십세가지야) : 주희는 一世를 '한 왕조'라고 한다. 오규 소라이는 왕조가 바뀌는 것은 一代이고 一世는 부자(父子)가 바뀌는 것이라고 한다. 사전적 의미로는 소라이의 견해가 옳다. 그러나 '十世可知

也'라는 문장만 있다면 모르지만 이어지는 공자의 설명에서 一世는 분명히 '한 왕조'를 가리킨다. 더구나 이 문장에서는 百世가 '3천 년'을 의미하든 '일백 왕조'를 의미하든 중요하지 않다. 그저 오랜 세월을 표현하는 대명사일 뿐이다. 오히려 관건은 '十世'가 '可知'의 목적어인지 아니면 주어인지의 여부이다. 목적어라면, '十世 뒤 왕조의 예악'이라는 뜻이고, 그 경우 주어는 공자나 범칭이 된다. '스승님은(또는, 사람들은) 십 세뒤 왕조의 예악이 어떠할지 예상할 수 있습니까?'라는 뜻이 된다. 그러나 주어라면, '十世 뒤 사람들'이라는 뜻이고, 그 경우 목적어는 지금 주왕조의 예악이 된다. '십 세 뒤 사람들은 지금 주왕조의 예악을 알 수 있을까요?'라는 뜻이 된다. 공자는 '可知'의 방법이 두 왕조 예악의 차이를 차례로 견주는 것이라고 한다. 그렇다면 지금보다 뒤에 오게 될 왕조의 예악을 지금 견줄 수는 없다. 따라서 '우리가 하왕조의 예악을 알 수 있는 것처럼 백 세 뒤 왕조의 사람들도 역대 왕조의 예악을 견주는 방법으로써 지금 주왕조의 예악을 알 수 있을 것이다'라고 새길 수밖에 없다. 자장의 질문 또한 '십 세 뒤 사람들은 지금 주왕조의 훌륭한 예악제도를 알게 될까요?'라고 새길 수밖에 없다. 지금 훌륭하다고 여기는 주왕조 예악제도의 뿌리가 은왕조와 하왕조이듯이 백세가 지나더라도 예악의 근본은 바뀌지는 않는다는 확신을 표현하는 문장일 것이다. 知는 '인지하다'의 뜻이 아니라 이것과 저것이 어떻게 다른지를 '분별하다'의 뜻이다.[139] '也'는 의문형조사이다. 앞에 問이라는 글자가 있고, 뒤에서 공자가 대답하는 것을 보면 질문이 분명하다. 육덕명(陸德明, 556~627)은 "어떤 책에는 乎라고 되어 있다."라고 한다. 정주한묘죽간본에는 확실한 의문조사인 '與'로 되어 있다.

  2) 殷(은) : 주왕조 이전에 중원을 차지했던 왕조 이름이다. 동이족의

---

139 '知'에 대한 자세한 설명은 9·29 참조.

일족인 상(商)이라는 부족이 세운 왕조라서 원래 '상'이라고 불렀지만, 도읍을 은으로 옮긴 뒤 은으로 불렀다.[140] 탕왕이 하왕조의 걸왕을 무찌르고 세운 왕조로서 30대 주왕(紂王) 때에 주(周)의 무왕(武王)에게 멸망당했다. 전설상의 왕조로 여겨지다 은허(殷墟)에서 갑골문을 비롯한 고고학적 증거들이 발견되면서 실재했던 왕조로 인정받는다. B.C. 1600년경부터 B.C. 1046년경까지 존속했다고 한다.

3) 夏(하) : 은왕조 이전인 B.C. 2070년경부터 B.C. 1600년경까지 중원 지역에 실재했다는 왕조의 이름이다. 순(舜)이 죽은 뒤 치수사업에서 공을 세운 우(禹)가 제후들의 추대로 왕위에 오른 다음 이전의 선양 방식을 버리고 세습왕조로 바꾸었다 하며, 17대 걸왕(桀王) 때에 멸망당했다고 한다. 씨족은 원래 사씨(姒氏)이지만 우임금이 하후씨(夏侯氏)로 바꾸었기 때문에 왕조의 이름조차 夏로 불리게 되었다고 한다. 3·05의 '주)夷狄, 諸夏' 참조.

4) 因(인), 所損益(소손익) : 마융은 "因한 바는 삼강오상이고 손익한 바는 문질과 삼통이다."[141]라고 한다. 황간, 형병, 주희도 삼강오상에 대해 설명하지만, 모두 불필요한 주석이다. 공자는 '삼강오상'이니 '문질삼통'이니 하는 말조차 몰랐다. 포괄적으로 '예악'으로 간주하면 된다. 因은 '근거하다'의 뜻이다.

5) 其或繼周者(기혹계주자) : '其'도 가정이나 조건을 나타내는 조사로 쓰이고[142] '者'도 가정이나 조건을 나타내는 조사로 쓰이지만,[143] 본문

---

140 중국에서는 전통적으로 왕조의 공식명칭은 없었다. 국호라는 개념도 없었다. 창업군주의 출신지역 이름이나 수도 이름이 곧 왕조와 국가의 이름을 대신할 뿐이었다. 「논어문답」 12'의 각주38' 참조.

141 所因謂三綱五常 所損益謂文質三統

142 다음의 용례가 있다. "其如是孰能御之(만약 이와 같다면 누가 능히 그것을 막을 수 있겠습니까?)"〈『맹자·양혜왕상』〉.

처럼 '其~者'의 형식을 쓰기도 한다.

세월이 아무리 흘러도 사회의 기본 틀은 바뀌지 않는다는 공자의 확신은 지금까지는 참이라고 할 수 있다. 가부장제와 종법제의 소국가에서 대통일의 전제주의 국가로, 다시 문벌귀족 국가로, 다시 인민공화국으로, 중국의 정치체제는 이처럼 여러 차례나 바뀌었지만 사회의 기본 틀은 바뀌지 않았다. 사회 내부의 움직임들은 여전히 혈연을 바탕으로 한 봉건적 시스템으로 유지되는 부문이 많다.[144] 그러니 조대(朝代)가 아무리 바

---

143 다음의 용례가 있다. "伍奢有二子 不殺者 爲楚國患(오사에게는 아들이 둘 있는데 그들을 만약 죽이지 않는다면 초나라에게는 우환이 될 것입니다)"(『사기·초세가(楚世家)』).

144 중국사회는 무게중심이 하나인 사회이기 때문에 정체될 수밖에 없으며 결과적으로 자본주의가 발달할 수 없었다는 막스 베버와, 역시 중국사의 단절을 주장하는 레빈슨의 견해는 1970년대까지 서구 학계의 정설이었다. 그러다가 1977년 토마스 메츠거(Thomas A. Metzger, 1933~)가 *Escape from Predicament: Neo-Confucianism and China's Evolving Political Culture*(Columbia University Press, 1977)를 발표하면서 종래의 중국사 해석을 부정한다. 그는 중국문화에 지금까지도 연속성이 내재한다고 주장했는데, '긍정적인 자아'와 '부정적인 자아' 사이의 긴장을 연속성의 근거로 내세웠다. 메츠거의 이론은 베버와 레빈슨에 의해 굳어졌던 서구인의 동양에 대한 견해를 뒤집는 이론으로 평가받는 한편, 일본, 한국, 타이완, 싱가포르 등 유교권 국가들의 산업화를 설명하는 근거가 되기도 하였다. 그런데 필자는 중국사가 통시적으로 연속된다는 견해에는 동의하지만 연속성의 기제가 긍정적 자아와 부정적 자아 사이의 긴장이라는 견해에는 동의하지 않는다. 긴장이나 갈등이라는 구도는 서구사회를 설명하는 데 적합한 틀이지 중국사회를 설명하는 데 적합한 틀이 아니다. 중국사를 관통하는 정신적 지주가 수신(修身: 도덕적 자기 함양)과 사(仕: 사회봉사) 사이의 긴장이라면서 그는 송명대의 신유학을 그 사례로 드는데, 그런 견해는 중국의 사회와 문화를 표피적으

뀔지라도 사회의 기본 틀은 결코 바뀔 리 없다는 공자의 확신은 지금까지는 맞은 셈이다.

공자가 그처럼 확신했던 까닭은 가족이라는 틀이 바뀔 리는 없다고 보았기 때문일 것이다. 그러나 마침내 현대에 들어서서 중국 가족의 형태와 구조는 바뀌었다. 대가족에서 핵가족으로, 그것도 한 자녀 핵가족으로 바뀌었다. 그렇다면 농업사회와 봉건체제를 받쳐주던 대가족 구조 위에서 수천 년간 형성되어왔던 중국의 문화도 이제 바뀌지 않을 수 없다. 가족구조의 변화가 앞으로 중국의 문화를 어떻게 바꿀 것인지는 상당히 중요한 탐구 주제라고 본다.

"십 세 뒤 사람들도 지금 주왕조의 예악을 이해할 수 있을까요?"라고 자장이 물었던 까닭은 무엇일까? 2·18의 주)에서 언급했듯이 자장은 공자의 제자들 가운데 지적 호기심이 가장 왕성하였던 사람이다. 그는 공자의 생각이 지나치다고 여긴 나머지 반문하지 않았을까 한다. 십 세 뒤의 변화를 확인하고 싶어서 묻지는 않았을 것이다. 세월이 오래되어도

로 이해한 견해이다. 송명대의 신유학은 '곤경(predicament) 해결 방식'으로 중국사에 등장한 것이 아니다. 송명대의 신유학자들은 정치권력의 구조를 자기들 생각대로 바꿔야 한다고 주장했을 뿐이다. 공자가 그랬듯이 말이다. 만물은 차별 없이 공(空)한 것들일 뿐이라는 그 당시 지배적인 관념이었던 불교적 세계관을 뒤집는 것으로써 자기들 생각의 이론적 근거를 마련했다. 그래서 만물은 하늘로부터 받은 본성이 각각 다르고, 각각 다르기 때문에 그들 사이에는 정연한 질서가 있어야 한다고 말하였다. 문제 해결을 위한 이론은 아니다. 서구인들은 이처럼 名과 實이 다른 중국의 문화를 이해하지 못하기 때문에 중국사회를 설명하는 적실한 이론을 내놓기 어렵다. 만약 연속성이란 것을 가지고 중국사회와 중국문화를 설명하고자 한다면 긴장이나 갈등보다는 중국인들이 세상을 이해하는 핵심코드로 여기는 혈연이나 가족구조를 관찰하는 것이 훨씬 더 적절하다. 대가족에서 핵가족으로 전환된 요즘이야말로 수천 년 동안 중국사회를 유지해왔던 기본 틀이 흔들리는 시점이라고 본다.

결코 바뀌지 않는다고 강조하시지만 십 세 뒤까지도 안 바뀌겠느냐면서 공자를 떠본 것이다. 그러자 공자도 약간 흥분한 듯 "십 세 아닌 백 세 뒤 사람들도 가능하지!"라고 반박하고 있다. 공자는 제자와의 대화에서 이렇듯 감정을 표출하는 경우가 잦다. 제자들과 의제를 가지고서 단계적이고도 온화한 토론을 하는 것이 아니라 대체로 제자들을 자신의 의도대로 계도하겠다는 사명감을 갖거나, 자신의 가슴에 맺힌 것을 풀어낼 때 공격적으로 발언한다.

자본주의 사회는 몰락하고 사회주의 및 공산주의 사회가 차례로 도래할 것이라고 마르크스가 예언했던 것은 인류 역사가 자연법칙처럼 필연적 작용에 의해 지배를 받는다는 믿음 때문이었다. 인류 역사의 발전과정을 자연사적 과정으로 보았던 것이다. 그 견해는 설명이 필요 없이 비과학적이지만, 그가 인류 역사를 자연법칙으로 믿었던 가장 큰 원인은 그러한 사회를 실현시키고 싶은 자신의 열망이었다고 본다. 자본주의 뒤에 어떤 사회가 올 것인지를 단지 예측하려는 생각에서가 아니라, 다음에 오는 사회를 자기 손으로 실현하고 싶은 열망 때문에 법칙성을 예언했다고 본다. 마르크스가 가졌던 열망의 근거는 현재의 모순이었다. 그는 억압과 착취라는 자본주의 사회의 모순을 '악'으로 치부하고서 그 악을 박멸하고자 했다. 이 장에서 보이는 사회구조의 법칙적 필연에 대한 공자의 확신도 마르크스의 확신과 비슷하다.[145] 자신이 내세우는 선왕지도가 백 세 뒤에도 보존될 것이라는 법칙적 확신은 주왕조의 훌륭한 예

---

145 다만 공자는 구조에만 착안하지는 않았다. 사회구조에만 착안하는 사람은 아마도 사람이 모두 균질하다고 생각하는 사람일 것이다. "사람들은 계급이니 계층이니 하는 말을 하는데 나는 무슨 말인지 모르겠다. 내가 아는 건 사람들의 열정, 시기, 질투, 그리고 사랑 같은 것이다."라는 버지니아 울프(Virginia Woolf, 1882~1941)의 말은 인간의 내면을 균질하게만 여기는 사람들에 대한 항변일 것이다.

악을 자기 손으로 실현하고픈 열망이 아니고서는 나올 수 없다. 미래 사회에 대한 순전한 호기심에서 나올 수 있는 것은 아니다. 마찬가지로 열망의 근거는 당시 사회의 무질서였다. 대부가 공경을 능멸하고 공경이 왕을 능멸하는 상황을 공자는 질서를 위반하는 난(亂)의 상황이라고 인식하였던 것이다. 하지만 공자는 질서라는 것에 대한 자신의 생각이 너무 나이브하다고 생각하지는 못했던 듯하다.

자신의 열망을 당위적 법칙으로 여기는 순간 그 사람은 교주가 된다. 공자나 마르크스에게서 교주적 성격이 보이는 것은 그 때문이다. 다만 공자의 확신은 투철하지 못했다. 자신을 등용해주기만 하면 그 나라를 동방의 주왕조로 만들겠다는 신념을 보이다가도[146] 뗏목 타고 바다 건너로 가버리겠다는 체념을 드러내는가 하면,[147] 천명에 의탁하려고도 했다.[148] 인간사회를 유도와 무도의 순환으로 볼 수 있었을 때,[149] 그때가 공자로서는 가장 지혜로운 때가 아니었을까 한다.

2·24 子曰 非其鬼而祭之 諂也 見義不爲 無勇也
스승님께서 말씀하시기를 : 자기(가 제사 지내야 할) 귀신이 아닌데도 제사 지내는 것은 아첨이다. (실천해야) 마땅한 일을 보고서도 (실천)하지 않는 것은 용기 없는 것이다.

---

146 17·05 참조.
147 5·06, 9·14 참조.
148 2·04, 14·35, 16·08, 20·03 참조.
149 공자의 그런 생각은 1·14, 5·20, 8·13, 14·01, 15·07, 16·02 등 여러 곳에서 찾을 수 있다.

1) 鬼(귀) : 고대 중국인들은 '조상의 넋'처럼 생전의 인격과 대응하는 저승의 존재를 '귀'라고 불렀고, 천신(天神)처럼 생전의 인격과 대응하지는 않는 저승의 존재는 '신'이라고 불렀다.[150] 둘을 구분하지 않고 모두 '귀신'이라고 부르기도 한다.[151] 神은 원래 申·電과 같은 글자로서, 번개를 뜻하는 글자에다 示를 더한 것이다.[152] 번개를 뜻하는 글자에다 雨를 더한 것은 電이다. '鬼' 자는 갑골문과 금문에서부터 보이는데, 『설문해자』는 "人所歸爲鬼(사람이 귀하니까 귀이다)"라는 말장난 같은 설명을 한다.[153] '귀'는 제(祭: 제사 지내다), 사(事: 섬기다), 경(敬: 공경하다), 도(禱:

150 정현은 "人神曰鬼(사람의 신을 귀라고 한다)"라고 했다. 天神·人鬼·地祇로 구분하는 것이 고대의 관습이다. 아카츠카 키요시(赤塚忠, 1913~1983)는 『中国古代の宗教と文化, 殷王朝の祭祀』(角川書店, 1977)에서 중국 자연신들의 대부분은 부족의 수호신, 즉 부족의 조상이었다고 설명한다. 하지만 고대 중국인의 조상신에 대한 생각은 왕이 자신의 조상신에 대해 가졌던 관념을 본뜬 것이라고 본다. 저승 세계는 이승 세계와 마찬가지로 왕의 조상신이 가장 높고 민의 조상신은 낮다고 여겼을 것이다. 자연신이라는 존재를 상정했다 하더라도 왕의 조상신(天 또는 帝)보다 높을 수는 없었다. 天은 왕의 조상신이 관할하는 세계이고 天下는 왕이 관할하는 세계였다. 天下에 왕의 권능을 능가하는 인격이 있을 수 없듯이 天에도 왕의 조상신을 능가하는 귀신은 있을 수 없었다. 따라서 귀신에 대한 제사를 주관하는 자도 그 귀신의 격에 어울리는 인간이라야 했다. 아래 계급의 인간이 위 계급의 귀신에게 대한 제사를 함부로 주관해서는 안 되었다. 이러한 서열 관념은 결국 현세의 최고 권력인 왕을 중심으로 한 관념일 뿐이다.

151 11·12에서 "未能事人 焉能事鬼"라고 대답하는 것을 보면 人과 대응하는 존재를 鬼라고 표현하는 것은 분명하다. 그러나 바로 앞 구절에서는 "問事鬼神"이라고 했다. 鬼라 하지 않고 鬼神이라고 한 것을 보면 일상에서 鬼와 神을 엄격하게 구분하지는 않았던 듯하다.

152 정주한묘죽간본에서는 3·12의 "祭神如神在"가 '祭申如申在'로 적혀 있다.

153 『설문』은 이처럼 유사한 발음이나 유사한 형태를 가지고서 임의적으로 해

빌다)의 대상이다. 사람이 귀를 대하는 태도에 대해서는 6·22, 8·21, 11·12 참조.

2) 祭(제) : 2·05의 주) 참조. 귀신에게 음식을 바치면서 제사를 지내는 목적은 살아 있는 후손들의 삶에 영향력을 발휘해달라는 것이다. 따라서 자기와 관계가 있는 귀신이 아닌 다른 귀신에게 복을 비는 것은 아첨이라는 것이다.

3) 義(의) : 1·13의 주) 참조. 선택 조건이 아닌 당위적인 실천덕목이라는 뜻이다.

4) 勇(용) : 공자는 인·지와 함께 용도 군자의 필수덕목으로 꼽았다.[154] 다만 인을 지나 용보다 상위 덕목으로 표현하거나[155] 지와 인만을 대비시켜 언급하는 경우가 많았고[156] 용에 대해서는 위험성을 자주 강조했다.[157] 공자가 생각했던 용은 단지 남다른 짓을 할 수 있는 힘이 아니라 옳은 일을 실천할 수 있는 힘을 의미했다. "호학하면 지에 가까워지고, 역행하면

석하는 사례가 많다. 神도 '申(신: 늘이다)'이라는 후대의 뜻을 가지고서 '引出萬物'이라고 해석한다.

[154] 9·29와 14·28에서 거듭 "知者不惑 仁者不憂 勇者不懼"라고 말하는 것이 그 증거이다.

[155] 14·04와 15·33 참조.

[156] 4·02, 6·21, 9·29 등이 그렇다.

[157] 8·02에서는 "勇而無禮則亂", 8·10에서는 "好勇疾貧 亂也", 17·08에서는 "好勇不好學 其蔽也亂", 17·23에서는 "君子義以爲上 君子有勇而無義爲亂 小人有勇而無義爲盜", 17·24에서는 "惡勇而無禮者 (…) 惡不孫以爲勇者"라면서 경계시킨다. 勇에 두 가지 측면이 있다고 보았기 때문에 경계시킨 것이다. 공자는 이것이 勇이라고 단정하지는 않았지만, 義·好學·禮 등 사람의 의지와 관계되는 勇을 높이 샀을 따름이지 의지와는 관계없는 勇에 대해서는 경계시켰다. 둘을 구분하는 용어가 없어서 똑같이 '勇'으로 표현했을 뿐 그런 것은 勇이 아니라는 뜻이다. 그런 勇은 武勇이나 蠻勇으로 부를 수 있을 것이다.

인에 가까워지며, 수치를 알면 용에 가까워진다."라는 「중용」의 설명은 용을 관념적으로 해석한 것이다.[158] '知恥(지치: 수치를 안다)'라는 말의 함의가 곧 예와 의라는 기준에서 벗어나는지의 여부라는 뜻이다.

고대 중국의 사회적 관계에는 공공의 영역이 없었다. 공공이라는 개념은 평등한 개인이 전제될 때만 성립될 수 있다. 수직적 인간관계만 있는 사회에서는 있을 수 없다.[159] 義(옳음)라는 것도 종법이나 군신관계를 기준으로 한 개념이지 공공을 기준으로 한 개념은 아니었다. 권력, 재산, 기회의 공평한 분배를 의미하는 것도 아니고, 공공선을 염두에 둔 정의 (justice)를 의미하는 것도 아니다.

공자는 귀신을 공경하되 일정한 거리를 두어야 한다고 생각하였고(6·22), 제사는 직접 참여해야 한다고 생각하였으며(3·12), 신기(神祇)에게 비는 것을 달가워하지는 않았다(7·35, 11·12).

---

158 "知仁勇三者 天下之達德也"라는 구절에 이어 "好學近乎知 力行近乎仁 知恥近乎勇"이라고 되어 있다.
159 「논어문답」 12'에 이에 대한 설명이 자세하다.

팔일(八佾) 제삼(第三)

이 편은 예악을 주제로 한 장이 많다. 『논어』의 각 편은 일정한 주제에 따라 모은 것이라고 여기는 주석가들은 아마도 이 편 때문에 그런 생각을 하게 되었을지도 모른다. 하지만 이 편 전체가 일률적으로 예악에 관한 내용은 아니다. 참월한 권력을 비판하는 내용도 많다. 단일한 주제를 고집하지는 않았다고 본다.

이 편이 몇 차례의 시기로 나뉘어 성립되었을 것으로 여기는 주석가도 있지만 그런 추론이 의미를 지니지는 못한다.

『논어정의』는 다음과 같이 설명한다. "前篇論爲政 爲政之善 莫善禮樂 禮以安上治民 樂以移風易俗 得之則安 失之則危 故此篇論禮樂得失也(앞 편에서는 위정을 논하였다. 그런데 정치를 하는 데 좋은 것은 예악보다 더한 것이 없다. 예로는 주상을 편안하게 만들고 백성을 다스리며, 악으로는 풍속을 바꿀 수 있다. 그러니 예악을 얻으면 안정되고 잃으면 위태롭게 된다. 그러므로 이 편은 예악의 득실을 논하고 있다)."

3·01 孔子謂季氏 八佾舞於庭 是可忍也 孰不可忍也

계씨가 (관아) 뜰에서 팔일무를 추게 한 것을 가지고 공자께서 일컬으시기를 :
그런 (참람한) 짓을 아무렇지 않게 할 수 있으니 무슨 짓인들 못 할까?

주

1) 季氏(계씨) : 노나라 공실(公室)을 억누르고 여러 대에 걸쳐 노나라
의 실권을 장악했던 대부 가문 셋 가운데 가장 세력이 컸던 계손씨(季孫
氏)를 가리킨다. 대개의 주석가들은 공자가 어느 날 팔일무 추는 장면을
보고서 이 말을 한 것으로 이해한다. 그래서 계씨의 종주(宗主)가 누구일
때의 일인지를 추정하고자 한다. 마융은 계환자(季桓子, 505~492 B.C. 재
위), 『한시외전』은 그의 아들인 계강자(季康子 季孫肥, 492~468 B.C. 재
위), 정약용·정수덕·양백준은 『좌전』 소공 25년과 『한서·유향전』의 기
사를 들어서 계환자의 아버지인 계평자(季平子 季孫意如, 532~505 B.C.
재위) 때의 일로 각각 추정한다.[1]

---

[1] 계평자는 양공(襄公)의 제사를 지낼 때는 무인(舞人)을 두 사람밖에 쓰지
않았으면서도 자기네 가제(家祭)를 지낼 때는 더 많은 무인을 동원하였기 때문에
대부들이 계평자를 원망했다는 내용이 『좌전』 소공 25년에 나오기 때문인데, 그때
계평자가 팔일무를 추도록 했다고 특정한 바는 없다. 그해 소공은 계평자를 제거

2) 八佾(팔일) : '일'은 '열(列)'을 뜻한다. '팔일'은 춤추는 사람의 줄이 여덟이라는 뜻이다. 『좌전』은공 5년조에는 "天子八佾 諸侯六 大夫四 士二"라는 대목도 있다. 그런데 '일'을 '사방 1줄'로 보기도 하고 '8인 1줄'로 보기도 한다. '사방 1줄'이라면 팔일은 64명이고 육일은 36명이지만, '8인 1줄'이라면 육일은 48명이다.[2] 어느 것이 옳은지 알 수 없다고 주희는 말하지만, 정수덕의 고증에 의하자면 '8인 1줄'이 옳은 듯하다. 이 장에서 팔일무의 규모가 얼마인지는 중요하지 않다. 계씨의 행실이 참람함을 주장하기 위한 사례의 하나로 들었을 뿐이기 때문이다.

3) 庭(정) : 대개의 주석은 계씨의 사조(私朝: 사적인 조정)라고 새긴다. 그러나 노나라 공조(公朝: 공실의 조정)를 가리킨다고 본다. 노나라의 실권을 대대로 쥐었던 계씨로서는 공실의 조정이 아닌 자가의 뜰에서 별도의 의전을 집행할 까닭은 없지 않았을까 한다.

4) 是可忍也(시가인야) : 忍은 '~을 아무렇지도 않게 해내다'는 뜻의 동사이다.[3] 공자의 말은 '是可忍也~'부터이다. '八佾舞~'부터라면 '孔

하려다 계평자에게 패하는 바람에 제나라로 도주하여 돌아오지 못하고 죽었다.

2   하휴(何休, 129~182)와 두예(杜預, 222~284)는 '一列四方'을 가리킨다 하고, 복건(服虔, 동한 때)은 '一列八人'을 가리킨다고 한다. 정약용은 『좌전』양공 11년에 나오는 '二八'이라는 구를 사례로 들면서 '一列八人'이라고 주장한다. 그러나 거기서의 '二八'은 '16'이라는 수효를 가리키지 佾에 대한 설명은 아니다.

3   다른 해석이 많다. 오규 소라이는 忍을 참아내다(容忍)는 뜻의 동사로 본다. '소공이 계씨의 이런 참람한 짓을 참아냈더라면 무엇인들 못 참았겠느냐?'라는 뜻이라는 거다. 소공은 계씨를 제거하려다 실패하는 바람에 제나라로 망명해서 귀국하지 못하고 죽었는데, 소공이 작은 일을 참지 못하는 바람에 마침내 계씨에게서 큰 화를 입은 것이 안타까워서 공자가 이렇게 말했다는 것이다. 계씨가 참람한 짓을 한 것이 어제오늘 일은 아니고 이전의 군주들도 모두 참아온 바인데, 이것을 참았더라면 참지 못할 일이 없지 않았겠느냐, 즉 나라 밖에서 객사하지는 않았을 것 아니냐는 뜻이라는 것이다. 이 추정은 주1)에서 계씨의 종주를

子謂季氏曰~'이라고 했을 것이다.

평설

이 장은 계씨의 참월한 짓들을 열거하는 가운데 하나이지 공자가 마주쳤던 장면에서의 이야기는 아니라고 본다. 공자의 장년기 무렵은 계씨가 노나라 공실을 허수아비로 만들면서 권력을 장악한 지 150여 년이나 된 시점이다. 그렇다면 노나라 인민들은 요즘의 입헌군주국처럼 공실의 존재만 인정할 뿐 계씨가 전권을 휘두르는 것은 물론 국가의 의식을 집전하는 것도 당연하게 여겼을 것이다. 계씨가 의식을 집전할 때 천자의 예악을 사용하는 것도 관행이었을 것이다. 노나라는 주공단이 봉토를 받은 나라로서 천자의 예악을 사용할 수 있다는 허락을 처음부터 받았다고 하니 말이다.[4] 따라서 공자의 이 언급은 어느 날 마주치게 된 미증유의 장면을 보고서 충격을 받은 나머지 탄식한 것은 아니라고 본다. 계씨의 참

계평자로 보는 해석의 연장이다. 소공이 계평자를 제거하려다 제나라로 패주한 때가 『좌전』 소공 25년이기 때문이다. 공자도 그때 소공을 따라서 제나라로 갔다고 하니까 오규 소라이는 그렇게 추정했을 텐데, 이 문장에서 忍의 주체를 계씨가 아닌 소공으로 보는 것은 어법의 상례를 벗어난 억지이다. 공자를 주어로 보고서 '내가 이런 일에 입 다물고 가만히 있다면 다른 일을 어떻게 비난할 수 있겠는가?'라고 해석하는 미야자키 이치사다의 견해도 마찬가지로 무리이다. 한문의 결정적인 취약점은 바로 이런 사례에서 나타난다. 온갖 해석을 짜내도록 만드는 표현의 부정확성은 심각한 결함이다. 문자와 문장 자체가 객관성을 유지하기 힘든 체계이다.

4 　노나라에 천자의 예악을 사용하도록 허락한 것은 주공(周公)의 묘(廟)에 한한 것임에도 역대 노공(魯公)은 다른 묘에서도 천자의 예악을 사용했다고 『논어주소』는 설명한다. 그래서 정이는 애당초 주공단의 공이 크다는 이유로 성왕이 노나라에게만 천자의 예악을 허락한 것 자체가 잘못이라고까지 지적한다. 삼가가 참월하게 된 것은 그 인습의 폐라는 것이다.

람함을 열거하는 가운데 하나일 뿐이라고 본다. 이 장부터 3·06까지는
계속 계씨 및 삼가(三家)를 부정하는 내용이다.

공자가 13년 동안 갖은 고생을 하면서 고국을 떠나 여러 나라를 돌아
다녔던 이유가 자신을 등용해줄 군주를 찾기 위해서였다는 설명은 너무
나 설득력이 없다. 유치한 포장일 뿐이다. 공자에게는 나라를 떠나야 할
사정이 있었을 것이다. 나라를 떠나야 할 정도의 사정이란 정치적 압박
아니고서는 이해하기 어렵다. 공자가 당대 최고 권력자였던 계씨와 三家
를 비난하는 내용을 『논어』 편집자가 실어야 하는 이유는 그것이라고 본
다.[5] 공자로서는 계씨를 비난할 명분이 '참월하다'는 것 외에는 달리 트
집 잡을 게 없었던지 '참월했다'는 내용의 공격만 있다. 그렇다면 참월이
가장 무거운 죄악이 되어야만 했을 것이다. 따라서 이 장은 계환자가 죽
고 계강자가 집권한 뒤, 그나마도 제자 염구가 계강자를 설득한 다음에
야 겨우 귀국할 수 있었던 공자의 망명생활에 대한 도덕적 명분 회복을
위해 마련한 장이 아닐까 한다. 공자가 마주했던 어떤 장면에 대한 묘사
는 아니라고 본다. 그러니 언제 어디서 했던 말인지에 대한 설명은 의미
없다고 본다. 공자를 압박했던 계환자에 대해서는 18·04에서 도덕적으
로 타락한 인물로 묘사함으로써 복수하되, 공자를 귀국하게 만든 계강자
에 대해서는 직접적으로 비난하지 않는다. 오히려 공자에게 정치에 관해
여러 차례 자문을 구했다고 드러낸다.[6] 이렇게 해석하지 않고는 계씨가
를 싸잡아 비난하면서도 계강자의 자문에는 이러쿵저러쿵 대답하는 공
자의 태도를 설명할 수는 없을 것이다.

---

5   그에 관한 자세한 배경에 대해서는 18·04의 평설과 그 각주, 13·10의 평설
과 그 각주, 3·06의 주2), 5·21과 9·09의 평설, 11·02의 주1) 등에 자세하다.
6   2·20, 6·08, 11·07, 12·17, 12·18, 12·19, 14·19 등이 공자와 계강자의 대
화이다.

3·02 三家者 以雍徹 子曰 相維辟公 天子穆穆 奚取於三家之堂

삼가는 (자기네 가묘(家廟)에서 제사를 지낼 때도 천자의 음악인) 옹을 연주하는 것으로써 (제례를) 마친다. (이에 대해) 스승님께서 말씀하시기를 : "제후들 모두 와서 제사 거드니 천자의 얼굴은 화목하도다."(라고 천자의 음악임이 명시된 가사가 있는 음악)을 어떻게 (대부 신분인) 삼가의 묘당에서 가져다 쓴단 말인가?

주

1) 三家者(삼가자) : 노나라 공실을 억누르고 노나라를 실제적으로 셋으로 나누어서 대대로 장악해오던 맹손씨(孟孫氏),[7] 숙손씨(叔孫氏), 계손씨(季孫氏) 세 대부 집안을 한꺼번에 일컫는 이름이다. 이들은 환공(桓公, 711~694 B.C. 재위)의 아들 장공(莊公, 693~662 B.C. 재위) 이후 노나라 공실의 권한을 나누어 차지하였고, 환공의 후손이기 때문에 삼환(三桓)이라고도 불렀다.[8] 역대 노공(魯公)들은 삼가로부터 실권을 되찾고자 여러 차례 시도하는데, 공자가 35세이던 B.C. 517년에 소공(昭公,

---

7 큰아들이지만 첩의 소생이었기 때문에 仲孫이라고 불리다가 나중에 孟孫으로 불리게 된다.

8 환공의 맏아들은 장공이 된다. 장공이 죽자 세 동생 맹손, 숙손, 계손이 권력 다툼을 벌인 끝에 마침내 계손이 두 형을 죽음으로 몰아넣고 노나라의 재상이 된다. 이후 공자 당대까지 계손씨 집안에서 재상 자리를 독차지한다. 계손씨는 두 형의 후사는 잇도록 해주었기 때문에 맹손씨와 숙손씨 집안도 어느 정도 권위 유지가 가능했다. 환공의 후손이라는 이유로 그들에게는 손(孫)이라는 씨명(氏名)이 붙었고, 환공의 후손 세 집안이라는 뜻에서 삼환(三桓)으로도 불렀다. 이들은 정당한 공위 계승자를 살해하고 만만한 사람을 앉히는가 하면, 노나라 영토와 군대 및 대부분의 재정수입을 나누어 가졌기 때문에 노공에게는 의전상의 권력밖에는 남지 않은 정도였다. B.C. 537년에는 계손씨가 노나라의 절반 이상을 차지하고 맹손씨와 숙손씨는 각각 4분의 1씩 차지하는 상황이었다고 한다.

542~510 B.C. 재위)이 계평자를 치려다 실패하여 제나라로 망명한 일이 대표적이다.[9] 가(家)는 원래 '문내(門內)' 또는 '실내(室內)'라는 공간을 의미하는 글자로서 부부가 중심이 되는 혈족집단을 의미했지만 중앙집권적 통치권력을 혈족에게만 이양하는 전통이 확립되면서 권력을 쥔 혈

9　계평자는 소공이 옆 나라 제(齊)에 머무는 것도 불편하게 여긴 나머지 진(晉)에게 뇌물을 주어 晉의 간후(乾侯)에 머물도록 만든다. 이후 계평자는 소공에게 정기적으로 말과 의복을 보내는 예는 취하지만 그의 귀국만은 막았다. 8년 뒤 소공은 간후에서 죽고, 계평자는 소공의 이복동생을 즉위시키니 그가 정공(定公, 509~495 B.C. 재위)이다. 이렇듯 왕은 공후에게, 공후는 경대부에게, 경대부는 가신들에게 권력을 빼앗기는 일이 당시에는 특별한 일이 아니었다. 당시만 그러한 것이 아니라 동아시아 역사를 통틀어 보더라도 중앙집권적 정치체제란 그런 사태가 벌어질 수밖에 없는 구조이다. 신분에 관계없이 정치적 실권을 쥐는 것이 중요하다는 생각은 공자 시대보다 훨씬 전부터 보편적으로 퍼져 있었다고 본다. 계평자가 죽고 계환자가 종주권을 이을 무렵에는 계평자의 가신 양호(陽虎)가 계환자를 구금하고 3년 남짓 노나라의 종주권을 차지한 일도 있었다.

『춘추공양전』 소공 25년에는 다음과 같은 기록도 있다. "소공이 계씨를 죽이고자 자가구에게 '계씨가 무도하여 공실을 참람한 지 오래되었으니 내가 그를 죽이고자 하는데 자네 의견은 어떠한가'라고 말했더니 자가구는 다음과 같이 말하였다. '제후가 천자를 참람하고 대부가 제후를 참람한 지는 오래되었습니다.' 이에 소공이 '내가 참람한 것은 없다'고 답하자 자가구는 '양관을 설치하셨지요, 대로를 수레로 달리시지요, 주간이라는 방패와 옥척이라는 도끼를 들고 우왕의 음악인 대하를 추게 하셨지요, 팔일로써 무왕의 음악인 대무를 추게 하셨지 않습니까. 이런 것들은 모두 천자만이 할 수 있는 예입니다. (…) 게다가 계씨는 민중의 마음을 얻은 지 오래입니다. 임금께서는 부디 욕을 보지 마시기 바랍니다.'라고 말하였다. 그러나 소공은 그 말을 듣지 않고 끝내 계씨를 죽이려다가 실패하여 제나라로 도주하게 되었다(昭公將弑季氏 告子家駒曰 季氏爲無道 僭於公室久矣 吾欲弑之 何如 子家駒曰 諸侯僭於天子 大夫僭於諸侯久矣 昭公曰吾何僭矣哉 子家駒曰 設兩觀乘大路 朱干玉戚 以舞大夏 八佾以舞大武 此皆天子之禮也 (…) 季氏得民衆久矣 君無多辱焉 昭公不從其言 終弑而敗焉 走之齊)."

족을 가리키는 말이 된다. 家들을 통합하는 큰 권력이 나타나 國이라는 개념이 만들어진 뒤 家는 國의 아래 단위 권력집단을 가리키는 이름이 된다. 이러한 이름은 정치권력을 혈족 단위의 소유물로 여겼다는 증거라고 본다.[10]

2) 雍(옹) : 『시·주송(周頌)』의 「옹(雝)」장을 연주하는 음악을 가리킨다. 「옹」은 무왕이 문왕을 제사하는 내용이므로 삼가가 자기네 가묘에서 그 음악을 사용하는 것은 참월한 짓이라고 지적한 것이다. 삼가의 그런 처사에 대해 당대에 시비할 사람은 적어도 노나라에 없었다고 본다. 공자의 이 지적도 당대의 지적이 아니라 추후에 제자들과 의논하는 자리에서 있었던 것을 옮겼을 것이다. 또한 지적의 이유는 자신의 정치적 명분 때문이었을 것이다. 그래서 앞 장에서는 계씨의 참월 사례를 지적하고 이 장에서는 三家 공통의 참월 사례를 지적하고 있다. 그 배경에 대해서는 앞 장의 평설에서 설명한 바 있다.

3) 徹(철) : 제사를 마치고 제사상을 거두는 일. 撤과 같다.

4) 相維辟公 天子穆穆(상유벽공 천자목목) : 『시경·주송』「옹」장의 구

---

10   이 점이 폴리스(polis)를 기본으로 삼는 국가관과 다른 점이다. 예컨대 플라톤은 국가를 '사회정의'를 실현하는 생명력을 갖는 유기체로 정의한다. 국가 내의 다양한 부분들(=계층들)인 생산자·수호자·통치자가 자신의 고유한 기능을 수행하면서 다른 부분과 충돌하지 않고 다른 부분의 기능에 간섭하지 않을 때 이루어지는 '조화'를 이상적으로 여겼다. 통치자는 지혜라는 덕목을 연마해야 한다고 생각했고, 철학자가 통치자가 되든가 통치자가 철학을 탐구해야만 한다고 여겼다. 플라톤의 극단적인 반가족주의적 생각을 배격했던 아리스토텔레스 역시 가족은 결코 정치체제를 위한 이상적인 모델은 아니라고 생각했다. 하지만 고대 중국에서 국가나 천하는 관리의 대상이 아니라 소유의 대상이었다. 그렇다면 능력과 자질을 갖춘 사람, 즉 군자가 정치실무를 담당해야 한다는 공자의 생각은 어쩌면 통치권이 오롯이 혈족집단의 소유물이기만 했을 때 예견되는 위험성을 자각한 생각이었을지도 모른다. 「논어문답」 12'와 2·06의 평설 참조.

절이다.[11] 維는 '~이다'라는 뜻의 동사로, 惟·唯와 같다. 辟公은 흔히 '제후'라고 번역하지만 주왕조에서 후(侯)는 외직인 九州의 우두머리를 가리키고 공(公)은 내직인 五官의 우두머리를 가리킨다. 물론 똑같이 국군(國君)이라는 지위이기는 하다. 穆穆은 천자의 얼굴모습을 형용한 말인데, 주희는 '深遠之意(심원지의: 깊고 멀다는 뜻)'라고 한다. 『이아』에서는 '美也'라고 했다.

5) 取(취) : '차지하여 제 것으로 만들다'는 뜻이다.

평설

앞 장에 이어 계씨를 포함한 삼가를 비난하는 내용인데, 역시 참월하

---

11   원시는 다음과 같다.

有來雝雝 至止肅肅 相維辟公 天子穆穆
(유래옹옹 지지숙숙 상유벽공 천자목목)
於薦廣牡 相予肆祀 假哉皇考 綏予孝子
(오천광모 상여사사 가재황고 수여효자)
宣哲維人 文武維后 燕及皇天 克昌厥後
(선철유인 문무유후 연급황천 극창궐후)
綏我眉壽 介以繁祉 既右烈考 亦右文母
(수아미수 개이번지 기우렬고 역우문모)

온화하게 찾아와서 엄숙하게 들어가니 / 벽공들은 제사 돕고 천자님은
화목하셔
큰 짐승 통째 바쳐 나도 제사 돕는도다 / 위대하신 부왕께선 맏자식 안향
하고
밝고도 어지신 분 문무를 겸하신 분 / 하늘을 편케 하고 후손을 창성시켜
미수까지 살게 하고 많은 복락 내리시니 / 부왕께도 바치고 모왕께도 바
칩니다

다는 이유이다. 공문의 결속력은 이처럼 반체제적인 에너지에 있었다고 보는데, 공자가 이런 불만과 시비를 생전에 공개적으로 했을지는 의문이다. 공자는 선왕지도, 즉 구질서를 회복하자는 자신의 주장을 공문 내부에서는 진지하게 언급했을지 모르나 공개적으로 주장하기는 어려웠다고 본다. 아무리 옳은 명분이라 하더라도 현 체제를 부정하는 주장일 수밖에 없기 때문이다. 따라서 이런 기록들은 어디까지나 공문 내부에서 전해지던 이야기가 나중에 기록으로 옮겨졌을 뿐이라고 본다. 『논어』는 역사적 사실의 기록보다는 아무래도 전설의 기록이 많이 들어 있을 수밖에 없다.

한무제가 동중서의 건의에 따라 유가를 통치이념으로 채택했다고는 하지만 아무래도 자신의 입맛대로 변용했을 것이다. 현대사만 보더라도 문화대혁명 시기에는 수구세력으로 비판받던 공자가 요즘은 거꾸로 중국문화의 뿌리로 숭상되고 있듯이, 공자는 중국사에서 정권이 필요할 때만 등장이 요청되던 사람이었다. 공자를 구질서의 회복을 외쳤던 복고주의자로, 패권주의적 정치현실을 뒤집고자 했던 혁명가로, 현실 정치에 감각이 없었던 이상주의자로 평가하는 것은 그래서 모두 온전하게 타당하다고 볼 수 없다. 공자에게 약간이라도 의문을 품으면 사문난적으로 내몰렸던 과거의 분위기나, 『논어』를 인류를 일깨워줄 지혜가 담긴 성전으로 받아들이려는 요즘의 분위기도 각각 반성과 경계가 필요하다. 공자가 살았던 시대를 이해하고, 공자의 실제 삶을 이해하며, 공자의 실제 발언을 요즘 언어로 정확하게 옮기는 일, 그것부터 우선하고 볼 일이다.

3·03 子曰 人而不仁 如禮何 人而不仁 如樂何
스승님께서 말씀하시기를 : 사람이 되어 가지고 인하고자 하지 않는다면 예를 (배운들) 어디다 써? 사람이 되어 가지고 인하고자 하지 않는다면 악을 (배운들) 어디다 써?

1) 人而不仁(인이불인) : 공자는 자신을 포함하여 상당히 훌륭한 사람
조차도 그 사람이 인한지의 여부는 확신할 수 없다고 말한다. 그러니 '사
람이 되어 가지고 인하지 않다면~'이라는 새김은 맞지 않다. 사람이라면
누구나 인해야 한다는 뜻이 되기 때문이다. 따라서 이 구절은 '인하다'가
아닌 '인하고자 하다'라고 새기는 것이 낫다. 여기의 人은 民과 대칭되는
지배계층을 가리킨다고 보는 게 낫다. 피지배계층에게 해당하는 말은 아
니기 때문이다.

2) 如禮何(여례하) : '예를 어떻게 하지?'라는 말은 예를 쓸데가 없다
는 뜻이다. 예는 인과 짝하지 않으면 쓸모없다는 뜻이다. 포함은 "반드시
예악을 행할 수 없다."[12]라고 하고, 『논어주소』는 포함을 따라서 "예악은
인이라는 바탕이 있어야 행해짐을 말한 것이다."[13]라고 하는데, 뜻이야
비슷하지만 문면은 다르다. 4·13에도 "如禮何"라는 구절이 있다. 예에
대한 자세한 설명은 1·12의 주) 참조. 如何라는 의문사에 대한 설명은 2
·20의 주) 참조.

3) 樂(악) : 공자는 악을 예와 더불어 인의 하위개념 내지는 인을 완성
하는 수단으로 여겼다.[14] 예와 악은 제사에서 비롯하였는데, 악은 시(詩)

---

12 必不能行禮樂

13 言禮樂資仁而行也

14 1·12의 '주)禮' 참조. 음악에 관한 서구인의 시각은 다양하다. 예컨대 찰스
다윈(Charles Robert Darwin, 1809~1882)은 "음악은 언어가 없는 원시인류들이
자신의 짝을 유혹하는 유일한 수단이었다."라고 말하는가 하면, 진화심리학자 제
프리 밀러(Geoffrey Miller, 1965~)는 남성들의 음악적 재능은 성적 능력과 일정한
상관관계가 있다고 주장한다. 인지심리학자 스티븐 핑커(Steven Pinker, 1954~)는

·가(歌)·무(舞)를 아우르는 종합예술로서 심리 정감의 즐거움이라는 의미와 예술로서의 음악이라는 의미를 동시에 포괄한다. 공자는 종교적 타율성을 존중하던 은왕조 시대의 제사를 인문적 자율성을 중시하는 제사로 바꾸어 인식하고서 음악을 정치적 교화나 지배층을 양성하는 교육 수단으로 활용하고자 했다.[15] 따라서 공자에게 악은 인의 표현이며 인은 악의 완성이라고 할 수 있지만 궁극적으로 악은 인에 포괄된다고 보았다. 악에 관한 이론은 『순자』의 「악론(樂論)」을 거쳐 『예기』의 「악기(樂記)」에서 집대성된다. 거기서는 악은 같아지기 위해서, 예는 구분하기 위해서 필요한 것이라고 말하거나,[16] 악은 천지를 조화시키는 수단이고 예는 천지의 질서를 잡는 수단이라고 말한다.[17]

> 평설

예와 악은 자신이 강조했던 바이지만 인이라는 바탕이 없으면 아무런 의미가 없다는 선언이다. 어디까지나 지배계층을 향한 선언이다. 요즘 『논어』를 읽으면서, 공자가 마치 인류를 향해 보편적인 도덕 소양으로서 인을 강조했던 것으로 받아들이면 곤란하다.

3·04 林放問禮之本 子曰 大哉問 禮與其奢也 寧儉 喪與其易也 寧戚

임방이 예의 근본(이 무엇인지)에 대하여 여쭙자 스승님께서 말씀하시기를 : 대단히 중요한 질문이네. 예(의 근본)은 늘이기보다는 줄이기라네. 상(례)도 (번다

위 두 사람의 시각을 거부하면서, 음악은 단순한 쾌락을 위한 생리적인 현상이라고 한다.

15   이경무, 「'樂'과 공자 仁學」(『동서철학연구』 제41호, 한국동서철학회) 참조.

16   樂者爲同 禮者爲異

17   樂者天地之和也 禮者天地之序也

하게) 늘일 게 아니라 슬픔을 드러내는 게(중요하)지.

주

1) 林放(임방) : 『사기·중니제자열전』이나 『공자가어·칠십이제자해(七十二弟子解)』에 나오지 않는 사람이다. 그럼에도 공자의 제자라고 설명하는 주석서들이 많다. 정수덕이 고증했듯이 모두 억측이다. 정현도 '노나라 사람'이라고만 주했다. 3·06에서는 태산의 신과 비교되는 대상으로 나오는데, 그것을 감안하자면 지위가 높은 사람은 아니라고 본다. 하찮은 지위에 있으면서도 예의 근본을 물었다는 점을 공자는 높이 평가하지 않았을까 한다.

2) 本(본) : 주희는 "예의 근본을 얻으면 예의 전체가 그 안에 다 있다."[18]라고 한다. 예에는 본말의 구분이 있다고 생각한 것이다. 예에 본말의 구분이 있다는 생각은 황간(皇侃, 488~545)의 『논어의소(論語義疏)』에 보이는 왕필의 견해에서부터 시작된다. 근본을 중시하고 지말(枝末)은 낮게 여기는 생각도 서열 위주의 사회에서는 가능한 생각이었을 것이다. 그러나 이 문장에서 임방은 그저 예에서 중요한 점이 뭐냐고 물었지 예의 지말을 염두에 두고서 근본을 물은 것 같지는 않다.

3) 奢(사) : '사치'의 뜻이 아니라 검(儉)의 반대 개념이다. 헤프고 넘쳐서 끝없는 것을 형용하는 말이다. 7·36에서 공자는 "奢則不孫儉則固 與其不孫也寧固"라고도 말한다.

4) 寧(녕) : 차라리. '與其~寧~(~보다는 차라리 ~가 낫다)'의 구문으로 쓰인다. 오규 소라이는 '禮與其~寧戚'은 공자의 말이 아니라 공자가 인용한 옛말이라고 한다. 그럴 가능성은 있지만 단정하기는 어렵다. 단정하기 어려운 것을 단정하는 것도 오독이다.

---

18 蓋得其本 則禮之全體無不在其中矣

5) 儉(검) : 여러 주석이 있지만 奢의 반대 개념으로서, '줄이다'라는 뜻이다.

6) 易(역) : 정현은 '簡(간: 간이, 간략)', 포함은 '和易(화이: 온화하고 쉬움)', 주희는 '治(치: 잘 처리함)'라고 주한다. 모두 '쉬울 이' 자로 읽는 것이다. 『맹자·진심상』의 '易其田疇(이기전주: 밭일을 능숙하게 한다)'라는 표현도 함께 고려하자면 '예의 절차를 쉽고도 능숙하게 잘 처리하다'라는 뜻이라는 견해이다. 하지만 이 글자는 앞의 사(奢: 너부러지다)와 대응하는 글자이므로 '쉬울 이'가 아닌 '바꿀 역'으로 읽는 것이 옳다고 본다. 易(역)에는 연(延: 늘어짐)의 뜻이 있기 때문이다.[19] '解弛(해이: 늘어짐)'의 뜻이라는 유보남의 견해도 비슷하다. 『예기·단궁』의 "喪具君子恥具"를 근거로 들면서 '具'의 오기일 가능성을 언급하는 주석도 있지만, 유비추리라고 본다. 이 문장에서의 '易'과 『예기·단궁』에서의 '具'는 품사적 쓰임도 다르다. 차라리 『예기·단궁』의 "자로가 말하기를, 상례에서 예는 넉넉하지만 슬픔이 부족한 것보다는 예는 부족하더라도 슬픔이 넉넉한 것이 낫다고 스승님에게서 들은 바 있다."[20]라는 대목이 견줄 만하다.

7) 戚(척) : 앞 문장의 奢와 儉이 모두 禮를 그르치는 사례이듯이 뒤 문장의 易과 戚도 禮를 그르치는 사례일 텐데, 戚이 '哀戚(애척)'의 뜻이라면 상례를 그르치는 사례라고 할 수는 없으니 다른 뜻으로 해석되어야 한다고 유월은 주장한다. 『예기·예기(禮器)』의 "三辭三讓而至 不然則已蹙(세 번 사양하고 세 번 양보하여 이르는데, 그렇게 하지 않으면 너무 급박하게 하는 것이다)"라는 대목과 『남사(南史)·고헌지전(顧憲之傳)』의 "喪

19　『서·반경중(盤庚中)』의 "無俾易種于玆新邑"이라는 구절에서 易은 '延易'의 뜻이고, 『좌전』 은공 6년의 "惡之易也如火之燎于原"이라는 구절에서 易도 '延'의 뜻이다.

20　子路曰 吾聞諸夫子 喪禮 與其哀不足而禮有餘也 不若禮不足而哀有餘也

易寧戚(상례는 길게 늘이는 것보다 급박하게 하는 것이 낫다)"라는 대목을 근거로 들면서, 戚은 '迫蹙(박축: 급박함, 쫓김)'의 뜻이라고 주장한다. '상례는 느긋하게 치르기보다는 쫓기듯 긴장하면서 치르는 것이 더 낫다'는 뜻이라는 주장이다. 당시 '蹙' 자가 없었기 때문에 '戚' 자로써 통용했다고 부연한다. 그러나 앞 구절의 奢와 儉이나 뒤 구절의 易과 戚이 禮를 그르치는 사례라는 주장에 동의하지 않는다.[21] 『예기·단궁』의 "喪禮 哀戚之至也(상례는 슬픔의 끝이다)"라는 대목이나, "子路曰 吾聞諸夫子 喪禮與其哀不足而禮有餘也 不若禮不足而哀有餘也 祭禮與其敬不足而禮有餘也 不若禮不足而敬有餘也(자로께서 말씀하셨기를, 내가 스승님으로부터 다음과 같이 들었노라. 상례는 슬픔은 부족하고 예가 넉넉하기보다 예는 부족하더라도 슬픔이 넉넉한 것이 나으며, 제례는 공경함은 부족하고 예가 넉넉하기보다 예는 부족하더라도 공경함이 넉넉한 것이 낫다)"라는 대목을 보더라도 당시에는 상례를 통상적으로 哀와 戚으로 표현했다고 본다. 戚을 '迫蹙'의 뜻으로 해석할 이유는 없다.

| 평설 |

앞 장에서 인을 근본으로 하지 않은 예와 악은 무의미하다고 선언하더니, 여기서는 예의 근본이 형식보다는 내면의 정서를 중시하는 것이라고 역설한다. 내면의 정서, 그것이 유가의 기초이다. 공자가 말하는 禮의 본질에 대해서는 1·12의 주2) 참조. 7·09의 평설 참조.

---

21 유월과 오규 소라이의 주석은 참신한 점이 많기는 하다. 그러나 문맥보다는 낱개 문자의 해석에, 특히 다른 고전과의 외형적 닮음에 지나치게 의존하는 경향은 두 사람의 공통된 결함이다.

3·05 子曰 夷狄之有君 不如諸夏之亡也

스승님께서 말씀하시기를 : 오랑캐가 (제아무리) 군도(君道)를 지닌다 한들 (그것이) 없는 제하만도 못한 거야.

| 주 |

1) 夷狄(이적), 諸夏(제하) : 상왕조를 무너뜨린 주무왕은 상왕조의 천명이 다했기 때문에 무너뜨렸다고 했고, 상왕조 이전에는 하왕조가 있었다고 했다. 자신이 분봉하는 나라들을 제하라고 불렀고, 제하의 바깥을 이적이라고 불렀다. 이후 '夏'라는 이름은 중국의 권력자들이 자존하는 이름으로 사용된다. 상과 차별화하면서 자신의 정통성을 상보다 앞선 하에다 두려는 무왕의 의지가 반영된 결과일 것이다. 상 이전 왕조의 이름을 하라고 부른 것은 그 왕조의 기틀을 잡고 세습하기 시작한 우임금의 성씨가 하후씨(夏后氏)이기 때문이라고 추정한다. 우임금 이전의 임금이었다는 요(堯)·순(舜)·곤(鯀) 등에 관한 이야기가 주무왕 이전부터 전해지던 것인지 아니면 주무왕 이후에 만들어진 것인지는 알 수 없지만, 현대 중국의 학자들은 하왕조가 실재했다고 믿으며, 그 근거지는 하남성의 '얼리터우(二里頭) 유적'이라고까지 설명한다. 하왕조의 실재 여부와는 관계없이 자신은 훌륭한 문화문명을 지닌 하이고 하 이외의 지역은 문명이 없는 이적이라고 부르는 차별적 관념, 즉 하이관(夏夷觀)은 주왕조가 등장하면서 형성되었다고 본다.[22] 지리적으로는 제하 지역을 중원

---

22 화이관(華夷觀)이라고도 한다. 夏와 華는 원래 동음동자이므로 夏 대신 華를 쓰기도 하고, 합해서 華夏라고 부르기도 한다. 공영달은 『춘추좌전정의(春秋左傳正義)』에서 "中國有禮儀之大 故稱夏 有服裝之美 謂之華(중국은 예의가 성대하기 때문에 하라고 일컫고, 복장이 훌륭하기 때문에 화라고 일컫는다)"라고 구분해서 설명하지만 그것은 글자를 가지고서 의미를 만들어낸 것이지 의미에 기초하여 글자가 만들어진 것은 아니라고 본다. 夏는 상형자로서 의(儀)와 용

312

이라 부르고 이적의 지역을 사방(四方)이라고 불렀다. 춘추시대에 하이관이 보급된 것은 문자의 보급과 관련 있다고 본다. 중국에서 문자는 기본적으로 정치권력의 영역에 속한다. 피지배층은 문자를 사용할 줄 몰랐고 사용할 일도 없었다. 본격적인 통일제국인 한(漢)이 주변 종족들에게 세력을 떨치면서 하 대신 한이라는 글자가 중국을 상징하게 되지만,[23] 한은 주로 정치적 차원의 이름이고 문화적 차원에서는 여전히 하(夏)나 화(華)를 사용하였다.[24]

2) 君(군) : 여기서는 군주 한 사람을 가리키는 게 아니라 군주를 중심으로 하는 권력체계를 뜻한다. 그래서 '군도'라고 번역하였다.

3) 亡(무) : '없다'는 뜻을 목적어와 함께 표기할 때는 '無+목적어'로, 목적어를 표기하지 않을 때는 '亡' 한 글자만으로 표기한다. 따라서 여기의 '亡'는 '無君'을 가리킨다. 정수덕은 『논어족징기(論語足徵記)』를 인용하면서, 군주이건 신하이건 있어도 治에 도움이 되지 않을 경우 없다고 말하는 것이 춘추필법이라고 설명한다.

(容)을 갖추고서 춤을 추는 사람의 모습이었다. 문명화된 종족이라는 뜻이었을 것이다. 夏는 춘추시대부터 '여름'의 가차자로 사용된다.

23 '漢字', '漢族' 등의 용어가 그 사례이다.

24 중국사회의 공동체는 기본적으로 정치공동체였지 언어공동체나 민족공동체는 아니었다. 언어를 초월하여 하나로 묶는 커다란 정치공동체가 워낙 오래전부터 확립되었던 전통 때문일 것이다. '夏'도 처음에는 정치공동체의 이름이었지만 나중에 문화공동체의 이름이 되었다. 중국사회에서 정치권력으로부터 독립한 공동체가 존립한 적은 없었다. 하이관을 질서 있는 체계처럼 포장하여 대내외에 강요하는 것이 중화주의이다. 현대 중국에서 강하게 표출되는 애국주의는 현대판 중화주의라고 할 수 있는데, 중화주의가 그랬듯이 그것 역시 정치권력이 만들어서 보급하는 것이다.

평설

이 장의 해석은 크게 둘로 갈린다. 고주(古注)는 이적을 폄하하는 내용이라 하고, 신주(新注)는 이적만도 못한 제하의 현실을 탄식한 내용이라 한다.[25] 이적들에게 밀려 남쪽으로 옮겨야 했던 남송의 지식인으로서는, 그리고 의리를 내세우는 이학자로서는, 자신의 현실과 연결하여 보고자 했을 것이다.[26] 그들은 "그 사람의 말이 성실하고 믿음직하며 행실이 진지하고 조심스러우면 그런 사람은 오랑캐 땅에 가서라도 통용될 수 있을 것이다."(15·06)라든가, "구이로 가서 살겠다."(9·14)라는 공자의 말도 공자가 오랑캐를 인정한 것으로 여긴다. 그러나 공자에게 제하와 이적에 대한 차별의식이 없었다고 말하는 것은 난센스이다.[27] 제하와 이적

---

25 주희는 『논어집주』에서 "夷狄且有君長 不如諸夏之僭亂 反無上下之分也 (오랑캐조차도 임금이 있어서, 참란하여 상하의 분별이 없는 제하 같지는 않을 것이다)"라는 정이의 주석과, "孔子傷時之亂而歎之也(공자는 당시 세상의 어지러움에 마음을 상하여 탄식한 것이다)"라는 윤돈의 주석을 채택한다.

26 전목(錢穆, 1895~1990)은 주석가들마다 자신이 처한 시대적 상황에 따라 각각 다르게 해석했을 것이라고 설명한다. 즉, 북방 호족들의 분위기에 따라 오랑캐를 무시하는 내용으로 해석하거나 오랑캐의 힘을 걱정하는 해석을 했다는 것이다. 하지만 그런 해석도 역시 공자를 합리화하는 왜곡이다. 황간이 지은 『논어의소』는 중국에서 사라졌는데, 에도시대에 아시카가(足利)학교에서 발견되어 일본이 복각한 것을 중국이 역수입하여 건륭제의 칙명으로 복각한 이후 비로소 유통되었다. 그때 이 대목만큼은 황간의 원문을 바꾸어서 신주에 가깝게 풀이한다. 한족 입장에서 이적인 건륭제로서는 고주의 해석을 그대로 받아들일 수 없었기에 바꾼 것이다. 중국의 서적이란 것의 신뢰도를 알 수 있는 하나의 사례이다.

27 심지어 공자는 민족 차별을 하지 않았다는 주장도 나온다. 당시 중국 지배계층의 일반적인 세계관이나 여러 곳에서 확인되는 공자의 가치관을 참작하자면 공자가 오랑캐를 차별하지 않았다는 생각은 도저히 나올 수 없는데도 말이다. '민족'은 근대 서구에서 생긴 관념으로서 동아시아의 '종족'과는 그 개념이 다르다. 15·06의 만맥(蠻貊)은 지역을 기준으로 한 주리(州里)의 반대 개념이고 이

이라는 용어부터 차별을 전제한다. 비록 이적이 그럴싸한 문화를 지니고 제하에는 개탄할 점이 있다 하더라도 제하의 문화를 지키는 일은 비교할 수 없이 중요하다는 것이 공자의 뜻이다. "나는 하를 가지고 이를 변화시켰다는 말은 들었어도 이에게서 변화를 받았다는 말은 들은 적이 없다."[28]라는 맹자의 말도 같은 취지이다.

정약용(丁若鏞, 1762~1836)은 독특한 설명을 한다. 소공이 계씨의 참람함을 견디지 못하고 계씨를 죽이려다 실패하여 제나라로 도주했을 때 공자도 함께 갔는데, 이 대화는 그때의 대화이기 때문에 노나라에 임금이 없다는 표현이 나오게 되었다고 한다. 또한 3·01~3·06도 공자가 제나라에서 계씨의 죄를 논한 대목이라면서, "군주가 군주답지 못하고 신하가 신하답지 못하면 이 또한 이적일 따름이다. 이적의 처신을 아무렇지도 않게 하면서 군주의 지위만 차지하고 있다면 선왕의 법과 화하의 예를 지키면서 군주의 지위를 지키지 못하는 것만 못하다."[29]라는 뜻이라고 부연한다. 이적이란 실제 이적을 가리키는 것이 아니라 임금을 무시하는 이적과 같은 짓을 하는 노나라의 계씨 정권을 가리킨다는 것이다. 참신하게 들리는 듯하지만, 화이관에 대한 조선의 집권층 사대부의 일반적인 관념 그대로이다. 화이의 구분은 지역에 따른 구분이 아니라 문화에 따른 구분이라는 주장은 일종의 허위의식이다. 華로 받들었던 明이 무너지고 夷로 멸시했던 淸에게 굴복하게 된 조선의 현실을 합리화하기

장의 이적(夷狄)은 종족과 문화를 기준으로 한 제하(諸夏)의 반대 개념이다. 이를 외면하고서 공자가 오랑캐를 제하와 동등하게 인정했다고 말한다면 '눈 가리고 아웅'이다. 중국에서 나오는 학문적 견해는 지금도 여전히 꼼꼼히 뜯어보지 않으면 안 되는 이유를 알 수 있는 사례이다.

28 吾聞用夏變夷者 未聞變於夷者也〈『맹자·등문공상』〉.

29 君不君 臣不臣 是亦夷狄而已 安於夷狄 而苟保君位 不若遵先王之法 修華夏之禮 而不保其君位也

위해 집권층은 중화가 지역에 따른 구분이 아니라 문화에 따른 구분이라면서 옹색하게 변명했던 것이다. 나아가 이제 천하에 중화는 조선에만 남아 있을 뿐이니 조선을 소중화라고 불러야 한다고 주장했다.[30] 정약용은 그 관념 그대로 해석한 것이다. 정약용은 "공자는 九夷에 가서 살려고까지 했던 사람이고, 이적이라는 것이 비천한 것도 아닌 데다 죄도 허물도 분명하지 않거늘 무고하게 '너희는 군주가 있어도 우리가 없는 것보다 못하다'고 말한다면 그런 황당한 말이 어디 있겠느냐, 더구나 주공, 소공(召公)의 공화(共和)시기는 천 년에 겨우 한 번 있었던 일인데 공자가그것을 가지고 잦았던 것처럼 말했을 리 있겠느냐?"라고 반문한다. 하지만 공자는 그처럼 황당한 말을 했던 사람이다. 이적인 조선의 유생으로서 자기옹호도 하고 싶고 공자 또한 옹호해주고 싶었겠지만, 그 말은 참이 아니다.

이택후도 중국인의 하이관은 문화적 구분이지 종족의 구분은 아니라고 주장한다. 중원의 문화를 받아들이기만 하면 같은 종족으로 받아들였고, 유학이라는 문명은 백성을 교화할 뿐 아니라 이적을 교화하기도 했으며, 한·당에서는 외국인에게 고위관직을 주거나 그들이 권력을 갖는것을 조금도 꺼리지 않았고 종족이나 국적을 묻지 않았다고 부연한다. 중국민족의 자신감은 자기 문화에 대한 믿음이라는 기초 위에 세워졌으므로 오호십육국부터 청에 이르기까지 다른 민족이 정권을 잡더라도 문화로 동화할 수 있었다면서, 자기 문화에 대한 믿음을 상실할 때 외국으로부터의 수입품을 꺼린다고 주장한다. 역시 공자를 옹호하려는 호도이

30　단지 문화적인 자존의식을 드러낸다면야 나무랄 것은 없다. 그러나 그러한 명분과 주장을 내세우는 의도가 청에게 굴복당한 정치적 실패와 무능을 집권층이 책임지지는 않은 채 여론을 호도하면서 계속 집권하려는 데 있다는 점에서 문제가 있다.

자 이적에게 정복당한 적이 많았던 중국역사에 대한 호도라고 본다.

하이관은 공자의 생각일 뿐 아니라 역대 중국 왕조 대외정책의 기본이다. 기본적으로 정치 관념이지 문화 관념이 아니다. 정치적으로 복속하면 하라는 이름 아래 포용하고, 복속을 거부하면 이로 규정했던 것이다. 하이관이 문화적 관념이라는 생각은 후대의 합리화일 뿐이다. 민족이란 것의 개념이 '어떤 실체가 아니라 국가주의에 활용되는 부차적 이데올로기이자 상상의 산물'로 정의되듯이[31] 중국의 화하(華夏)라는 관념도 국가주의에 활용되는 이데올로기였다. 민족이름처럼 들리는 '한족(漢族)'이라는 이름도 마찬가지이다. 정치적으로 복속해오면 한족으로 받아들이고 그렇지 않으면 소외시켰던 정체성 정치(identity politics)의 이름이었다.[32] 혈통을 중시했던 이름이 아니다. 현재의 중국정부는 만주족이 지배했던 청왕조와 몽고족이 지배했던 원왕조를 하이관의 입장에서 설명하지는 못한다. 명분상 다민족국가임을 선포하고 있기 때문이다. 아편전쟁 이후 무너진 자존심의 회복을 최대의 과제로 여기고 있는 집권 공산당으로서는 元과 淸이 확장하여 넘겨준 현재의 강역을 포기하고 싶지도 않다. 그래서 지난날의 이적을 오늘날 소수민족이라는 이름으로 포용하면서도 화하라는 이데올로기는 결코 버리지 않는다.[33]

---

31 Benedict Anderson, *Imagined Communities*(New York: Verso, 1983)〈『민족주의의 기원과 전파』, 윤형숙 역, 나남, 1991〉.

32 그런 사정은 오늘날에도 마찬가지이다. 현대 중국 인민은 호구(戶口)와 신분증에 민족이름을 기입하는 난이 있는데, 소수민족이 자신의 민족이름을 한족으로 바꿀 수 있는 여지는 그 반대의 경우보다 많다.

33 호(胡) 출신의 당태종 부자는 물론 원과 청의 통치자들 모두 화하의 통치자이고, 남북조시대의 북조, 요(遼), 금(金) 등 이민족 왕조들도 모두 중국이라고 설명하는 것이 현재 중국의 태도이다. 중국정부가 대만과 홍콩에 대하여 사용하는 '일국량제(一國兩制)'라는 용어는 앞으로 역사서술에서도 등장할지도 모른다.

차별(혹은 구분)을 통해서 배타적으로 자기 정체성을 확보하거나 힘을 유지하려는 관행은 그 기원이 공자에게 있다고 본다. 공자의 하이관이 문화적 구분이었을 뿐이라고 포장할 수는 없다. 그는 세상을 하와 이로 나누는 종교적 신념을 정치로 발현시키고자 했던 사람이다. 세상을 하와 이로 나누어서 보려는 생각은 세상을 빛과 어둠으로 나누어서 보려는 생각과 다를 바 없다. 왕도와 패도로 나누어서 보는 맹자의 생각도 마찬가지이다. 종교적 신념을 정치에서 실천하려는 생각이다. 지배층을 인을 완성한 군자로 바꾸려는 공자의 기획은 극단적인 형태의 역사적 목적론으로서, 유토피아주의라는 비판을 피할 수 없다. 유토피아주의의 위험성은 필연적으로 폭력을 낳는다는 점이다.[34] 공자의 차별 의식은 9·14, 13·19, 14·17, 15·06에서도 확인할 수 있다.[35]

---

34 이웃 나라의 대부가 군주를 시해했으니 그 이유만으로 토벌하자고 애공에게 건의하는 것(14 · 21)이나 제나라가 바뀌면 노나라 수준이 되고 노나라가 바뀌면 왕도가 완성된다고 말하는 것(6 · 24)에서 그런 위험성을 확인할 수 있다. 존 그레이(John Gray, 1948~)는 *Black Mass: Apocalyptic Religion and the Death of Utopia*(『추악한 동맹』, 추선영 역, 이후, 2011)에서 "인간의 다양한 경험을 하나의 세계로 통합할 수 없다. 종교적 다양성을 수용하고 세속적 단일체를 추구하는 모든 노력을 포기하라. 그렇게 다원화된 세계로 접근해가야 폭력의 발생을 제어할 수 있다."라고 말한다.

35 9·14에서 공자가 구이(九夷)로 가겠다고 한 것은 구이를 좋게 여겨서가 아니다. 군자가 사는 곳이면 어디인들 상관없다는 자신감을 표현하기 위해 가장 나쁜 곳을 예로 든 이름일 뿐이다. 문장의 수사였던 것이다. "오랑캐 땅에 가더라도 버려서는 안 된다."(13·19), "관중이 아니었더라면 우리는 아마 오랑캐처럼 머리도 풀어헤치고 다니고 옷깃도 왼쪽으로 했을 것이다."(14·17), "말이 성실하고 신용 있으며 행실이 진지하고 조심스러우면 그런 사람은 문화가 없는 오랑캐 땅에 가더라도 통용될 것이다."(15·06) 등도 마찬가지의 수사이지 오랑캐를 인정하는 말은 아니다.

3·06 季氏旅於泰山 子謂冉有曰 女弗能救與 對曰不能 子曰 嗚呼曾謂 泰山 不如林放乎

계씨(의 종주)가 태산에서 (천자가 모시는 제사인) 여제를 모셨다. (그런 참월한 짓을 알게 된) 스승님께서는 염유에게 일컬으시기를 : 너는 (계씨의 재(宰)로 있으면서 그런 짓을) 막지도 못했니? (염유가) 대답하기를 : (제 힘으로는) 할 수 없었습니다. (그러자) 스승님께서 말씀하시기를 : 어허, 태산(의 신)이 임방만도 못하(여 예의 근본도 모르고 계씨의 참람한 제사를 받아먹을) 줄로 여겼단 말인가?

주

1) 旅(려) : 산에 지내는 제사의 이름으로서 천자나 제후가 주관하는 제사이다. 『주례·춘관대종백(春官大宗伯)』 제3에 "나라에 흉년 또는 수재나 화재 등 큰 변고가 있으면 하늘의 상제와 사방 산천의 신에게 여제를 지낸다."[36]라고 되어 있다. 원래 '祣'였는데, 『설문』에 祣 자가 없기 때문인지 '旅' 자로 바뀌었다.[37]

2) 冉有(염유, 522~? B.C.) : 공자의 제자. 이름은 구(求). 자가 자유(子有)이기 때문에 '冉有'라고도 불렸다. 공자보다 29살 적었다고 한다. 6·04와 13·14에서는 '冉子'로 적히기도 하는데, 제자들 가운데 '~子'로 적힌 사람은 유약과 증삼과 염구뿐이다.[38] 공자의 전기 제자 가운데 계씨가의 재(宰)를 지내는 등 자로와 함께 현실 정치에서 두드러진 활동을 했

---

36 國有大故則 旅上帝及四望

37 『한서』나 『사기』에는 같은 음인 '臚(려)'로 적기도 한다. 한자는 뜻글자이지만 실용상에 있어서는 이처럼 단순히 음을 적는 용도로만 사용하는 경우가 많았다.

38 11·13에서는 민자건도 '閔子'로 표기되는데, 그 경우는 '건' 자가 탈락되었을 것으로 짐작한다. 유약과 증삼에 관해서는 각각 1·02와 1·04의 주)를 참조.

던 인물이다. 공자는 5·07과 11·03에서 정치를 잘할 수 있는 인물로 자로와 함께 염구를 꼽은 바 있고, 6·08에서도 정치하는 데 아무런 문제점이 없는 사람으로 염구를 꼽았을 뿐 아니라, 11·22에서는 자로의 성격과 대비시키면서 그에 대해 잘 설명한 바 있고, 14·12에서는 장무중(臧武仲)의 지(知), 맹공작(孟公綽)의 불욕(不欲), 변장자(卞莊子)의 용(勇)과 아울러 염구의 예(藝)를 꼽은 바 있다. 공자가 위나라로 갈 때 몸소 수레를 몰고 갈 정도로 공자를 가까이서 모셨던 제자이기도 하다. 계강자에 의해 발탁된 염구는 제나라가 노나라를 침공할 때 결정적인 공을 세웠고, 이를 계기로 계강자에게 스승을 천거하여 마침내 공자가 13년 만에 돌아오게 되었다고 사마천은 설명한다. 사마천의 설명은 최술을 비롯한 몇몇 학자들에 의해 의심받기는 하지만 어쨌든 염구는 초기 제자들 가운데 든든한 제자였음이 틀림없다. 그러나 『논어』에는 공자가 염구를 꾸짖는 내용이 매우 많다. 5·07, 11·22, 11·24, 11·26 등은 염구를 탐탁지 않게 평가하는 내용이고, 3·06, 6·04, 6·12, 16·01은 심하게 꾸짖는 내용이며, 11·17은 제자들 앞에서 파문 선언을 하면서 그를 공격해도 좋다고까지 말한다. 그가 계강자를 위해 세금을 더 거두었다는 이유 때문이다. 이는 공자가 중히 여기는 원칙이 무엇인지를 보여주기 위한 의도이겠지만, 제자에 대한 공자의 태도나 감정이 무척 난해했음을 보여주는 사례이기도 하다. 가장 든든한 제자를 대하는 태도치고는 감정적으로 꾸짖은 적이 잦기 때문이다. 공자가 실제는 염구를 감정적으로 대하지 않았다 하더라도 두 사람의 관계를 대립적으로 설정한 설화는 꽤 전해진다. 공자의 감정을 간파한 사람들이 많았다는 뜻일 것이다.[39] 동갑인 염

---

39 백고(伯高)의 상(喪)에 공자가 조문객을 보냈지만 염구가 앞서 조문하자 공자가 탄식했다는 내용이 『예기·단궁상』에 있다. 『사기』는 5·21이 염구가 벼슬생활을 하게 되자 공자가 탄식한 내용이라고 한다. 퇴근하고 돌아오는 염구에게 말

옹(冉雍), 22살 연상인 염경(冉耕)과 더불어 염씨 집안에서 세 사람이나 공자의 제자가 나왔는데, 세 사람은 모두 후대에 일컫는 사과십철(四科十哲)에 포함된다.

3) 女弗能救與(여불능구여) : '女'가 아닌 '汝'로 된 판본이 많은데, 2인칭을 女 대신 汝로 사용하게 된 이후에 바뀌었을 것이다. '弗'은 목적어가 생략된 타동사나 전치사, 그리고 부사어의 수식을 받지 않는 형용사 술어 앞에 쓰여서 '不'보다 더 강한 부정의 어기를 나타낸다고 설명하는 어법학자가 있는데, 춘추시대에도 그랬을지는 의문이다. '不'로 표기된 판본도 많을 뿐 아니라, 공자의 경우 '弗能'이라 하고 염구의 경우 '不能'이라고 한 것이 의미 있는 구분이라고 생각되지는 않는다. 구분 없이 사용되었거나 지역에 따라서 달리 표기했을 가능성은 없는지 모르겠다.[40] 救는 '구제하다'의 뜻도 있지만 '막다'의 뜻도 있다.[41] '너는 ~하지 못하도록 막을 수 없었느냐?'로 번역하는 것이 순조롭다.

4) 曾謂泰山不如林放乎(증위태산불여림방호) : '태산이 임방보다 못하다'는 말이 쉽게 이해되지 않으므로 여러 주석이 등장한다. 임방은 3·04에서 나왔던 사람을 가리킬 텐데, 지체는 낮지만 예의 근본은 알았던 사람의 대명사로 인용했다고 본다. 양웅(揚雄, 53 B.C.~18 A.D.)은 曾을 의문대사라고 하지만, '則'의 뜻으로 보는 『십삼경주소』의 견해가 더 낫다. 謂는 '爲'의 뜻으로 보는 정수덕의 견해에 동의한다. 포함의 주석대

꼬리를 잡는 내용인 13·14나, 자로와 한데 묶어서 꾸짖는 내용인 16·01도 염구의 벼슬생활을 공자가 못마땅해하는 것으로 읽을 수 있다. 그렇다면 『사기』에 실린 설화들이 모조리 허구는 아닐 것이다. 아사노 유이치는 현실을 원망하는 공자의 절박한 심정이 염유에 대한 시새움과 화풀이로 나타난 것이라고 해석한다(아사노 유이치, 앞의 책, p.32 참조).

40 현대에는 소주어(蘇州語)에서 '不' 대신 '弗'로 표기한다.

41 마융은 '止'와 같다고 했다.

로 "산신은 예가 아닌 제사는 받아먹지 않는다. 임방처럼 지체 낮은 사람도 예의 근본을 따지거늘, 태산(의 산신)이 예의 근본도 모를 줄 알고 자격 없는 계씨가 산신을 속이고서 제사를 지낸단 말인가?"라고 새기는 것이 옳을 것이다. 오규 소라이는 계씨가 여제를 지내면서 사치한 것을 공자가 꼬집은 것이라고 하지만, 임방이 예의 근본을 물었을 때 공자는 奢보다 儉이라고 강조했거늘 그것을 공자가 임방의 사치를 꾸짖은 것으로 이해할 수는 없다. 미야자키 이치사다는 "너도 전에 태산의 예에 대해 말했을 때 임방과 의견이 같지 않았느냐?"라고 새긴다. 문맥상으로는 그럴싸하지만 중국 고문의 관행에서는 나올 수 없는 해석이다.

> **평설**

이 대화가 실제 있었던 대화라면 염구가 계씨의 재로 있을 때, 그러니까 공자는 염구의 주선으로 노나라로 돌아온 뒤에 있었을 것이다. 염구에게 책임을 묻듯이 말하는 것으로 보면 그렇게 짐작할 수 있다. 염구가 계씨의 재로 있기는 하지만 계씨에게 간할 수 있는 내용에는 한계가 있을 수밖에 없다는 것을 잘 알 것임에도, 공자는 3·01이나 3·02에서처럼 혼자 탄식하는 것이 아니라 마치 너의 책임이라는 듯이 염구를 압박한다. 3·02의 평설에서도 말했다시피 공자의 이런 인식과 태도는 지나치다. 제자가 아니라면 받아들이기 어려웠을 정도이다. 공자가 그런 기질의 소유자였음에도 불구하고 그의 영향력이 현대에까지 이어질 수 있는 원인은 뭘까? 역대 왕조가 유가를 이데올로기로 삼았던 사실 외에도, 예에 대한 그의 자세가 이처럼 종교적이었던 때문은 아닐까 한다. 그렇다면 공자는 현세를 산 것이 아니라 미래를 살았던 사람일지도 모르겠다. 다만 그것이 그가 원하던 바는 아니었을 것이다. 그는 현세 정치에 참여하려는 꿈을 만년에까지 포기하지 않았으니 말이다. 그러나 공자를 추종한 유자들 가운데에는 현세의 꿈을 포기함은 물론 자신의 목숨마저 포기해야 했던 사람이 많았다. 의를 지킨다는 명분 때문에 말이다. 그것이 유교의 종교성이 빚은 잔혹한 역사이다.

3·07 子曰 君子無所爭 必也射乎 揖讓而升 下而飲 其爭也君子

스승님께서 말씀하시기를 : 군자는 다투는 일이라고는 없지만, 활쏘기에서만은 다툰다. (사대(射臺)에 오를 때는 서로) 고개를 숙이고 양보하면서 오르고, (사대에서) 내려와서는 (진 사람에게 벌주를) 마시게 하니, 그런 다툼은 군자(다운 다툼)이지.

주

1) 必也射乎(필야사호) : 공자 이전부터 중국의 지배계층은 활쏘기를 무덕(武德)이 아닌 문덕(文德)에 속하는 것으로 간주하였다. 『예기』「사의(射義)」, 『의례』「향사례(鄕射禮)」 및 「대사례(大射禮)」는 모두 "제후는 연례(燕禮)를 행한 뒤, 경·대부·사는 향음주례(鄕飮酒禮)를 행한 뒤 활쏘기를 하니, 그것은 군신의 의와 장유의 서를 밝히기 위한 것이다."라고 전제한 다음 활쏘기의 절차를 설명한다. 『예기』「중용」에서는 공자가 "활쏘기는 군자의 자세와 닮은 점이 있다. 정곡을 맞추지 못하면 돌이켜 스스로에게서 원인을 찾으니 말이다."[42]라고 말했다고 한다. 활쏘기를 이처럼 무덕이 아닌 문덕으로 간주하게 된 배경은 활쏘기에서 산가지를 관장하는 직분이 책(策)과 책(冊)을 관장하는 태사(太史)였기 때문이라고 설명하기도 한다.[43] '必也射乎'는 '활쏘기에서만큼은 그러하다'라는 표현이다.

42　射有似乎君子 失諸正鵠 反求諸其身

43　"활쏘기에서 산가지를 담는 그릇의 이름은 中이었는데, 그 그릇은 역사를

2) 揖讓而升下而飮(읍양이승하이음) : 揖은 고개를 숙이거나 두 손을 들어 올려서 상대에게 자신을 낮추는 자세이고, 讓은 상대에게 양보하는 자세이다. 왕숙은 "당(堂)에서 활쏘기를 할 때는 올라갈 때나 내려올 때나 모두 읍양을 하고서 서로 술을 마신다."[44]라고 주한다. 주희는 "揖讓而升'이란 「대사례」에 나오는 내용으로서 짝을 지어 사대에 올라갈 때 세 번 읍한 다음 당에 오르는 예를 말한다. '下而飮'이란 활쏘기를 마칠 때 읍한 다음 당에서 내려와 여러 짝이 모두 내려오기를 기다린 다음, 이긴 짝은 읍하고 진 짝은 술잔을 받아 즉시 술을 마셔야 하는 예를 일컫는다.[45] 군자는 공손하여 남과 다투지 않지만 활쏘기에서만큼은 다툰다. 그러나 그 다툼이 조심스럽게 읍하고 겸손하기가 이와 같으니, 그런 다툼은 군자의 다툼으로서 소인들의 다툼과는 같지 않다."[46]라고 주한다. 정약용은 '下而飮'은 '지면 벌주를 마시다'는 뜻이라면서 몇 가지 예문을 제시

기록한 간책(簡册)을 담는 그릇인 중(中)과 동일한 것이었다고 한다. '史'라는 글자의 원형은 '中' 아래에 사람의 손을 뜻하는 '又'를 받친 모양인데, 이때의 '中'은 '가운데'라는 뜻이 아니라 '간책을 담는 그릇'을 가리킨다. '가운데'를 뜻하는 中과 '간책을 담는 그릇'을 뜻하는 中의 옛글자는 서로 달랐다. 고대의 태사는 이처럼 서(書)의 기록을 관장할 뿐 아니라 사(射)도 관장하였고 역수(曆數)를 관장하는 일관(日官)이기도 하였다. 그래서 활쏘기는 처음부터 각별한 예법을 앞세우면서 진행되었던 듯하고, 이후 지배계층이 닦아야 할 필수 소양인 육예(六藝)의 한 과목으로 중시하는 전통이 확립되었다〈히라오카 다케오, 『經書の成立』, pp.234~250 참조〉.

44　射於堂升及下 皆揖讓而相飮

45　마융은 '승자(勝者)', '불승자(不勝者)'라는 표현 대신 '多筭飮少筭(숫자가 많은 사람이 숫자가 적은 사람에게 마시게 하다)'이라고 표현하였다.

46　揖讓而升者 大射之禮 耦進三揖而後升堂也 下而飮 謂射畢揖降 以俟衆 耦皆降 勝者乃揖 不勝者 取觶立飮也 言君子恭遜 不與人爭 惟於射而後有爭 然其爭也雍容揖遜 乃如此 則其爭也君子 而非若小人之爭也

한다. 그러나 이 문장에서 下는 앞의 升과 대를 이루기 때문에 '지다'는 뜻이 될 수 없다. '지다'는 뜻은 飮에 이미 포함된다.[47] 술을 마신다는 것은 벌주로 마신다는 뜻이다. 활쏘기 예법은 『예기·사의』나 『의례·대사례』, 『의례·향사기』 등에 자세하지만 번거로우므로 소개는 생략한다.

> **평설**

이 장은 해석상 쟁점이 별로 없다. 문장을 어디서 끊어 읽을 것인가에 대한 이견들은 많지만 '군자에게 다툼이 있어서는 안 되지만 사례(射禮)만은 예외이다'라는 주제에 영향을 줄 만한 쟁점은 없다. 공자는 '쟁'이라는 긴장감 있는 낱말을 이용하여 활쏘기를 긍정적인 것으로 의미 부여하고 있다. 쟁은 원래 상대를 누르려는 다툼이지만 사례는 상대를 누르는 것이 아니라 상대와 겨룸을 통한 교류가 목적이라는 것이다. 그렇다면 그 무렵에는 쟁탈·투쟁·쟁패의 뜻인 '다툼'과 '겨룸'을 구분하지 않고 모두 '爭'으로 표현하지 않았을까 한다.

15·22에는 "군자는 자신을 견지할지언정 남과 다투지는 않으며, 남과 모일지언정 패거리 짓지는 아니한다."[48]라는 구절이 있고, 『맹자·공손추

---

47 정약용은 『논어』를 해석하면서 다른 고전에 있는 비슷한 문장을 찾아서 동일한 뜻으로 해석하는 경우가 많은데, 같은 글자일지라도 사용례가 다른 경우마저 같은 것으로 여기는 실수가 잦다. 그는 '升降'이란 표현은 있어도 '升下'라는 표현은 없다면서, "下齊七十餘城(제나라의 70여 성을 무너뜨렸다)"〈『사기·악의전(樂毅傳)』〉과 "還攻外黃 外黃未下(돌아오면서 외황을 공격하였지만 외황을 무너뜨리지는 못했다)"〈『사기·항우본기(項羽本紀)』〉라는 문장을 예로 들면서 下가 '지다'는 뜻이라고 주장한다. 그러나 정약용이 인용한 두 예문에서 下는 자동사가 아닌 타동사여서 본문과 맞지 않다. 벌작(罰爵)은 당상으로 올라가서 마시는 것이라는 설명은 더욱 심한 편견이다. 역대의 권위 있는 주석을 뒤집으려는 고집으로밖에 보이지 않는다.

48 君子矜而不爭 羣而不黨

상』에는 "仁이란 활 겨루기와 같다. 활 겨루기란 자기를 바르게 한 다음에야 쏘는 것이므로, 쏘아서 명중을 못하더라도 자기를 이긴 상대를 원망하는 것이 아니라 돌이켜 자기에게서 원인을 찾을 따름이니 말이다."[49] 라는 구절이 있다.

3·08 子夏問曰 巧笑倩兮 美目盼兮 素以爲絢兮 何謂也 子曰 繪事後素 曰 禮後乎 子曰 起予者商也 始可與言詩已矣

자하가 (스승님께) 여쭙기를 : "예쁜 웃음은 보조개 때문, 아리따운 눈은 눈동자 때문, 흰색 때문에 현란해라"(라는 시)는 무엇을 일컬은 것입니까? 스승님께서 말씀하시기를 : (그림 그리기에 비유하자면) 색칠은 바탕칠보다 덜 중요하(다는 뜻이)지. (이에 자하가) 말하기를 : 예는 (인보다) 덜 중요하다는 것인가요? (그러자) 스승님께서 말씀하시기를 : 상이 나(의 흥)을 일으키는구나. 이제 (나와) 함께 시에 대해 얘기해도 되겠다.

> 주

1) 子夏(자하) : 공자의 제자. 1·07 참조.

2) 巧笑倩兮 美目盼兮 素以爲絢兮(교소천혜 미목반혜 소이위현혜) : 倩·盼·絢이 압운된 세 마디 시구이다. 『시경·위풍(衛風)』「석인(碩人)」[50]은 다음과 같다.

---

49 仁者如射 射者正己而後發 發而不中 不怨勝己者 反求諸己而已矣

50 위나라 장공(莊公)이 제나라 태자 득신(得臣)의 여동생인 장강(莊姜)을 아내로 맞이할 때 위나라 사람들이 그 여자의 아름다움을 찬미한 노래라고 한다. 자하를 위나라 사람으로 추정하는 이유도 여기서 위나라 노래에 대해 질문했기 때문이 아닌가 한다.

碩人其頎 衣錦褧衣 齊侯之子 衛侯之妻 東宮之妹 邢侯之姨 譚公
維私

(석인기기 의금경의 제후지자 위후지처 동궁지매 형후지이 담공유사)

手如柔荑 膚如凝脂 領如蝤蠐 齒如瓠犀 螓首蛾眉 巧笑倩兮 美目
盼兮

(수여유이 부여응지 령여추제 치여호서 진수아미 교소천혜 미목반혜)

碩人敖敖 說于農郊 四牡有驕 朱幩鑣鑣 翟茀以朝 大夫夙退 無使
君勞

(석인오오 설우농교 사모유교 주분표표 적불이조 대부숙퇴 무사군로)

河水洋洋 北流活活 施罛濊濊 鱣鮪發發 葭菼揭揭 庶姜孽孽 庶士
有朅

(하수양양 북류활활 시고예에 전유발발 가담게게 서강얼얼 서사유걸)

늘씬한 여인네 아리땁기도 해라 / 비단 저고리에 홑옷을 걸치었네 /
제후의 따님이자 / 위후의 아내요 / 동궁의 여동생이지 / 형후의 처제요
/ 담공은 형부이지

손은 부드럽기 띠풀 같고 / 피부는 뽀얗기 굳기름 같아라 / 목덜미 곱
기는 흰 나무벌레 / 가지런한 이는 박 속의 씨 / 매미 이마에 부나방 눈
썹 / 예쁜 웃음은 보조개 때문 / 아리따운 눈은 눈동자 때문

늘씬한 여인네 기품 넘치는데 / 농촌 교외에서 즐거이 사시도다 / 네
마리 소 끄는 수레에 / 재갈 장식 붉게 꾸미고 / 꿩 깃 덮개 수레 타고
조회 가나 / 대부들은 일찍 퇴근하여 / 임금님 편안케 하도다

황하 물 넘실거려 / 북으로 콸콸 흐르는데 / 물 깊은 곳 그물 던지면
/ 철갑상어 다랑어 펄떡거리고 / 갈대와 물억새도 흔들흔들 / 어여쁜 여
인들 모이는 곳에는 / 훤칠한 뭇 사내들 따라가게 되지

위에서 보듯이 「석인」에는 '巧笑倩兮 美目盼兮'만 있을 뿐 '素以爲絢兮'는 없다. 그래서 주희를 비롯한 여러 주석가들은 이 장에 인용된 시가 「석인」과는 별도의 일시(逸詩)일 것으로 간주한다. 『노시(魯詩)』에는 '素以爲絢兮'라는 구가 포함되어 있다는 주장도·있으나, 「석인」은 4개의 절로 이루어졌고 각 절은 4자 7행인데 『노시』에서만 제2절을 8행으로 했을 리는 없다.[51] '巧笑倩兮 美目盼兮'는 위나라에서 미인을 가리키던 상투어일 수 있다. 만약 그렇다면 「석인」의 제2절도 상투어를 인용하여 지었을 것이고, 자하가 인용한 시구도 상투어에다 '素以爲絢兮'만을 더했을 것이다. '倩'과 '盼'에 대한 해석은 분분하다.[52] 「석인」에서 이 구절은 손·살갗·목덜미·이·이마·눈썹 등 신체의 여러 부위를 묘사하는 대목에 이어서 나오므로 '예쁜 웃음의 포인트인 보조개'와 '아름다운 눈의 포인트인 눈동자'를 가리킨다고 본다. 자하가 만약 「석인」이 아닌 다른 시에 대해 물었다면 「석인」을 의식하여 해석할 필요는 없을 것이다. 자하가 인용한 시구의 핵심은 '素以爲絢兮'인데, 그 구는 두 가지 해석이 가능하다. "巧笑倩兮 美目盼兮'하더라도 素를 해야 아름다워진다."라는 해석과, "巧笑倩兮 美目盼兮'한 것은 素 때문이다."라는 해석이다. 巧笑는 예쁜 웃음을, 美目은 아름다운 눈을 가리키는 것이 분명하지만 素에 대한 해석은 다양한데, 그 설명은 아래의 주에 이어진다.

3) 繪事後素(회사후소) : 자하가 물은 시구의 뜻에 대한 공자의 대답인데, 해석이 분분하다. 정현(鄭玄, 127~200)은 "繪는 그림 그리기이다. 그림 그리기는 먼저 여러 색을 칠한 다음 흰색을 그 사이에 칠해서 완성

---

51   王先謙, 『詩三家義集疏』.

52   마융은 倩을 '笑貌(소모: 웃는 모습)', 盼을 '動目貌(동목모: 눈동자가 움직이는 모습)'라 주하고, 주희는 倩을 '好口輔(호구보: 예쁜 보조개)', 盼을 '目黑白分(목흑백분: 눈동자의 흑백이 분명함)'이라고 주한다.

한다. 미녀가 비록 倩盼의 바탕을 지니고 있어도 반드시 예를 갖추어야 비로소 미녀가 되는 것과 같다."라고 한다. 히라오카 다케오(平岡武夫, 1909~1995)는 마왕퇴일호분에서 출토된 포(袍)의 채색공정을 예로 들면서, 채색한 뒤 마지막에 하얀 호분(胡粉)으로 윤곽을 칠하는 것을 의미한다고 한다. 그는 '禮後乎'도 '인간은 여러 교양을 쌓은 다음에 마지막에 예로써 마무리한다는 것입니까?'라고 새긴다.[53] 두 사람 모두 그림 공정에서 素는 시간적으로 나중 공정이면서 禮를 가리킨다고 본다. 그러나 주희는 그림 공정을 거꾸로 해석한다. 『주례·고공기(考工記)』를 인용하면서, '채색은 素보다 나중'의 뜻이라고 한다.[54] 흰색 윤곽을 나중에 두르는 그림이 있기는 하지만, 프레스코 벽화에서나 비단 그림에서나 일반적으로는 바탕칠을 먼저 한 다음 채색하는 것이 정격이라는 것이다. 그러나 이 장에서 시간적으로 어느 공정이 먼저인지의 여부는 중요하지 않다고 본다. 관건은 '繪事'와 '後素'의 뜻이다. 後素는 '채색은 素보다 나중에 한다'는 뜻이 아니다. 시간적으로 나중임을 나타내고자 했다면 '繪事後素'가 아닌 '繪後素'라야 한다. 後는 시간적인 나중이 아니라 가치적으로 덜 중요하다는 뜻이다. '繪'가 아닌 '繪事'이므로 繪事는 동사가 아닌 명사이다. 繪事가 명사이므로 구문상 素도 명사이다. 따라서 '繪事(주

---

53 『全釈漢文大系〈1〉論語』(東京: 集英社, 1980).

54 言人有此倩盼之美質 而又加以華采之飾 如有素地而加采色也 子夏疑其反謂以素爲飾 故問之 繪事繪畵之事也 後素後於素也 考工記曰 繪畵之事後素功 謂先以粉地爲質 而後施五采 猶人有美質 然後可加文飾(천과 반이라는 훌륭한 바탕을 갖고 있어도 그 위에 화려한 장식을 더하는 것은 흰 바탕에 채색을 더하는 것과 같다. 자하는 그 일시가 반대로 소로써 장식을 한다는 뜻은 아닌지 의문스러워서 여쭌 것이다. 회사는 회화지사의 준말이고 후소는 소보다 뒤라는 뜻이다. 「고공기」의 '繪畵之事後素功'이라는 말도 먼저 분지로써 바탕을 만든 다음 오채를 더한다는 뜻인데, 사람도 좋은 바탕을 갖춘 다음에야 문식을 할 수 있는 것과 마찬가지이다).

어, 명사)+後(술어, 동사)+素(보어, 명사)'의 구문에서 後는 '가치가 뒤지다'는 뜻이지 '繪事는 素 다음에 처리한다'는 뜻일 수 없다. '繪事는 素보다 나중이다'는 말은 '회사는 소보다 덜 중요하다'는 뜻이다. 시간적인 나중으로 이해할 우려 때문에 본문은 '덜 중요하다'라고 번역하였다. '禮後乎' 또한 마찬가지이다. 後를 시간적인 나중의 뜻으로 해석하자면 '繪事 다음 素!'라는 구호적인 구문으로 볼 수밖에 없는데, 仁이라는 바탕이 더 중요함을 자하가 깨달았다는 뒤 문장을 보면 그렇게 해석될 여지는 없다. '禮後乎'라는 자하의 반문은 "禮는 어디까지나 仁보다는 덜 중요하다는 말씀이지요?"라는 뜻이다. 繪事를 '그림 그리는 일'로 보든 '채색 공정'으로 보든 문맥에 상관없지만, 회사는 색칠, 소는 바탕칠로 번역하였다. 이 문장에서 채색 공정이 먼저인지 나중인지를 따질 필요는 없다. 禮에 대한 설명은 1·12의 주) 참조.

4) 起(기) : 흥기(興起)의 뜻이다. 주희는 '나의 지의(志意)를 기발(起發)시킨다'고 새긴다.

평설

공자는 시를 얼마나 중시했는지, 제자를 가르칠 때 시를 얼마나 활용했는지를 알 수 있는 대목이다. 『시경』뿐 아니라 이후 중국의 모든 시 해석의 관건은 이처럼 문면에 드러나지 않는 속뜻을 알아차리는 데에 있다. 물론 지을 때 속뜻을 담아서 짓기 때문이다. 『시경』처럼 너무 오래된 시는 당시의 속뜻이 무엇이었는지를 지금 알 수 없을 따름이지 그 시가 유행하던 때에는 속뜻이 분명히 있었다. 적어도 중국 전통사회에서는 그러한 시관(詩觀)이 유지되어왔다.[55] 그런데 근세 들어 서구문학의 영향

---

55 중국문학계에서는 일반적으로 『시경』을 북방문학의 대표라 하고 『초사』를 그것과 대비되는 남방문학의 대표라 한다. 양자는 형식에 있어서는 상당한 차이

을 받은 뒤 중국의 전통적인 시 해석에 문제가 있다고 생각하는 사람들이 나타난다. 서구 학자들은 물론 고힐강(顧頡剛, 1893~1980)이나 굴만리(屈萬里, 1906~1979)와 같은 중국 학자들조차 그랬고, 한국의 중문학자들도 마찬가지였다. 그들은 『시경』「관저」 등이 남녀 간 연정을 노래한 서정시임에도 불구하고 사회시로 왜곡 해석해왔다고 비판하지만, 그런 비판이야말로 중국시의 전통을 이해하지 못하고 서구적 사고를 바탕으로 보는 견해이다. 예를 들자면 이렇다. 한국인은 '새야 새야 파랑새야'로 시작하는 구한말의 민가를 누구나 안다. 그런데 그 민가는 파랑새를 노래한 서정시인가? 아니지 않은가? 녹두장군 전봉준을 은유한 노래임을 당시 조선 사람치고 모르는 사람은 없었다. 한 세기가 지난 현대 한국인도 다 안다. 동아시아의 시란 그런 것이다. 지을 때부터 속뜻을 담는다. 『시경』의 연애시들은 외형이 연애시일 뿐이지 속뜻은 모두 따로 있었다. 다만 세월이 너무 지났기 때문에 당대의 속뜻을 지금 알아차릴 수 없을 뿐이다. 지금 그 시를 순수 연애시로 보자고 주장한다면 난센스일 뿐이다. 시가 외교 현장의 아언(雅言)으로 활용되던 춘추시대라면 더 말할 것도 없다.[56] 조탁된 언어로써 진솔한 감정을 음악적 형식으로 표현한 것이 시(詩)라는 서구문학 관념에만 젖은 요즘 사람들의 안목으로는 이해하기 어렵겠지만, 당시로서는 자연스럽고도 당연한 일이었다. 『시경』의 시들은 당시 사람이면 누구나 다 알았던 속뜻을 모두 지니고 있다. '모시(毛詩)'는 『시경』을 왜곡 해석한 것이 아니라 『시경』 시들의 함의를 잘 드러낸 것이다. 물론 『시경』의 시들이 만들어질 당시와 '모시'가 만들어질 당시의 시대 간격만큼 임의성이 개입되었을 가능성은 있겠지만 말이다.

를 보이지만 서정에 있어서는 그다지 차이가 없다고 본다. 다만 표현은 『초사』가 훨씬 자유롭다. 권위의 상징보다는 감정의 표현을 더 중시한다고 본다.

56 7·18의 주1) 참조.

공자가 자하더러 시의 속뜻을 잘 알아차린다고 칭찬하는 것을 보더라도 시의 속뜻을 알아차리기란 당시에도 꽤 어려운 일이었을 것이다. 시의 효용과 가치를 중시하였던 공자로서는 자하가 시의 속뜻을 척척 알아맞히자 기쁜 나머지 그를 인정했다는 것이 이 장의 내용이다. 공자는 1·15에서 자공에게도 "始可與言詩已矣"라고 인정한 바 있다. 그리고 11·03에서는 "德行 顏淵 閔子騫 冉伯牛 仲弓 言語 宰我 子貢 政事 冉有 季路 文學 子游 子夏"라고 말한다. 공자의 시관은 1·15, 2·02, 2·18, 3·20, 8·08, 11·06, 13·05, 16·13 및 17·09에서도 엿볼 수 있다.

3·09 子曰 夏禮吾能言之 杞不足徵也 殷禮吾能言之 宋不足徵也 文獻
不足故也 足則吾能徵之矣

스승님께서 말씀하시기를 : 하왕조의 예(악제도)에 대해 나는 (모두) 설명할 수 있는데, (하왕조 후손의 봉국인) 기나라에 (그것을 뒷받침해줄) 증빙은 부족하더라. 은왕조의 예(악제도)에 대해(서도) 나는 (모두) 설명할 수 있는데, (은왕조 후손의 봉국인) 송나라에 (그것을 뒷받침해줄) 증빙은 부족하더라. 문헌들이 부족해서이지. (문헌이) 충족하기만 하면 나는 그것들을 (모두) 증빙할 수 있어.

> 주

1) 杞(기), 宋(송) : 은은 하를 멸한 다음 하왕조 후손을 지금의 하남성 기현(杞縣) 부근에다 봉국해주면서 국호를 기(杞)라고 했다. 주도 은을 멸한 다음 은왕조 후손을 지금의 하남성 상구현(商邱縣) 부근에다 봉국해주면서 국호를 송(宋)이라고 했다. 이후 중국에서는 왕조를 멸망시키더라도 마지막 왕의 후손이 조상 제사만큼은 이을 수 있도록 배려해주는 것이 관례였다. 민심을 달래려는 수단이기도 했고, 하늘에 있는 마지막 왕의 선왕들이 해코지하지 않도록 비는 마음이기도 했을 것이다. 공자는

두 왕조 후손의 나라에 문헌이 보존되어 있지 않다고 말하는데, 그 말의 함의가 무엇인지는 알기 어렵다. 겨우 제사만을 이을 정도로 배려해주었을 뿐인 나라에 문헌이 온전하게 남아 있을 리는 없을 텐데도 문헌이 부족하다고 짐짓 말하니 말이다. 구두를 달리하여 '夏禮吾能言 之杞不足徵(하례에 대해 나는 설명할 수는 있지만 기 땅에 가더라도 증명해 보일 수 있는 거리는 부족하다)'으로 읽기도 하지만, 그렇게 읽더라도 의미가 크게 달라질 바는 없다.

2) 徵(징) : 『이아·석고』의 해석을 따른 듯 포함이 '成(완성)'이라고 주하자 정현과 형병도 따르는데, 의미는 분명하지 않다. 『논어주소』는 "하왕조와 상왕조의 예는 내가 설명할 수 있지만 기나라, 송나라의 임금이 어둡고 나약하여 완성할 수 없다."[57]라고 설명하지만, 이미 망한 나라의 후손들이 무슨 예를 완성하겠는가. 따라서 '證(증명)'이라는 주희의 주가 더 낫다고 본다. 증거를 찾아내서 확인하는 것을 의미할 것이다. 오규 소라이는 徵을 '증(證)'으로 읽어야 한다고 주장한다.

3) 文獻(문헌) : 文獻을 요즘에는 서적이나 문서로 이해하지만, 『논어주소』는 '文'은 '문장(文章: 아름답게 빛나는 예악과 제도)'이고 '獻'은 '현재(賢才: 현명한 인재)'라고 한다. 주희도 두 글자로 나누어서 "文은 전적이고 獻은 현인이다."라고 한다. 하지만 굳이 나눌 필요가 없다고 생각되어 '문헌'이라고 번역한다. 文에 대해서는 1·06의 주) 참조.

평설

5백 년 전 주왕조가 확립했던 예악을 모조리 안다고 자부할 뿐 아니라 그 이전 은왕조, 나아가서는 하왕조의 예악까지도 다 설명할 수 있다고

57　夏殷之禮 吾能說之 但以杞宋之君闇弱 不足以成之也

장담하는 공자에게 누군가 의문을 제기했던 모양이다. 이에 공자는 자신감을 강조하고 있다.

한무제 이후에는 누구도 넘보지 못할 권위를 확보하는 공자이지만, 그의 생전에는 천 년도 더 지난 예악에 대해 알 수 있다고 자신하는 공자를 신뢰하는 사람은 드물었을 것이다. 하왕조, 은왕조 직계 후손의 나라에서도 도무지 근거를 찾을 수 없는 하대, 은대의 예악에 대해 장담하는 사람을 믿기란 쉽지 않았을 것이다.[58] 백가가 유가를 공격했던 주된 이유도 복고에 대한 공자의 이와 같은 확신이 아니었을까 한다. 소공 26년(516 B.C.), 36세의 공자가 제나라에 갔을 때 제의 경공은 공자와 대화해본 다음 신뢰하게 된 나머지 공자에게 작위와 봉토를 내리려 했다고 한다. 이에 안영(晏嬰, ?~500 B.C.)이 안 된다면서 극력 경공을 설득하자 경공은 마음을 돌렸고, 공자는 할 수 없이 노나라로 되돌아가야만 했다고 한다. 『사기·공자세가』에는 그 스토리와 함께 안영이 경공을 설득한 내용도 실었는데,[59] 그 이야기 자체가 믿기 어렵다. 아마도 경공이 공자를 등용하려 했다가 포기했다는 18·03의 내용 때문에 각색된 이야기가 아닐까 한다. 안영이 거론했다는 이유들은 전국시대 사람들이 유가에 대해 가졌

58　확신은 거짓말보다 더 위험한 진실의 적이라고 니체는 말한 바 있다. 확신은 확실히 소통의 적이다. 자신의 확신은 소중히 여기면서도 남의 확신은 편견이나 고집으로 돌리거나, 심지어 적대시하는 것이 확신의 특징이다. 한편, 이 장은 공자가 설명하는 하왕조, 은왕조의 예는 기나라와 송나라에 보존된 것과는 다르다는 것을 의미하고, 공자의 설명이 타당함을 입증할 문헌상의 증거는 거의 존재하지 않았던 상황을 웅변적으로 말한다고 아사노 유이치는 평가한다. 공자가 말하는 하왕조, 은왕조의 예는 공자가 관념 속에서 꾸며낸 공상의 산물이라는 것인데, 이런 지적에 쉽게 공감하기는 어렵지만 딱히 반박하기도 어렵다〈아사노 유이치, 앞의 책, p.52 참조〉.

59　18·03의 주1) 참조.

던 부정적인 이미지를 그대로 옮겼다고 보는데, 하대, 은대의 예악을 안
다는 공자의 주장도 마찬가지로 당시 사람들의 비웃음을 샀을 것이다.[60]

이 장의 내용은 『예기·예운』에도 실려 있다.[61] 이토 진사이(伊藤仁齋,
1627~1705)는 그것과 견주면서 '夏禮吾能言 之杞不足徵也'로 끊어 읽
어야 한다고 『논어고의(論語古義)』에서 주장한다. 그러나 "夏禮吾能言
之杞不足徵也"와 "我欲觀夏道是故之杞而不足徵也"는 내용이야 서로

60　공자의 이 발언을 가지고 공자가 실증사학적 태도를 가졌다는 황당한 주장
을 하는 사람도 있다. 공자는 자신의 자신감을 드러내고자 문헌만 있다면 입증해
보일 수 있다고 말한 것이지 실증적인 태도를 높이 샀기 때문에 그렇게 표현한
것은 아니다. 공자의 이 말을 근거로 은왕조뿐 아니라 하왕조의 문자기록도 공
자 당시에 존재했다고 주장하는 사람도 있다. 하왕조와 은왕조의 문자기록이 '부
족하다'고 말하는 것은 완전하지는 않을지언정 어느 정도 존재했다는 증거 아니
겠느냐는 것이다. '부족하다'는 말을 '있기는 했다'는 뜻으로 받아들이자는 억지
이다. 그런 견해들은 학문적인 견해가 아니라 의도를 가진 정치적 견해에 불과하
다. 은왕조 사람들이 갑골에 새겼던 부호가 한자의 모체인 상형문자이듯이 夏라
는 왕조 체제가 존재했다면 나름의 부호체계는 있었을 것이다. 의사소통을 위하
거나 권위를 보이기 위한 목적의 부호체계는 기본적으로 인류 문명사와 함께 존
재했다고 보기 때문이다. 다만 그 부호체계가 상형문자에서 출발하여 쐐기문자
나 표음문자의 순서로 진화한다는 법칙성에는 동의하지 않는다. 하지만 아무리
부호체계의 존재를 상정한다 하더라도 이미 천 년도 전에 멸망한 하왕조의 문자
기록이 공자 당대에까지 존재했다는 주장은 받아들이기 어렵다. 공자가 제자들
에게 시, 서, 예를 직접 가르쳤다 하니 공자 당대에 그 세 과목의 문헌만큼은 어떤
형식으로든 존재했을 것이라고 볼 수는 있다 하더라도 말이다.

61　표현은 약간 다르다. "我欲觀夏道 是故之杞 而不足徵也 吾得夏時焉. 吾欲
觀殷道 是故之宋 而不足徵也 吾得坤乾焉. 坤乾之義 夏時之等 吾以是觀之(나
는 하왕조의 도를 알고자 기나라에 갔지만 징험할 내용은 부족하더라. 다만 하왕조의
책력만을 얻었을 뿐이다. 나는 은왕조의 도를 알고자 송나라에 갔지만 징험할 내용은
부족하더라. 다만 곤건만을 얻었을 뿐이다. 곤건의 의미와 하왕조 책력의 차례를 나
는 그렇게 해서 알게 되었다)."

비슷하지만 문장 형식은 다르다. 즉, 뒤 문장은 '是故'라는 연결사가 있기 때문에 연결사 뒤에 나오는 '之'가 동사일 수밖에 없지만 앞 문장은 '之'를 뒤로 붙여서 동사로 읽을 이유가 없다. 설령 동사로 읽는다 하더라도 주1)에서 언급했듯이 의미가 크게 달라지지도 않는다. 『예기』에는 이처럼 『논어』와 비슷한 내용이 꽤 있는데, 그 때문에 둘 사이의 친연성을 짐작할 수는 있지만 두 개의 문장을 그대로 대응시킬 수는 없다. 『예기·예운』의 그 대목은 『논어』의 이 장을 재구성했을 것이다. 『예기·중용』에는 "스승님께서 말씀하시기를, 내가 하례를 설명한다면 하왕조 후손의 나라인 기나라에 그것의 증빙은 부족하지만, 내가 은례를 배운다면 은왕조 후손의 나라인 송나라에 그것이 남아 있고, 내가 주례를 배운다면 지금 사용하고 있는 것이 그것이다. 그러니 나는 주왕조의 것을 따르겠다."[62]라는 구절이 있는데, 역시 내용은 비슷하지만 외형은 다르다. 송나라에 은왕조의 禮가 남아 있다고 하니 『예기·예운』의 표현과도 모순된다. 『예기』는 『논어』를 읽는 데 참고는 되지만 『논어』와 같은 수준의 근본자료로 볼 수는 없다. 이 장은 차라리 2·23과 견주면서 읽는 것이 좋다.

3·10 子曰 禘自既灌而往者 吾不欲觀之矣

스승님께서 말씀하시기를 : 체제라면, 나는 관 다음부터 (더는) 보고 싶지 않더라.

| 주 |

1) 禘(체) : 상대부터 주대에 걸쳐 행하였던 가장 성대한 나라 제사이다. 종묘에서 지내는 시체(時禘)와 은체(殷禘), 그리고 교(郊)에서 지내는 대체(大禘)의 세 종류가 있었다고 한다. 時禘는 하대와 상대 무렵 춘

62 　子曰 吾說夏禮 杞不足徵也 吾學殷禮 有宋存焉 吾學周禮 今用之 吾從周

하추동에 따라 각각 礿(약), 禘(체), 嘗(상), 烝(증)이라는 이름으로 지냈던 제사이고, 殷禘는 여러 사당에 모셨던 신주를 태조묘에서 함께 지내던 제사이며, 大禘는 천자가 교에서 하늘의 조상신에게 지내는 제사였다. 왕이 지내는 가장 성대한 제사이기 때문에 '不王不禘(왕이 아니면 체제를 지내지 못한다)'라고 했다. 여기의 禘가 殷禘인지 大禘인지 알 수 없지만, 주희는 후자라고 했다. 성왕(成王)은 삼촌 주공단이 주왕조에 막대한 공훈을 세웠기 때문에 특별히 그에게만은 천자의 권위를 인정하여 체제를 지내도록 허락했다고 한다. 노나라는 주공단에게 봉해진 나라이기 때문에 이후 노나라의 군주들도 관례에 따라 체제를 지내는 바람에 공자도 체제를 구경할 수 있었을 것이다. 「모시서」는 『시·상송(商頌)』「장발(長發)」이 大禘의 시라고 하니 참고할 만하다.[63]

　2) 灌(관) : 체제의 절차 이름인데, 원래 '祼(관)'이고 '灌'은 가차자라고 한다. 제사에서 귀신이 앉는 자리에는 원래 시(尸) 또는 시동(尸童)이라고 하는 산 사람을 앉혔다. 『예기·증자문』에 의하면 주로 손자를 시켰는데,[64] 공자가 3·12에서 강조하듯이 귀신이 실제 앉아 계시는 것처럼 느끼게 만들고자 그런 형식을 취했을 것이다.[65] 제사에서 첫 술잔을 尸에게 올리면서 尸로 하여금 냄새를 맡도록 시키는 절차를 관이라고 한다.[66]

63　그러나 그 시를 주희는 大禘의 시가 아닌 祫祭(협제)의 시로 본다.

64　祭成喪者必有尸 尸必以孫 孫幼則使人抱之 無孫則取於同姓可也 祭殤必厭蓋弗成也 祭成喪而無尸是殤之也(성년이 되어 죽은 사람의 제사에서는 반드시 시동이 있어야 한다. 시동은 반드시 손자를 시키는데 손자가 어리면 다른 사람으로 하여금 안고서 앉게 한다. 손자가 없으면 동성의 다른 아이를 시켜도 된다. 성년이 되지 않아 죽은 사람의 제사는 염제로 지내는데, 성인이 되지 못했기 때문이다. 성년이 되어 죽은 사람의 제사인데도 시동을 두지 않으면 일찍 죽은 것으로 본 것이다).

65　그러다가 나중에는 산 사람 대신 나무로 만든 신주를 모시게 된다.

66　울창(鬱鬯)은 향료를 넣어 빚은 술이다. 『논어주소』와 『논어집주』는 관(灌)

그러니까 '관'은 제사의 첫 단계를 의미하니, 예에 어긋나는 제사는 첫 단계부터 보고 싶지 않다는 의미일 것이다.

3) 往 : 天時에서는 앞을 往이라 하고 뒤를 來라고 부르고, 人事에서는 지금까지 내려온 바를 來라 하고 지금 이후를 往이라 한다고 오규 소라이는 설명한다.

| 평설 |

체제의 첫 단계부터 보고 싶지 않은 것은 예에 어긋나기 때문이라는 이유일 텐데, 어떤 것을 예에 어긋난다고 했는지에 대해서는 여러 설명이 있다. 『논어주소』는 관 이후 소목의 차서가 잘못되었기 때문이라 하고,[67] 『논어집주』는 노나라의 군신이 관 이후로는 게으르기 때문이라고 한다. 하지만 공자의 메시지는 주왕실이 아닌 노나라에서 체제를 지내는 것이, 더구나 公이 주관하는 것도 아니고 대부인 계씨가 주관하는 것이 참람하다는 뜻이 아니었을까 한다. 앞서 계씨와 삼가를 비난했던 것과 같은 맥락으로 보는 것이 낫지 않을까 한다. 노나라에서 체제를 지낸 것은 노나라 초기부터의 관례였고, 노나라의 모든 의례는 노공을 대신하여 계씨가 주관해온 것도 이미 백 년이 넘은 상황이거늘 공자는 선왕지도와 예악이라는 기준을 가지고서 현실 정치권력을 다방면으로 공격하고 있

이 울창주를 태조묘 앞의 땅에 부어 강신(降神)하는 절차라고 한다. 가차자로 쓰인 '灌' 때문에 그렇게 여겼을 것이다. 가차자는 사용할 때는 편리하겠지만 세월이 지나 본래의 뜻을 상실하게 되면 이처럼 글자의 뜻을 왜곡하게 된다.

67　종묘를 배치하는 차서를 소목(昭穆)이라고 하는데, 노나라의 경우 민공 뒤에 희공이 임금이 되었으니 종묘의 배치도 그렇게 해야 하건만, 문공은 자기 아버지 희공이 비록 민공 뒤에 올랐지만 민공의 형이라는 이유로 민공 앞에 두었다고 한다. 『춘추공양전』 문공 2년조에 있는 이 이야기를 근거로 『논어주소』는 공자가 이와 같은 역사(逆祀: 뒤바뀐 제사) 때문에 참관하기를 거부했다고 한다.

다. 그러니까 공자의 이 발언은 체제 자체에 대한 불만이 아니라 현실 정치의 권력 구조를 바꾸어야 한다는 당위를 열거하는 가운데 하나일 뿐이 아닌가 한다. 동시에 의례에 관한 한 자신이 가장 권위자임을 내보이는 효과도 노리고 있다. 3·02의 평설 참조.

3·11 或問禘之說 子曰 不知也 知其說者之於天下也 其如示諸斯乎 指其掌

어떤 사람이 체제에 대한 자세한 내용을 묻자 스승님께서 말씀하시기를 : (나도) 몰라. 체제의 내용을 잘 아는 사람이라면, 천하(모든 것)을 아마도 여기에다 놓고 보듯 하겠지.(라고 하시면서) 당신의 손바닥을 가리키셨다.

| 주 |

1) 說(설) : 제사의 절차, 법식, 각 절차의 의미 등 '제사의 이론'과 같은 뜻이다.

2) 於天下也(어천하야) : 於는 '~에 대해서'라는 뜻의 개사이지만 也와 연결하여 '於~也'로 쓰일 경우에는 '~에 처함에 있어서'라는 뜻이 된다. 4·10의 경우도 같다. 다만 한국어로 번역할 경우 그 어기를 정확하게 전달하기 어렵다. 차라리 '천하를'로 번역하는 것이 낫다.

3) 其如示諸斯乎(기여시저사호) : 示는 '보이다'와 '보다'의 두 가지 해석이 가능한데 여기서는 '보다'가 타당하다. 천하를 손바닥 위에 올려놓고서 다른 사람에게 보여줄 수는 없다. 양백준은 '치(置)'의 가차자로 보고서 '그런 사람이 천하를 다스리는 것은 물건을 손바닥에다 놓는 것처럼 쉬울 것이다'라고 새긴다. 쉬운 일의 표현을 '손바닥 위에 물건을 놓는다'라고 관용어로 사용했다면 모를까 그렇지 않는 한 동의하기 어렵다. '如示之於斯'의 준말이니 '천하를 손바닥에 놓고서 보듯 하다'라는 새김

이 무난하다. 斯는 뒤에 나오는 기장(其掌)을 가리킨다. '其~乎'는 추측을 표시하는 구문이다.

4) 指其掌(지기장) : 『예기·중니연거(仲尼燕居)』의 "교사의 의의와 체제사의 의례에 밝으면 나라를 다스리는 일은 마치 손바닥에 놓고 가리키는 일이나 다름없을 것이다."[68], 『예기·중용』의 "교사의 의례와 체제사의 의의에 밝으면 나라를 다스리는 일은 마치 손바닥에 놓고 보이는 거나 다름없을 것이다."[69], 『맹자·공손추상』의 "무정이 제후의 읍조를 받고 천하를 소유하기를 마치 손 안에다 두고 움직이듯 하였다."[70] 등은 모두 『논어』의 이 구절을 원용한 표현일 것이다.

[평설]

앞 장의 연속이다. 체제에 대해 강한 불만을 표하는 공자에게, 그렇다면 올바른 체제의 절차가 무엇인지를 설명해달라고 누군가 요구하자 반응하는 장면이다.

『논어주소』는 소목의 차서가 바뀐 노나라의 사정을 공자는 잘 알기 때문에 모른다고 대답했다고 한다. 주희는 노나라가 꺼리는 바는 소목의 차서가 바뀐 사실이 아니라 "왕이 아니면 체를 지내지 못한다는 법도는 노나라가 당연히 꺼리는 바이므로 모른다고 답한 것이다."[71]라고 한다. 『논어주소』의 설명을 받아들이면서도 그 이유만 다르게 설명한 것이다. 그러나 이어지는 "아마도 체제의 이치를 안다면 모르는 이치가 없고 감

---

68   明乎郊社之義 嘗禘之禮 治國其如指諸掌而已乎

69   明乎郊社之禮 禘嘗之義 治國其如示諸掌乎. 禘는 여름제사의 이름이고 嘗은 가을제사의 이름이니 앞뒤를 바꾸어 쓰더라도 무방하다.

70   武丁朝諸侯有天下 猶運之掌也

71   不王不禘之法 又魯之所當諱者 故以不知答之

동시키지 못할 정성이 없을 것이니 천하를 다스리는 데 아무런 어려움이 없을 것이다. 성인께서 이것에 대하여 어찌 진정으로 모르시는 바가 있었을까."[72]라는 해설은 엉뚱하다. 무조건 공자를 높이려는 억지이다.

제사에 대한 공자의 강한 집착은 어떻게 설명할 수 있을까? 이택후는 다음과 같이 설명한다. "무속의 특징 가운데 하나는 사람이 신에게 능동적으로 영향을 미치기 위해 활동·조작하는 것을 중시한다는 점이다. 이러한 복잡한 활동과 조작을 통해서 신과 교통한 다음 신령으로 하여금 자신을 위해 일하도록 만든다. (…) 모든 원시민족에는 무속이 있었고, 오늘날의 현대생활에도 여전히 무속의 흔적이 남아 있다. 그러나 중국의 무속전통은 정치체제, 조상숭배와 서로 융합되어 후자를 향하여 신속하게 이성화되어 독특한 전통을 형성하였다. 즉, 무당(종교적 영수)은 곧 왕(정치적 영수)이었으니, 우·탕·문왕은 모두 큰 무당이었고 죽은 후에 숭배의 대상이 되었다. 조상은 제사의 중심이었고, 무속의 중개를 거쳐 인간과 신이 연계되어 일체가 되었다. 이것이 바로 중국이 '하나뿐인 세계'를 설정하게 된 유래이다." 이론적으로 매끈하게 설명하고자 애쓴 표현이지만 핵심에서는 벗어나 있다. 고대 중국에서 제사는 정치권력의 축이었다. 권력을 유지하는 장치였다. 나중에 가정에서 지내게 되는 제사도 가부장으로서의 권력을 유지하는 의식이다. 공자가 제사에 집착했던 것은 권력을 유지하는 수단으로서의 중요성에 유의했기 때문이라고 본다. 『논어』는 질서 있는 정치권력에 대해 알게 모르게 집착하도록 편찬되어 있다.

---

72   蓋知禘之說 則理無不明 誠無不格 而治天下不難矣 聖人於此 豈眞有所不知也哉

3·12 祭如在 祭神如神在 子曰 吾不與祭 如不祭

"(조상신을 모시는) 제사는 (조상신이) 와 계시는 것처럼, 신령을 모시는 제사는 신령이 와 계시는 것처럼"(지내라는 말이 있다.) 스승님께서 말씀하시기를 : 내가 참여하지 않은 제사는 제사를 지내지 않은 것과 같아.

주

1) 祭如在 祭神如神在(제여재 제신여신재) : 대개는 이 대목을 전해지는 성어로 여긴다.[73] 祭는 2·05의 주) 참조. 神은 2·24의 주) 참조.

2) 吾不與祭(오불여제) : '與'는 '참여'의 뜻이다. '與'를 상성(上聲)으로 읽어서 '찬동'의 뜻으로 새겨야 하고, '吾不與 祭如不祭(내가 찬동하지 않으면 그 제사는 지내지 않은 것이나 다름없다)'로 읽어야 한다는 주장도 있지만 그렇다고 해서 문맥이 달라지지는 않는다. 순탄하지 않은 새김을 굳이 고집할 필요는 없다. 與는 '조(助)'이고 공자의 자가 중니(仲尼)인 것을 보면 적자(嫡子)는 아니므로 공자가 제사를 주관하지는 못하고 참여하기만 했다고 정약용은 설명하는데, 역시 불필요한 천착이다.

73　오규 소라이는 '祭如在'는 옛 경전의 말이고 '祭神如神在'는 그 말의 뜻풀이라고 주장한다. 앞 구절이 인용문이고 뒤 구절이 그것의 뜻풀이라면 누가 풀이했을까?『논어』에 인용문에 대한 뜻풀이가 있다면 공자나 제자들이 했지 편찬자가 임의로 한 대목은 없다. '祭神如神在'가 만약 공자가 한 해설이라면 '子曰'이라고 언급한 다음에 인용했을 것이다. 오규 소라이는 10·27과 같다고 설명하지만, 거기는 두 구절 모두 인용문이다. 祭는 원래 조상신에 대한 것이기 때문에 목적어가 없어도 조상신에 대한 제사임이 분명하지만 천지신령에게 지내는 제사라면 목적어가 필요하므로, 이 구절이 성어라면 '祭神如神在'까지 성어로 보는 것이 타당하다고 본다.

범조우(范祖禹, 1041~1098)는 이렇게 설명한다. "군자가 제사를 지낼 때는 7일을 조심하고 3일을 재계하는데, 이렇듯 자세를 가다듬어 반드시 제사를 받는 귀신을 뵈어야 정성의 극치가 된다. 그러므로 교에서 천신에게 제사 지낼 때 천신이 다가오고 조상신을 모신 사당에서 제사 지낼 때 조상신이 흠향을 받는 것은 모두 자신으로 말미암아 귀신들을 불러오는 것이다. 이렇듯 정성이 있으면 귀신이 있는 것이고 정성이 없으면 귀신도 없는 것이니 삼가지 않을 수 있겠는가. '吾不與祭如不祭'라는 공자의 말씀은 정성이 실질적인 것이고 의례는 허식이라는 말씀이다."[74]

주희는 이 장이 공자의 제사에 대한 성의를 제자들이 기록한 것이라고 하는데, 성의보다는 제사의 본질이라고 할 만하다. 공자의 제사에 대한 태도는 여기서 보듯이 '如'에 있다. 신의 실재 여부나 신이 제사에 참석하는지의 여부는 따질 필요 없이 신이 '와 계시는 것처럼' 지내는 것이 중요하다는 것이다. 그래서 예는 허식이고 정성이 실질이며, 정성이 있으면 귀신이 있고 정성이 없으면 귀신도 없다는 범조우의 해석은 공자의 말과 부합한다. 귀신이 있는 듯이 모시면 귀신은 있는 것이고 없는 듯이 모시면 귀신은 없다는 생각, 그것이 송유들 관념론의 줄기라고 본다.[75]

---

74 君子之祭 七日戒 三日齊 必見所祭者 誠之至也 是故 郊則天神格 廟則人鬼享 皆由己以致之也 有其誠則有其神 無其誠則無其神 可不謹乎 吾不與祭如不祭 誠爲實 禮爲虛也

75 하느님은 실재하는 존재가 아니라 요구되는 존재라는 일부 기독교 신학자들의 표현과도 비슷하다.

3·13 王孫賈問曰 與其媚於奧 寧媚於竈 何謂也 子曰 不然 獲罪於天 無所禱也

왕손가가 (스승님께) 여쭙기를 : "안방 신에게 잘 보이기보다 부엌 신에게 잘 보이는 것이 낫다."는 말은 무슨 말인가요? 스승님께서 말씀하시기를 : (그러면) 안 됩니다. (하늘에 죄를 짓는 일입니다.) 하늘에 죄를 지으면 빌 곳이 없게 됩니다.

주

1) 王孫賈(왕손가) : 위(衛)의 대부. 주왕조 후손이지만 위로 와서 벼슬했다는 설명도 있고, 원래 위나라 사람으로서 王孫이 성씨라는 설명도 있다. 전택(鄟澤)의 회맹에서 위령공은 진(晉)의 하대부에게 모욕을 당한 다음 晉을 배반하려고 하자, 왕손가가 꾀를 내어 영공으로 하여금 晉과 대결하고자 하는 國人의 정서와 감정을 결집시키는 데 성공하도록 만든 바 있다고 『좌전』 정공 8년은 기록한다. 14·19에서 공자는 그가 위나라의 군사를 잘 담당한다고 평가한다. 제나라의 집정대부 王孫賈와는 별도의 인물이다.

2) 與其媚於奧 寧媚於竈(여기미어오 녕미어조) : 媚를 주희는 친순(親順: 친하여 따름)이라고 한다. 이 말은 당시의 속담이었을 것이다. 당시에는 오사(五祀)라 하여 철 따라 집 안의 다섯 장소에서 제사를 지내는 풍습이 있었는데, 다섯 장소란 『예기·곡례하(曲禮下)』에 의하자면 호(戶: 지게문)·조(竈: 부엌)·중류(中霤: 처마)·문(門: 대문)·항(行: 들락거리는 곳)이다. 먼저 각각의 해당 장소에다 신주를 베풀어놓고 제사를 지낸 다음, 시(尸)를 맞이하여 방 안으로 들어가 서남쪽 구석인 奧에다 다시 음식을 놓고 제사 지냈다고 한다. 그러니까 奧는 오사를 지낼 때마다 항상 거치게 되는 가장 높은 곳이기는 하지만 사실상의 제주(祭主)는 아니고, 반대로 竈는 奧보다 지위는 낮지만 사실상의 祭主이기 때문에 사람

들은 실제적인 효용을 바라면서 그곳의 제사에 더 정성을 들였다는 것이다. 『예기』의 "제사 드려야 할 장소가 아닌 곳에다 제사 지내는 것을 음사라고 하는데, 음사는 지내더라도 복이 내리지 않는다."[76]라는 표현은 세속의 그런 관행에 대한 지적일 것이다. 따라서 이 속담은 명목상의 높은 지위보다 사실상의 권력을 쥔 자에게 아첨하는 것이 이롭다는 뜻을 담게 된다. 누구를 竈에 비유하고 누구를 奧에 비유했는지에 대해서는 남자(南子)와 영공(靈公), 미자하(彌子瑕)와 남자, 왕손가와 영공 등 여러 설이 있지만, 그런 추측들이 의미를 지니지는 못한다.

3) 獲罪於天 無所禱(획죄어천 무소도) : 竈와 奧가 미자하와 남자를 빗대었다면 天은 위령공을 빗댄 것이라는 해석도 있고, 왕손가가 주왕조 도읍을 빠져나와 위나라에서 벼슬한 것이 주왕에게 죄를 지은 것이라는 해석도 있다. 그러나 이 구절에서 天은 군주를 비유한 것이 아니라 조상신이 존재하는 공간과 그 공간을 주재하는 상제(上帝)를 가리킨다고 본다. 하늘을 뛰어넘으면 빌 곳이 없다는 말 때문에 주희는 하늘이 곧 理라고 하였을 것이다. 天의 의미에 대해서는 2·04의 주) 참조.

> **평설**

앞 장을 이은 제사 태도에 대한 언급이다. 왕손가와 공자의 문답이 무엇을 비유한 것인지에 대해서는 여러 설이 있다. 왕손가는 당시 위나라 집정대신으로서 권력을 쥐고 있었으니 竈를 자신에게 비유하고 奧를 영공의 근신(近臣)에 비유하여서는, 공자로 하여금 영공의 근신보다 자신을 가까이하라고 권한 내용이라는 설이 첫째인데, 공안국을 비롯한 고주의 견해이다. 둘째는, 奧는 위나라 영공이고 竈는 당시 세력을 가지고 있던 남자라는 견해이다. 6·28에서 자로는 공자가 남자를 만난 것에 대해

---

76   非其所祭而祭之 名曰淫祀 淫祀無福

불만을 표시한 바 있는데, 왕손가 또한 공자가 남자를 만난 사실을 꼬집은 것이라는 견해이다. 셋째는, 奧는 남자를, 竈는 당시의 권신 미자하를 비유한다는 견해인데, 정수덕은 이 견해에 동의한다. 자로와 동서지간인 미자하가 자로를 시켜서 공자에게 위세를 부린 내용이 『맹자』에 있듯이, 왕손가는 미자하의 위세하에서 자처할 수 있는 도리가 무엇인지를 공자에게 물어본 것이라는 해석이다. 14·19에서 공자가 왕손가를 칭찬하는 것을 보거나, 『좌전』 정공 8년에 나오는 행적을 보더라도 왕손가는 권력을 뽐내는 권신은 아니었으니 정수덕의 견해가 합리적이다. 왕손가가 그 속담의 뜻을 몰라서 공자에게 물었을 가능성은 물론 없다. 그렇다면 미자하의 권세에 눌려서는 안 되지 않겠느냐는 왕손가의 은근한 물음에 공자는 적극적으로 찬동을 표명하면서 그를 권면했다고 보는 것이 어떨까 한다.

3·14 子曰 周監於二代 郁郁乎文哉 吾從周

스승님께서 말씀하시기를 : 주왕조(의 예악제도)는 (하와 상) 두 왕조(의 예악제도)를 본받았기 때문에 문화(文華)가 빛나도다. (그래서) 나는 주왕조(의 예악제도)를 따르(자고 주장하)는 것이다.

주

1) 監於二代(감어이대) : 監을 공안국과 주희는 '視', 황간은 '比視'라고 한다. 황간과 형병은 '於'를 비교의 뜻을 나타내는 개사로 보고서 "周를 二代와 견주면 文章이 더 욱욱하다."라고 새긴다. 그러나 "주왕조에 이르러 크게 갖추어졌다."라는 윤돈의 주석을 참고하여 監을 '감(鑑: 거울삼다)'의 뜻으로 새기는 주희의 주석이 더 타당하다고 본다.

2) 郁郁(욱욱) : 형병은 문장(文章: 예악제도)을 형용한 말이라 하지만,

'文이 성대한 모습'이라는 주희의 견해를 따른다. 『고논어』에서는 '郁'이 아닌 '彧'이었다고 한다. 『논어』에 나오는 '文'에 대한 해석은 1·06의 주) 참조.

3) 從(종) : 양백준은 '주장하다'라고 새기는데, '從'에 '주장하다'는 뜻이 있는 것은 아니다. 주왕조의 예악을 모범으로 삼자고 내세우면서 따르는 이유가 그것이라는 뜻이다.[77]

> **평설**

2·23과 3·09에서는 하례와 은례를 언급하더니만 여기서는 주례를 강조하면서 그 이유가 하와 은 이대를 모범 삼았기 때문이라고 한다. 주례는 하례와 은례를 모범 삼으면서도 그보다 훨씬 빛난다는 것이다. 공자는 주왕조의 문물제도를 높이 여기면서 그것을 표준으로 삼자고 주장하지만 그 이유를 설명하지는 않는다. 공자가 남궁경숙(南宮敬叔)과 함께 주왕조의 수도에 간 적이 있다는 『사기·공자세가』의 기록에 근거하여 아마도 주왕조 수도의 화려한 모습을 보고서 이렇게 말했을 것이라고 설명하기도 하지만, 도시의 번화한 모습을 보고서 '郁郁乎文哉'라고 했으리는 없다. 더구나 『사기』는 공자 사후 수백 년이나 지난 뒤의 기록이자 공자를 최고의 성인으로 꾸민 글이고, 공자가 젊었을 때 주왕조의 수도에 갔다는 것은 많은 학자들이 믿지 않는 사실이다.

공자는 사회를 바꾸려고 했던 사람은 아니다. 사회의 모순을 비판하기는 하지만 그의 목표는 집권을 통한 복고였다.[78] 공자를 혁명적 진보주

---

77 『예기·단궁하』에도 '吾從周'라는 표현이 있다. "殷旣封而弔 周反哭而弔 孔子曰 殷已慤 吾從周(은 제도는 하관하여 봉분한 다음 조상하고, 주 제도는 반곡하고서 조상한다. 은 제도는 너무 질박하므로 나는 주 제도를 따른다고 공자께서는 말씀하셨다)."

의자로 보는 사람도 있지만 공자는 기본적으로 복고주의자 내지는 전통주의자였다.[79] 현대 중국의 주류층은 대부분 공자를 긍정하고 선전하는데, 다음과 같은 이유 때문이라고 본다. 근대 이후 문화혁명기까지 중국의 주류층은 공자와 유교전통을 비판하고 부정하기에 바빴다. 중화인민공화국도 봉건왕조를 부정하는 토대 위에서 탄생하였고 집권당인 공산당의 정강도 중국 고유의 이념이 아닌 서구 이데올로기인 공산주의이다. 하지만 개혁개방 이후 국력을 신장시켜 초강대국 지위에 오른 지금의 중국을 실제 주도하는 이념은 공산당의 정강 정책과는 거리가 멀다.[80] 자기 긍정과 자기 과신을 바탕으로 전통시대의 가치관과 패권주의로 기울고 있다. 문혁후세대가 커진 국력을 바탕으로 서구문화와 차별되는 중국문화를 긍정·견지하려는 태도를 보이는 것은 자연스러운 추세라고 본다. 다만 여태 공자를 부정하다가 갑자기 뒤집어서 긍정하기는 껄끄럽기 때문에 때로는 어정쩡한 태도를 취하기도 한다.

중국이 진정 자존하려면 무조건적인 자기 긍정이나 복고에 매달릴 일은 아니라고 본다. 자신들이 한 세기쯤 전에 부정했던 바는 무엇이었으며 또 앞으로 추구해야 할 바는 무엇인지에 대해 솔직하고도 진지하게 고민할 필요가 있다. 중국이 현재 초강대국의 위상을 얻게 된 것은 기본적으로 과거 사회의 모순을 거부하고 새로운 세상을 추구하고자 노력한 결과이다. 그런데 이제 힘을 갖추었다고 해서 방향을 돌이켜 다시 과거

---

78 정확히 말하자면 복고를 위해 집권하고자 한 것이 아니라 집권을 위해 복고를 주장했다.

79 혁명운동이란 기본적으로 불안, 회의, 혐오, 질투 등 약자의 밑바닥 생각을 공통항으로 삼아 정치목적을 지향하는 집단운동이다. 하지만 공자는 약자를 움직이려고 하지는 않았다.

80 '사회주의시장경제'와 같은 군색한 용어에서도 알 수 있지만, 시진핑(習近平)이 집권하고서 내건 '중국몽(中國夢)'이라는 구호는 더욱 그렇다.

를 긍정하면서 전통시대의 가치관으로 복귀하고자 한다면 일흥일쇠(一
興一衰)의 고리를 한 바퀴 더 도는 일에 불과하다고 말하겠다.[81]

3·15 子入大廟 每事問 或曰 孰謂鄹人之子知禮乎 入大廟每事問 子聞
之曰 是禮也

스승님께서 (제사를 집전하실 때는) 태묘에 들어가면서부터 단계마다 (담당자에
게 절차를) 물어(서 확인한 다음 진행하)셨다. (그것을 본) 어떤 사람이 말하기를
: 누가 추인(鄹人) 아들더러 예를 잘 안다고 말했지? 태묘에 들어서서부터 단
계마다 (담당자에게) 묻기만 하던걸. 스승님께서 그 말을 (전해) 들으시고는 말
씀하시기를 : (단계마다 절차를 확인한 다음 진행하는 것, 바로) 그것이 예인 것
이여.

| 주 |

1) 大廟(태묘) : 개국의 군주가 태조이고 태조의 신주를 모신 사당이
태묘이다. 大는 '태'로 읽는다. 노나라의 최초 수봉군(受封君)은 주공단
이므로 주공단의 사당이겠지만,[82] 이 문장에서는 역대 후(侯)의 신위를

---

81   그 점은 한국도 마찬가지이다. 최근 수십 년간 안정과 번영을 누리게 되자
"우리 것이 좋은 것이여!"라면서 지난날에 대한 반성 없이 구시대의 가치관으로
돌아가려는 탄성을 보이는 것은 중국과 닮은 경향이다. 다만 한국은 피동적으로
식민지가 되고, 식민지에서 벗어난 이후 줄곧 미국이라는 초강대국의 영향 아래
성장해왔기 때문에 능동적인 자기부정 경험이 없다는 점에서 중국보다 더 우려
스럽다.

82   『춘추공양전』 문공 13년조에는 "周公稱太廟 魯公稱世室 群公稱宮(주공의
사당은 태묘라 일컫고, 노공 백금의 사당은 세실이라고 일컬으며, 나머지 공들의 사
당은 궁이라고 일컫는다)"이라는 대목이 있다. 주공단이 섭정할 때 자신의 큰아들

합사한 종묘를 가리킬 수도 있다.

2) 或曰(혹왈) : 누가 한 말인지 확정할 수 없거나, 그 사람의 이름을 적는 것이 의미를 지니지 못하거나 감추고자 할 경우 화자의 이름을 관행적으로 '或'이라고 표현한다.

3) 鄹人(추인) : 공안국은 "추는 공자의 아버지 숙량흘이 다스리던 읍이다."[83]라고 한다. 춘추시대에는 모지(某地)의 대부를 '모인(某人)'이라고 부르는 것이 관례였기 때문에 추인은 추의 대부를 지낸 공자의 아버지 숙량흘(叔梁紇)을 가리킨다고 본 것이다.『좌전』에 숙량흘이 추인(陬人)이라고 표기되었기 때문에 공안국은 숙량흘을 추(陬)의 대부였다고 단정했을 것이다. 그러나 정수덕이 지적했다시피 공자의 11세손인 공안국이 자신의 조상을 묘사하면서 '孔子父叔梁紇'이라고 표기했을 리는 없으니 공자의 아버지가 대부였다는 것은 사실이 아니라고 본다. 후세 사람들이 공자의 지위를 높이고자 아버지인 숙량흘마저 대부 계급으로 높이려는 생각에서 그렇게 기록했을 뿐 대부분의 학자들은 숙량흘의 지위가 매우 낮았을 것으로 짐작한다. 공자의 아버지에 대한『논어』의 기록은 이것이 유일하다.『사기』는 공자가 아버지의 무덤이 어디에 있는지 알지 못했다는『예기·단궁상』의 기록을 옮기면서 숙량흘을 공자의 아버지로 단정하는 한편, 공자의 어머니가 아버지의 무덤에 대해 말하기를 꺼렸기 때문에 공자가 몰랐다고 한다. 공자의 아버지가 대부를 지냈다면 아들이 아무리 어리고 집안이 쇠락했을지라도, 아버지의 무덤을 모를 정도는 아니었을 것이다.[84] 그러니 '鄹人之子'는 '추인네 아들놈' 정도로 낮

백금(伯禽)에게 봉해준 후국(侯國)이지만 백금으로서는 관례에 따라 자기 아버지 주공단을 첫째 수봉군(受封君)으로 모셨다.

83　鄹孔子父叔梁紇所治邑

84　전목은『공자전』에서, 옛 사람들은 묘제를 지내지도 않았고 해가 바뀌더라

추어서 표현한 말이었을 것으로 짐작한다. 『좌전』 양공 10년의 '郰人紇' 과 양공 17년의 '郰叔紇'도 叔梁紇과 동일 인물일 것으로 추정되는데, 거기에서도 그가 대부였다는 근거는 보이지 않는다.

4) 知禮(지례) : 이 문장만 보자면 知禮는 예를 '안다는 사실'에 초점 을 두는 듯하지만 『논어』에 나오는 知禮는 일반적으로 '경우에 맞게 예 를 행함'이라는 뜻이다. 경우에 맞게 예를 행하지 못하는 것을 '不知禮' 라고 한다. 知에 대해서는 9·29 참조. 禮에 대해서는 1·12의 주) 참조. 知禮에 대한 추가 설명은 20·03 참조.

평설

공자는 태묘의 제사를 모실 때 제례를 알면서도 단계마다 물어서 처리 하는 신중한 자세를 보였다고 흔히 해석한다. 그러나 '단계마다 묻는 그 것이 바로 예이다'라는 공자의 대답은 상대방의 공격에 대한 임기응변의 대응일 뿐이다. 신분이 낮았던 공자가 태묘 제례를 담당하는 지위에까지 오르자 그것을 못마땅하게 여긴 사람이 시비를 걸었을 수도 있고, 공자 가 제례의 단계마다 절차를 물어가면서 진행하자 공자의 능력에 의문을 가진 사람이 수군댔을 수도 있는데, 어쨌거나 공자는 "그게 바로 예야!" 라고 말할 수밖에 없었던 모양이다.

공자가 과연 그런 벼슬에 올랐는지에 대한 논란도 분분한데, 이 장이

도 묘를 찾지 않고 집 안에서 신주를 모시고 제사를 지낸 데다, 옛 무덤은 봉분 을 쓰지 않고 나무를 심거나 했기 때문에 어린 나이에 남의 손에 이끌려 장지에 갔을 뿐인 공자로서는 아버지의 묘를 구체적으로 알기는 어려웠을 것이라고 설 명한다. 하지만 지나친 배려이다. 사마정(司馬貞, 679~732)은 『사기색은(史記索 隱)』에서, 공자의 어머니 안징재(顏徵在)는 소녀 과부였기 때문에 장지까지 따라 가지 못해서 묘를 몰랐을 뿐이지 사마천의 표현처럼 일부러 아들에게 아버지의 묘를 숨긴 것은 아니라고 한다. 역시 추리에 불과하다.

사실이라면 태묘의 제례를 관장하는 지위는 거쳤을 것이다. 그렇다면 이 장은 공자가 신분상승 과정에서 겪었던 어려움의 사례로 읽을 수도 있지 않을까 한다. 예악이란 것은 궁정에 늘 출입할 수 있는 지배계층이 아니고서는 접할 수조차 없는 것이거늘 신분이 낮은 공자가 예를 담당하게 되자 시비하는 사람도 있었을 것이고, "공자는 정작 예를 모르던데 누가 추천했느냐?"라면서 부정적인 여론을 만드는 사람도 있었을 법하다.[85]

3·16 子曰 射不主皮 爲力不同科 古之道也

스승님께서 말씀하시기를 : (군자의) 활쏘기는 과녁 맞추기를 위주로 하지는 않아. 과목에 따라 힘쓰기를 달리하는 것이 옛날(부터)의 법도인 것이여.

주

1) 主皮(주피) : '皮를 위주로 한다'는 말은 가죽으로 만든 과녁 맞추기를 위주로 한다는 뜻이다. 과녁은 천으로도 만들고 가죽으로도 만들지만, 천으로 만들지라도 바닥에 가죽을 대는 것이 일반적이기 때문에 과녁은 皮라고 부른다. 과녁의 중심부에 맹수와 같은 짐승 그림을 그린 것은 '정(正)'이나 '곡(鵠)'이라고 한다. '정곡을 찌르다'라는 말은 거기에서 나왔다.

2) 爲力不同科(위력부동과) : 주희를 비롯한 대개의 주석가들은 '爲'를 거성으로 읽어서 '~때문에'라고 새기고, '科'를 '等'으로 새겨서는 '힘이 같지 않기 때문이다'라고 새긴다. 그러나 '射不主皮함은 力不同科 때

---

85   공자가 태묘에 들어가서 매사를 물었던 것은 제사 현장의 일이 아니라 제사 전날 밤에 태사(太史)와 집사(執事)가 함께 들어가서 준비하던 때의 일이라고 설명하는 주석가도 있는데, 역시 공자를 옹호하기 위한 옹색한 변명이다.

문이다. 옛날의 법도이다'라는 문장이라면 매끄럽지 않다. '射不主皮함
은 力不同科古之道 때문이다'라고 새기더라도 마찬가지이다. 따라서
'爲力'은 '힘을 쓰다'로, '科'는 '과목'으로 새기는 것이 순조롭다고 본다.[86]
즉, 활쏘기에서는 '과목에 따라 힘쓰기를 각각 달리했던 것이 예부터의
법도이다'라고 새기는 것이 매끄럽다. 무인의 활쏘기와 군자의 활쏘기는
과목이 다르고 따라서 힘쓰기도 달리했던 것이 예부터의 법도라는 의미
일 것이다. 『의례·향사례』에도 "예사(禮射)는 과녁 맞추기를 위주로 하
지 않는다. 과녁 맞추기를 위주로 하는 활 겨루기는 이긴 사람이 더 쏘고
진 사람은 내려오는 것이다."[87]라는 구절이 있다.

평설

과녁 맞추기를 위주로 하는 활쏘기와 그렇지 않은 활쏘기가 예전에는
명백히 구분되었지만 요즘은 군자의 예사에서조차 과녁 맞추기를 위주
로 하는 세태를 지적하지 않았을까 한다.

3·17 子貢欲去告朔之餼羊 子曰 賜也 爾愛其羊 我愛其禮
자공이 곡삭(의식)에서 희생양(바치는 절차)를 없애고자 하자 스승님께서 말
씀하시기를 : 사야, 너는 양을 아끼지만 나는 예를 아껴.

주

1) 告朔之餼羊(곡삭지희양) : 餼는 아직 죽이지 않은 희생이다. 주왕은
매년 겨울 전에 이듬해의 달력을 제후에게 반포하는데, 달력에는 매달

---

86 마음이 그렇게 주한 이후 『논어주소』에까지 이어진다.
87 禮射不主皮 主皮之射者 勝者又射 不勝者降

초하루가 언제인지 적혀 있기 때문에[88] 달력을 반포하는 행사를 '반곡삭(頒告朔)'이라고 불렀다. 제후는 달력을 받으면 조묘(祖廟)에 두었다가 매달 초하루가 되면 양 한 마리를 잡아 조묘에서 제사를 지낸 다음 정사를 보는 것이 관례였는데, 조묘에서 지내는 제사를 조묘(朝廟) 또는 조향(朝享)이라 하고, 제사를 지낸[89] 다음 정사를 보는 것을 시삭(視朔) 또는 청삭(聽朔)이라고 했다. 그러나 문공 16년(611 B.C.) 이후 곡삭은 시행되지 않고 양만 제물로 바치는 습관이 남게 되자 자공이 그것을 없애려 했다는 것이 『곡량전』을 근거로 한 정현과 주희의 주석이다. 정약용은 문공 이후 곡삭을 시행하지 않았다는 것은 말도 안 된다면서, 곡삭이란 매달 조묘에서 고하는 제례가 아니라 태사라는 천자의 사신이 정삭을 알리려고 오는 것이고, 희양도 희생의 날고기로 제전에 올리는 것이 아니라 사신에게 양을 잡아 대접하는 것이라고 주장한다. 어느 경전에서도 제사에 사용하는 희생을 희양이라고 표현한 적이 없을 뿐 아니라 제사의 제물을 희라고 표현한 것도 구경(九經)에서 찾을 수 없다고 단언하면서 장황하게 예증을 열거한다. 유보남도 곡삭은 세모에 천자의 사신이 정삭을 알리려고 올 때 그 사신을 맞이하는 예라고 한다. 곡삭이라는 글자의 뜻만을 따지자면 정약용과 유보남의 해석이 옳지만, 희양을 없애는 것은 예를 없애는 것이라면서 공자가 제동을 거는 것을 보자면 곡삭은 사신에게 접대하는 의례보다는 제의(祭儀) 성격의 의례를 가리킨다고 본다.

2) 爾(이) : 2인칭에는 군(君)·자(子)·이(爾)·여(汝) 등이 있는데, 爾와 汝는 낮추어 부르는 말이다. 『맹자·진심하』의 "사람이 '爾', '汝'의 대

---

[88]   초하루는 삭(朔)이고, 초하루가 언제인지를 알리는 것을 곡삭(告朔) 또는 곡월(告月)이라고 했다.

[89]   세수(歲首)에 거행하면 조정(朝正)이라 했다 한다. 한날 치르는 행사이지만 절차에 따라 다른 이름으로 불렀던 것이다.

접을 받지 않겠다는 마음을 확충해나간다면 가는 곳마다 의를 행할 수 있을 것이다."[90]라는 구절에서도 알 수 있다.

제후는 천자가 반포한 역서에 따라 매달 초하루가 되면 조묘에 나가 제사를 올린 다음 정사를 보는 것이 예였다. 노나라에서는 이미 문공(626~609 B.C. 재위) 때부터 매달 조묘에 나가 제사를 지내지도 않을 뿐 아니라, 정사 또한 계씨에게 빼앗겨 돌보지도 않는 상황이었을 것이다. 합리적 사고를 지녔던 자공으로서는 내용도 없고 의미도 사라진 전례(典禮)를 지속하는 것이 불필요하다고 판단하고서 공자에게 상의했던 모양이다. 공자의 반문으로 보자면, 자공은 전례 자체를 없애려 한 것은 아니고 이미 허례가 된 의례 때문에 매달 양을 한 마리씩 죽일 필요는 없다는 생각이다. 하지만 공자는 형식만 남았다 할지라도 예는 지켜야 한다는 입장이다. 희생양 바치는 절차가 남아 있기 때문에 그것에서 유추하여 곡삭의 예를 알 수 있거늘 희생양마저 없앤다면 그 예 자체가 없어질 것이니 공자는 바로 그 점을 애석해한 것이라고 주희는 설명한다.『논어주소』는 나중에 다시 그 예를 행할 수 있기를 바랐다고까지 말한다. 하지만 공자의 의도가 단지 곡삭례를 알거나 보존하기 위해서라는 설명은 충분하지 않다. 예는 시대 상황의 변화에 따라 효율만을 따져서 존폐를 결정할 성질의 것은 아니라는 것이 공자의 생각이었을 것이다. 예의 본질은 형식인데 형식이라는 이유로 예를 버리면 안 된다는 생각이었을지도 모른다.

자공의 의도를 굳이 '爾愛其羊'이라고 규정하면서 핀잔을 줄 것까지는 없어 보이는데도 공자는 이처럼 상대를 단정해버린다. 특히 상대가

---

90 人能充無受爾汝之實 無所往而不爲義也

제자일 경우 상호 소통이나 토론을 통해 합의를 이끌어내기보다는 상대를 제압하는 언어기술을 곧잘 사용한다.

3·18 子曰 事君盡禮 人以爲諂也

스승님께서 말씀하시기를 : 임금 섬기면서 예를 다하니까 남들은 아첨한다고 여기더라.

| 주 |

1) 以爲(이위) : '~라고 생각하다'라는 뜻의 구문이다. 3·08의 "素以爲絢兮"도 같은 구문이다. 그러나 2·11의 "可以爲師矣"는 '可以'가 '爲師'를 꾸미는 구문이다. '以~爲~'는 '~을 ~로 여기다'는 뜻의 구문이다.

| 평설 |

『논어주소』는 "당시 임금을 모시는 사람들은 흔히 예가 없었다."라는 공안국의 주를 부연한다. 공자의 경험이 아닌 일반적인 언급으로 본 것이다. 그런데 『논어집주』는 "성인께서 예를 다하여 임금을 섬기자 당시 사람들은 아첨이라고 여겼다는 말이다. 그러나 다른 사람 같았으면 그렇게 표현하지 않고 이렇게 표현했을 것이다. '내가 예를 다하여 임금을 섬기면 소인들은 아첨이라고 생각한다.' 공자의 말씀이 이런 정도에 그친 것을 보면 성인의 도와 덕이 얼마나 큰지 여기서도 알 수 있다."[91]라는 정이(程頤, 1033~1107)의 주석을 인용하고, "공자의 임금을 섬기는 예는 더할 것이 없을 정도였다. 이래야만 盡인 것이다."[92]라는 황조순(黃祖舜,

---

91   聖人事君盡禮 當時以爲諂 若他人言之 必曰我事君盡禮 小人以爲諂 而孔子之言 止於如此 聖人道大德宏 此亦可見

356

1100~1165)의 주석도 인용한다. 공자 자신의 경험담으로 본 것이다.

공자의 경험담일 수는 있다. 그러나 『논어』에서 확인되는 제자를 향한 공자의 말은 대체로 경책이다. 만약 경험담이라면 공자는 자신의 경험을 일반화하고자 했다는 혐의를 받을 만하다. 예를 다하여 임금 섬기는 사람을 모두 아첨한다고 여기지는 않을 것이기 때문이다. 그래서 신주는 『논어』를 교조적으로 대한다는 비판을 면하기 어렵다.[93]

후대의 절대군주와는 달리 당시에는 군신관계도 서로 예를 지키는 사이였다는 주석이나, 당시 노나라는 군주에게 실권이 없었는데도 군주에게 예를 다하는 것을 아첨한다고 말한 것은 이치에 맞지 않는다는 등의 주석은 무익하다. 공자의 말에서 공자의 생각을 읽어내야지, 자신의 사고체계에다 공자의 말을 맞추려고 하면 곤란하다.

3·19 定公問 君使臣臣事君 如之何 孔子對曰 君使臣以禮 臣事君以忠

(노나라) 정공이 (공자께) 임금이 신하를 부리고 신하가 임금을 섬기는 도리는 어때야 하는지를 여쭙자 공자께서 대답하시기를 : 임금은 신하를 예로써 부리고, 신하는 임금을 충으로써 섬겨야지요.

| 주 |

1) 定公(정공, 509~494 재위) : 양공의 아들이자 소공의 동생으로서 이

---

92 孔子於事君之禮 非有所加也 如是而後盡爾

93 고주(古注)와 신주(新注)라는 용어는 임의적인 구분일 뿐이다. 『논어』의 주석들을 일률적으로 시기에 따라 양분하여 古와 新으로 대비시킬 수는 없다. 시기적으로 나중이기 때문에 신주라고 불렀을 수 있지만 송대 이학자들은 자신들의 견해를 선전하고자 신주라는 이름을 짐짓 사용했을지도 모른다.

름은 송(宋)이고 정(定)은 시호이다. 소공이 삼가를 제거하려다 실패하여 국외로 망명한 뒤 죽자 삼가에 의해 자리에 오른 사람이다. 공자 나이로는 43세부터 57세까지 재위하였는데, 공자가 노나라의 대사구를 지낸 것이 사실이라면 정공의 재위기간에 해당한다.

2) 君使臣以禮 臣事君以忠(군사신이례 신사군이충) : 황간, 윤돈, 오규 소라이 등은 '君使臣以禮'를 조건절로 보고서 '임금이 신하를 예로써 부리면 신하도 임금을 충성으로써 모신다'라고 새긴다. 그러나 공자가 혼자 꺼낸 말이라면 조건절로 볼 수도 있겠지만 물음에 대한 대답이다. 조건절이라면 '임금이 예로써 부리지 않으면 신하도 충성하지 않을 겁니다'라는 협박성 대답이 될 수 있기 때문에 불가하다고 본다. 상대의 의표를 찌르고자 단순한 원칙을 내민 것으로 보인다. 조건절이 되려면 구문상으로도 '~則~'의 형식이라야 한다. 忠에 대한 설명은 1·04의 주) 참조.

단순하고 평범한 대답으로써 상대의 의표를 찌르는 것이 공자의 화술이기는 하지만 공자의 그런 화술이 힘을 갖는 것은 시대상황 때문이다. 대부가 국정을 좌지우지하는 상황을 타개하려다 실패하여 망명지에서 객사한 형을 의식해서 정공은 올바른 군신관계를 물었을지도 모른다. 만약 그랬다면 공자의 대답은 비록 참람한 신하일지라도 군주는 예로써 대하여 충성하도록 만드는 방법밖에는 없다는 답변일 수 있다. 다만 그런 대화가 공자와 정공이 만난 자리에서 실제 있었을지는 의문이다. 『논어』는 어디까지나 정황을 고려하여 재구성했을 것이기 때문이다.

공자의 이 말은 군신 간에도 상호 존중이 필요하다는 뜻이라고 설명하기도 한다. 오규 소라이는 춘추시대에는 진한(秦漢) 이후와는 달리 군주도 신하에게 예를 차렸다고 지적한다. 『사기·범저열전(范雎列傳)』에는 범저(范雎, ?~255)가 진소왕(秦昭王)에게 절을 하자 소왕도 범저에게 절했다는 대목이 있는데, 소라이는 아마도 그런 기록들을 의식한 나머지 그렇게 주장했을지 모르나 그 사례를 군신이 상호 예를 차린 사례로 보기는 어렵다.[94]

3·20 子曰 關雎樂而不淫 哀而不傷
스승님께서 말씀하시기를 : (『시경』의) 「관저」장은 즐거움(을 드러내)도 넘칠 정도는 아니고, 슬픔(을 드러내)도 상심할 정도는 아니(어서 좋)다.

주

1) 關雎(관저) :『시경·국풍(國風)』「주남(周南)」편 첫 장의 이름인데 그 내용은 다음과 같다.

> 關關雎鳩 在河之洲 窈窕淑女 君子好逑
> (관관저구 재하지주 요조숙녀 군자호구)
> 參差荇菜 左右流之 窈窕淑女 寤寐求之
> (참치행채 좌우류지 요조숙녀 오매구지)
> 求之不得 寤寐思服 悠哉悠哉 輾轉反側
> (구지부득 오매사복 유재유재 전전반측)
> 參差荇菜 左右采之 窈窕淑女 琴瑟友之

---

94 공자가 이렇게 강조했음에도 불구하고 중국사에서 군신 간의 관계는 춘추시대 이후 점점 더 나빠진다. 임금이 신하를 예로써 대하기를 기대하기는 점점 어려워졌다. 예컨대 송대까지는 적어도 재상만큼은 국왕과 함께 탁자에 앉아서 국사를 논했지만, 명대에는 재상마저 바닥에 엎드려서 머리를 조아려야 했고, 청대에는 아예 재상이라는 관직조차 없애버렸다.

(참치행채 좌우채지 요조숙녀 금슬우지)

參差荇菜 左右芼之 窈窕淑女 鍾鼓樂之

(참치행채 좌우모지 요조숙녀 종고락지)

꾸안꾸안 물수리새 모래톱에 정답구나 / 아리따운 아가씨는 군자님
의 배필이라

올망졸망 마름열매 이리저리 헤쳐 찾네 / 아리따운 아가씨를 자나깨
나 구하고저

구하여도 얻지 못해 자나깨나 생각하네 / 아득하고 아득하여 이리 뒤
척 저리 뒤척

올망졸망 마름열매 이리저리 따낸다네 / 아리따운 아가씨가 금을 타
면 슬을 타리

올망졸망 마름열매 이리저리 골라내네 / 아리따운 아가씨가 종을 치
면 북을 치리

지금 「관저」는 시만 남아 있지만 공자 당대에 '관저'는 노랫말인 시를
포함한 악곡 이름이었다. 그런 사정은 『시경』에 실린 시들 모두가 마찬
가지이니, "關雎之亂 洋洋乎盈耳哉"(8·15)라는 공자의 말에서도 알 수
있다. 따라서 '樂而不淫 哀而不傷'도 노랫말을 포함한 악곡에 대한 평어
로 보아야 할 것이다.[95]

---

95 하지만 이 장을 공자의 「관저」 시에 대한 평어로 인식하는 주석이 많다. 예
컨대 "「관저」 시는 '후비의 덕은 군자의 짝이 될 만한데 짝을 구하지 못하면 오매
반측하는 근심이 없을 수 없고, 짝을 구하면 금슬종고의 즐거움이 있을 것'임을
말한 것이다. 아마도 근심이 깊더라도 조화를 해칠 정도는 아니고 즐거움이 크더
라도 정악을 잃을 정도는 아닐 것이다(關雎之詩 言后妃之德 宜配君子 求之未得
則不能無寤寐反側之憂 求而得之 則宜其有琴瑟種鼓之樂 蓋其憂雖深 而不害於

2) 淫(음), 傷(상) : 너무 오래 내리는 비를 '음우(淫雨)'라고 하듯이 '淫'은 정도가 지나치는 것을 뜻한다. '傷'은 슬픔이 지나쳐 몸이 다치는 것을 뜻한다.『좌전』양공 29년에는 오나라의 계찰(季札, 576~484 B.C.) 이 노나라에 가서 주왕조 음악을 청해서 들은 다음 "훌륭하고 대단합니다. 즐겁지만 넘치는 정도는 아니군요. 주공께서 동쪽 노나라로 오셨다고 해야겠군요. (…) 슬프지만 시름이 생길 정도는 아니고, 즐겁지만 거칠어질 정도는 아니군요."[96]라고 말했다는 기록이 있다. '樂而不淫', '樂而不荒', '哀而不愁' 등은 악곡에 대한 평어로서 당시 유행하였을 것으로 짐작한다.

평설

공자는 이렇듯 낙(樂)이건 애(哀)이건 감정의 표출이 극도로 치우치는 것을 경계했다. 공안국은 그것을 '和'라고 표현하고, 주희도 "슬픔이 깊어도 和를 해치지는 않아야 하고, 기쁨이 왕성해도 正을 잃지는 않아야 한다."[97]라고 표현한다.

이택후는 이성이 정서를 지도하고 안내하며 통제하는 것이라면서 동

和 其樂雖盛 而不失其正樂)."라고 한 주희의 설명이나, "樂而不淫은 「관저」·「갈담(葛覃)」을 가리키고 哀而不傷은 「권이(卷耳)」를 가리킨다."라는 유태공(劉台拱, 1751~1805)의 설명이 그 사례이다. 다만 주희는 "그래서 부자께서는 이와 같이 말씀하시어 배우는 사람으로 하여금 가사를 음미하고 소리를 살펴서 올바른 성정을 인식하도록 만드신 것이다(故夫子稱之如此 欲學者玩其辭 審其音 而有以 識其性情之正也)."라면서 악곡에 대한 평어도 포함시키고 있다. 정약용도 유태공처럼 '관저'는 「관저」만 가리키는 게 아니라 「갈담」과 「권이」도 포함하는 이름이라면서 樂而不淫은 「관저」를 가리키고 哀而不傷은 「권이」를 가리키며 「갈담」은 勤而不怨이라고 주장한다. 하지만 그렇게 보아야 할 필연성이라곤 없다.

96　美哉蕩乎 樂而不淫 其周公之東乎 (…) 哀而不愁 樂而不荒
97　其憂雖深 而不害於和 其樂雖盛 而不失其正

물적 본능이 아닌 인간적인 발산이 되도록 요구한 것이라고 설명한다. 개별적이고 동물적인 욕망으로서의 정(情)과 집단생활을 의식한 규범이나 사회적 요소로서의 이(理)로 나누어 설명하면서, 양자가 뒤섞인 것이 인성(人性)이고 뒤섞이는 비례의 조합에 따라 다양한 민족성과 개성이 형성된다고 설명한다. 그러나 그런 설명은 서구적 관념을 빌린 설명일 뿐 중국의 실제와 맞지는 않다. 중국에는 인간을 理의 영역과 情의 영역으로 나누어 보는 사고 유형이 없었다. 선과 악이 존재론적으로 구분된다고 생각한 적도 없다. 선한 사람이 악해질 수도 있고 악한 사람이 선해질 수도 있다고만 보았다. 세상을 늘 하나의 전체로 보았지 개체에 유념하여 보지를 않았다. 哀로든 樂으로든 지나치게 기울지 않도록 경계하는 것을 理라고 말할 수도 없다. 상황이란 언제든지 바뀔 수 있으므로 어느 쪽으로든 치우치게 되면 바뀌게 되는 상황에 대처하기 어려워진다는, 그러니까 한쪽으로 치우치면 손실이 생길 우려가 많아진다는, 어디까지나 실리를 따지는 계산일 뿐이다. 실리를 따지는 계산은 理가 아니라 利라고 말해야 한다.[98] 중국인들이 그토록 높이 사는 '중용'이란 것도 관념의 이름이 아니라 태도의 이름이다. 위기나 우환으로 인한 손실을 최소화할

<hr />

98 그래서 중국에서는 축제 같은 것을 통하여 개인의 감정을 발산하는 일조차 지혜롭지 못하다고 여긴다. 흥진비래는 영허지수(盈虛之數)일 뿐이니 일희일비(一喜一悲)에 흔들리지 않아야 한다는 것이 중국의 理라면 理이다. 이러한 생각을 우주가 변화하는 모습에서 파악해낸 진리쯤으로 중국에서는 설명하지만, 그것은 권력으로부터 안전을 지키려는 생각에서 나온 경험적 지혜라고 하는 것이 맞다. 감정은 인간을 주체로 만든다. 주체가 되려는 타인의 감정을 누르는 것이 권력이다. 개인을 주체로 남겨두지 않는 것이 권력이기 때문에 그러한 권력으로부터 자기를 보호하기 위해 감정을 누를 수 있어야 한다고 요구한 것이다. 공자의 인문적 태도라는 것도 개인의 감정을 누르는 정교한 기술에 불과할지 모른다. 和를 강조하는 것도 마찬가지이다. 개인보다 전체를 보는 생각 자체가 권력에서 나온 생각이다. 그래서 중국의 권력자는 늘 和를 강조하게 된다.

수 있는 준비 태도가 중요하다는 뜻이다.[99] 그것 역시 理는 아니다.

공자의 시관과 중국의 전통적인 시관에 대해서는 3·08의 평설을 참조.

3·21 哀公問社於宰我 宰我對曰 夏后氏以松 殷人以柏 周人以栗 曰使
民戰栗 子聞之曰 成事不說 遂事不諫 既往不咎

애공이 재아에게 사(주는 어떤 나무를 써야 좋을지)를 묻자 재아는 대답하기를 :
하후씨는 소나무를 썼고, 은인은 잣나무를 썼으며, 주인은 밤나무를 썼습니다.
('밤나무'와 '떨다'의 발음이 같으니까) 백성이 무서워 떨도록 만들고자 (주인은
밤나무를 사용)했다지요. 스승님께서 (재아가 그렇게 말했다는 것을) 전해 들으
시고는 (혼잣말로) 이르시기를 : 다 된 일에는 (좋으니 나쁘니) 말하지 않고, 끝
난 일에는 (옳으니 그르니) 따지지 않으며, 지난 일에는 (누구의 탓이라고) 허물
하지 않아야 하거늘…….

| 주 |

1) 哀公(애공) : 魯나라 군주. 2·19 참조.

2) 問社(문사) : 『고논어』에는 '問社'로 되어 있고 『노논어』에는 '問主'

---

99 중국에서 그런 지혜를 강조하게 된 이유는 삶이 위협당하는 상황에 자주 노
출되었던 환경 탓이다. 그런 환경에서 '위험 프레임'의 의식구조가 만들어졌다.
자연 상태의 동물 일반이 갖는 의식구조이기도 하겠지만 중국의 경우 자연환경
보다 인위적 환경이 더 위험했다. 강력한 전제왕권이 매우 일찍부터 발달했기 때
문에 인민들은 전쟁을 비롯하여 쉽게 목숨을 잃을 수 있는 환경에 자주 노출되었
다. 그처럼 각박한 환경에 수천 년 노출되다 보니 추상적 가치보다는 생존과 실
리를 우선시하는 지혜가 만들어졌다고 본다. 그런 것은 理가 아니라 '적응'이라
고 부르는 것이 옳다. 굳이 理라고 이름하려다 보니 이택후는 실용이성이라는 말
을 만들어낸 것이다.

라고 되어 있다는데, 형병과 황간은 '사주(社主)에 대해 물었다'라고 새
긴다. 국사(國社)에 모시는 사신(社神)의 위패인 主를 만드는 나무를 어
떤 나무로 할 것인지에 대해 물었다는 것이다.[100] 社主는 국사의 마당에
심은 나무를 가지고 만든다고 하니 '主를 만들 나무'에 대해 물었든 '국
사의 마당에 심을 나무'에 대해 물었든 같은 물음이다. 정치적 이유나 군
주의 관심에 따라 왕조마다 나무를 달리 선택하여 심었을 수는 있지만,
그렇다 하더라도 결국 社가 있는 지역의 토질에 맞는 나무를 선택할 수
밖에 없었을 것이다. 춘추 이전에는 主를 나무로 만들었지만 진한 이후
에는 돌로 만들었다고 한다. 당시 魯에는 國社 또는 주사(周社)로 불리
는 사당과 호사(毫社)로 불리는 사당이 있었는데, 두 군데 모두 사람들을
모아서 경계시키는 장소로 쓰였다고 한다.

  3) 宰我(재아, 522~458 B.C.) : 공자의 제자로 이름이 여(子)이고 자
가 자아(子我)이므로 '재여' 또는 '재아'라고 불렀다. 노나라 사람으로 공
문십철(孔門十哲)에 포함된다. 당대에는 '제후(齊侯)'로 피봉되고 송대
에는 '임치공(臨淄公)'으로 가봉(加封)되며, 남송대에는 '제공(齊公)'으
로 진봉되었다가, 명대에 '선현재여(先賢宰予)'로 바뀐다. 『사기·중니제
자열전』의 "利口辯辭"라는 평가나 11·03의 "言語宰我子貢"이라는 표현
을 보자면 말재간이 좋았던 모양인데, 17·21에서 공자와 토론하는 내용
을 보자면 과연 언변이 훌륭하다. 공자가 가장 뛰어난 제자로 평가했던
안회는 애공을 접견한 적이 없건만 재아는 이처럼 애공과 대담할 기회
를 가질 정도의 위상은 지녔다. 초소왕(楚昭王)이 공자에게 서사(書社)
의 땅 7백 리를 주면서 봉하려 하자 초나라의 재상 자서(子西)가 반대했
다고 『사기·공자세가』는 기록하는데, 거기서 자서가 공자의 중요 제자들
이름을 거명할 때 자공·안회·자로에 이어 재아를 꼽는다. 비단 그 기록

---

100 정주한묘죽간본에는 '社'가 '主'로 되어 있다.

이 아니라도 공문에서 재아의 위치는 상당했을 것으로 짐작된다. 하지만 『논어』의 재아에 관한 기록은 다른 제자들과 비교할 때 지나치게 부정적인 내용뿐이다. 5·09는 낮잠을 이유로 심하게 꾸지람 들은 내용이고,[101] 17·21은 삼년상은 너무 기니까 일년상으로 바꾸자고 했다가 꾸지람 들은 내용이다. 『사기·중니제자열전』에는 그가 공자에게 오제(五帝)의 덕에 대해 물었다가 "너는 그 물음을 할 자격이 없다."[102]라고 핀잔 받는가 하면, 심지어 "말솜씨 때문에 사람 썼다가 실패한 경우가 재여이다."[103]라는 혹평까지 들었다는 내용이 있다. 제나라에서 등용되어 수도 임치(臨菑)에서 대부가 되었으나 전상(田常)과 함께 난(亂)을 획책하다가 멸족당했다는데, 공자는 그 사실을 부끄러워했다고 한다. 그렇다면 공자가 그의 죽음을 수치스럽게 여기자 제자들을 비롯한 후세 사람들이 그를 모조리 부정적으로 묘사하게 되었을지도 모르겠다. 그러나 사마정은 『사기색은』에서 다음과 같이 고증한다. 『좌전』에 재아가 전상과 함께 난을 일으킨 기록이 전무할 뿐 아니라, 당시 전상과 함께 제간공(齊簡公)의 총애를 다투었던 감지(闞止)라는 사람이 있었고 이 사람이 '전상의 난' 때에 피살되었는데, 감지의 자가 재여와 같은 '子我'였기 때문에 이 사람과 재여를 혼동했다는 것이다. 전목은 당시 노나라는 약소국이었고 제나라는 강대국이었을 뿐 아니라 전상 이후 전씨(田氏)가 계속 권력을 잡고 있었기 때문에 재여를 나쁜 사람으로 기술할 수밖에 없었을 것이라 하고, 맹자는 재아가 자신의 스승을 요순보다 훨씬 더 현명한 분으로 평가했다고 말한다.[104]

---

101 낮에 여자와 동침했다고 보는 주석도 있다. 5·09참조.

102 汝非其人也

103 以言取人 失之宰予

104 『맹자·공손추상』.

4) 人(인), 民(민) : 1·05의 주)와 1·09의 주) 참조.

5) 栗(률), 戰栗(전률) : 밤나무를 가리키는 栗(률)과 '무서워 떨다'는 뜻의 栗(률)이 같은 발음의 같은 글자이기 때문에[105] 재아는 그렇게 설명한 것이다. 이처럼 글자의 뜻을 설명할 때 발음이 같은 다른 글자를 가지고 풀이하는 방식을 성해(聲諧)라고 한다. 한대 경학자들은 그 방식을 보편적인 원리처럼 사용하는데,[106] 여기서 보듯이 춘추시대부터 이미 설득력 있는 방식으로 통용된다.

6) 成事(성사), 遂事(수사), 旣往(기왕) : 주희는 수사를 성사와 구분해서는, 비록 완성되지는 않았지만 세부득이하게 결정된 일이라고 했다.[107] 주희 주석의 특징은 이렇듯이 매끄럽게 해석하는 데에 있지만 이 문장에서 세 낱말의 뜻을 굳이 구분할 필요는 없어 보인다. 한 문장 안에서 같은 의미가 반복될 때 앞에 썼던 낱말(글자)을 중복하지 않고 다른 낱말(글자)을 사용하는 작문 관행으로 보는 것이 무방할 것이다. 포함이 '事已成', '事已遂', '事已往'이라고 설명하는 것도 그 때문일 것이다.

7) 說(설), 諫(간), 咎(구) : 포함은 각각 '해설(解說)', '간지(諫止)', '추구(追咎)'라고 해석한다.

---

105 慄은 栗과 구분하기 위해 나중에 만들어진 글자이다. 설령 慄이 이미 있었던 글자라 하더라도 慄과 栗은 통용했을 것이다.

106 성(聲)은 한자의 음에서 앞부분을 가리키는 용어이다. 한국어의 자음과 비슷하다고 할 수 있다. 한자의 발음은 자음 부분인 성(聲)과, 모음과 받침 부분인 운(韻), 평상거입(平上去入) 네 가지의 높낮이를 갖는 조(調)로 이루어진다. 따라서 성해(聲諧)란 성부(聲部)가 같도록 맞춘다는 뜻이다. 『설문해자』에서 많이 사용하는 문자풀이 방식인데, 정약용이 곡학(曲學)이라고 지적하는 것처럼 의도적인 왜곡인 경우가 허다하다.

107 정약용도 遂란 '擅成(천성: 자기 멋대로 마침)'의 뜻이라고 주한다.

재아는 알지도 못하면서 함부로 말했다는 윤돈의 견해나, 부회했다는 주희의 견해는 왜곡이다. 재아의 말이 만약 모르고서 한 말이거나 부회한 말이라면 공자가 '지나간 일은 말하지 않는 법'이라고 표현하지는 않았을 것이다. 재아가 애공에게 삼환의 전횡을 막으라고 권유하는 뜻이었다는 유보남의 견해도 근거 없다. 애공이 월나라 군사를 빌려 삼환을 제거하려다 실패한 사실에서 유추했을 것이다. 애공 4년 호사(毫社)에서 화재가 났다고 하니, 그 때문에 主를 새로 만들어야만 했기에 이런 문답이 오갔을 것으로 보는 것이 자연스럽지 않을까 한다.

'成事~ 遂事~ 旣往~'은 당시의 성어였을 수 있다. 지난 잘못을 들추어봤자 실익은 없다는 씨족사회 공동체의 경험에서 나온 지혜일 것이다. 그런데 역사적 사실을 가지고 평가하는 제자에게 과거사는 해설하지도 말고 따지지도 말고 탓하지도 말라고 한다면, 공자에게 역사의식이란 어떤 것이었을까? 춘추필법은 그저 상황적 필요에 불과한 수식이었을까? 5·22의 평설 참조.

3·22 子曰 管仲之器小哉 或曰管仲儉乎 曰 管氏有三歸 官事不攝 焉得儉 然則管仲知禮乎 曰 邦君樹塞門 管氏亦樹塞門 邦君爲兩君之好有反坫管氏亦有反坫 管氏而知禮 孰不知禮

(어느 날) 스승님께서 "관중의 그릇은 (참) 작았단 말이야!"라고 (혼잣말로) 말씀하시자 (옆에 있던) 어떤 이가 말하기를 : (그릇이 작다 하시니,) 관중은 검소했나 보지요? (그러자 스승님께서) 말씀하시기를 : 관씨는 삼귀까지 가졌던 데다, 관료를 쓸 때 겸무시키지도 않(고 직분마다 사람을 다 두)었는데 어떻게 검소했다고 할 수 있겠어? (그이가 다시 여쭙기를) : 그랬다면 관중은 예를 따지(는 사람이)었을까요? (스승님께서) 말씀하시기를 : 나라의 군주라야 새문을 세

우는 법인데 관씨(는 자기)도 새문을 세웠고, 나라의 군주가 다른 나라 군주와 수호(修好)하기 위해 반점을 갖는 법인데 관씨(는 자기)도 반점을 가졌거늘, (그런 참람한 짓을 했던) 관씨가 예를 안다고 하면 누군들 예를 모르겠어?

주

1) 管仲(관중, 725?~645 B.C.) : 지금의 안휘성 영상현(潁上縣) 출신으로서 제나라 상국(相國)이 되어 환공을 춘추시대 첫 패자로 만든 공이 있다고 평가받는 사람이다. 성은 희(姬), 씨는 관(管), 이름은 이오(夷吾), 자는 중(仲), 시호는 경(敬)이다. 흔히 관중(管仲)으로 부르거나 관자(管子)라고 높여 부른다. 뒤에 관중의 업적을 중심으로 한 『관자(管子)』라는 책도 나오게 된다.[108] 공자보다 2백여 년 앞선 인물인데, 제후국이 서로 치열하게 패권을 추구하던 무렵 가장 뛰어난 성과를 보였던 정치가로 꼽힌다. 제갈량(諸葛亮, 181~234)은 자신을 관중과 악의(樂毅, 324~262 B.C.)[109]에 비교한 바 있고, 후대 사람들은 관중과 제갈량을 역사상 2대 명재상으로 꼽는다. 포숙아(鮑叔牙)의 친구로도 유명한 관중은 당초 환공과 공위를 다투던 공자규(公子糾)를 모시던 사람이었는데, 공자규가 환공에게 패하여 죽을 때 따라 죽지 않고 붙잡힌 다음 포숙의 천거로 제나라의 상국이 된다. 이후 대담한 개혁을 통해 제나라를 부강하도록 만들었는데, 그의 정책은 "곡식 창고가 가득 차야만 예절을 알며, 의식이

---

108 『관자』는 종래 여타 제자서와 마찬가지로 한대 무렵의 저작일 것으로 간주되었지만 최근 발굴된 백서나 죽간을 통해 춘추시대부터 전국시대 사이에 성립되었을 것으로 수정되고 있다.

109 전국시대 연(燕)나라의 상장군. 소왕에 의해 조·한·위·연·초 다섯 나라 연합군의 사령관에 임명된 다음 5년여에 걸쳐 제나라의 수도 임치를 비롯한 70여 개 성을 격파한 공을 세웠다. 소왕을 이은 혜왕이 모함을 믿고 교체하자 연나라는 제나라에게 패배한다. 당현종 이후 역대 왕조에서 사당을 세우고 제사를 지냈다.

풍족해야만 영욕(榮辱)을 알게 된다."라는 말과, "주는 것이 얻는 것임을 아는 것이 정치의 보배이다."라는 말로 집약할 수 있다.[110] 실리적이고 현실적이며 대중의 지지를 얻을 수 있는 정책만을 추구했고,[111] 화(禍)가 될 일도 잘 이용하여 복(福)이 되게 하고 실패할 일도 잘 처리하여 성공하게 만드는 꾀를 지녔다는 평가를 받는다.[112] 현대 정치의 각도에서 보더라도 관중은 위와 같이 군사, 정치, 경제, 철학, 법률, 외교, 교육 등 다방면에 걸쳐 나라의 기초를 튼튼히 한 치적이 훌륭하다. 객관적으로 보더라도 고대 중국의 역사발전이나 사회생산에서 관중만큼 변화를 주도한 사람은 없음에도 중국사에서 관중에 대한 평가는 그다지 높지 못하다. 예컨대 사마천은 그의 열전을 단독으로 싣지도 않고 「관안열전(管晏列傳)」에 겨우 수백 글자만 할애한다. 방대한 통일제국 한의 신료였던 사마

---

110   倉廩實則知禮節 衣食足則知榮辱〈『관자·목민(牧民)』〉, 知與之爲取 政之寶也〈『사기·관안열전』〉.

111   사마천은 "與俗同好惡(세속이 좋아하고 싫어하는 대로 정책을 실시하다)", "俗之所欲因而予之 俗之所否因而去之(세속이 바라는 정책을 찾아서 베풀고 세속이 거부하는 정책을 찾아서 버렸다)"라고 평가했다〈『사기·관안열전』〉. 관중의 정책은 상업을 중시하였고 , 공창(公娼)제도를 마련했던 사실 때문에 중국의 역대 성산업에 종사하는 사람들은 그를 보호신으로 삼기도 한다.

112   예컨대 환공이 실제로는 소희(少姬)의 일로 화가 나서 남쪽 채나라를 공격했지만 관중은 채의 옆에 있는 초나라를 동시에 공격하면서 초나라가 주왕실에 포모(包茅)를 바치지 않은 것을 꾸짖는다는 전쟁 명분을 세웠던 일, 환공이 북쪽 산융(山戎)을 정벌하자 그 기회에 연나라에게 소공의 선정을 실행하도록 만든 일, 가(柯)에서 회맹할 때 환공이 조말(曹沫)과의 약조를 어기려 하자 기어이 그 약조를 지키게 함으로써 제후들이 제나라를 따르도록 만든 일 등을 그 사례로 꼽는다. 이런 사례들은 속셈을 꾸미는 기술로서 실익을 주기는 한다. 그러나 이후 중국인들은 관중의 그러한 기술을 처세의 지혜로 여긴 나머지 일반적인 대인관계에서조차 속셈을 꾸미는 것을 모범으로 삼는 경향이 많아진다.

천으로서는 관중의 부국강병책이 위험하다고 여겼는지, 아니면 실제보다는 관념에, 실질보다는 명분에 더 점수를 주는 자신의 사관 때문이었는지, 그도 아니면 공자를 중심으로 한 유가를 대종으로 여긴 나머지 다른 가(家)들을 폄하하고자 했기 때문인지는 모를 일이다.[113] 공자의 관중에 대한 평가는 14·09, 14·16, 14·17에도 있는데, 거기에서는 여기와 달리 그다지 부정적이지 않다. 관중은 포숙아와의 친교가 유명하여 관포지교(管鮑之交)라는 성어가 생기기도 했는데, 성어의 배경이나 제환공과의 관계에 대해서는 14·15와 14·16 참조.

2) 管仲之器小哉(관중지기소재) : 『관자·소광(小匡)』에는 시백(施伯)이라는 사람이 관중을 평하여 "관중은 천하의 현인으로서 큰 그릇이다."라고 말하는 대목[114]이 있는데, 이 대목은 그 속설에 대한 공자의 반박이라고 혜동(惠棟, 1697~1758)은 설명한다. 앞 주에서 설명하였듯이 관중에 대한 평가는 공자 당대에 이미 여러 갈래로 공론화되었을 텐데, 공자는 세간의 평가가 놓치기 쉬운 점을 꼬집으려는 의도로 이렇게 폄하하지 않았을까 한다.

3) 儉乎(검호) : 그릇이 작다는 평가는 검소함 때문에 나오게 되지는 않았을까 하고 물은 것이다.

---

[113] 양계초(梁啓超, 1873~1929)만이 관중을 중국 최대의 정치가라고 높이 평가한 바 있다.

[114] 管仲者天下之賢人也大器也 在楚則楚得意於天下 在晉則晉得意於天下 在狄則狄得意於天下 今齊求而得之 則必長爲魯國憂 君何不殺而受之其屍(관중은 천하의 현인이고 큰 그릇입니다. 그가 초나라에 있으면 초나라가 천하에 득의할 것이고, 그가 진나라에 있으면 진나라가 천하에 득의할 것이며 설령 그가 오랑캐 땅에 가더라도 오랑캐가 천하에 득의할 사람입니다. 이제 만약 제나라가 그를 얻게 된다면 반드시 노나라에게는 오래도록 근심거리가 될 것입니다. 그런데도 군주께서는 그를 죽여서 시체나 보내지 않고 왜 보내려 하십니까).

4) 三歸(삼귀) : 여러 주석이 있다. 귀(歸)는 여자가 시집가는 것을 표현하는 말로서, 대부는 다른 나라 여자를 취해 올 수 없는데도 관중은 제후처럼 세 나라에서 여자를 데려왔음을 가리킨다는 주석, 관중이 소유했던 채읍의 지명이라는 주석, 재화를 저장하는 창고의 이름이라는 주석, 대(臺)의 이름이라는 주석, 10분의 3을 조세로 거두어들인 것이라는 주석[115] 등이 있다. 어쨌든 공자는 관중이 삼귀를 가졌음을 검소하게 살지 않았다는 증거로 들고 있다. 관중이 사적으로 창고를 소유했다는 주석은 증빙이 부족하고, 채읍을 소유했다는 주석은 검소하지 않다는 증거로는 적절하지 않으며, 세금을 많이 거두었다는 주석도 개인 생활이 검소하지 않았다는 증거로는 미흡하다고 본다. 환공이 관중에게 삼귀를 상으로 내렸다는 『안자춘추(晏子春秋)·잡편하(雜篇下)』의 기록, 환공이 관중의 요청을 받고서 '使子有三歸之家'했다거나 관중이 '得三歸而富之'했다는 『한비자』의 기록 등을 종합하자면, 집을 세 군데에 가지고 있었다는 뜻으로 보는 것이 타당하다고 본다. 그렇다면 세 여자를 거느렸다는 견해와 마찬가지일 것이다.

5) 攝(섭) : 겸직하는 것을 가리킨다. 여러 직책을 한 사람에게 겸직시키는 관행이 오래되었음을 알 수 있다.

6) 焉得儉(언득검) : 焉은 의문사이다. 得은 '~할 수 있다'는 뜻의 조동사이다.

7) 知禮乎(지례호) : '有三歸'와 '官事不攝'을 관중이 예를 따지기 좋아했던 처사로 이해할 수는 없는지 물은 것이다. 반드시 관중을 옹호하고자 물었다고 보지는 않는다. 공자의 판단을 점검해보려는 의도일 것이다.

---

115 양백준의 주장인데, 『관자』「산지수(山至數)」의 "則民之三 有歸於上矣"라는 구절 및 몇 가지 증거를 들지만 아마도 『한서』「지리지」와 「식화지」에 관중이 세금을 많이 거두었다는 기록이 있으니까 유추했을 것이다.

8) 樹塞門(수새문) : 대문을 열고 들어갈 때 곧바로 집 안이 보이지 않도록 대문 앞에 세우는 가리개를 새문이라고 한다. 본디 군주만이 그것을 세울 수 있었던 모양이다. 주희는 樹를 '병(屛)'이라 새기고 塞를 '폐(蔽)'라 새기지만, 樹를 '세우다'는 뜻의 동사로 보고 '새문'을 목적어로 보는 것이 구문상 옳다.

9) 有反坫(유반점) : 여러 주석이 있다. 정청(政廳)의 앞 동서 기둥 양쪽 사이에 세운 받침대로서 제후들이 수호(修好)하는 자리에서 마시던 술잔을 놓아두기 위한 시설이거나, 『예기·명당(明堂)』의 설명처럼 천자의 묘당(廟堂) 장식 가운데 하나를 가리키는 이름으로 이해된다. 어떻든 제후의 정청이나 천자의 묘당에만 둘 수 있는 시설을 관중은 자신의 집에도 만들었기 때문에 예에 어긋난다는 것이 공자의 견해이다. 공영달(孔穎達, 574~648)과 형병은 향음주례와 연례(燕禮)에 쓰이는 것처럼 설명하지만 「향음주례」와 「연례」에 '반점'은 보이지 않는다. 전조망(全祖望, 1704~1755)의 『경사문답(經史問答)』에 자세한 설명이 있다.

10) 管氏而知禮(관씨이지례) : '而'는 가정의 뜻을 나타낸다.[116]

평설

제환공을 춘추시대 최초의 패자로 만든 인물이라는 사실 때문에 관중은 춘추시대 정치권 최대의 관심 인물이었다. 패권에 관심을 가진 제후국들로서는 관중이라는 인물과 그의 정책에 대해 서로 공부하고 평가하는 분위기가 조성되었을 것이다. 공자 당대에도 어떤 식으로든 관중과 제나라의 패업에 대한 기록물은 유통되었을 것이며, 『관자』는 그것의 최종판일 것이다. 관중에 대한 춘추시대의 평가는 『관자·광군소광(匡君小匡)』에 나와 있듯이 천하의 현인이자 대기(大器)라는 평가이다. 집권 의

---

116 2·22의 주1) 참조.

욕을 가졌던 공자로서도 당연히 그에 대해 공부하면서 나름의 평가를 했을 것이다.[117] 그런데 이 장의 관중에 대한 평가는 나머지 세 군데의 평가와는 달리 낮다. 예도 몰랐고 검소하지도 않았으며 그릇도 작았다면서 구체적인 사례를 들어 낮게 평가한다. 감정을 실은 비난처럼 여겨질 정도이다. 공자의 그런 감정은 관중을 이름 대신 '관씨'라고 부르는 데서도 드러난다. 하지만 관중에 대한 공자의 평가는 복잡했던 듯 나중에는 긍정으로 바뀐다. 반면에 자로와 자공은 14·16, 14·17에서 관중을 부정적으로 평가한다. 공자의 관중에 대한 평가는 나중에 긍정적으로 바뀌었지만 제자들은 스승의 기존 평가를 그대로 유지했기 때문이 아닐까 한다.[118]

『예기·단궁하』에는 증삼과 유약이 안자(晏子)에 대해서 주고받은 내용이 있는데, 화법이 이 장과 비슷하여 참고할 만하다.[119]

---

117 이 장 외에 14·09, 14·16, 14·17에서도 관중을 언급하고 있는 것이 그 증거일 것이다.

118 이탁오(李卓吾, 1527~1602)는 "공자의 관중에 대한 태도는 '좋아하기는 하지만 그의 단점도 안다'고 말할 수 있다(孔子于夷吾 可謂好而知惡)."라고 평한다. 하나 마나 한 소리이다.

119 "曾子曰 晏子可謂知禮也已 恭敬之有焉 有若曰 晏子一狐裘三十年 遣車一乘 及墓而反 (…) 晏子焉知禮 曾子曰 國無道君子恥盈禮焉 國奢則示之以儉 國儉則示之以禮('안자는 예를 알았던 사람이라고 말할 수 있도다, 공경함을 지녔으니'라고 증자가 말하자 유약이 이르기를, '안자는 호구 한 벌로 30년을 입었고 수레도 한 대뿐이었으며 상례를 치를 때도 묘에 가서 하관하기만 하면 손님들과 바로 돌아와 버릴 정도로 예를 지키지 않았던 사람이다. (…) 그러니 안자가 어찌 예를 알았을까'라고 말하였다. 그러자 증자가 말하기를 '나라에 올바른 도가 행해지지 않을 때 군자는 예를 성대히 차리는 것을 수치로 여기는 법이다. 국가가 사치하면 자신은 검소를 보이고 국가가 검소하면 자신은 예를 차려서 보이는 법이다')."

3·23 子語魯大師樂曰 樂其可知也 始作 翕如也 從之 純如也 皦如也 繹如也 以成

스승님께서 노나라 태사에게 음악에 대하여 설명하시기를 : 음악이라면 (저도) 알겠습디다. 시작은 (합주를) 성대하게 연주하고, 그 뒤로는 (독주를) 순일하게 연주하다가, (그다음엔) 즐겁고 밝게 연주하다가, 끊이지 않는 듯이 연주하면서 맺더군요. (모든 음악의 형식은 대체로 그렇다고 봅니다만……..)

주

1) 大師(태사) : 춘추시대에 음악을 관장하던 관직 이름인데 8·15와 18·09에 나오는 인물과 동일한 사람일 것으로 짐작된다. 눈이 먼 사람은 귀의 감각이 훌륭하기 때문에 일반적으로 눈이 먼 사람을 태사로 등용했다고 한다. 그러나 후대에는 태부(太傅), 태보(太保)와 함께 삼공(三公)의 하나로 간주되는 명예직 이름이 된다.

2) 翕如(흡여), 純如(순여), 皦如(교여), 繹如(역여) :『논어주소』는 翕은 성(盛)한 모습, 純은 화해(和諧), 皦는 음절이 분명한 것, 繹은 음절이 끊이지 않는 것이라고 한다. 주희는 각각 합(合)·화(和)·명(明)·상속부절(相續不絶)이라고 설명한다. 이 표현들은 음악에 대한 공자의 주관적 평가이기 때문에 지금의 언어로 설명하기는 힘들다. 다만 기·승·전·결처럼 '시작(始作)', 두 단계의 '종지(從之)', 그리고 '이성(以成)'이라는 네 단계의 음악을 이렇게 표현했다고 본다. 중국에서는 단절되었지만 한국에서는 전해지고 있는 종묘제례악 연주과정을 상상하면서 공자가 느꼈을 주관적인 감정을 임의로 번역해보았다.

3) 從(종) : 하안은 '종(縱)'이라 하고 주희는 '방(放)'이라 한다.『사기·공자세가』에는 '縱'으로 되어 있는데,『고논어』를 따랐을 것이라고 한다. 하지만 '始作'과 '從之'와 '以成'은 악장의 연주 순서를 가리킨다고 본다. 시작은 '翕如'하게, 이어서 '純如'하게, 그리고 '皦如'하게 연주하다가,

'繹如'하게 연주하면서 끝낸다는 설명으로 보는 것이 어떨까 한다.

'어(語)'는 '왈(曰)'과는 다르다. 자세하게 일러주는 것이다. 당시에 악이 못쓰게 되었기 때문에 공자가 태사에게 악에 대하여 가르친 것이라고 주희는 주하는데, 공자를 모르는 것이 없는 사람으로 만들려는 주희다운 해석이다. 그렇게 해석하자 해도 앞 구는 가능할지 모르나 '樂其可知也'는 곤란하다.

공자는 악을 예와 함께 자주 강조했고, 태사 지(摯)의 연주에 대해 언급한 적도 있으며(8·15), 자기가 위나라에서 노나라로 돌아온 다음에야 조정 음악인 아(雅)와 종묘 음악인 송(頌)이 각각 제자리를 찾게 되었다고 말한 적도 있다(9·15). 태사가 공자를 찾아와 만나는 장면도 있으며(15·42), 태사를 비롯한 여러 악사들의 거취에 대해서도 언급하는 것을 보면(18·09), 공자가 음악에 대해 관심과 조예가 있었던 것은 사실이라고 본다. 공자가 스스로를 천명을 받은 사람으로 자처한 적이 많고 남 가르치기를 책무로 여겼던 사람임은 분명하지만 전문 음악인인 태사에게마저 음악에 대해 가르치려고 했을지는 의문이다. 만약 그랬다면 음악의 공능(功能)이라든가 심미적 태도에 대한 언급도 했을 법한데 그런 내용은 없다. 단지 음악의 형식에 대해서만 추상적인 형용어로 나열한다. 물론 오늘날에는 음악인을 전문가로 대접하지만 공자 당대에는 그렇지 않았을 수 있다. 공자가 이 말을 한 시점은 위나라에서 돌아온 이후, 그러니까 68세 이후일 것이다. 음악에 관한 공자의 견해에 대해서는 3·25와 8·08의 평설 참조.

3·24 儀封人請見曰 君子之至於斯也 吾未嘗不得見也 從者見之 出曰
二三子何患於喪乎 天下之無道也久矣 天將以夫子爲木鐸

의읍의 봉인이 여기 오시는 군자치고 내가 만나 뵙지 못한 분은 없었다면서
(스승님) 만나 뵙기를 (강하게) 요청하자, (스승님을) 수행하던 사람은 (하는 수
없이 스승님을) 만나 뵙도록 해주었다. (의읍의 봉인은 스승님을 만나 뵌 다음 밖
으로) 나와서는 (제자들에게)말하기를 : 여러분은 무엇 때문에 (스승께서 지금)
지위를 잃(고 나라를 떠나)게 된 처지를 근심하시오? 천하에 경세지도가 사라진
지 (충분히) 오래되었으니 하늘은 장차 (여러분의) 스승을 (이 세상을 바르게 이
끄는) 목탁으로 삼을 겁니다. (걱정하지 말고 기다리십시오.)

1) 儀封人(의봉인) : 儀는 위(衛)나라 읍으로서 위나라 수도인 복양(濮
陽)에서 서남쪽으로 5백여 리 떨어진 지금의 하북성 開封府 蘭陽縣 부
근이라고 한다. 공자는 위나라에 다섯 차례 간 것으로 추정되는데, 이 장
은 처음 갔을 때의 일로 짐작된다. 정약용은 봉인(封人)이 사직단을 관장
하는 직책이라고 하지만 대체로 변경을 지키는 직책으로 본다. 여기 지
나는 높은 사람치고 내가 만나보지 않았던 사람은 없었다면서 기어이 공
자를 만나겠다는 태도나 만난 다음 제자들에게 하는 말을 보면 자존의식
이나 개성이 강한 사람이었던 듯하다. 그래서 주희는 현자이면서 하위직
에서 자신을 감추고 있는 사람이라고 한다. 의봉인이 여기서 사용한 '군
자'라는 용어는 공자가 부여했던 의미와는 달리 '높은 지위에 있는 사람'
이라는 뜻이겠다.

2) 見之(현지) : '만나 뵙게 해주다'는 뜻이다. 뒤에 '於孔子'가 생략되
었다.

3) 二三子(이삼자) : 면전에 있는 몇 사람을 낮추어서 부르는 호칭이므
로, '너희들' 또는 '여러분들'이라고 번역하는 것이 무난하다. 7·24, 9·12,

11·11에도 나온다. '소자(小子)'는 젊은 사람을 낮추어서 부르는 호칭으로서 5·21, 8·03, 11·17, 17·09, 17·19, 19·12에도 나온다. 한편, 천자는 20·01에서처럼 하늘을 향해 자신을 '여소자(予小子)'라고 부른다.

4) 喪(상) : 공자를 향한 말이라면 '지위를 잃다'는 뜻이겠지만, 제자들을 향한 말이라면 상심(喪心)의 뜻일 것이다.[120]

5) 天將以夫子爲木鐸(천장이부자위목탁) : 將은 '장차 (~하려고 하다)'라는 뜻의 부사이고, '以~爲~'은 '~을 ~으로 삼다', '~을 ~으로 여기다'는 뜻이다.[121] 목탁은 금속 몸통에 나무 방울을 단 것(金口木舌)으로서 고대 관원이 정교(政教)를 베풀 때에 이것을 쳐서 사람을 모았다고 한다. 『예기·명당』에는 "조정에서 목탁을 울리는 것은 천자의 정사이다."[122]라는 구절이 있다. 무사(武事)에 사용하는 목탁은 방울이 금속이고 문사(文事)에 사용하는 것은 방울이 나무라는 설명도 있다. 주희는 '목탁이 도로를 순시하는 것처럼 하늘이 공자로 하여금 지위를 잃고 사방으로 두루 돌아다니면서 가르침을 펴게 한다'라고 새기지만, '하늘은 장차 스승님을 세상을 이끄는 사람으로 만들 것입니다'라는 새김이 옳다고 본다.

평설

공자가 나라 바깥으로 13년이나 다니던 행적은 이벤트화할 가치가 충분하다. 공자 스스로는 나라 바깥에서도 명성이 자자했다고 홍보할 필요가 있었을 테고, 후대에 『논어』를 편집하는 사람으로서도 스승의 고난을

---

120 "何患於夫子聖德之將喪亡耶 天將命孔子制作法度 以號令天下(부자의 성덕이 없어질 것이라고 왜 걱정하는가. 하늘은 장차 공자로 하여금 법도를 만들어 천하를 호령하게 하실 것이다)"라고 새기는 공안국의 견해가 그렇다.

121 3·18의 주) 참조.

122 振木鐸於朝 天子之政也

'주유천하(周遊天下)'라는 명분 아래 극적으로 홍보할 필요가 있었을 것이다. 이 장은 그 가운데 하나일 것이다.

　무도한 시기가 오래되면 성인이 나오게 된다는 믿음, 그 성인이 도래할 시기가 지금이라는 믿음, 그 성인이 바로 아무개이고 아무개가 세상에 나오게 된 것은 바로 하늘의 뜻이라는 믿음, 이런 것들은 고대 사회에서 성자를 만들어내는 메커니즘에 사용되는 도구들이다. 거기에다 그런 믿음들을 가진 사람들이 널리 있었다는 사실, 그런 믿음을 가진 사람들은 기득권층이 아닌 낮은 지위의 사람들이었다는 사실, 이런 요소들이 더해진다. 후대 유자들이 그러한 메커니즘을 만들어내거나 그러한 메커니즘에 빠지는 것은 당연하지만 그 원천은 어디까지나 공자이다. 공자 스스로 그러한 믿음과 그러한 사실, 그리고 그러한 메커니즘까지 일정 부분 만들어냈다고 본다.[123]

3·25 子謂韶盡美矣 又盡善也 謂武盡美矣 未盡善也

스승님께서는 (순임금의 음악인) 소(韶)에 대해서는 "완벽하게 아름다울 뿐 아니라 완벽하게 선하다."라고 일컬으시고, (무왕의 음악인) 무(武)에 대해서는 "완벽하게 아름답기는 하지만 완벽하게 선하지는 않다."라고 일컬으셨다.

| 주 |

　1) 謂(위) : '왈(曰)'은 단순히 언급하다는 뜻이고, '어(語)'는 자세히 설명하다는 뜻이며, '위(謂)'는 평가하여 일컫는다는 뜻이다.

　2) 韶(소) : 순임금을 상징하는 악곡 이름이라고 한다.『좌전』장공 22년에 의하면, 순임금의 후예인 진완(陳完)이 제나라로 망명했기 때문에

123　본인은 단지 자부심이나 소명의식을 가졌을 뿐이라고 여겼을 수 있다.

韶는 제나라에 보존되었다고 한다. 고대 중국에서는 창업주를 상징하는 음악은 왕조 내내 이어졌을 것이다. 『서경·우서(虞書)』「익직(益稷)」에서는 "簫韶九成 鳳凰來儀(퉁소로 소를 아홉 번 연주하자 봉황이 와서 거동하다)"라면서 韶를 높이 치켜세우고 있다. 공자가 韶를 언제 들었는지에 대한 설명은 7·14 참조.

3) 美(미) : 훌륭한 재능이나 미덕, 또는 미덕을 갖춘 사람을 의미하는 명사,[124] 칭찬하다는 뜻의 동사, '~하는 것이 좋다'거나,[125] 용모나 특정 부위가 아름답다거나,[126] 음악이나 물건이 아름답다는 뜻의 형용사로 쓰인다.[127] 여기서는 음악의 감각적 아름다움을 표현한다.

4) 盡善(진선) : 감각적 아름다움을 美라 하고, 효용이 좋다는 평가를 善이라고 표현한 듯하다. 순임금은 선양을 받았기 때문에 盡善하지만 무왕은 정벌로써 천하를 취했기 때문에 未盡善하다는 공안국의 설명도 참고할 만하다. 『논어』에 나오는 善의 의미에 대해서는 2·20의 주) 참조.

5) 武(무) : 주왕조를 창업한 무왕을 상징하는 악곡 이름이다. 소와 무는 원래 가사와 춤도 있었다고 한다.

---

124 如有周公之才之美 使驕且吝 其餘不足觀也已(8·11), 君子成人之美 不成人之惡 小人反是(12·16), 尊五美 屛四惡 斯可以從政矣(20·02).

125 里仁爲美(4·01).

126 ~洵美且仁 ~洵美且好 ~洵美且武〈『시·정풍』「숙우전」〉, 其人美且仁〈『시·제풍』「노령」〉, 不有祝鮀之佞 而有宋朝之美 難乎免於今之世矣(6·16), 巧笑倩兮 美目盼兮(3·08).

127 子謂韶盡美矣 又盡善也 謂武盡美矣 未盡善也(3·25), 有美玉於斯 韞匵而藏諸(9·13), 善居室 始有曰苟合矣 少有曰苟完矣 富有曰苟美矣(13·08), 不見宗廟之美 百官之富(19·23).

3·23에 이은 음악에 대한 평이다. 순은 선양을 받았고 무는 정벌하였기 때문에 두 음악이 다르다는 공안국 이래의 평가가 공자의 생각과 부합하는지는 의문이다. 8·01에서 설명하겠지만, 공자는 선양에 대해 언급한 적이 없기 때문이다. 8·01에서 태백(泰伯)이 동생에게 왕위를 양보한 사실을 칭찬한 구절도 학자들은 대체로 후대의 삽입으로 본다. 어쨌든 음악에 대한 평가는 개인의 주관에 의지할 수밖에 없기 때문에 어떻게 새기더라도 말하는 사람의 진의를 온전하게 드러내기에는 부족하다.

공자가 음악을 중히 여기고, 음악에 대해 잘 안다고 자부했던 바가 이런 것이었는지는 의문이다. 인간의 감성과 세계와의 일치에 대한 생각은 없었는지, 음악이란 것의 지속성이나 일체성에 대한 생각은 없었는지, 음악을 오로지 정치와만 연관해서 생각하였는지 등 의문스러운 점이 많다. 음악에 대한 평어가 美이고 가사에 대한 평어가 善이라는 양백준의 견해나, "미는 매크로(macro)한 것을 말하고 선은 마이크로(micro)한 것을 말한다."[128]는 오규 소라이의 견해는 "미는 소리의 성대함에 대한 평가이고 선은 미의 내용에 대한 평가이다."[129]라는 주희 주석의 번안이나 다름없다. 이 장에 관한 모든 주석은 주관적인 평어에 대한 주관적인 해석들일 따름이다.

3·26 子曰 居上不寬 爲禮不敬 臨喪不哀 吾何以觀之哉

스승님께서 말씀하시기를 : 윗자리에 있으면서 (전혀) 관대할 줄 모르는 사람, 의례를 집행하면서 (도무지) 경건하지 않은 사람, 상가에서 슬퍼(하는 내색조

128　美者以其大者言之也 善者以其小者言之也
129　美者 聲容之盛 善者 美之實也

차) 안 하는 사람, 그런 사람들을 내가 어떻게 보아줄 수 있겠는가!

1) 寬(관) : 아랫사람에게 너그럽게 대하는 태도를 가리킨다. 윗자리에 있으면 사람 아끼기를 위주로 해야 하므로 寬을 근본으로 삼는다고 주희는 말한다. 17·06과 20·01에서는 "寬則得衆(너그럽게 대하면 많은 사람을 얻을 수 있다)"이라고 하였다.

2) 敬(경) : 1·05와 1·13의 주) 참조.

3) 何以觀之(하이관지) : 주희는 '무엇을 가지고 그 사람 행실의 잘잘못을 알겠는가'[130]라고 새긴다. '何以'는 목적어인 의문대사를 개사의 앞에 놓은 형식으로서 '무엇으로써'라는 뜻이지만 우리말로 번역할 때는 '어떻게'로 해석하는 것이 더 적절하다. '어떻게 그런 사람들을 보아줄 수 있단 말인가', 즉 나로서는 그런 사람들과 상종하기 싫다는 의미가 된다. 위 세 가지 사례는 당시 실덕한 군주들을 기롱한 것이므로 공자로서는 보고 싶지 않은 모습이기 때문에 내가 어떻게 그것을 보겠느냐고 말했다고 황간은 주한다. 『논어훈(論語訓)』은 이 말이 공자가 맹무백을 기롱한 말이라고 한다. 이 말을 꺼낸 계기가 있었는지는 모르지만 계기와는 관계없는 일반론으로 보더라도 무방하다.

뒤집어 말하자면 '거상관(居上寬: 윗자리에 있는 사람으로서의 관용-)', '위례경(爲禮敬: 의례를 책임진 사람으로서의 경건함)', '임상애(臨喪哀: 인간의 죽음 앞에서 애도할 수 있는 정서)'가 지배계층으로서 갖추어야 할 기본적인 자질이라는 말이겠다. 『대대례기』 「증자입사(曾子立事)」편의

130 　以何者而觀其所行之得失

"일을 하면서 공경하지 않고, 거상 기간에 슬퍼하지 않으며, 제사를 모시면서 조심하지 않고, 조정에서 공손하지 않은 사람들을 나는 이해할 수가 없다."[131]라는 대목은 이 장을 부연했을 것이다. 이처럼 유사한 표현들을 세밀히 대조하면 유교 경서들이 형성되는 선후관계를 어느 정도 짐작할 수 있을 것이다.

---

131 臨事而不敬 居喪而不哀 祭祀而不畏 朝廷而不恭 則吾無由知之矣

이인(里仁) 제사(第四)

「이인」과 「술이」가 공자 어록으로서는 가장 초기 자료일 것이라고 김용옥은 추정한다. 15와 26을 빼고는 모두 간결한 '子曰'의 형식을 취한다는 점을 이유로 들지만, 그 점만을 이유로 들자면 「위령공」도 못지않기 때문에 동의하기 어렵다.

아서 웨일리(Arthur David Waley, 1889~1966)는 초기 『논어』의 형태를 3편 「팔일」부터 9편 「자한」까지로 추정하는데, 역시 큰 의미를 지니지는 못하는 견해이다.

15장 이후 25장까지는 증삼의 후학들이 구성했거나 초기의 전송을 수집했을 것으로 간주된다. 26장은 자유의 말이지만 공자의 유훈으로서(12·23과도 상통한다) 18장을 보완하는 부록의 성격으로 간주된다.

4·01 子曰 里仁爲美 擇不處仁 焉得知

스승님께서 말씀하시기를 : 인을 바탕으로(처신)하는 것이 좋다. (매사의) 선택에서 인을 바탕으로 하지 않는다면 분별력 있(다고 할 수 있)겠는가?

주

1) 里仁爲美 擇不處仁(이인위미 택불처인) : 대개는 '里'를 '거주'로 새긴다. 정현과 하안은 "里는 民이 기거하는 마을이니, 인자의 마을에 기거하는 것이 좋은 것이다."[1]라고 새긴다. 육덕명은 "里는 '이웃'과 같다. 군자는 이웃을 가려서 기거해야 하니 인자가 사는 마을에 기거하라는 말이다."[2]라고 새긴다. 주희는 "사람이 사는 마을에는 인후한 풍속이 있는 것이 좋다. 살고자 하는 마을을 택하면서 인후한 풍속이 있는 곳을 택하지 않게 되면 시비의 본심을 잃게 되니 지혜롭다고 할 수 없을 것이다."[3]라고 새긴다. 구문상 '里'는 동사일 수밖에 없으므로 목적어 仁을 '인한 사람들이 사는 마을'이나 '인후한 풍속을 가진 고을'로 해석하는 것이다. 그러나 그런 해석은 수긍할 수 없다. 공자는 인한 사람을 만나보기란 어렵

---

1   里者 民之所居 居於仁者之里 是爲美
2   里猶鄰也 言君子擇鄰而居 居於仁者之里
3   里有仁厚之俗爲美 擇里而不居於是焉 則失其是非之本心 而不得爲知矣

다고 했고, 자신도 인한 군자라는 말을 감당하기 어렵다고 했다.[4] 그런데 어떻게 인한 사람들만 모여 사는 마을이 있을 수 있겠는가?[5] '인한 사람들이 사는 마을을 가려서 살지 않는다면 지혜롭지 못하다'는 말은 '부자 마을을 골라서 살지 않으면 지혜롭지 못하다'라는 말이나 다름없는 난센스이다. 그럼에도 불구하고 그러한 주석들이 이어지는 이유는 '里'를 '거주'의 의미로만 해석하기 때문이다. 아마도 환경의 중요성을 강조했던 맹자 어머니의 고사를 의식한 탓으로 짐작된다. 『맹자·이루상(離婁上)』에는 "스스로를 해치는 사람과는 함께 말할 수 없고, 스스로를 버리는 사람과는 함께 일할 수 없다. 나오는 말이 禮와 의에 맞지 않는 것은 스스로를 해치는 것이고, 자신의 처신이 인과 의에 근거하지 않는 것은 스스로를 버리는 것이다. 인이란 사람의 편안한 집이요 의란 사람의 바른 길인데, 편안한 집을 비워두고 거처하지 않거나 바른 길을 버리고 가지 않는다면 슬픈 일이 아니겠는가."[6]라는 대목이 있는데, 거기서 '居仁'은 '인한 사람들이 모여 사는 마을에서 살라'는 뜻이 아니다. 인을 편안한 집처럼 여기면서 인을 근거로 처신하라는 뜻이다. 이 장의 '里仁'이나 '處仁'도 그런 의미이다. 맹자는 『논어』의 취지를 부연하여 설명하면서 동사를 里에서 居로 바꾸었다. 『설문』이나 『경적찬고(經籍纂詁)』나 모두 "里 居也"라고 하는데, 居는 '居住'의 뜻이 아니라 '處'의 뜻이다.[7]

---

4   7·33과 14·28 참조.

5   정약용도 "君子居之 何陋之有(군자가 거처하는 곳에 누추함이란 없다)"(9·14)나 "言忠信行篤敬 雖蠻貊之邦行矣(자신의 말이 성실하고 믿음직하며 행실이 진지하고 조심스러우면 비록 문화가 없는 오랑캐 땅에서라도 그 사람의 뜻이 통행될 수 있을 것이다)"(15·06)를 거론하면서 그런 해석을 부정한다.

6   自暴者不可與有言也 自棄者不可與有爲也 言非禮義 謂之自暴也 吾身不能居仁由義 謂之自棄也 仁人之安宅也 義人之正路也 曠安宅而弗居 舍正路而不由 哀哉

4·02의 '處約', '處樂'과 마찬가지의 뜻이다. 따라서 '里仁'은 '인한 사람들이 사는 마을에 거주하다'는 뜻이 아니라 '인에 거처하다'는 뜻이다. 그 말은 곧 '인을 바탕으로 처신하다'는 뜻이다. '里仁爲美'는 '(매사에) 仁을 기초로 하여 처신하는 것이 가장 좋다'라는 뜻이다. '里'가 이처럼 '~을 바탕으로 하여 처신하다'라는 뜻이듯이 '擇不處仁'도 '살아가면서 선택을 해야 할 경우 인을 바탕으로 하지 않는다'는 뜻이다. 이때의 '擇'은 양백준의 표현처럼 벗을 선택하든 거처를 선택하든 직업을 선택하든 관계없다. 다만 '知'와 연관해서 해석해야지 주희처럼 '擇里'라고 해석해서는 안 된다. "擇이란 知에 바탕을 두어야 하는데, 仁을 기초로 하지 않은 擇이 知일 수는 없다."는 뜻이다. 그래서 '사리분별을 하는 데 있어'라고 번역하였다. 오규 소라이도 里를 '동네'로 해석하지 않고 '居'의 뜻으로 해석하기는 하지만 '里仁爲美'를 전해지는 경구로 본다.[8] 『순자·대략』의 "인에는 범주가 있고 의에는 길이 있으니, 있을 범주가 아닌데도 있으면 인이 아니고 갈 길이 아닌데도 가면 의가 아니다."[9]라는 표현도 공자의 이 말을 원용한 표현일 것이다.

2) 焉得知(언득지) : 知는 '분별력 있음' 또는 '분별력을 가진 사람'이라는 뜻이다. '지혜로운 사람'이라는 표현에도 그런 뜻이 담긴다. 得은 '~할 수 있다'는 뜻의 조동사로서 3·22를 비롯한 여러 곳에서 '焉得~'의 구문으로 자주 쓰인다. '知'에 대한 설명은 9·29와 14·28 참조.

---

7   '居'의 뜻에 대해서는 1·14의 주) 참조.

8   오규 소라이는 『논어』 문장 가운데 공자가 직접 한 말이 아니고 전해지던 경구나 성어를 공자가 인용했을 뿐이라고 추정하는 대목이 많다.

9   仁有里 義有門 仁非其里而處之非仁也 義非其門而由之非義也

공자의 말을 뒤집자면 '知한 사람은 處仁한다'이다. 공자는 이처럼 知와 仁을 묶어서 생각했지 양자 가운데 무엇이 더 소중하다거나 무엇이 더 높다고 여기지는 않았다. 그 점은 다음 장에서도 확인된다.

4·02 子曰 不仁者 不可以久處約 不可以長處樂 仁者安仁 知者利仁

스승님께서 말씀하시기를 : 인하지 못한 사람은 곤궁한 환경을 오래 견디지 못하지만, 안락한 환경도 오래 누리지 못한다. (그리고) 인자는 인을 편안한 것으로 여기고, 지자는 인을 이로운 것으로 여긴다.

주

1) 約(약), 樂(락) : 『예기·방기』에는 "소인은 가난하면 바로 곤궁해지고 부유하면 바로 교만해진다. 곤궁하면 바로 남의 것을 훔치고, 교만하면 바로 세상을 어지럽힌다."[10]라는 말이 있다. 15·02에는 "군자는 궁하더라도 한결같지만 소인은 궁하면 곧바로 선을 넘는다."[11]라는 말이 있다. 이로 미루어 보면 約의 의미는 곤궁하고 쪼들리는 환경을, 樂은 편안하고 넉넉한 환경을 뜻한다. 대립적인 환경을 말한 것이다. 約과 樂은 압운이다.

2) 利仁(리인) : 대개는 '仁을 이용한다', '이로울 때만 仁을 행한다'라고 새긴다. 지자가 인자보다 못하다고 여기기 때문에 그렇게 새긴다. 그러나 앞 장에서도 말했듯이 공자는 지자와 인자의 차등을 말하지 않는다.[12] 공자는 여러 차례 지자와 인자를 대비시키지만 지자를 인자보다 낮

---

10   小人貧斯約富斯驕 約斯盜驕斯亂
11   君子固窮 小人窮斯濫矣

은 등급이라고 강조하지는 않는다. 지자를 기회주의적인 사람으로 폄하
하지도 않는다.[13] 그럼에도 불구하고 후대 유자들이 지자를 인자보다 낮

---

12 양백준은 「중용」의 "天下之達道五 所以行之者三 曰君臣也 父子也 夫婦
也 昆弟也 朋友之交也 五者天下之達道也 知仁勇三者 天下之達德也 所以行
之者一也 或生而知之 或學而知之 或困而知之 及其知之一也 或安而行之 或
利而行之 或勉强而行之 及其成功一也(천하를 통달하는 도는 다섯 가지이고
그것을 실천하게 만드는 것은 세 가지이다. 임금과 신하, 부모와 자식, 지아비와
지어미, 맏이와 아우, 벗과의 사귐, 이 다섯 가지가 천하를 통달하는 도이다. 지,
인, 용, 셋이 천하를 통달하는 덕인데, 그것을 실천하게 만드는 것은 하나이다. 어
떤 사람은 태어나면서부터 분별력을 갖고, 어떤 사람은 배워서 갖게 되고, 어떤
사람은 어렵사리 갖게 되지만 분별력이라는 점에서는 동일하다. 어떤 사람은 인
을 편안하다고 여겨서 실천하고, 어떤 사람은 이롭다고 여겨서 실천하며, 어떤 사
람은 힘들여서 실천한다. 하지만 인을 실천하여 이루게 되는 공은 동일하다)"라
는 대목을 인용하면서 '이로울 때만 인을 행한다'고 해석하지만, 그 문장에서 '利
而行之'는 '이로울 때만 행하다'는 뜻이 아니라 '이롭다고 여기기 때문에 행하다'
는 뜻이다. '安而', '利而', '勉强而'는 바로 앞의 '生而知之', '學而知之', '困而知
之'에 대응하는 표현으로서, 인을 실천하게 되는 동기를 설명한 것이다. 즉, 어떤
사람은 그렇게 해야 편안하다고 여기기 때문에, 어떤 사람은 이롭다고 여기기 때
문에, 어떤 사람은 억지로 행한다는 말이다. 그러나 비록 그처럼 동기는 다를지라
도 결과는 마찬가지라고 강조하고 있다. 지자는 이로울 때만 인을 실천하는 기회
주의적인 사람이기 때문에 인자보다 못하다는 뜻은 결코 아니다.『예기·표기(表
記)』의 "仁者安仁 知者利仁 畏罪者强仁"도 '인자는 인을 편안하다고 여기기 때
문에 인을 실천하고, 지자는 인을 이롭다고 여기기 때문에 인을 실천하며, 죄를
두려워하는 자는 죄를 면하고자 억지로 인을 실천한다'는 뜻이다.
13 6·23의 "知者樂水 仁者樂山 知者動 仁者靜 知者樂 仁者壽(지자는 물을
즐기고 인자는 산을 즐긴다. 지자는 동적이고 인자는 정적이다. 지자는 즐거움을
누리고 인자는 수를 누린다)"를 보더라도 그렇고, 9·29의 "知者不惑 仁者不憂
勇者不懼(분별력은 미혹하지 않게 만들고, 인은 근심하지 않게 만들며, 용기는
두려워하지 않게 만든다)"와, 14·28의 "仁者不憂 知者不惑 勇者不懼(인은 근심
하지 않게 만들고, 분별은 미혹하지 않게 만들며, 용기는 두려워하지 않게 만든

은 등급으로 인식하는 까닭은 서열을 중시하는 봉건적 사고 때문이기는 하지만, 공자가 인을 최고의 덕목으로 강조했기 때문이기도 하다. 또한 공자가 利를 부정적으로 표현한 적도 있기 때문에 이 문장마저 부정적인 뜻으로 이해한 것이다.[14] '知者利仁'은 「중용」의 해석을 살리더라도 '지자는 인을 이롭다고 여긴다'는 뜻이다. 물론 한문의 특성상 문맥에 따라 약간씩 다르게 번역될 수는 있다.

평설

不仁者에 대해 꺼냈으니 뒤에서는 그와 대비되는 仁者만 언급하는 것이 적절할 듯한데도 공자는 '知者利仁'까지 언급한다. 공자는 지자와 인자를 대체로 대비하면서 언급했기 때문에 인자에 대한 언급에 이어 지자까지 언급하게 되었을 것이다. 그럼에도 불구하고 서열을 염두에 두는 유자들은 공자가 지자를 인자의 아래 단계로 규정했다고 여긴다.

4·03 子曰 唯仁者 能好人 能惡人

스승님께서 말씀하시기를 : 오직 인자만이 (좋아해야 할) 사람을 좋아할 수 있고, (미워해야 할) 사람을 미워할 수 있다.

주

1) 惡(오) : 고대 중국에서 '惡'는 존재론적인 악(惡)을 의미하는 글자

다)"를 보더라도 그렇다. 어디까지나 대등하게 설명한다.

14 4·12, 4·16, 9·01에서 공자는 利를 부정적으로 표현한다. 『논어』에 나오는 利는 '벼리다, 날카롭게 하다'의 뜻인 15·10과 17·18을 제외하고는 모두 '실리(實利)'의 뜻이다.

가 아니다. 더럽다, 추하다, 그러니까 싫다, 그러니까 밉다는 뜻이다. 어디까지나 美의 반대 개념이었다. 善의 반대 개념은 악(惡)이라 하지 않고 불선(不善)이라고 했다. '나쁘다'라는 개념은 나중에 형성된다.[15]

공안국은 "오직 인자라야 남의 좋은 점, 나쁜 점을 살필 수 있다."[16]라고 한다. 『논어주소』는 "오직 인덕을 지닌 사람만이 외물에 대한 사심이 없기 때문에 남의 좋은 점, 나쁜 점을 살필 수 있다."[17]라고 한다. 주희는 "사심이 없어야 호오가 이치에 합당하게 된다."[18]라고 한다. 모두 인간의 감정을 원리에 맞추려는 주석들이다. 양백준은 『후한서』「효명팔왕전(孝明八王傳)」의 주석 가운데 "인을 소중하게 여기는 사람이 좋아하거나 싫어하는 바는 치우치지 않는다."[19]라는 부분이 이 구절의 의미와 같다고 한다. 비교적 교조로부터 자유로운 해석이다. 「대학」의 "인민이 좋아하는 것을 좋아하고 인민이 싫어하는 것을 싫어하는 것, 이것이 인민의 부모이다."[20]라는 구절도 이 구절의 변용이기는 하되 전달되는 의미는 사뭇 다르다.

사람을 좋아하고 싫어하는 감정은 그 사람에 대한 평가를 바탕으로 형성되는데, 사적인 감정이나 이해관계에 따라 치우치지 않는 평가를 할 수 있으면 인자라는 뜻이다. 사람에 대한 호오(好惡)의 감정이 사심에 기

---

15   5·22의 주1)에서 보듯이 『맹자』 단계에 이르면 비로소 '나쁘다'라는 개념이 형성되는 듯하다.

16   唯仁者 能審人之所好惡

17   唯有仁德者 無私於物 故能審人之好惡也

18   無私心 然後好惡當於理

19   貴仁者所好惡得其中也

20   民之所好好之 民之所惡惡之 此之謂民之父母

울게 되면 인간사회에서 불편한 문제들이 야기되지만, 사심에 치우치지 않고 공정하다면 문제가 야기되지 않는다는 뜻일 수도 있다. 어디까지나 지배계층에게 하는 말이다. 오늘날 보편적인 인간관계에서 적용될 수 있는 잠언은 아니다. 요즈음 『논어』를 해설하는 사람들 가운데 상당수는 『논어』에서 현대를 살아가는 지혜를 얻을 수 있다고 말하지만, 공자는 보편적인 인간관계를 염두에 두었던 사람은 아니었음을 유의해야 한다. 그렇지 않으면 부지불식간에 자신도 지배계층이 되고 싶은 욕망을 품게 될지도 모른다.

4·04 子曰 苟志於仁矣 無惡也

스승님께서 말씀하시기를 : 진정 인에 뜻을 둔다면 미워(하거나 싫어)할 게 없다.

평설

주희는 "진정 인에 뜻을 둔다면 과오야 없을 수 없겠지만 짐짓 나쁜 짓 하는 일은 없다."[21]라는 양시(楊時, 1053~1135)의 견해를 이어서, "마음이 仁에 있으면 나쁜 짓 하는 일은 결코 없다."[22]라고 주한다. 이후 대개의 주석은 惡를 '惡(악)'으로 새긴다. 그런데 앞에서 이미 설명했지만 '惡' 자에는 원래 주체적이고 능동적으로 악행을 한다는 뜻이 없다. 고대 중국에서 '惡(오)'는 기본적으로 정서의 영역이기 때문에 '죄악'이 아닌 '증오'나 '혐오'로 이해해야 한다. 행위를 가리킨다 하더라도 '모질다', '모질게 굴다'의 뜻이지 '악행'을 뜻하지는 않는다. 법가적인 행정체계가 갖추어지면서 악행이라는 뜻이 강조되었다고 본다.

---

21 苟志於仁 未必無過擧也 然而爲惡則無矣
22 其心誠在於仁 則必無爲惡之事矣

따라서 '無惡'는 유월(兪樾, 1821~1906)의 견해대로 '남에게서 미움을 당하는 일도, 남을 미워하는 일도 없다'는 뜻으로 보는 것이 옳다.[23] '악이 사라진다'거나 '악한 짓을 하지 않게 된다'는 번역은 법가적 관념이나 기독교적 관념을 따른 번역이다. 공자는 仁을 '선행을 만들어내는 바탕으로서 인격적 완성단계'로 생각하지는 않았다. 「중용」의 '安而行之'라는 표현에서 알 수 있듯이 실천의 바탕으로 여겼다. 1·02의 주)에서 설명했듯이 仁은 타자와 공감하여 타자를 나처럼 대할 수 있는 바탕을 말한다. 수행을 통하여 완성하면 그다음부터는 저절로 오류를 범하지 않게 되는 '본질'과 같은 성격의 것은 아니다. 4·02의 주)에서 인용했던 『예기·표기』의 "인자는 인을 편안하게 여기기 때문에 인을 실천하고, 지자는 인을 이롭게 여기기 때문에 인을 실천하며, 죄를 두려워하는 자는 억지로 인을 실천한다."[24]라는 표현이 입증한다.

　인을 완성해야 할 덕목이나 증득하게 되는 경지처럼 이해하는 것은 불교가 들어온 다음 만들어진 관념이다. 예컨대 화엄학에서는 수행의 정도에 따라 증득하게 되는 여러 단계의 이름이 있고, 각 단계마다 그 경지는 어떠어떠하다는 설명이 따른다. 불교의 영향을 받아서 유학을 이론적으로 정리한 것이 성리학임을 생각할 때, 성리학이 중국 내에서 보편화한 뒤로 인을 유교의 가장 높은 단계의 덕목으로 여기려는 생각도 자연스럽게 형성되었을 것이다. 2·04의 "從心所欲不踰矩"를 일정한 경지에 오르면 오류가 없어지게 되는 것으로 이해하는 것도 그런 관념에서 비롯했을

23　미야자키 이치사다는 '無惡也'를 명령문으로 읽어서는, '일단 수양하려고 결심한 이상 사람을 까닭 없이 미워해서는 안 된다'라고 새긴다. 참신한 해석이기는 하지만 원전에 대한 번역은 못 된다. 번역은 원전을 그대로 옮기는 일이다. 임의로 해석하지 않아야 한다. 원전대로 옮기지 않는 번역은 창작이다.

24　仁者安仁 知者利仁 畏罪者强仁

것이다. 이 장의 주제는 '인의 완성'이 아니라 '늘 인에 입각하여 생활하라'이다. 그렇다면 '無惡'는 '미움이란 것을 없애야 한다'라고 적극적으로 새길 수도 있을 것이다.

4·05 子曰 富與貴 是人之所欲也 不以其道得之 不處也 貧與賤 是人之所惡也 不以其道得之 不去也 君子去仁 惡乎成名 君子無終食之間違仁 造次必於是 顚沛必於是

스승님께서 말씀하시기를 : 많은 재산과 높은 지위는 사람이면 (누구나) 바라는 바이다. (하지만) 옳게 살아서 얻어진 결과가 아니라면 누릴 수 없다. 가난과 낮은 신분은 사람이면 (누구나) 싫어하는 바이다. (하지만) 옳게 살았는데도 얻어진 결과가 아니라면 떨쳐버릴 수 없다. 군자가 인을 버리고서 어떻게 (군자라는) 이름을 이루겠는가? 군자는 한 끼니를 먹는 (짧은) 동안에도 인을 벗어나지 말아야 한다. "황급한 순간에도 반드시 이것에서, 넘어지는 순간에도 반드시 이것에서"(라는 말처럼 처신해야 한다.)

| 주 |

1) 欲(욕) : 12·02와 15·24의 "己所不欲 勿施於人"이나 20·02의 "欲而不貪"처럼 '하고자 하다'는 뜻이다. 반대어는 이 장에서 보듯이 '오(惡: 싫어하다)'이다. 『논어』에서 欲은 "克伐怨欲不行焉 可以爲仁矣"(14·01)와 "公綽之不欲"(14·12)의 경우에만 慾(욕: 욕심)의 뜻이고,[25] 나머지는 모두 '하고자 하다'는 뜻의 본동사나 조동사이다.

---

25 "棖也慾 焉得剛"(5·10)의 慾과 같다. '慾'은 『설문해자』에 없는 것을 보더라도 후대에 만들어진 글자가 분명하다. 그렇다면 5·10의 '慾' 자도 원래 '欲'이었던 것을 나중에 바꾸었을 수 있다.

2) 不以其道得之(불이기도득지) : '부귀'의 경우에는 이 표현이 쉽게 이해되지만 '빈천'의 경우에는 쉽게 이해되지 않기 때문에 여러 주석이 나오게 된다. 양백준은 뒤의 '得之'는 '去之'의 잘못이라 하고, 히라오카 다케오는 '得之'를 '去之'로 고치거나 '道'를 다르게 해석해야 한다고 주장한다. 그러나 그런 주장들은 뒤의 '其道'를 '빈천한 결과를 내는 방법론'으로 이해하기 때문에 나오게 된다. 뒤의 '其道'는 앞과 마찬가지로 '부귀를 얻을 수밖에 없는 옳은 방법으로 사는 것'을 말한다. 그러니까 '以其道得之則去也'의 이중부정문이다. '부귀한 결과를 낼 수밖에 없도록 옳게 살았는데도 빈천이 주어졌다면 그 빈천은 이내 제거되겠지만, 옳지 않게 살았기 때문에 주어진 빈천이라면 그 빈천은 제거되지 않는다'는 뜻이다. 이 문장은 하자 없다. '得之'를 '去之'로 고쳐야 할 이유는 없다.[26] 부정어가 들어가는 대구(對句)는 이처럼 혼란을 가져올 수 있는데, 17·15의 경우도 그러하다. 다만 뒤의 '去'는 타동사(없애다)가 아닌 자동사(벗어나다)로 새길 수도 있으니, '부귀한 결과를 낼 수밖에 없도록 옳게 살았는데도 빈천이 주어진다면 굳이 그 상황을 벗어나고자 하지는 않겠다'라고 새길 수도 있다. 주희의 주석이 그것과 유사하다.

3) 成名(성명) : 출세한다는 뜻이 아니라 군자로 완성된다는 뜻이다. 名은 命과 동일시되므로, 이름은 곧 그 사람의 사회적 기능에 대한 규정

---

26 "시운(時運)에는 막힐 때가 있고 트일 때가 있는 법이다. 군자가 정당한 도리를 밟으면서 살았는데도 도리어 빈천하게 되었다면 그것이 '不以其道得之'이다. 이 경우는 비록 빈천이 싫어도 시운을 어기면서 제거할 수는 없다(時有否泰 故君子履道而反貧賤 此則不以其道而得之 雖是人之所惡 不可違而去之)."라는 하안의 주석이나, "이 말은, 사람은 도의대로 부귀를 얻어야지 구차하게 얻어서는 안 되고 응당 안빈을 지켜야지 함부로 빈천을 없애려고 해서는 안 된다는 말이다(此言人當由道義得 不當苟取也 當守節安貧 不當妄去也)."라는 왕충의 주석에는 하자 없다.

이나 다름없다.

4) 惡乎(오호) : 의문대사가 목적어일 때는 개사 앞에 두는 것이 관행이다. '烏乎'와 같으므로 '於何'의 뜻이다. 그러나 현대 한국어로는 '어디에서'보다는 '어떻게'라고 번역하는 것이 낫다.

5) 終食(종식) : 주희는 '일반지경(一飯之頃: 밥 한 끼 먹는 동안)'이라고 한다.

6) 違(위) : 정약용은 '離(리: 떨어짐)'라고 새긴다.

7) 造次(조차) : 마융은 '급거(急遽: 황급함)', 정현은 '창졸(倉卒: 급작스러움)', 주희는 '급거구차지시(急遽苟且之時: 황급하고 구차한 때)'라고 새긴다. 이 낱말의 뜻에 대한 여러 설명의 근거는 모두 『논어』보다 나중에 만들어진 자료들이다. 이 낱말의 유래는 분명하지 않을 따름이다.

8) 顚沛(전패) : 마융은 '언부(偃仆: 앞으로 넘어지고 뒤로 넘어짐)'라 하고, 주희는 顚 자와 沛 자에 유의하여 '경복유리지제(傾覆流離之際: 뒤집혀서 흩어지는 동안)'라고 풀이하지만, 이 낱말의 유래도 역시 불분명하다. 자빠지고 넘어지는 동안에도 仁을 벗어나지 말라는 해학적인 비유로 볼 수 있을지 모르나 석연하지 않다. 어쨌든 '造次必於是 顚沛必於是'는 당시 상용구였다고 본다.

9) 必於是(필어시) : 於를 '처하다', '존재하다'는 뜻의 동사로 새기기도 하나, 구호적인 성격의 대구(對句)이므로 '必於是~' 다음의 술어가 생략된 것으로 보는 것이 낫다.

평설

'~不去也'까지는 일반적인 이치가 그렇다는 전제이다. 그 뒤는 인을 실천하는 군자로서는 부귀와 빈천에 대한 일반적인 이치를 순응하는 것이 필요하다는 강조이다. 다만 그 강조는 부귀보다는 빈천에 있다. 바른 방법으로 살았는데도 빈천이 주어진다면 얼마 가지 않아서 벗어날 것이니 염려할 바 아니고, 설령 벗어나지 못하더라도 안빈낙도가 중요하다는 권유일 것이다. 어떻든 인은 부귀빈천보다 더 절실한 문제라는 표현이다.

1·02의 '주)仁'에서 仁을 '심미적 감성에서 우러나오는 타자에 대한 사랑'이라고 정리한 바 있는데, 빈천에 대한 자세가 仁의 필수적인 요소라고 공자가 이처럼 강조하는 것을 보면 '타자에 대한 사랑'이라는 개념은 보다 넓어져야 할 것 같다. 빈천을 달갑게 받아들이는 것, 주어진 여건을 능동적으로 수용하는 자세, 이런 것들도 포함되어야 하지 않을까 한다.

4·06 子曰 我未見好仁者 惡不仁者 好仁者 無以尙之 惡不仁者 其爲仁矣 不使不仁者 加乎其身 有能一日用其力於仁矣乎 我未見力不足者 蓋有之矣 我未之見也

스승님께서 말씀하시기를 : 나는 (적극적으로) 인을 좋아하는 사람은 물론, (소극적으로) 불인을 미워하는 사람도 본 적이 없다. 인을 좋아하는 사람이라면 더 말할 게 없고, 불인을 미워하는 사람이 인을 실천한다는 것은 불인(한 것)이 자신에게 다가오지 않게만 하면 된다. (그런데) 단 하루라도 인(의 실천)에 힘쓰는 사람이 (과연) 있을까? 나는 (인의 실천에 힘을 쓰다가) 힘이 달리는 사람을 본 적이 없다. 아마도 있기야 하겠지만 내가 그런 사람을 (직접) 본 적은 없다.

주

1) 惡不仁者(오불인자) : 적극적으로 인을 실천하지는 않더라도 불인한 것이 다가오지 못하도록 소극적으로 막아내기라도 하는 사람이라는 뜻이다. 好仁者는 말할 것도 없고 惡不仁者조차 본 적이 없다는 말인데, 用其力者와 力不足者를 말하고자 꺼낸 표현이다. 『예기·표기』에는 "욕심 없이 인을 좋아하고 두려움 없이 불인을 미워하는 자는 천하에 한 사

람뿐이다."[27]라는 표현이 있다. 이처럼『논어』와 유사한 내용이 많이 실린『예기』나『의례』는『논어』와 상보적으로 이해할 필요가 있다.

2) 無以尙之(무이상지) : 無以는 '~할 수단(까닭)이 없다'는 뜻이다.[28]『논어정의』는 '尙'을 '上'이라고 하는데, 그 위에 얹을 것이 없다는 뜻이겠다. 더할 나위 없다는 칭찬의 뜻이다.

3) 其爲仁矣(기위인의) : '矣'는 '也'처럼 어기를 고르는 기능을 하는 조사이다. '인을 실천한다는 것은~'의 뜻이다. 오규 소라이는 '其必能爲仁矣'의 뜻이라고 주장하지만 불필요한 의미 부여이다. 그러다 보니 아래의 不仁者도 '불인한 사람'으로 보게 되고, 乎를 則으로 새기면서 주희의 주석을 부정한다. 오규 소라이의 주석은 수용할 바가 많기는 하지만 주희 주석 뒤집기를 목표로 삼는다 할 정도로 거의 매 장마다 주희의 주석을 심하게 부정하고 비판하는 점은 아쉽다.

4) 力不足者(역부족자) : 실천하기에 힘이 달리는 사람을 가리킨다. "인의 실천은 자기에게 달렸다. 실천하고자 하는 마음만 가지면 된다. 뜻이 가면 기도 따라가기 때문이다. 인은 비록 매우 실천하기 어려운 것처럼 인식되지만 실제 행해보면 쉽다."[29]라는 주희의 설명은 불필요하다. 공자는 "힘이 달린다는 것은 가다가 그만두는 것이건만, 지금 너는 스스로 일정한 선을 긋고서 거기까지만 가서 머물 따름이다."[30]라고 말한 바도 있다.

5) 蓋(개) : '아마도'라는 뜻이다. 力不足者가 실제는 없다는 어기를 표

---

27   無欲而好仁者 無畏而惡不仁者 天下一人而已矣

28   16·13에서는 "不學詩 無以言(시를 배우지 않으면 의사표현을 할 수 없게 된다)"이라고 했다.

29   蓋爲仁在己 欲之則是 而志之所至 氣必至焉 故仁雖難能 而至之亦易也

30   力不足者 中道而廢 今女畫(6·12).

현한다.

평설

「이인」편은 시작부터 4·07까지 줄곧 인에 대한 설명이다. 이 장에서는 소극적으로나마 인을 실천하는 사람도 보이지 않는다고 탄식하고 있다.

『논어』에 나오는 인에 대한 묘사는 들쭉날쭉하다. 서로 모순되기도 한다. 바로 앞 장에서는 밥 먹는 시간에도 인을 어겨서는 안 된다고 강조했으면서도 정작 자신의 제자 가운데 어느 누구에게도 인하다고 평가해준 적은 없다. 겨우 안회 정도가 3개월 동안 인을 어기지 않았다고 평가받았을 뿐이다. 그러면서도 자신은 "인이 멀리 있다고? 나는 인을 가까이하려고만 하면 바로 인이 오더라."[31]라고 말하는가 하면, "사적인 욕망을 이기고 보편적 규범인 예를 회복하는 것이 인을 실천하는 방법이다. 군자가 단 하루라도 자신의 사적인 욕망을 이기고 예를 회복하더라도 천하 사람들은 인의 덕화를 느낀 나머지 인의 효용에 마음을 쏟게 될 것이다."[32]라고도 말한다.

4·07 子曰 人之過也 各於其黨 觀過 斯知仁矣

스승님께서 말씀하시기를 : 사람의 허물은 각기 자기가 잘하는 것에서 빚어지(는 법이)다. (그러니 그 사람이 저지르는) 허물(이 어떤 것인지)를 잘 살피면 (그 사람이) 인한지(의 여부)를 분별할 수 있다.

---

31   仁遠乎哉 我欲仁 斯仁至矣(7·30).
32   克己復禮爲仁 一日克己復禮 天下歸仁焉(12·01).

1) 人(인) : 원래 '民'이었는데 당태종 이세민(李世民)의 이름 글자를 피하여 '人'으로 바꾼 뒤 그대로 두게 되었다고 한다.[33]

2) 各於其黨(각어기당) : 黨은 공안국 이후 주희까지 모두 유(類)의 뜻이라고 새긴다. 그런데 類에 대한 해석은 주석가마다 다르다. 황간은 농부가 밭 가는 법을 모르는 것은 허물이지만 글을 모르는 것은 허물이 아닌 것과 같다고 한다. 직분이나 환경으로 이해한 것이다. 주희는 정이의 주석을 들면서, 군자의 실수는 후(厚)와 애(愛)에서 생기고 소인의 실수는 박(薄)과 인(忍)에서 생기는 것이라고 한다. 품덕으로 이해한 것이다. 오규 소라이는 黨을 '고을'로 새긴다. 사람의 허물은 각 고을마다 있으니 아랫사람의 허물을 살펴보면 그것으로 그 고을 임금이 인한지의 여부를

---

33 중국의 이와 같은 피휘(避諱: 존귀한 사람의 이름자를 피하는 일) 관행은 문자기록에 대한 신뢰성을 매우 떨어뜨린다. 원래 글자에서 한 획 정도를 빼는 결획(缺劃) 방식은 폐해가 심하지 않다. 그러나 해당 글자를 아예 빼버리는 결자(缺字) 방식이나 다른 글자로 대신하는 대자(代字) 방식은 문제가 많다. 당태종 이세민(李世民)의 이름을 피해 관세음보살(觀世音菩薩)을 관음보살(觀音菩薩)로, 당고조 이연(李淵)의 이름을 피해 연개소문(淵蓋蘇文)을 천개소문(泉蓋蘇文)으로 적는 정도는 약과이다. 진시황은 辜가 皇과 비슷하다는 이유로 罪로 바꾸게 했다. 자신의 이름인 政과 비슷하다는 이유로 正月도 端月로 바꾸게 했다. 『예기·곡례상』을 보면 피휘의 관례는 이미 춘추시대부터 있었다고 짐작되는데, 전제왕권이 확립되면서 법칙으로 굳어진다. 24절기 이름 계칩(啓蟄)은 한경제(漢景帝)의 이름 啓를 피해서 경칩(驚蟄)으로 바꾸었고, 현무문(玄武門)은 강희제 이름인 현엽(玄燁)을 피해 신무문(神武門)으로 고쳤다. 심각한 것은 필화(筆禍)이다. 황제의 이름을 책에 썼다는 이유로 수십 명이 처형되는 등 필화라는 이름의 참극은 중국사에서 빈번하였다. 이렇듯 원전의 글자를 바꾸는 일도 꺼리지 않거늘 원전의 해석을 왜곡하기란 여반장이었다. 그런 환경에서 학문이 자리를 잡기란 불가능하다. 학문보다는 '글을 이용하는 작업'의 기술만이 진화할 수 있었을 뿐이다. 9·19 평설의 각주 참고.

알게 된다는 뜻이라고 한다. 人이 원래 民이었다는 점을 고려하고 '觀過斯知仁矣'만을 놓고 본다면 가능한 해석이기는 하지만, 『논어』에서 黨은 편당(偏黨: 패거리)이나 향당(鄕黨: 시골 마을)의 뜻으로만 쓰이지 통치 영역의 뜻으로 쓰이지는 않는다. 설령 가능하다 하더라도 인민의 허물을 가지고서 군주가 인한지의 여부를 알 수 있다거나, 각 고을마다 인민의 독특한 허물이 있다는 생각은 유심주의적인 생각이 아닐 수 없다. 중국 사에서 고을 인민의 허물을 관찰하여 군주의 자질을 측정했던 사례도 없다. 고전에 대한 과도한 자신감은 이처럼 과도한 해석을 낳는다. 정약용 은 黨이라는 글자의 원뜻에 충실하여 편(偏: 치우침)의 뜻이라고 주하면 서, "많이 아는 놈은 언제나 많이 아는 것 때문에 실수하고, 용맹한 놈은 언제나 용맹함 때문에 실수한다."[34]라고 설명한다. 주희의 견해와 비슷할 따름이다. 於는 여기서 '따르다' 또는 '의지하다'는 뜻의 동사로 쓰였다.[35]

3) 觀過 斯知仁矣(관과 사지인의) : 이 장의 중심어이다. 觀의 목적어 인 過와, 知의 목적어인 仁의 해석에 따라 주석들은 갈린다. 『논어주소』 는 "소인이 군자의 행실을 할 수 없는 것은 소인의 잘못이 아니므로 용서하고 꾸짖지 말아야 한다. 사람의 허물을 보고서 어진 이와 어리석은 이에 따라 각각 합당하게 대해주는 것이 인한 처사이다."[36]라는 공안국의 주를 받아서, "허물을 저지른 사람을 대하는 태도를 보고서 그 사람의 마음씀씀이가 인한지의 여부를 알 수 있다."라고 새긴다. 過를 '허물을 저

---

34 智者作過恒以智 勇者作過恒以勇

35 다음과 같은 용법이 있다. "人與人相於 信義而已矣(사람과 사람이 서로 따르게 되는 요인은 신의밖에 없다)"〈왕부지(王夫之, 1619~1692)의 「독통감론(讀通鑑論)」〉, "廣情故 心相於(정이 넓은 탓에 마음이 서로 의지하게 되다)"〈조식(曹植, 192~232)의 「당래일대난(當來日大難)」〉.

36 小人不能爲君子之行 非小人之過 當恕而勿責之 觀過 使賢愚各當其所 則爲仁矣

지른 사람'으로 보는 것이다. 『논어집주』에 실린 정이·윤돈·오역·주희의 견해는 "그 사람이 저지르는 허물을 보면 그 사람이 인한지의 여부를 알 수 있다."[37]라고 해석한다. 過를 허물의 내용으로 보는 것이다. 문맥상『논어집주』의 견해가 옳다. '觀過'를 '허물을 저지른 사람에게 어떻게 대하는지를 관찰하다'라고 해석하기는 어렵다. 『후한서』「오우전(吳祐傳)」에서는 이 장을 인용하면서 仁을 人으로 표기하였다. 그래서인지 황간 이후 양백준에 이르기까지 많은 주석가들은 人의 오기라고 주장한다. 仁과 人은 동원자(同源字)인 탓에『논어』에 나오는 仁 가운데 상당수는 人으로 새겨도 무방하다. 오히려 더 순순한 번역이 되기도 한다. 하지만 「이인」편은 처음부터 여기까지 집중적으로 仁에 대해 설명하고 있다. 여기서조차 굳이 人으로 새길 필요는 없다고 본다. 고전은 가능한 한 있는 그대로 보는 자세가 중요하다. 斯는 2·16에서와 마찬가지로 '~하면 곧'이라는 뜻의 접속사이다. 矣는 상황의 변화를 나타내는 어기를 지닌 조사이다.

37　程子曰 人之過也 各於其類 君子常失於厚 小人常失於薄 君子過於愛 小人過於忍. 尹氏曰 於此觀之則人之仁不仁 可知矣. 吳氏曰 後漢吳祐謂 掾以親故受汚辱之名 所謂觀過知仁是也. 愚按 此亦但言人雖有過 猶可卽此而知其厚薄 非謂必俟其有過而後賢否可知也(정자께서 말씀하시기를, 사람의 허물은 각각 부류에 따른다. 군자는 늘 후한 데서 실수하고 소인은 늘 박한 데서 실수한다. 군자는 남을 아끼는 마음이 과도하고 소인은 그 반대의 마음이 과도하다. 윤돈은 말하기를, 이것을 가지고 보면 그 사람이 인한지 불인한지를 알 수 있다. 오역은 말하기를, 후한의 오우는 "(내 부하는 자기) 아버지 때문에 오욕의 이름을 받았다고 말한 바 있는데 이른바 '관과사지인'이라는 말이 바로 그것이다."라고 했다. 내 생각에 이 말은 단지 사람이 허물을 저지르는 경우에도 그것 때문에 그 사람의 후박을 알 수 있다는 말이지 반드시 그 사람이 허물을 저지르기를 기다린 다음에야 현명한지의 여부를 알 수 있다는 말은 아니다).

4·08 子曰 朝聞道 夕死可矣

스승님께서 말씀하시기를 : 바른 도리(가 세상에 행하여진다는 말)을 아침에 듣게 된다면 (바로 그날) 저녁에 죽더라도 괜찮겠다.

주

1) 朝(조) : 朝는 시간을 나타내는 부사이다. 명사는 부사로 쓰이기도 한다.[38]

2) 聞道(문도) : '도를 깨치면'이라고 새길 수는 없다. 수행의 결과 얻어지는 이치나 원리를 道라고 표현하는 것은 불교가 들어온 다음의 일이다. "도라는 것은 사물의 당연한 이치이다. 그것을 얻어들을 수 있다면 살아서는 순조롭고 죽어서도 편안할 것이니 한이 남지 않을 것이다."[39]라는 주희의 주석이나, "사람은 도를 알지 않으면 안 된다. 진정 도를 알게 되면 죽더라도 괜찮다."[40]라는 정이의 주석은 그래서 오류이다. 공자는 사물의 이치나 우주의 원리 같은 것에 대해 생각한 적도 없었던 사람이다. 바른 규범이나 경세지도를 道라고 불렀고, 그것을 실천하고자 애썼던 사람이다. 따라서 '聞道'는 '경세지도가 행하여진다는 소문을 듣다'라고 해석하는 것이 옳다.

평설

죽음을 내건 레토릭 때문에 비장한 의지가 읽혀지고, 비장한 의지의

---

38 "豕人立而啼(돼지가 사람처럼 두 발로 서서 울다)"(『좌전』 장공 8년)라든가, "學者川流(배우는 사람들이 시냇물처럼 많다)"(『후한서』 「최인열전(崔駰列傳)」)와 같은 문장이 그 예이다.

39 道者 事物當然之理 苟得聞之 則生順死安 無復遺恨矣

40 人不可以不知道 苟得聞道 雖死可也

대상이 '道'라는 무거운 글자인 탓에 이 문장의 파급력은 크다. 道가 무엇이기에 죽음과 바꿀 수 있다고 하는지, 사람들은 궁금하지 않을 수 없다. 주석가들은 '위기문도(爲己聞道: 나를 위해 도를 얻어듣다)', '문세지유도(聞世之有道: 세상에 도가 있다는 말을 듣다)', '제민이도(濟民以道: 도로써 인민을 구제하다)', '제신이도(濟身以道: 도로써 자신을 구제하다)' 등 여러 가지로 설명한다. 그러나 道는 위진시대 이후 도교와 불교 및 현풍(玄風)이 휩쓸면서 절대적인 이치처럼 받아들이게 되었을 뿐『논어』에 나오는 道는 1·02의 주)에서 언급했듯이 원리나 진리와 같은 절대적 개념을 나타내는 추상명사가 아니다. 서양철학에서의 '진리'와 같은 개념은 중국철학사에서 있어본 적이 없다. 성리학자들은 불교의 지관(止觀) 수행법의 영향을 받아 수신주의자로 변하였기 때문에 道를 그런 식으로 해석할 따름이다. 공자는 理를 말한 적이 없고, 理라는 글자는 갑골문에도 없다. 理의 본뜻은 옥을 다듬는다는 뜻이다. 따라서 공자가 말한 道는 '바로 이것이다'라고 단정하기는 어렵지만 군자로서의 도리, 선왕이 만들었던 예악제도, 경세지도 등 '질서'로서의 의미가 더 강한 낱말이다. 오늘날의 용어로 바꾸자면 '좋은 정치'라고 표현할 수도 있다. 이 문장은 좋은 정치의 구현이라는 나의 간절한 소망이 이루어질 희망이 보인다면 당장 죽어도 한이 없겠다는 탄식의 레토릭이지 목숨과 교환할 정도의 추상적 가치에 대한 갈망을 드러낸 표현은 아니다.[41] 다만 사람에게는 목숨보다도 더 중요한 것이 있다는 공자의 이 언명은 먹을 것보다 신뢰가 더 중요하다는 12·07의 언명과 더불어 지금껏 유가를 지탱해온 큰 힘이 되었다고 본다.[42]

---

41 이탁오(李卓吾, 1527~1602)는 "도를 깨닫지 못하면 죽을 수 없다는 말이지 도를 깨달으면 바로 죽어도 된다는 말이 아니다(說不聞道不可以死 非說聞道卽當死也)."라고 한다. 하나 마나 한 말일 뿐이다.

4·09 子曰 士志於道 而恥惡衣惡食者 未足與議也

스승님께서 말씀하시기를 : (경세지)도(의 실천)에 뜻을 둔 선비로서 입는 옷이
나쁘다거나 먹는 음식이 나쁘다고 부끄러워한다면, (그런 사람과는 무슨 일이
든) 함께 의논하기에는 부족하다.

주

1) 士(사) : 士에 대해서는 「논어문답」 8'에서 미리 설명한 바 있다. 군
자는 공자가 지향했던 인격의 이름이고 士는 공자가 자긍했던 계급의 이
름이라고 할 수 있다. 그래서 공자는 士가 실천해야 할 덕목도 이처럼 틈
틈이 언급한다. 3·08에 인용된 『시경·석인』에서 보듯이 士는 원래 건장
한 남자를 의미하였다. 문자학적으로 보더라도 '士' 자는 도끼와 같은 의
기(儀器)의 상징이다. 즉, 건장한 남자로서의 조건을 갖춘 무인을 의미했
던 것이다.[43] 상대와 주대에 이르러 문자를 이해하는 계층을 가리키게 되

---

42 2014년, 제1회 '21세기 인문가치 포럼'의 평가를 위해 국내외 연구자 450여
명을 대상으로 유학의 역할에 대한 설문조사를 실시한 바 있는데, 유학의 핵심적
인 가치가 '도덕·윤리'라고 답한 비율이 가장 높았고(36.7%), 관계·소통(31.9%),
심성·수양(31.1%), 가족·공동체(30.1%)가 뒤를 이었다. 또 그와 같은 유학적 가
치가 필요한 영역에 대해서는 일상적 삶(61.8%), 문화(52.7%), 정치(43.1%)의 순
으로 답했으며, 긍정적 역할이 기대되는 분야로는 '물질중심 가치 극복'(59.6%)
을 필두로 '가족 및 공동체 붕괴'(49.0%), '사회적 소외 극복과 소통'(27.6%) 등이
제시되었다. 이러한 결과는 현대인이 유학을 공자의 경세론과는 동떨어진 윤리
적 실천 덕목으로 보는 경향이 강하다는 것을 보여주는 증거이자 근현대 학자들
이 유학을 얼마나 왜곡하였는지를 보여주는 증거이기도 하다.

43 고힐강(顧頡剛)의 설명이다. 양수달(楊樹達, 1885~1956)은 '농부'라고 설명
하지만 맞지 않는다고 본다. 『설문해자』는 "士事也 數始于一終于十 從十一 孔
子曰 推十合一爲士(士는 事이다. 수는 일에서 시작하고 십에서 끝나니 십과 일
을 따른 것이다. 공자는 십에다 일을 합한 것이 士라고 하였다)"라고 황당하기 짝

면서는 관직의 이름으로도 사용된다. 공자는 자질이 부족한 지배계층으로 인한 국가의 위험성을 지적하면서 군주의 세습은 인정할지언정 실무정치는 소양을 닦은 사람에게 위임해야 한다고 생각했다. 그런 생각을 실현하고자 자신이 군주에게 발탁되기를 기대하였고, 직업적으로 가신(家臣) 직책을 얻고자 하는 제자들을 모아서 교육하였으며, 자신을 포함한 제자집단의 신분은 士라는 이름으로서 대부계급의 아래를 자처했다. 그리하여 경대부의 족인(族人)을 가리키다 계속되는 분족(分族)으로 인해 지배계급에서 배제된 계층을 가리키는 이름쯤으로 된 士를 공자가 새롭게 의미부여하여 사용했다고 본다. "雖執鞭之士 吾亦爲之"(7·12)처럼 하찮을지라도 일정한 직분을 맡은 남자를 士라고 부르기도 했던 모양이지만, "行己有恥 使於四方 不辱君命 可謂士矣"(13·20)처럼 신분과 지위에 관계없이 정치적 역량과 사명감을 갖춘 사람이라는 뜻으로도 사용하였으며, 나아가서는 여기서처럼 경세지도에 뜻을 둔 사람이라는 의미로도 사용하였다. 따라서 공자가 사용했던 士라는 이름은 직분으로서의 의미보다는 소양으로서의 의미가 더 강조된다. 士를 '선비'로 번역하게 되면 구시대적이고 文에 치우친 느낌을 주게 된다. 서구에서 계몽주의 이후에 나타난 '인텔리겐차(intelligentsia)'와 같은 성격으로 보고자 하는 경향도 있지만 서구의 인텔리겐차는 실천에 중점을 두는 지식인이라는 의미이므로 맞지는 않다.

공자는 지배계층의 바람직한 자질을 仁이라는 한 글자로 집약하였고, 그 자질을 갖춘 사람을 君子라고 불렀으며, 지배계층이 되고자 하는 자신과 제자들의 신분은 士로 자처하였다. 그리하여 맹자(孟子, 372~289 B.C.)에 이르게 되면 士는 대부 아래 계급의 이름으로 고정된다.[44] 공자

이 없는 관념적 풀이를 한다. 『백호통(白虎通)』이나 『설원』 등 한대(漢代)의 책들은 대개 관념적 풀이를 좋아한다.

는 13·20에서 자신이 생각하는 士의 자격에 대해 요약하고 있는데, 현실 정치에 종사하는 직분에 맞는 능력, 가족과 지역민의 지지를 얻을 수 있는 품성, 다소 고지식하다는 평을 듣더라도 진솔한 언행을 유지하는 태도 등이 그것이다. 13·28에서는 "간절하게 서로 권면하기, 그리고 화순하기"[45]라 하고, 14·02에서는 "선비라는 사람이 안락하게 살기를 꿈꾼다면 선비 되기에는 부족하다."[46]라고 한다. 자장의 말이기는 하지만 19·01에서는 "선비로서 나라가 위급하면 목숨도 내놓고, 이득이 앞에 있거든 그것을 자신이 챙기는 것이 옳은지를 생각하며, 제사에 임해서는 귀신을 공경해야 한다는 것만을 생각하고, 상사에 임해서는 슬픔만을 생각한다면, 선비로서는 괜찮다고 할 수 있다."[47]라고 한다. 그가 이렇듯 士라는 이름에 집착하는 까닭은 자신의 신분과 연관이 있다고 본다. 공자가 제자들에게 士로서의 자긍심을 강조한 내용들은 대체로 군자나 仁에 대한 주문과 겹치는데,[48] 士라는 낱말에는 그처럼 원천적으로 혁신의 의미가 담겨 있다. 그래서 조선시대에 이르기까지 士는 언제나 도덕적 표준을 자부하는 사람, 혁신을 지향하는 집단이라는 의미로 사용되었다. 1·02의 '주)仁', 1·06의 '주)弟子', 2·17의 '주)由' 참조.

---

44 「이루하」의 "無罪而殺士 則大夫可以去 無罪而戮民 則士可以徙(죄 없는 사를 죽이는 대부는 물리쳐야 하고, 죄 없는 민을 죽이는 사는 귀양 보내야 한다)"라는 말에서 짐작할 수 있다.

45 切切偲偲 怡怡如也

46 士而懷居 不足以爲士矣

47 士見危致命 見得思義 祭思敬 喪思哀 其可已矣

48 "志士仁人 無求生以害仁 有殺身以成仁(바른 도에 뜻을 둔 선비나 인을 추구하는 사람이라면 제 목숨 살겠다고 인의 가치를 훼손하는 짓을 해서는 안 되고, 제 몸을 죽여서라도 인의 가치를 지켜내겠다는 태도로 살아야 한다)"(15·09)이라는 말에서 그것을 확인할 수 있다.

2) 道(도) : 앞 장에서처럼 '경세지도'라는 뜻이다. 공자는 士를 경세지도에 뜻을 둔 사람으로 규정했음을 확인할 수 있는 대목이다. '士志於道'의 구문은 주어와 술어의 구조보다는 '志於道'를 士의 보어로 새겨서 '경세지도에 뜻을 둔 선비로서'라고 번역하는 것이 좋다. 道에 관한 설명은 1·02의 주)와 4·08의 평설 참조.

3) 恥惡衣惡食(치악의악식) : 입는 옷이 고급스럽지 않고 먹는 음식이 기름지지 않음을 부끄러워하다는 뜻이다.

<u>평설</u>

士(지식인)로서의 정신적 기개와 자세를 강조한 말인데, 공자의 가르침치고는 보기 드물게 구체적이다. 추상적인 언어를 늘어놓지 않고 이처럼 구체적으로 지적해야만 지침으로서의 생명력을 지닐 것이다. 이와 비슷한 지침으로는 "君子食無求飽居無求安"(1·14)과, "衣敝縕袍與衣狐貉者立而不恥者 其由也與"(9·27)라는 구절을 들 수 있다.

4·10 子曰 君子之於天下也 無適也 無莫也 義之與比

스승님께서 말씀하시기를 : 군자는 하늘 아래(살아가면)서 반드시 그것이어야만 하는 것도, 그것만은 절대 안 되는 것도 없어야 한다. (오로지) 의에 맞추어 살아야 한다.

<u>주</u>

1) 於天下也(어천하야) : 3·11에서의 경우처럼 '천하에 처함에 있어서는'의 뜻이니, '살아가면서'라고 번역하는 것이 낫다.

2) 無適無莫(무적무막) : 한 글자 용언을 번역하기는 쉽지 않다. 종래의 주석들은 다음과 같다. ① 適과 莫을 친(親)과 소(疏)로 새겨서는 '친

하게 대하거나 소홀하게 대하는 구분이 있어서는 안 된다'라고 새기기도
한다. ② 후(厚)와 박(薄)으로 새겨서는 '후하게 대하거나 박하게 대하는
차별이 있어서는 안 된다'[49]고 새기기도 한다. ③ 적(敵)과 모(慕)로 새겨
서는 '거스르는 것이 있어서도 안 되고 탐하는 것이 있어서도 안 된다'라
고 새기기도 한다. ④ 주희는 '전주(專主: 오직 한 가지만을 고집함)'와 '불
긍(不肯: ~하려고 하지 않음)'이라고 하면서,『좌전』희공 5년의 "한 나라
에 임금이 셋이나 있으니 내가 누구를 오직 한 사람의 임금으로 삼아서
따를까?"[50]라는 문장을 예로 든다. ⑤ 사량좌(謝良佐, 1050~1103)는 18·
08의 "無可無不可"를 적용한다.[51] ⑥ 양백준은 사량좌의 해석을 따르는
듯 "이렇게 해야 한다는 규정도 없고 이렇게 해서는 안 된다는 규정도 없
다."라고 해석한다. ⑦ H.G. 크릴은 "군자는 천하의 어떤 일에 대해서도
미리 찬성하거나 반대하는 일이 없으며 의를 따를 뿐이다."라고 해석한
다. 여러 주석을 두루 감안하자면 適은 '적합', 莫은 '결코 안 되는 것'으
로 새기는 것이 타당하다고 본다.[52] 이 문장에서 適과 莫은 상반어이므
로, 군자는 자신에게 꼭 맞는 것만 고집하거나 결단코 거부하는 것이 있
어서는 안 된다는 뜻이다.

2) 義(의) : 흔히 '정의(正義)'나 '충의(忠義)'로 새긴다. 그러나 1·13의
주)에서 설명했다시피 정의나 충의는 군주에 대한 태도를 기준으로 한
다. 이 문장에서 공자가 무엇을 의로 생각했는지는 분명하지 않은데, '見
得思義'나 '見利思義'와 같은 뜻은 아니라고 본다.

49　『논어주소』는 '부후(富厚)한 사람과 궁박(窮薄)한 사람을 가리지 말고 의로
운 자와 친하라'는 뜻이라고 한다.

50　一國三公 吾誰適從

51　한유(韓愈)도 그렇게 해석한다.

52　정주한묘죽간본에는 '謫'으로 되어 있는데, '適'의 통자일 것이다.

3) 比(비) : 『논어주소』는 '상친(相親)'으로 새기고, 주희는 '從'으로 새긴다. 의로운 사람을 가까이하라는 뜻은 아니다. '의에 맞는지의 여부를 견주어 보라'는 뜻이다.

평설

군자가 세상을 살아가는 방식은 자신의 감정이나 기호를 따르지 말고 오직 의를 따르라는 주문인데, 공자가 생각하는 의의 의미 범주가 무엇인지에 대해서는 세심한 접근이 필요하다.

4·11 子曰 君子懷德 小人懷土 君子懷刑 小人懷惠

스승님께서 말씀하시기를 : 군주가 덕(정)만을 생각하면 인민은 자기 터전(에서 오래 살기만)을 생각할 것이고, 군주가 형(정)만을 생각하면 인민은 은혜로운 땅(으로 옮겨갈 생각만)을 생각할 것이다.

주

1) 懷德(회덕) : 懷를 하안, 황간, 형병은 '안(安: 편안히 여기다)'이라고 주하지만, '사념(思念: 생각하다)'이라는 주희의 주석이 더 낫다. 단순히 생각하는 것이 아니라 마음에 품고서 오로지 그것만 염원한다는 뜻이다. 유월은 『시·반수(泮水)』의 "懷我好音"과 『시·회풍(檜風)』의 "懷之好音", 『문선(文選)·사림부(士林賦)』의 "悠遠長懷" 등을 예로 들면서 懷는 '귀(歸)'의 뜻이라고 주장한다. 歸도 '돌아가서 편안히 居하다'는 뜻이므로 '늘 마음에 품는다'라는 새김과 어긋나지 않는다.

2) 懷土(회토) : 공안국은 '사는 땅을 옮기는 것을 신중하게 여기다'라고 새기고, 주희는 '자기가 거처하는 곳의 편안함에 빠져 있음'이라고 새긴다. 둘 다 비슷한 뜻이다.

3) 懷刑(회형) : 주희는 '법을 두려워하다'라고 새기지만 '법을 편안히 여기다'라는 공안국의 새김이 더 낫다. 법과 형을 사용하여 통치하는 방식에 안주한다는 뜻이겠다. 중국사에서 법(法)이나 율(律)은 민(民)을 다스리는 수단이었지 지배계층을 다스리는 수단은 아니었으므로 군자가 법을 두려워한다는 새김은 맞지 않다. 고대 중국에서 法은 民의 권리 보호나 공동체의 질서를 유지하기 위한 수단도 아니었다.[53] 따라서 懷刑은 '형을 사용하여 통치할 것만을 생각하다'는 뜻으로 새기는 것이 좋다.

평설

시대가 바뀌면 글자의 의미가 달라지기 때문에 주석이 바뀔 수 있다. 시대가 바뀌면 원전을 대하는 시각이 달라지기 때문에 주석이 바뀔 수도 있다. 다만 원전의 맥락을 바꾸지만 않으면 된다. 그런데 원전 자체가 모호하면 아무리 신통하게 주석하더라도 의미를 알기 어렵다. 이 문장이 그렇다. 평서문이 아닌 16자 운문 형식이면서 '德'과 '土', '刑'과 '惠'로 성부(聲部)를 맞추다 보니 더욱 난해하다. 종래로 다양한 해석이 있지만 '군자는 덕을 생각하고 소인은 땅을 생각하며, 군자는 법도를 생각하고 소인은 은혜를 생각한다'라는 해석이 기중 보편적이다. 하지만 그 해석은 여전히 정확한 의미를 전달하지 못한다. 이 문장은 앞 구절과 뒤 구절이 내용으로 대를 이루고, 각 구절이 다시 군자와 소인으로 대를 이룬다. 따라서 문맥의 중심은 대(對)에 두어야 한다. 德과 土, 刑과 惠가 어떻게

---

53 또한 통치자는 인민의 폭동을 경계했을지언정 피지배층 개개인의 '권리'를 보장해주어야 한다는 생각은 없었다. 중국사에서는 지배계층이든 피지배계층이든 개인이 주체적으로 자신의 '권리'라는 것을 생각해본 적은 없었다. 법가가 내세웠던 법치도 오늘날의 법치주의와는 다른 개념이다. 전제정권 유지를 위해서는 형벌을 엄히 적용해야 한다는 개념이었다.

대를 이루는지를 설명하지 않으면 안 된다.

두 구절의 중심어 '懷'를 어떻게 이해할 것인지, 그리고 '군자는 ~하고 소인은 ~하다'라는 병렬관계로 볼 것인지 아니면 '군자가 ~하면 소인은 ~한다'라는 조건관계로 볼 것인지의 여부가 해석의 관건이다. 주희의 해석은 전자의 대표이고 유월과 오규 소라이의 해석은 후자의 대표인데, 조건관계로 보고자 한다. 그렇지 않는 한 德과 土, 刑과 惠의 대를 설명하기 어렵기 때문이다. 또한 군자를 지배계층으로, 소인을 피지배계층으로 보는 것이 무난한 대가 된다. 다른 곳에서는 군자와 소인을 가치의 이름으로 사용하지만 이 문장에서는 지배층과 피지배층의 개념으로 사용하였다. 오규 소라이는 '군자가 큰 덕을 그리워하면 소인은 자기가 사는 터전에서 편히 살 것을 생각하지만, 군자가 형벌 줄 것을 생각하면 소인은 형벌을 피하는 혜택만을 생각한다'고 새긴다. 유월은 '군주가 덕을 바탕으로 삼아서 통치하면 백성은 군주가 덕을 베푸는 땅으로 귀의할 것이고, 군주가 형벌을 바탕으로 삼아서 통치하면 백성은 은혜를 베푸는 땅으로 귀의할 것이다'라고 새긴다.[54] 주희는 懷德을 '자신의 고유한 선을 보존함', 懷土를 '자기 처지의 안락함에 빠짐', 懷刑을 '법을 두려워함', 懷惠를 '이익을 탐함'이라고 전제하고서, "군자와 소인의 취향의 차이는 공과 사의 차이일 뿐이다."[55]라고 설명한다. '군자는 자기 고유의 선을 지키고자 하지만 소인은 자기가 차지한 안락함에 안주하고자 하고, 군자는

---

54 덕(德: 효제를 솔선하는 것), 토(土: 땅을 나누어주는 것), 형(刑: 형벌을 주는 것), 혜(惠: 어려운 사정을 돌보아주는 것)는 모두 윗사람이 주는 것으로서, 군자는 도를 알기 때문에 덕을 생각하고 소인은 먹는 것이 중하기 때문에 땅을 생각하며 군자는 몸을 공경하기 때문에 형벌을 생각하고 소인은 재물을 아끼기 때문에 은혜를 생각한다고 정약용은 설명한다. 군주에게 알려주는 말로 이해한 것이다. 기본적으로 오규 소라이나 유월의 해석과 비슷하다.

55 君子小人趣向不同 公私之間而已矣

법을 두려워하지만 소인은 이익을 탐한다'는 뜻이라는 것이다. 그 해석은 "선을 좋아하고 불선을 미워하기 때문에 군자가 되고, 안락에 빠져 얻으려고만 하기 때문에 소인이 된다."[56]라는 윤돈의 해석을 이은 것인데, 해도 그만 안 해도 그만인 설명이다. 그처럼 밋밋한 말을 제자들이 애써 전할 이유는 없지 않았을까 한다.

4·12 子曰 放於利而行 多怨
스승님께서 말씀하시기를 : 이익(만)을 좇아서 처신하면 원망이 많아진다.

주

1) 放(방) : 대체로 『장자』 「천운」의 "吾子亦放風而動(우리 스승님께서도 바람에 따라 움직이십니다)"이나, 『예기·단궁상』의 "吾將安放(내 장차 누구에게 의지할고?)"을 예문으로 들면서 '의(依)'의 뜻이라고 주한다. 사전적으로는 '의지하다'는 뜻이다. 하지만 '放'이라는 글자가 지니는 '방종(放縱)'이라는 어기를 담기에는 부족하므로 '~만을 좇아서 ~하다'라고 번역하였다. '이(利)'에 대해서는 4·02의 주) 참조.

2) 行(행) : 일반적인 뜻은 '행위'나 '처신'이다. 공자는 제자들을 가르치고자 했고 가르치는 목적은 바른 정치에 있었으니, 여기의 '行'도 '공직자로서의 처신'으로 새기는 것이 합당할 것이다. 정무를 담당하면서 사리(私利)를 좇는 처신을 하면 인민의 원망이 많아진다는 뜻이겠다. '처신하다'라는 낱말은 일반적인 행위와 정무를 아우를 수 있다.

3) 多怨(다원) : 자신이 원망을 많이 입게 된다는 뜻. 공안국은 취원지도(取怨之道)라고 했다.

---

56   樂善惡不善 所以爲君子 苟安務得 所以爲小人

이익 추구의 속성에 대해 지적하려는 의도는 아니다. 나의 이익은 다른 누군가의 손해가 될 수 있다는 상대성에 기초한 윤리를 강조하는 것도 아니다. 이익 추구 자체를 부정하는 게 아니라, 오로지 이익만을 좇으면 원망이 따르게 되니 이익 추구에는 절제를 작동시켜 균형을 유지해야 안전하다는 지적이다. 윤리나 통찰이 아닌 어디까지나 위험에 대한 경고이다. 너희들이 나중에 정무를 담당하게 될 때 반드시 지켜야 할 사항이라는 의미일 것이다.

4·13 子曰 能以禮讓爲國乎何有 不能以禮讓爲國如禮何

스승님께서 말씀하시기를 : '예와 양(만)으로도 나라를 통치할 수 있다'는 말에 무슨 하자가 있는가? 예와 양(만)으로 나라를 다스릴 수 없다면, 예(와 양)은 어디다 쓴단 말인가?

주

1) 乎何有(호하유) : 양백준은 '~爲國乎'까지 한 문장으로 보고 '何有'를 별개의 문장으로 보는데, 그렇게 보아야 할 필연성은 없다. '~乎何有'는 '~에 무슨 어려움이 있는가'라는 뜻의 춘추시대 상용구이다.[57] '~를 실천하는 데는 아무런 어려움이 없다'는 뜻이다. 여기서는 '~라는 말에 하자는 없다'라고 새기는 것이 좋다. '能以禮讓爲國'이 주어이고 그 이하가 술어이다.

---

57 『논어주소』는 '言不難'이라 하고, 황식삼(黃式三)과 유보남(劉寶楠)은 '不難之詞'라고 한다〈『논어후안(論語後案)』, 『논어정의(論語正義)』〉. '어렵지 않음'이라는 뜻이다. 6·08의 "於從政乎何有"도 같은 예문이다.

2) 禮讓(례양) : 禮에 대해서는 1·12의 주) 참조. 讓은 '공손한 태도', '양보하고 넘겨주다'는 뜻이다.[58] 『논어정의』는 "禮는 讓의 文이요, 讓은 禮의 實이다."라고 주한다. 『좌전』 양공 13년에서는 讓이 禮의 主라고 한다.

3) 如禮何(여례하) : 3·03에서 나온 바 있는 구문이다. '如何'라는 의문사는 목적어를 두 글자 사이에 넣는데, 여기서는 목적어가 '禮讓'이지만 '禮' 한 글자로써 대신하였다. '~는 뭐란 말인가?'는 곧 '아무런 쓸모가 없지 않느냐?'라는 뜻이다.[59]

평설

공자는 讓을 禮와 별도의 덕목으로는 생각하지 않았음을 알 수 있다. 讓이 禮의 주(主)라는 『좌전』의 설명처럼 讓의 실천을 禮의 본질로 여기지 않았을까 한다.

4·14 子曰 不患無位 患所以立 不患莫己知 求爲可知也

스승님께서 말씀하시기를 : (주어진) 지위가 없다고 아파할 게 아니라 (내가 어떤) 지위에 설 수 있는(능력이 있는)지를 아파하라. 아무도 나를 알아주지 않는다고 아파할 게 아니라 (남이 나를) 알아줄 수 있도록 노력하라.

주

1) 所以(소이) : 할 수 있는 능력, 근거, 원인, 방법 등을 포괄하는 의미

---

58   벤저민 슈워츠는 "남에 대한 겸양의 정신은 자기 우월감, 개인적 영달, 원한, 탐욕과 같은 격정들을 극복할 수 있는 능력을 의미한다."라고 표현한다〈벤저민 슈워츠, 앞의 책, p.120〉.

59   그래서 포함은 "言不能用禮(예를 사용할 수 없다고 말한 것이다)"라고 주한다.

이다.

2) 立(립) : '立'과 '位'는 원래 통용하였다. 그래서『춘추』환공 2년의 '公卽位'는 석경(石經)에 '公卽立'로 되어 있다. '立'이 동사(서다)와 명사(선 자리)를 겸하다가 명사가 분화하여 '位'라는 글자가 만들어졌을 것이다.

3) 莫己知(막기지) : 莫은 부정부사와 대명사를 겸한 글자로서, '아무도 ~하지 않다'는 뜻이다. 부정문에서는 목적어가 동사 앞에 놓이므로 己가 知 앞으로 왔다.

4) 可知(가지) : 주희는 "可以見知之實(남에게 알려질 수 있는 실력)"이라고 주한다.

포함은 "선도를 찾아서 배우고 실천하면 남들이 자기를 알아주게 된다."[60]라고 한다.『논어정의』는 이 장이 권학의 뜻이라고 한다.

"人不知而不慍 不亦君子乎"(1·01), "不患人之不己知 患不知人也"(1·16), "不患人之不己知 患己不能也"(14·30), "君子病無能焉 不病人之不己知也"(15·19) 등 표현만 약간씩 다를 뿐 내용은 비슷한 언급이『논어』에는 많다. 1·16의 평설 참조.

4·15 子曰 參乎 吾道一以貫之 曾子曰 唯 子出 門人問曰 何謂也 曾子曰 夫子之道 忠恕而已矣

스승님께서 "(증)삼아, 내(가 실천하는) 방법론은 한 가지만을 관철하는 것이다."라고 말씀하시자, 증자께서는 "네(, 알겠습니다.)"라고 대답하셨다. 스승님

---

60   求善道而學行之則人知己

께서 (방에서) 나가시자 문인들이 (증자께, 조금 전 스승님의 말씀은) 무슨 내용이냐고 물었다. 증자께서 대답하시기를 : 스승님의 방법론은 충서(한 가지)뿐이(라는 말씀이)십니다.

| 주 |

1) 參乎(삼호) : 參은 공자의 제자 증삼. 1·04의 주) 참조. 乎는 상대를 부르는 어기를 지니는 조사이다.

2) 吾道一以貫之(오도일이관지) : 유명한 구절이지만 해석은 제각각이다. 吾道는 흔히 '나의 도', '내가 받드는 선왕의 도', '나의 학설' 등으로 번역한다. 그러나 '나의 도'는 도를 형이상학적인 것으로 오해할 우려가 있고, '내가 받드는 선왕의 도'는 공자가 말하는 도는 예외 없이 선왕지도라고 오해할 우려가 있으며, '나의 학설'은 도를 실천 방법론이 아닌 이론으로 오해할 우려가 있다. 모두 부적절하다. 道를 동사로 보고서 '나는 일이관지를 방법론으로 삼는다'라고 새기기도 하지만, 증삼이 뒤에서 '부자의 방법론은 충서'라고 단정하고 있기 때문에 맞지 않다. '一以'는 '以一'의 도치이기 때문에 '한결같이'라는 부사로 새길 수도 없다. 15·03에도 "予一以貫之"라는 표현이 나오는데, 거기서도 '一以'는 '多學'의 반대 개념이다. 양사 없이 수사만을 목적어로 사용하지는 못하기 때문에 '以一'이라 하지 않고 '一以'라고 했을 뿐이다. '한결같이'라는 뜻은 '貫'이라는 글자에 부수적으로 포함된다. 貫은 『설문』에서 "사물을 꿰어서 지니는 것"이라고 했듯이 원래는 꿰어서 지니는 것을 뜻하지만, 완원(阮元, 1764~1849)이 『연경실집(擘經室集)』에서 "貫은 行이요 事이다."라고 했듯이 한 번의 동작이 아닌 지속적인 행동양태를 표현한 말이다. '之'는 1·01의 "學而時習之"처럼 자동사 뒤에 관행적으로 붙는 허사이므로 목적어로 새겨서는 안 된다. 15·24에서 자공이 공자에게 평생토록 실천해야 할 한마디 말이 뭐냐고 물었을 때 공자는 "그런 것이 있다면 恕라는

덕목이 아니겠느냐, 자기가 하고 싶지 않은 것을 결코 남에게도 베풀지 않는 것 말이지!"[61]라고 대답한 바 있다. 그것과 15·03을 참고하자면 '一 以貫之'는 한 가지만을 평생 실천한다는 의미가 분명하다. 그렇다면 吾 道는 '선왕지도'가 아닌 '내가 평생 실천하는 방법론'이라고 번역해야 할 것이다. "내가 실천하는 도는 오직 한 가지 이치를 사용하여 천하만사의 이치를 통합하는 것이다."라는 『논어주소』의 설명도 나쁘지 않다.[62] '一' 을 『노자』처럼 관념적으로 해석해서는 곤란하다.[63]

---

61   其恕乎 己所不欲 勿施於人

62   我所行之道 唯用一理以統天下萬事之理也. 벤저민 슈워츠는 15·03의 "予 一以貫之"를 '나는 배운 것으로부터 일관된 통일적 원리를 발견하는 사람이다' 라고 해석하는데, 공자에게서 플라톤의 프린시피움(principium)과 같은 것을 유 추하려는 서구 학자들의 한계 때문에 그렇게 해석하게 된다. 理라는 것도 불교의 영향을 받은 이학자(理學者)들이 전적으로 강조했던 관념이지만, 이학자들이 강 조했던 理도 플라톤의 프린시피움과는 차이가 있다.

63   『노자』는 제39장에서 '一'을 이렇게 설명한다.

    昔之得一者 (예전의 '한결같음'이란 다음과 같은 것들이다.)

    天得一以淸 (하늘은 한결같기에 맑고)

    地得一以寧 (땅은 한결같기에 안정을 유지한다.)

    神得一以靈 (귀신은 한결같기에 영험 있고)

    谷得一以盈 (골짜기는 한결같기에 가득 채울 수 있다.)

    萬物得一以生 (만물은 한결같기에 탄생하게 되고)

    侯王得一以爲天下貞 (군주는 한결같기에 천하를 곧게 만든다.)

    其致之一也 (그것들은 모두 한결같다.)

    天無已淸 將恐裂 (하늘이 마냥 맑지 않다면 장차 무너져 내릴 것이다.)

    地無已寧 將恐發 (땅이 마냥 안정되지 않는다면 장차 쪼개질 것이다.)

    神無已靈 將恐歇 (귀신이 마냥 영험하지 않는다면 장차 사라져버릴 것이다.)

    谷無已盈 將恐竭 (골짜기가 마냥 가득 채울 수 없다면 장차 말라버릴 것이 다.)

    萬物無已生 將恐滅 (만물이 마냥 생겨나지 않는다면 장차 소멸하게 될 것

3) 唯(유) : 『예기·내칙』에 "남자는 씩씩하게 '유(唯)'라고 대답하고 여자는 부드럽게 '유(兪)'라고 대답한다."[64]라는 구절이 있는데, '唯'나 '兪'는 모두 '연(然)'의 뜻이라고 오규 소라이는 설명한다. 『예기·곡례상(曲禮上)』에는 "선생께서 부르시면 알았다고 대답해서는 안 되고 '네' 하면서 자리에서 일어나야 한다."[65]라는 대목이 있다. 『노자』 20장에는 "唯之與阿 相去幾何('유'와 '아' 사이는 얼마나 먼가)"라는 대목이 있는데, '唯'는 공손한 대답을 가리키고 '阿'는 거칠고 무례한 대답을 가리킨다. 주희는 "應之速而無疑(신속히 대답하여 의심을 갖지 않음)"라고 하였다.

4) 門人(문인) : 공자가 방에서 나간 다음 증삼에게 공자와 나누었던 대화 내용을 물어본 사람들을 가리키는데, 증삼의 문인이라고 설명하는 주석이 꽤 있다. 하지만 증삼은 공자의 말기 제자로서 당시 공문에 증삼보다 어린 사람은 거의 없었을 것이다. 따라서 공자 생전에 증삼의 문인

이다.)

侯王無已貴高 將恐蹶 (군주가 마냥 귀하고 높아지지 않는다면 장차 실각하게 될 것이다.)

故貴以賤爲本 (그러므로 귀함은 비천함을 바탕으로 삼고)

高以下爲基 (높음은 낮음을 터전으로 삼는 것이다.)

是以侯王自謂孤寡不穀 (그래서 군주는 스스로를 '고'니 '과'니 '불곡'이니 하면서 낮추어 일컫는 것이다.)

此非以賤爲本邪 非乎 (이것이 비천함을 바탕으로 삼는 것 아니겠는가? 그렇지 않은가?)

故致數譽無譽 (그러므로 여러 명예를 가지려 하다가는 결국 아무런 명예도 없게 된다.)

不欲琭琭如玉 珞珞如石 (그러니 옥처럼 고귀해지고자 하지 말고 돌처럼 소박해지고자 하라.)

64   男唯女兪

65   先生召無諾 唯而起

들이 모여서 공자를 초청하여 설교를 들었을 리는 없다고 본다. 상당수 주석가들이 이 장은 증자학파에 의해 나중에 만들어졌다고 추정하지만, 그렇더라도 이 장면은 문맥상 증삼과 동문수학하던 공자의 문인으로 볼 수밖에 없다.

5) 忠恕(충서) : 주희는 "자기의 정성을 다하는 것이 충이고, 자기의 정성을 남에게까지 밀어나가는 것이 서이다."[66]라고 설명한다. 정이는 恕를 "자기의 정성이 외물(外物)에까지 미치게 하는 것"[67]이라고 한다. 제임스 레게(James Legge, 1815~1897)는 "인간 본성의 원리에 충실하고 그것을 다른 사람에게 인자스럽게 행하는 것"이라고 설명한다. 4·13에서 '禮' 한 글자가 '예양'을 대신하듯이 여기서도 '恕'는 '忠恕'를 대신한다. 그래야 一以貫之라는 말과 연결될 수 있다.[68] 그런데 공자는 15·24에서 "자신이 하고 싶지 않은 것을 남에게도 하지 않는 것"[69]을 恕라고 했는데, 恕는 '如'와 '心'을 모은 글자 그대로 '자기와 남을 동등하게 여기는 마음'이라고 새길 수 있다.[70] 그래서 『시자(尸子)』는 "남에게 싫은 점이 보이거든 자기에게서도 그런 점을 찾아서 없애고, 남에게 욕심나는 점이 있거든 자기도 그런 점을 가지려고 하는 것, 이것이 서이다."[71]라고 설명하게 되고, 『순자』도 "군자에게는 세 가지 서가 있으니, 자신의 군주는 잘 섬기지 않으면서 자신의 신하에게는 잘 섬기라고 요구하는 것은 서가 아니고, 자신의 부모에게는 잘 보답하지 않으면서 자신의 자식에게는 효도하

---

66 盡己之謂忠 推己之謂恕

67 推己及物

68 이는 미야자키 이치사다의 견해를 취한 것이다.

69 己所不欲 勿施於人

70 따라서 恕를 '관용'으로 번역하는 것은 적당하지 않다. '남의 입장이 되어보는 것'이라는 뜻이다.

71 惡諸人則去諸己 欲諸人則求諸己 此恕也

라고 요구하는 것은 서가 아니며, 자신의 형은 존경하지 않으면서 자신의 아우에게는 말을 잘 들으라고 요구하는 것은 서가 아니다. 선비로서 이 세 가지 서를 분명히 한다면 자신을 단정하게 할 수 있다."[72]라고 설명하게 된다. 忠에 대한 설명은 1·04의 주) 참조.

6) 而已矣(이이의) : 주희는 "다하고 남음이 없음을 나타내는 조사"[73]라고 했다. 이 허사는 '~할 뿐이다'라고 새기는 것이 적당하다.

평설

공자가 뜬금없이 증삼에게 자기 평생의 실천 방법론을 말했을 리는 없을 텐데, 배경 설명이 없기 때문에 문맥 파악은 어렵다. 공자의 말을 함께 들었던 사람들이 공자가 방에서 나가자마자 증삼에게 대화 내용을 물었다는 상황 설정은 증삼을 띄우려는 의도가 분명하다. 그래서 이 장은 증삼의 문인들이 증삼을 띄우고자 '夫子之道 忠恕而已矣'와 '吾道一以貫之'를 합쳐서 만든 이야기일 가능성이 있다. 다만 그런 추정이 이 장 해석의 관건은 아니다.

'一以貫之'는 '근본 원리 하나를 가지고 모든 것을 관통하다'는 뜻은 아니다. 공자는 일관된 실천을 말하였지 만사를 일관하는 원리 따위에 생각이 미친 적은 없었다. 15·24를 보더라도 공자는 자신이 평생 恕를 실천했던 사람으로 일컬어지기를 바랐다. 증삼 문파를 거치면서 恕에 忠이 보태지지 않았을까 한다. 정이는 "성인이 남을 가르칠 때는 그 사람의 재능에 따라 각각 다르게 하는 법인데, '吾道一以貫之'라는 가르침은 오직 증자만이 그 뜻을 통달할 수 있으므로 공자는 증자에게만 알려주었

---

72 君子有三恕 有君不能事 有臣而求其使 非恕也 有親不能報 有子而求其孝 非恕也 有兄不能敬 有弟而求其聽令 非恕也 士明於此三恕 則可以端身矣
73 竭盡而無餘之辭

다. 증자가 다시 문인에게 '夫子之道 忠恕而已矣'라고 말한 것 역시 부자가 증자에게 말해준 것과 같은 방식이다."[74]라고 설명한다. 이런 생각은 공자에서 출발한 유교의 전통을 선종불교의 전등(傳燈: 등불처럼 법을 차례로 전함)과 상응시키려는 이른바 도통론(道統論)적인 생각이다.[75] 정이의 이런 생각을 인용한 주희도 똑같이 생각했을 텐데, 이는 결국 불교

74 　聖人教人 各因其才 吾道一以貫之 惟曾子爲能達此 孔子所以告之也 曾子告門人曰 夫子之道 忠恕而已矣 亦猶夫子之告曾子也

75 　중국의 선종(禪宗)은 인도불교와는 거리가 먼 순전한 중국적 체계이다. 화두를 간파하는 것을 목표로 삼는 간화선(看話禪)이라는 수행방식은 특히 그러하다. 인도불교에서는 경전 및 계율을 부정한 채 선(禪)만을 수행하라거나, 경전 및 계율을 수행하는 것보다 선을 수행하는 것이 더 낫다는 가르침은 없었다. 인도불교의 선 수행방식은 디야나(禪: 정신과 육체의 조화를 지향하는 요가)를 행하여 삼마디(三昧, 定: 마음을 집중하여 편안한 상태)에 들어가도록 만드는 것이다. 삼마디에 들기 위해서는 마음의 움직임을 멎게 하고(=사마타: 止) 집중하여 생각하라(=위빠싸나: 觀)고 가르친다. 한자어로 표현하자면 '止觀해서 禪定에 들라'는 것이다. 격외의 문답을 주고받거나 격외의 언어에 대해 탐구하는 방식은 모두 중국문화의 소산일 뿐이다. '지관해서 선정에 들라'는 인도불교의 선 수행이 중국에 들어와서 화두를 탐구하는 간화선으로 바뀌는 것은 서구미술사에서 현대미술이 예술 자체를 하나의 사물로 보는 '예술의 오브제화'가 되는 것과 견줄 수 있다고 본다. 그래서 선종은 차라리 선가(禪家)라고 불리는 게 더 적절하다. 석가모니가 교리 외에 남들이 쉽게 이해할 수 없는 오의(奧義: 비밀한 의미)를 별도로 제자 가섭에게 전했고, 가섭은 그것을 다시 아난 등 다른 수행자들에게 차례로 전하여 중국으로까지 전해지고 있다는 전설에 기초하는 종단이 선종이다. 석가모니부터 차례로 전해지는 오의를 자신도 전수받고자 수행하는 집단이 선종이고, 오의를 깨닫는 것은 견성(見性)이라고 한다. 그런데 그 전설은 『대범천왕문불결의경(大梵天王問佛決疑經)』(卍續藏 87, pp.326~327)이라는 중국에서 만든 가짜 경전에 근거한다. 석가모니부터 차례로 오의가 전해지는 것을 선종에서는 법등(法燈)이 전해진다고 표현하는데, 유교의 도통론은 선종의 전등을 원용한 나머지 공자로부터 전해지는 도를 전수받는 유자가 있다는 믿음에 기초한 생각이다.

콤플렉스에서 벗어나려는 송대 유자들의 태도라고 본다. 선종불교의 법등이란 생각도 결국 중국에서 만들어진 관념이고, 유교의 도통론이라는 관념도 주도권(왕권)의 상속과 유사한 관념일 뿐이다. 중국의 문화는 주도권에 대한 집착에서 벗어난 적이 없었다.

4·16 子曰 君子喩於義 小人喩於利

스승님께서 말씀하시기를 : 군자는 의를 밝히고, 소인은 이를 밝힌다.

주

1) 喩(유) : 공안국부터 주희까지 '효(曉: 깨닫다, 환히 알다)'라고 새긴다. 그러나 '~이 좋은 줄을 알고서 그것을 추구하다'라는 뜻이므로 '밝히다'라는 번역어를 택하였다. 정주한묘죽간본에는 '逾'로 되어 있는데, 喩의 통자로 썼을 것이다.

2) 義(의), 利(리) : 주희는 의를 '天理之所宜(천리에 맞는 바)', 利를 '人情之所欲(인정이 바라는 바)'이라고 설명한다. 정약용은 의를 '도심(道心)이 향하는 바', 利를 '인심(人心)이 좇는 바'라고 설명한다. 요즘말로는 '공익'과 '사익'으로 바꾸어도 될 것이다. 義는 1·13의 주) 참조. 利는 4·02의 주) 참조.

평설

성리학의 핵심은 利를 뒤로 하고 義를 앞세우는 것이라고도 말할 수 있는데, 공자의 이 말이 바로 그것과 닿는 말이다. 다만 공자의 이 말은 가치의 표준을 제시한 것이지 利를 도외시하라는 주문은 아니다. 그럼에도 불구하고 성리학자들은 공자의 이 말을 교조로 받아들인 나머지, 利를 금기시하면서 목숨을 버려서라도 義를 추구해야 한다고 말한다. 정

약용의 표현을 인용하자면 '人心이 좇는 바'를 모조리 부정하였던 것이다.[76]

공자의 이런 말이 가져올 위험성을 일찌감치 느꼈던 듯 묵자는 겸(兼)이 의이고 義는 利이기 때문에 겸을 주장한다고 한다.[77] 하지만 묵자의 이런 주장도 새삼스러운 것은 아니다. 공자의 생각을 부연한 것일 뿐이다.『논어』에 보이는 義와 利의 관계는 기본적으로 묵자가 말하는 義와 利의 관계와 차이가 없다. 다만 공자의 말을 교조주의적으로 받아들이거나 교조적으로 이용하려는 사람들만이 利를 버리고 義를 취하라고 요구했을 뿐이다.[78]

---

[76] "군자에게는 목숨을 버리고서라도 취해야 할 義가 있다. 利의 측면에서 말하자면 사람이 바라는 바로는 목숨보다 더한 것이 없고 싫어하는 바로는 죽음보다 더한 것이 없으니, 누군들 목숨을 버리고 의를 취하려고 하겠는가. 군자가 밝혀야 할 바가 義뿐이라는 것은 利를 따르면 이롭다는 것을 알지 못하기 때문이 아니다. 소인은 이와 반대이다(君子有舍生而取義者 以利言之 則人之所欲無甚於生 所惡無甚於死 孰肯舍生而取義哉 其所喩者義而已 不知利之爲利故也 小人反是)."라는 양시(楊時)의 주석이 바로 그것이다.

[77] 『묵자·경설편하(經說篇下)』참조.

[78] 김용옥은 조선의 심대윤(沈大允, 1806~1872)의 견해를 소개하는데 그 글에서는 이러한 점을 잘 지적하고 있다. "자기만 이롭게 만드는 것이 利이고 남과 함께 이롭게 만드는 것이 義이다. 소인은 利만 알고 義는 모르지만 군자는 利를 알되 義를 취한다. 그것은 義가 곧 큰 利이기 때문이지 군자가 利를 도모하지 않아서가 아니다. 군자는 때로 부를 버리고 가난에 처하기도 하는데, 그것은 부가 가난보다 재앙이 더 심하다는 것을 알기 때문이다. 군자가 목숨을 버리고서라도 의를 취하는 것은 목숨을 도모하는 이로움이 의를 도모하는 이로움만 못하기 때문이다. 군자가 이해를 따질 줄 모른다고 말한다면, 천리도 인정도 없다면 모를까 그것은 허위이지 진실은 아니다. 군자가 利를 버리고 명예를 취한다고 말한다면, 그것은 지나친 것이다. 지나친 사람은 몸을 바쳐서 명예를 위해 죽기도 하고, 가난한 사람은 남을 해쳐서 이익을 챙기기도 하는데, 명예나 이익이나 한가지이다.

4·17 子曰 見賢思齊焉 見不賢而內自省也

스승님께서 말씀하시기를 : 현명한 사람을 만나면 (나도) 그 사람과 나란한 정도가 되고자 마음먹게 되고, 현명치 못한 사람을 만나면 (나에게도 그 사람과 비슷한 점은 없는지) 속으로 스스로 살피게 되더라.

 주

1) 齊(제) : 『설문』에서는 벼 이삭의 위쪽이 고루 가지런한 것을 가리킨다고 한다. '현자를 닮으려고 애쓰다'라고 표현하지 않고 '현자와 나란하고자 생각하다'라고 표현하는 것을 보면 중국인들은 현명함이라는 것도 수직적인 높낮이로 생각했음을 알 수 있다.

2) 焉(언) : '於是'의 합자(合字)이다. 於는 비교를 나타내고 是는 賢을 가리키겠다.

3) 而(이) : 조건에 따른 결과를 표시하는 접속사로서, '~하면 곧'이라는 뜻이다.

4) 自(자) : 동사 앞에 놓이는 목적어인 일인칭대사이지만 '스스로'라는 뜻의 부사로 새겨도 무방하다.

오히려 명예를 위해 죽는 사람이 더 나쁘다. 불선한 짓을 하여 천성을 상실하는 점에 있어서는 한가지이다. 군자는 몸을 바치지도 않고 남을 해치지도 않는다. 그래야만 명예와 이익 둘 다 이룰 수 있다. 남과 함께 이롭게 만드는 것이 義요, 명예와 이익 두 가지를 모두 얻어내는 것이 義이다(偏利己曰利 與人同利曰義 小人知利而不知義 君子知利而取義 義利之大者也 君子非不爲利也 有時乎棄富而居貧 知富爲禍 甚於貧也 舍生而取義 爲生之利 不若於義 若曰君子不知利害 是僞也 非誠也 無天理人情而後可也 若曰舍利而取名 是夸也 夸者亡身而殉名 貧者賊人而求利 名利一也 而夸爲甚 其爲不善而喪性 一也 君子不亡身 不賊人 故能名利兩遂也 與人同利曰義 名利兩遂曰義)."

평설

나쁜 것은 멀리하고 좋은 것만 가까이할 수는 없는 법, 나쁜 것도 좋은 쪽으로 작용하게 만들어야 하는 법, 이런 생각을 담은 표현이다. 음과 양이라는 상반된 힘의 조화를 중시하는 동아시아적 세계관이라고도 말할 수 있다. 좋은 사람을 만나면 닮게 되니까 좋고, 좋지 않은 사람을 만나면 닮지 않고자 하게 되니까 좋고, 이렇게 생각하면 좋지 않느냐는 말일 수도 있다. 이런 자세는 유심주의적 낙관에 불과하다고 말할 수도 있지만 나름 적극적인 자세로 볼 수도 있다. "三人行必有我師焉"(7·22)이나 "何常師之有"(19·22)라는 표현도 비슷한 관념이라고 본다.

4·18 子曰 事父母幾諫 見志不從 又敬不違 勞而不怨

스승님께서 말씀하시기를 : 부모를 모시면서, (조심스럽게) 몇 차례나 간하더라도 부모님 뜻이 (나의 간언) 따르지 않겠다는 것임을 확인하면, 그럴지라도 여전히 공경하면서 (부모님 뜻을) 어기지 말아야 해. (그게) 힘들더라도 원망도 않아야 하고.

주

1) 幾(기) : '微'라는 견해와 '몇 차례'라는 견해로 갈린다. 주희는 포함의 견해를 이어 '微'의 뜻이라면서, 『예기·내칙』의 한 대목을 근거로 제시한다.[79] 낮은 기운으로 얼굴빛을 밝게 하면서 부드러운 목소리로 간한

---

[79] 父母有過 下氣怡色 柔聲以諫 諫若不入 起敬起孝 說則復諫 不說與其得罪於鄉黨州閭 寧孰諫 父母怒不說 而撻之流血 不敢疾怨 起敬起孝(부모님께 허물이 있다고 여겨지거든 낮은 기운으로 얼굴빛을 밝게 하면서 부드러운 목소리로 간하라. 부모님께서 만약 간을 받아들이지 않으시더라도 더욱 공경하고 더욱 효도하

다는 뜻이라는 것이다. 그러나 『예기·방기』의 "부모님 분부 따르기에 역정 내지 말고, 부모님 자주 간하게 되더라도 싫증 내지 말며, 부모님 모시기가 힘들어도 원망하지 않아야 孝라고 일컬을 수 있다."[80]라는 대목과, 『예기·곡례하』의 "자식이 부모를 모시는 데 있어 세 번이나 간해도 부모께서 듣지 않으시면 소리 내어 울게 될지라도 부모의 뜻을 따라야 한다."[81]라는 대목을 보자면 '幾'는 분명 '몇 차례'라는 횟수를 나타낸다. '微'는 많지 않은 수효나 크지 않은 동작을 나타내므로 幾를 微의 뜻으로 새기든 횟수로 새기든 문맥이 바뀌지는 않는다.[82]

2) 諫(간) : 윗사람의 잘못을 아랫사람이 직접 언급하여 멈추도록 만드는 일을 뜻한다.

3) 又(우) : '거듭'이라는 뜻이기 때문에 '그럴지라도 여전히'라고 번역하였다.

4) 勞(로) : 왕인지, 유보남, 양백준 등은 '憂(우: 근심하다)'로 새기지만, 『논어주소』처럼 '부모 때문에 힘들더라도'의 뜻으로 보는 것이 낫다.

다가, 부모님 마음이 풀리실 때 다시 간해보라. 부모님 마음이 풀리시지 않으시면 이웃에 다 알려져서 불효한 죄를 짓게 되니 풀리실 때까지 기다려서 자주 간하는 것이 낫다. 만약 부모님께서 노하셔서 매질을 하여 피를 흘리게 될지라도 부모님을 미워하거나 원망하지 말고 더욱 공경하고 더욱 효도하라).

80   從命不忿 微諫不倦 勞而不怨 可謂孝矣. '幾諫'이 아닌 '微諫'으로 표기되어 있는데, '不倦'이라는 표현이 따르는 것을 보더라도 微는 '몇 차례'라는 횟수를 나타내는 뜻임이 분명하다.

81   子之事親也 三諫而不聽 則號泣而隨之

82   이런 예문들을 보더라도 『논어』와 『예기』는 상보적인 문헌이 확실하다고 본다. 자전이 만들어지거나 교재가 정본화하여 표준화가 이루어지기 전에는 지역에 따라 또는 사람에 따라 같은 의미를 여러 글자로 혼용하였기 때문에 이런 사례가 생겼을 것이다. 정주한묘죽간본에는 幾가 '微'으로 되어 있다.

공자는 사회의 기본 단위는 가족이고 국가는 그것의 확장일 뿐으로 여겼다. 소박한 인식이라고 할 수도 있지만 그 인식의 기저는 전체주의적 권력욕이라고 본다. 가족 구성원의 굳은 유대, 나아가 국가 구성체들의 굳은 유대와 결속을 제일 목표로 삼는다. 유대를 위한 구성원 사이의 정서적 동조를 중시했고, 결속을 위한 행동패턴들의 훈련을 강조하였다. 부자·형제·부부·군신 및 벗끼리의 관계에 있어 정서적 결속에 도움이 되거나 해가 되는 행동패턴들을 구체적으로 지적하면서, 仁·義·禮·智·孝·悌·忠·信과 같은 덕목을 추출하였다. 그 덕목들은 국가 통합을 위한 실천 지침들이라고 할 수 있다. 관념적이고 철학적인 덕목은 결코 아니다. 이렇듯 정서적 유대를 통한 사회 통합을 추구했던 것이 유가라면, 정서적 유대에는 한계가 있기 때문에 법칙과 규제를 우위에 두어야 한다고 생각했던 것이 법가였다.

4·18부터 4·21까지는 자식과 부모 사이에서 정서적 유대에 손상이 갈 수 있는 사례를 들면서 그 위험을 막거나 극복할 수 있는 방안을 제시한 대목이다. H.G. 크릴은 이 장이 부모에게 복종해야 한다는 관념과 道에 따라 행동해야 한다는 관념이 충돌할 경우 어떻게 할 것인지에 대한 설명이라고 하지만, 동의하지 않는다. 부모 자식 사이의 정서적 결합에 지장을 줄 수 있는 행동을 자식의 입장에서 경계시키는 내용이지 선택에 대한 설명은 아니다. 가부장제적 씨족사회에서 내재화한 심리일 텐데, 이러한 심리가 유교문화권에서는 어떻게 형성되어왔으며 또한 앞으로는 어떻게 변용될 것인지, 민주주의라는 가치 아래 개인의 보편적 권리를 바탕으로 형성되어온 서구적 관념과는 어떻게 조화를 이룰 것인지 등은 동아시아 사회의 중요한 과제가 아닐 수 없다.

4·19 子曰 父母在 不遠遊 遊必有方

스승님께서 말씀하시기를 : 부모님 (살아) 계시는데 (집 떠나) 먼 데로 나다니는 거 아니야. (부득이) 나다니더라도 (부모님 아시는) 정해진 곳이라야지.

1) 遊(유) : 집을 떠나 돌아다니는 것을 가리킨다.

2) 方(방) : 정현이 '상(常)'이라고 주하듯이 '일정한 곳'을 의미한다. '지방(地方)'이라는 낱말의 '方'과 같은 뜻이다. 『예기·곡례상』에는 "부모가 있는 사람은 집을 나갈 때는 반드시 내용을 말씀드리고, 돌아오면 반드시 부모님 얼굴을 뵙는 법이다. 멀리 나갈 때는 반드시 예정된 장소만을 가고, 가서 하는 일도 반드시 정해진 일이어야 한다."[83]라는 대목이 있고, 『예기·옥조(玉藻)』에는 "부모님께서 연로하시면 집을 나가더라도 애당초 말씀드렸던 곳과 다른 곳으로는 가지 말고, 돌아오는 것도 애당초 돌아오겠다고 말씀드린 시각을 넘기지 않는 법이다."[84]라는 대목이 있는데, 모두 이 장을 적절하게 재구성한 표현일 것이다.

평설

앞 장을 이은 효에 관한 행동 규범이다. 효라는 관념을 추상적으로 말하지 않고 구체적인 실천사례를 가지고 설명하는데, 부모의 정서를 다치지 않게 만드는 것이 중요하다는 뜻으로 짐작된다. 공자는 효뿐 아니라 인·의·예·지 등도 구체적 사례를 가지고서 설명한다.

공자는 자식에게 부모의 입장을 고려하라고만 강조할 뿐 부모에게 자식의 입장을 배려하도록 요구한 적은 없다. 공자의 방법은 대체로 일방

---

83   夫爲人子者 出必告 反必面 所遊必有常 所習必有業

84   親老 出不易方 復不過時

적이었다. 오늘날의 교육관에 비추어 보자면 그것은 확실히 문제가 있다. 교육이란 것이 앞 세대의 가치를 뒤 세대에게 옮기는 보수적인 일이라고 하더라도 일방적이어서는 곤란하다. 공자는 교육을 한 것이 아니라 체제 수호를 위한 지배계층 양성을 위해 '훈육'을 했던 것이다. 공자의 이러한 교육관이 오늘날의 교육관과 상통할 수는 없다.

4·20 子曰 三年無改於父之道 可謂孝矣

스승님께서 말씀하시기를 : (아버님 돌아가신 뒤 적어도 복상 기간) 삼 년 정도는 아버님 하시던 방식을 고치지 않아야 효성(스러운 아들)이라고 할 만하지.

평설

"父在觀其志 父沒觀其行 三年無改於父之道 可謂孝矣"(1·11)와 겹치는 내용이다. 그래서 이 장이 원형이고 1·11은 부연이라거나, "이를 보더라도 「학이」편은 「이인」편보다 뒤에 성립되었을 것이다."라는 주장이 나오게 된다. 그러나 짧은 것이 반드시 긴 것의 원형일 수는 없다. 「이인」이 「학이」보다 먼저 성립되었을 것이라는 생각 또한 『논어』를 독립적으로 유통되던 여러 편들이 모인 것으로 여기는 생각이다. 기독교 경전의 성립 과정과 같다고 여기는 생각이다. 각 편이 독립적으로 유행하던 것이었다고 생각할 만한 근거는 없다. 처음부터 종합한 형태였다고 본다.[85] 「향당」이나 「요왈」처럼 독특한 형식의 편이 있기는 하지만 그것은 글의 형식이 다른 것을 따로 모았기 때문이지 편찬자가 달랐기 때문은 아니라고 본다.

---

85 B.C. 55년 이전에 만들어진 것이 분명한 '정주한묘죽간본 논어'도 지금의 판본과 비슷할 따름이지 몇 개의 편만 있는 것은 아니다. 『노논어』와 『제논어』의 구

4·21 子曰 父母之年 不可不知也 一則以喜 一則以懼

스승님께서 말씀하시기를 : 부모 나이를 모르고 있으면 안 돼. (부모 나이를 알고 있으면) 한편으로는 기쁘게도 되고 한편으로는 두렵게도 되지.

주

1) 知(지) : 어느 시점에서 부모 나이를 헤아려 인지한다는 뜻이 아니라, 2·17의 경우처럼 志(기억하고 있다)의 뜻이다.

2) 以(이) : 원인을 나타내는 허사이다. '부모 나이를 헤아려봄으로써'라는 뜻이다.

3) 喜(희) : 부모가 오래 사신다는 사실을 확인함으로써 자식의 마음이 기뻐진다는 뜻이다. 이 글자의 쓰임에 대해서는 5·06, 5·18, 16·13, 19·19 참조.

4) 懼(구) : 부모가 노쇠해진다는 사실을 확인함으로써 자식의 마음이 두려워진다는 뜻이다. 『논어』에서 懼는 '두렵다'라고 새기면 된다. 恐은 '아마도' 또는 '의심컨대'라는 뜻의 부사로 쓰인다. 9·29, 14·28에는 "勇者不懼", 12·04에는 "君子不憂不懼"라는 표현이 있다.

평설

효에 대한 강조가 정치·사회적 목적만은 아님을 강조하는 대목이다. 부모의 나이를 인지함으로써 세월이 흘러감을 아끼게 되고 기쁨과 슬픔을 동시에 느끼게 된다는 말에서 공자의 서정을 느낄 수 있다. 주희는 공자의 이러한 서정을 양웅(揚雄, 53 B.C.~18 A.D.)의 『법언·효지(孝至)』에 나오는 "孝子愛日(효자는 부모님 모시는 하루하루를 아까워하는 법이다)"

분이 있었다지만 그 둘이 지금의 판본과 큰 차이가 없다는 점도 각 편이 독립적으로 유행하던 것이라고 생각하게 만들지는 않는다.

이라는 구절을 인용하여 '애일지성(愛日之誠)'이라고 표현한다.

효에 대한 개념은 1·02의 주)에서 설명한 바 있다. 그런데 4·18부터 여기까지 소개된 효에 관한 행동지침을 부자관계가 아닌 일반적인 인간관계로 대입해보자. 가까운 사이의 상대방이 나의 의견을 따르지 않을 때는 어떻게 하는 것이 좋은지, 갑자기 먼 곳으로 떠나게 될 경우 상대방에게는 어떻게 말해두고 가는 것이 좋은지, 상대방이 하던 일을 내가 잇게 될 때는 어떻게 하는 것이 좋은지, 상대방의 나이나 생일을 기억하는 일은 관계 유지에서 어떤 작용을 하는지 등으로 말이다. 일반적인 인간관계에서도 충분히 적용될 수 있지 않은가? 그것을 자식의 부모에 대한 일방적인 정서로 제한할 필요가 있을까? 상호관계로 확대하면 안 되는가? 가부장제적 씨족사회에서 혈연을 기초로 한 윤리였던 효를 현대사회에서는 '약자에 대한 배려'나 '노년층의 경험과 지식을 청년층이 존경하며 전수받는 지혜' 등으로 보편화할 수는 없을까? 가족관계를 상하관계의 질서보다는 상호관계의 화합으로 이해하면 안 되는가? "우리 것이 좋은 것이여!"라는 구호 아래 전통문화를 회복하려는 움직임이 오늘날 여러 방면에서 일고 있지만, 혹시 지배와 피지배가 분명했던 사회의 관념조차 생각 없이 받아들이고 있진 않은지 경계할 일이다.

4·22 子曰 古者言之不出 恥躬之不逮也

스승님께서 말씀하시기를 : 옛날(사람들이) 말을 (함부로) 내밀지 않았던 것은 자신(의 행실)이 (그 말에) 미치지 못할까 봐 부끄러워서이지.

주

1) 古者(고자) : 者는 '근자(近者: 요즈음)', '석자(昔者: 예전에)', '금자(今者: 이즈음)'처럼 시간을 표시하는 말에 붙는 접미사이다. 다만 시간을

나타내는 그 말에는 '옛날 사람들은 그러했다'는 뜻을 포함한다. "'고자'라고 말하는 것은 지금은 그렇지 않음을 드러내고자 해서이다."라고 주희는 설명한다.

2) 不出(불출) : 出은 '말을 뱉다'는 뜻의 동사보다는 '출중(出衆)'처럼 다른 것보다 두드러짐을 나타내는 형용사로 보인다. '옛날 사람들은 말을 뱉지 않았다'는 표현은 성립될 수도 없거니와, 그런 뜻이라면 '言之不出'이 아닌 '不言'이라고 해야 한다. '가벼이 말을 꺼내지 않았다'거나 '말을 함부로 내뱉지 않았다'고 번역하기도 하지만 出의 의미를 바르게 드러내지는 못한다. 다만 형용사로 표현하기는 어렵기 때문에 '말을 내밀다'라고 번역하였다. 포함은 "옛사람들이 말을 함부로 뱉지 않았던 것은 자신의 행실이 장차 그 말을 따를 수 없을지 몰라서였다."[86]라고 한다. 주희는 "행실이 말에 미치지 못하면 매우 부끄러워할 만하다. 옛날에 자신의 말을 함부로 내세우지 않았던 것은 이 때문이다."[87]라고 한다.

> [평설]

비슷한 취지의 말에는 다음과 같은 것들이 있다. "先行其言而後從之(먼저 자기가 한 말을 실천하고, 그다음 남들이 자기를 따르도록 만든다)"(2·13), "君子恥其言而過其行(군자는 말이 행동보다 넘치는 것을 부끄럽게 여긴다)"(14·27), "君子有五恥 (…) 有其言無其行 君子恥之(군자에게는 다섯 가지 부끄러움이 있는데 (…) 말만 있고 행동이 없는 것을 군자는 부끄러워한다)"(『예기·잡기하(雜記下)』). 4·24 또한 비슷한 내용이다.

86　古人之言不妄出口 爲身行之將不及
87　行不及言可恥之甚 古者所以不出其言 爲此故也

4·23 子曰 以約失之者鮮矣

스승님께서 말씀하시기를 : 자기 단속해가지고 손해 보는 경우는 드물지.

주

1) 以約失之(이약실지) : 約을 공안국은 '검약'이라고 주하지만, 주희는 "단지 검약에 그치지는 않는다."라는 윤돈의 주를 인용한다. 『순자』에서 '절검(節儉)'의 뜻으로 쓰이기 때문에 그렇게 새긴 듯하지만 이 문장에서는 맞지 않다고 본다. 『논어』에서 約은 '곤궁'이나 '검약',[88] 또는 '단속'이나 '제약'[89]의 뜻으로 쓰이는데, 여기서는 후자로 보는 것이 문맥상 낫다. 자기 단속을 철저히 하라는 주문으로 보는 것이 낫다. 따라서 失도 '실수'나 '실패'보다는 '손실'로 새기는 것이 낫다. 之는 목적어가 아니다.

평설

'자신을 절제하고 단속하면서 면밀하게 생각한 다음 행동에 옮겼는데도 손해 보는 경우는 거의 없다'라는 번역은 친절하기는 하지만 원문의 힘을 살리지는 못한다. 그렇다고 해서 '約 때문에 잃는 자는 적다'라고 번역한다면 곤란하다. 뜻을 전하지 못하는 번역은 번역이 아니다. 제임스 레게의 'The cautious seldom err'라는 번역은 괜찮다.

4·24 子曰 君子欲訥於言 而敏於行

스승님께서 말씀하시기를 : 군자는 말은 더디게, 행동은 민첩하게 해야 해.

---

88 不仁者 不可以久處約(4·02).

89 君子博學於文 約之以禮(6·27).

1) 欲(욕) : 欲의 목적어는 '訥於言而敏於行'이다. 문면은 '~하고자 한다'이지만 '하고자 해야 한다'라는 당위의 어기를 담는다.

2) 訥(눌) : '달변(達辯)'의 반대어가 아니라 '민(敏: 재빠르다)'의 반대어이다.

말부터 선뜻 내뱉지 않는 태도를 강조한다. 포함은 "言欲遲 行欲疾(말은 더디게, 행동은 빠르게)"이라 하고, 『논어정의』는 "愼言貴行(말은 삼가고 행동을 귀히 여기라)"이라고 한다. 공자는 좋은 말재간, 그러니까 본질과는 유리된 언어적 수사를 강하게 부정하였다. "말이란 뜻을 전달할 수만 있으면 그만"(15·41)이라거나, "말재간 좋은 사람을 멀리하라. (…) 말재간 좋은 사람은 나라를 위태롭게 만든다."(15·11)고 말하는가 하면, 심지어 "말재간(利口)이 나라를 뒤집는다."(17·18)라고까지 말한다. 본질과는 유리된 수사만을 늘어놓는 말재간을 공자는 '녕(佞)'이라고 표현했는데, 佞에 대한 부정적인 언급은 5·04, 11·25, 15·11, 16·04 등 여러 곳에서 볼 수 있다.[90] 서구 고대문화에서 수사학을 중시했던 것과는 달리 공자가 언어적 수사에 대해 부정적인 생각을 가진 것을 이택후는 '태초에 글자(말)가 있었다'(요한복음 1장1절)는 생각과 '태초에 행위(道)가 있었다'는 생각의 차이라고 주장한다. 괴테가 파우스트에서 태초에 행위가 있었다고 말한 것이 중국의 철리(哲理)와 부합하고, 유학에서 우선적인 것은 행위와 활동이며, 『논어』 전체를 꿰뚫고 있는 것은 행위가 말보다 우월하다는 관점이고, 그 점이 바로 유교의 준종교성이라고 주장한다.

90　6·16과 14·32에도 佞이 나오지만 6·16에서는 佞을 훌륭한 말솜씨로 표현하고 있고, 14·32에서는 말재간보다는 '허위(虛威)'를 뜻하는 것으로 보인다.

공자가 언어적 수사를 경계했던 것은 언어적 수사 자체를 부정했기 때문은 아니다. 공자는 언어의 한계에 대해 유의한 적도 없다. 언어적 수사가 실제와 유리되면서 빚어지는 사회적 폐단에 주목했다고 본다. 신뢰도가 낮은 사회에서 자신과 집단의 안전을 위해서는 언어적 수사를 멀리하는 것이 필수적이라고 본 것이다. 어디까지나 위험에 대한 대비책이었다. 언어의 효용을 부정하거나, 언어 효용의 한계를 지적하거나, 언어보다 행위를 높게 여겼기 때문은 아니었다. 교언영색이라는 말이 그러하다. '교언'에 이어 '영색'이 따라오는 것을 보더라도 공자는 언어의 한계에 주목했던 것이 아니라 언어이든 행위(태도)이든 본질을 감추려는 '의도'를 경계하였다. 따라서 말보다 행위를 중시했기 때문이라는 이택후의 해석도 실제와는 유리된 교언이라고 본다. 중국의 문화를 '태초에 행위(道)가 있었다'로 비유하는 것은 더욱 그렇다. 수사학을 중시했던 그리스·로마문화와는 달리 중국문화가 언어적 수사에 대해 부정적이었다는 주장에도 동의할 수 없다.[91] 실제와는 유리된 갖은 수사가 난무하고, 그 수사를 배우고자 애썼던 곳이 고대 중국이었다.

중국의 전통학문은 한마디로 해석학이다. 보편성과 객관성은 무시되고 주관적인 해석이 주류이다. 그 까닭은 이택후 자신이 지적했듯이 중국문화(=유교문화)의 근본이 '점괘를 해석하는' 무속의 연장에 서 있기 때문이라고 할 수 있다. 서구의 사회과학 이론인 공산주의를 정강으로 채택하는 정당이 집권한 지 70여 년이 되어가는 오늘날, 중국의 학문은 전통사회와 얼마나 다른지 들여다볼 필요가 있다.

---

91   1·03의 주1)과 평설 참조.

4·25 子曰 德不孤 必有鄰

스승님께서 말씀하시기를 : 덕(있는 사람)은 외롭지 않아. 반드시 (모여드는) 이웃이 있거든.

주

1) 德(덕) : 1·09의 주) 참조.

2) 隣(린) : 隣은 '친(親)'으로 새기기도 하고 '보(報)'로 새기기도 한다. '가까이하다', '모여들다'는 뜻을 강조하는 주석이겠다. '이웃'이라는 번역어에도 '가깝다'는 뜻은 담긴다.

평설

'덕을 닦으라, 덕을 닦으면 사람들이 모이게 되어 외롭지 않을 것이다'라는 말이다. 공자가 지은 말이 아니라 당시 유행하던 성어를 언급했는지도 모른다. 그런데 孤는 정서적 외로움을 의미하는가? 공자는 정서적인 외로움을 극복하기 위한 처방을 제자들에게 준 것인가? 그건 아니라고 본다. 공자는 어디까지나 실익에 관해 조언하고 있다. 고대 중국사회처럼 정착문화권에서는 공동체에서 소외되어 고립된다는 것은 죽음이나 마찬가지였다. 그런 사회에서 결코 홀로 남지는 않게 된다는 말처럼 호소력 있는 구호는 없을 것이다. 그렇다면 사람을 모이게 만드는 덕이란 것은 무엇인가? 사람들은 무슨 동기에서 덕을 지닌 사람에게 모여드는가? 공자의 제자들 가운데 그런 의문을 가진 사람이 있었는지는 모르지만 『논어』에 그런 설명은 없다. 덕을 지닌 사람을 사랑하거나 존경하기 때문은 아니다. 이 대목에서 1·09의 주)로 돌아가 德에 대한 설명을 다시 읽을 필요가 있다. 德이 得의 의미임을 음미할 필요가 있다. 거기 가면 얻을 게 있다는 것보다 더 확실한 유인 요소는 없을 것이다. '덕을 닦는다'(=修德)는 것은 곧 무엇으로든 '보탬을 주라'는 말이 된다.

하안은 "견주어 보고서 비슷한 것들끼리 모이고, 뜻이 같은 사람을 서로 찾으니까 반드시 이웃이 생겨서 외롭지 않게 된다."[92]라고 한다. 『주역·곤괘(坤卦)』의 "군자는 경으로써 내심을 곧게 하고 의로써 외형을 반듯하게 만들어야 하니, 경과 의가 세워지면 덕 때문에 외롭지 않게 된다."[93]라는 대목은 『논어』의 이 구절을 원용했을 것이다.

4·26 子游曰 事君數 斯辱矣 朋友數 斯疏矣

자유가 말하기를 : 임금 섬기면서 (간언이) 잦으면 욕을 당하고, 친구 사귀면서 (이해를) 셈하면 사이가 멀어진다.

주

1) 子游(자유) : 공자의 제자 언언(言偃)의 자(字)이다. 2·07, 6·14, 11·03, 17·04, 19·12, 19·14, 19·15 참조.

2) 數(삭), 辱(욕), 數(수), 疏(소) : '數'라는 글자는 명사, 동사, 형용사 등 쓰임에 따라 뜻뿐 아니라 음조차 달라지는 글자이다.[94] 여기서는 '斯辱矣'와 '斯疏矣'라는 뒤 구 때문에 명사가 될 수는 없고 둘 다 용언으로 해석될 수밖에 없다. 또한 압운되었기 때문에 앞 구의 경우 辱(욕)과 운이 맞아야 하고 뒤 구의 경우 疏(소)와 운이 맞아야 한다. 따라서 앞은 '횟수가 잦다' 또는 '가까이하다'는 뜻의 '삭'으로, 뒤는 '술수를 부리다' 또

---

92 方以類聚 同志相求 故必有隣 是以不孤
93 君子敬以直內義以方外 敬義立而德不孤
94 '셈하다'라는 뜻의 동사와 '셈' 또는 '수'라는 뜻의 명사로 사용될 경우 '수'로 발음된다. '자주'라는 뜻의 부사로 사용될 경우 '삭'으로 발음된다. 중국에서는 이런 글자를 파음자(破音字) 또는 다음자(多音字)라고 부른다. 고문이건 현대문이건 파음자에 대한 이해가 부족하면 중국의 문헌은 해독할 수 없다.

는 '따지다'는 뜻의 '수'로 새겨야 옳다. 군주에게 간언하는 횟수가 잦다는 뜻일 수도 있고 군주를 뻔질나게 가까이한다는 뜻일 수도 있으며, 친구에게 술수를 부린다는 뜻일 수도 있고 이해관계를 따진다는 뜻일 수도 있다.[95] 공자는 "벗에게 충고하여 그를 좋게 인도하는 것은 좋은 일이니 그렇게 하되, 충고해도 가망 없다고 판단되면 충고하기를 그만두어서 스스로 욕을 입지는 말아야 한다."[96]라고 말한 바 있다. 그 말을 뒤 구절과 연결하여 '친구에게 충고가 잦으면 사이가 멀어진다'라고 해석하기도 한다. 그러나 그렇게 되면 운도 맞지 않을 뿐 아니라 그 문장에서는 疏가 아닌 辱이기 때문에 직접 연결시키기는 어렵다.

3) 斯(사) : 2·16에서의 斯와 마찬가지로 조건에 따른 결과를 나타내는 접속사이다.

평설

『논어』의 각 편마다 일정한 주제가 있다고 여기는 주석가들은 자유의 이 아포리즘이 「이인」편의 주제와는 거리가 있다고 여긴다. 그러나 주희는 군신관계나 친구관계나 義 때문에 만난다는 점에서는 같다는 범조우(范祖禹, 1041~1098)의 주를 인용함으로써 그런 지적을 간접적으로 부정한다. 인간관계에서 상대에게 지나치게 집요하면 오히려 관계가 위험해진다는 뜻으로 번역하는 미야자키 이치사다도 자유의 이 아포리즘을 주제에 맞춘 것으로 본 것이다. 하지만 군신관계와 친구관계는 횡적으로 비교할 수 있는 대상은 아니다. 자유가 주제 때문에 군신관계와 친구

---

95   하안은 '빨리하다', 정현과 황간은 '헤아리다', 주희는 '자주 하다', 유월은 '책망하다'라고 새기는데, 모두 두 곳의 '數' 자를 동일한 글자와 동일한 뜻으로 여긴 것이다.

96   子貢問友 子曰 忠告而善道之 不可則止 毋自辱焉(12·23).

관계를 대비시켰다고 보지는 않는다. 공자의 제자들은 스승의 성공이 결국 훌륭한 말(문장)에 있다고 인식한 나머지 자신들도 스승처럼 영향력을 지닌 훌륭한 언어를 만들어내고자 고심하였을 것이다.[97] 이 짧은 운문은 중국 글자의 특성과 한계로 인해 뜻보다는 외형에 치우친 아포리즘이 되고 말았다. 외형을 맞추기 위해 군신관계와 친구관계를 병렬한 것이지 주제가 동일하기 때문에 둘을 병렬한 것은 아니다. 어쨌든 '文學 子游'라는 평가를 들을 만한 솜씨이기는 하다.[98]

---

97 공자의 제자들뿐이 아니다. 현대의 정치지도자들까지도 여전하다. 모두들 자기를 영원토록 상징할 수 있는 멋진 아포리즘을 만드는 데 각자 심혈을 기울인다. 등소평(鄧小平)의 '發展才是硬道理(발전만이 굳건한 진리이다)'라든가, 시진핑(習近平)의 '中國夢(China Dream)'이니 '一帶一路(하나의 띠와 하나의 길)'니 하는 것이 바로 그런 것들이다.

98 11·03 참조.

공야장(公冶長) 제오(第五)

각 편이 주제별로 나뉜 것이라고 추정하는 사람들은 이 편의 주제가 인물평이라고 한다. 각 편에 어느 정도의 경향성이 있다고 인정한다 하더라도 그것은 어디까지나 현재의 시각일 뿐이지 『논어』의 편찬 의도라고 말하기는 어렵다.

주희는 "此篇 皆論古今人物賢否得失 蓋格物窮理之一端也(이 편은 모두 고금 인물들이 현명한지의 여부와 득실을 따지고 있는데, 대체로 격물 궁리의 일단이다)"라고 말한다.

자공의 문도들이 기록한 것이 많은 듯하다는 호인(胡寅, 1098~1156)의 견해를 주희는 소개하는데, 자공의 발언이 다른 사람들의 발언보다 약간 더 있다는 것 외에는 그렇게 추정할 근거는 없다.

5·01 子謂公冶長 可妻也 雖在 縲絏之中 非其罪也 以其子妻之 子謂
南容 邦有道不廢 邦無道免於刑戮 以其兄之子妻之

스승님께서는 공야장을 "괜찮은 신랑감이야. 비록 감옥에 갇힌 적은 있었지만
자신의 허물은 아니었(으니 탓할 바는 못 되)지."라고 평가하시면서, 당신의 따
님을 마누라로 삼게 하셨다. (또한) 스승님께서는 남용을 "나라가 경위 바르게
돌아간다면 버림당하지는 않(고 한 자리는 차지할 만한 사람이)고, 나라가 경위
바르지 않게 돌아가더라도 형벌은 면할 사람이야."라고 평가하시면서, 당신 언
니의 따님을 마누라로 삼게 하셨다.

> 주

1) 公冶長(공야장) : 성은 公冶, 이름은 長 또는 지(芝), 자는 자장(子
長)이다. 오직 이 장에만 등장하는 사람이고, 알려진 행장이 없는데도
『사기·중니제자열전』에서는 공자의 제자로 간주하면서 제나라 사람이
라고 한다.[1]

---

1   황간은 『논어의소』에서 『논석(論釋)』이라는 책을 인용하면서 공야장에 대
한 이야기를 싣고 있다. 공야장은 새의 말을 알아들을 수 있었다는 것이다. 한번
은 호랑이가 양을 물고 간 일이 있었는데 어떤 새가 공야장에게 이 사실을 일러
주자 공야장은 그곳으로 가서 양을 데려왔다. 하지만 양의 주인은 공야장이 양을

2) 可妻(가처) : 妻는 '마누라 삼다'는 뜻의 동사이므로, 可妻는 '마누라 삼게 할 만하다', 즉 괜찮은 신랑감이라는 의미가 된다.

3) 縲絏(류설) : 縲는 '검은 동아줄', 絏은 '구속'을 뜻한다. 징역형을 받았던 것을 의미한다. 당시 옥에 가두는 죄인을 검은 동아줄로 묶었던 데서 만들어진 말일 것이다.

4) 以其子妻之(이기자처지) : '자신의 딸을 마누라로 삼게 하다'는 뜻의 사역형 문장이다. 춘추시대에 子는 '아들' 외에 '딸'의 뜻으로도 사용되었다.

5) 南容(남용) : 성은 남궁(南宮)이다. 사마천은 그의 이름이 괄(适)이라 한다. 하안은 노나라 사람이며 자는 자용(子容)이고 이름은 도(縚)라고 하는데, 『공자가어』에 근거한 설명이다. 11·06과 14·05를 보더라도 남용은 공야장과는 달리 공자의 제자가 확실하다. 주희는 남용이 맹의자의 형인 남궁경숙(南宮敬叔)이라고 한다. 그러나 그 견해는 정현의 『예기주』에서 비롯하여 『사기색은』에서 답습한 오류라고 최술이 지적한 바 있다. 대부인 맹손씨가 낮은 신분의 공자 형님의 딸을 취했을 리도 없다. 11·06의 주) 참조.

6) 邦有道(방유도), 邦無道(방무도) : 1·02의 '주)'에서 설명했듯이 이때의 道는 경세지도를 가리킨다. 요즘 표현으로는 '나라가 경위 바르게 돌아가다', '나라가 경위 바르지 않게 돌아가다'라고 새기는 것이 낫다.

7) 廢(폐) : 등용되지 못하고 버려지는 것을 가리킨다.

훔친 것으로 여기고 관아에 고발했다. 또 한번은 새들이 죽은 사람 시체를 먹자는 이야기를 하는 것을 듣고 아들을 찾는 노파에게 아들 시신의 위치를 알려주자 공야장은 살인 누명을 쓰기도 했다. 이런 황당한 이야기들은 아마도 그가 감옥에 갇혔던 것은 자신의 허물이 아니었다는 공자의 말을 입증하고자 만든 이야기들일 것이다. 그래서 형병은 도리에 맞지 않다고 했건만, 정약용은 만약 그랬다면 괴이한 방술(方術)을 한 것이니 공야장의 죄가 아닐 수 없다고 한다.

8) 免(면) : 피면(避免)의 뜻이다. 2·03의 주) 참조.

|평설|

공자가 공야장과 남용을 사위와 조카사위로 선택한 이유를 설명하였다. 공자 관인술(觀人術)의 일단을 드러내려는 의도일 것이다. 본인의 허물 때문이 아니라면 감옥에 갇혔던 이력도 문제 삼지 않았다는 것, 정치상황이 원만할 때는 작은 벼슬이나마 할 만하고 정치 상황이 나쁘더라도 커다란 화를 당할 사람은 아니라는 것이 공자의 기준이다.[2] 공야장의 경우 과거 행적을 가지고 평가하였지만 남용의 경우 특정한 행적은 없다. 만약 공자 인물평의 신뢰도를 높이고자 했다면 남용의 경우 나중에 어떤 작은 벼슬을 했다고 기록했겠지만 그런 내용은 없다. 14·05에서 공자에게서 군자라고 칭찬받은 바가 있고, 11·06에서는 삼복백규(三復白圭)하였기 때문에 조카사위로 삼았다는 기록이 있을 뿐이다.

더 나은 신랑감은 조카딸에게 주고 자기 딸에게는 덜한 신랑감을 준 것이 공자의 양보하는 개인도덕이라고 이택후는 말한다. 그런 설명은 황간이 비판했듯이 공자에 대한 아첨이다. 황간 당시에도 그렇게 아첨조로 해석하는 사람들이 있었던 모양이다. 어이없는 표현으로써 공자를 무조건 높이기만 하는 정이조차도 성인께서 그런 피혐의 처신을 하셨을 리없다고 부정한다. 딸과 조카딸을 동시에 시집보내는 상황에서 공자가 짐짓 그렇게 선택했다는 표현이 있다면 혹시 모를까, 그런 정황이 없는데도 그렇게 말하는 것은 유치한 아첨이다.[3] 황간도 정이도 비판했던 바를

---

2   결국 두드러지지 않고 중간적 태도를 취하는 것이 좋다는 말이다. 공자가 사윗감을 고르는 기준과 제자들에게 요구했던 기준을 비교해보는 것도 흥미 있을 듯하다.

3   공자의 아버지 숙량흘은 노나라의 시씨(施氏)에게서 딸 아홉을 낳았고 첩

이렇듯 서슴없이 되풀이하는 사람이 현대 중국을 대표하는 철학자이다.

5·02 子謂子賤 君子哉若人 魯無君子者 斯焉取斯

스승님께서 자천에 대해 일컬으시기를 : (정말) 군자답구나, 이런 사람은! 노나라에 (훌륭한) 군자가 없다면 이 사람이 어디서 이(런 좋은 품덕)을 취했겠나?

주

1) 子賤(자천, 521~445 B.C.) : 공자의 제자로 성은 복(宓), 이름은 부제(不齊)이다. 『사기』에 의하면 공자보다 30살 적고, 『공자가어』에 의하면 49살 적었다고 한다. 이 장에서만 나오는 제자이다. 『사기·중니제자열전』에는 "자천이 單父(선보)의 읍재를 지낸 다음 돌아와서 공자를 뵙고는, '그곳에는 저보다 어진 사람이 다섯이나 있어서 저에게 다스리는 법을 가르쳐주었습니다'라고 복명하였다."라고 되어 있다. 『여씨춘추·찰현(察賢)』과 『설원』에는 다음과 같은 이야기가 실려 있다. "복자천이 선보의 읍재를 지냈는데 현금이나 연주하면서 당에서 내려오지도 않았지만 선보는 잘 다스려졌다. 무마기도 선보의 읍재를 지냈는데, 그는 별을 보고 출근하고 별을 보고 퇴근하면서 밤낮으로 편히 쉰 적이 없이 노력한 끝에 선보를 잘 다스렸다. 이에 무마기가 자천에게 어떻게 그럴 수 있는지 까닭을 묻자 자천은 '나는 남에게 맡기지만 그대는 자신이 하잖아. 자신이 하면 수고롭지만 남에게 맡기기 때문에 편했던 거야'라고 대답했다."[4] 『설원』에는 이런 이야기도 있다. "공자 제자에 공멸이라는 자가 있

에게서는 아들 맹피(孟皮)를 낳았으며 다시 노나라의 안징재(顏徵在)에게서 공자를 얻었다. 그렇다면 공자의 형 맹피가 일찍 죽는 바람에 조카딸의 혼인을 공자가 주관하게 되었던 모양이다.

는데 복자천과 함께 벼슬을 하였다. 공자가 지나가다가 공멸에게 들러 벼슬살이하면서 무엇을 얻고 무엇을 잃었는지를 묻자, 공멸은 얻은 것은 없고 잃은 것은 세 가지라고 하였다. 첫째, 공무에 바쁘다 보니 배운 것을 익히지 못해 학문이 밝아지지 못했고, 둘째, 봉록이 적어서 죽조차 친척과 나누어 먹지 못해 친척과 멀어졌으며, 셋째, 공무가 급박하여 조문과 문병도 못 하여 친구들과 멀어졌다고 했다. 공자는 실망한 나머지 다시 자천을 찾아가 똑같이 물었더니, 자천은 잃은 것은 없고 얻은 것이 세 가지라고 답했다. 첫째, 암송했던 글을 실천에 옮길 수 있으니 학문이 날로 밝아졌고, 둘째, 봉록이 적기는 하지만 죽이라도 친척에게 드릴 수 있으니 친척과 가까워졌으며, 셋째, 공무가 급박하지만 밤 시간에 조문과 문병을 하니 친구들과 더 친해졌다고 했다. 공자는 자천에게 '이 사람이야 말로 군자로다, 노나라에 군자가 없다면 어디서 이런 덕을 얻었겠는가?' 라고 말했다."[5] 위 책들은 모두 공자 사후 수백 년 뒤에 만들어진 것들이니 이미 전설이 된 이야기들을 기록했을 것이다. 13·18의 평설 참조.

2) 若(약) : '이러한'의 뜻을 지닌 지시대사이다.

3) 君子者(군자자) : 앞의 '君子哉'에서 君子는 명사가 형용사로 쓰이

---

4   宓子賤治單父 彈鳴琴身不下堂而單父治 巫馬期以星出以星入 日夜不居 以身親之 而單父亦治 巫馬期問其故於宓子 宓子曰 我之謂任人 子之謂任力 任力者故勞 任人者故逸

5   孔子弟子有孔蔑者 與宓子賤皆仕 孔子往過孔蔑 問之曰 自子之仕者 何得何亡 孔蔑曰自吾仕者未有所得 而有所亡者三 曰王事若襲 學焉得習 以是學 不得明也 所亡者一也 奉祿少鬻 鬻不足及親戚 親戚益疏矣 所亡者二也 公事 多急 不得弔死視病 是以朋友益疏矣 所亡者三也 孔子不說而復往見子賤曰 自 子之仕 何得何亡也 子賤曰 自吾之仕 未有所亡而所得者三 始誦之文 今履而 行之 是學日益明也 所得者一也 奉祿雖少鬻 鬻得及親戚 是以親戚益親也 所 得者二也 公事雖急 夜勤弔死視病 是以朋友益親也 所得者三也 孔子謂子賤曰 君子哉若人 君子哉若人 魯無君子也 斯焉取斯

는 경우이기 때문에 '군자답다'로 해석되지만 여기서는 그렇지 않다. '者'는 '~라면'의 조건절을 나타내는 연사(連詞)이다. 만약 '군자다운 사람' 또는 '군자라고 할 만한 사람'이란 뜻을 나타내려고 했다면 '如君子' 또는 '若君子'로 표기했을 것이다.

4) 斯焉取斯(사언취사) : 대개는 주희의 "앞의 斯는 '이 사람'이고 뒤의 斯는 '이 덕'이다."라는 주를 따른다. 그런데 뒤의 斯가 덕을 가리키는 것은 분명하지만, 앞의 斯를 반드시 자천으로 보아야 할지는 의문이다. '魯無君子者'라는 조건절에 걸리는 연사나 접속사, 즉 '卽'이나 '乃'의 기능으로 보는 것이 나을 듯하다.[6]

평설

공자가 자신의 존재 이유와 자존심을 강하게 드러낸 대목이다. 자신은 노나라의 군자로서, 노나라에 자신과 같은 군자가 있기 때문에 자천과 같은 인물이 배출되었다는 자부심을 표현했다고 본다.[7] 공자는 이처럼 듣기 불편할 정도로 지나친 자긍심을 드러내는 일이 잦은데, 그때마다 자신의 생각이 그렇다고 말하는 것이 아니라 천명이 그러하다는 식으로 말한다. 그런 점이 공자의 교주적 태도이다.

6　"攻乎異端 斯害也已"(2·16), "小人貧斯約富斯驕 約斯盜驕斯亂"(4·02의 주에 나오는『예기·방기』), "君子固窮 小人窮斯濫矣"(15·02) 등의 용례가 있다. 앞의 斯를 연사로 보면 주어가 없어진다고 지적할지 모르나 중국 고문에서 주어 없는 문장은 얼마든지 가능하다. 다만 앞의 斯를 '자천'으로 새기든 연사로 새기든 문맥에 변화는 없다.

7　『논어정의』는 이 장이 자천의 덕에 대해 논평한 것이라고 한다. 앞 장은 공야장과 남용에 대한 설명이고 뒤 장은 자공에 대한 설명이며 이 장은 자천에 대한 설명이라는 도식화한 해석이다. 대화의 소재가 제자들 각각인 것은 맞지만 우리가 공자의 말에서 읽어내야 할 것은 단지 그것에 그치지 않는다.

반면에 브룩스는 이 장을 공자의 자긍심 표현으로 보지 않고 자천이라는 사람의 발견에 대한 감탄으로 본다. 자천이라는 사람이 워낙 뛰어나고 또 그 사람은 누군가의 훈도를 받은 사람임이 분명한데, 노나라에 자기 외에 또 다른 훌륭한 군자가 있기 때문에 이처럼 훌륭한 제자를 키웠구나 하고 감탄했다는 것이다. 그리고 공자의 자천에 대한 평가가 이처럼 후하다 보니 후대 사람들이 공자 제자들의 명부를 만들 때 자천도 공자의 제자로 포함시켰을 것이라고 말한다. 브룩스는 공자가 잘난 척했다고 보지도 않고 '魯無君子者'라는 표현도 공자가 스스로를 가리킨 말일 수는 없다고 생각한 것이다. 하지만 그런 해석이 실제와 맞지는 않다. 공자는 제자들로 하여금 자신을 하늘이 내려준 둘도 없는 성인으로 여기도록 만드는 데 성공했던 사람이다.

5·03 子貢問曰 賜也何如 子曰女器也 曰何器也 曰瑚璉也

자공이 여쭙기를 : (스승님,) 저는 어떤 사람인가요? (평가 좀 부탁합니다. 그러자) 스승님께서 대답하시기를 : 너는 그릇이(라고 할 수 있)지. (자공이 다시) 여쭙기를 : (그릇이라니) 어떤 그릇(말씀)입니까? (스승님께서) 답하시기를 : (제사에 쓰이는) 호나 연(과 같은 훌륭한 그릇)이지.

주

1) 瑚璉(호련) : 『예기·명당위(明堂位)』 "유우씨 시절에는 두 개의 돈이 있었고, 하후씨 때에는 네 개의 연이 있었으며, 은왕조 때는 여섯 개의 호, 주왕조 때는 여덟 개의 궤가 있다."[8]라는 구절이 있다. 모두 종묘 안에 두는 곡식을 담는 그릇 이름이다. 주희는 "기라고 하는 것은 쓸모를

---

8   有虞氏之兩敦 夏后氏之四璉 殷之六瑚 周之八簋

정하여 만드는 물건이다. 하왕조의 호, 상왕조의 연, 주왕조의 보궤 등은 모두 종묘에서 곡식을 담는 그릇으로서 옥으로 장식한다. 그릇 가운데 귀중하고 아름다운 것이다."⁹라고 한다.¹⁰

평설

이 장은 흔히 "君子不器"(2·12)와 연결하여 해석한다. 즉, 자공은 不器라고 표현할 수 있는 군자는 못 되지만 器 가운데서는 가장 좋은 瑚나 璉에 비견할 수는 있다는 내용으로 이해하는 것이다. 나아가 주희는, 앞 장에서 공자가 자천더러 군자라고 평하는 것을 옆에서 들은 자공이 자신은 어떠한지 평가해달라고 부탁하자 대답해준 말이라고까지 설명한다. 그러나 그런 해설은 너무 통속적이다. 주희는 정이만큼 고지식하기는 해도 정이만큼 교조적이지는 않았다고 느껴지지만, 서열이나 위계와 관련해서는 이처럼 완고한 한계를 지닌다. 물론 안회가 최고이고 너희들은 안회를 따라가지 못한다고 노골적으로 말했던 공자에서부터 내려오는 완고함이기는 하다.

이 장은 "君子不器"와 연결하여 완고하게 해석할 문장은 아니라고 본다.¹¹ 춘추시대 인물품평에서 사람을 그릇에 비유하는 것이 일반적이었다고는 해도 不器의 단계에 도달한 사람과 도달하지 못한 사람이라는 층차를 생각했다고 보지는 않는다. 자공의 사람됨에 대해서는 1·10 참조.

---

9   器者有用之成材 夏曰瑚 商曰璉 周曰簠簋 皆宗廟盛黍稷之器而飾以玉器之貴重而華美者也

10   瑚와 璉에 대한 『예기·명당위』와 주희의 설명이 맞지 않다. 이미 공자 당대부터 瑚와 璉을 구분하지 않고 '瑚璉'으로 불렀기 때문일 것이다.

11   정약용과 김용옥도 같은 견해이다. 제자들의 역량을 모든 면에서 평가할 때 자공보다 뛰어난 사람은 없었다고 본다.

5·04 或曰雍也 仁而不佞 子曰 焉用佞 禦人以口給 屢憎於人 不知其
仁 焉用佞

어떤 이가 염옹은 인하기는 하지만 말을 잘하지는 못한다고 했다. (그러자) 스승님께서 말씀하시기를 : (사람 평가하는 데) 왜 말재간을 (기준으로) 사용해? 발린 말로 뒤 막음만 하다간 남에게 곧잘 미움만 사지. 염옹이 인한지(의 여부)는 모르겠지만 (사람 평가하는 데) 왜 말재간을 (기준으로) 사용해?

주

1) 雍(옹, 522~? B.C.) : 공자의 제자 염옹. 옹은 이름이고 성은 염(冉)이며 자는 중궁(仲弓)이다. 노나라 사람으로 공자보다 29살 적었으며 공문십철의 한 사람으로 꼽힌다. 그에 대한 공자의 평가는 대체로 좋다. "군장을 시킬 만하다."라고 평가하는가 하면(6·01), 제자의 말에 항상 지적만 하던 공자가 염옹의 말에는 '네 말이 옳다'고 긍정한 적도 있다(6·02). 염옹은 인에 대해 진지하게 물은 적이 있는데(12·02), 아마도 공자는 그런 태도를 높이 샀던 모양이다. 그래서인지 공자는 그의 아버지가 천인이었음에도 불구하고 그를 높이 평가하였다 하고(6·06), 덕행이 뛰어난 제자로 꼽히기도 한다(11·03). 공자를 따라 열국을 주유하고 노나라에 돌아온 뒤 3년째인 애공 13년(482 B.C.)에 계씨가의 재를 지낸다(13·02).

2) 用(용) : 用과 以는 상고시대에 서로 바꾸어 사용하였다.

3) 佞(녕), 口給(구급) : 공자가 '녕(佞: 좋은 말재간)'을 폄하했던 사실은 『논어』에 자주 나타난다. 그런데 이 문장을 보거나 6·16을 보더라도 佞에 대한 당시 사회의 평가가 부정적이지는 않았음을 알 수 있다. 공자만이 佞의 가치를 특히 폄하했을 뿐이다. 여기서도 그는 佞을 '구급(口給: 입으로만 나불거리는 것)'이라는 표현으로써 비하한다. 그래서 佞은 '말재간 좋음'으로, 口給은 '입에 발린 말'로 번역하였다. 공자는 佞의 속

성이 실제와는 유리된다고 여겨서 폄하했을 것이다. 4·24의 평설 참조.

4) 禦(어) : '막다', '금지하다'라는 번역어는 강제력을 띠므로 적절하지 않다. 사람과 관계를 맺는 것이 아니라 사람을 임기응변적으로 대할 뿐이라는 뜻이다.

평설

변설과 수사만이 판치는 세상에서 태어났기 때문인지 공자는 말재간에 대한 혐오를 곳곳에서 드러내는데, 그 배경은 4·24의 평설에서 설명한 바 있다.

이 장의 핵심은 佞에 대한 부정임에도 주희는 공자의 '不知其仁'이라는 말에 집착한다. 중궁처럼 어진 사람일지라도 공자는 쉬 仁하다고 인정하지는 않으셨다 하고, 나아가서 안회 같은 아성에게도 인의 상태를 유지하는 기간을 석 달 정도만 확신하셨으니[12] 성인께서는 인하다는 인가를 경솔하게 하지 않으셨다고 주장한다. 하지만 이 장에서 '不知其仁'은 중요하지 않다. '그가 인한지의 여부는 별론으로 하더라도' 정도의 의미일 뿐이다. 이렇듯 특정한 인물(공자나 안회 등)을 절대적으로 존숭하거나 특정한 신념(仁)을 절대적으로 신봉하는 사람은 대체로 권력에의 의지가 강한 사람이다. 학문의 영역에서도 마찬가지이다. 더구나 전통시대 중국의 학문이란 것은 요즘의 학문과는 다르다. 지위를 차지하기 위한 수단이었다. 공자가 제자들을 모아서 가르친 것도 정치권력을 잡기 위해서였지 학문을 위해서가 아니었다. 따라서 주석에 나타나는 성향을 보면 주희도 공자처럼 제자들을 통어하는 카리스마를 지녔던 듯하다.

염옹은 덕행으로 이름났다고 하는데, 상대적으로 스승의 핀잔을 적게 받았던 제자이다. 특히 출신성분이 미천했음에도 덕행이 훌륭하다고 공

---

12 6·07에서 공자는 "回也 其心三月不違仁"이라고 했다.

자가 칭찬한 것은 자신의 성장과정과 견주는 마음이 있었기 때문은 아닐까 한다.

5·05 子使漆雕開仕 對曰 吾斯之未能信 子說

스승님께서 칠조개에게 벼슬자리에 (한번) 나가보라고 (권)하시자 (칠조개는) 대답하기를 : 저는 벼슬자리는 감당할 자신이 아직 없습니다. (칠조개가 그렇게 말씀드리자) 스승님께서는 기꺼워하셨다.

| 주 |

1) 漆雕開(칠조개, 540~? B.C.) : 공자의 제자로 漆雕가 성이고 원래 이름은 계(啓)이다. 사마천이 한경제(漢景帝)의 이름 啓를 피하여 開로 고쳤다 한다.『공자가어·72제자해』에는 채(蔡)나라 사람으로 되어 있고 공자보다 11살 적었다 하는데, 정현은 노나라 사람으로 단정한다. 공자보다 11살 적었다면 자로 다음으로 나이가 많았던 제자이다. 자로와 더불어 초기 제자였을 가능성도 있지만『한비자·현학』에서는 칠조개의 학파가 전국시대 말기까지 존속했다고 하니 말기 제자일 가능성도 있다.[13]

---

13 "世之顯學 儒墨也 儒之所至 孔丘也 墨之所至 墨翟也 自孔子之死也 有子張之儒 有子思之儒 有顔氏之儒 有孟氏之儒 有漆雕氏之儒 有仲良氏之儒 有孫氏之儒 有樂正氏之儒 自墨子之死也 有相里氏之墨 有相夫氏之墨 有鄧陵氏之墨 故孔墨之後 儒分爲八 墨離爲三 (…) 漆雕之議 不色撓 不目逃 行曲則違於臧獲 行直則怒於諸侯 世主以爲廉而禮之(두드러진 학파는 유가와 묵가인데 유가의 근원은 공구이고 묵가의 근원은 묵적이다. 공자가 죽은 뒤 자장의 유자들, 자사의 유자들, 안씨의 유자들, 맹씨의 유자들, 칠조씨의 유자들, 중량씨의 유자들, 손씨의 유자들, 낙정씨의 유자들이 있었다. 묵자가 죽은 뒤로는 상리씨의 묵가, 상부씨의 묵가, 등릉씨의 묵가가 있었다. 그러므로 공자와 묵자의 뒤로 유

여기에서만 나올 뿐 다른 곳에서는 나오지 않는 제자이다.

2) 斯之未能信(사지미능신) : 강조하기 위해 목적어를 동사 앞으로 놓을 경우 목적어와 동사 사이에 구조조사 '之'를 넣는 것이 관행이다. 斯를 고주는 '仕進之道(벼슬길에 나가는 도리)', 신주는 '此理(이 도리)'라고 새기지만, 앞에 나온 仕를 가리키는 대사(代詞)로 보는 것이 낫다.

3) 說(열) : 悅과 같은 글자이다. 1·01의 주) 참조.

평설

공자가 칠조개를 떠보려고 짐짓 꺼냈다면 모를까 그게 아니라면 공자의 태도는 이해하기 어렵다. 권유했는데도 제자가 사양한다면 그 이유를 묻거나, 아니면 재차 권유하는 것이 일반적인 반응일 텐데도 사양하자마자 만족을 표하니 말이다. 그렇다면 칠조개도 공자가 떠보는 줄 알고 사양하지 않았을까? 만약 떠보고자 물었거나, 떠보는 줄을 알고 맞춤 대답을 했다면, 공자가 그토록 미워했던 巧言이나 佞과 무슨 차이가 있을까?

공자가 설마 떠보고자 짐짓 묻지는 않았다 치자. 칠조개도 설마 공자의 의도를 알아차리고서 마음에도 없는 말을 하지는 않았다 치자. 그런데 이 대담이 실린 『논어』를 수천 년 동안 출세의 필수교재로 삼아온 사람들이라면 두 사람의 이 대화를 어떻게 이해했을까? 실생활에서 타인과 대화할 때 어떻게 참고했을까? 더욱이 상대가 스승이나 군주라면? 상대가 바라는 대답을 하는 것이 좋은 결과를 낸다는 것을, 그것이 지혜로

가는 여덟 개로 갈라지고 묵가는 세 개로 갈라진 것이다. (…) 칠조씨 유자들의 주의는 어떤 경우에도 안색을 바꾸지 않고 똑바로 임하고, 어떤 경우에도 외면하지 않고 똑바로 직시하며, 바르지 않은 행실이라고 생각되면 노예를 만나도 피하고 바른 행실이라고 생각되면 제후에게도 대든다는 것이다. 그래서 세상의 군주들은 그들의 염치를 높이 쳐서 예우를 한다.)" 한편 『한서·예문지』에 칠조자(漆雕子) 13편이 나온다는 주석이 있지만, 현전 『한서·예문지』에서는 보이지 않는다.

운 태도임을 체득하지 않았을까? 그렇지 않다면 혹시, 그렇게 하는 것이 상대방을 배려하는 덕이나 기술이라고 생각하지는 않았을까?

공자를 선왕지도를 받드는 성인으로 규정하면서 『논어』 전체를 그 기준에서 설명하는 오규 소라이는 이전의 주석들을 모두 비판한다. 공자가 칠조개의 재능은 알았지만 뜻은 몰랐기 때문에 물었다고 한다. 오규 소라이는 고전에 대한 해박한 지식을 바탕으로 적실한 지적을 하는 경우가 많기는 하다. 그러나 공자를 지존으로 여긴 나머지 교조적으로 이해하는 경향은 정이(程頤) 못지않다. 『논어』를 통해 보자면 공자는 지나치게 섬세하거나 지나치게 진지한 사람은 아니었다. 후대 유자들이 더 그랬을 뿐이다. 당자보다도 그 사람을 따르는 사람들이 더 극렬한 것은 역사에서 흔히 볼 수 있는 진실이기도 하다.

5·06 子曰 道不行 乘桴浮於海 從我者 其由與 子路聞之喜 子曰 由也 好勇過我 無所取材

스승님께서 말씀하시기를 : (이놈의 세상, 올바른) 도리(라고)는 통하지 않으니까 뗏목(이라도) 타고 바다(건너)로나 가버려야겠다. (내가 떠난다면) 나를 따라올 사람은 아마도 유(뿐)이겠지? (옆에 있던) 자로가 그 말을 듣고 (스승께서 자기를 신임하신다는 생각에) 기분 좋아했다. (그러자) 스승님께서 말씀하시기를 : (그런데) 유는 용기는 나보다 뛰어나지만 (뗏목 만들) 나무를 구하지는 못할 걸!

> 주

1) 道不行(도불행) : '내 주장이 통하지 않으면'이라는 뜻의 조건절로 보는 주석이 많으나, '내가 생각하는 옳은 방법론이 통용되기는 글렀으니'라는 뜻의 탄식으로 보는 것이 낫다. 「중용」 제4장의 "스승님께서 말

씀하시기를, 도가 행해지지 않으면 나는 알게 된다. 지자는 기준을 넘고 우자는 기준에 닿지 못한다. 도가 밝혀지지 않으면 나는 알게 된다. 현자는 기준을 넘고 불초자는 기준에 닿지 못한다. 마시고 먹지 않은 사람은 없지만 맛을 아는 사람은 드물다.”[14]라는 대목을 구태여 예로 들지 않더라도, 공자는 세상이 제대로 돌아가는지의 여부는 자신이 정확하게 판단한다고 자신하던 사람이었다. 道에 대한 설명은 1·02의 주) 참조.

2) 桴(부) : 나무나 대를 엮어 만든 뗏목. 큰 것은 벌(筏)이라 하고 작은 것은 부(桴)라 한다고 마융은 설명한다.

3) 其由與(기유여) : ‘其~與’는 1·02의 “其爲仁之本與”처럼 추측과 감탄의 뜻을 표하는 구문이다. 由는 공자의 제자 자로의 이름이다. 2·17 참조.

4) 子路聞之喜(자로문지희) : ‘子路喜’가 아닌 ‘子路聞之喜’이고, ‘女’라고 부르지 않고 ‘由也’라고 한 것은 자로가 면전에 있지 않았기 때문이라는 주석이 있다.[15] 그러나 면전의 대화에서도 가능한 표현이다.

5) 好勇(호용) : ‘好學’은 ‘學의 가치를 높게 여기다’라는 뜻이지만 여기의 ‘好勇’은 ‘勇의 가치를 높게 여기다’보다는 ‘勇의 효용을 곧잘 내세우다’라고 새기는 것이 문맥상 낫다. 勇에 대한 설명은 2·24의 주) 참조.

6) 無所取材(무소취재) : 구문이 분명하지 않으므로 여러 해석이 나오게 된다. H.G. 크릴은 ‘나보다 용기 있는 사람이니 뗏목도 필요 없겠지’라고 새긴다. 그러나 앞에서 뗏목 타는 것을 ‘승부(乘桴)’라고 표현하는

---

14   子曰 道之不行也 我知之矣 知者過之 愚者不及也; 道之不明也 我知之矣 賢者過之 不肖者不及也 人莫不飮食也 鮮能知味也

15   주석가들은 2·17의 “子曰 由誨女知之乎”, 3·06의 “子謂冉有曰 女弗能救 與”, 5·03의 “賜也何如 女器也”, 6·12의 “力不足者 中道而廢 今女畫”, 15·03의 “子曰 賜也 女以予爲多學而識之者與” 등을 사례로 든다.

것을 보더라도 '無所取材'가 뗏목도 탈 필요 없이 바다를 건너갈 수 있다는 뜻이 되기는 어렵다. 하안과 양백준은 材를 哉로 새겨서, '好勇過我하니 자로 이외에 데리고 갈 사람은 없다'라고 새긴다. 그러나 구문을 벗어난 해석일 뿐 아니라, 공자는 안회 이외 어느 제자에게도 그런 식의 신뢰를 보인 적이 없다. 取를 '뗏목을 함께 타고 떠날 사람을 얻음'의 뜻으로 해석하는 것도 무리이다. 주희와 정약용은 材를 재량(裁量)으로 새기는데,¹⁶ 역시 구문을 벗어난 해석이다. 공자는 이 장면에서 자로의 사람됨과 능력을 판단하고 있지는 않다. 따라서 '無所取於桴材也(뗏목의 목재를 취할 바 없다)'라는 정현의 새김이 가장 타당하다고 본다. 공자의 이 말은 실제 바다 건너로 가겠다는 의지의 표현이 아니라 농담이라는 것이다. 황간은 '뗏목 재료를 구할 수 없으니 어떡하지?'라는 뜻으로 받아들이는데, 그렇다면 공자가 뗏목을 타더라도 어쨌든 바다를 건너가려고 진지하게 생각했다는 뜻이 된다. 이 문장은 공자의 의지 표현이 아니다. 진정 나라를 떠나고자 했다면 배를 타면 되지 하필 뗏목을 언급하지는 않았을 것이다. 따라서 '자로는 뗏목 타는 것조차 위험하게 여기지 않을 정도로 용감하지만 뗏목 목재를 구하는 재간은 없는 사람이다'라는 표현으로 보는 것이 가장 합리적이지 않을까 한다.

평설

농담이지 의지의 표명은 아니다.¹⁷ 공자가 바다 건너 동쪽 땅을 이상향

---

16   주희는 "其不能裁度事理以適於義也(그 사람은 사리가 의에 적합한지를 헤아릴 수 없다)"라 하고, 정약용은 "取材謂裁度事理之當否(취재란 사리의 당부를 헤아리는 것을 말한다)"라고 한다.

17   공자는 제사 지낼 때는 진지했는지 모르지만 일상을 진지하고 경건하게 보내는 답답한 사람은 아니었다고 본다. 『논어』에서는 공자의 유머를 꽤 확인할 수 있다. 14·43에서는 친구의 정강이를 치는 짓도 하고, 17·04에서는 "내가 농담으

으로 여겼다는 설화는 아마도 이 장과 9·14를 토대로 해서 만들어졌을 텐데, 산동반도에서 뗏목을 띄우면 일본에 닿게 된다고 믿는 일본인들은 이 장을 더욱 흥미롭게 받아들인다.

亂 상태가 심해지면 바다 건너로 멀리 떠나버리겠다는 말을 공자가 제자들에게 한 것만은 9·14를 보더라도 사실인 듯하다. 고국을 떠나서 13년이나 떠돌아다녔던 스승이기에 제자들은 스승의 그 말을 공연하게 들을 수 없었을지도 모른다. 이택후는 공자의 이 말이 은일을 추구한 것이라고 느낀 나머지 공자의 도가적 측면이라고 설명하지만, 합당한 설명이 아니다. 공자는 은일을 생각하거나 선택한 적이 없다. 끝까지 현실 정치에 참여하고자 했던 사람이다.[18] 농담을 농담으로 이해하지 못하고 진지하게 받아들인 나머지 '이 문장을 통해서 공자의 ~사상을 엿볼 수 있다' 운운한다면 딱하다.[19]

앞 장에 이어 여기서도 공자의 제자 다루는 기술을 엿볼 수 있다. 벼슬을 권유해놓고서는 사양하자 칭찬하더니만, 여기서는 칭찬해놓고서는 기뻐하자 꼬집는다. 스승의 이런 태도 때문에 제자들은 전전긍긍하였을 것이다. 그것이 공자가 제자들을 다루는 기술이었다. 공자는 어느 장면에서든 제자들에게 기술적으로 '대응'했지 제자들과 진정한 대화를 나누지는 않았다. '진정'을 드러내는 것은 마지막 카드를 내보이고 마는 미성

로 그랬다."라고 제자에게 실토하는가 하면, 17·20에서는 만나기 싫은 사람에게 노골적인 희롱을 하기도 한다. 이 밖에도 고문의 특성상 잡아내기 어려운 미세한 유머도 꽤 있을 것으로 짐작한다.

18 죽기 2년 전 제나라에서 정변이 일어나자 애공과 삼환을 몸소 찾아가 제나라를 도모하자고 청한 사실도 있다. 14·21 참조.

19 의도적으로 그렇게 주장한다면 더욱 고약하다. 정주한묘죽간본에는 桴가 泡로 되어 있는데, 만약 죽간본을 적었던 사람이 진정 '포(泡: 물거품)'로 이해하고서 적었다면 그 사람은 공자의 말을 은유적 농담으로 이해했음이 분명하다.

숙한 태도라고 여겼을지 모르나, 기본적으로 제자들을 대등한 인격체로 여기지 않았기 때문이라고 본다.

5·07 孟武伯問子路仁乎 子曰 不知也 又問 子曰 由也千乘之國可使治 其賦也 不知其仁也 求也何如 子曰 求也千室之邑百乘之家 可使爲之宰 也 不知其仁也 赤也何如 子曰 赤也 束帶立於朝 可使與賓客言也 不知 其仁也

맹무백이 (스승님께) 자로가 인한지의 여부를 여쭙자 스승님께서는 잘 모르겠 노라고 대답하셨다. (그래도) 거듭 질문을 하자 스승님께서는 (할 수 없이) 대 답하시기를 : 중유는 천승지국(정도의 나라)에서 조세 거두는 일이야 맡길 만 하겠지만 인한지(의 여부)는 모르겠습니다. (맹무백이 다시) 염구는 어떻습니까 하고 여쭙자 스승님께서 말씀하시기를 : 염구는 천실지읍이나 백승지가의 읍재 야 맡길 만하겠지만 인한지(의 여부)는 모르겠습니다. (내친 김에 맹무백이) 공 서적은 어떻습니까 하고 여쭙자 스승님께서 말씀하시기를 : 공서적은 관복을 (갖추어) 입고 조정에 서서 (외국) 손님 맞는 일이야 맡길 만하겠지만 인한지 (의 여부)는 모르겠습니다.

주

1) 孟武伯(맹무백, 481~? B.C. 재위) : 노나라 대부 맹의자(孟懿子, 518~481 B.C. 재위)의 아들로, 이름은 체(彘)이고 武는 시호이며 伯은 항 렬이다. 할아버지 맹희자(孟僖子, 542~518 B.C. 재위)부터 3대에 걸쳐 공 자와 인연을 맺었던 모양이다. 이 장의 대화는 맹무백이 아버지의 뒤를 이은 다음, 그러니까 공자의 만년에 이루어진 대화일 것이다. 2·05와 2· 06 참조.

2) 賦(부) : 조세를 가리킨다.[20] 『좌전』은공 4년의 "임금께서 주동하시

면 저희 읍은 군대를 내어 진나라 채나라와 함께 따를 것입니다."[21]라는 대목을 근거로 '병권'을 가리킨다는 주장도 있지만, 이 문맥에서 병권을 가리키고자 했다면 굳이 賦라고 표현할 이유가 없다.[22] 자로의 기질이 무용을 숭상한다는 선입견을 따르는 억지 설명이다. 뒤에 나오는 '可使爲之宰'와 내용상 대비되어야 함을 생각하더라도 순리적으로 해석하는 것이 옳다.

3) 求(구) : 공자의 제자 염구이다. 3·06 참조.

4) 邑(읍) : 은대부터 춘추시대에 걸쳐 도시를 부르던 이름이다. 원래는 사람들이 집거하는 곳을 둘러싼 성벽을 가리키던 글자로서 주로 소규모 취락을 가리키는 이름이었다.[23] 그러나 제후가 머무는 곳을 국읍(國邑)이라고 부르는 사례가 있는 것을 보면 규모에 관계없이 사람이 모여 사는 곳을 부르는 이름으로도 사용했던 듯하다.[24] 전국시대가 되면 읍은

---

20 『상서·우공전』의 "賦爲土地所生 以供天子(부란 토지에서 나온 것을 천자에게 바치는 것이다)"라는 대목과, 『주례·천관총재(天官冢宰)』제1의 "以九賦斂財賄一曰邦中之賦二曰四郊之賦三曰邦甸之賦四曰家削之賦五曰邦縣之賦六曰邦都之賦七曰關市之賦八曰山澤之賦九曰弊餘之賦(아홉 종류의 부세를 재물로 걷는데, 첫째, 나라의 조세, 둘째, 사방 교외의 조세, 셋째, 서울지역의 조세, 넷째, 서울에서 떨어진 가삭 지역의 조세, 다섯째, 지방 현의 조세, 여섯째, 도읍의 조세, 일곱째, 세관시장의 조세, 여덟째, 산택의 조세, 아홉째, 나머지 조세이다)"에서 확인할 수 있다.

21 君爲主 敝邑以賦 與陳蔡從

22 복건(服虔)이 『좌전』의 주(注)에서 "전지(田地)의 부세에 따라 군대를 내기 때문에 병부(兵賦)라고 한다."라고 설명하지만 그것도 결국 조세를 가리키는 이름이다.

23 5·27에는 '十室之邑(열 가구 정도의 작은 마을)'이라는 표현이 나온다.

24 『좌전』 장공 28년에는 "종묘에 선왕의 신주가 있는 곳이 도이고 없는 곳은 읍이라고 한다(有宗廟先王之主曰都 無曰邑)."라고 되어 있고, 『공양전·환공원

점차 영토국가체제가 되면서 중앙에 직할된 현(縣)으로 재편되어간다.

5) 家(가) : 왕이 일정한 규모의 땅을 후(侯)들에게 나누어주면서(=封土) 각각 나라를 세우게(=建國) 하는 것이 봉건제도인데, 후는 받은 땅 가운데 일정한 영역이나 읍을 다시 경이나 대부에게 맡겨서 다스리게 하니 그것을 채읍(采邑) 또는 채지(采地)라 하였고, 그러한 대부의 세력 범위를 家라고 했다. 侯가 세운 國은 세습하므로 땅 이름은 그대로 나라이름이 되지만, 대부는 세습하지 않으므로 대부의 세력권을 땅이름으로써 부르지는 않는다. 춘추시대의 家는 國의 아래 단계로서 대부의 세력 범위를 가리키기도 하지만 일반적인 '집'을 의미하기도 한다. 대부의 세력 범위를 家로 불렀다는 것은 그것이 가부장제적 씨족사회의 단위로 이해되었음을 의미할 것이다. 위 단계인 國은 아래 단계인 家의 확대나 연장으로 이해되었다. 國이나 家의 크기나 세력은 대체로 전차의 수효를 가지고서 표현하였는데, 國은 대체로 천승 정도를, 家는 대체로 백승 정도를 기준으로 삼았다. 물론 國과 家의 개념이나 규모는 시대에 따라서, 그리고 지역에 따라서 들쭉날쭉했다.

6) 爲之宰(위지재) : 之는 앞에 나온 명사나 명사구를 가리키는 지시대사이지만 여기서처럼 관형어로 쓰이기도 한다. 그러니 '그 나라의 재가 되다'라고 번역할 필요는 없다.

7) 宰(재) : 『논어』에 나오는 宰는 대부가의 총관(總管: 가신)을 가리키기도 하고 현(縣)의 장(長)을 가리키기도 한다고 양백준은 설명한다. "原思爲之宰"(6·05)에서는 총관을, "季氏使閔子騫爲費宰"(6·09)에서는 비현(費縣)의 장을 가리킨다 한다. 현의 장은 대부의 가신이 맡았기 때문에 두 가지 뜻을 갖게 되었을 것이다.

년』에는 "농지가 많고 고을이 적으면 전이라 부르고, 고을이 많고 농지가 적으면 읍이라 부른다(田多邑少稱田 邑多田少稱邑)."라고 되어 있다.

8) 赤(적) : 공자의 제자 공서적(公西赤). 공자보다 42살 적었다 하며, 자가 자화(子華)이기 때문에 公西華라고 부르기도 한다. 6·04, 7·34, 11·22, 11·26에 그에 관한 이야기가 있는데, 이 장과 11·26의 내용 때문에 그는 의례에 밝은 사람이라고 전해진다. 『예기·단궁상』에 의하면 공자가 죽자 공자의 지(志)를 지었다고 한다.

9) 束帶立於朝(속대립어조) : 관복을 입고 조정에 선다는 것은 벼슬살이를 한다는 뜻이다.

10) 賓客(빈객) : 천자나 제후의 손님은 賓, 일반의 손님은 客으로 부르는 구분이 있었다지만 이음절 낱말로 보더라도 무방하다.

평설

죽기 2년 전, 만년의 공자가 제자들을 이처럼 각각 비유를 달리하면서 평가한 데는 배경도 있고 의도도 있다고 본다. 맹무백이라는 높은 위치의 상대부가 공자에게 제자들에 관해 물은 것은 단순히 궁금해서는 아니었을 것이다. 그것이 배경이다. 그는 공자 제자 가운데 적어도 한두 사람 정도는 기용할 생각을 가졌을지도 모른다. 당장 기용하지는 않더라도 젊은 인재들에 대한 공자의 품평이라도 듣고 싶었을지 모른다. 제자들에게 벼슬자리를 마련해주어야 할 공자로서도 맹무백에게 자신의 제자들을 각인시켜야 했을 것이다. 그것이 의도이다.

할아버지 때부터 공자와 인연을 맺었던 맹무백으로서는 공자 제자들 가운데 누가 유망한 사람인지 정도는 미리 알고 있었기 때문에 세 사람을 특정해서 물었을 수 있다. 공자로서도 그 세 사람이 완벽하다고 장담할 수는 없지만 자격은 있다고 답변하고 싶었을 것이다. 더구나 맹무백은 계강자처럼 정치적 역량을 물은 게 아니라(6·08) '인'을 가지고 물으니 공자로서는 더욱 조심스럽게 답변해야 했다. 그래서 '인하다고 장담할 수는 없지만'이라는 조건을 붙인다. 자로는 큰 나라의 세무 담당으로,

염구는 작은 나라의 총재로, 공서적은 외교업무에 적합한 사람이라고 구체적으로까지 묘사한다.[25]

5·08 子謂子貢曰 女與回也孰愈 對曰 賜也何敢望回 回也聞一以知十 賜也聞一以知二 子曰 弗如也 吾與女弗如也

스승님께서 자공더러 이르시기를 : 너와 안회 둘 가운데 누가 더 낫(다고 여기)니? (이에 자공이) 대답하기를 : 제가 어떻게 감히 안회를 바라보기나 하겠습니까? 안회가 하나를 듣고 열을 알아차린다면 저는 하나를 들으면 둘(정도만) 알 수 있을 뿐입니다. 스승님께서 말씀하시기를 : (아무렴, 넌 안회만) 못하지! 나도 너도 (모두 안회만) 못하지!

주

1) 子貢(자공) : 공자의 제자. 이름은 사(賜). 1·10 참조.

2) 回(회) : 공자의 제자 안회(顏回). 2·09참조.

3) 吾與女(오여여) : 두 가지 주석으로 갈린다. ① '與'를 연사(連詞)로 보아서 '나와 너'로 보거나, ② '與'를 동사로 보아서 '네가 ~함을 내가 허여(許與)한다'로 본다.[26] 어법상 둘 다 가능하지만 둘 다 석연하지는 않

---

25 계강자가 공자 제자들의 정치적 역량에 대해 일일이 물었을 때 공자는 자신 있게 추천한 바 있다(6·08). 그때도 자로와 염구는 포함된다. 계강자의 삼촌 계자연(季子然)이 공자 제자들에 대해 물었을 때도 자로와 염구는 포함되었다(11·24). 초기 제자였던 그 두 사람은 당대에 이미 대외적으로 알려졌던 모양이다. 공자의 이 대답을 내성(內聖)을 이룬 다음에야 정치가 가능하다는 설명이라고 주장하는 주석가도 있지만, 맹무백이 인이라는 기준을 가지고 물으니까 한 발 물러서는 표현을 했을 뿐 답변 자체는 적극적인 추천이 아닐 수 없다.

26 황간의 견해이다.

다. ②는 '네가 안회만 못함을 내가 인정한다'는 것인데, 공자가 안회를 아무리 편애했다 하더라도 자공 면전에서 '네가 안회보다 못함을 나는 인정한다'고 말했다면 상식적인 답변은 아니다. 더구나 자공 스스로 안회보다 못하다고 이미 말했는데도 말이다.[27] ①은 '나도 너도 모두 안회만 못하다'는 뜻이다. 공자는 자신이 아무리 존경하는 사람에게라도 '나는 저 사람만 못하다'고 말할 수 있는 기질의 사람은 아니다. 하지만 여러 곳에서 보듯이 안회에 대해서만큼은 평형을 잃었다고 할 정도로 그렇게 말한다. 그래서 ②보다는 ①에 동의한다.[28]

평설

자공과 안회는 대표적인 초기 제자이다. 두 사람 다 출중했기 때문에 곧잘 비교의 대상이 되었을 것이다. 그런데 제자들이 자기들끼리 서로 비교하는 게 아니라 스승이 직접 견준다는 것은 아무래도 이상하다. 공자는 11·19에서도 두 사람을 직접 견준다. 너희 둘 가운데 누가 더 나으냐는 말처럼 유치한 질문이 없을 텐데도 공자는 아무렇지 않게 말한다. 그건 왜일까? 안회를 으뜸 제자로 공식화하기 위해 후대 유자가 각색한

27 　공자가 진정 그런 뜻으로 말했다면 공자는 제자를 둔 게 아니라 교주로서 신도를 두었다고 할 수 있을 것이다.

28 　왕충(王充)과 왕응린(王應麟)의 견해이다. 포함과 형병도 "자공을 위로하려고 그렇게 말했을 것이다."라고 설명한다. 하지만 자신을 천명을 받은 사람으로 여기는 공자가 제자를 위로하고자 '나도 안회만 못해'라고 말했다는 것은 상상하기 어렵다. 안회에 대한 공자의 감정이 도무지 균형 잡히지 않았다는 것을 전제하지 않고서는 이해하기 어렵다. 『장자·대종사(大宗師)』에는 공자가 안회에게 "내가 네 뒤를 따라야겠다(丘也請從而後也)."라고 말하는 대목이 있는데, 공자의 그러한 점을 장자가 놓치지 않은 대목이라고 여긴다. 『장자』는 공자를 희화하려는 의도로 만든 책이 분명하다.

문장일 수도 있지만, 다른 곳의 표현들을 감안하자면 공자가 직접 말했을 가능성이 더 크다. 공자는 제자들의 서열을 공식화하기 위해 일부러 이렇게 말했을 수 있다. 제자들의 서열을 자신이 직접 공식화해두지 않으면 나중에 각축이 일어날지도 모른다는 생각에서 그렇게 말했을 것이다. 질서보다 더 중요한 것은 없다고 여기던 사람이기 때문이다.

자공이 뛰어난 사람임은 여기서도 드러난다. 자신보다 안회를 훨씬 더 높게 여기는 스승의 심중을 이미 꿰뚫고 있기에, 스승의 뜻이나 감정을 어기지 않으면서도 자기의 역량과 자신감을 충분히 표현하고 있다. 자공이 하는 말의 핵심은 '안회는 하나를 들으면 열을 안다'가 아니다. '하나를 들으면 둘을 아는 나'이다. 스승의 심중을 훤히 아는 자공으로서는 누가 더 나으냐는 빤한 물음에 아예 꼬투리 잡히지 않을 정도로 월등하게 안회가 높다고 선수를 친다. 만약 안회가 자기보다 조금 더 낫다거나 일정한 면에서만 낫다고 대답하면 스승이 당장 부정하고 나올 것임을 자공은 훤히 알고 있었던 것이다. 그래서 아예 비교되지 않을 정도로 안회가 훌륭하다고 선수를 친다.[29] 안회를 聞一以知十이라고 선수쳐놓으니, 자공이 스스로를 聞一以知二한다고 말하든 知三한다고 말하든 공자로서는 대꾸할 필요가 없어진다. 자공은 聞一以知二라는 대답으로써 스승의 입을 막는 한편, 나는 하나를 들으면 둘을 아는 사람이라고 당당하게 공언하는 효과를 거둔다.[30] 『논어』에 묘사된 안회의 우수한 면은 — 기실

---

29 "1은 수의 시작이고 10은 수의 끝이니 안회는 아성이라서 시작을 보면 끝을 알았다, 2는 1의 대(對)이므로 자공은 차(此)로 인해 피(彼)를 알거나 했을 뿐이다." 이것이 聞一知十과 聞一知二에 대한 유자들의 전통적인 해석이다. 고주의 대표인 『논어주소』나 신주의 대표인 『논어집주』나 마찬가지이다. 유자들의 합리화는 이처럼 진지하다. 그래서 더 웃긴다.

30 자공의 뛰어난 화술은 19·23~19·25에서도 잘 드러난다. 11·04의 "無所不悅"과 1·15의 "告諸往而知來者"라는 대목을 드는 주희의 주석이나, 자공이 자기

그것들은 모두 공자의 일방적인 묘사에 불과하지만 — 자공의 우수한 면과는 다르다. 그럼에도 불구하고 공자가 굳이 두 사람의 우열에 대해 공개적으로 꺼낸 것은 자공의 현달 때문에 안회가 상대적으로 묻히게 될까 봐 염려한 나머지 의도적으로 자공을 누르기 위해서였을 가능성도 있다. 공자의 안회에 대한 편집적인 사랑에 대해서는 2·09의 주에서 설명한 바 있는데, 이 장도 마찬가지이다. 공자의 편애가 이런 정도였다면 안회는 분명 다른 제자들에게 크게 따돌림을 당하였을 것이다.

5·09 宰予晝寢 子曰 朽木不可雕也 糞土之牆 不可杇也 於予與何誅 子曰 始吾於人也 聽其言而信其行 今吾於人也 聽其言而觀其行 於予與 改是

재여가 대낮에 (여성과) 침실에 들(었다는 사실이 알려지)자 스승님께서 말씀하시기를 : 삭은 나무에다는 조각할 수 없고, 썩은 흙으로 쌓은 담장에다는 미장을 못하는 법이지. (그런) 재여한테 (내가) 무슨 꾸지람을 해? (이어서) 스승님께서 말씀하시기를 : 처음 내가 사람 대할 때는 어떤 사람의 말을 들으면 그 사람의 행동도 그리리라고 믿었어. (그러나) 요즘 내가 사람 대할 때는 어떤 사람의 말을 들으면 그 사람의 행동(이 말대로인지)를 살피게 되더라. 재여 때문에 이렇게 바뀌었어.

자신을 잘 알았다는 내용이라는 호인(胡寅)의 주석은 성리학자들의 답답한 계급의식적 한계이다. 명분론적 질서를 강조하는 송대 이학자들의 주석은 '예수 미스테리아'가 은유가 아닌 문자 그대로의 진실이라고 주장하면서 기독교라는 계시종교를 만들었던 문자주의자들을 연상하게 한다.

1) 宰予(재여) : 공자가 자주 심하게 질책했던 제자이다. 3·21의 주)
참조.

2) 晝寢(주침) : 대체로 '낮잠을 잤다'고 새긴다. 그러나 낮잠 좀 잤기
로서니 이다지도 심하게 꾸짖는다는 것은 아무래도 이상하다. 그래서 다
른 해석이 나오게 된다. 오규 소라이는 '자다'는 뜻은 매(寐)이지 寢은 아
니라면서, 寢을 '내당(內堂)에 들다'는 뜻의 동사로 본다. 낮에 내당에 든
다는 것은 여성과 잠자리를 가졌다는 것이다. 문자학적 해석이 합리적이
다. 한편 정약용은 寢을 '와(臥: 눕다)'의 뜻이라고 한다. 피곤이 지극하여
낮에 잠깐 자는 것이야 괜찮지만 까닭 없이 누워 자빠졌기 때문에 꾸지
람을 들었다는 것이다.[31] 아마도 오규 소라이의 해석이 지나치다고 여긴
나머지 달리 생각해본 모양이다.

3) 糞土(분토) : 짐승의 배설물이 섞인 균질하지 않은 흙을 가리킨다.
미장은 균질하고 고운 흙을 바르는 일인데 집의 담장을 쌓는 재료는 자

31　수면에 드는 것은 寐이지 寢은 아니라는 오규 소라이와 정약용의 주장은 옳
다. 그러나 寢은 '잠자리에 들다'는 뜻이지 臥라고 할 수는 없다. 내밀한 표현은
절제되는 법이기 때문에, 이 표현이 여성과의 동침을 적시한 것은 아니라고 한다
면 딱히 반박하기도 어렵다. 하지만 달리 해석할 여지 또한 없다. 『예기·단궁상』
에는 이런 언급이 있다. "夫晝居於內 問其疾可也 夜居於外 弔之可也 是故君子
非有大故 不宿於外 非致齊也非疾也不晝夜居於內(지아비가 낮에 내당에 있는
것이 부인의 문병 때문이라면 괜찮다. 밤에 집 밖에서 머문 것이 조문 때문이라
면 괜찮다. 그러니 군자는 큰일이 있지 않는 한 집 밖에서 자지 않는다. 재계나 질
병의 경우가 아니고서는 주야로 내당에서 거처하지 않는 법이다)." 한유(韓愈)와
이고(李翶, 772~841)가 함께 지은 『논어필해(論語筆解)』에서는 '주(晝)'가 아닌
'화(畫)'로 보고서 '침실을 그림으로 장식했다'고 새긴다. 심한 억지이다. 그 책은
심각한 왜곡이 너무 많은 책이다. 정약용은 과연 한유라는 거장이 지은 책이 맞
는지 의심스럽다고까지 말한다.

갈도 섞이고 짐승의 배설물도 섞인 균질하지 않은 흙이기 때문에 그 위에 고운 흙으로 미장할 수는 없다는 뜻이다.

4) 杇(오) : 원래 미장하는 흙손(鏝)을 가리키지만 여기서는 '흙손질하다'는 뜻의 동사로 쓰였다. 황간본에는 圬로 되어 있다.

5) 於予與何誅(어여여하주) : 유보남은 '與'를 강조의 뜻인 '也'로 보고, 주학경(朱學瓊)은 『논어가차자고(論語假借字考)』에서 '有'로 보며, 주희는 어사(語辭)로 본다. '於予與'는 이 장에서 두 번 나오는데, 강조의 의미 '也'로 보면 두 군데 다 의미가 통하지만 '有'로 보면 두 번째 구의 해석에 무리가 있다. '如何'라는 의문사가 목적어를 두 글자 사이에 넣듯이 '於與'도 목적어를 두 글자 사이에 넣는 개사로 보는 것이 어떨까 한다. 조건이나 근거를 설명하기 위한 개사로서, '~과 관계해서는'이라는 뜻으로 짐작된다.

6) 子曰(자왈) : '子曰'을 다시 적은 것은 장면이 바뀜을 표시한다고 본다.

| 평설 |

3·21의 주에서 언급한 바 있듯이 재여는 심한 꾸지람을 가장 많이 받았던 제자이다. 재여에 대한 지나친 꾸지람은 안회에 대한 지나친 칭찬과 대조를 이룬다. 공자가 그처럼 치켜세웠던 안회는 애공을 접견한 적도 없지만, 재여는 3·21에서 보듯이 애공과 대담 기회를 가질 정도의 능력과 위상을 지닌 사람이었는데도 공자가 유난히 재여를 깎아내렸다면 이유가 있을 것이다. 제자를 대하는 공자의 편견 탓일 수도 있고,[32] 재여

---

32 공자가 제자를 대하는 방식은 구동(求同: 나와 같기를 바람)이고 전수(傳授: 나의 것을 그대로 받아들일 것)였기 때문에 자기와 같지 않거나 자기를 닮으려고 하지 않는 제자는 반드시 꼬집었다. 감정을 자극하는 노골적인 비난을 거리

를 깎아내리는 내용을 의도적으로 부각시켜야 할 이유가 『논어』 편찬자에게 있었을지도 모르겠다.[33] 이도 저도 아니라면 『논어』라는 책의 대중매체로서의 성격에 대해 우리는 주의를 기울일 필요도 있다고 본다.[34] 어쨌거나 모든 것은 공자의 기질에서 비롯한다.

최술은 '子曰 始吾於人也~' 이하를 별도의 장으로 보고 있다.

5·10 子曰 吾未見剛者 或對曰 申棖 子曰 棖也慾焉得剛

스승님께서 말씀하시기를 : 나는 아직 굳센 사람이라곤 보지 못했다. (그러자 옆에 있던) 어떤 사람이 대꾸하기를 : 신정(이란 사람은 굳세지 않습니까? 그러자) 스승님께서 말씀하시기를 : (신)정은 욕심 사나운데 어떻게 굳세다고 할 수 있어?

> 주

1) 剛(강) : 형병은 '直(직: 곧음)'으로 해석하고 주희는 '强(강: 힘 있음)'으로 해석한다. 오규 소라이는 여러 고전을 들면서 剛, 直, 强은 서로

낌 없이 했다.

33 2·09의 주1)에서 언급했다시피, 만약 공자가 안회에게 동성애를 느꼈다면 낮에도 여성과 동침할 정도로 여색을 밝히는 재여를 더욱 혐오했을 수 있다. 『논어』에는 공자의 여성관을 짐작할 만한 내용도 없고 이(鯉) 외의 다른 자녀에 대한 언급도 없어서 공자의 여성관계를 추리하기는 어렵다. 하지만 위와 같은 점들은 공자가 여성을 기피하거나 혐오하는 성향은 아니었는지 의심하게 만든다.

34 지금과 같은 상업적 매체는 아니었을지 몰라도 식자층을 위한 대중매체는 당시에도 충분히 존재했다고 본다. 그 가운데 가장 성공적이었거나, 아니면 유일했던 탓에 지금까지 전해지게 된 것이 바로 『논어』일 것이다. 7·29 평설의 각주, 12·22의 평설, 18·07 평설의 각주 참조.

다르다고 설명한다. 사전적으로는 柔(유: 부드러움, 휘어지기 쉬움)의 반대 개념인데, 공자의 말을 뒤집어보자면 욕심에 굴하지 않는 정신적인 '굳셈'을 말하는 듯하다. 13·27에서 공자는 "剛毅木訥近仁(굳셈, 과감, 질박, 과묵, 이런 것들이 인과 가까운 덕목이다)"이라고 말한 바 있다. 정약용은 욕심이 많으면 剛할 수 없다는 점을 『역경』을 가지고서 설명하는데, 불필요한 진지함이다.

2) 申棖(신정) : 대화의 내용으로 보거나 공자가 이름을 부르는 것으로 보거나, 또 앞 뒤 장에 재여와 자공이 언급되는 것으로 보거나 간에 공자의 제자로 추정되는 사람이다. 하지만 『사기·중니제자열전』에 이 이름은 없고 신당(申黨)이라는 이름만 있으며, 『공자가어』에는 신적(申續)이라는 이름만 있다. 형병은 정현의 견해를 인용하여 申棖, 申黨, 申續이 동일인물이라고 결론한다.[35] 이 사람에 관한 설명이나 다른 기록이 없기 때문에 이 사람을 왜 굳세다고 평가한 사람이 있었는지에 대해서는 알 수 없을 따름이다.

3) 慾(욕) : '慾' 자는 여기에서만 나온다. 공안국은 '多情慾(다정욕: 정욕이 많음)'이라 하고, 주희는 '多嗜慾(다기욕: 즐기는 것이 많음)'이라고 한다. 그러나 4·05의 주1)에서 말했다시피 '慾' 자는 『설문해자』에 나오지 않는 것으로 보건대 원래 欲이었던 글자가 慾으로 바뀌었을 가능성이 크다. 그렇다면 당시의 '欲'은 지금의 欲과 慾의 뜻을 모두 포함했을 것이다. 단순히 '욕심 있다'는 표현은 적절하지 않기 때문에 '욕심 사납

---

35   조선조 숙종연간, 문묘의 동무(東廡)에 申棖이 배향되고 서무(西廡)에 申黨이 배향되어 있는 것은 중복이니 둘 가운데 하나를 없애자고 김석주(金錫胄, 1634~1684)가 건의하여 申黨의 신위를 없앤 일이 있다. 당나라 때 공묘(孔廟)에 70제자들을 배향할 때 『논어』와 『사기』를 따르다 보니 동일한 인물이 신정과 신당으로 중복되었음을 명나라 가정(嘉靖)연간(1522~1566)에 확인하고서 申棖으로 조정한 사실이 있는데, 김석주는 그 사정을 인지하고서 건의한 것이다.

다'고 번역하였다.

개인의 감정이나 욕망을 내세우면 剛하다고 할 수는 없다는 공자의 생각을 드러내고 있다. 확실히 공자는 감성의 영역을 부정하거나 낮추본다. 그러나 사람은 감성적 욕망을 부정하는 순간 노예처럼 살아갈 수밖에 없다. 개인이 아닌 전체의 부속으로 살아갈 수밖에 없다. 유교가 중국의 이데올로기가 된 이후, 중국인은 개인으로 살지 못하고 전체로서 살기만을 강요받았다고 해도 과언이 아니다. 인민 개개인은 그 관념을 체화하였고, 그것은 전통이라는 이름으로 오늘날까지 내려온다. 그 관념이 인민 개개인에게 체화되도록 전제권력은 갖은 규범을 만들었는데, 그 선구가 공자라고 할 수 있다. 그러니 역대 전제권력이 공자를 선성(先聖) 내지 문선왕(文宣王)으로 받들어 모시는 것도 하등 이상한 일이 아니다.

공자는 추상적인 개념을 설명할 때 연역적으로 설명하기보다 남의 발언을 뒤집는 방식을 선호한다. 그런 방식은 상대방을 제압하기에는 유효하지만 개념을 정확하게 전달하지는 못한다. 여기서도 마찬가지이다. '이런 사람이 剛하다'라고 말하는 게 아니라, '나는 剛한 사람을 아직 보지 못했다'고 먼저 말을 던진다. 그리고는 그 말에 낚여서 반응을 보이는 사람이 있으면 기다렸다는 듯이 반격한다. '그 사람은 慾한데, 慾한 사람이 어떻게 剛하단 말인가!'라는 방식으로 공격하는 것이다. 상대방을 제압하는 데 유효할지는 모르나 정작 자신의 입론(立論)은 없다. 그렇다면 그 공격 또한 정당성을 확보하기는 어렵다. 단지 이기고자 할 뿐이다.

5·11 子貢曰 我不欲人之加諸我也 吾亦欲無加諸人 子曰 賜也非爾所
及也

자공이 (언젠가 스승님 듣는 데서) "나는 남이 나한테 (뭔가를) 끼치는 것도 싫고
내가 남에게 (뭔가를) 끼치고 싶지도 않다."라고 말하자, 스승님께서 말씀하시
기를 : 사야, (그건) 네가 미칠 수 있는 바가 아녀.

주

1) 加(가) : '加諸我'는 '加之於我'의 줄임인데, 이때 之는 가목적어이
다. 마융은 加를 '陵(릉)'으로 새긴다. 자전에도 加에는 '능욕(凌辱)', '능
멸(凌蔑)'의 뜻이 있다면서 이 구절을 예문으로 든다. 그러나 加는 물리
적 힘이든, 비물리적 힘이든, 아니면 물질적인 보탬이든, 무언가 상대에
게 끼치는 것을 가리킨다. 그것이 능멸일 수도 있다. 하지만 '加' 자 자체
에 능멸이나 능욕의 뜻이 있다고 말할 수는 없다. 12·02와 15·24를 참
조한다면, '의도적인 끼침'을 施라 하고 '의도하지 않은 끼침'을 加라고
한 듯하다.

평설

앞 구는 '我不欲~'인데 뒤 구는 '吾亦欲無~'이다. 我를 반복하지 않고
吾로 바꾼 것이나 '亦不欲~'을 반복하지 않고 '亦欲無~'라고 한 것은 중
복을 피하는 작문 관행이기도 하지만, 1·11의 "三年無改於父之道"처럼
'~하는 일은 결코 없다'는 다짐의 표현이라고 본다.

인이 무엇이냐는 중궁의 물음에 공자는 자신이 하고자 하지 않는 것
을 다른 사람에게도 베풀지 않는 것이라고 했다(12·02). 평생토록 지켜
야 할 한마디 말이 뭐냐고 자공이 물었을 때도 공자는 '恕'라고 대답하면
서, 그것은 자기가 하고자 하지 않는 바를 남에게도 베풀지 않는 것이라
고 했다(15·24). 자공이 이 장에서 한 말은 15·24와 같은 내용이다. 자공

은 스승에게서 들었던 말을 표현만 바꾸어서 혼자 이렇게 중얼거렸는지도 모른다. 실천을 각오했을 수도 있다. 그렇다면, 스승의 가르침대로 실천하겠다고 다짐하는 제자에게 "그건 네가 해낼 수 있는 바가 아냐!"라고 비웃듯 단정하는 공자를 어떻게 이해해야 할까? 해낼 수 없다고 여기는 사람을 왜 제자로 받아들이며, 그런 사람을 왜 가르친단 말인가?[36]

『논어』에는 이처럼 의문스럽고 모순된 공자의 태도들이 꽤 있다. 더구나 자공이 누구인가. 『논어』를 통해서나 다른 자료를 통해서나 보건대 공자의 제자들 가운데 가장 뛰어난 사람이 아닌가. 세속적으로 가장 현달했을 뿐 아니라 무척 지혜로운 사람이었으며, 공자가 죽자 혼자서 6년이나 거상하면서 극진한 예를 다했던 사람이고, 공자를 성인으로 추숭하는 데 가장 진력했던 제자이다. 그처럼 훌륭한 제자가 스승이 말한 대로 실천하겠다고 다짐하자 "그건 네가 할 수 있는 게 아냐!"라고 스승이 말했다면, 공자와 자공의 관계는 도대체 어떤 관계였는지, 공자는 어떤 심리를 지닌 사람이었는지 궁금하지 않을 수 없다. 밋밋하기 짝이 없던 제자인 안회에 대해서는 이해할 수 없을 정도로 찬사와 애정을 쏟았으면서도 말이다.

---

36 그래서 미야자키 이치사다는 '사야, 지금의 너에게는 지나친 바람이다'라는 뜻이라고 눅여서 새긴다. 하지만 그렇게 말했다 하더라도 제자로서는 섭섭하기 짝이 없었을 텐데, 위와 같이 발언했다면 그 시대의 언어관습을 감안하더라도 지나친 표현이다. 공자의 말이 거칠다는 느낌은 여러 곳에서 감지되는데, 그것이 공자 개인의 성향 탓만은 아닐 것이다. 후대 사람들의 분위기나 편집의도가 반영된 표현으로 다듬어졌을 가능성도 많다고 본다. 더 나아간다면 공자의 자공에 대한 정서적인 시샘도 추측해볼 수 있다. 자공의 현명함을 공자가 몰랐을 리는 없기 때문이다. 자공을 공자보다 더 현명하다고 치켜세우는 사람이 있었음을 감안하면 충분히 가능한 추론이라고 본다. 17·19와 19·25 참조.

5·12 子貢曰 夫子之文章 可得而聞也 夫子之言性與天道 不可得而聞也

자공이 말하기를 : 스승님의 문물제도(에 대한 말씀)은 들어보았지만 스승님의 성이니 천도(니 하는 말씀)은 들어본 적이 없다.

> 주

1) 文章(문장) : 시·서·예·악 등의 경전이다(황간과 형병), 덕이 바깥으로 드러난 것으로서 위의(威儀)나 문사(文辭)를 가리킨다(주희), 시·서·예·악의 설(說)이다(정약용), 문화이다(차주환), 詩·書·史·禮와 같은 고대 문헌과 유관한 학문이다(양백준), 예악이다(오규 소라이) 등 여러 주석이 있다. '章'은 '彰(창)'과 동자로서 明(명), 表(표), 顯(현), 著(저)의 뜻이 있다. 文과 章을 포괄하는 번역어로는 '문물제도'가 낫다고 본다. 훌륭하게 갖추어진 예악제도를 의미할 것이다. 다만 공자가 스스로 만든 예악제도는 없으므로 '문물제도에 대해 설명하신 내용' 정도의 뜻으로 보면 될 것이다. 3·14, 7·33, 8·19, 9·05에서의 용례도 마찬가지이다. 『논어』에 나오는 文의 의미에 대해서는 1·06의 주) 참조.

2) 可得而聞也(가득이문야) : 得은 '얻다'는 뜻의 동사나 '~할 수 있다'는 뜻의 조동사로 쓰이는데, 구분이 어려운 경우도 있다. 조동사의 경우 여기서처럼 '得而' 또는 '得以'로 사용되기도 한다. 可는 '得而聞'을 수식한다.

3) 性(성) : '태어나다'와 '생명'의 뜻을 함께 지닌 '生'에서 파생한 글자이다. 인간의 고유한 자의식이란 것에 주의하게 되면서 타율적 의미가 짙은 '生'과는 별도의 이 문자를 만들었다고 본다. '情' 또한 '生'에서 파생한 문자로 간주된다.[37] 자공의 말처럼 공자는 性에 대해 언급한 적이

37　문자학적으로 生·牲·胜·姓·性·情·青은 모두 동원자이다. 『상서』가 가장 오래된 책이라고 인정한다면 '性' 자는 『상서·상서(商書)』 「탕고(湯誥)」의 "惟皇

없었을지 모르나[38] 후대 유가로 내려갈수록 性은 강조되었다. 인간의 본질에 대한 성찰이 깊어진 탓에 性이란 것의 존재여부나 존재형태에 관해 논의했던 것은 아니다. 성이 선한지 악한지, 또는 인간이 도덕적으로 자기를 어떻게 관리할 것이며, 정치적으로는 어떻게 행동할 것인지에 대해 논했던 것이다. 따라서 性은 德과 상관관계를 갖는 개념이 된다.[39] 공자의 말씀을 재구성한 「중용」에서는 "하늘이 시키는 것을 성, 성을 따르는 것을 도, 도를 닦는 것을 교라고 일컫는다."[40]라고 규정한다. 맹자에 이르면 더 자세하게 性을 설명한다. 맹자 시대에는 식욕이나 색욕 등 사람이 태어나면서부터 갖추고 있는 생리적·감각적 욕구를 性이라고 여겼던 듯하다.[41] 맹자는 性을 동물과는 달리 인간만이 가지고 있는 독특한 특성의

上帝 降衷于下民 若有恒性 克綏厥猷惟后(거룩하신 상제께서 아래 백성에게 충심을 내리시니 변함없는 성품을 지녀서 도에 편안할 수 있는 사람이라야 임금이도다)"라는 대목에 처음 나타난다. 전한 말기 무렵에 쓰인 것으로 추정되는 정주한묘죽간본은 17·02의 '性相近'을 '生相近'으로 적는 것을 보더라도 후대에까지도 두루 쓰였을 가능성이 있다. '섹스(sex)'나 '젠더(gender)'라는 개념은 후대에 확장된 개념이다.

38 "性相近 習相遠(성품은 누구나 서로 비슷하지만 습관은 서로 멀어지게 만든다)"(17·02)이라는 표현이 있기는 하다. 그런데 제16편 「계씨」 이후는 공자의 육성이 아니라고 주장하는 사람이 많다. 정황상 수긍되는 주장일 뿐 아니라 性에 대한 공자의 언급은 없었다는 자공의 말을 감안하더라도 17·02는 공자의 육성이 아닐 수 있다. 하지만 의심하기로 하자면 「계씨」 이후뿐 아니라 『논어』 전편이 의심 대상이다. 『논어』를 그런 눈으로 보자면 우리는 『논어』에서 취할 게 없어진다. 원전은 일단 현재 전해지는 그대로 받아들이는 자세가 필요하다. 다만 조심스럽게 접근하면서.

39 1·09의 '주)德' 참조.

40 天命之謂性 率性之謂道 脩道之謂教

41 "告子曰 食色性也"(『맹자·고자상』). 고자는 맹자와 달리 사람의 성에 선악이라는 구분은 없다는 입장이다.

측면으로 여기면서 인의예지가 곧 인간의 性이라고 주장한다. 인의예지의 뿌리는 누구나 가지고 있기 때문에 性을 길러야 한다(=養性)고 생각한 것이다. 반면 순자는 사람의 性이 선하다는 것은 인간이 만들어낸 생각일 뿐이고, 性은 악하다고 단정한다.[42] 이어서 양웅(揚雄, 53 B.C.~18 A.D.)은 사람의 성에는 선과 악이 섞여 있으니 선을 닦으면 선인이 되고 악을 닦으면 악인이 된다고 설명한다.[43] 性을 본연지성(本然之性)과 기질지성(氣質之性)으로 구분하고서, 본연지성을 통하여 인간이 도덕적으로 선하도록 되어 있는 근거를 제시하고 기질지성을 통하여 환경의 영향

---

42 '惡(악)'은 '좋지 않다'는 뜻이다. "人之性惡 其善者僞也 今人之性 生而有好利焉 順是故爭奪生而辭讓亡焉 生而有疾惡焉 順是故殘賊生而忠信亡焉 生而有耳目之欲 有好聲色焉 順是故淫亂生而禮義文理亡焉 然則從人之性順人之情 必出於爭奪 合於犯分亂理而歸於暴 故必將有師法之化禮義之道 然後出於辭讓 合於文理而歸於治 用此觀之 然則人之性惡明矣 其善者僞也(사람의 성은 좋지 않다. 사람의 성 가운데 좋은 점은 후천적으로 만들어진 것이다. 이제 사람의 성품이란 것을 한번 보자. 사람은 태어나면서부터 이익을 좋아한다. 이익을 좋아하기 때문에 쟁탈이 생겨나고 사양은 사라진다. 사람은 태어나면서부터 나쁜 것을 싫어한다. 나쁜 것을 싫어하기 때문에 잔적이 생겨나고 충신은 사라진다. 사람은 태어나면서부터 감각적 욕망을 갖고 성색을 좋아하게 된다. 그러기에 음란이 생겨나고 예의와 문리는 사라진다. 그러니 사람이 성을 좇거나 정을 따르게 되면 다툼부터 시작하여 분수를 넘고 도리를 무너뜨리며 종당에는 포악에 이르게 된다. 그러므로 스승의 교화와 예의의 도리가 있어야만 사양부터 시작하여 문리에 맞고 종당에는 치의 상태가 된다. 이러한 이치를 보자면 사람의 성이 좋지 않다는 것은 분명하다. 사람의 성 가운데 좋은 점은 후천적으로 만들어진 것이다)"〈『순자·성악(性惡)』〉.

43 人之性也善惡混 修其善則爲善人 修其惡則爲惡人 氣也者 所以適善惡之馬也與(사람의 성은 좋고 나쁨이 섞여 있어서 좋은 것을 닦으면 선인이 되고 나쁜 것을 닦으면 악인이 된다. 기라는 것은 선이나 악으로 실어다 주는 말과 같은 것이다)〈『법언·수신(修身)』권 제3〉.

으로 나빠질 수 있는 이유를 설명하고자 했던 주희의 생각도 비슷하다. 다만 주희는 천도(天道)와 같은 이(理)가 곧 인간의 性이라고 여겼다. 계급에 기초한 인성만을 긍정할 뿐 계급을 초월하는 보편 추상적인 인성을 부정했던 마르크스의 생각도 순자나 양웅의 생각과 비슷하다 하겠다.

4) 天道(천도) : 원래 해·달·별이 다니는 길을 가리키는 말이다. 관찰을 통해 해·달·별의 움직임은 일정하다는 것을 알게 되었고, 자연환경이란 결국 해·달·별의 움직임이 만들어내는 四時 변화의 결과에 불과하다고 여기게 되었으며, 인간 삶의 변화도 자연환경처럼 해·달·별의 움직임과 관계가 있다고 고대 중국인은 생각하였다. 해·달·별이 다니는 길이 일정하듯이 인간이 가는 길 또한 일정해야 한다고 여겼을 것이며, 나아가 天道를 잘 살피면 人道도 알아낼 수 있다고 생각했을 것이다. 그것이 이른바 '천인합일(天人合一)'이라는 생각의 출발점이다. 그러나 본문에서 알 수 있듯이 공자가 천인합일이라고 정리한 것은 아니다. 내려오던 관념을 바탕으로 후대 유자들이 정리하였다.[44] 天에 대한 구체적인 설명은 2·04의 주) 참조. 道에 관한 설명은 1·02의 주) 참조.

---

44 "順天者存 逆天者亡(하늘의 뜻을 따르는 자는 살아남고 하늘의 뜻을 거스르는 자는 망할 것이다)"(『맹자·이루』)이라는 맹자의 말이 그 시작일 것이고, "元亨利貞天道之常 仁義禮智人性之綱(원형리정은 변함없는 하늘의 길이고, 인의예지는 뼈대가 되는 인간의 성품이다)"이라는 주희의 소학제사(小學題辭)는 그 완성쯤으로 볼 수 있다. 양백준은 『좌전』 소공 18년과 26년의 정국자산(鄭國子産)과 안영(晏嬰)의 천도에 대한 언급은 인류의 길흉화복이 자연과 관련된다는 생각을 부인하고 미신습관을 깨는 언급이라고 주장한다. 이 두 사람은 공자보다 나이도 많고 또 공자에 의해 거론된 바 있는 사람이니 공자가 천도에 대해 언급하지 않았던 것은 이들의 영향을 받았기 때문일지 모르겠다고 한다.

자공의 이 메시지는 중요하다. 공자는 제도적인 것에 대해서만 관심을 가졌지 관념적인 주제에 대해서는 언급조차 한 적이 없다는 것이다. 자기 스승이 그러했다는 '사실'을 말하고자 한 것인지, '그 점이 아쉽다'고 말하려는 것인지, 아니면 주희의 주석처럼 性과 天道에 대한 설명을 비로소 듣게 되자 감탄한 것인지는 알 수 없다. 아쉬움이나 감탄이라면 어조사로나마 그런 어기가 드러날 텐데 그렇지는 않다. 사실에 대한 언급으로 보는 것이 어떨까 한다. 性이나 天道에 대한 질문을 받게 된 자공이, 그런 주제에 대해서는 우리 스승님도 말씀하신 적이 없기 때문에 나도 대답하지 않겠다고 한 것은 아닌지 모르겠다.

인간은 알고자 한다. 궁금하면 견디지 못한다. 궁금증은 근원적이다. 궁금증에 대한 공자의 입장은 확실하였다. 관념적이고 초현실적인 것에 대한 의문은 해답을 찾을 수 없는 의문이고, 해답을 찾을 수 없는 의문에 매달리는 것은 실익이라곤 없는 짓이며, 실익 없는 짓에 에너지를 쏟는 것은 현명하지 못하다는 것이 공자의 입장이었다.[45] 하지만 인간의 호

---

45 7·21과 11·12 참조.

실익 없는 일에 파고드는 것을 거부하는 공자의 태도는 춘추시대라는 환경에서 얻어진 결론이겠지만 어쨌든 관념적인 것에 대한 탐구를 외면하는 공자의 태도는 이후 중국인의 사유방식과 가치관에 크게 영향을 미쳤다고 본다. 의문이 생기면 답을 찾기 위한 다양한 시도가 용인되어야 하고 관념적인 주제에 대한 탐구가 인간의 현실 이익이나 행복과 무관하지 않다는 것은 이 시대의 상식이다. 하지만 공자의 지혜(?)와 권위는 그런 태도를 용납하지 않았다. 인간의 조건을 초월한 의문에 몰두해봤자 해답이라곤 얻을 수 없으니 무익하고, 무익하면 곧 무의미하다고 여겼다. 인간에게 의미(실익) 있는 것은 세상을 인지하는 감각과 예지, 그리고 감각과 예지가 뛰어난 자를 따르면서 그의 권능을 존경하는 것이라고 여기도록 만들었다. 그 결과 유교문화권에서 순수한 관념론은 존재할 수 없었다. 있더라도 구상화시킨 것뿐이었다. 예컨대 '성리학적 세계관'이란 것, 우주 변화의

원리라고 설명하는 '易', '문인화가 추구하는 경지', 간화선을 통해서 증득하게 되는 '깨달음의 세계' 정도이다. 유교문화권의 이런 사유방식은 다른 문명권과 충돌하기 전까지는 갈등 없이 유지되고 존중되었다. 그러나 서구문명권과 충돌하여 좌절한 뒤 비로소 자기네의 사유방식을 점검 당하게 된다. 하지만 주체적이고 능동적인 점검이 아니라 상대가 지적하는 바를 수동적으로 받아들이는 형식이었기 때문에 상대적으로 자신의 힘이 만회되었다고 생각하면 언제든지 뒤집을 수 있다고 여긴다. 헤겔(Georg Wilhelm Friedrich Hegel), 막스 베버(Max Weber), 레빈슨(Joseph R. Levenson) 등 중국문명이 퇴영적이고 단절되었다고 비판했던 서구 학계의 주류층은 20세기 후반부터 조지프 니덤(Joseph Needham, 1900~1995), 토마스 메츠거(Thomas A. Metzger, 1933~), 벤저민 슈워츠(Benjamin I. Schwartz) 등 중국문명과 지성사의 연속성을 긍정하는 학자들로 바뀐다. 그리고 일본, 한국, 대만, 싱가포르, 홍콩 등 유교문화권 국가들이 부상하고 중국마저 거대국가로 성장하게 되면서, 중국의 자기 문화에 대한 반성은 시나브로 사라지고 있다는 느낌이다. 그러나 어느 문화권이든 자존감과는 별도로 자기 문화에 대한 점검과 반성은 필요하다. 점검과 반성을 통해 변화하지 않는 문화는 사멸할 수밖에 없다.『논어』를 이 시대의 한국어로 옮겨야 하는 이유는 이 시대 한국인의 눈으로써『논어』와 유교문화의 본질을 분석하기 위해서이다. 조선시대 유자의 눈을 통해 인식되었던『논어』와 유교를 오늘날 되살리고자 해서가 아니다. 메츠거 등 서구 학자들이 유자들의 修身을 자기함양으로 오해하고 仕를 사회에 대한 봉사로 오해하는 것을 보거나, 이택후와 같은 중국 학자들이 실용이성이라는 모순된 용어로써 유교문화를 왜곡하는 것을 보면 서구인이나 중국인에 의한 중국학의 한계를 극복해야 할 필요성을 절실하게 느끼기 때문이다.

관념적인 것을 외면하는 사유방식의 결정적인 흠은 '가치'를 경시하게 된다는 점이다. 고대 중국의 지배 권력은 개인을 合(전체)의 分(부분)으로만 본다고「논어문답」 12'에서 설명한 바 있는데, 지배 권력의 그런 관념은 실익을 우선시하는 개인의 관념과 모순관계에 놓일 수밖에 없다. 따라서 지배 권력은 권력의 서열화를 통해 모순을 억누르게 되는데, 그 과정에서 '가치'는 들어설 자리가 없게 된다. 가치라는 것은 대등하고 수평적인 사회에서나 유지가 가능할 뿐이기 때문이다. 수직적 사회에서는 지위(서열)의 확보만이 중시된다. 따라서 수직적 사회의 질서가 무너지게 되면 가치의 부재는 심각한 문제를 낳게 된다. 개인이 갑작스럽게 역할

기심은 실익 앞에서 쉬 누그러지지 않는다. 「중용」이나 『맹자』를 보더라도, 그리고 전국시대에 만들어진 것으로 추정되는 곽점초간(郭店楚簡)에 "性은 命에서 나오고 命은 하늘에서 내려오는 것이다. 道는 情에서 시작하고 情은 性에서 생겨난다. (…) 이 땅에 있는 모든 것은 性이 한 가지일 뿐이지만 用心이 각각 다른 것은 배운 것이 달랐기 때문이다."[46]라는 글이 들어 있는 것을 보더라도, 유자들의 性에 대한 언급은 진지하게 이어졌음을 알 수 있다.[47] 다만 그들은 질문하는 것이 아니라 나름대로 규정하려고 했다. 천도를 규정하려는 노력은 줄곧 이어졌다.[48] 과학적 방법

을 하고 책임을 지는 독립적이고 자율적인 존재가 될 수는 없기 때문이다. 그래서 은폐된 권력관계가 여전히 개인을 관리하게 되고, 그런 상황에서 어느덧 '자본'이 봉건시대의 '지위'를 대신하게 된다. 이제 유교문화권을 포함한 지상의 모든 인류는 개인의 자유, 권리, 인간성과 같은 가치를 포기할 가능성은 없다. 따라서 앞으로 유교문화권의 내부적 긴장은 실익과 가치 사이의 갈등이 주조를 이룰 것으로 본다. 봉건시대의 청산과 새로운 가치의 창출이라는 과제는 단기간에 완성될 과제가 아니기 때문이다. 이 주제와 관련해서는 1·01과 2·06의 평설 참조.

46 　性自命出 命自天降 道始於情 情生於性 (…) 四海之內 其性一也 其用心各異 教使然也

47 　맹자의 인성론은 「중용」의 영향을 받은 것이 분명하다.

48 　정약용은 정조임금에게 「중용책(中庸策)」이란 글을 올린 적이 있는데, 거기서 그는 「중용」이 『논어』의 「향당」편과 표리를 이룬다고 말한다. 공자의 위의와 문사는 들어서 알지만 性과 天道는 듣지 못했다고 자공이 말했는데, 性과 天道에 관한 공자의 견해는 공자의 손자 자사가 「중용」이란 글로 펴냈고, 공자의 위의와 문사에 관한 내용은 『논어』「향당」편이 곧 그것이므로, 양자는 표리를 이룬다고 할 만하지 않겠느냐는 것이다. 정약용은 '문장은 위의와 문사이다'라는 주희의 견해를 그런 식으로 비약하여 규정한 것이다. 이렇듯 주석학이라고도 불리는 중국 학문의 특징은 부연에 부연을 거듭한 끝에 엉뚱한 결론으로 귀결되곤 한다. 1·02의 주11)에서 언급한 아이들의 언어유희 '빨가면 사과, 사과는 맛있어, 맛있으면 바나나, 바나나는 길어~'처럼 '빨갛다'가 종당에는 '길다'로 규정될 수 있는 것

론을 주종으로 삼게 된 현대에도 여전히 이어진다.

5·13 子路有聞 未之能行 唯恐有聞

자로는 (한 가지를) 얻어들으면 그것을 실천하지는 않으면서 (다른) 가르침이 (새로) 주어질까만을 걱정하(는 사람이)었다.

> **평설**

"전에 들었던 것을 아직 실천하지 못하고 있기 때문에 또 듣게 되면 병행할 수 없으므로 걱정한 것이다."[49]라는 공안국의 해석을 대체로 받아들인다. 그러나 석연한 해석은 아니다. 공안국의 해석이 석연하지 않기 때문에 뒤의 '有聞(유문)'을 '又聞(우문)'으로 새기는 주석이 나온다.[50] "자로는 자신이 유명하게 되자 아직 실천하지 못하고 있는데 유명하게 된 것에 대해서만 걱정한다."[51]라는 주석도 마찬가지이다. 이 장 해석의 관건은 뒤에 나오는 '有聞'이 공안국의 설명처럼 또 새로 얻어듣게 되는 것을 가리키는지, 아니면 황식삼의 설명처럼 앞 구의 有聞을 가리키는지의 여부이다. 어쨌든 자로를 부정적으로 표현하는 내용임은 분명하다.

5·14 子貢問曰 孔文子何以謂之文也 子曰 敏而好學 不恥下問 是以謂之文也

이 바로 중국 주석학의 특징이었다. 이런 특징은 대체적으로는 요즘도 여전하다.

49 前所聞未及行 故恐後有聞不得竝行也

50 '又'와 '有'의 중국어 발음은 같은 [you]이다.

51 황식삼(黄式三), 『논어후안(論語後案)』.

자공이 (스승님께) 여쭙기를 : 공문자는 무슨 이유로 (시호를) 문으로 부르게 되었습니까? 스승님께서 말씀하시기를 : 영민하면서 호학하고, 아랫사람에게 물(어서 배우)는 것도 부끄러워하지 않았기 때문에 (시호를) 문으로 부르게 되었지.

> **주**

1) 孔文子(공문자) : 위(衛)의 대부 공어(孔圉, ?~480 B.C.)이다. 영공(靈公)의 손자 출공(出公)이 공위(公位)를 차지하고 出公의 아버지 괴외(蒯聵)는 아들에 의해 진(晉)나라로 쫓겨나서는 공위를 탈환할 기회만을 엿보던 무렵에 위나라의 실권을 잡고 있었던 사람이다.[52] 공어에 대한 기록은 많지 않지만 좋은 사람은 아니라는 증거가 충분하기 때문에 중국의 학자들 가운데는 공자가 그와 관계를 가졌다는 사실을 당혹해하는 사람도 있다고 H.G. 크릴은 말한다. 『좌전』에 의하면 그는 靈公의 딸 백희(伯姬)와 결혼했는데, 자신의 권력을 공고히 하려는 수단으로 정략결혼을 중시한 나머지 태숙질(太叔疾)을 억지로 이혼시킨 다음 자기의 딸 공길(孔姞)과 결혼시킨 적이 있다고 한다. 그런데 태숙질이 자기 딸을 소박하면서 본처의 여동생과 통정하자 공어는 화가 난 나머지 군대를 동원하여 그를 공격하려고 했다. 행동에 옮기기 전 공자를 방문하여 자문을 구하자 공자는 그 계획을 중단하라고 충고했고, 공어도 공자의 말을 따랐다고 한다. 공자는 위나라의 이러한 혼란상이 싫었는지 제자들에게 위나라를 떠날 채비를 하라고 명하였지만 공어가 그 일에 대해 사과하자 공자도 떠날 생각을 재고하였다 한다. 그러던 상황에서 마침 노나라에서 사자를 보내 고국으로 돌아오라고 하자 귀국했다고 한다. 한편 공어는 태숙질이 민심을 잃어 송나라로 달아나고 태숙질의 아우 유(遺)가 그 자리에 오르자, 자신의 딸 공길을 다시 遺에게 시집보낸다. 이처럼 도무지 좋

---

52   7·15의 주) 참조.

은 평판을 받을 수 없는 행실의 주인공임에도 文이라는 시호를 받게 되자 자공은 질문했을 텐데, '敏而好學 不恥下問'이라는 공자의 대답이 무엇에 근거한 것인지는 의문이다. 의문에 앞서, 이런 이야기들 자체가 얼마나 사실과 가까운지도 의문이다.『좌전』은 한참 후대에 소설적으로 정합을 맞춘 책이기 때문이다. 14·19의 주2) 참조.

2) 敏(민) : '민첩'의 뜻이 아니라 '영민'의 뜻이다. '英敏'에는 1·14의 '敏於事'처럼 '자세히 살피다'는 뜻이 담겨 있다.

3) 好學(호학) : 1·14의 주) 참조.

4) 不恥下問(불치하문) : 신분사회에서 윗사람이 아랫사람에게 묻는다는 것은 수치이지만 자신감을 지닌다면 수치가 아니라는 의미이겠다.『예기·학기』의 '교학상장(敎學相長: 가르침과 배움은 서로 성장시킨다)'이나,『서경·열명하(說命下)』의 '유효학반(惟斅學半: 가르침은 배움의 절반)'도 가르치는 위치와 배우는 위치가 고정될 수는 없다는 개방적인 자세를 드러내는 말이다. 그러나 공문자가 공자에게 태숙질을 공격할 것인지의 여부를 물었던 일을 염두에 둔 발언일지도 모른다.

5) 文(문) :『논어』에 나오는 '文'의 의미는 1·06의 주) 참조.『일주서(逸周書)』「시법해(諡法解)」에는 "하늘을 날줄로 삼고 땅을 씨줄로 삼는 것, 도와 덕이 넓고 두터운 것, 배움에 부지런하고 질문하기 좋아하는 것, 인자하고 은혜로우며 인민을 사랑하는 것, 인민을 불쌍히 여기고 예를 사랑하는 것, 인민에게 작위를 하사하는 것을 文이라고 한다."[53]라고 되어 있다.

---

53   經緯天地曰文 道德博厚曰文 學勤好問曰文 慈惠愛民曰文 愍民惠禮曰文 錫民爵位曰文

대부에게 시호는 생전의 벼슬보다 더 중요한 과제, 당대에 끝나지 않고 후대에까지 영속되는 과제였다. 자공은 역시 날카롭다. 공어에게 '文'이라는 시호를 준 것은 이해할 수 없다고 질문한다. 그러자 공자는, 부당한 시호로 보지는 않는다면서 이유를 말해준다.[54] 이런 문답은 공문의 수업방식이었을 것이다.

공어는 애공 15년(480 B.C.)에 죽었고 공자는 애공 16년(479 B.C.)에 죽었으니 이 문답은 그사이에 이루어졌을 것이다. 그렇다면 이 장은 『논어』의 여러 편장 가운데 편년이 가장 확실한 장이라고 할 수 있다. 자공은 공자의 말년까지 공자를 옆에서 모시고 있었음도 알 수 있다.

5·15 子謂子産 有君子之道四焉 其行己也恭 其事上也敬 其養民也惠
其使民也義

스승님께서 (정나라) 자산을 (평가하여) 일컬으시기를 : (자산은) 군자의 도리 네 가지를 지닌(분)이었다. 자신의 몸가짐은 공손하였고, 윗사람 섬기기는 경건하였으며, 인민을 부양할 때는 은혜로웠고, 인민을 부릴 때는 기준에 맞게 하셨다.

1) 子産(자산, ?~522 B.C.) : 춘추시대 정(鄭)나라의 경(卿)으로서 어진 재상이었다고 평가받는 사람이다. 성명은 공손교(公孫僑), 자는 子産, 시호는 성(成)이며, 동리자산(東里子産)으로 불리기도 한다. 『사기·정세가(鄭世家)』에서는 성공(成公)의 아들이라고 했지만 목공(穆公)의 손자

---

54 '文'이라는 시호를 주는 근거에 대한 공자의 언급은 14·18에도 나온다.

이자 공손발(公孫發)의 아들이라는 두예(杜預, 222~284)의 주석이 옳다는 견해가 우세하다. 정나라의 재상으로 간공(簡公)·정공(定公) 무렵 22년간 집권하였는데 당시 진(晉)은 도공(悼公)·평공(平公)·소공(昭公)·경공(頃公)·정공(定公)의 五世가, 초(楚)는 공왕(共王)·강왕(康王)·겹오(郟敖)·령왕(靈王)·평왕(平王)의 五世가 집권하면서 서로 쟁패하던 시기라서 전쟁이 끊이지 않던 때였다. 그런 시기에 자산은 두 나라 사이에 위치한 정나라의 국격을 낮추거나 과장하지 않으면서 두 나라로부터 안전을 보장받을 뿐 아니라 존경까지 받았던 걸출한 정치가이자 외교가로 평가받는다. 별자리 움직임 때문에 하늘에 제사를 지내야 한다는 주청에 합리적인 이유를 들어 거부한 사실 때문에 미신을 따르지 않았다는 평가를 받고,[55] 형벌을 제정하여 정(鼎)에 새긴 사실 때문에 합리적인 법치를 구현하고자 했다는 평가를 받는다.[56] 병들어 죽음에 임박해서는 자태숙(子太叔)에게 다음과 같이 말했다고 한다. "내가 죽으면 반드시 당신이 정치를 맡게 될 텐데, 덕이 있는 사람만이 백성을 관대한 방법으로 복종시킬 수 있다. 그것을 못할 경우 차선책은 엄한 방법이다. 뜨거운 불은 사람들이 무서워하기 때문에 불 때문에 죽는 사람은 적다. 그러나 물은 부드럽기 때문에 사람들이 가볍게 생각하고 조심하지 않아서 물 때문에 죽는 사람은 많다. 이와 마찬가지로 관대한 정치는 어려운 것이다."[57] 자산이 죽었다는 소식에 공자는 눈물을 흘리면서 "古之遺愛也(옛날의 유풍을 지닌 인자함을 지닌 사람이었도다)"라면서 슬퍼했다는 기록이 『좌전』 소공 20년에 있는데, 당시 공자는 서른 살 무렵이었다. 14·09에서 공자는 자산을 혜인(惠人)이라고 평한다. 『좌전』 양공 24년에는 자산이 진

---

55 『좌전』 소공 17년과 18년.

56 『좌전』 소공 6년. 2·03의 평설 참조.

57 『좌전』 소공 20년.

(晉)의 범선자(范宣子)에게 보낸 글이 실려 있는데 명문장으로 꼽힌다.

2) 子謂子産(자위자산) : 자산을 평가하여 일컬었다는 뜻이다. '자산에게 다음과 같이 말씀하셨다'는 뜻이려면 '子謂子産曰'이라야 하고, '其行己也~' '其事上也~'에서도 其 자가 필요 없었을 것이다.

3) 君子之道四焉(군자지도사언) : 자산의 행동 가운데 네 가지는 군자다운 행동이었다는 뜻이지 공자가 원론적으로 규정하는 군자의 도리 네 가지에 자산의 처신이 모두 부합했다는 뜻은 아니다. 공자는 군자를 그런 식으로 규정하지는 않았다. 오규 소라이는『좌전』에 나오는 자산의 행적 가운데 네 가지를 찾아서 각각 공(恭)·경(敬)·혜(惠)·의(義)에 해당한다고 설명하지만, 그것이 공자의 뜻과 부합할 리는 없다.

4) 義(의) : 사사로이 인민을 부리지 않고 공공의 이익에 부합하는 일에 한하여 인민을 부렸다는 뜻이다.『논어』에 나오는 義에 대한 해설은 1·13의 주) 참조.

| 평설 |

인물품평은 고대 중국에서 매우 중요한 과제였다. 공문의 교육에서도 당연히 중시하였다. 이 장은 공자가 제자들에게 수업하는 장면을 옮긴 것이나 다름없다고 본다. 공자의 인물품평에 대해서는 2·10, 5·17, 13·24, 14·09, 14·25, 14·29 참조.

5·16 子曰 晏平仲善與人交 久而敬之

스승님께서 말씀하시기를 : 안평중은 사람들과의 교분이 좋았다. 세월이 흘러도 (사람들이) 그를 존경하는(것을 보면 알 수 있)다.

1) 晏平仲(안평중, 578~500 B.C.) : 제(齊)의 상대부(上大夫)로 영공(靈公), 장공(莊公), 경공(景公) 3대에 걸쳐 40여 년간이나 상국(相國)을 지냈던 안영(晏嬰)을 가리킨다. 자가 仲이고 平은 시호이지만 관습적으로 '안평중' 또는 '晏子'라고 일컫는다. 관중 이후 제나라의 제2전성기를 이루게 한 사람이라는 평가를 듣는데, 『사기』에서는 그의 열전을 관중과 함께 실었다. 『안자춘추』를 지었다고 하는데, 그 책은 서한 이전이나 육조시대에 편찬되었을 것으로 추정했지만 최근 죽간본이 다수 출토되면서 선진시대에도 있었음이 밝혀졌다. 제나라 직하학궁(稷下學宮) 사람들이 전승했을 것으로 추정된다. 3·09의 평설에서 설명하였듯이, 공자가 제나라에 와서 경공의 마음을 사로잡자 경공에게 유자의 허점을 맹렬하게 설명한 끝에 경공의 마음을 돌리고 결국 공자도 노나라로 돌아가게 만들었던 사람이다. 공자가 안영을 교분관계를 잘 맺었던 사람으로 평가한 것은 그가 신도(臣道)를 잘 지켰기 때문이었을 것이라고 일반적으로 추정한다. 그 사례로는 장공이 최저(崔杼)에게 시해되었을 때 안영은 최저의 눈치를 보지 않고 최저의 집을 찾아가 장공의 시신에게 예를 올렸던 사실과, 최저와 경봉(慶封)이 경공을 옹립한 다음 신하들을 태묘에 모아서 공공연하게 자기편을 드는 맹세를 하도록 압박하였지만 안영은 군주의 공실을 편들겠다고 선언한 사실, 경공이 집을 새로 지어주어도 받지 않았던 사실 등을 꼽는다. 『좌전』소공 26년조에는 혜성이 나타났을 때 경공이 푸닥거리를 하려고 하자 안영이 적극 만류시킨 일도 있는데, 이를 두고 안영은 미신을 거부하고 합리적 판단을 존중했다고 평하기도 한다. 안영이 초나라에 갔을 때 영왕이 제나라 출신의 도둑들을 불러 모아서는 제나라 사람들이 이렇듯 도둑질을 자주 한다고 모멸하자, 안영은 유명한 남귤북지(南橘北枳)의 대답으로써 도리어 영왕을 부끄럽게 만들었다는 고사도 있다.[58] 이런 여러 이야기들이 전해지는 것은 당시 안영

이 대중적인 인기를 얻었음을 시사할 것이다. 『예기·단궁하』에는 안영이

58　회수(淮水) 이남의 귤이 회수 이북으로 가면 탱자가 된다는 말로서 초나라
의 풍토가 제나라 사람을 도둑질하게 만든 것이라고 역공한 것이다. 조그만 키에
볼품없이 생긴 사람이었다지만 그는 세 군주에 걸쳐 재상을 하면서 제나라를 강
하게 만든 유능한 정치가였다고 한다. 경공을 모실 때의 일화에는 이런 것도 있
다. 어느 날 경공이 사냥을 나갔는데 사냥지기가 부주의하여 왕이 사냥한 사냥감
을 잃어버리고 말았다. 왕은 화가 치민 나머지 그 자리에서 사냥지기의 목을 베
라고 명령하였다. 같이 사냥을 나갔던 주변의 신하들은 모두 어쩌지 못하고 바라
보고만 있었다. 왕이 사냥지기의 목을 베면 사냥감 때문에 사람의 목을 베었다는
소문이 퍼질 것이고 그러면 세상 모든 제후가 경공을 비난할 것은 분명했다. 그
러나 지금 만약 나서서 말리다가는 왕의 분노로 봐서 자신들에게도 해가 미칠 것
을 두려워한 나머지 신하들 모두 머뭇거리고 있었다. 이때 한 신하가 안영에게
도움을 청하러 달려갔다. 보고를 받은 안영은 사태의 심각성을 깨닫고 서둘러 경
공에게 나아갔다. 그러나 경공은 화가 머리 끝까지 나 있었고 여기서 어떤 말을
직설적으로 충고한다고 해서 왕의 무모한 지시가 철회될 리가 없다는 것을 안영
은 눈치 챘다. 안영은 직접 경공에게 충고하지 않고 우회하는 방법을 택하였다.
우선 경공에게 이렇게 말했다. "사냥지기가 자신의 임무를 망각하고 게을리했으
니 죽어 마땅합니다. 다만 죽이더라도 저자가 왜 죽는지는 알아야 하지 않겠습
니까? 그래야 세상 사람들이 아무런 말이 없을 테고 사냥지기도 아무 반발을 못
할 것입니다." 자신의 뜻에 동조하는 안영에게 경공은 흐뭇한 웃음을 지으며 그
렇게 하라고 명하였다. 안영은 사냥지기를 끌고 나오라고 해서 그에게 큰소리로
세 가지 죄목으로 추궁하기 시작했다. "너는 세 가지 죄를 범했다. 첫째, 너의 맡
은 바 임무인 임금님의 사냥감을 잃어버린 것이 죽을 죄다." 뒤에서 지켜보던 경
공은 자신 생각에 동조하는 안영의 추궁에 흐뭇하여 고개를 끄덕였다. 안영은 계
속해서 죄를 추궁하였다. 둘째, 우리 인격 높으신 군주를 한낱 사냥감 때문에 사
람을 죽이는 부덕한 군주로 만든 것이 너의 죽을 죄다. 이 말을 뒤에서 듣고 있던
경공은 뭔가 자신이 잘못하고 있다는 것을 간접적으로 느끼게 되었다. 안영은 세
번째 잘못을 추궁하였다. 셋째, 우리 군주가 겨우 사냥감 때문에 사람을 죽였다는
소문이 이웃나라에 퍼지면 세상 사람들에게 사람을 죽인 군주라고 비난받게 될
것이니, 이것이 너의 세 번째 죽을 죄다. 자, 이러고도 살아남기를 바라느냐! 안영

예를 알았는지의 여부에 대해 증삼과 유약이 대담한 기록이 있다.[59] 이는 안영이 관중과 더불어 춘추시대 명신의 대표로서 정치 지망생들에게 널리 회자되었다는 증거로 보면 될 것이다. 3·22의 평설 참조.

2) 久而敬之(구이경지) : 『논어주소』나 『논어집주』 모두 안평중이 다른 사람을 공경한 것으로 새긴다. 之를 앞에 나오는 人으로 본 것이다. 그러나 대사 之가 불특정 다수를 가리키는 경우는 없다. 따라서 敬의 주어는 안평중이 아닌 人이고 대사 之는 앞에 나오는 안평중을 가리키는 것으로 보는 것이 옳다.[60] 다만 주어 人이 안평중과 직접 교분을 맺었던

은 이렇게 세 가지 죄상을 차근차근 말하고 나서 사냥지기의 목을 베라고 지시하였다. 끝까지 듣고 있던 경공은 부끄러워 얼굴이 빨개질 수밖에 없었다. 경공은 슬며시 안영에게 사냥지기를 놓아주라고 지시하였다.

『한비자』나 『장자』 등을 보더라도 고대 중국에서는 그와 같은 완곡화법이 무척 요긴했음을 알 수 있다. 전제권력의 서슬 때문에 직설화법은 너무 위험했던 것이다. 한비자는 용의 겨드랑이에는 거스른 비늘(역린)이 있어서 건드리면 죽는다는 말로써 임금에게 간언하기 어려움을 표현한 바 있고, 자유는 4·26에서 "임금을 섬기면서 간언이 잦으면 욕을 당하게 되고, 친구와 사귀면서 이해관계를 헤아리면 사이가 멀어지게 된다."라고 말한 바 있다.

59 "'안자는 예를 알았던 사람이라고 말할 수 있도다, 공경함을 지녔으니'라고 증자가 말하자 유약이 이르기를, '안자는 호구 한 벌로 30년을 입었고, 수레도 한 대뿐이었으며, 상례를 치를 때도 묘에 가서 하관하기만 하면 손님들과 바로 돌아와 버릴 정도로 예를 지키지 않았던 사람이다. 그러니 안자가 어찌 예를 알았을까'라고 말하였다. 그러자 증자가 말하기를 '나라에 올바른 도가 행해지지 않을 때 군자는 예를 성대히 차리는 것을 수치로 여기는 법이다. 국가가 사치하면 자신은 검소를 보이고 국가가 검소하면 자신은 예를 차려서 보이는 법이다'(曾子曰 晏子可謂知禮也已 恭敬之有焉 有若曰 晏子一狐裘三十年 遣車一乘 及墓而反 國君七个 遣車七乘 大夫五个 遣車五乘 晏子焉知禮 曾子曰 國無道君子恥盈禮焉 國奢則示之以儉 國儉則示之以禮)."

60 「위저작랑한현종묘지(魏著作郎韓顯宗墓誌)」에 '善與人交 人亦久而敬焉'

사람을 가리키는지 아니면 후세 사람들을 가리키는지는 분명하지 않다.

| 평설 |

정치인에게 선여인교(善與人交)라는 평가는 '사람들과 소통을 잘한다'는 뜻일 것이다. 상국의 지위를 3대에 걸쳐 맡았을 정도면 대립되는 양쪽 사람 모두와 원만하게 소통할 수 있는 능력이 뛰어났을 것이다. 남을 설득할 수 있고 남에게서 인정받을 수 있는 능력은 예나 지금이나 중요하다. 交에 관한 설명은 1·04의 주) 참조.

5·17 子曰 臧文仲居蔡 山節藻梲 何如其知也

스승님께서 말씀하시기를 : 장문중은 점치는 데에 쓸 거북을 갈무리해두는 사당조차 (천자의 묘당처럼) 두공을 산 모양으로 꾸미고 동자기둥에 수초 장식을 한 사실이 있는데, 어떻게 그(처럼 참람한 짓을 했던 사람)을 분별력이 있다고 한단 말인가!

| 주 |

1) 臧文仲(장문중, ?~617 B.C.) : 노나라 대부 장손신(臧孫辰)이다. 孫은 종주(宗主)에 대한 존칭이고, 이름은 진(辰)이며, 文은 시호이고, 仲은 항렬이다. 장공(莊公)·민공(閔公)·희공(僖公)·문공(文公)의 네 군주를 섬겼던 현대부(賢大夫)로 전해진다.『좌전』 양공 24년(549 B.C.)에

───────────

이라고 되어 있고, 황간본에도 '久而人敬之'라고 된 점을 들어서 양백준은 之가 안평중을 가리킨다고 설명한다. 정현과 미야자키 이치사다는 久를 '오랜 친구'라는 명사로 새기는데, 久가 명사라면 명사 뒤에 오는 而는 자격을 가리키는 뜻으로 해석되어야 한다. 그렇게 되면 비문(非文)이 된다.

는 노나라 목숙(穆叔)이 '불후'라는 말을 설명하면서 장문중을 사례로 든다.[61] 『좌전』 희공 21년(639 B.C.)에는 장문중이 희공의 어리석음을 지적한 기록이 있다.[62] 『국어·노어상(魯語上)』에는 장공 때 노에 기근이 들자

61   襄二十四年春 穆叔如晉 范宣子逆之 問焉曰 古人有言曰 死而不朽 何謂也 穆叔未對 宣子曰 昔匃之祖 自虞以上爲陶唐氏 在夏爲御龍氏 在商爲豕韋氏 在周爲唐杜氏 晉主夏盟爲范氏 其是之謂乎 穆叔曰 以豹所聞 此之謂世祿 非不朽也 魯有先大夫曰臧文仲 旣沒 其言立 其是之謂乎 豹聞之 大上有立德 其次有立功 其次有立言 雖久不廢 此之謂不朽 若夫保姓受氏 以守宗祊 世不絶祀 無國無之 祿之大者 不可謂不朽(양공 24년 봄. 목숙이 진나라에 가자 범선자가 맞이하였다. 범선자는 목숙에게 "옛사람의 말에 '죽어도 사라지지 않는 것'이라는 말이 있는데 무슨 말이지요?"라고 물었다. 목숙이 대꾸하지 않자 범선자는 "옛날 나의 할아버지는 우순의 세상 이전에는 도당씨였고, 하나라 때는 어룡씨였으며, 상나라 때는 시위씨였고, 주왕조 때는 당씨나 두씨였으며, 진나라가 맹주가 된 이후로는 범씨입니다. 죽어도 사라지지 않는다는 것은 바로 이런 것을 두고 하는 말 아니겠습니까?"라고 말하였다. 그러자 목숙이 말하기를, "제가 듣기로는 그런 것은 세록이라고 하지 불후라고 하지 않습니다. 노나라에 장문중이라는 대부가 계셨는데, 돌아가신 다음에 그분께서 남기신 말씀이 뚜렷이 남아 있으니 그런 것을 불후라고 합니다. 제가 듣기로 가장 위는 덕을 세우는 것이요, 그다음은 공을 세우는 것이며, 그다음이 말씀을 세우는 것이라고 합니다. 세월이 오래 지나도 없어지지 않는 것, 그런 것을 불후라고 하지요. 성과 씨를 보존하고 종사를 지켜서 대대로 제사를 끊이지 않게 하는 것은 하지 않는 나라가 없습니다. 녹이 크다고 해서 불후라고 할 수는 없지요.").
62   僖二十一年夏大旱 公欲焚巫尫 臧文仲曰 非旱備也 脩城郭貶食省用務穡勸分 此其務也 巫尫何爲 天欲殺之 則如勿生 若能爲旱 焚之滋甚 公從之 是歲也 饑而不害(희공 21년 여름. 크게 가뭄이 들자 희공은 무녀 절름발이를 태우려고 했다. 그러자 장문중이 "가뭄에 대한 대책은 못 됩니다. 성곽을 수리하고 먹을 것을 줄이며 비용을 줄이고 농사에 힘쓰게 하고 직분을 다하도록 권면하는 것이 할 일입니다. 무녀 절름발이를 죽여서 뭐하겠습니까? 하늘이 만약 그의 죽음을 원한다면 아예 태어나지 않게 했을 것이고, 그가 만약 가뭄 들게 할 수 있는 힘이 있다면 그를 태우면 가뭄이 더 심해질 것입니다."라고 말하자 희공은 장문중의 말을 따랐다. 그해 주린 사람은 있었지만 죽은 사람은 없었다).

장문중이 제에 도움을 요청하는 사신으로 가기를 스스로 청했던 일, 노와 제가 등지면서 위와 동맹 맺은 것을 구실로 제효공이 압박하자 장문중이 제에 사과하려 했던 일 등 장문중과 관계되는 기록이 몇 가지 있다. 그런 기록들을 보거나 본문을 보거나 간에 장문중은 공자 당시에 현자의 대명사로 일컬어졌던 듯하다. 하지만 장문중에 대한 공자의 평가는 낮다. 여기서도 그렇거니와, 15·14에서는 현명한 유하혜를 벼슬자리에 추천하지 않았다는 이유로 "지위를 훔친 사람이다."라고까지 비난한다. 『좌전』 문공 2년(625 B.C.)에도 공자가 장문중에게 不仁한 점 세 가지가 있고 不知한 점 세 가지가 있다고 비난했다는 기록이 있다.[63]

2) 居蔡(거채) : 居는 '갈무리하다', '잘 모셔두다', '기르다'의 뜻이다.[64] 蔡는 복점을 치는 데 필요한 거북의 이름이다.[65] 복점을 치는 데 사용하는 거북은 시대에 따라 또는 지방에 따라 신구(神龜), 원구(元龜), 수구

63　"仲尼曰 臧文仲 其不仁者三 不知者三 下展禽 廢六關 妾織蒲 三不仁也 作虛器 縱逆祀 祀爰居 三不知也". 그런데 공자가 비난하는 내용을 보자면 그다지 큰 허물도 아니다. 현명한 유하혜를 등용하지 않고 자기 아랫사람으로 두었다는 것, 나라의 관문 여섯 곳을 폐쇄했다는 것, 첩에게 부들을 짜게 할 정도로 이익을 추구했다는 것이 不仁의 사례이고, 쓸모없는 그릇을 만들고, 선대 주군의 묘당 배열을 거꾸로 했으며, 바닷새에게 제사를 지낼 정도로 합리적이지 못했다는 것이 不知의 사례이다. 이런 식이라면 공자에게 후한 평가를 받을 사람은 아무도 없을 것이다. 장문중과 유하혜는 모두 공자보다 1백여 년 전의 인물로서 대중적인 지명도를 지녔던 사람인데, 공자는 이렇듯 장문중에 대해서는 각박하게 평가하고 상대적으로 유하혜에 대해서는 무조건적인 찬사로 일관한다. 공자의 멘탈리티를 이해하는 한 요소일 수 있다.

64　오규 소라이는 居가 '사다(買)'는 뜻이라고 주장하는데, 억지이다. 그렇게 새긴다 해서 문맥이 잘 통하는 것도 아니다. '居'의 뜻에 대해서는 1·14의 주) 참조.

65　복점(卜占)은 상왕조 때의 관행이고 시초점(蓍草占)은 주왕조 때의 관행이라고 하지만, 이 장을 보자면 주왕조 때도 복점의 관행은 이어졌던 듯하다.

(守龜), 보구(寶龜) 등 다양하게 불렀다. 『한서·식화지(食貨志)』에 "元龜를 蔡라 하는데, 거북이 1자가 넘지 않으면 보배가 될 수 없다."[66]라고 되어 있는 것을 보더라도 蔡는 거북의 이름이 분명하다. 『회남자·설산훈(說山訓)』에는 "커다란 검은 거북점을 치는 신구는 구학에서 나온다."[67]라는 구절이 있고, 그에 대해 고유(高誘)는 "대채는 커다란 거북이 산출되는 지명이지만 거기서 나오는 거북도 대채라고 부르게 되었다. 장문중이 거채했다는 것이 바로 이것이다."[68]라고 주하였다. 포함과 정현은 채나라에서 생산되므로 채라고 부르게 되었다고 한다.

3) 山節藻梲(산절조절) : 포함은 山節을 산 모양으로 조각한 '栭(이: 두공)'라 하고, 藻梲을 '수초 문양을 한 들보 위 동자기둥(쪼구미)'이라고 한다. 건물의 두공을 산 모양으로 꾸미고 동자기둥까지 화려하게 장식하였다는 의미라는 것이다. 『예기·명당위』에는 이것이 천자의 묘당 장식들 가운데 하나라고 설명되어 있다. 그래서 형병과 주희는 점을 칠 거북을 갈무리해두는 사당조차 천자의 묘당처럼 지나치게 화려한 장식을 한 것으로 이해했다. 고주에서는 居蔡와는 상관없이 장문중이 사는 집에 대한 묘사로 보았지만, 주희는 居蔡와 연결하여 점치는 거북을 모셔두는 사당에 대한 묘사로 본 것이다. 어떻게 해석하더라도 장문중이 참월했다는 얘기이다.

4) 何如其知(하여기지) : '어찌 그를 지혜롭다 하겠는가?'라는 번역은 불완전하다. '그런 사람이 知하다는 평가를 받으니 어떻게 된 것인가'라는 뜻이다. 이 문장에서 知는 '知禮'의 의미라고 오규 소라이와 정약용은 주장한다. 뜻이야 그렇게 볼 수 있겠지만 문면이 그렇지는 않다. 문면을

---

66   元龜爲蔡 龜不盈尺 不得爲寶

67   大蔡神龜 出於溝壑

68   大蔡 元龜之所出地名 因名其龜爲大蔡 臧文仲所居蔡是也

뛰어넘은 관념까지 번역하는 것은 불필요하다.

평설

중국인은 인물평을 좋아한다. 『논어』부터 공자와 제자들의 인물평이 꽤 실려 있다. 당대 인물에 대한 품평도 있지만 역사적 인물에 대한 품평도 많다. 인물평이란 근본적으로 객관적이기 어렵다. 그래서 인물평은 대상 인물을 이해하기 위한 자료로서보다는 품평하는 사람을 이해하기 위한 자료로서 더 유용하다고 본다. 인물에 대한 품평은 대개 이름난 사람에게 쏠리는데, 이미 유명한 사람은 치켜세우기도 쉽고, 반대로 약간의 흠결만 지적하더라도 품평자 자신이 돋보이는 효과를 거두기 때문이다. 또한 어떤 사람이 이름나게 되는 것은 그 사람에 대한 유명인사의 품평 때문인 경우도 많다.

『좌전』이나 『국어』를 보면 장문중은 훌륭하다는 평가가 굳어진 인물이다. 그럼에도 공자는 그의 흠결을 지적하는데, 공자가 지적하는 흠결이 그다지 크지는 않다. 공자는 장문중을 지위를 훔친 사람이라고까지 말하는데(15·14), 유하혜를 높이고자 상대적으로 낮춘 표현임을 감안하더라도 심하다는 느낌이다. 장문중에 대한 공자의 이런 평가를 제자들은 어떻게 받아들여졌을지 궁금하다. 객관적이라고 여겼을지, 세간의 평가를 뒤집음으로써 자신의 성가를 높이려는 전략이라고 이해했을지, 아니면 공자의 멘탈리티를 의심했을지 궁금하다.

공자가 점치는 풍속을 높이 사지 않았음은 분명하다. 하지만 점치기를 극력 부정한 흔적도 없다. 주대(周代)에도 점치는 풍속은 여전하였는데, 특히 제나라, 노나라를 중심으로 한 동부지역에서 심했다고 한다. 점을 치는 데 사용하는 거북은 사당을 지어서까지 정성스레 모셔두는 것이 당시의 관습이었음도 짐작할 수 있다.

5·18 子張問曰 令尹子文 三仕爲令尹無喜色 三已之無慍色 舊令尹之
政 必以告新令尹 何如 子曰 忠矣 曰 仁矣乎 曰 未知焉得仁 崔子弑齊
君 陳文子有馬十乘 棄而違之 至於他邦 則曰 猶吾大夫崔子也 違之 之
一邦 則又曰 猶吾大夫崔子也 違之 何如 子曰 淸矣 曰 仁矣乎 曰 未知
焉得仁

자장이 (스승님께) 여쭙기를 : (초나라의) 영윤 자문은 영윤 자리에 세 번 올랐
는데 (그때마다) 기뻐하는 기색을 보인 적이 없었고, 그 자리를 세 번 그만둘 때
도 (그때마다) 섭섭해하는 기색을 보이지 않았답니다. (그뿐 아니라 자기가) 다
루던 업무(의 내용)을 반드시 새 영윤에게 알려주었다고 합니다. (그런 처신은)
어떻(다고 평가할 수 있)습니까? 스승님께서 말씀하시기를 : 충(실한 처신)이지!
(자장이) 여쭙기를 : 인한 처신(은 아)닙니까? (스승님께서) 말씀하시기를 : 모
르긴 해도 인하(다고까지 할 수 있)겠어? (자장은 이어서) : 최자가 제나라 임금
을 시해하자 진문자는 십 승의 병마를 소유하고 있었음에도 (그것들을) 버리고
(제나라를) 떠나버렸습니다. 다른 나라에 도착해서는 "(이 나라 권력자도) 우리
나라 대부 최자와 똑같구먼!"이라고 하면서 (그 나라를) 떠나버리더니, (다시)
다른 나라에 가서도 "(이 나라 권력자도) 우리나라 대부 최자와 똑같구나!"라고
말하면서 떠났다고 합니다. (그런 처신은) 어떻(다고 평가할 수 있)습니까? 스승
님께서 말씀하시기를 : 맑(은 처신이)지! (자장이) 여쭙기를 : 인한 처신(은 아)
닌가요? (스승님께서) 말씀하시기를 : 모르긴 해도 인하(다고까지 할 수 있)겠
어?

주

1) 子張(자장) : 공자의 제자. 2·18 참조.

2) 令尹子文(영윤자문) : B.C. 664~637년 사이에 초나라의 영윤 직책
을 세 차례나 지냈다는 사람이다. 성은 투(鬪), 이름은 구오도(穀於菟),
자는 자문(子文)이다.[69] 『좌전』 선공 4년(605 B.C.)에 의하면 초나라 귀

족 투백비(鬪伯比)의 사생아로 태어났는데, 어릴 때 들판에 버려졌지만 호랑이가 젖을 먹여서 기르는 것을 보고 거두어 길렀다고 한다.[70] 노장공 30년(664 B.C.)에 영윤에 오른 다음 28년 뒤인 희공 23년(637 B.C.)에 자옥(子玉)에게 물려주는데, 이 장에 의하자면 그사이에 몇 차례 사직했다 복직하곤 했던 모양이다. 최술은 『좌전』에 그런 내용이 없음을 들어 사직과 복직을 세 차례나 했다는 말을 믿지 않는다. 정약용은 『좌전』에는 간혹 누락이 있을 뿐 아니라 만약 사실과 달랐다면 공자가 바로잡았을 것이기 때문에 못 믿을 것은 아니라고 한다. 자문이 초나라의 재상직에 있으면서 했던 일이라고는 주왕(周王)을 참람하고 하(夏)를 어지럽히는 짓뿐이었다고 주희는 서술한다. 하지만 주희의 그런 평가는 초나라를 낮추보는 중원의 시각이다. 초나라는 남방의 강대국으로서 周에 신속(臣屬)한 적은 없다. 문화도 중원과는 달랐기 때문에 중원에서는 애써 초나라를 무시하려고 했다. '三仕'와 '三已'의 '三'은 실수(實數)가 아닌 '여러 차례'라는 의미이다.

3) 未知(미지) : 5·05와 5·08의 '不知其仁'과 마찬가지로 사실 여부를 모른다는 뜻이 아니라 부정하는 뜻이다. 그래서 '모르긴 해도'라고 번역하였다.

4) 大夫(대부) : 1·01의 '(주)子曰'과 1·10의 '(주)夫子' 참조.

5) 崔子(최자, ?~546 B.C.) : 제나라의 실권을 쥐고 있던 대부 崔杼(최저)를 가리킨다. 『좌전』 양공 25년(548 B.C.)에 의하자면, 최저는 자신이

69　영윤자문에 대한 이야기는 『국어·초어(楚語)』에 많이 실려 있는데, 초나라에서는 대단한 신임과 존경을 받았던 인물로 묘사된다. 초나라에서는 재상을 영윤이라고 불렀다.

70　초나라 말로 젖을 먹이는 것을 穀(구)라 하고 호랑이를 於菟(오도)라고 하기 때문에 이름을 그렇게 삼았다고 한다.

옹립한 장공이 자신의 아내 강씨(姜氏)와 통정하자 그가 자신의 집을 방문하는 기회를 타서 죽이고 만다. 당시 제나라 재상은 안영이었는데, 안영은 그 소식을 듣고 일부러 최저의 집을 찾아와 장공의 시신을 향해 곡을 했다고 한다. 아랫사람이 윗사람을 죽이는 것을 '시(弑)'라고 하는데, 태사(太史)가 이 사건을 '최저가 자기 주군을 시해(弑害)하였다'고 기록하자 최저는 태사를 죽인다. 태사의 동생이 이어서 똑같이 기록하자 최저는 그도 죽인다. 그러나 그다음 동생마저 똑같이 기록하자 최저는 포기하였다고 한다. 또한 남사씨(南史氏)라는 사람은 제나라의 태사들이 최저의 손에 차례로 죽었다는 소식을 듣고 자신이 그 사실을 정확하게 기록하고자 간책(簡冊)을 가지고 제나라로 향했는데, 가는 도중에 마침내 기록되었다는 말을 전해 듣고는 돌아갔다는 이야기가 『좌전』 양공 25년에 실려 있다. 『좌전』이 인기 있는 책이 될 수밖에 없는 이유를 알 수 있는 대목이라고 본다.

6) 陳文子(진문자) : 제나라 대부로 이름은 수무(須無)이고 文은 시호이다. 임금이 신하의 아내와 음행하는 것을 막지 못하여 결국 신하의 손에 죽게 만들었고, 또 임금이 시해되면 신하는 시해한 적당(賊黨)을 토멸(討滅)하는 것이 義인데도 이 사람은 그러지는 아니하고 제나라를 떠났을 뿐이기 때문에 공자는 이 사람을 자기 처신만을 깨끗하게 한 사람에 불과하다고 평했을 것이다. 진문자는 십 승(말 40필) 정도의 재산과 권력을 지닌 대부였던 모양인데, 정약용의 설명에 의하자면 그는 양공 25년에 제나라를 떠났다가 3년 만에 돌아와 제나라의 국정에 참여했다고 한다.[71] 그의 아들 무우(無宇)는 제나라의 권력을 잡은 적이 있고 손자 걸

---

71 이러니 중국의 기록들은 신뢰도가 떨어진다. 그가 양공 25년에 제나라를 떠났던 것만은 사실일지 모르나 나머지는 모두 의심스럽다. 떠났던 이유조차 본문과는 달랐을지도 모른다. 자장과 공자의 대화 자체는 사실이었다 하더라도 공자

(乞)도 제나라에서 커다란 혜택을 입은 바 있으며, 증손자 항(恒: 진성자)
은 제나라 군주 간공(簡公, 484~481 B.C. 재위)을 시해하기까지 하는데,
그 사건은 14·21에 나온다.

7) 違(위) : 주희는 거(去)라고 했다. 나라를 떠나는 것을 말한다.

평설

관념적인 주제에 대해 곧잘 진지하게 파고들었던 자장은 스승의 교육
이념인 인에 대해 더욱 파고들고자 역사 인물 두 사람에 대한 평가를 물
었던 모양이다. 공자는 그 두 사람에게 각각 충(忠)하고 청(淸)하다는 평
가를 내릴 수는 있지만 인하다고 인정할 수는 없다고 대답한다. 자장은
이날도 인에 대한 갈증을 키우기만 했을 것이다.

5·19 季文子三思而後行 子聞之曰 再斯可矣

계문자는 (매사를) 세 차례 (정도) 생각해본 다음에야 실행했다(고 한다). 스승
님께서 그 말을 듣고는 말씀하시기를 : 한 번 더 생각하기만 해도 괜찮지!

주

1) 季文子(계문자, 651?~568 B.C.) : 계손씨의 제3대 종주로서 이름은
행보(行父)이고 文은 시호이다. 문공(文公)·선공(宣公)·성공(成公)·양
공(襄公) 4대에 걸쳐 집정하다 공자가 태어나기 17년 전에 죽었는데, 현
인이라는 평가를 받는 사람이다. 『좌전』에는 '季孫行父'라는 이름이 20
회 이상 나온다. 진(晉)에 사신으로 갈 때 진의 군주가 병이 났다는 말을
듣고 문상할 준비까지 챙겨서 출발했다고 하니, 그 정도의 꼼꼼함 때문

역시 어렸을 때 이웃나라 사정이기 때문에 진정을 알기는 어려웠을 것이다.

에 이름이 났던 모양이다.[72]

72　『국어·노어상(魯語上)』에는 이런 이야기가 있다. "계문자가 선공과 성공을 모실 무렵 그의 첩 가운데는 비단옷을 입은 사람이 없었고 곡식을 먹는 말도 없었다. 그러자 맹헌자(孟獻子)의 아들인 중손타(仲孫它)가 '노나라의 상경으로서 두 임금을 모셨던 분인데도 첩이 비단옷도 입지 못하고 말이 곡식도 먹지 못한다면 남들은 당신더러 인색하다고 여길 뿐 아니라 나라의 체면도 떨어진다'고 말하였다. 이에 계문자는 이렇게 대답한다. '나도 그렇게 하고 싶지만 나라 안 사람들을 보자면 어른들도 거칠게 먹고 거칠게 입는 사람이 많은데 내가 감히 그러지 못하겠소. 다른 어른들이 음식을 거칠게 먹고 옷도 거칠게 입는데도 나만이 첩과 말을 꾸민다면 재상의 위치에서 할 짓이 아닐뿐더러, 나의 덕이 빛나야 나라의 체면이 빛나는 것이지 나의 첩이나 말이 빛나기 때문은 아니지 않소.' 아들이 그런 말을 했다는 사실을 계문자가 맹헌자에게 알리자 맹헌자는 자신의 아들 중손타를 7일 동안이나 구금해버렸다. 그 뒤 중손타의 첩은 칠승의 베옷보다 좋은 것을 입지 않았고 중손타의 말도 풀만 먹일 뿐 곡식을 먹이지 않았다. 계문자는 그 소식을 듣고는, 자신의 허물을 고칠 수 있는 사람이면 인민의 위에 있어야 한다면서 그를 상대부에 앉혔다(季文子相宣成 無衣帛之妾 無食粟之馬 仲孫它諫曰 子爲魯上卿 相二君矣 妾不衣帛 馬不食粟 人其以子爲愛 且不華國乎 文子曰 吾亦願之 然吾觀國人 其父兄之食麤而衣惡者猶多矣 吾是以不敢 人之父兄食麤衣惡 而我美妾與馬 無乃非相人者乎 且吾聞以德榮爲國華 不聞以妾與馬 文子以告孟獻子 獻子囚之七日 自是 子服之妾衣不過七升之布 馬飯不過稂莠 文子聞之曰 過而能改者 民之上也 使爲上大夫)."

『사기·노세가(魯世家)』 양공 5년에는 이렇게 되어 있다. "계문자가 죽었을 때 집안에 비단옷을 입은 첩들이 없었고 마구간에 곡식을 먹는 말들이 없었으며 창고에 금옥도 없었다. 그런 상태로 세 임금을 모셨던 것이다. 그래서 군자께서는 계문자가 청렴하고 충성스러웠다고 하셨다(季文子卒 家無衣帛之妾 廐無食粟之馬 府無金玉 以相三君 君子曰季文子廉忠矣)." 『국어』와 『사기』의 내용에 다소 출입이 있는데, 그 원인에 대해서는 여러 추정이 가능하다. 3·01과 3·02에서 보였던 공자의 태도에 의하자면 공실의 권위를 누르면서 실권을 장악했던 계씨가의 종주라면 당연히 질타의 대상이다. 그럼에도 공자가 계문자를 청렴하고 충성스러웠다고 평가한다는 것은 모순이다. 그래서 『논어』를 포함하여 모든 고전들은

2) 三(삼), 再(재) : 三은 '세 차례'가 아닌 '세 차례 정도'의 뜻이다. 再도 '두 차례'보다는 '한 번만 더'라고 번역하는 것이 좋다. 斯(사)는 5·02에서처럼 조건에 따른 결과를 나타내는 연사이므로, 再斯는 '한 번 더 생각하기만 하더라도'라는 어기를 나타낸다.[73] 중국인은 이처럼 사물이든 개념이든 특정하기보다는 개괄해서 표현하기를 선호한다. 사회적 신뢰도가 낮고 가변성이 심한 환경이 빚은 언어관습이라고 본다.

평설

옳은 말을 들으면 바로 행동으로 옮겨야 하느냐고 염유가 묻자 공자는 그렇게 하라고 했다. 똑같은 질문을 자로가 하자 제지하였다(11·22). 두 사람의 성향이 다르기 때문에 대답을 달리한 것이라고는 했지만 어쨌든 공자는 '바로 행동하라'고 권한 적은 있어도 생각하지 말고 행동하라고 한 적은 없다.[74] 주희는 세 번 생각하면 오히려 더 좋지 않게 된다는 뜻이라는 정이의 주석을 소개하면서[75] 두 번만 생각했어야 한다고 한다. 계문

합리적 의심을 엄밀하게 할 필요가 있다. 계문자와 맹헌자의 아들 사이에 관한 『국어』의 이야기도 두 집안의 갈등관계를 드러내는 흔적일 수 있다. 한편 강유위(康有爲, 1858~1927)는 좌구명이 지은 것으로 알려진 『국어』와 『좌전』을 모두 유흠(劉歆, 53 B.C.~23 A.D.)이 지었다고 주장한 바 있는데, 『국어』와 『사기』의 이런 대목들을 정밀하게 분석하면 선후관계를 짐작할 수 있는 단서를 찾을 가능성이 있을 것이다.

73 '再斯'는 당석경(唐石經)에 '再思'로 되어 있고, 고려본에는 '再思斯'로 되어 있다.

74 오규 소라이는 "學而不思則罔 思而不學則殆"(2·15)라든가 "吾嘗終日不食 終夜不寢以思無益 不如學也"(15·31)를 들기도 하고, 『상서』와 『맹자』의 몇 구절도 들면서 옛날의 성현들이 思를 소홀히 하지 않았다고 주장한다.

75 程子曰 爲惡之人 未嘗知有思 有思則爲善矣 然至於再則已甚 三則私意起而反惑矣 故夫子譏(악한 짓을 하는 사람은 생각이라는 것을 모른다. 생각이 있

자의 행적 가운데 하나를 집어서 그것이 바로 여러 번 생각한 나머지 '사심이 일어나 도리어 미혹하게 된' 증거라고 설명하고, 군자는 궁리에 힘쓰고 과단을 귀히 여겨야지 괜히 여러 번 생각할 일은 아니라고까지 덧붙인다.[76] 공자의 말씀 한마디 한마디를 모조리 행동수칙으로 연결하려는 근본주의적인 태도가 아닐 수 없다.

계문자를 겨냥해서 의도적으로 한 말은 아니라고 본다. 여러 번 생각하면 오히려 나빠진다는 뜻도 아니다. "不必乃三思(세 번까지 생각할 필요는 없다)"라는 정현의 주석처럼 '세 번은 고사하고 한 번만 더 생각한 뒤에 행동해도 좋으련만'의 뜻일 것이다. 바로 행동하지 말고 한 번쯤 더 생각한 다음에 행동하는 습관이 필요하다는 데에 무게가 있다.

5·20 子曰 甯武子 邦有道則知 邦無道則愚 其知可及也 其愚不可及也
스승님께서 말씀하시기를 : 영무자(라는 분)은 나라가 경위 바르게 돌아갈 때는 분별력 있게 처신하고 나라가 경위 바르지 않게 돌아갈 때는 우직하게 처신하(던 사람이)었지. (그런데) 그 사람의 분별력 있는 처신이야 (남들이) 따라 할 수 있겠지만 그 사람의 우직한 처신은 (아무도) 따라 할 수 없을 거야.

주

1) 甯武子(영무자) : 공자보다 1백여 년 전에 살았던 위(衛)나라 대부

다면 선한 짓을 할 것이다. 그러나 생각은 두 번이면 충분하다. 세 번이면 사심이 일어나 도리어 미혹하게 된다. 그래서 부자께서 꼬집으신 것이다).
76 『주자어류』37을 보면, 주희는 매사에 두 번 이상 생각하는 것을 마치 무게를 달면서 저울추를 이리저리 움직이면 도리어 무게를 달 수 없게 되는 것과 같다고까지 말한다. 두 번째의 생각으로 과단성 있게 행동해야지 더 생각하면 오히려 나빠진다는 뜻으로 받아들인 것이다.

로, 성은 甯, 이름은 유(兪), 武는 시호이다. 진나라와 초나라 사이에서 어려움을 겪던 위나라에서 훌륭하게 처신했다는 평가를 받는 사람이다.

2) 知(지), 愚(우) : 愚에는 '우둔(愚鈍)'과 '우직(愚直)'의 뜻이 있는데, 여기서는 '우직'의 뜻이다. 공안국은 거짓으로 어리석은 척했다고 하지만, 『좌전』에 나오는 그의 행적을 보자면 그렇게 표현할 만한 일은 없다. '邦有道則知'는 '나라에 어려움이 없을 때는 자취를 감추고 몸을 보전하던 일'[77]이고 '邦無道則愚'는 '나라가 어려울 때는 자기 몸을 돌보지 않고 어려움을 구했던 처신'[78]이라는 정약용의 설명이 본뜻에 가깝다고 본다.[79]

---

[77] 공달(孔達)이 정치를 담당하던 십수 년 동안 영무자는 벼슬하지 않고 물러나 있었다고 한다.

[78] 성공(成公)이 초(楚)에 망명할 때 말고삐를 잡고 따라갔던 일, 진(晉)이 위후(衛侯)를 붙잡아갈 때 시종했던 일, 위후가 옥에 있을 때 음식을 지공했던 일, 진후(晉侯)가 의원을 시켜 위후를 죽이려 하자 의원을 매수하여 구해냈던 일 등을 열거한다.

[79] 『논어주소』는 이렇게 설명한다. 영무자가 위나라의 사신으로 노나라에 왔을 때 문공이 연회에서 그를 위해 '담로(湛露)'와 '동궁(彤弓)'을 연주하게 했는데, 영무자는 그에 대한 사례도 하지 않고 답부(答賦)도 하지 않았다 한다. 문공이 괴이하게 여겨 사적으로 그 이유를 묻자 영무자는 악공들이 연습으로 연주하는 것으로 알았기 때문이라고 대답했다 한다. 이 내용은 『좌전』 문공 4년에 있는데, 두예(杜預)는 그 대목이 바로 『논어』에서 "其愚不可及也"라고 한 대목이라고 주를 달았다. '담로'와 '동궁'은 천자가 제후에게 접대하는 곡이거늘 제후의 신분으로서 천자의 음악을 사용하기 때문에 그런 방식으로 거부했다는 뜻이다. 『논어주소』는 두예의 이 주석을 인용하면서 거짓으로 어리석은 체했다는 공안국의 해석을 옹호한다. 그러나 상상력은 좋지만 구문상 불가능한 해석이다.

한편 김용옥은 공자의 이 말이 '대지약우(大智若愚)'라는 도가철학 의미구조와 차이가 없다면서, 『논어』 속에서도 얼마든지 노장철학적인 주제를 발견할 수 있다고 주장한다. 공자는 그저 영무자의 우직한 행동을 말했을 뿐인데 그것을 가지 공자는 좋은 정치가 구현되기를 갈망했고, 그래서 현실 정치에 뛰어들고자 했다. 그렇다면 그는 좋은 정치의 기준을 무엇으로 여겼을까? 그리고 그 기준을 정치현실에 어떻게 대입시키고자 했을까? 그에 대한 답은 이 장을 비롯한 몇몇 군데에서 찾을 수 있다.

공자의 기준은 단순하다. 유도(有道)와 무도(無道)이다. 지금이 유도한 때인지 무도한 때인지, 유도한 때는 어떻게 처신하고 무도한 때는 어떻게 처신해야 하는지, 유도한 나라는 어디이고 무도한 나라는 어디인지, 이런 정도이다.[80] 복합적이고 다양한 정치현실을 '문제 중심'으로 보지는 않고 '좋은지 나쁜지'의 여부만 가른다. 그런데 '좋은지 나쁜지'라는 양자택일적 기준은 객관적 평가보다는 사적이고 정서적인 평가를 요구하는 기준이다.[81] 착한 주인공은 누구이고 나쁜 악당은 누구인지를 가르는 일은 연극이나 영화를 파악할 때는 도움이 된다. 그러나 그런 기준을 정치현실에 적용하면 극단적인 대립만 나오게 된다. 더구나 권력을

고 유가에서 노장철학적인 주제를 발견할 수 있다고 말하는 것은 비약이다. '양우(佯愚: 거짓으로 어리석은 체함)'라는 공안국의 주석에서 대지약우라는 말을 생각해낸 모양이다. 이런 비약은 폐단이 크다. 종당에 유불도는 다 같다는 주장이 중국에서 퍼지게 되는 것도 이러한 비약의 확대이다. 그런 식으로 말하자면 세상의 모든 구분이란 다 무의미하다. 논리를 초월한 직관처럼 행세하는 이런 황당한 비약이 중국에서는 종종 권위를 갖는다. "味摩詰之詩 詩中有畵 觀摩詰之畵 畵中有詩(왕유의 시를 음미하자면 시에 그림이 있는 듯하고, 왕유의 그림을 감상하자면 그림에 시가 있는 듯하다)"라는 소식(蘇軾, 1037~1101)의 단순한 평어를 비약시켜서 시(詩)와 화(畵)의 근원이 같다는 시화동원론(詩畵同源論)을 만드는 것도 비슷하다. 현대에도 그런 비약이 난무한다면 문제가 아닐 수 없다.

80　1·02의 '주10)道'의 각주와 1·14의 '주4)就有道而正焉'의 각주 참조.

81　세상을 음과 양의 대립된 힘의 길항으로 보는 중국인들의 우주관도 이와 비슷한 기준이다.

쥔 사람이 그런 기준을 택하는 것은 권력을 영속하고자 할 때이다. 공자의 그런 기준은 별다른 비판 없이 중국인들 역사인식이나 인물평의 표준이 되어왔다. 진(秦)을 이어 통일국가를 확립한 한(漢)으로서는 그런 기준이야말로 권력의 영속화에 적합하다고 판단한 것이 계기였다. 이후 역대 권력은 백성들이 자기 나라를 살 만한 나라로 여기는지의 여부보다는 누가 충신이고 누가 역신인지를 가르는 칼날만 벼릴 뿐이었다.

5·21 子在陳曰 歸與歸與 吾黨之小子狂簡 斐然成章 不知所以裁之

스승님께서 (주유천하하시면서) 진나라에 머물 무렵에 말씀하시기를 : 돌아가야겠어, (어서 고향으로) 돌아가야겠어. 내 문하 어린 제자들이 뜻은 높지만 다듬어지지 않은 바람에, 훌륭하게 비단을 짜놓고도 마름질을 할 줄 모르니 말이야.

| 주 |

1) 陳(진) : 주무왕이 은을 멸망시킨 뒤 규만(嬀滿)이라는 순임금의 후손을 찾아서 봉해준 나라라고 한다. 현재의 하남성 개봉(開封) 동쪽과 안휘성 호현(毫縣) 이북 일대였다. 오(吳)와 초(楚)의 침략을 번갈아 받다가 B.C. 480년 초나라에 멸망당하였다. 공자는 진나라에 세 차례 갔는데, 정약용은 이 장이 세 번째 갔을 때의 일이라고 한다.

2) 吾黨(오당) :『논어』에 나오는 黨은 대체로 부정적인 의미로 쓰인다. "君子不黨"(7·31), "羣而不黨"(15·22) 등이 그 예이다. 여기서 공자가 자신의 문도집단을 吾黨이라고 표현한 것도 낮추는 뜻이라고 본다. 13·18에서도 마찬가지이다.『주례』에 의하면 자연부락 5백 호 규모를 가리키는 용어이지만 여기서처럼 적당한 규모의 공동체를 가리키는 말로도 사용된다.

3) 小子(소자) : 나이 젊은 사람을 친근감 있게 부르던 호칭으로 짐작

된다. 공자는 제자들을 부를 때 '二三子' 또는 '小子'라고 불렀다. 3·24의 '주)二三子' 참조.

4) 狂簡(광간) : 13·21에서는 '狂狷(광견)'으로 표현되는 것을 보더라도 '狂簡', '狂狷', '狂獧(광견)'은 통용되던 이음절어(二音節語)였다고 본다. 중국에서는 갑골문부터 이음절어가 통용되었다. 이음절어는 글자를 떼어서 뜻을 설명할 수 없음에도 중국어가 기본적으로 단음절어이기 때문에 이음절어도 글자마다 별도의 뜻을 지니는 것처럼 떼어서 설명하는 경향이 생긴다. 13·21을 보자면 이미 공자부터 그랬다. 『맹자·진심하』에서도 狂은 "뜻이 커서 입으로는 늘 옛날 사람을 들먹거리지만 행실을 살펴보면 자신의 말을 지키지 못하는 사람", 獧(견)은 "불결한 것에 익숙해지지 않는 선비"라고 나누어서 설명한다.[82] 공안국도 간(簡)을 大라 하고, 주희도 광(狂)을 '뜻은 크지만 일에는 소략함'이라고 한다. 주희는 13·21에서는 狂을 '뜻은 매우 높지만 행실은 가리지 못함', 狷은 '지혜는 미치지 못하지만 지키는 일은 충분히 잘하는 것'이라고 한다. 17·08에서는 狂을 '성급함', 17·16에서는 '뜻과 꿈이 너무 높음'이라고 한다. 하안은 '狂은 함부로 사람과 저촉하는 것'[83]이라고 한다. 뜻은 높아서 함부로 발언하지만 행실은 발언을 따라가지 못하는 사람을 가리켰던 狂簡이라는 이음절어가 공자의 언급(13·21) 이후로 한 글자씩 나누어 해석하게 된 것이다. '簡'은 "居敬而行簡"(6·02)의 '簡'과 같다는 주석도 무의미하다.

5) 斐然成章(비연성장) : 양백준은 '狂簡斐然成章'을 '지향(志向)이 매우 고대(高大)하고 문채(文彩) 또한 비연(斐然)하여 볼 만하다'는 뜻이라고 해석한다. 정약용은 장(章)이 비단에 놓는 산(山), 룡(龍), 조(藻), 화(火)와 같은 무늬의 숫자를 가리킨다고 한다.

82　"其志嘐嘐然 曰古之人古之人 夷考其行而不掩焉者也", "不屑不潔之士".
83　狂 妄抵觸人

6) 裁(재) : 알맞게 처리한다는 뜻이다. 주희는 '할정(割正: 바르게 갈라 내다)'이라고 했다.

평설

『사기·공자세가』에는 이 장의 배경을 소설처럼 엮었다. 계환자는 임종 시에 아들 계강자에게, 이 나라가 흥하지 못했던 것은 공자를 등용하지 않았기 때문이니 반드시 공자를 불러 노나라의 재상으로 삼으라고 유촉했다 한다. 그러나 선군(先君)도 성사하지 못하여 제후들의 웃음거리가 된 바 있는데 만약 또 성사되지 못하면 다시 웃음거리가 될 것이라는 공지어(公之魚)의 말에 따라 계강자는 공자 대신 염구를 부르기로 한다. 염구가 부름을 받고 가려고 하자 공자는 "노나라에서 너를 부르는 것은 작은 자리를 주려고 하는 것이 아니라 높은 자리를 주려고 하는 것이다."[84]라고 말한 다음 위와 같이 말했다고 한다.[85] 또한 공자의 마음을 헤아린 자공은 염구를 보내면서, 네가 가서 등용되거든 스승님을 부르도록 만들라고 당부했다고 한다.

이 장을 해석하는 관건은 두 가지이다. 첫째, '吾黨之小子'가 공자가 데리고 다니던 제자들인지 아니면 노나라에 남아 있던 제자들인지의 여부이다. 후자로 보는 주희의 견해에 동의한다. 둘째, '不知所以裁之'의 주어가 小子인지 아니면 공자인지의 여부이다. 『사기·공자세가』에

---

84 魯人召求 非小用之 將大用之也

85 이 이야기는 공문에서 만들었을 수도 있고 사마천이 만들었을 수도 있으며 계환자를 옹호하는 쪽에서 만들었을 수도 있다. 공자는 어떤 계기에서든 계환자의 압박을 피해서 노나라를 떠나지 않을 수 없었다고 보는데, 계씨로서는 자기네가 공자를 압박한 것은 아니었다는 명분을 얻을 수 있는 이야기가 된다. 공문으로서도 계씨에게 핍박당할 짓을 공자가 능동적으로 하지는 않았다는 이야기가 된다. 이야기는 자신에게 편한 쪽으로 만들기 마련이다.

는 '吾不知所以裁之'로 되어 있지만 문맥상 小子로 보는 것이 옳다. "간(簡)은 크다는 뜻이다. 공자께서 진나라에 계실 때 고향으로 돌아가고 싶은 생각이 들자 이렇게 말씀하셨다. 내 문하의 어린 제자들 가운데 광간한 자들이 대도에 나가기는 하고 함부로 천착하여 문장을 만들기는 했지만 그것을 적절하게 마름질할 줄은 모르니 내가 가서 마름질을 해주어야겠다. 그리하여 마침내 귀국하셨다."[86]는 공안국의 주석에 동의한다.

계환자가 죽고 계강자가 뒤를 잇는 B.C. 492년에 공자가 진(陳)에 있었다는 기록은 『좌전』에도 있다. 「술이」편에는 陳에 있는 동안 사패(司敗)와 만났다는 기록도 있다. 하지만 陳公과 만났다는 기록은 없다. 『맹자·진심하』에 의하자면 陳에 있는 동안 사람들과의 교유도 거의 없었던 듯하다. 이때 염구가 공자를 모시고서 陳에 있었는지 아니면 魯에 있었는지의 여부는 불분명하다. 만약 魯에 있었다면 공자가 '狂簡하여 不知所以裁之'하다고 표현한 대상은 염구였을 것이다. 염구가 계강자의 부름에 승낙했다는 소식을 들은 공자가 실망했거나, 아니면 조바심에 가득 찬 나머지 뱉었을 것이다. 계강자가 자신을 젖히고 자신의 제자를 부른 데 대한 당황하고도 섭섭한 감정을 표출했을 수 있다. 자공이 염구에게 부탁한 것도 공자의 마음을 헤아렸기 때문일 것이다. 사실이라면, 사마천은 공자의 감정을 놓치지 않고 기록한 것이다. 물론 이런 스토리는 모조리 합리적 검증이 필요하기는 하다. 공자를 등용하지 않았기 때문에 노나라가 흥하지 못했다고 계환자가 임종 시에 말했다는 것은 특히 그러하다. 공자를 높이려는 사람들이 후대에 삽입했을 가능성이 크지만, 사마천 또한 공자의 전기를 열전이 아닌 세가에 편입할 만큼 공자를 높였던 사람이었으므로 사마천에 의한 과장도 상당히 포함되었을 것이다.[87]

86　簡大也 孔子在陳 思歸欲去 故曰吾黨之小子 狂簡者進取於大道 妄作穿鑿以成文章 不知所以裁制 我當歸以裁之耳 遂歸

종합하자면 이 장은 공자가 13년 만에 귀국한 것이 제자들을 위해서였다는 명분을 드러내려는 의도가 아닌가 한다. 사마천은 이를 『맹자·진심하』처럼 두 가지 사건으로 나누어 구성한다. 『논어』의 기록을 가지고는 공자가 염구를 꾸짖은 것으로 서술하고, 『맹자』의 기록을 가지고는 공자가 제자들을 자랑스럽게 여기는 내용으로 서술했다. 사마천의 『사기』는 대체적으로는 훌륭하지만 이처럼 소설적 상상력 때문에 앞뒤가 맞지 않는 대목이 더러 있다. 중국의 이른바 정사(正史)들은 학자들이 공동으로 연찬한 성과를 찬술한 것이 아니고 대부분 개인의 찬술이기 때문에 역사적 사실을 임의로 개찬한 바가 있을 수밖에 없다. 최종적으로 황제의 흠정을 받아야만 정사로 인정된다는 점을 감안한다면 개찬의 방향이나 정도도 짐작할 수 있다.

---

87 사마천이 공자의 전기를 열전이 아닌 세가에 포함시킨 것은 개인적으로 공자를 존경했기 때문만은 아니라고 본다. 당시 정치적·사회적 분위기는 이미 공자를 성인으로 추앙하는 분위기였고, 무엇보다 권력의 의중을 헤아린 조치였다고 본다. 사마천의 기록을 의심할 또 하나의 이유도 있다. 『사기·공자세가』에는 '돌아가야지'라는 공자의 탄식이 여기 외에도 더 있다. 공자가 진(陳)에서 3년을 지냈는데 晉·楚·吳 등이 계속 침공하여 전쟁이 끊이지 않자 陳을 떠나면서 "歸與歸與 吾黨之小子狂簡進取不忘其初(돌아가야겠다, 돌아가야겠다, 우리 고장 젊은이들은 광간하고 진취적인 데다 초심을 잊지 않는다)"라고 말했다고 한다. 그 기록은 아마도 『맹자·진심하』의 "萬章問曰 孔子在陳曰 盍歸乎來 吾黨之士狂簡 進取 不忘其初 孔子在陳 何思魯之狂士(만장이 여쭙기를, 공자께서 진에 계실 때 '어찌 돌아가지 않으리, 내 고향 선비들은 광간하고 진취적이어서 초심을 잊지 않는다'고 말씀하셨다는데, 공자께서 진에 계실 때 왜 노나라에 있는 광사들을 생각하셨을까요)"라는 대목을 인용했을 텐데, 공자가 제자들을 염려하는 내용이 아니라 긍정적으로 평가하는 내용이라서 본문과는 상반된다.

5·22 子曰 伯夷叔齊 不念舊惡 怨是用希

스승님께서 말씀하시기를 : 백이와 숙제는 지나간 미움을 마음에 담지 않았기 때문에 원망(을 받는 일)이 드물었지.

주

1) 伯夷(백이), 叔齊(숙제) : 주무왕이 중원을 통일하기 이전에 존재했던 고죽국(孤竹國)이라는 작은 나라 군주의 두 아들 이름이다. 부친이 군주의 자리를 셋째 아들 숙제에게 지명했지만 숙제는 맏형 백이에게 사양하고, 백이는 부친의 명령을 거역할 수 없다며 역시 사양하자 마침내 둘째 아들이 잇게 되었다고 한다. 그 뒤 두 사람은 당시 평판이 좋던 주문왕에게 의탁하고자 나라를 떠났는데, 마침 문왕은 죽고 무왕이 문왕의 신주를 싣고서 상(商)을 공격하려던 참이었다. 이에 두 사람은 아버지 장례도 치르지 않고 전쟁하는 것은 불효이고 신하로서 임금을 치는 것은 인이 아니라면서 무왕의 수레를 가로막았다고 한다. 강태공은 그 행동이 의롭다면서 형제를 죽이지는 않는다. 이윽고 주가 천하를 통일하자 형제는 주왕조의 양식을 먹는 것은 수치라면서 수양산으로 들어가 고사리를 캐 먹다가 죽었다고 한다. 사마천은 열전의 첫 인물로 이들을 싣는데, 아마도 이 형제에 대한 공자의 평가를 높이 샀기 때문이었을 것이다.[88] 『사기』 응소(應劭) 주(注)에 의하면 고죽군(孤竹君)의 성은 묵태(墨胎)이고, 『경전석문』에 인용된 『춘추』 「소양(少陽)」편에는 백이의 이름은 윤(允), 자는 공신(公信), 숙제의 이름은 지(智), 자는 공달(公達)이며 夷·齊는 시호라고 한다. 하지만 모두 믿기 어렵다. 『맹자·공손추상』에는 "백이는

---

[88] 백이숙제가 굶어죽은 사례와 도척(盜跖)이 壽를 누린 것을 비교하면서 사마천은 天道와 善人의 관계에 대해 의문을 던진다. 이에 대한 설명은 김용옥의 『논어한글역주 2』의 5-22에 자세하다.

정당한 군주가 아니면 섬기지 않았고, 바른 벗이 아니면 사귀지를 않았으며, 인을 거스르는 군주의 조정에는 나가지 않았으며 악인과는 대화를 하지 않았다. 악인이 통치하는 조정에 나가고 악인과 대화하는 것을 마치 조복 입고 조관 쓰고서 도탄에 앉아 있는 것처럼 여겼다."[89]라고 묘사되어 있는데, 이미 공자 당대부터 신화화한 인물이므로 맹자 당대에 이르면 여러 버전의 이야기가 만들어졌을 것이다. 7·15, 14·37, 16·12, 18·08 참조.

2) 怨是用希(원시용희) : 用은 以와 같다.[90] '이 때문에 원망은 거의 없었다'는 뜻이다. 다른 사람이 백이와 숙제를 향해 원망하는 일은 드물었다고 해석하기도 하고, 백이와 숙제가 남을 향해 원망하는 일은 드물었다고 해석하기도 한다.[91] 그러나 백이와 숙제가 남을 원망하지 않았다는 내용은 앞의 '불념구악(不念舊惡)'이라는 문구에 담겨 있다. '用'은 피동의 뜻이 있으므로, 백이와 숙제가 남에게서 원망을 받는 일은 드물었다는 뜻으로 보는 것이 타당할 것이다.

평설

지나간 것은 개의치 않는다(不念舊惡)는 중국인의 태도에 대해서는 3·21 평설에서도 언급한 바 있다. 그런 관점에서는 이 장도 14·34와 더불

---

89 伯夷非其君不事 非其友不友 不立於惡仁之朝 不與惡人言 立於惡人之朝 與惡人言 如以朝衣朝冠坐於塗炭

90 1·12, 5·04 참조.

91 정약용은 舊惡을 부자형제 사이의 것으로 이해한다. 7·15에서 자공이 물었던 바도 백이숙제가 부자형제에 대해 원망을 가졌는지의 여부였던 것과 마찬가지라는 것이다. 그러나 앞서 언급했듯이 정약용은 『논어』의 해석을 다른 대목이나 다른 고전의 유사한 부분에 많이 의지한다. 맥락이 전혀 다른 것조차 외형이 약간 유사하다는 이유로 동일하게 해석하는 것은 곤란하다.

어서 참고할 만하다.

이택후는 이렇게 말한다. "과거의 원수를 기억하지 않는 것, 묵은 빚을 문제 삼지 않는 것은 유행하는 고사성어일 뿐 아니라 중국인이 전통적으로 받들어온 원칙이기도 하다. (…) 이것은 아마도 씨족사회에서 오랫동안 원수 집안을 공격하여 종족을 멸했던 역사적 경험을 총괄해서 내린 결론일 가능성이 많다. (…) 따라서 중국의 정의관은 항상 '조화'에 착안하고 그 실제적인 효용과 효과를 중시하지 반드시 시비곡직을 판단하여 '공평하게' 처벌하는 것을 중시하지 않는다. (…) 이와 같은 사고의 유래는 오래된 것으로, 계약으로 맺어진 관계가 아닌 집단 속의 개인으로부터 출발한 것이다. 어떻게 이 정신과 현대의 법치(가상의 독립적 개체 사이의 계약에 기초한)가 융합할 수 있는가 하는 것이 시급히 탐구해야 할 '서체중용(西體中用)'과 '질적으로 다른 창조'의 과제이다."

법치를 위한 공평한 처벌과 조화를 위한 관대한 묵인의 '융합'을 기대한다면서도 그 기대는 서체중용과는 질적으로 다른 '창조'의 과제라고 말한다. 누구는 처벌하고 누구는 묵인하는 이중 잣대의 적용을 '융합'이라 표현하고, 그처럼 적당히 섞어서 녹이는 융합을 '창조'라고 표현한다. 적당히 융합하는 것이 나쁘지 않다는 주장이다. 공자는 '술이부작'이라고 했지만 이택후의 이런 주장은 '술즉창(述即創: 술이 곧 창조이다)'이라는 말이나 다름없다. 조화와 융합을 지향한다면 각각을 먼저 구분하고 또 각각을 인정해야 한다. 구분 없이 두루뭉술하게 넘어가자는 주장은 대개 명분 없는 쪽의 주장이거나 권력을 잡으려는 자의 주장이다. 동아시아 역사에서 조화와 융합이라는 낱말은 항상 그런 사람들이 애용하는 말이었다.

이택후가 창조라고 주장하는 융합이 현실에서는 어떻게 나타나는가? 어떤 경우에는 처벌하고 어떤 경우에는 묵인하는 것이 아니라, 누구는 처벌하고 누구는 묵인하는 것으로 나타난다. 모두가 평등한 상태에서 정황에 따라 적용을 달리하는 것이 아니라 사람에 따라 적용을 달리한다. 전통시대에는 물론 지금도 그러하다. 혁명을 통해 봉건질서를 타파했다고는 하지만 내적 질서는 여전히 봉건적이다. 전통적인 정의관과 현대의 법치를 융합하자는 이택후의 말은 피지배층에게는 법을 적용하여 처벌하고, 지배층에게는 씨족사회 경험칙을 적용하여 묵인하자는 말이나 다름없다.[92] 현실적으로 그것이 더 현명하다고 여기는 중국인도 많다. 그이유는 이렇다. 지배층에 대해서마저 법치를 적용하여 처벌하게 되면 지배층 내부에서 권력투쟁이 일어나 그 파급 때문에 결국 인민들만 피해를 입게 된다는 것이다. 대다수 인민이 그렇게 생각하기 때문에 공산주의라는 이념을 채택했으면서도 지배층의 존재를 암묵적으로 용인하게 된다. 어떤 이론이나 체제를 내세우든 그것들은 결국 권력다툼의 구실에 불과하다는 것을, 따라서 개인의 안전이 더 중요하다는 것을 중국 인민들은 역사적으로 체득하였기 때문에 그런 선택을 원한다. 물론 권력의 횡포가 지나칠 때는 참지 못하고 뒤집을 수 있다는 것도 피차 안다.

난(亂)이 아니기만 하면 괜찮다는 생각, 권력의 정당성보다 권력의 안정성이 더 중요하다는 생각은 이렇게 해서 형성된다. 이상을 내세우면서 현실을 바꾸자고 했던 사람들이 결국에는 자신의 사욕만을 채우고 만다는 것을 체험했기 때문이다. 그런 역사적 경험에서 중국인들은 현실만이 중요함을, 과거의 인과를 따져서 미래를 설계한다는 것이 무의미함을, 구원(舊怨)을 가지고 있어봤자 현실적 이득이 없다는 것을 알게 되었다. 그

92　최고위층인 정치국상무위원을 지낸 사람에 대한 사법처리는 중화인민공화국 건국 이후 한 번도 없었다. 최근 시진핑(習近平)이 후진타오(胡錦濤) 정권에서 상무위원을 지냈던 저우융캉(周永康)을 사법처리한 것은 그래서 관심을 끈다. 합의에 따른 것인지 시진핑 개인의 의지인지, 아니면 집단지도체제 내부의 권력투쟁인지, 앞으로 여러 가지 판단이 등장할 것이다.

것을 모르거나, 알면서도 역행하려는 사람은 미성숙하거나 지혜가 없는 사람으로 치부된다. 중국만이 아닌 유교문화권 전부가 대체로 그러하다.

5·23 子曰 孰謂微生高直 或乞醯焉 乞諸其鄰而與之

스승님께서 말씀하시기를 : 누가 미생고를 곧은 사람이라고 했지? (그 사람은 자기 집에 식초가 없을 때) 누가 식초를 얻으러 오면 (없다고 말하는 것이 아니라) 이웃에서 얻어다가 주는 사람이었는데.

주

1) 微生高(미생고) : 성이 微生이고 이름은 高이며 노나라 사람이라는 공안국의 주석만 전해지는 사람이다. 다리 밑에서 만나기로 약속하고서 홍수가 나서 물이 부는데도 교각을 붙잡고서 오지 않는 여자를 기다리다 죽었다는 미생(尾生)의 이야기가 『장자·도척(盜跖)』과 『전국책(戰國策)』에 나오는데, 微生高를 그와 동일인으로 보기도 한다. 곧은 사람의 대명사가 된 인물이다.

2) 直(직) : 우직(愚直)으로도 정직(正直)으로도 새길 수 있는 글자이다. 그리고 공자는 자기 집에 없는 식초를 이웃에서 빌려다 주는 미생고의 처신이 直하지 않다고 한다. 이 문장이 直하지 않은 미생고의 처신을 공자가 칭찬하는 뜻이라면 '우직'으로 새기는 것이 낫고, 비난하는 뜻이라면 '정직'으로 새기는 것이 나을 것이다. 『논어』에 나오는 '直'에 대한 설명은 2·19와 13·18의 주) 참조.

3) 醯(혜) : 주희는 '초(醋: 식초)'라고 했다.

평설

微生高가 『장자』에 나오는 尾生과 동일인인지의 여부는 알 수 없다.

동일인이라 해서 의미가 있는 것도 아니다. 곧게 처신했다는 평판을 받았던 사람, 누군가 식초를 얻으러 왔을 때 이웃에서 얻어다 준 적이 있는 사람, 이 두 가지 사실만 분명하다.

정이는 "미생고가 굽힌 바의 행동은 사소하지만 직(直)을 해친 점은 크다."[93]라고 한다. 주희는 "자기 생각을 감추어서 물건을 자랑하고, 남의 좋은 것을 뺏어다가 은혜를 팔아먹는다."[94]라고 한다. 정약용은 "미생고가 옆집에서 식초를 빌리면서 틀림없이 '내가 쓰려고 한다'고 거짓말을 했을 것이기 때문에 공자가 直하지 않다고 했다."라고 한다. 공자는 直한 처신이란 어떤 것인지를 말하고 싶었을 텐데, 이처럼 불필요한 주석만 양산한 셈이 되지 않았는가 한다.

5·24 子曰 巧言令色足恭 左丘明恥之 丘亦恥之 匿怨而友其人 左丘明恥之 丘亦恥之

스승님께서 말씀하시기를 : (진실과는 다르게) 꾸민 말, (속맘과는 다르게) 꾸민 낯빛, (아첨의 소지가 있는) 지나친 공손함, 좌구명이 그런 것들을 수치로 여겼다던데, 나도 그런 것들은 수치로 여긴다. (상대를) 원망(하는 마음)을 감추면서 그 사람과 사귀는 짓을 좌구명이 수치로 여겼다던데, 나도 그런 짓은 수치로 여긴다.

주

1) 足恭(주공) : 황간은 '발을 빠르게 움직이는 모습'이라고 한다. 형병은 足(주)가 '成'의 뜻이라면서, '교언영색으로써 공손함을 완성하다'는

---

[93] 微生高 所枉雖小 害直爲大
[94] 曲意徇物 掠美市恩

뜻이라고 한다. 하지만 '過(지나치다)'의 뜻으로 보는 주희의 견해가 더 합당하다.

2) 左丘明(좌구명) : 영윤자문, 계문자, 영무자에 이어서 등장하는 것을 보더라도 공자보다 앞 시대의 유명한 인물일 텐데 전기는 분명하지 않다. 사마천은 『사기·십이제후연표서(十二諸侯年表序)』에서 "노나라의 군자 좌구명이 『좌씨춘추』를 완성했다." 하고, 「보임소경서(報任少卿書)」에서는 "좌구명은 실명한 다음 『국어』를 지었다."라고 한다. 반고는 『한서·사마천전찬(司馬遷前贊)』에서 "좌구명은 『좌전』을 지은 뒤에 『국어』를 편찬했다."라고 한다. 사마천과 반고의 설명은 이 장에서 언급된 좌구명을 『좌전』과 『국어』의 작자로 인식한 것인데, 『좌전』과 『국어』는 춘추시대 역사서이기는 하지만 성격은 다르다. 동일인이 지었을 것으로 여기는 사람도 거의 없다.[95] 대부분의 학자는 그 두 책 모두 전국시대 초입에야 만들어졌을 것으로 추정한다. 또한 『국어』의 편찬자가 좌구명이라는 사실은 유종원부터 최근에 이르기까지 의심받는다. 그의 생몰연대도 'B.C. 556~451년', 'B.C. 502~422년' 등 여러 설이 있고, 左가 성이고 丘明이 이름이라는 설, 左丘가 성이고 이름이 明이라는 설, 丘가 성이고 이름이 明이며 左는 좌사(左史)라는 벼슬이름이라는 설 등 다양하다. 노나라의 역사에 밝았던 사람으로서 사관(史官)을 지냈을 수 있지만 그가 그 두 책을 모두 지었다 하더라도 여기 나오는 좌구명과 같은 인물일 수는 없다. 『좌전』과 『국어』를 지은 사람은 공자가 언급한 바 있는 유명한 사관인 좌구명의 이름을 빌려서 자신의 책을 홍보했을 수 있다.[96]

3) 友其人(우기인) : 友는 '교우'라는 뜻의 동사이다.

---

95 그래서 『춘추좌씨전』을 '춘추내전(春秋內典)', 『국어』를 '춘추외전(春秋外傳)'으로 부르기도 한다.

96 『논어주소』는 심지어 공자에게서 『춘추』를 배웠던 태사라고 설명한다.

'교언', '영색', '주공', '닉원이우기인(匿怨而友其人)'을 좌구명이 수치
스럽게 여겼던 것은 당시 사회의 보편적 관념 때문은 아니었을 것이다.
남들은 그렇게 살지라도 자신만큼은 그렇게 살지 않겠다는 의지의 표현
이었을 것이다.

5·25 顏淵季路侍 子曰 盍各言爾志 子路曰 願車馬衣輕裘 與朋友共
敝之而無憾 顏淵曰 願無伐善 無施勞 子路曰 願聞子之志 子曰 老者安
之 朋友信之 少者懷之

(어느 날) 안연과 계로가 스승님을 모시던 차에 스승님께서는 (두 사람에게) "너
희들 각자 자신(이 평소 바라던 바)의 뜻을 말해보지 않겠느냐?"라고 물으셨다.
(이에) 자로가 (먼저) 말하기를 : (아무리 값진) 거마와 의복일지라도 (혼자 누리
지 않고) 친구와 함께 사용하며, (그러다가) 낡아서 못쓰게 되더라도 (조금도)
아깝지 않게 여기는 것(이 저의 뜻)입니다. 안연은 말하기를 : (저는 의의) 좋
은 점을 자랑하지도 않고 (저의) 공로를 드러내지도 않는 것(이 저의 뜻)입니다.
(이어서) 자로가 말하기를 : 스승님의 뜻도 들어보고 싶습니다. (그러자) 스승
님께서 말씀하시기를 : (나의 평소 뜻이라면) 나보다 연장자들은 (나를) 편안히
여기고, 나의 벗들은 (나를) 믿고, 나보다 젊은 사람들은 (나를) 그리워하도록
만드는 것(이라고나 할까).

주

1) 顏淵(안연) : 공자의 제자 안회(顏回). 2·09 참조.

2) 季路(계로) : 공자의 제자 중유(仲由). 2·17 참조. 나이 오십이 되면
백(伯)·중(仲)·숙(叔)·계(季)의 항렬과 자(字)로 부르는 것이 옛날의 예
법이기 때문에 나이 많은 자로를 그렇게 불렀다.

3) 侍(시) : 『논어』에는 '侍', '侍側', '侍坐'의 세 가지 표현이 쓰이는데, '시좌(侍坐)'는 공자와 제자가 모두 앉아 있는 것, '侍'는 공자는 앉아 있고 제자는 서 있는 것, '侍側(시측)'은 앉거나 서거나를 확정하지 못하는 것이라고 양백준은 설명한다. 어떤 경우든 곁에서 모시는 것을 뜻한다.

4) 盍(합) : '何不'의 합음자(合音字)인데, 글자의 뜻대로 '왜 ~하지 않니?'라고 번역하게 되면 의문문으로 읽힐 수 있다. 질문이 아니고 가벼운 권유이기 때문에 '~해보지 않겠니?'라고 번역하였다.

5) 車馬衣輕裘(거마의경구) : 衣輕裘를 '경구를 입다'라고 해석할 수는 없다. 동사는 '공(共)'이고 車馬衣輕裘는 모두 목적어이기 때문이다. 車·馬·衣·輕裘 각각을 가리키는 것이 아니라 '탈것'과 '입을 것'의 통칭으로 사용되었다. 輕裘는 裘 가운데 값이 나가는 것인데, 『논어정의』에 의하면 당 이전의 판본에서는 '輕' 자가 없었다고 한다. 그렇다면 6·04의 輕裘와 혼동한 나머지 '輕' 자가 첨가되지 않았을까 한다.

6) 憾(감) : 서운하게 여기는 것. 공안국과 주희는 한(恨)이라고 주한다.

7) 伐善(벌선) : 자기가 잘하는 것을 자랑함. 주희는 과(誇)라고 주한다.

8) 無施勞(무시로) : 두 가지 해석이 있다. ① '勞'를 '공로', '施'를 '저(著)'로 보아서 '자신의 공적을 드러내지 않는다'는 해석이 있고, ② '勞'를 '힘든 일'로 보고 '施'를 '끼침'으로 보아서 '남에게 어려운 일을 시키지 않는다'라고 해석하기도 한다.[97] ②는 ①이 '伐善'과 내용상 중복된다고 보기 때문에 나오게 된 해석일 텐데, 자신의 장점을 자랑하는 것과 성공한 어떤 일이 자신의 공임을 드러내는 일은 중복이라고 볼 수 없다. ②는 또한 "己所不欲 勿施於人"과 같은 취지로 해석한 것인데, 그 뜻을 '無施勞'에 담기는 부족하다. 내용상 의미가 비슷한 대구가 되기 때문에 ①의 해석이 낫다고 본다.

---

97 『논어주소』는 ②로 해석하고 『논어집주』는 ②와 ① 모두 통한다고 한다.

9) 安(안), 信(신), 懷(회) : '늙은이를 편안하게 봉양하고, 친구를 믿음으로 사귀고, 젊은이를 은혜로 품어주는 것'으로 새기기도 하고, '늙은이가 나를 편안히 여기고, 친구가 나를 미쁘게 여기고, 젊은이가 나를 그리워하는 것'으로 새기기도 한다. 주희는 두 가지 해석 모두 가능하다고 말하지만, 자신이 상대를 그렇게 대하겠다는 의지가 아니라 상대가 나를 그렇게 여기도록 자신을 만들겠다는 바람으로 읽는다. 누구에게서나 두루 인정받고 싶다는 표현이겠다. 노년 세대에게서는 편안하다는 평가를 받고 싶고, 동년배에게서는 신의 있다는 평가를 받고 싶으며, 미래 세대에게서는 동경의 대상이 되고 싶다는 것이다.

평설

제자를 대하는 공자의 테크닉이 드러난다. 상대가 말을 꺼내도록 유도한 다음 자신은 맨 나중에 상대의 말을 반전시키기만 한다. 이런 테크닉이 유교문화권의 지혜이다. 적극적으로 먼저 대화하는 사람은 항상 반격에 노출되기 쉽고, 먼저 말을 꺼내는 것은 지혜가 부족한 처신이 된다.

5·26 子曰 已矣乎 吾未見能見其過 而內自訟者也

스승님께서 말씀하시기를 : (이 세상은) 끝났구나! 자기 잘못을 찾아서 속으로 자기를 꾸짖을 줄 아는 사람을 본 적이 없으니 말이다.

주

1) 已矣乎(이의호) : 已는 '끝나다'는 뜻의 동사이고, 矣는 동작의 완료를 나타내는 조사이며, 乎는 감탄을 나타내는 조사이다. 더는 기대할 것이 없다는 탄식인데, 15·13에서 한 차례 더 나온다. 거기에서도 뒤이어 나오는 말은 '吾未見~'이다. '吾未見'은 '내가 아직 본 적이 없다'는 표현

이지만, '어디에도 없구나!'라고 번역해도 좋다.

2) 見(견) : '찾아내다'는 뜻이다.

3) 自訟(자송) : 포함이 '책(責)'이라고 주한 뒤 대체로 그 주석을 따른다. 죄인의 시비곡직을 따져서 벌을 내리는 송사처럼 스스로에게 엄격히 허물을 따진다는 뜻이겠다. 정약용은 『주역』의 '송괘(訟卦)'를 가지고서 천명과 인욕(人欲)이 서로 적수가 되는 상이 내자송(內自訟)이라고 설명하는데, 『논어』의 문장을 『주역』을 가지고서 설명한다는 것은 자신의 자의적 해설에 대한 설득력을 얻고자 함일 뿐이다. 『논어』를 철학서로 규정하려는 시도보다 훨씬 타당성이 떨어지는 일이다.

평설

송사하는 것처럼 자책한다면 공자는 그 기준을 무엇으로 생각했을까? 유가를 부정하면서 등장한 법가는 개인의 도덕에 대해 어떤 관념을 가졌을까? 섬세하게 들여다볼 일이다.[98]

오규 소라이는 안연이 죽은 다음 공자가 탄식한 말이라고 하는데, 그럴싸하기는 하지만 그렇게 보아야 할 까닭은 없다.

5·27 子曰 十室之邑 必有忠信如丘者焉 不如丘之好學也

스승님께서 말씀하시기를 : 열 가구 (정도의 작은) 마을에도 나만큼 충신한 사

---

98 법가는 유가를 능가하고자 등장해 진왕조의 통일과업을 통해 성공을 입증해 보인 문파이다. 유가는 한왕조가 법가의 약점을 보완하고자 채택한 뒤 주도권을 장악한 문파이다. 이후 중국사의 주도 이념은 법가와 유가의 교대 또는 길항이었다. 현대사에서도 문화혁명기에는 법가를 높이 치고 유가를 깎아내리더니만 최근에는 공자를 우러른다. 중국사에서 주도 이념은 가치 때문이 아니라 실리 때문에 요구되었다.

람이야 반드시 있겠지만, 나만큼 호학하는 사람은 없을 거야.

주

1) 焉(언) : '어시(於是)'의 합자(合字)이다. 是는 십실지읍(十室之邑)을 가리킨다.

2) 不如(불여) : '不必有如'를 줄인 표현이다. 충신한 사람이 호학에 있어서는 나보다 못하다는 뜻은 아니다. 호학하는 사람은 충신하는 사람보다 훨씬 더 드물다는 표현이다.

3) 好學也(호학야) : '好學者也', '好學也已'로 된 판본도 있다. 호학에 대해서는 1·14의 주) 참조. 충과 신에 대해서는 1·04의 주) 참조.

평설

위관(衛瓘), 황간, 형병, 오규 소라이 등은 공자가 겸손하지 못하게 자신의 호학을 자랑했을 리는 없다고 여긴 나머지 '焉'을 아래 구에 붙여서 의문부사로 읽어야 한다고 주장한다. '~충신한 사람이 반드시 있거늘, 어찌 그들이 나만큼 호학하지 않을까?'라고 새겨야 한다는 주장인데, 동의하지 않는다. '必有忠信如丘者焉 不如丘之好學也'는 내용상 대(對)이다. 만약 구문이 '必有~焉不如~'라면 내용상 대를 이루지 못한다. 공자는 '나만 한 사람은 없다'는 듣기 민망할 정도의 자신감을 서슴지 않고 자주 드러냈던 사람이다.[99] 자신은 천명을 받은 사람이라는 소명의식을 한시도 떨쳐본 적이 없는 사람이었다. 공자가 현실 정치 참여에 실패했다면 그 원인은 그의 지나친 우월의식에 있다고 말하겠다. 그는 자신에게서 원인을 찾은 적이 없다. 하늘이 자기를 버렸다고 탄식하거나 나라의 정치환경이 나쁘다고만 했다.

---

[99] 2·04, 7·01, 7·11, 7·16, 7·20, 9·13, 13·10 등이 그렇다.

『논어』에 공자가 호학을 강조한 대목이 많기는 하지만, 이 문장만 보자면 공자는 삶의 목표를 호학에 둔 사람처럼 보인다. 그러나 공자에게 호학은 어디까지나 현실 정치에 참여하기 위한 수단일 뿐이었다. 유도 지방에 가서 정치에 참여하는 것이 호학의 조건이라고 했고(1·14), 당장 관직에 있지 않더라도 언제든지 관직에 복귀할 수 있도록 호학의 자세를 지니고 있으라고 강조했다(8·13, 17·08). 자하 또한 같은 말을 반복한다 (19·05, 19·13).

옹야(雍也) 제육(第六)

주희는 앞 14개 장의 대의는 고금인물의 현부득실(賢否得失)을 설명한 「공야장」과 같다고 한다.

6·01 子曰 雍也可使南面

스승님께서 말씀하시기를 : 염옹은 군장(君長)을 시켜도 되겠어.

주

1) 雍(옹) : 공자의 제자 염옹. 5·04 참조.

2) 南面(남면) : 고대 중국에서 군장은 남쪽을 보면서 북쪽 자리에 앉고 신료(臣僚)들은 그 좌우에 위치하는 것이 정격이다. 그래서 南面이라는 말은 '군장의 지위'를 의미한다. 공자가 이 말을 하면서 생각했던 군장의 지위가 무엇인지에 대한 견해는 다양하다. 포함, 정현, 황간, 형병은 제후를 가리킨다 하고, 유향은 천자를 가리킨다고 한다. 하지만 공자가 자신의 제자를 천자나 제후처럼 세습하는 지위에 합당하다고 생각했을 리는 없다. 제후나 대부의 임명을 받아 정무를 총괄하는 지위를 생각했을 것이다. 따라서 공자의 표현은 요즘 말로 참모 역할보다는 리더 역할에 어울리는 사람이라는 표현이었을 것이다. 정약용은 여기서도 『역』의 이괘(離卦)를 가지고 설명하지만 설득력을 지닐 수 없다.

평설

염옹을 그렇게 평가하는 근거에 대해서는 설명하지 않는다. 공자의 언어는 대체로 그렇다. 단정만 할 뿐 그 단정에 대한 설명은 거의 하지 않

522

는다. 권위주의적인 사람의 언어는 대체로 그러하다.

6·02 仲弓問子桑伯子 子曰 可也簡 仲弓曰 居敬而行簡 以臨其民 不
亦可乎 居簡而行簡 無乃大簡乎 子曰 雍之言然

염옹이 자상백자(의 사람됨)에 대해 여쭙자 스승님께서 말씀하시기를 : 괜찮기
는 하지만 (사람이 좀) 성글어. (그러자) 염옹이 말하기를 : 기본상 공경하면서
행실은 성글게 하는 태도로 인민에게 다가간다면 (정무를 맡겨도) 괜찮지 않을
까요? 기본상 성글면서 행실마저 성글다면야 지나치게 성글다고 하겠습니다
만. (이에) 스승님께서 말씀하시기를 : 염옹(, 네) 말이 맞다.

| 주 |

1) 仲弓(중궁) : 앞 장에 나오는 제자 염옹의 자(字)이다.

2) 子桑伯子(자상백자) : 정초(鄭樵, 1104~1162)가 지은 『통지(通志)』
에서는 노나라 대부였다 하고, 호인(胡寅, 1098~1156)은 『장자』「대종사
(大宗師)」와 「산목(山木)」편의 우언(寓言)에 나오는 자상호(子桑戶)와
동일인이라 하며,[1] 정현은 진목공 때의 자상(子桑, 공손지)이라고 하지만,
모두 확실하지는 않다. 대화의 맥락상 공자의 제자로 간주할 수도 있지
만, '以臨其民'이라는 표현이나 '伯子'라는 호칭으로 보건대 제자가 아닌
경대부일 수도 있다. 미야자키 이치사다는 자상백자의 이름이 '可'라면

---

1   『장자』「산목」편에는 공자가 子桑戶로부터 여러 가지 가르침을 받고 그것
을 실천하여 많이 향상되었다는 이야기가 실려 있고, 「대종사」편에는 子桑戶의
주검을 둘러싼 그의 지우(知友)들의 행동을 통해 공자가 그들의 위대함에 탄복하
였다는 이야기가 실려 있는데, 『장자』는 기본적으로 공자와 유가를 기롱하기 위
한 책이다.

서, '가야간(可也簡)'을 '자상백자는 느슨하다'라고 새기지만, 근거 없는 추론일 뿐이다.

3) 居敬(거경), 行簡(행간) : '거경(敬에 居하다)'은 평소의 태도가 공경하다는 뜻이고, '행간(행실이 간하다)'은 행실이 성글다(대범하고 소탈하다)는 뜻이다.[2] 簡을 황간은 '성글고 굵직하여 자잘한 행실이 없음'[3]이라 한다. 주희는 '자질구레하지 않음'[4]이라 한다. 유보남은 '관대한 정치는 엉성한 듯함'[5]이라고 한다. '以臨其民'이라는 구절은『상서·대우모(大禹謨)』의 "아랫사람에게 대범하게 임하시고 민중을 관용으로써 다스렸습니다."[6]라는 구절과 연결된다고 본다. '狂簡'(5·21)과 연결시킬 필요는 없다. 이렇게도 번역될 수 있다. "혼자 있을 때는 경건하고 엄숙하면서도 인민을 대할 때면 관대하고 소탈하게 행동한다면 괜찮지 않습니까? 혼자 있을 때의 처신마저 소탈하다면 지나치게 성글다고 하겠지만."

4) 無乃(무내) : '바로 ~하지 아니한가?'라는 뜻의 구문이다.

5) 大簡(태간) : 大는 '지나치게'라는 뜻의 부사로서 太와 같다.『설원』「수문(修文)」에는 이렇게 적혀 있어 참고할 만하다. "簡이란 야(野)하기 쉬운 것이다. 야하기 쉽다는 것은 예문(禮文)이 없다는 것이다. (…) 자상백자는 집에 있을 때 의관도 갖추지 않는다. (…) 그 사람은 質은 좋지만 文이 없다. (…) 文과 質을 다 닦은 사람을 군자라 일컫는데 質만 있고 文은 없기 때문에 야하기 쉽다고 일컬은 것이다. 자상백자는 야하기 쉬

---

2   '居'의 뜻에 대해서는 1·14의 주) 참조

3   疏大無細行

4   不煩

5   寬大之治有似疏略

6   臨下以簡 御衆以寬.『상서·순전(舜典)』에는 "直而溫 寬而栗 剛而無虐 簡而無傲(곧되 따듯하고, 너그럽되 위엄 있으며, 굳세되 사납지 않고, 대범하되 오만하지 않게)"라는 구절이 있다.

운 사람이기 때문에 사람의 도리를 우마의 도리와 같게 보려고 했다. 그래서 중궁이 지나치게 간하다고 한 것이다."⁷

평설

주희는 이 장을 6·01과 연결된 하나의 장으로 본다. '以臨其民'이라는 구절 때문에 중궁이 자상백자에 대해 물은 것은 단순히 사람됨을 물은 것이 아니라 정치를 할 수 있는 사람인지의 여부, 즉 '可使南面'의 여부를 물은 것으로 보고 연결되는 장면으로 여겼을 것이다. 그러나 공자에게서 '可使南面'이라는 평가를 들은 중궁이 바로 그 자리에서 자기 외의 다른 사람도 군장이 될 만한지의 여부를 물었다는 것은 맞지 않다. 또한 자상백자라는 사람은 공자의 제자가 아닌 경대부일 가능성도 있으니 6·01과 6·02를 하나의 장으로 묶을 필연성은 없다고 본다. 공자가 중궁에게 직접 '可使南面'이라고 말했다면 이인칭 '女'를 사용했을 텐데, '雍也~'라고 한 것으로 보건대 공자와 중궁의 직접 대화는 아니다.

H.G. 크릴은 제자의 말이 옳고 자신의 생각이 틀렸을 때 공자는 솔직히 인정하는 사람이었음을 드러내는 사례가 이 장이라고 말한다. 그러나 맥락에 맞는 설명이 아니다. 네 말도 그럴싸하다는 정도의 대답이지 내가 잘못했다고 인정한 것은 아니다.

정이는 중궁의 '居敬'이라는 표현을 관념적으로 설명하였고, 주희는 거기에다 치지(致知)를 강조하면서 '궁리(窮理)'라는 것을 더해서 더욱 관념적으로 강조했다. 이황은 '居敬窮理'를 본격적인 이론체계로 다듬는

---

7   簡者 易野也 易野者 無禮文也 (…) 子桑伯子不衣冠而處 (…) 其質美而 無文 (…) 文質修者 謂之君子 有質而無文 謂之易野 子桑伯子易野 欲同人道 於牛馬 故仲弓曰太簡. 주희는 『공자가어』에 있는 말이라면서 이와 비슷한 내용을 소개하지만, 『공자가어』가 아닌 『설원』 「수문」에 있는 내용이다.

다. 중궁이 무심코 표현한 '居敬'이라는 말이 종당에 성리학의 근간 이론으로 바뀐 것이다.

6·03 哀公問 弟子孰爲好學 孔子對曰 有顏回者好學 不遷怒 不貳過 不幸短命死矣 今也則亡 未聞好學者也

애공께서 (공자께) 여쭙기를 : (당신의) 제자들 가운데 누가 호학(이라고 할 만한 사람)인가요? 공자께서 대답하시기를 : 안회(라는 제자)가 호학(이라고 할 만한 사람)이었지요. (그 제자는 어떤 사람에게서 받은) 노여움을 다른 사람에게 옮겨(서 화풀이하)는 적이 없었고, 똑같은 허물을 재차 저지른 적도 없었습니다. (그렇게 훌륭했지만) 불행히도 명이 짧아 죽었습니다. 지금은 (그 제자가 죽고) 없으니 (그 뒤로) 호학(이라고 할 만한 사람의 이름)은 들은 적이 없습니다.

> 주

1) 哀公(애공, 494~468 B.C. 재위) : 2·19의 주1) 참조. 이 대화도 공자가 노나라로 돌아온 다음, 그리고 안회가 죽은 다음에 있었다.

2) 好學(호학) : 『논어』에서 '호학'은 일반명사로 쓰이기 때문에 번역하지 않고 그대로 사용하는 것이 더 이해하기 쉽다. '호학'에 대한 설명은 1·14의 주) 참조.

3) 顏回(안회) : 공자의 제자. 2·09의 주) 참조.

4) 不遷怒(불천노), 不貳過(불이과) : 독특한 해석을 곧잘 하는 정약용은 "군자가 빈천우환을 순조롭게 받아들이면서 하늘이나 남을 원망하지 않는 것이 '불천노'이다. (…) 이(貳)는 기(歧: 갈림길), 휴(攜: 끌고 감)의 뜻이니 실수하면 용감하게 고치지 망설이거나 끌고 가지 않는 것이 '불이과'이다."[8]라고 설명하는데, 심오하게 들리지만 문자학적 해석은 억지이다. "갑에게서 노한 것을 을에게 옮기지 않고, 앞에서 잘못한 것을 뒤

에서 거듭하지 않는다."⁹라는 주희의 설명이 상식적이고 보편적이다. '노'를 자기 운명에 대한 노여움으로 볼 근거는 없다. 이 구절을 호학의 보어로 보고서 '불천노 불이과하기 때문에 안회를 호학이라 했다'고 새기기도 하지만, '불천노 불이과'가 호학의 이유가 되기에는 적절하지 않다. 11·07과 대조하자면 '불천노 불이과'는 나중에 첨가되었을 가능성도 있다. 따라서 '호학인 데다 불천노 불이과하기도 하다'라는 뜻으로 보아도 좋다.

5) 短命(단명) : 『춘추공양전』에서는 안회가 애공 14년(481 B.C.)에 죽었다고 하니 공자 71세 때의 일이다. 『사기』는 안회가 공자보다 30년 젊고 29세에 모발이 하얗게 되어 일찍 죽었다고 하니, 공자 59세 때의 일이다. 그때라면 애공은 즉위한 뒤이지만 공자가 나라밖으로 돌아다닐 때이므로 맞지 않다. 『공자가어』는 안회가 31세에 죽었다고 한다. 그래서 모기령(毛奇齡, 1623~1713)은 『논어계구편(論語稽求篇)』에서 공자보다 30년 젊다는 『사기·중니제자열전』의 기록은 40년 젊은 것으로 고쳐야 한다고 주장한다. 그 시대에 41세에 죽는 것을 사마천이 '조사(蚤死: 일찍 죽음)'라고 표현했을 리는 없고, 공자 역시 '不幸短命死矣'라고 표현할

---

8   貧賤憂患 君子順受 不怨天不尤人 此之謂不遷怒也 (…) 貳歧也攜也 有過則勇改之 無所歧攜 是不貳過也. 그는 貳라는 글자의 뜻이 '분휴(分攜: 나뉘어 갈라짐)'나 '양속(兩屬: 둘 다 속함)'의 뜻이므로 앞의 실수를 뒤에 다시 저지르는 것을 '이과'라고 할 수 없다고 주장한다. 『시경·대아』의 "無貳爾心(네 마음을 둘로 가르지 말라)", 『곡례』의 "雖貳不辭(비록 밥상을 둘로 내놓더라도 사양하지 않는다)", 『좌전』의 "大叔命西鄙北鄙貳於己(대숙이 서비와 북비의 사람들에게 자기에 대해 두 마음을 갖지 말라고 명했다)"와 같은 예문을 제시한다. 그러나 그 예문들에서 貳는 명백한 동사이지만 본문에서 貳는 동사가 아닌 수사이기 때문에 그렇게 해석될 여지는 없다고 본다.
9   怒於甲者 不移於乙 過於前者 不復於後

리 없으니 모기령의 주장이 옳을 듯하다. 29세에 죽었다는 『사기』의 기록과 2년 차이가 나는데, 29세에서 31세 사이에 죽었다고 보면 될 것이다. 11·08을 보더라도 공자의 아들이 죽은 뒤 얼마 안 있어 죽은 것은 분명하다. 『사기』와 『공자가어』는 이렇듯 제자들의 나이에 대해 서로 다른 기술이 많다.[10] 命은 天命의 준말로도 쓰이지만 이처럼 '수명'의 뜻으로 쓰이기도 하고 '운명'의 뜻으로 쓰이기도 한다. 命에 대한 설명은 9·01의 주) 참조.

평설

질문자만 다를 뿐 같은 내용의 문답이 11·07에도 있는데, 그 배경에 대해서는 11·07의 평설에서 언급하였다. 당대 최고의 실권자 계강자와 명목상의 군주 애공은 각각 공자를 만나서 호학에 대해 질문했다. 학문을 사랑해서였는가? 아니다. 당시의 호학(배우고자 함)이란 부국강병 내지는 치(治)에 대한 열망이었지 학문에 대한 열망은 아니었다. 춘추시대에는 순수학문에 대한 효용을 인식했던 것 같지도 않다.[11]

---

10   두 책 모두 공자보다 수백 년 뒤에 만들어졌고, 무엇보다 『논어』 자체가 여러 종류의 기록물이 오랜 세월에 걸쳐 모여진 것이기 때문에 내용의 정합성을 기대하기 어렵다는 점이 더 근본적인 이유이다.

11   2016년 8월, 중국은 세계 최초로 양자통신실험위성(QUESS) '묵자호(墨子號)' 발사에 성공했다고 보도하면서, 그 위성의 이름을 '墨子'라고 한 이유를 다음과 같이 설명했다. "2,400여 년 전 묵자는 빛이 직선으로 움직이며 물리 세계가 입자로 이뤄졌다고 최초로 주장한 인물로, 바늘구멍 사진기를 세계 최초로 발명했다." 가만히 들으면 마치 중국인은 이미 춘추시대부터 순수학문에 몰두했던 것처럼 들린다. 중국의 학교에서는 실제 그렇게 가르치고, 따라서 모든 중국인은 그렇게 알고 있다. 그런데 그 근거는 『묵자·경설하(經說下)』의 "景 光至景亡 若在盡古息 景 二光夾一光 一光者景也 景 光之人煦若射 下者之人也高 高者之人也下 足敝下光 故成景于上 首敝上光 故成景于下 在遠近有端與于光 故景庫

528

안회는 공자가 세상을 뜨기 2년 전에 죽었으므로 만년의 공자로서는 상실감이 매우 컸을 것이다. 그러나 훌륭한 제자를 잃은 상실감이 아무리 컸다 할지라도 제자집단을 거느리는 사람으로서 그 제자 빼고는 쓸 만한 제자가 하나도 없다고 단언하는 것은 자기부정이나 마찬가지 아니겠는가? 자신들의 존재가치를 부정하는 스승의 이런 단언을 듣는 제자

內也"라는 대목이다. 하지만 그런 견해는 원전을 잘못 읽은 결론이다. 번역하자면 이렇다. "그림자라는 것은, 빛이 도달하면 그림자는 사라진다. 빛이 그대로 있으면 그림자는 영원히 생기지 않는다. 그림자라는 것은, 두 개의 광원이 하나의 광원을 간섭하더라도 결국 하나의 광원에서 나온다. 그림자라는 것은, 빛이 사람을 비추는 것을 예로 들자면, 빛은 화살처럼 곧게 나가기 때문에 광원이 사람의 아래쪽에서 비추면 그 사람의 그림자는 위로 높아지고, 광원이 사람의 위쪽 높은 곳에서 비추면 그 사람의 그림자는 아래로 작아진다. 발이 아래쪽 광원을 가리면 그림자는 위에 생기게 되고, 머리가 위쪽 광원을 가리면 그림자는 아래에 생기게 된다. 사물이 멀리 있건 가까이 있건 사물의 가장자리와 빛이 닿는 곳에 그림자는 있다. 그래서 그림자는 빛의 내부에 감추어져 있는 것이다." 이런 내용이 무슨 바늘구멍 사진기의 원리를 설명한 문장이란 말인가? 문장이 약간 난해하기는 하다. 그래서 중국인들은 '人'을 '入'의 오자(誤字)라 하고, '煦'를 '照'의 오자라 하며, 摩을 '易의 뜻이므로 바른 像이 아닌 거꾸로 맺히는 像'이라고 멋대로 해석한 것이다. 그리하여 물체의 원근에 작은 구멍이 있고 동시에 그 구멍에 직사광선이 투과하면 영상이 거꾸로 맺히는 현상, 즉 바늘구멍 사진기의 원리를 설명한 문장이라고 멋대로 이해한 것이다. '발이 아래쪽 광원을 가리면 그림자는 위에 생기게 되고, 머리가 위쪽 광원을 가리면 그림자는 아래에 생기게 된다'는 문장을 '발그림자가 위로 오고 머리그림자는 아래로 오는 현상'이라고 해석해버린 것이다. 거기서 나아가 묵자가 광학의 원리를 발견했다면서 '墨經의 光學八條'라는 이름으로 선전하기도 한다. 중국의 과학자들은 한문 원전을 해독할 능력이 부족하니까 그런 설명을 참으로 받아들이는 모양이다. 하물며 서구 학자들은 어떻겠는가? '그런가 보다' 하거나, 감탄하거나, 둘 가운데 하나의 반응을 보일 수밖에 없지 않겠는가? 중국의 학문이 진정 이런 식이라면 중국의 학문은 앞으로도 내내 웃음거리가 될 수밖에 없다.

들은 얼마나 수치스러웠겠는가? 이런 점을 생각하면, 전승과정에서 생길 수 있는 왜곡을 감안하더라도 집단을 거느리는 사람으로서 공자의 균형감각은 문제가 있었다고 본다.

'不遷怒'는 춘추시대에 강조되던 덕목이었음을 간접적으로 알 수 있다. 분노는 곧잘 연대의식을 낳고 연대된 분노는 예측할 수 없는 亂으로 바뀌기 때문에 분노를 옮기는 짓을 무척 경계했을 것이다.[12]

6·04 子華使於齊 冉子爲其母請粟 子曰 與之釜 請益 曰與之庾 冉子與之粟五秉 子曰 赤之適齊也 乘肥馬 衣輕裘 吾聞之也 君子周急不繼富

자화가 제나라에 사신으로 가게 되자 염자께서는 자화의 어머니(가 홀로 남게 되기) 때문에 곡식을 (좀 주자고) 청하셨다. (이에) 스승님께서는 釜를 주라고

---

12 분노를 옮기는 것은 기질보다는 환경 탓이 더 크다. 학자들은 그런 경향이 주로 우월감 트라우마에서 나타난다고 한다. 남의 우월감에 자신이 고통을 받으면 자신도 우월감을 느끼기 위해 희생양을 찾아서 학대한다는 것이다. 그렇게 해서 우월감은 피해자도 만들고 가해자도 만든다. 공동체 의식이 결여되고 다층적인 서열이 굳어 있는 사회일수록 우월감 트라우마는 광범위하다. 심한 경우 남을 무시하는 정도에 그치지 않고 남을 공격한다. 타자를 무시하는 행위는 타자를 공격하는 행위나 마찬가지이다. 엉뚱한 피해를 연달아 야기하게 만든다. 여성에 대한 남성의 성폭력도 그 근저는 성욕이 아니라 여성을 무시하는 데서 나오는 공격성 때문이라는 것이 학계의 정설이다. 남을 무시하고 자기 잘난 척하는 것을 자존심과 명예로 여기는 환경에서 폭력은 일상화한다. 서열 위주 사회의 차별적 사고는 그래서 위험하다. 참과 거짓을 구분할 수 없게 되고, 논리적 대화가 이루어지지 못하며, 왜곡된 신념과 그릇된 사상이 주류를 점하여 폭력이 만연하게 된다. 인간 사색의 시작은 어쩌면 입장을 바꾸는 데에 있을 텐데, 서열을 내세우는 사회에서는 입장을 바꿀 생각을 못하게 만든다. 자신을 꾸미고 욕망을 확대하는 일에만 집중하게 만든다.

하셨다. (너무 적다고 생각한 염자께서) 좀 더 (주자고) 청하시자 (스승님께서는) 庾를 주라고 하셨다. (그러나) 염자께서는 (그보다 훨씬 많은) 5秉의 곡식을 주셨다. (그 사실을 나중에 알게 된) 스승님께서 (염자께) 말씀하시기를 : 공서적이 제나라로 떠날 때에 (보니 수레는) 비마가 끄는 (화려한) 것을 타고 (옷은 값비싼) 경구를 입었더라. 나는 이렇게 들었어. 군자는 다급한 것만 주선하(면서 살아갈 따름이)지 부유해지려고 하지는 않는다고 말이야.

주

1) 子華使於齊(자화사어제) : 자화는 공자의 제자 공서적(公西赤)으로 5·07의 주)에 전기가 있다. 황간은 자화가 노나라의 사행을 간 것인지 공자의 사행을 간 것인지 모른다 하고, 주희는 공자의 사행을 간 것이라고 한다. 노나라 공실의 사행이지 공문에서 자체적으로 제나라에 사행 보낼 일은 없었다고 본다.

2) 冉子(염자) : 공자의 제자 염구를 높여서 부른 것이다. 3·06의 주) 참조.

3) 粟(속) : 원래 조(小米)를 가리키지만 옛날에는 米를 粟으로도 표현하기 때문에 '곡식'이라고 번역하였다. 껍질을 벗기지 않은 것이 粟이고 벗긴 것은 米라는 설명도 있다.

4) 釜(부) : 주희는 마융의 주를 받아서 6斗 4升이라고 했는데, 그것은 당시의 단위이고 요즘 단위로는 1斗 2升 8合이라는 주석도 있다.

5) 庾(유) : 주희는 포함의 주를 받아서 16斗라고 하지만, 여러 주석이 있다. 2斗 4升이라는 정수덕의 고증이 옳다고 본다.

6) 秉(병) : 주희는 마융의 주를 받아서 16斛(곡)이라고 했는데, 그렇다면 5秉은 80斛이나 된다. 1斛은 원래 10斗였는데 가사도(賈似道, 1213~1275)에 이르러 1斛은 5斗, 1石(단)은 2斛으로 바뀐 뒤 중화민국 초년까지 사용되었다고 한다. 중화민국 이후 다시 바뀌어 당시의 80단은

요즘 단위로 16단이라고 한다. 스승께서 처음보다 더 많은 양을 주라고 허락하기는 했지만 16斗를 주라고 했는데도 80단을 주었다면 지나치게 많은 양을 준 셈이니 이해되지 않는다. '釜', '庾', '秉'이라는 단위가 어느 정도의 분량인지는 주석이 제각각이어서 파악하기 어렵다. 단위의 계량이 관건은 아니기 때문에 적절하게 어림셈하여 이해할 수밖에 없다. 공자가 허락한 분량보다 많이 준 것은 확실하지만 염구는 공자가 "求也退故進之"(11·22)라고 표현할 정도로 소극적 기질이었으므로 더 주었다 하더라도 주희의 주석처럼 열 배가 넘는 정도는 아니었을 것이다.

7) 乘肥馬(승비마) : 승(乘)은 말이 끄는 수레를 타는 것이다. 2·05의 '주)御' 참조. '乘肥馬 衣輕裘'는 요즘 말로 '고급 자동차를 타고 고급 옷을 입는다'는 표현이다. 衣는 '입다'는 뜻의 동사이다.

8) 周急不繼富(주급불계부) : 주희는 周가 '보부족(補不足: 부족한 것을 메우다)', 急은 '궁박(窮迫: 쪼들려 압박을 받음)', 繼는 '속유여(續有餘: 넉넉함을 유지하다)'라고 한다. 周와 繼는 표현은 다르지만 실제는 똑같이 물자를 공급하는 일이다. 흔히 '군자는 사정이 급한 사람만을 돕고 부자를 도와주지는 않는다'고 번역하는데, 스스로의 처신이 아닌 남을 돕는 처신이 되므로 맞지 않다. '군자란 부족한 것만 채우면서 살아가지 부유해지려고 하지는 않는다'는 의미이다.[13]

평설

얼핏 보면 공서적이 제나라에 심부름을 가는 동안 남은 가족의 부양을 공문에서 책임졌던 것처럼 보이고, 공서적의 심부름도 공자가 보내는

---

13 빈민을 구제하라는 주문이라는 해석은 맞지 않다. 문맥이 그렇지 않음은 물론이거니와 개인 차원에서 빈민을 구제한다는 생각은 근대에나 나오게 된 생각이지 춘추시대에 나올 수 있는 생각이 아니다.

공문의 심부름처럼 보인다. 주희도 그렇게 설명하지만 수긍하기 어렵다. 염구는 계씨의 추천으로 노나라 공실의 지출을 담당하였고 공서적은 노나라 공실의 심부름을 간 것으로 보는 것이 합당할 것이다. 공문은 일정 부분 생활공동체 성격을 띨 수 있었을지 모르나 독자적으로 외국에 사행을 보내거나 가족들의 생계까지 책임지거나 할 정도였을지는 의문이다. 만약 공서적이 공자의 심부름으로 사행을 갔다면 염구는 공자의 승낙을 넘어선 지출을 할 수도 없었을 것이다. 염구는 스승의 위상을 고려하여, 그리고 다른 사람 아닌 공문의 후배가 사행을 가기 때문에 공자에게 자문을 구하였을 뿐이지 공자의 결재를 받아야 할 위치에 있지는 않았다고 본다. 비마와 경구에 대한 공자의 지적을 감안하더라도 공서적의 사행 경비를 공문에서 지출하지 않은 것은 분명하다. 동문 후학을 배려해줄 기회가 생기자 염구는 스승에게 물으면서 생색을 냈고, 스승의 권고보다 더 많은 배려를 했다고 보면 될 것이다.

6·05 原思爲之宰 與之粟,九百 辭 子曰 毋 以與爾鄰里鄕黨乎

원사가 읍재가 되어 그에게 (녹봉) 곡식 9백 말이 주어지자 (원사는 너무 많다고 여긴 나머지) 사양했다. (그러자) 스승님께서 말씀하시기를 : (사양하지) 말어! (쓰고) 남는 것(이 있거든 그것)을 이웃이나 마을 사람들에게 주면 되잖아?

주

1) 原思(원사, 515~475 B.C.) : 공자의 제자 원헌(原憲). 자가 자사(子思)인데, 공자의 손자 공급(孔伋, 483~402 B.C.)의 자도 子思이므로 그와 구분하기 위해 原思라고 불렀을 것이다. 노나라 또는 송나라 사람으로 전해지며, 공자보다 36살 적었고 40세에 죽었다 한다. 공자 사후 제자들은 여러 모습으로 살았는데,『사기』에 의하면 원헌은 위나라에서 은거하

였던 듯하다. 『사기·중니제자열전』과 『장자·양왕(讓王)』에는 다음과 같은 일화가 적혀 있다. 공자가 돌아가신 다음 원헌은 위(衛)나라 초야에서 좁고 누추한 방에서 거문고나 뜯고 있었는데, 자공은 위나라의 재상이되어 성대한 차림에 커다란 수레를 타고 원헌을 찾아왔다. 원헌이 초라한 모습으로 맞이하자 자공은 "아니, 선생께서는 무슨 병이라도 걸리셨나요?"라고 물었다. 원헌은 "재물이 없는 것을 가난이라 일컫고, 도를 배우고도 실천하지 않는 것을 병들었다 일컫는다고 저는 들었습니다. 지금저는 가난한 것이지 병든 것은 아닙니다."[14]라고 대답했다 한다. 이에 자공은 자신의 실수를 종신토록 부끄러워했다고 한다. 이 이야기는 『신서』, 『한시외전』 등에도 나온다. 반전을 노리는 이야기를 만들자면 범인보다는 현달한 사람을 소재로 하는 것이 효과적이기 때문에, 제자들 가운데가장 현달했던 자공을 대상으로 한 그런 이야기가 많이 만들어졌을 것이다. 14·01에는 원헌이 공자와 나눈 대화가 있다.

2) 爲之宰(위지재) : 之를 其와 같다고 보고서, 之는 공자를 가리킨다고 흔히 주한다. 공자가 노나라에서 사구 벼슬을 할 때 원헌을 재로 삼았다는 것이다. 공자가 노나라 사구를 지냈다는 나이가 52세 무렵인데 그때 원사는 16세이므로 맞지 않다. 공자 말년에 어느 고을의 읍재를 지내지 않았을까 한다. 이웃과 마을에 주면 되지 않느냐는 공자의 말로 보건대 중앙직이 아닌 지방의 읍재(邑宰)로 나갔을 것이다.

3) 與之九百(여지구백) : 양사가 생략되었기 때문에 9백 斗인지 9백石인지 알 수 없건만 공안국은 9백 斗라고 하였다. 원헌에게 9백 斗를주게 한 사람은 공자가 아니라고 본다. 원헌이 자신의 녹봉이 많아서 사양한다는 말을 공자가 듣고서 원헌에게 말하는 문맥이다. 앞 장을 고려하자면 염구가 원헌에게 녹봉을 책정했을 수 있다. 『사기』에 원헌이 벼

---

14   憲聞之 無財謂之貧 學道而不能行謂之病 今憲貧也非病也

슬한 기록이 없다는 점 때문에 이 기록을 의심하는 사람도 있지만 『사기』보다는 『논어』를 더 신뢰하는 게 옳을 것이다.

　4) 以與鄰里鄕黨乎(이여린리향당호) : 원래 5家를 鄰, 25家를 里, 5백 家를 黨, 1만 2천5백 家를 鄕이라고 했다지만, 단위의 이름이나 규모는 시대에 따라 바뀐다. 공자는 자신의 문도 집단을 '吾黨'이라고 표현한 적도 있고(5·21, 13·18), "君子不黨"(7·31), "羣而不黨"(15·22)이라고도 했다. 그러니 黨은 자연부락의 규모뿐 아니라 인위적인 공동체를 가리키기도 했을 것이다. 以 다음에는 '남은 곡식'이라는 목적어가 생략되었다. 乎는 가벼운 명령의 어기를 나타낸다.

6·06 子謂仲弓曰 犁牛之子騂且角 雖欲勿用 山川其舍諸

스승님께서는 중궁을 (평가하여) 일컬으시기를 : 얼룩소의 새끼일지라도 털빛이 (얼룩거리지 않고) 붉으면서 뿔도 반듯하다면, (사람들은) 비록 (얼룩소 새끼이기 때문에 제사 희생으로) 사용하지 않고자 하겠지만, 산천(의 신)이 그(처럼 반듯한) 송아지를 (얼룩소 새끼라는 이유로) 거부하시겠느냐?

주

　1) 仲弓(중궁) : 공자의 제자 冉雍. 5·04 참조.

　2) 犁(리) : '잡문(雜文: 단색이 아닌 얼룩무늬)'이라는 뜻이다. 고대에 제사 희생으로 사용하는 소는 털빛이 순전하게 붉은 것만 골라서 별도로 정성스럽게 키운 다음 사용했다. 얼룩소는 천하다고 여겨서 농사용으로만 썼기 때문에 얼룩소를 犁牛(쟁기질 하는 소)라고 일컫게 되었다고도 한다. 정약용은 『주례·목인(牧人)』의 "음사에는 검은 소를 쓴다."[15]라는

15　陰祀用黝牲. 천신에게 드리는 제사가 양사(陽祀)이고 음사(陰祀)는 사직

기록과, "바깥 제사의 훼사에는 얼룩소를 써도 된다."[16]라는 기록 및 『국
어』의 "검버섯이 생긴 노인을 버리다."[17]라는 기록을 들면서 '검은빛'이라
고 주장하는데, 보편적이지 않은 특이한 사례들을 들어서 일반적인 견해
를 뒤집고자 할 필요는 없다고 본다.

3) 騂(성) : 붉은빛. 주왕조 때는 붉은빛을 귀히 여겨서 제사에도 붉은
털을 가진 희생만 썼다고 한다.

4) 角(각) : 뿔이 제대로 반듯하게 자란 것을 말한다. 고어에서는 이처
럼 명사 한 글자를 써서 그 명사의 올바른 상태를 표현한다. 제사에 희생
으로 쓸 소는 뿔이 반듯하게 자란 것이라야 했다.

5) 用(용) : 『좌전』의 "用牲于社"의 '用'과 같은 뜻으로서 '죽여서 제사
지내는 것'을 말한다.

6) 其(기) : 흔히 '豈'의 뜻과 같다고 주하는데, 문장의 끝에 諸(=之乎)
라는 조사가 있어 반문의 어기를 나타내기 때문에 그렇게 해석될 뿐이
다. 其 자체에 豈의 뜻이 있는 것은 아니다.

7) 舍諸(사저) : 諸는 '之乎'의 합음자이다. 舍는 '버리다(捨)'는 뜻이다.

평설

비록 농사짓는 얼룩소가 낳은 송아지일지라도 털빛이 순전히 붉고 뿔
도 바르게 자랐다면 희생으로 사용하지 못할 이유 없다는 항간의 속담을
가지고서, 비록 천인의 아들이기는 하지만 재목은 충분하다면서 중궁을

(社稷), 오사(五祀), 오악(五嶽)과 같은 지신에게 드리는 제사이다. 유생(黝牲)은
'검은 희생'이라는 뜻이므로 犁牛와 같다고 본 것이다.

16 汎外祭毁事 用尨可也. 훼사는 피를 바치는 제사이니 산림(山林)이나 천택
(川澤)에 지내는 제사이다.

17 播棄犁老

격려하는 내용으로 보는 것이 일반적인 해석이다. 중궁이 실제 천인의 아들이었고 공자도 그 점 때문에 위와 같이 말했다면 당시의 신분관념에 견주어볼 때 진보적인 생각임은 틀림없다. 그래서 H.G. 크릴은 이를 혁명적이라고 평가할 뿐 아니라, 이 때문에 고대 종교의 핵심적인 요소가 사라지게 되었다고까지 말한다. 통치자의 자격은 타고난 신분에 있지 않고 개인의 능력과 덕망에 달렸다는 말과 통하기 때문이며, 따라서 그러한 생각이 윤리적 행동을 크게 촉진시켰다고 보기 때문이다.

중궁의 아버지가 천인이었고 행실이 나빴다는 이야기는 『사기』에서 시작된 오류라고 정수덕은 지적한다.[18] 그 오류는 중궁이 염백우의 아들이라는 말도 만들어낸다.[19] 6·10에는 염백우가 나쁜 질병에 걸린 사실이 나오는데, 염백우는 중궁과 같은 염씨(冉氏)인 데다 나쁜 질병에 걸리게 된 것은 행실이 나빴기 때문이라고 이야기가 만들어진 듯하다. 중궁이 천출(賤出)임을 강조하고자 억지로 엮은 인과관계일 것이다. 어쨌든 중궁은 5·04에서 공자가 "可使南面"이라고 말할 정도로 높이 평가했던 제자이다.

6·07 子曰 回也 其心三月不違仁 其餘則日月至焉而已矣
스승님께서 말씀하시기를 : 안회는(말이야,) 그 맘이 석 달을 넘기도록 인을 어기지 않더라. 나머지(제자들의 맘)은 (기껏해야) 며칠에서 한 달 가고 말 뿐인데 말이야.

18 『논어집석』 권11, p.376.
19 왕충이 『논형』에서 주장하는 바인데, 정약용도 지지한다.

1) 回(회) : 공자의 제자 안회. 2·09의 주) 참조.

2) 心(심) : 불위인(不違仁)과 연결되는 心이기 때문에 여기의 心은 도덕의지를 가리킨다고 흔히 설명하지만, 동의하지 않는다. 공자가 말하는 心은 마음에서 일어난 '생각'과 그 '생각'이 이끄는 행동까지 포함한다. 心에 대한 설명은 2·04의 주) 참조.

3) 其餘則日月至焉而已矣(기여즉일월지언이이의) : '其餘'를 석 달 지난 뒤 안회의 마음으로 보고서, '석 달 뒤에는 하루에 한 번이나 한 달에 한 번 인에 이르더라'라고 새기기도 한다. '其餘'를 仁 이외의 덕목으로 보고서, '仁은 석 달 어기지 않지만 그 나머지 덕목들은 하루나 한 달이면 충분히 도달하더라'라고 새기기도 한다. 그러나 '其餘'는 하안의 견해처럼 나머지 제자들로 보는 것이 순조롭다. 공자는 안회를 다른 제자들과 차별하여 말한 적이 잦으므로 그렇게 보는 것이 합당하다. '三月'은 오랜 기간을 가리키는 것이 분명하지만 '日月至'는 무슨 뜻인지 분명하지 않다. 주희는 仁이 하루에 한 번 도달하거나 한 달에 한 번 도달하는 것이라고 한다. 그러나 앞에서는 '不違(어기지 않음)'라고 했다가 뒤에서 '도달하다'고 표현했을지 의문이다.[20] '仁이 도달하다'는 표현도 어색하다. 나머지 제자들의 경우는 仁을 실천하는 기간이 하루 또는 길어야 한 달 정도에 이를 뿐이더라는 의미로 보는 것이 합당할 것이다. 焉은 '於是'의 합자(合字)이다.

---

20   그래서 장횡거(張橫渠, 1020~1077)는 '내외(內外)', '빈주(賓主)'라는 개념을 가지고서 설명하지만, 빈주는 선가(禪家)에서 사용하였던 개념으로서 이 문장을 설명하는 데 적절하지 않다.

이 장도 안회를 띠우는 내용이다. 안회가 죽은 뒤 그를 그리워하면서 꺼낸 말인지도 모르겠다. 다른 제자들 면전에서 한 말인지는 모르나 6· 03에서 보여준 자기 부정적 발언과 동궤이다. 공자는 제자들과의 관계 형성을 이처럼 일대일의 사적 관계로만 인식할 뿐 목표를 공유하는 공동 체로 인식하지는 않았다고 본다. 자신이 인정하는 유일한 제자를 공문의 후계자로 만드는 일에만 유념할 뿐 공문의 운영 형식에 대해서는 유념하지 않았다. 그래서 공자 사후 제자들은 공문(孔門)이라는 공동체의 지속에 관심을 두지 않고 각자 뿔뿔이 흩어지게 되었다고 본다. 설혹 특별히 총애했던 안회가 일찍 죽지 않고 공자의 뒤를 이어 공문의 대표가 되었다 하더라도 그 집단이 원만하게 경영되었을 가능성은 없다고 본다. 아무리 수직적인 혈연집단이라 하더라도 그 집단의 리더를 결정하는 방식이 원만하지 않으면 지속하기 어렵다. 공자 사후 공문의 경영에 대한 이야기가 자세하게 전해지지 않는 것을 보더라도 공문이 길게 지속되지는 않았을 것으로 짐작한다. 공자는 안회의 죽음을 사적인 슬픔으로만 받아들였다. 제자들 가운데 스승의 뒤를 잇고 싶은 사람이 있었을지라도 이미 스승은 '너희들은 인정할 수 없어'라고 공개적으로 말하였으니 아무도 나설 수 없었을 것이다. 그래서 제자들은 공자 사후 모두 열등의식만을 갖고서 단지 스승에 대해 각자 추도만 할 뿐 자기들끼리 횡적인 유대감을 갖고서 공문을 이끌어가려고 하지는 못했을 것이다. 기껏해야 자신들도 스승처럼 각자 나름의 방식으로 제자들을 챙겨서 일단의 세력을 유지하고자만 했을 것이다.

6·08 季康子問 仲由可使從政也與 子曰 由也果 於從政乎何有 曰 賜
也可使從政也與 曰 賜也達 於從政乎何有 曰 求也可使從政也與 曰 求
也藝 於從政乎何有

계강자가 (스승님께) 여쭙기를 : 중유는 정무를 시킬 만합니까? 스승님께서 말
씀하시기를 : 중유는 과감하니까 정무를 시켜도 (아무) 문제없을 겁니다. (계강
자가 다시) 여쭙기를 : 단목사는 정무를 시킬 만합니까? (스승님께서) 말씀하시
기를 : 단목사는 달통하니까 정무를 시켜도 (아무) 문제없을 겁니다. (계강자가
또) 여쭙기를 : 염구는 정무를 시킬 만합니까? (스승님께서) 말씀하시기를 : 염
구는 재주가 있으니까 정무를 시켜도 (아무) 문제없을 겁니다.

주

1) 季康子(계강자) : 2·20 참조.

2) 從政也與(종정야여) : '爲政'은 대부에게 해당하는 표현이고 '從政'
은 士에게 해당하는 표현이라는 오규 소라이의 설명이 합리적이다. 정약
용은 여러 전거를 대면서 그 견해를 반박한 다음 "주자의 설을 한번 반대
해보고자 하는 心術의 병"이라고 꼬집지만, 爲政은 '정치를 하다'라고 새
기고 從政은 '정무에 종사하다'라고 새기는 것이 낫다.[21] '可使從政'이라
는 물음은 '정무를 시킬 만합니까?'라고 번역하는 것이 낫다. 也與는 의
문의 어기를 나타내는 허사이다.

3) 果(과) : 포함은 '과감결단(果敢決斷)', 주희는 '유결단(有決斷)'이
라고 주한다.

4) 何有(하유) : 아무런 어려움이 없다는 표현이다. 4·13의 주) 참조.

5) 達(달) : 막힘없이 통달함, 확실하게 이해함, 도달함, 지위가 높아짐
등을 의미하는 글자이다. 여기서는 다방면의 일을 시원하게 잘 처리하는

---

21   1·10의 '주)政' 참조.

자공의 능력을 표현한다. 그래서 공안국은 '통어물리(通於物理)', 주희는 '통사리(通事理)'라고 주한다. 고어는 'ᄉᆞ뭊다'인데, 'ᄉᆞ뭊다'는 현대어에 '사무치다'라는 낱말로 남아 있다. 공자가 생각했던 '達'에 대한 의미는 12·20과 14·23 참조.

6) 藝(예) : 埶는 원래 '심다(種, 樹)'의 뜻인데 나중에 勢(세)와 藝(예)가 분화된다. 藝는 '재주 있음'이라고 표현할 수 있지만, 才(材), 能, 技, 術 등과 구분하여 표현하기는 어렵다. 術(술)이 재주의 활용을 가리킨다면 藝(예)는 재주의 내용을 가리킨다고 할 수 있다.[22] 여기서는 정무에 종사하는 데 유용한 재능을 포괄적으로 표현한 것으로 짐작된다. 藝는 나중에 예(禮)·악(樂)·사(射)·어(御)·서(書)·수(數) 여섯 가지로 구분하여 설명하기도 하고, 한대 이후에는 『시』·『서』·『악』·『역』·『예』·『춘추』여섯 가지 경전을 가리키는 이름으로도 사용된다. '아트(art)'를 '예술(藝術)'이라고 번역하는데, 아트란 원래 '만들어내는 것'을 가리킨다. 서구문화사에서 '아트'는 진리를 표현하는 수단으로 여겼다. 하지만 중국에서 藝는 익혀야 할 솜씨를 가리킨다.

평설

맹무백(481~? B.C.)이 인에 대해 물었을 때 공자는 자신도 인은 장담할 수 없노라고 답변하더니만(5·07), 여기서는 인이 아닌 정무 능력에 대한 물음이어서인지는 모르나 비교적 자신 있게 답변한다. 이 장은 공자의 제자에 대한 추천사라고 볼 수 있다.[23] 계강자는 공자 60세 때에 계

---

22 『서·주서(周書)』「금등(金縢)」제8에 '多材多藝'라는 표현이 나오는 것을 보더라도 材와 藝는 병칭했다고 본다.

23 공자가 노나라로 돌아올 수 있었던 것은 계강자에 의해 발탁된 염구가 노력한 결과로 짐작된다. 그렇다면 계강자와 공자의 대담도 염구의 주선으로 이루어

환자를 이어 집권하지만 공자는 68세(484 B.C.)에야 노나라로 돌아오니 이 대화는 그 뒤에 있었을 것이다. 5·07의 맹무백과의 대화는 빨라야 B.C. 481년 무렵일 것이다. 고향으로 돌아온 노년의 공자는 이제 자신이 직접 정무에 종사하는 것은 현실적으로 어렵다고 보고서 제자들이나마 벼슬할 수 있도록 노력한 결과 이 대화가 성사되었을지도 모르겠다.

공자의 제자에 대한 평어는 각각 한 글자이다. 다른 곳에서도 마찬가지이다. 그 사람의 모든 것을 한 글자의 한자로 표현한다는 것은 지나친 축약과 상징이다. 마치 요즘의 이모티콘과 같은 기능이라고 말할 수 있다. 이처럼 축약과 상징이라는 특성은 문어에서뿐 아니라 구어에서도 점점 보편화한다. 그래서 중국어라는 언어는 기본적으로 문자언어적인 성격을 지니게 된다. 언어를 표기하는 문자가 아니라 문자를 따라가는 언어로 발달하였다고 본다.[24]

6·09 季氏使閔子騫爲費宰 閔子騫曰 善爲我辭焉 如有復我者 則吾必在汶上矣

계씨가 민자건에게 비읍의 재를 맡기(려고 사람을 보내)자 민자건은 (심부름 온 사람에게) 이르기를 : 저 대신 사양(의 말씀)을 잘해주십시오. (그리고) 만약 (같은 심부름으로 사람 보내기를) 나에게 거듭하신다면, 나는 (만나기는커녕) 문수 북쪽(제나라 땅)으로 가버릴 것입니다.

졌을 가능성이 많은데, 계강자가 염구의 역량에 대해 물었다는 내용으로 보건대 이 장은 대화의 기록은 아니다. 전설을 적절하게 정리한 문장이라고 본다.

24 진인각(陳寅恪, 1890~1969)은 간체자 보급에 박차를 가하는 문화대혁명의 소용돌이에서도 번체자를 고집했고, 문장 또한 백화가 아닌 문어를 고집하였다. 중국어가 인도유럽어와 차별화되는 특징이 곧 그것이라는 자신의 주관 때문이었다. 대구(對句)의 사용 또한 중국 글의 특징이라고 본다.

1) 閔子騫(민자건, 536~487 B.C.) : 이름은 손(損), 자는 子騫이다. 공자보다 15살 적었으며 덕행과 효행이 매우 훌륭했다는 제자인데, 그 내용은 11·03, 11·05, 11·13, 11·14에서 짐작할 수 있다. 제자들 가운데 중궁·자공·자로·염유 등은 중앙의 벼슬자리에 오른 적이 있고, 자하·자유·원사 등은 지방의 벼슬자리에 오른 적이 있는데, 민자건은 계씨가 비읍이라는 요충의 읍재를 시키려고 해도 이처럼 강하게 사양한다. 후세 유자들이 민자건을 안회 다음으로 높이 치는 것은 공자가 민자건의 덕행을 칭찬한 탓도 있지만, 민자건이 이처럼 벼슬을 거부했다는 사실도 작용했다고 본다. 제자들 가운데 대부가에서 벼슬하지 않을 수 있었던 사람으로는 민자와 증자 등 몇 사람뿐이었다는 정이의 말에서 그 점을 확인할 수 있지만, 5·05를 보면 이미 공자부터 벼슬을 감당할 자신이 없다고 대답하는 제자를 칭찬하기도 한다.

2) 費(비) : 계씨의 채읍으로서 지금의 산동성 沂州府 費縣 지역이라고 한다. 노나라의 실권을 장악한 삼가는 자신들 본래의 채읍은 각각 견고한 요새로 만들어 신임할 만한 사람에게 읍재를 맡겼다고 한다. 계손씨의 채읍은 비(費), 숙손씨의 채읍은 후(郈), 맹손씨의 채읍은 성(郕)이었는데, 공자는 정공 12년(498 B.C.) 대사구가 된 다음 자로의 의견을 받아들여 삼가의 세력을 꺾고자 세 읍의 성벽을 허물려고 했다 한다. 삼가의 가신들이 채읍을 근거로 하여 반란을 일으키는 경우가 잦았기 때문에 삼가는 처음에 찬성하였지만, 가신의 설득에 넘어간 맹의자가 마음을 돌이키자 숙손무숙과 계환자도 반대로 돌아서는 바람에 공자와 자로의 계획은 실패했다고 한다. 그것이 만약 사실이라면 공자가 노나라를 떠나지 않을 수 없었던 이유는 바로 그 사건과 관계있다고 본다. 계씨의 근거지를 없애려 했다는 혐의를 면할 수 없었을 것이기 때문이다. 삼가 중에서 가장 세력이 컸던 계손씨의 채읍인 費는 정치적으로나 전략적으로나 매

우 중요한 곳이었다고 한다.

3) 善爲我辭焉(선위아사언) : '爲我善辭焉(나 대신 잘 사양해주십시오)'을 도치한 구문이다. 爲는 '대신하다'의 뜻이다. 焉을 之와 같은 뜻의 목적어로 보기도 하나 부탁의 어기를 나타내는 종결형 허사로 보는 것이 낫다. 이 문장에서 목적어는 생략되었다. 맥락상 알 수 있는 것은 생략하는 것이 중국 고문의 관행이다.

4) 復我(복아) : '나에게 거듭하다'는 표현이니, 심부름하는 사람을 나에게 거듭 보내는 것을 뜻한다.

5) 在汶上(재문상) : 노나라의 북쪽과 제나라의 남쪽, 그러니까 두 나라의 경계인 지금의 산동성 泰安府 萊蕪縣에 있는 강 이름으로서, 제수(濟水)로 흘러 들어간다고 한다. 물 이름에 붙는 '上'은 그 물의 북쪽을 가리킨다. '가다'는 뜻의 동사를 쓰지 않고 '在'를 쓴 것은 재빨리 떠나서 벌써 그곳에 가 있을 것이라는 의지를 나타낸 것이다.

> 평설

공자가 제자들을 모아서 집체활동을 하게 되는 과정에 대해서는 알려진 바 없지만[25] 공자로서는 제자들에게 일정한 일자리를 마련해주어야 했을 것이다. 속수 이상의 예를 차리고서 제자가 되려고 찾아온 사람들이라면[26] 그저 지식을 얻고자 찾아오지는 않았을 것이다. 공문에 들어가면 일정한 벼슬자리를 얻을 가능성이 높아진다고 생각하는 것은 당연했

25　『신서(新序)』에서는 공자가 23세부터 고향에서 안회의 아버지인 안유(顔由), 증삼의 아버지 증점(曾點), 염경(冉耕) 등을 가르쳤다고 하지만 근거를 밝히지는 않는다. 30세 무렵부터 제자를 거두기 시작했다는 설도 있지만 역시 근거는 없다.

26　7·07 참조.

을 것이다. 그러니 費의 宰라는 중요한 직책을 맡으라는 권유에도 단호히 거부했다는 것은 모순으로 들릴 수밖에 없다. 하지만 이런 모순이 공자가 지니는 힘의 원천이었다. 현실 권력과 일정한 긴장을 유지하면서 현실 권력에 대해 비판하는 능력을 기르는 일은 현실 권력을 장악하는 데 유용한 조건이 된다는 공자의 전략이었다고 본다.

모순은 더 있다. 공자는 공산불요(公山弗擾)가 모반하고서 초청할 때도 제자들의 반대를 무릅쓰고 기꺼이 가려고 했고(17·05), 필힐(佛肸)이 모반하고서 부를 때도 가려고 했다(17·07). 이 사실 역시 공자를 이해하는 중요한 단서이다. 공자가 생각하는 유도지방(有道之邦)이란 기실 어디에도 존재할 수 없는 나라이다. 원론적으로 존재할 수 없는 나라일 뿐 아니라, 전쟁이 일상적이었다고 할 수 있는 춘추시대 환경에서 효제와 예악을 근본으로 삼자는 공자의 정치관을 받아들일 군주는 현실적으로도 없었다. 하지만 공자는 명분 없는 실력자가 모반을 하면서 초빙하더라도 그때마다 가려고 했다. 이런 모순이 있을 수 없다. 그래서 그것은 역사적 사실이 아니라고 극력 주장하는 유자들이 나오게 되지만, 허구로 여기는 학자는 드물다. 그뿐 아니다. 염구, 자로, 재아, 자공처럼 현실 정치에서 능력을 발휘한 제자에 대해서는 각박하게 평가하고, 안회나 민자건처럼 현실 정치에서 능력을 보일 기회조차 갖지 못한 제자에 대해서는 후하게 평가한다. 이런 태도도 공자를 이해하는 중요한 단서이다. 공자의 제자들은 물론 대개의 후세 유자들은 공자의 이런 모순적인 태도를 결코 소홀히 넘기지 않는다. 그를 본떠 행동하게 된다.

공자의 이런 모순적 태도는 공자의 삶과 관련하여 다양하게 설명할 수 있는 여지가 있다. 공자가 내세운 명분이나 정치관은 현실 정치에 참여하기 위해 내건 수단이었지 당시 환경에서 유용한 수단은 아니었다고 본다. 그러니 명분에 맞는 결과를 낼 수는 없었다. 다만 공자가 죽은 뒤 한참 지나서, 정치환경이 통일제국으로 바뀐 뒤에는, 그와 같은 정치관이

라야 전제적 왕권을 안정시킬 수 있다고 여긴 한무제에 의해 마침내 정
치이념으로 채택된다. 이후 그 이념은 2천여 년에 걸쳐 유학 내지 유교라
는 이름의 도그마가 되어 동아시아 사회를 장악하게 된다.

6·10 伯牛有疾 子問之 自牖執其手 曰 亡之 命矣夫 斯人也而有斯疾
也 斯人也而有斯疾也

염백우가 질병을 얻(어 위중하다는 소식을 들으시)자 스승님께서는 그를 문병하
셨는데, (백우가 누워 있는 방에 들어가지는 않으시고) 들창을 통해 그의 손을 잡
고서 말씀하시기를 : 죽(고 사)는 것은 천명이(니 괘념하지 말거)라! 이런 (훌륭
한) 사람이 이런 (나쁜) 병을 얻다니! 이런 (훌륭한) 사람이 이런 병을 얻게 되
다니!

주

1) 伯牛(백우, 544~? B.C.) : 공자의 제자 염경(冉耕). 자가 伯牛이다.
노나라 사람으로 공문십철의 한 사람으로 꼽히며 중도(中都)의 재를 지
냈다고 한다. 11·03에서는 덕행으로 이름난 제자로 꼽힌다. 공자보다 7
살 적었다는데, 왕충(王充, 27~97)은 염옹의 아버지라고 했다. 염경의 자
가 伯牛이고 사마경(司馬耕)의 자가 자우(子牛)인 점을 보면 춘추시대
부터 소를 이용하여 농경한 흔적이라고 설명하는 주석가도 있다.

2) 有疾(유질) : 악질 때문에 사람을 직접 대면할 수는 없으므로 공자
는 창 너머로 그의 손을 잡았다고 대체로 이해한다. '斯人也而有斯疾也'
라는 거듭된 탄식은 질병의 위중함을 암시하는데,『회남자·정신훈(精神
訓)』에는 "자하는 눈이 멀고, 백우는 나병에 걸렸다."라는 표현이 있다.
창 너머로 손을 잡는 것이 환자를 대하는 예법이었다고 주희는 설명하는
데, 일반적인 환자를 대하는 관행은 아니고 악질에 걸린 환자를 대하는

관행이었을 것이다. 나병이라면 창 너머로도 손을 잡지는 않았을 것이라고 정약용은 말한다.

3) 亡之(망지) : 대개는 '죽겠구나!' 또는 '이럴 리가 없다!'라고 새긴다. 그러나 문병하면서 '네가 죽겠구나!'라고 말했을 리는 없다는 생각 때문에, 차주환(車柱環, 1920~2008)은 '희망이 없다', 이택후는 '방법이 없다', 김용옥은 '맥이 없다' 등으로 해석한다. 亡之를 '희망'이나 '방법'과 같은 의미상의 주어에 대한 술어로 본 것이다. 그러나 여기의 之는 대사(代詞)도 아니고 亡의 목적어도 아니며 자동사에 관습적으로 붙는 허사일 뿐이다. 亡은 '없다'의 뜻으로 쓰일 때 목적어가 붙지 않으므로 之가 목적어나 대사가 아님은 분명하다. 따라서 '亡之'를 주어로, '命矣夫'를 술어로 보는 것이 낫다고 본다. 즉, '죽(고 사)는 것은 명이란다'라는 표현이 아닐까 한다. 亡은 없어짐을 의미하지 죽음을 의미하지는 않는다. 『한서』에 '蔑之'라고 되어 있고 정주한묘죽간본에 '末之'라고 되어 있는 것도 '없어지다'는 뜻이다. 지역에 따라 비슷한 발음과 뜻을 가진 다른 글자로 각각 기록되었을 것이다.

4) 命矣夫(명의부) : 夫는 문장의 끝에서 탄식의 어기를 나타내는 조사이다. 6·27, 7·11, 8·03, 9·09, 9·17, 9·22, 12·15, 13·22, 14·06, 14·35, 15·26 등 『논어』에는 그러한 용례가 많다. 矣 또한 여기서는 탄식의 어기를 나타낸다고 본다. 같은 어기를 나타내는 허사를 중복함으로써 강한 탄식을 표현했다고 본다. 夫의 다른 용례에 대해서는 6·30의 주)와 11·10의 주) 참조. 命에 대한 설명은 9·01의 주) 참조.

5) 斯人也而有斯疾也(사인야이유사질야) : 정주한묘죽간본에는 중복되는 사이에 '命也夫'라는 구가 끼어 있고 뒤 구절에서는 '斯疾'이 아닌 '此疾'로 되어 있다.

 문병 관행이나 악성 질환자에 대한 인식 및 대처방법 등 당시 사회의 문화적 관행 일부를 살필 수 있는 대목이다.

6·11 子曰 賢哉 回也 一簞食 一瓢飮 在陋巷 人不堪其憂 回也不改其
樂 賢哉 回也

스승님께서 말씀하시기를 : 어질었어, 안회는! 밥 한 그릇 물 한 바가지로 달동네에서 살라치면 (보통) 사람들은 그 시름을 감당하지 못할 텐데, (우리) 안회는 그게 즐겁다면서 바꾸지를 않았으니 말이야. (참으로) 어질었어, 안회는!

 1) 回(회) : 공자의 제자 안회. 2·09의 주) 참조.

 2) 簞(단), 瓢(표) : 대나무로 만든 밥 담는 그릇과 바가지로 만든 음료 담는 그릇을 말한다. '일단사 일표음(一簞食 一瓢飮)'은 7·16의 '반소사음수 곡굉이침지(飯疏食飮水 曲肱而枕之)'라는 구절과 마찬가지로 가난한 생활을 상징하는 당시의 성어였을 것이다. 『설원·신술(臣術)』에는 '일단사 일호장(一簞食 一壺漿)'이라는 표현도 있다.

 3) 在陋巷(재루항) : '누추한 골목에 있다'는 말은 가난한 동네에서 거주한다는 뜻이다.

 4) 不改其樂(불개기락) : '其樂'이 무엇인지에 대한 설명이 다양하지만 '가난한 가운데서 나름대로 살아가는 즐거움'으로 새기는 것이 무난할 것이다. 추상적으로 설명할 필요는 없다. 不改는 '바꾸려고 하지 않는다'는 뜻이겠다. 樂에 대한 설명은 7·19의 평설 참조.

공자의 숱한 '안회 찬가' 가운데 하나인데, 아마도 안회가 죽은 뒤 그를 추억하는 내용일 것이다. 그래서 번역도 거기에 맞추었다. 안회는 애당초 풍요로운 의식주를 추구하지도 않았거니와, 궁핍한 상황에서도 정신적 지향을 바꾸지는 않았다는 표현이다. 11·19를 보더라도 안회는 무척 궁핍하게 살았던 모양이다.

6·12 冉求曰 非不說子之道 力不足也 子曰 力不足者 中道而廢 今女畫

염구가 (스승님께) 말씀드리기를 : 스승님의 방법론을 좋아하지 않아서가 아니라 힘이 달려서(따르지 못하고 있을 따름)입니다. (그러자) 스승님께서 말씀하시기를 : 힘이 달린다면 (하다가) 중도에 못하게 되는 거야. (그런데) 지금 너는 (그게 아니라 스스로 일정한) 선을 긋(고서 더는 나가지 않으려고 하)잖아.

주

1) 冉求(염구) : 공자의 제자. 3·06의 주) 참조.

2) 說(열) : '기쁘다'는 뜻의 형용사가 아닌 '기뻐하다'는 뜻의 의동사이다.

3) 道(도) : 道에 대한 설명은 1·02의 주) 참조.

4) 者(자) : 잠시 멈추거나 가정의 어기를 나타낸다.

5) 中道而廢(중도이폐) : 廢를 지(止)의 뜻으로 해석한 정현의 견해는 잘못되었고, 몸의 힘이 다해서 쓰러지는 것을 말한다고 정약용은 극력 강조한다. 그러나 「중용」의 "군자가 도를 좇아서 실천하다가 중간에 그만두는 것, 나는 그럴 수는 없다."[27]라는 문장을 참고하자면, 廢를 반드시

---

27 君子遵道而行 半塗而廢 吾弗能已矣

그렇게 새겨야 할 이유는 없다고 본다.

6) 畫(획) : 劃(획)과 같다. 땅에 획을 긋듯이 스스로 한계를 긋는 것을 말한다.

객관적으로 볼 때 염구는 자로·자공과 더불어 공자의 가장 든든한 제자였음에도 불구하고 공자는 염구에 대한 꾸지람이 잦았다. 여기뿐 아니라 3·06, 5·21, 6·04, 13·14, 16·01에서도 그렇거니와, 심지어 11·17에서는 파문 선언을 한다. 그래서인지 3·06에서 설명했다시피『예기·단궁상』이나『사기』에는 두 사람 사이의 갈등을 드러내는 이야기도 실려 있다.

공자가 염구를 그토록 심하게 나무라는 이유는 찾기 어렵다. 안회에 대한 무조건적인 사랑과 재여에 대한 무조건적인 미움도 쉽게 이해되지 않는다. 공자가 제자를 대하는 태도에는 확실히 의문점이 있다. 제자들은 스승의 노골적인 차별을 참아가면서 따를 수밖에 없었을 것이다. 그렇다면 염구는 과연 어떤 상황에서 힘이 부족해서 더는 못하겠노라고 대답하게 되었을지도 궁금하다.

6·13 子謂子夏曰 女爲君子儒 無爲小人儒

스승님께서 자하를 (평가하여) 일컬으시기를 : 너는 군자유가 되어라. 소인유가 되지는 말고.

1) 子夏(자하) : 공자의 제자 복상이다. 1·07 참조.

2) 君子(군자), 小人(소인) : '君子'와 '小人'을 '군자다운'과 '소인다운'이라는 관형격 형용사로 번역하면 문장의 힘이 빠지게 되므로 명사로 번

역하였다.

3) 儒(유) :『설문』은 "부드럽다는 뜻이다. 술사를 가리키는 이름인데 자부(字部) '人'과 성부(聲部) '需'로 이루어진 형성자(形聲字)이다."²⁸라고 해석하는데, 주희는 학자를 가리키는 이름이라고 한다. 갑골문과 금문에서는 예를 담당하는 사람이라는 뜻으로 쓰이는데, 시라카와 시즈카(白川静, 1910~2006)는 파자(破字) 해석하여 '비(雨)를 비는 무축(巫祝)'이라고 한다. 호적(胡適, 1891~1962)은 은왕조의 유민 가운데 은왕조 복장과 모자를 쓰고서 상례(喪禮)를 주업으로 삼았던 은사(殷士)들을 가리키는 말이라고 한다. '五百年必有王者興(오백 년이 되면 반드시 왕자가 나타난다)'이라는 예언을 하면서 망국백성으로서 유순한 태도를 유지하면서 살아가는 집단이었다는 것이다. 공자를 이 예언에 따라 탄생한 성인으로 간주한 것도 그들이었고, 공자가 예를 가르쳤던 것도 儒의 전통과 무관하지 않다고 말한다. 종합하자면, 원래 지배계층의 상례나 제례와 같은 통과의례를 담당하면서 고제(古制)를 익히는 계층을 가리키던 통속적인 이름이었지만, 공자 사후에는 공문의 후예들을 경멸하는 용어로 쓰인 듯하다. 공문의 후예들 가운데 지배층의 통과의례를 주관해주는 것으로써 생계를 꾸린 사람들이 많았기 때문이었을지도 모른다. 어쨌든 儒에 '懦弱(나약)'의 뜻이 있음은 분명하다.『논어』에 '儒' 자는 여기에서만 나오는데, 군자유와 소인유로 나누는 것을 보건대 공자는 자신을 포함한 공문 전체가 儒로 불리는 것은 받아들이되 기존의 儒와는 차별화를 시도하지 않았을까 한다.『장자·외물(外物)』,『순자·유효(儒效)』,『묵자·비유(非儒)』 등에서는 3·09의 평설에서 인용한『사기·공자세가』의 내용보다 훨씬 더 신랄하게 儒를 비판한다. 아마도 전국시대 유자들 가운데는 존경을 받을 만한 사람이라곤 없고 오로지 부유한 집안이나 지

---

28   柔也 術士之儞 從人需聲

배계층의 통과의례를 주관하는 것만 일삼았기 때문일 수도 있고, 유가가 백가로부터 집중적인 공격을 받았던 증거일 수도 있다. 공자는 제자들에게 군자라는 목표를 제시하면서 士로서의 자부심을 가지라고 요구했지 儒를 자처하라고 한 적은 없다. 따라서 이 장은 '어차피 儒로 치부될 바에는 君子儒라는 소리를 들어라'라는 뉘앙스가 담겼다고 본다.[29] 그렇다면 儒는 공문 밖에서 공문 사람들을 낮추어 부르던 호칭이었을 가능성도 있다. 『논어』가 편찬될 무렵 儒가 비칭이 아니었더라면 『논어』에 儒 자는 더 많이 등장했을지도 모른다. 아마도 儒는 한무제 이후에야 긍정적인 이미지로 바뀌지 않았을까 한다. 儒에 대한 자세한 설명은 H.G. 크릴의 『공자: 인간과 신화』 제11장이 참조할 만하다.

[평설]

공자 사고의 틀은 기본적으로 '군자 대 소인'의 변증법이다. 그는 여기서도 儒를 군자유와 소인유로 나눈다. 儒는 직업적 의미를 담은 비칭이었다고 생각되는데, 그렇다면 공자의 이 말은 전문직으로서의 책무를 다하라는 강조일 것이다. 공자가 제자들에게 지식인으로서 사명감을 고취시킬 때는 士라는 호칭을 사용하였지 儒를 사용하지는 않았다. 그러면 공자는 어떤 맥락에서 자하에게 이렇게 말했을까? 아마도 자하의 어떤 처신이나 행동을 못마땅하게 여긴 나머지 꾸중한 것이 아닐까 한다. 어떤 것이 군자유의 처신이고 어떤 것이 소인유의 처신인지에 대해 설명하지 않는 것도 공자의 방식이었다.

---

29 공안국은 "군자가 儒가 되면 도를 밝히고, 소인이 儒가 되면 자기 이름을 자랑한다."라고 설명한다.

6·14 子游爲武城宰 子曰 女得人焉耳乎 曰 有澹臺滅明者 行不由徑
非公事未嘗至於偃之室也

자유는 무성읍의 재를 지낸 적이 있는데, (그 무렵 자유를 만나게 된) 스승님께
서 말씀하시기를 : 너는 (그곳에서 쓸 만한) 사람을 (좀) 얻었니? (자유가) 대답
하기를 : 담대멸명이라는 (괜찮은) 사람이 있(는데, 그 사람 정도를 얻었다고 할
수 있겠)습니다. (그 사람은) 어떤 행실에서든 편법을 사용하지 않고, 공적인 일
이 아니고서는 제 방에 (찾아)온 적도 없습니다.

주

1) 子游(자유) : 공자의 제자 언언(言偃). 子游는 자이다. 2·07의 주)
참조.

2) 武城(무성) : 노나라의 읍으로 지금의 산동성 비현(費縣)의 서남쪽
에 있었다고 한다. 포함은 하읍(下邑)이라고 했다. 자유가 무성읍의 재를
지낸 사실은 17·04에서도 확인되는데, 공자가 노나라로 돌아온 다음의
일이다.

3) 焉耳乎(언이호) : 문장 끝에 중첩되는 허사는 어떤 어기를 나타내
는지 단정하기 어렵다. 일반적으로 허사가 2개 이상 중첩될 경우 맨 마
지막 허사의 어기가 중심이라고 말하지만 반드시 그렇지는 않다. 허사의
이러한 쓰임을 보더라도 후대의 문장보다 짧은 『논어』의 문장을 단지 많
이 압축한 형식으로만 볼 수는 없다. 그 시대의 독특한 형식으로 보아야
한다. 허사를 세 개나 겹쳐 쓰는 것은 나름의 이유가 있을 텐데도 그 어
기를 현대어로 재현하기는 어렵다. 당대 이전의 판본에는 '耳'로 되어 있
지만 그 뒤의 판본에서는 '爾'로 바뀌므로 해석은 더욱 복잡해진다. 완원
(阮元, 1764~1849)은 '焉爾'를 '於此'와 같다고 했다. 焉을 장소를 나타
내는 개사로 보고 爾를 지시대사로 본 것인데, 논리적이기는 하지만 과
연 그랬을지는 의문이다. 다만 이 문장에서 허사의 해석이 문맥을 크게

좌우하지는 않는다.

4) 澹臺滅明(담대멸명, 512~? B.C.) : 『사기·중니제자열전』에 의하면 澹臺는 복성이고, 이름은 滅明이며, 자는 자우(子羽)이다. 공자보다 39살이 적었다 하니 자유보다는 6살이 많다.[30] 벼슬한 기록은 없다. 『사기』에는 "용모가 매우 못생겼는데, 공자를 스승으로 섬기려고 하자 공자는 재목이 안 될 것으로 여겼다. 그러나 수업을 마친 뒤 물러나면 행실을 닦았고, 행실에는 편법이 없었으며, 공적인 일이 아닌 한 경대부를 찾는 일도 없었다. 남쪽 양자강 유역으로 가서 제자 3백여 명을 거느렸는데, 재물을 주고받는 도리와 벼슬을 취하고 버리는 도리에 대한 가르침 때문에 제후들 사이에 이름이 났다. 공자께서 그의 명성을 들으시고는 '내가 말솜씨를 보고 사람 취했다가 실패한 경우는 재여이고, 용모를 보고서 사람 거부했다가 실수한 경우는 자우이다'라고 말씀하셨다."[31]라고 기술되어 있다. 사실이라면 아마도 자유의 소개로 공자 문하에 들어가기는 했지만 공자의 눈에 들지 않아 일찌감치 나오게 되었던 모양이다. 한편 『공자가어』는 『사기』와는 반대로 담대멸명의 용모는 군자다웠지만 실제 행동은 그렇지 못하였다고 기술한다.[32] 『사기·중니제자열전』에는 공자의

---

30 『공자가어』에는 49살 적다고 되어 있으니 자유보다 4살이 더 적은 셈이다. 자유보다 어릴 수는 있지만 그렇다면 너무 이른 나이에 자유의 눈에 든 셈이 되므로 믿기 어렵다.

31 狀貌甚惡 欲事孔子 孔子以爲材薄 旣已受業 退而修行 行不由徑 非公事 不見卿大夫 南游至江 從弟子三百人 設取予去就 名施乎諸侯 孔子聞之曰 吾以言取人 失之宰予 以貌取人 失之子羽

32 澹臺滅明 武城人 字子羽 少孔子四十九歲 有君子之姿 孔子嘗以容貌望 其才 其才不充孔子之望 然其爲人 公正無私 以取與去就 以諸爲名 仕魯爲大夫也(담대멸명은 무성 사람이고 자는 자우이다. 공자보다 49세 젊다. 군자의 용모를 갖추어서 공자는 일찍이 그 용모 때문에 그 사람의 재주도 기대하였지만 그 사람의 재주는 공자의 기대를 채워주지 못하였다. 그러나 사람됨이 공정무사하고 재물을 주

제자로 올라 있지만 본문에서 자유가 말하는 분위기를 보건대 당시 공자가 몰랐던 사람임은 분명하다. 알았다면 '有~者'라고 표현하지는 않았을 것이다. 이 대화가 있은 다음에 자유의 천거로 공자 문하에 들어갔을 수는 있다.[33] 『사기·유림열전』에서는 그가 楚에 거주한 것으로 나온다.

5) 行不由徑(행불유경) 非公事未嘗至於偃之室也(비공사미상지어언지실야) : '行不由徑'은 길을 다니는 습관이 아니라 일을 처리하는 방식을 비유한 말이다. 室은 사적 공간을 의미한다. 공적 공간은 公室이라고 불렀다.

> **평설**
>
> '쓸 만한 사람 찾기'에 대한 공자와 자유 사이의 공감대가 느껴진다.

고받는 것이나 벼슬에 나가거나 내려오는 것이 분명하다고 이름이 알려졌다. 노나라의 대부가 되었다).

두 책의 문장을 대조해보자면 『사기』의 기술이 더 맞는 듯하고 『공자가어』의 기술은 앞뒤가 맞지 않는다. 공자와 제자들에 관한 이야기는 비단 이 두 책뿐 아니라 여러 책에서도 서로 다르게 기술되는 경우가 많은데, 전승된 기록 조각들이 다른 이유도 있을 것이고 원문을 의도적으로 왜곡하여 편집했기 때문일 수도 있을 것이다.

33 담대멸명은 공자 나이 70 전후에 입문하였을 텐데, 그런 담대멸명이 수업을 마치고 강남으로 가서 제자들을 거느릴 정도가 되었을 때는 이미 공자가 세상을 뜬 다음일 것이다. 그래서 "남쪽 양자강 유역으로 가서 제자 3백여 명을 거느렸는데 (…) 공자께서 그의 명성을 들으시고는(…)"이라는 기술은 픽션이라고 김용옥은 주장한다. 그러나 공문의 사제관계란 것은 일정 기간 수업을 이수해야만 하는 요즘의 제도권 교육과 같은 성격이 아니라 제자로서의 예만 차리더라도 사제관계는 성립되는 것이며, 담대멸명은 자유보다 6살이나 더 많았으므로 30대의 나이이면 충분히 일가를 이룰 수도 있었다고 본다. 그 진위가 『논어』 해석에서 중요한 문제는 아니다.

대화를 보건대 득인(得人)의 기준이 '유능'은 아니다. 어디까지나 품성이다. 편법을 사용하지 않는 일 처리와 사적으로 관장(官長)을 만나는 것을 흠결로 여기는 당시의 기준을 알 수 있다. 목표를 구현할 동지를 찾아 규합하려는 두 사람의 의지도 당연히 읽힌다. '쓸 만한 사람 찾기'는 공문이라는 공동체를 결속하게 만든 동인(動因)이었을 것이다.

6·15 子曰 孟之反不伐 奔而殿 將入門 策其馬曰 非敢後也 馬不進也

스승님께서 말씀하시기를 : 맹지반은 (전투에서의 공적을) 자랑하지 않았(던 사람이)다. (제나라와의 전투에서 후퇴해야 했을 때에,) 달아나면서 (적을 막고 아군을 보호하기 위해 구태여) 군진의 후미에 섰으면서도, 성문으로 들어올 무렵에는 자신이 탄 말에 채찍질을 하면서 "(내가) 구태여 후미에 선 것이 아니라 말이 잘 달리지 못했기 때문이다."라고 (겸손하게) 말했다니 말이다.

| 주 |

1) 孟之反(맹지반) : 두예(杜預)는 그의 자가 反이라 하고, 주희는 그의 이름이 측(側)이라고 한다. 『좌전』 애공 11년(B.C. 484년, 공자 68세 때) 노와 제의 직곡지전(稷曲之戰) 기사에 나오는 맹지측(孟之側)으로 간주된다. 호인은 『장자·대종사』에 나오는 맹자반(孟子反)과 동일인이라고 한다.

2) 伐(벌) : 공을 자랑하다.

3) 奔(분) : 싸움에 져서 달아나다.

4) 殿(전) : 군진(軍陣)의 후방을 가리킨다. 전방은 계(啓)라고 한다. 여기서는 '군진의 후미에서 오다'는 뜻의 동사로 쓰였다.

5) 策(책) : 채찍질.

노나라와 제나라 사이의 전쟁은 공자가 노나라로 돌아온 해인 애공 11
년(484 B.C.)에 있었다. 『좌전』에 의하면 그 전쟁에서 염구가 좌사(左師)
를 맡고 번지가 우사(右師)를 맡았다고 한다. 국가의 대사였던 제나라와
의 전쟁에 대해 공문 사람들은 진지하게 대화했을 테고, 이 장의 대화는
그 가운데 하나일 것이다. 『좌전』에는 공을 자랑하지 않으려고 했다는
언급은 없고 단지 "맹지측이 나중에 후미로 들어오면서 화살을 뽑아서
자기가 탄 말을 때리면서 '말이 잘 달리지 않는다'고 말하였다(孟之側後
入以爲殿 抽矢策其馬曰 馬不進也)."라고만 기록되어 있다.

맹지반이란 사람이 언제나 자신의 공을 감추는 고지식한 성격이었는
지는 모르지만, 어차피 싸움에 져서 도주해오는 부끄러운 상황에서 후방
을 보호하려 했던 자신의 행동을 동료들이 칭찬하자 쑥스러운 나머지 해
학적인 언어로써 쑥스러움을 면하고자 했던 모양인데, 공자는 그의 그런
언행을 높이 친 것이다. 그러나 자신의 행동을 자랑하지 않은 행위를 단
순히 겸손 때문이라고 말할 수는 없다. 맨 앞이나 맨 뒤에서 자신이 원하
는 것을 취하는 사람은 언제나 스스로에게 자신이 있는 사람이다. 동물
도 마찬가지이다.

6·16 子曰 不有祝鮀之佞 而有宋朝之美 難乎免於今之世矣
스승님께서 말씀하시기를 : 축타 같은 말재주는 없으면서 송조 같은 용모만 갖
추어갖고는 요즘 세상에선 재앙을 면하기 어렵겠어!

1) 不有(불유) : '~를 가지고 있지 않다면'이라는 가정의 뜻을 표현한다.
2) 祝鮀(축타) : 위(衛)나라의 대부로 자는 자어(子魚)이고 이름이 타

(鮀 또는 佗)이다. 종묘에서 축문을 읽는 직책인 축관(祝官)으로 있었기 때문에 祝鮀로 불렸을 것이다. 말재주로 유명했던 사람인 모양인데, 『좌전』 정공 4년(506 B.C.)조에는 이런 내용이 실려 있다. 소릉(昭陵)에서 제후들이 회합하여 초나라 정벌을 의논할 때 주왕실의 장홍(萇弘)은 채(蔡)나라의 시조 채숙(蔡叔)이 위(衞)나라의 시조 강숙(康叔)의 형이라는 이유로 위나라의 서열을 채나라보다 아래에 두려고 했다. 이에 축타가 나서서 장홍에게 과거의 전례를 들어 따진 끝에 위나라의 서열을 채나라보다 앞에 두는 데 성공했다고 한다. 공자는 이런 사람이 외교업무를 맡고 있기 때문에 영공이 무도할지라도 위나라는 망하지 않는다고 14·19에서 평가한 바 있다. 녕(佞)에 대한 공자의 평가는 4·24의 평설과 5·04의 주) 참조.

3) 而(이) : 황간 이후 '축타의 말솜씨와 송조의 미모가 없다면'이라고 새기는 주석이 많다. 그러나 '而'가 병렬관계를 나타낸다면 '宋朝之美' 앞에 다시 '有'가 나올 이유가 없다. 따라서 '축타와 같은 말솜씨는 없으면서 송조와 같은 미색만 있으면~'이라는 형병, 유보남, 양백준 등의 견해를 따른다.

4) 宋朝(송조) : 용모가 잘생겼기로 이름이 났던 송나라의 공자(公子)로, 이름이 조(朝)이다. 『좌전』 소공 20년(B.C. 522년, 공자 30세 때)에 의하면 위령공의 총애를 받아 위나라의 대부가 된다. 그런데 영공의 어머니이자 양공의 부인 선강(宣姜)과 통정하고, 정공 14년(B.C. 496년, 공자 56세 때)에 의하면 영공의 부인 남자(南子)와도 사통했다고 한다. 南子는 위령공에게 시집오기 전부터 송조와 염문이 있었을 뿐 아니라 시집온 다음에도 그를 위나라로 불러 관계를 가졌다고 한다. 제표(齊豹), 북궁희(北宮喜) 등과 반란을 일으켜 영공을 쫓아내기도 하지만 나중에 영공이 돌아오자 진(晉)으로 도주한다.

5) 難乎免於今之世矣(난호면어금지세의) : 免의 뜻에 대해서는 2·03

의 주) 참조. 세해(世害)를 면하기 어렵다는 공안국의 표현이 적절하다.

배경도 없고 구문도 모호한 탓에 해석이 여럿이다. 핵심은 말재주이다. 말재주와 용모 두 가지를 다 갖추지 않으면 살아남기 힘들다는 뜻은 아니라고 본다. 인물 가지고 득세하다가 말재주 갖춘 사람에게 몰락당하는 어떤 사람을 보고서 독백했을 수 있다.

6·17 子曰 誰能出不由戶 何莫由斯道也

스승님께서 말씀하시기를 : 누군들 문을 거치지 않고 (밖으로) 나갈 수 있나? (출입하면서는 반드시 문을 거치면서도, 살아가면서는) 왜 아무도 '이 길'을 거치(려고 하)지 않지?

1) 斯道(사도) : 공자가 생각하는 세상 살아가는 방법론을 스스로 가리킨 표현이다. 공안국은 "立身成功當由道(사회에 나가 공을 이루려면 마땅히 도를 따라야 한다)"라고 하지만, 주석가들은 대체로 선왕지도, 경세지도, 예악제도라고 설명한다. 하지만 후대 유자들은 그러한 설명보다 '斯道'라는 말이 공자의 긍지를 더 드러낸다고 여긴 나머지 이 표현을 그대로 사용해왔다. 공자는 4·15에서 '吾道'라고 말하기도 하고 9·05에서는 '斯文'이라고 말하기도 하는데, 그 표현들 역시 '斯道'처럼 그대로 사용된다.『논어』에 나오는 道에 대한 설명은 1·02의 주) 참조.

너무나 당연한 방법론을 세태는 외면한다는 불만을 표하고 있다. 그런 점에서 앞 장과 같은 맥락이다. '誰能出(수능출)'과 '何莫由(하막유)'는 대를 이루고 있다. 『예기·예기』에는 "未有入室而不由戶者"라는 표현이 있다.

6·18 子曰 質勝文則野 文勝質則史 文質彬彬 然後君子

스승님께서 말씀하시기를 : 질이 문을 이기면 촌스럽고, 문이 질을 이기면 반지르르하기만 해. 문과 질이 (적절하게) 어우러져야 군자라고 할 수 있지.

주

1) 質(질), 文(문) : '바탕'과 '꾸밈', '본질(本質)'과 '문채(文采)'로 번역할 수 있다. 하지만 대구(對句)라는 원문의 형식미를 살리면서 그 글자가 지니는 포괄적인 의미를 전달하자면 번역하지 않는 게 낫다. '質'은 금석문에서부터 나타나는 글자로서, 두 자루의 도끼(斤)에다 조개(貝)를 더했거나 솥(鼎)을 더한 글자로 짐작된다. 가공하려는 재료나 바탕을 의미했지만 가공하기 이전의 소박미를 가리키는 관념 이름이 되었다. '文'은 갑골문에서부터 보이는 글자로서, 어떤 바탕이나 재료에 인위를 더함으로써 그 이전과는 달라지는 계기를 뜻한다. '무늬', '꾸미다', '장식하다' 등의 뜻으로 쓰인다. 나아가 '문화', '문물제도'라는 뜻도 파생되는데, 그 경우에는 '문장(文章)'이라고도 표현한다.[34] 이후 質과 文은 중국의 미학, 문학, 철학 등 여러 관념체계에서 매우 중요한 상징어가 된다. 3·14, 5·12, 7·33, 8·19, 9·05, 12·08에도 용례가 있다.

2) 野(야), 史(사) : 내적 바탕인 質이 순전하게 드러나는 모습과, 외적 꾸밈인 文이 순전하게 드러나는 모습을 각각 대비시킨 글자들이다.

---

34 1·06의 주7) 참조. 한편 文章은 '예악제도'를 의미하기도 한다.

이 두 글자 역시 번역하지 않는 것이 더 효과적이다. 野는 현대 한국어에 '야하다(거칠고 투박하다)'는 낱말로 남아 있기 때문에 비슷하게 의미를 전달할 수 있지만, '부담스러울 정도로 지나치게 매끈매끈하다'는 뜻인 '史'는 적절한 번역어를 찾기 어렵다. '촌스러울 정도로 투박하다', '거부 감 생길 정도로 반지르르하다'라고 표현할 수 있겠다. 포함은 "야는 야인 의 말처럼 비루하고 소략하다는 뜻이고, 사는 문이 많아 질이 적다는 뜻 이다."[35]라고 한다. 형병은 "문이 많아서 질보다 넘치면 사관과 같아짐을 말한다."[36]라고 한다. 주희는 포함의 주를 부연한 듯 "야는 야인이니, 야 인의 말처럼 비루하고 소략한 것을 표현한다. 사는 문서를 담당하는 사 람이니, 들은 것은 많고 익힌 업무는 많지만 정성은 부족할 수 있음을 표 현한다."[37]라고 한다. 이처럼 대개의 주석가들은 野와 史라는 글자의 근 원을 野人과 史官으로 본다. 『예기·중니연거』에서는 '공경하지만 예에 맞지 않음'[38]이 野라고 한다. 공자는 이 두 글자를 형용사로 사용하였는 데 포함과 주희는 명사에서 형용사를 유추하도록 주한다.

3) 文質彬彬(문질빈빈) : '빈빈'은 반씩 섞여 보기 좋은 모습을 형용한 다. 꾸밈(文)과 바탕(質)이 적절하게 두드러져 보이는 모습을 말하겠다. '份份(빈빈)' 또는 '斑斑(반반)'으로도 표기된다. 7·17의 "加我數年 五十 以學易 可以無大過矣"라는 대목이 『사기·공자세가』에는 '假我數年 若 是 我於易則彬彬矣'라고 되어 있는데, 이를 근거로 오규 소라이는 '彬 彬'이 허물이 없다는 뜻이라고 주장한다. 오규 소라이 특유의 '닮은꼴 찾 기' 해석이다. 같은 맥락이지만 사마천은 표현을 달리했다. 그걸 가지고

---

35   野如野人言鄙略也 史者文多而質少

36   言文多勝於質 則如史官也

37   野野人言鄙略也 史掌文書多聞習事而誠或不足也

38   敬而不中禮

두 표현의 뜻이 같다고 말할 수는 없다.

평설

문면은 文과 質의 조화를 강조하지만 실제는 文(꾸밈, 세련)의 넘침을 경계하는 말이다. 공자는 예와 악으로 표상되는 文을 내세우기 때문에 '文의 지나침'에 대해서도 경계했다.

공자는 어떤 것을 주장하거나 설명할 때 그것 자체에 대해 설명하기보다 그것과 대립되는 다른 것을 함께 내세워서 대비시키는 상대적 방식을 선호한다. 세상을 음과 양의 섞임이나 갈마듦으로 파악하는 상대적 세계관이 그런 방식을 선호하게 만들었을 것이다. 그런 경향은 중국인의 심미의식에서도 나타난다. 예컨대 그들은 글을 지을 때도 반드시 짝으로 지어야 아름답다고 느낀다. 대구(對句)라는 형식이 그것이다. '中庸(중용)'이니 '中行(중항)'이니 하는 관념도 마찬가지의 세계관에서 나왔다. 대립되는 양자를 전제하기 때문에 中을 강조하는 것이다. 유니크한 개성에 주의하는 문화권에서는 나올 수 없는 관념이다. 중용은 관념에 머물지 않는다. 실생활에서 힘으로 작용한다. 개인의 행실은 물론 공동체의 정치행위에서도 강제력으로 작용한다. 한쪽으로 치우치는 힘을 조절한다는 명분하에 반대편을 누르는 힘이 정당화된다. 중용을 내세우는 강제력은 전체의 위험을 줄일 수는 있지만 개인의 진지함과 치열함을 누르고, 개인의 순수함과 정직함을 부정하며, 수지타산만을 위주로 행동하게 만든다. 그래서 실제에서는 대개 권력유지 장치로 기능한다. 개인의 창조력을 제한하고, 과학적 지식의 확대를 제한하며, 안정이라는 이름하에 현상을 그대로 '관리 유지'하려고만 하는 권력자의 이념으로 동아시아 역사에서는 작동해왔다.

6·19 子曰 人之生也直 罔之生也幸而免

스승님께서 말씀하시기를 : 사람의 삶이란 정직해야 해. 정직함 없이 산다는 것은 요행히 (재앙을) 면하는 것일 뿐이야.

1) 人之生也直(인지생야직) : 生은 여기서 性으로 새겨도 무방하다.[39] 也는 '人之生'이 주어임을 나타내는 조사이다. 한유는 直을 悳(덕)의 오기라고 주장하고 오규 소라이도 동의하지만, 그렇게 보아야 할 필연성은 없다. 正直이라는 마융과 포함의 설명이 더 낫다. 直에 대한 설명은 2·19와 13·18의 주) 참조.

2) 罔之生(망지생) : 포함과 정약용은 罔을 '속임'의 뜻으로 보지만, '없다'는 뜻으로 보는 것이 낫다. '直이 없이 산다는 것'이라는 표현이 더 적절하다.

3) 幸而(행이) : '요행히도'의 뜻이다. 而는 형용사를 부사로 만드는 접미사 기능을 한다.

4) 免(면) : 모면하다는 뜻이다. 무엇을 모면한다는 것인지 명시하지는 않았지만 관행적으로 목적어 없이 사용한다. 2·03과 6·16의 주) 참조.

정직하지 못하면 요행으로 재앙을 면하면서 사는 것에 불과하다는 설교는 얼마나 살벌한가. 공자는 이처럼 위협적인 도덕주의자의 면모를 곧잘 드러낸다. 6·16과 6·17에서 볼 수 있는 경직된 태도도 비슷하다.

정주한묘죽간본에는 '人生之也直 亡生也幸而免也'라고 되어 있다. 후인들이 고전을 읽을 때는 한 글자 한 글자를 금과옥조처럼 읽지만 고

---

39   5·12 '주)性'의 각주 참조.

대에서는 그렇지 않았음을 확인할 수 있는 대목일 것이다. 중요한 것은 맥락이지 글자들이 아니다.

6·20 子曰 知之者不如好之者 好之者不如樂之者

스승님께서 말씀하시기를 : (대상을 이성적으로) 분별하는 것은 (대상을 감성적으로) 좋아하는 것만은 못하고, (대상을 감성적으로) 좋아하는 것은 (대상을) 즐기는 것만은 못하다.

주

1) 知(지) : '알다'보다는 '분별하다'라고 번역하는 것이 본뜻에 가깝다. '이해하려고 하다'라는 번역도 가능하다. '知'에 대한 해설은 9·29 참조.

2) 之(지) : 학문을 가리킨다, 道를 가리킨다, 禮를 가리킨다 등으로 주석하는 경우가 많은데, 이 문장에서 之는 대상을 특정하는 목적격 대사가 아니다.

평설

다양한 해석이 가능한 모호한 문장이다. 모호성을 한문의 묘미라고 말하는 사람도 있지만 그것은 부정확성을 옹호하는 궤변이다. 상징을 특징으로 하는 시(詩)라면 모를까 문장에서 모호성은 결함이다. 그런데 모호성은 전파력을 높인다. 모호성 때문에 전파력이 높은 대표적인 글이 『노자』이다. 『노자』의 문장은 다양한 해석을 가능하게 만드는 문장이다. 어떻게 요리하더라도 그런대로 맛을 내는 식재료와도 같다.

'아는 것은 좋아하는 것만 못하고, 좋아하는 것은 즐기는 것만 못하다'라고 새기는 사례가 많다. 그런데 그 새김은 '알려고 하지 말고 좋아해라, 좋아하려고 하지 말고 즐겨라'라는 뜻으로 전달되기도 한다. 심지어 '세

564

상사 알려고 할 게 뭐 있나? 즐기면 되지!'로까지 나가기도 한다. 이렇게 되는 책임은 독자에게 있지 않다. 문장을 지은 이의 책임이다.

한문 해독의 관건은 지은이의 의도 파악에 있다. 이 문장을 심도 있게 들여다보고 공자의 다른 말들도 감안하자면, '대상을 즐기는 것이 최고이다'라는 주장은 아니다. 대상을 파악한다는 것에는 인간의 감각적 체험과 만족도에 따라 '知之(지지: 분별하는 단계)', '好之(호지: 좋아하게 되는 단계)', '樂之(락지: 즐기는 단계)'의 층위로 나눌 수 있다는 뜻이다. 다만 대상을 언급하지 않았기 때문에 주석가들은 저마다 그 대상이 학문이라느니 道라느니 禮라느니 하면서 추론하지만, 공자는 일반론을 말했다고 본다. 문면으로는 그 층위에 위아래가 있다는 것처럼 보일 수 있다. 하지만 알아가는 단계마다 각각의 영역이 있고 그 순차로 체험해야 제대로 아는 것이라는 뜻이라고 본다. '이해의 궁극은 그 대상과 정서적으로 공감하여 편안하게 되는 경지이다'라고 표현할 수 있겠고,[40] '대상을 정

---

40   황태연은 『감정과 공감의 해석학』(청계, 2015)에서 서양의 철학 사조나 해석학 영역에서 '공감'이란 주제가 제대로 부각된 바 없다고 비판한다. 17~18세기에 이르러서야 섀프츠베리, 허치슨, 흄, 스미스 등에 의해 공감과 비슷한 개념이 등장하기 시작했는데, 시대적 붐을 일으킨 해석학 영역에서는 감정·공감이론과 동떨어진 '관념적 해석학' 단계에서 제자리걸음을 해왔다는 것이다. 특히 그는 근대 해석학의 흐름 속에서 두드러지게 나타난 '역지사지'의 방법은 부적절하다고 비판한다. 딜타이, 가다머의 '관념적 해석학'이나 하버마스의 '합리적 해석학' 등은 인간의 '공감' 역량을 논의하는 대신 상대의 자리에 자신을 가상적으로 집어넣어 상대를 유추하는 방식을 고집했다는 것이다. 그러나 인간의 공감·교감 능력은 그 자체로 불편부당하고 객관적이며, 역지사지의 과정 없이 관찰자의 입장에 있더라도 상대에 대한 이해와 공감이 가능하다고 주장한다. 특히 '거울뉴런'을 연구한 자코모 리촐라티와 비토리오 갈레세의 연구를 인용하는데, 그들은 우리의 뇌 안에는 타인들의 행동과 감정을 복제해 타인들의 행동과 감정의 의미를 직접 이해하는 신경기제가 존재한다는 것을 신경생리학적으로도 입증했다고 한다.

확히 알고자 한다면 먼저 그것을 좋아하고, 그다음 그것을 즐겨라. 그래야만 그 대상을 가장 정확하게 이해할 수 있다'라고 번역할 수 있겠다.

이택후는 공자의 이런 태도를 심미적 형이상학이라고 표현하면서, 그러한 점에 유가의 종교성이 있다고 말한다. 종교는 존재론적 인식의 문제도 아니고 윤리학도 아니며 결국 정서적인 미학의 문제이기 때문에 '즐거움'이야말로 본체에 대한 깨달음이라는 것이다. 서구의 전통에는 인간이 의지할 신(神)이라는 존재가 있지만 중국에는 그런 것이 없기 때문에 앞으로 나아가고 자아를 긍정할 수밖에 없었으며, 오로지 자신의 노력에만 의지하여 천지의 조화에 참여하고 자연과 사람을 합일시켜 자신이 세운 낙관주의에 기대어 생존을 유지하게 되었다고 설명한다. "깨달음이 즐거움이 되는 것이 중화문화의 특징이다."라고까지 일반화한다. 하지만 공자가 그러했다고 말한다면 모를까 중국문화의 특징이 그러하다고 일반화할 수는 없다. 중국에서 유행했던 모든 종교의 궁극은 깨달음도, 즐거움도, 도피안(到彼岸: 피안에 가 닿음)도 아닌 차안(此岸)에서의 욕망 구현, 즉 기복(祈福)이라고 보기 때문이다.

6·21 子曰 中人以上 可以語上也 中人以下 不可以語上也
스승님께서 말씀하시기를 : 평균 이상의 사람에게는 (평균보다) 윗길 가는 가치를 말해도 되지만, 평균 이하의 사람에게는 (평균보다) 윗길 가는 가치를 말해서는 안 된다.

'공감적 해석학'이 가능하다면, 하버마스가 제시한 '언어소통적 공론장'보다 더 근본적이고 선험적인 '공감장' 역시 가능하다는 것이다. 지은이는 또한 자신의 논의를 정치행위의 차원으로 확장시킨다. 모든 정치행위는 근본적으로 '대의행위'라 할 수 있는데, 공감 능력은 여기에 필수적인 요소가 된다는 것이다.

1) 中人(중인) : 신분을 가리키는 말이 아니다. 가치적 층위의 평균을 가리킨다.

2) 上(상) : '중인'을 신분으로 보면 上도 '상인(上人)'으로 이해하게 된다. 그러나 '語上'은 동사와 목적어 구조로서, 上은 '가치적으로 윗길인 것'이라는 뜻이다.[41]

평설

주희는 장식(張栻, 1133~1180)의 "성인의 도에 고운 것과 거친 것의 두 종류가 있는 것은 아니지만 성인께서 가르침을 베푸실 때는 반드시 상대방 자질에 따라 돈독하게 해주신다."[42]라는 주석을 인용한다. 남을 가르치는 사람은 상대의 높낮이에 따라 말을 달리해야 한다고 새긴 것이다. 이를 받아서 유자들은 공자가 '인재시교(因材施教: 상대의 재능에 따라 가르침을 베풀었다)'를 했다고 말한다. 그 표현은 불교에서 석가모니가 제자들의 근기(根器)에 따라 설교방법을 달리했다는 이른바 '대근설법(對根說法)'에서 유추한 말이다. 인재시교라는 말을 굳이 사용한다면 11·22의 "염구는 물러나는 성향이 있으므로 나아가게 하였고, 중유는 남을 누르려는 성향이 있으므로 물러나게 한 것이다."라는 대목이 더 적합하다. 이 장은 차라리 15·08의 "말해서는 안 되는 사람에게 말을 거는 것이 실언이다."[43]라는 언급과 비슷하다. 실수를 피하는 방법을 말한 것이다.

---

41 미야자키 이치사다는 사람을 가리키는 주석과 일을 가리키는 주석으로 나뉜다고 설명한 다음 上人으로 해석하는 것이 옳다고 주장한다. 그러나 그는 본문의 '中人以上'을 주어로 보기 때문에 그렇게 해석하게 된다. 본문에서 '中人以上'은 주어가 아니라 대상이다.

42 聖人之道 精粗雖無二致 但其施教 則必因其材而篤焉

43 不可與言而與之言 失言

공자는 철학적이고 형이상학적인 말을 한 적이 없다. 공자의 말을 철학적이고 형이상학적인 말로 받아들이려는 시도는 근대에 서구문화를 접한 뒤 나타난 왜곡이다. 공자를 그리스 철학자들과 대비시키려는 생각이다. 공자는 인간의 권리라든가 그 권리의 평등함에 대해 생각이 미친 적이 없었다. 춘추시대 사람으로서는 당연했다. 따라서 공자의 말은 공자가 살았던 시대의 관념에서 보아야 한다. 이 시대의 눈으로 공자를 보더라도 그 시대의 공자를 왜곡해서는 안 된다.

6·22 樊遲問知 子曰 務民之義 敬鬼神而遠之 可謂知矣 問仁 曰 仁者 先難而後獲 可謂仁矣

번지가 분별력(있는 사람의 처신은 어때야 하는지)에 대해 여쭙자 스승님께서 대답하시기를 : 인민이 공평한 처우를 받도록 힘쓰고, 귀신을 공경하면서도 (집착하지 않을 정도의) 거리를 유지한다면 분별력(있는 사람의 처신)이라고 하겠지. (번지가 다시) 인(한 사람의 처신은 어때야 하는지)에 대해 여쭙자 (스승님께서) 대답하시기를 : 인한 사람은 어려운 문제(의 해결)을 우선시하고 이득(의 헤아림)은 나중으로 돌린단다. 그래야 인하다고 할 수 있지.

주

1) 樊遲(번지) : 공자의 제자. 2·05의 주) 참조.

2) 知(지) : 『논어』에 나오는 知는 여러 뜻이 있는데, 여기서는 분별력을 뜻한다. 이것과 저것이 어떻게 다른지, 어떻게 처신하는 것이 옳거나 이로운지를 분별할 수 있는 능력 또는 그런 능력을 갖춘 사람을 가리킨다. 여기서 번지는 어떤 것이 지자(知者)의 처신인지에 대해 물었다. '안다는 것' 또는 '앎'에 대해 물은 것이 아니다. 知에 대한 설명은 9·29의 주)에 자세하다.

3) 務民之義 敬鬼神而遠之(무민지의 경귀신이원지) : '인민이 敬鬼神而遠之를 삶의 의의로 삼도록 힘쓰다'라고 번역될 수도 있지만 '務民之義'와 '敬鬼神而遠之'가 병렬된 문장으로 보는 것이 낫다. 義는 요즘 의미의 '정의'와는 다르다. 지배계층에게 義의 기준은 군주에 대한 忠이지만 피지배계층에게 義의 기준은 공평한 처우를 뜻한다. 피지배계층이 공평한 처우를 받을 수 있도록 힘쓰고, 초자연적인 힘에 대해서는 경외심을 갖되 그것에 지나치게 의존하지는 않는 자세를 갖추는 것이 지혜로운 사람의 처신이라는 뜻이 되겠다. 『논어』에 나오는 民에 대해서는 1·05의 주)를, 義에 대해서는 1·13의 주)를, 鬼神에 대해서는 2·24의 주) 참조. 정주한묘죽간본에는 '鬼神'이 아닌 '鬼'로 되어 있다.

4) 遠之(원지) : '멀리하다'라는 새김은 '외면하다'는 뜻을 담게 된다. 여기서는 거리를 유지한다는 뜻이지 외면한다는 뜻은 아니다. '경원'이라는 낱말은 이 문장에서 만들어졌다. 귀신을 공경하되 귀신 공경하기를 삶의 중심으로 삼아서는 안 된다는 뜻이겠다.

5) 先難而後獲(선난이후획) : 공안국은 "先勞苦而後得功(먼저 노고를 하고 나중에 공을 얻는다)"이라고 설명한다. 그러나 先(앞세우다)과 後(뒤로하다)를 동사로 해석하는 주희의 주석이 낫다. 어려운 일부터 해결하려는 자세를 우선시하고, 손익의 여부를 따지는 일은 나중으로 돌릴 수 있어야 인하다는 뜻이겠다. 12·21의 "先事後得"과 비슷한 말이다.

평설

지배계층으로서의 자격에 대한 의논이지 知와 仁에 대한 추상적인 의논은 아니다. 번지가 지를 묻고 이어서 인을 물은 것은 공문에서 지와 인을 함께 강조했기 때문이다. 지자와 인자가 별도이거나, 인자가 더 뛰어나고 지자는 그보다 아래라는 생각은 없다. 군자라면 지와 인을 모두 갖추어야 하므로 이런 질문과 답변이 나온 것이다.

선진 유가에서는 귀신의 존재를 긍정하면서 추앙하라고 강조하였지만 송유들은 달랐다. 그들은 살아 있는 것들을 기(氣)의 결합이라고 여겼고, 죽으면 기가 해체되어 원래 상태로 돌아가거나(=歸) 다른 모습으로 펼쳐진다(=伸)고 여겼다. 귀신이라는 초월적 존재보다는 사람의 도덕적 의지를 더 중시하는 방향으로 바뀐 것이다. 따라서 살아 계신 사람처럼 귀신을 모시던 절차인 제사를 대하는 태도도 약간 달라진다.

번지는 다른 곳에서도 지와 인을 질문한다. 12·22에서 공자는 인을 '애인(愛人)', 지는 '지인(知人)'이라고 답하고, 13·19에서는 인을 "평소 처신은 공손하게, 제사나 윗사람 섬기는 일은 경건하게, 남과의 관계는 충실하게, 이런 태도는 비록 오랑캐 땅에 가더라도 버려서는 안 된다."[44] 라고 답한다. 이 밖에도 공자는 지와 인을 대비하여 설명한 적이 잦은데, 다음 장이 특히 유명하다.

6·23 子曰 知者樂水 仁者樂山 知者動 仁者靜 知者樂 仁者壽
스승님께서 말씀하시기를 : 지자는 물을 즐기고 인자는 산을 즐긴다. 지자는 동(적)이고 인자는 정(적)이다. 지자는 즐거움을 누리고 인자는 수를 누린다.

주

1) 樂水(요수), 樂山(요산) : '樂'는 대개 '요'로 읽어서 '즐기다'라고 새긴다. '樂於水 樂於山'의 뜻이므로 '락'으로 읽어야 한다는 주장도 있지만 뒤의 '知者樂 仁者壽'와 중복되므로 형식상 타당하지 않다. '물을 즐기다'와 '물에서 즐거움을 얻다'는 근본적인 차이가 없거니와, 이 문장에서 水와 山은 상징일 따름이므로 '요'로 읽든 '락'으로 읽든 큰 문제는 아

---

44   居處恭 執事敬 與人忠 雖之夷狄 不可棄也

니다. "자신의 재주와 지식을 움직여 세상 다스리기 즐기는 것이 마치 물이 흐르면서 그칠 줄을 모르는 것과 같다. (…) 산이 안정되고 공고하여 저절로 움직이지는 않으면서 만물을 생육시키는 것처럼 즐기다."[45]라는 포함의 주석과, "지자는 사리에 통달하여 막힘없이 두루 매끈한 점이 물과 닮아서 물을 즐긴다고 했고, 인자는 의리를 좋아해서 무겁고 바뀌지 않는 점이 산과 닮아서 산을 즐긴다고 했다."[46]라는 주희의 주석이 참고할 만하다.

2) 知者動(지자동) 仁者靜(인자정) 知者樂(지자락) 仁者壽(인자수) : "날마다 진척하므로 動이다."[47], "욕심이 없으니 靜이다."[48], "지자는 스스로 힘들여 뜻을 실현하기 때문에 樂이다."[49], "성품이 고요한 사람 가운데 오래 사는 이가 많다."[50] 등의 주석이 있다. 오규 소라이는 3·12에서처럼 앞 구는 고어(古語)이고 '知者動~' 이하는 고어에 대한 공자의 해설이라고 주장한다.[51] '仁者壽'는 인자라야 오래 산다는 뜻은 아니다. 상징을 표

---

45 樂運其才知以治世 如水流而不知已 (…) 樂如山之安固 自然不動 而萬物生焉

46 知者達於事理而周流無滯有似於水 故樂水 仁者安於義理而厚重不遷有似於山 故樂山

47 日進故動. 포함의 주석이다.

48 無欲故靜. 공안국의 주석이다.

49 知者自役得其志故樂. 정현의 주석이다.

50 性靜者多壽考. 포함의 주석이다.

51 그렇게 볼 수도 있고 실제 그랬을 수도 있다. 하지만 그렇게 보아야만 이 문장이 분명해지는 것은 아니다. 구문상 그렇게 보아야 할 당위도 없다. 구문상 당위도 없고 해석상 달라질 바도 없는 것을 가지고 굳이 '이렇게 봐야 한다!'고 고집하는 것은 지적 교만이거나 교조적 신념이다. 발터 벤야민(Walter Benjamin, 1892~1940)의 표현처럼 "결정불가능성 속에서 주체의 결단에 의해 소급적으로 증명될 뿐인" 해석은 독자적 사유체계를 내세울 때나 용인될 수 있을 따름이지

현한 말이다. 그럼에도 불구하고, 공자가 仁하다고 극찬해 마지않았던 안회가 요절한 것은 仁者壽라는 공자의 말과 어긋나지 않느냐고 진지하게 의문을 품은 사람은 많았고, 그 의문에 진지하게 대답하려는 사람도 많았다. 『논어』 주석서들 가운데 상당수는 의미 없는 물음에 대한 진지한 대답으로 채워진다.

평설

공자가 인을 가장 중요한 덕목으로 꼽은 것은 사실이다. 하지만 지도 인과 겸해서 강조했다. 4·02에서는 "仁者安仁 知者利仁(인자는 인을 편안한 것으로 여기고, 지자는 인을 이로운 것으로 여긴다)"이라 하였다. 9·29에서는 "知者不惑 仁者不憂 勇者不懼(분별력은 미혹하지 않게 만들고, 인은 근심하지 않게 만들며, 용기는 두려워하지 않게 만든다)"라 하였다. 14·28에서는 "仁者不憂 知者不惑 勇者不懼(인은 근심하지 않게 만들고, 분별력은 미혹하지 않게 만들며, 용기는 두려워하지 않게 만든다)"라 하였다. 「중용」 20장에는 "好學近乎知 力行近乎仁 知恥近乎勇 知斯三者則 知所以脩身 知所以脩身 則知所以治人 知所以治人 則知所以治天下 國家矣"[52]라는 말도 있다. 이 장은 6·20과 6·22를 이어서 지를 강조하는

고전의 해석에서 용인될 수는 없다. 고전을 그처럼 자기만이 증명할 수 있는 내용으로 해석한다면 고전을 가지고 저마다 못 할 말이 없게 된다. 그렇게 되면 고전이 아니라 종교교전과 다름없게 된다. 주자학을 비판하면서 고문사학(古文辭學)이라는 기치를 걸고 호엔주쿠(護園塾)라는 사숙(私塾)을 열었던 오규 소라이는 송유들은 물론 포함, 황간, 이토 진사이 등 여러 선유들을 향해 성인의 도를 모른다느니, 문사(文辭)에 어둡다느니, 노불(老佛)로 흘렀다느니, 도학선생(道學先生)이라서 공부만 강조한다느니 하는 노골적인 비난을 서슴지 않는다. 두뇌는 명석하면서 신념이 넘치는 사람들이 지니는 전형적인 위험성이라고 본다.

52 "배우기를 좋아하면 지에 가까워지고, 힘써 실천하면 인에 가까워지며, 무엇

내용이지만 가장 유명한 구절이다.

지자는 왜 물을 좋아하고 인자는 왜 산을 좋아한다고 했는지를 설명하려는 사람이 많다. 그런 해설은 의미도 없고 필요하지도 않다. 물과 산의 상징만 알아차리면 그만이다. 물은 '움직임'을 상징하고 산은 '움직이지 않음'을 상징한다. '움직임'과 '움직이지 않음'은 우주의 본성에 대한 상징으로는 그만이다. 그 두 가지 모습에 가치적으로 위아래가 있을 수는 없다. 주석가들만이 굳이 계급적 관념을 가지고서 지자보다 인자가 더 높다고 여길 따름이다. 4·01 및 4·02의 주2) 참조.

6·24 子曰 齊一變 至於魯 魯一變 至於道

스승님께서 말씀하시기를 : 제나라를 일변시키면 노나라(수준의 문화)에는 도달하겠지. (그러나) 노나라를 일변시키면 (선왕지)도에 이를 수 있어.

주

1) 一變(일변) : '일제히 온통 바꾸다'라는 뜻이다.

평설

여러 해석이 가능하다. 다만 제나라를 일변시켜 노나라 수준에 도달시키고 노나라를 일변시켜 이상적인 나라로 만들고 싶다는 뜻은 아니라고 본다. 제나라와 같이 큰 나라를 일변시키더라도 현재 노나라의 문화 수

이 부끄러운 것인지 가릴 줄을 알면 용에 가까워진다. 이 세 가지를 잘 터득하면 곧 수신해야 할 까닭을 알게 되고, 수신해야 할 까닭을 알게 되면 곧 남을 다스려야 할 까닭을 알게 되며, 남을 다스리는 까닭을 알게 되면 곧 천하와 국가를 다스리는 까닭을 알게 된다."

준에 머물 뿐이지만 우리 노나라는 일변시키면 선왕지도를 회복할 수 있다는 우월의식과 의욕을 표현했다고 본다. 어떻게 해석하든 노나라의 정치개혁에 대한 공자의 열망과 제나라에 대한 노나라의 우월의식은 드러난다.[53]

중국 고문의 치명적인 약점은 이처럼 표현이 정확하지 않다는 점이다. 우선 문자부터 다층적 의미를 갖는 데다 구문 방식이 정확하지 않다. 그래서 문법은 학자들마다 제각각이다.[54] 이는 중국의 문자가 의사 전달이나 약속 확인을 목적으로 출발한 체계가 아니고 권력을 드러내려는 정치적 목적으로 출발한 체계이기 때문이라고 본다. 문자의 사용은 정권을 담당하는 지극한 소수의 일이었지 보통 사람들의 일은 아니었다. 그래서 보편성을 고려할 필요가 없었다. 그러한 사정은 최근까지도 마찬가지였

---

53 제나라는 강태공을 봉하여 세운 나라인데 환공이 첫 패권을 쥐기까지 했던 큰 나라이다. 노나라는 주공단을 봉하여 세운 나라로서 진·초·제 사이에 낀 약소국이다. 그런데도 공자는 노나라가 주공단이라는 성인이 세운 나라, 그래서 주왕조 예악의 정통을 이은 나라라는 자긍심을 무척 강조했다. 공자의 이런 자긍심을 제자가 아닌 다른 사람들, 특히 주변 강대국 사람들은 어떻게 평가했을지 궁금하다.

54 정확한 규칙성을 요구하는 문법이란 것은 사실 근대적 개념이다. 더구나 중국의 고문은 규칙성만으로는 문장을 파악하기 어렵다. 중요한 것은 규칙성보다 맥락이다. 맥락을 이해하지 못한 채 구문을 액면 그대로 받아들이면 의미 전달은 실패한다. 맥락은 어느 언어에서나 중요하다. 예컨대 영국에서도 "I was little bit disappointed with that."이라는 표현은 그저 실망했다는 표현이 아니라 매우 화가 났을 때 뱉게 되는 말이다. 어떤 사람의 의견 제시에 "That's a very good try!"라고 대답했다면 그 의미는 "You are insane."이라는 뜻과 다름없다. "That's a brave attempt!"라는 표현도 "You are an idiot."라는 뜻이나 다름없는 함의를 갖는다. 표현은 전혀 그렇지 않은데도 말이다. 중국 고문의 경우에는 이보다 훨씬 더 복잡한 맥락을 앞뒤 문장에서 파악해내야만 한다. 시대 환경이 바뀌고 문화적 관행도 바뀐 지금 그러한 맥락을 제대로 복원하기는 어렵지만 최대한 노력하지 않으면 안 된다.

다. '문리(文理)가 텄다'는 말은 고문 체계의 테두리를 대강 인지하게 되었다는 뜻일 뿐이다. 아무리 문장의 대가라 할지라도 남이 지은 글을 완전하게 해독할 수는 없다. 예컨대 1·15의 "未若貧而樂 富而好禮者也"는 '未若貧而樂道 富而好禮者也'로 된 판본도 있고, 『예기·방기』에는 '貧而好樂 富而好禮'라고 되어 있다. 한 글자 때문에 문장 전체가 전혀 다른 뜻이 되어버리니 문장의 신뢰도가 낮을 수밖에 없다. 『노자』17장의 "信不足焉 有不信焉"이라는 대목은 마왕퇴백서본과 곽점초간본을 보니 '信不足 安有不信'이었다. 허사 한 글자가 바뀌자 여태 전혀 다른 뜻으로 해석해왔음이 드러난 것이다.[55] 동일한 문장도 구두에 따라 뜻이 달라지기 일쑤이다. 사정이 이렇거늘 어느 누구든 중국 고문에 밝다고 자신할 수는 없다.

그런데 모호한 문장일수록 힘을 지닌다. 예컨대 부적 글씨는 도무지 의미를 알 수 없지만 사악한 것을 물리치는 힘을 지닌다고 믿는다. 마치 어떤 비의(秘意)가 담긴 것처럼 느끼도록 만든다. 이러한 모호함은 권력의 속성과 비슷하다. 권력은 다른 권력을 용납하지 못하기 때문에 배타성을 지니는데, 모호한 문장도 배타성을 갖는다. 중국의 문사들이 글을 짓는 태도를 단적으로 표현하자면 '네 따위가 이 문장의 뜻을 알 수 있겠어?'이다. 전고(典故)를 인용하는 방식도 그래서 생겨났고, 문언문이 백화보다 우월하다는 생각도 거기서 나온다.[56] 물론 한편으로는 정확한 의

---

55 '信不足焉 有不信焉'이라면 '믿음이 부족하기 때문에 불신이 있게 된다'라고 번역될 것이고, '信不足 安有不信'이라면 '믿음이 부족하거늘 어떻게 불신지교가 있을 수 있겠는가'라고 번역될 것이다.

56 구어와 문어가 다른 양층언어 상황(diglossia)을 사회언어학자들은 '어코모데이션(accommodation)'이라고 부른다. 예컨대 시골 사람이 서울에 와서 무의식적으로 서울말을 흉내 내는 것도 그것에 포함된다. 하층어는 모어로 습득하는 언어이자 가정생활 및 일상생활에서 사용하는 언어이고 상층어는 공식적인 연설이나

사 표현을 위한 노력도 있어왔다. 『맹자』 단계만 되어도 구문은 상당히 세련된다. 하지만 근본적인 한계는 20세기에 백화문(白話文)이 일반화할 때까지 벗어날 수 없었다.

17·05와 17·07에서 보듯이 공자는 공산불뉴가 모반하고서 부를 때도 가려고 했고 필힐이 모반하고서 부를 때도 가려고 했다. 공자의 성품이 나약했던 것 같지는 않지만 그런 사례를 보자면 정치적 판단력만큼은 부족했다고 본다. 그때마다 자로가 직언으로 말리지 않았더라면 공자는 정치적으로 상당히 곤혹스러운 처지에 몰렸을지도 모른다. 삼도(三都)의 성벽을 허물려고 했던 일도 결과적으로는 삼가의 반발을 산 나머지 공자가 노나라를 떠나지 않을 수 없었던 이유가 되었다고 본다.[57] 세상을 변혁시켜야 한다는 사명의식, 그것은 자기의 생각이 아닌 하늘의 명령이라

종교적 의례에서 사용되는, 그러니까 권력에 접근하려면 알아야만 하는 언어이다. 따라서 교육을 받아야만 사용할 수 있는 언어이다. 상층어를 모어로 쓰는 사람은 거의 없다. 그럼에도 불구하고 양층언어 상황의 사람들은 대부분 하층어가 진짜 언어는 아니라고 생각한다. 스위스 독일어와 표준 독일어, 구어 아랍어와 표준 아랍어, 아이티 크리올리어와 표준 프랑스어, 디모티키(민중) 그리스어와 카타레부사(순수) 그리스어의 관계가 대표적인 양층언어 상황의 사례로 거론된다. 조선왕조도 한자를 사용하는 문언문과 순우리말의 양층언어 상황이었다고 볼 수 있다.

57   그 일을 '타삼도(墮三都)' 또는 '휴삼도(隳三都)'라고 한다. 『사기·공자세가』와 『공자가어』는 공자가 중도(中都)의 재(宰)가 된 이후 사공(司空)을 거쳐 대사구(大司寇) 지위에 올랐다고 한다. 54세이던 정공 13년(497 B.C.)에는 삼가의 세력을 누르고 공실의 권위를 회복하기 위해 계손씨의 비(費), 맹손씨의 성(郕), 숙손씨의 후(郈), 세 도읍의 성벽을 허물려고 시도했다고 적는다. 후읍과 비읍은 실행했지만 마지막으로 맹손씨가 반대하자 계손씨와 숙손씨도 돌아서는 바람에 결국 실패했다고 한다. 공자가 사공이니 대사구니 하는 지위의 벼슬을 했다는 것은 대체로 믿지 않지만, 사실이라고 한다면 공자는 이 일 때문에 노나라의 실권을 장악한 삼가의 압박을 받아 노나라를 떠날 수밖에 없었을 것이다.

고 여겼던(17·05) 공자는 모반하는 사람이 부를 때마다 사명의식이 발동하곤 했던 모양이다.

공자는 지배계층을 인을 완성한 군자들로 바꿔야 한다고 생각했는데, 그 생각의 기저는 하이관(夏夷觀)이었다. 이 세상은 文을 이룬 夏와 文이 없는 夷로 나뉜다는 관념이다. 왕도와 패도로 나누었던 맹자의 생각도 공자의 그 생각과 동궤이다. 그처럼 세상을 둘로 나누어서 보는 시각은 세상을 빛과 어둠으로 나누어서 보는 기독교적 이분법과 다를 바 없다. 유교가 종교적 색채를 갖는 것도 바로 그 지점이다. 공자가 자신의 종교적 신념을 현실 정치에서 구현하려고 했던 또 하나의 사례는 이웃 제나라의 진성자가 주군을 시해하자 그것을 이유로 제나라를 공격하자고 애공에게 건의했던 일이다.[58]

6·25 子曰 觚不觚 觚哉觚哉

스승님께서 말씀하시기를 : ('모서리지다'는 뜻인) 고라는 (이름을 가진) 술잔이 모서리지지 않다면 (그것이) 고이겠는가? 고(라고 부를 수 있)겠는가?

주

1) 觚(고) : 네 번 나오는 이 글자 가운데 두 번째는 명사에서 전용된 형용사로, 나머지는 명사로 해석된다. 이 글자의 뜻은 용량을 가리킨다는 견해와 모양을 가리킨다는 견해로 갈린다. 마융은 "예기(禮器)의 이름으로서 1升짜리는 작(爵)이고 2升짜리가 고(觚)"라고 한다.[59] 하안은

58　14·21 참조. 공자가 애공에게 전쟁을 건의한 것이 사실이었는지 의심하는 학자도 있지만, 충분히 가능했다고 본다.

59　형병은 한영(韓嬰, 서한 문제~무제 때)의 『시설(詩說)』에서 다음과 같은 내

"정치를 하면서 올바른 도를 사용하지 않으면 성공할 수 없음을 비유한 것"[60]이라고 한다. 황간은 "고를 만들면서 고를 바르게 만드는 방법을 사용하지 않으면 종당에 고를 완성할 수 없는 것은 정치를 하면서 정치의 바른 법을 사용하지 않는 것과 같으니 어찌 성공하겠는가."[61]라고 한다. 정이는 "기구 하나를 예로 들어서 천하의 모든 물건이 다 그렇다고 말한 것인데, 그러니 임금이 君道를 상실하면 임금이 될 수 없고 신하가 신하의 직분을 상실하면 빈자리가 된다."[62]라고 한다. 주희는 위 주석들을 종합하여 "觚는 모서리지다는 뜻이다. 술그릇 이름이라고도 하고 목간(木簡) 이름이라고도 한데 어쨌거나 모두 그것이 모서리진 것을 말한다. '불고(不觚)'라고 한 것은 아마도 당시에 제도가 흐트러져서 모서리지지 않았음을 말한다. '고재고재(觚哉觚哉)'라고 한 것은 고가 될 수 없음을 말한다."라고 한다. 유보남은 "옛날의 주석에 다음과 같은 내용이 있다. 공자가 觚를 깎아서 생각을 기록하려고 했는데 觚가 제때에 만들어지지 못하자 '觚哉觚哉'라고 하면서, '觚 같은 작은 기물도 마음을 전일하게 하지

용을 인용한다. "한 되짜리는 爵(작)이라 하는데 작은 다 비운다(盡)는 뜻이다. 두 되짜리는 觚(고)라고 하는데 고는 적다(少)는 뜻이다. 술을 마실 때는 언제나 적어야(寡少) 한다는 뜻이다. 세 되짜리는 觶(치)라고 하는데 치는 적절하다(適)는 뜻이다. 술을 마시는 분량이 적절하다는 뜻이다. 네 되짜리는 角(각)이라고 하는데 각은 저촉(觸)의 뜻이다. 만족하지 못해 죄과를 저지른다는 뜻이다. 다섯 되짜리는 散(산)이라고 하는데 헐뜯는다(訕)는 뜻이다. 술을 마시면서 절제할 줄을 몰라서 공연히 남들의 헐뜯음을 당한다는 뜻이다." 용량에 따라 작·고·치·각·산이라는 이름으로 구분했다는 근거가 무엇인지도 모를 뿐 아니라 지나치게 작위적인 설명이다.

60 以喩爲政不得其道則不成

61 作觚而不用觚法 觚終不成 猶爲政而不用政法 豈成哉

62 擧一器而天下之物 莫不皆然 故君而失其君之道 則爲不君 臣而失其臣之職 則爲虛位

않으면 때에 맞추어 만들지 못하거늘 하물며 대사에 있어서랴'라고 탄식했다는 것이다. 이 이야기는 觚를 木簡으로 간주하는 것으로서, 마음의 주석과는 다르다."[63]라고 한다. 觚를 목간으로 이해하는 것은 아마도 목간을 가리키는 '고(柧)' 또는 '고(觚)'와 혼동한 탓이라고 본다. 觚가 柧의 통자로 쓰이기도 하지만 그것은 정수덕의 『논어집석』에 의하면 진한시대 이후의 일이다. 따라서 공자 시대의 觚를 목간으로 보기는 어렵다.

평설

觚의 본뜻이 '모서리지다'임에도 공자 당시의 觚는 모서리지지 않았기 때문에 이름과 실제가 부합하지 않음을 빗대었다는 견해와, 觚의 본뜻이 두 되짜리 적은 용량의 그릇이건만 공자 당시의 觚는 점점 커져서 사람들이 술을 많이 마시게 되자 과음을 경계했다는 견해로 크게 갈린다. 모양 때문이건 용량 때문이건 觚는 명과 실이 다른 현실을 꼬집는 사례로 거론되었을 수도 있고, 어떤 경우에도 명과 실이 달라서는 안 된다고 강조하기 위해 觚라는 그릇을 사례로 들었을 수도 있다. 13·03이나 12·11과도 연결되는 내용이다.

6·26 宰我問曰 仁者 雖告之曰 井有仁焉 其從之也 子曰 何爲其然也 君子可逝也 不可陷也 可欺也 不可罔也

재아가 (스승님께) 여쭙기를 : 인을 추구하는 사람이라면 (예컨대 어떤 사람이) 우물 속에 인이 있다고 말하더라도 그 말을 따라서 (고지식하게 우물 속까지) 들어가는 사람일까요? (그러자) 스승님께서 말씀하시기를 : 어떻게 그렇기야 하

---

63 舊有注云 孔子曰 削觚而志有所念 觚不時成 故曰 觚哉觚哉 觚小器耳 心不專一 尙不時成 況於大事也 此說觚爲木簡 與馬異

겠니? 군자는 (속여서 우물까지) 가게 할 수야 있겠지만 (우물 속으로) 빠지게까지는 만들 수 없지. (잠깐) 속일 수는 있어도 (완전히) 넘어가게 만들 수는 없지.

주

1) 宰我(재아) : 공자의 제자. 3·21의 주) 참조.

2) 仁者(인자) : '인이라는 것'으로 새길 수도 있지만 뒤에서 공자가 '군자는 ~하다'라고 말하는 것을 보면 사람을 가리키는 것으로 보인다. 그렇다면 '인한 사람'이라기보다는 '인을 추구하는 사람'이라야 문맥에 맞다.

3) 雖(수) : 이 글자의 새김은 '비록'인데, '짐짓 위험에 빠뜨리고자 하더라도'의 뜻이다.

4) 井有仁焉(정유인언) : 역시 여러 해석이 나오게 되는 문장이다. 공안국은 '仁人이 우물에 빠졌다' 하고, 주희는 유면지(劉勉之, 1091~1149)[64]의 주장을 근거로 '仁은 人'이라고 한다. 유월과 박세당은 '우물에 인도(仁道)가 있다'고 한다. 양백준은 1·06의 "泛愛衆而親仁"과 마찬가지로 '仁은 仁人이다'라고 한다. 그런데 仁이 仁人이라면, 그 仁人은 왜 우물 안에 있게 된 것이며, 仁者는 왜 우물 안으로 들어가야만 하는가를 설명하기 곤란해진다. 仁이 人이라면 실수로 우물 안에 빠진 사람을 구하러 들어간다는 뜻일 수밖에 없다. 그렇다면 우물에 빠진 사람을 구하는 것이 용자(勇者)인지의 여부를 가늠하는 기준이라면 모를까 仁者인지의 여부를 가늠하는 기준으로는 적절하지 않다. 따라서 주희

64　자는 치중(致仲), 호는 초당(草堂), 별명은 빙군(聘君)이다. 복건성 숭안(崇安) 사람으로 호헌(胡憲, 1085~1162, 호는 적계), 유자휘(劉子翬, 1101~1147, 호는 병산)와 무이산(武夷山)에서 교유했다. 주희는 14세부터 20세까지 그를 스승으로 모셨고, 나중에 그의 사위가 된다.

와 양백준의 견해에는 동의할 수 없다. 재아는 적절하지 못한 비유를 할 둔재는 아니다. 인자라면, 즉 인을 추구하는 사람이라면, 위험을 무릅쓰고라도 고지식하게 처신해야 하느냐는 것이 질문의 핵심이다. 만약 우물에 빠진 사람을 구하는 것을 가리켰다면 그 대상이 人이건 仁人이건 가리지 않고 구해야지 仁人일 경우에만 우물 속으로까지 들어가서 구한다는 설정은 우습지 않은가? 더구나 仁人은 세상에서 찾기 어려운 사람이라고 공자는 말했거늘 그처럼 희소한 확률의 사람이 하필 우물 속에 들어갈 까닭도 없지 않은가? 우물 속이라는 위험한 곳으로 기꺼이 들어가도록 만드는 동기는 사람을 구하겠다는 용기가 아닌 '仁이라는 가치를 얻기 위해서'일 것이다. 따라서 '仁이 있는 곳이면 우물 속일지라도 기꺼이 들어갈 정도로 고지식한 사람이라야 仁者라고 할 수 있습니까?'라는 물음이라야 합당하다고 본다. 뒤에서 공자가 함(陷)이라고 표현하는 것을 보더라도 '종지(從之)'는 분명 위험지경으로 들어가는 것을 뜻한다. 자신이 위험지경에 빠지는 것을 뜻하지 우물에 빠진 人이나 仁人을 '구해 오는 일'은 아니다. 정주한묘죽간본에는 '井有仁者焉'으로 되어 있는데, 그렇다면 仁者는 '인한 사람'이 아니라 '인이라는 것'의 의미일 것이다. 인한 사람이 우물에 앉아 있을 까닭은 없다.

5) 其從之也(기종지야) : 오규 소라이는 也를 의문사로 볼 수 없다고 주장하지만 也는 여기서 耶(야)와 같은 의문사로 보는 것이 타당하다.

6) 逝(서) : 왕(往)은 갔다가 돌아오는 것이고 서(逝)는 가서 돌아오지 않는 것이다.[65] 유월은 逝와 절(折)은 통자이므로 折의 뜻이라고 한다. 군자는 살신성인하기 때문에 꺾일 수는 있어도 비리로써 함해(陷害)할 수는 없다는 뜻이라는 것이다. 문맥이 연결되지 않는데도 통자라는 이유로

---

65 逝는 害를 멀리하여 떠나는 것이고, 陷은 利를 만나 함정에 떨어지는 것이라고 정약용은 설명하는데, 문학적 상상력을 동원한 해석일 뿐이다.

군이 본 글자가 아닌 다른 글자의 뜻으로 새기는 것은 억지이다. 관건은 陷(함: 우물에 빠지다)이라는 글자와 대를 이룰 수 있어야 한다. 정주한 묘죽간본에는 '君子可逝不可陷也 可欺不可罔也'라고 되어 있는데, 逝(선)에는 여러 뜻이 있지만 『광아(廣雅)·석고삼(釋詁三)』은 '入也(들어가다)'라고 한다. 그 뜻을 취하면 '우물에 들어가게 할 수는 있어도 우물에 빠지게 할 수는 없다'는 뜻이다. 문맥도 매끄럽고 적합한 대를 이루게된다. 逝를 군이 다른 뜻으로 새길 이유는 없다고 본다.

7) 欺(기), 罔(망) : 欺는 '속이다'는 뜻이고 罔은 '얽어매다'는 뜻이다. 속여서 위험에 가까이 오도록 만들 수는 있지만 완전히 옭아매서 위험에 빠트릴 수는 없다는 뜻이다. 欺를 '誑之以理之所有(이치를 가지고 속이는 것)', 罔을 '昧之以理之所無(이치에 닿지 않는 소리로 어둡게 만드는 것)'라고 풀이하는 주희의 주석이 적실하다. 『맹자·만장상(萬章上)』의 "군자는 어떤 방법을 사용해서 속일 수는 있어도 정당한 도리를 벗어난 방법으로써 무너지게 만들 수는 없다."[66]라는 대목은 이 문장을 부연했을 것이다.

보기: 평설

재아는 스승이 그토록 강조하는 仁을 약간 삐딱하게 질문하고 있다. 과장된 비유를 하는 것은 아마도 스승을 곤혹스럽게 만들려는 의도였을지도 모른다. 재아가 공자의 미움을 샀던 것은 이처럼 스승을 시험하는 듯한 질문을 했기 때문이었나 보다. 발랄하고 장난기 있는 제자를 공자는 용납하지 못했다고 평가할 수도 있겠지만, 재아의 행실에도 만약 5·09에서처럼 부정적인 점이 있었다면 공자만을 탓할 수는 없을 것이다.

---

66   君子可欺以其方 難罔以非其道

6·27 子曰 君子博學於文 約之以禮 亦可以弗畔矣夫

스승님께서 말씀하시기를 : 군자가 문을 널리 배우고 예로써 (자기) 단속하기만 한다면, 선을 넘지는 않을 수 있을 거야.

> **주**

1) 博學於文 約之以禮(박학어문 약지이례) : 之는 앞에 나오는 '博學於文'을 가리킨다는 주석은 9·11의 "博我以文,約我以禮(스승님께서는 문을 가지고 나를 박하게 만드시고 예를 가지고 나를 묶어주셨다)"와 견주면 맞지 않다. 이 문장에서 之는 자동사에 붙는 허자(虛字)이지 앞 구절을 가리키는 지시대사가 아니다. 約은 博의 대어로서 '단속하다'는 뜻이다. '예를 가지고 줄이다'라는 말은 예로써 자기 단속을 한다는 뜻이다.[67] 文은 문화(文化)·문화(文華)·문헌(文獻) 등 문맥에 따라 이음절어로 번역하는 것이 관례인데, 의미를 제한하게 되므로 그대로 두는 게 낫다. 文의 의미는 1·06의 주) 참조. 禮의 의미는 1·12의 주) 참조.

2) 亦(역) : 강조의 뜻을 나타낸다. 강조의 뜻을 앞 문장에 담아서 '~하기만 한다면'이라고 번역하는 것이 낫다.

3) 弗畔(불반) : 정현은 "不違道(도를 위배하지 않는다)", 정이는 "亦可以不畔道矣(도를 배반하지 않을 수 있다)", 주희는 "可以不背於道矣(도에 위배되지 않을 수 있다)"라고 주한다. 畔의 의미는 원래 밭두둑의 경계를 짓는다는 뜻이다. 따라서 명시되지도 않은 목적어를 道라고 확정하면서 '도를 배반하지 않는다'라고 새기는 것보다는 '경계를 벗어나지 않는다'거나 '선을 넘지 않는다' 정도로 번역하는 것이 적절하다.

---

67   約의 새김에 대해서는 4·02의 '주)約'과 4·23의 '주)以約失之' 참조.

평설

이 장은 무슨 이유에서인지 12·15에서 그대로 반복되고 있다. 『논어』
에 중복된 장이 몇 군데 있는데, 이는 『논어』의 형성에 관한 정황을 추론
하는 데 도움이 된다. 9·11 참조.

6·28 子見南子 子路不說 夫子矢之曰 予所否者 天厭之天厭之

스승님께서 (음행으로 소문난 위령공의 부인) 남자를 접견하셨는데 자로는 (그
사실을) 달갑지 않게 여겼다. (그러자) 스승님께서 맹세하여 말씀하시기를 : 나
한테 (조금이라도) 부정적인 일이 있었다면 하늘이 나를 던져 죽일 것이다! 하
늘이 나를 (진작) 던져 죽였지!

주

1) 南子(남자) : 위령공의 부인으로서 당시 위나라의 실권을 휘둘렀을
뿐 아니라 음행 때문에 세간의 평가가 좋지 못했던 사람이다. 3·13과 6·
16 참조.

2) 矢(시) : 황간과 왕충은 '陳(진: 늘어놓다)', 주희는 '誓(서: 맹세하
다)'라고 주한다. 맹세의 말을 힘주어 늘어놓는 것을 의미할 것이다. 之
는 목적어가 아니다.

3) 所(소)~者(자) : 맹세하는 말에서 가정의 뜻을 나타낼 때 쓰이는 연
사(連詞)이다. '~한 것이 있다면'으로 번역될 수 있다.

4) 否(부) : 주희는 "예에 맞지 않고 정당한 절차를 거치지 않음"[68]이라
고 주한다.

5) 厭(염) : 본뜻은 '떨어져 죽다'이다. 『설문통훈정성(說文通訓定聲)』

---

68   不合於禮 不由其道也

에서는 '絶(절)'의 뜻을 가진 '娑(첨)'의 가차자라고 하면서 이 구절을 예로 든다. 동시에 '塞(색)'의 뜻이라는 황간의 주는 틀렸다고 지적한다. 주희도 '棄絶(기절: 버리고 단절함)'이라고 한다. 『예기·단궁상』에는 "사람이 죽어도 조문하지 않는 경우가 셋 있는데, 감옥에서 죽은 경우와 떨어져 죽은 경우 및 물에 빠져 죽은 경우이다."[69]라는 구절이 있다. 이 구의 주어는 하늘이므로 자동사가 아닌 타동사로 번역하였는데, '天厭之'라는 말이 당시의 상투어일 가능성도 있다.

평설

음행으로 소문난 남자(南子)를 공자가 사적으로 만났다는 사실은 유자들에게 상당히 곤혹스러운 스캔들이었다. 그래서 후대 유자들은 공자의 스캔들을 덮고자 애를 쓴다.[70] 사마천은 『사기·공자세가』에서 이 대목을 다음과 같이 처리한다. "공자는 출발하여 포(蒲)를 거쳐 한 달 남짓 만에 다시 위나라로 돌아가 거백옥의 집에서 묵었는데, 영공의 부인 남자

69　死而不弔者三 畏厭溺

70　위령공이 남자에게 혹해 있으므로 남자를 통해 영공으로 하여금 치도(治道)하게 만들고자 만난 것이라고 고주(古注)는 설명한다. 주희는 그 나라에서 벼슬하면 그 나라 군주의 부인을 찾아보는 예가 있었다고 설명한다. 정약용은 厭(염)이 惡(오: 미워하다)의 뜻이라면서, "내가 만약 남자를 만나지 않았더라면 하늘이 미워했을 것이다."라고 설명한다. 공자가 남자를 만난 이유는 도주한 아들 괴외와 즉위한 손자 출공 사이 부자간에 윤기가 끊어져 장차 위나라가 어지럽게 될 것을 염려한 나머지 남자에게 도주한 아들 괴외를 불러들여 후환을 없애게 하라고 말하려던 것이었다는 것이다. 정약용의 설명은 기본적으로 고주와 같은 시각이지만, 그런 식의 설명들은 '자로가 달갑지 않게 여겼다'라는 앞 문장과 어울리지 않는다. 공자가 구차한 변명을 한 셈이 된다. 이 밖에도 위령공이 죽자 후사 문제를 상의하기 위해 남자를 만난 것이라든가, 공자의 높은 도덕성을 볼 수 있는 대목이라는 등 여러 강변이 있다.

(南子)가 사람을 보내 공자에게 이렇게 말을 전하였다. '사방의 군자는 우리 임금과 형제 맺고자 하는 것을 욕된다고 여기지 않을 뿐 아니라 임금의 부인인 저도 반드시 만나봅니다. 저 또한 만나 뵙고 싶습니다.' 공자는 사양하였지만 나중에 어쩔 수 없이 만났다. 부인이 커튼 안에 있었고, 공자가 문으로 들어가 북쪽을 향해 머리를 조아리자 부인은 커튼 안에서 두 번 배례하였다. 부인이 차고 있던 패옥들이 부딪히는 소리가 났다. 공자는 제자들에게, 내가 처음에는 만나려고 하지 않았지만 어쩔 수 없이 만나게 되자 답례했을 뿐이라고 말했다. 자로는 불쾌해했다. 그러자 공자는 맹세하기를 '내가 南子를 만나는 과정에서 만약 부적절한 일이 있었다면 하늘이 나를 던져 죽였을 것이다, 하늘이 나를 던져 죽였지'라고 말하였다. 공자가 위나라에 한 달 남짓 더 머무는 동안 영공은 부인과 수레를 함께 타고 옹거라는 환관으로 하여금 수레를 몰게 하여 외출한 적이 있는데, 이때 공자로 하여금 함께 수레에 타게 해서는 떠들썩하게 저자거리를 지나갔다. 그런 일을 겪고 난 다음 공자는 '나는 호색하는 만큼 호덕하는 사람을 보지를 못했다'면서 영공 내외를 더럽게 여기면서 위나라를 떠났다."[71]

사마천은 이 장과 9·18을 합쳐서 하나의 이야기로 서술하였는데 생략한 대목이 많아서 자세한 정황을 알기는 어렵다. 음행 때문에 세인의 평판이 좋지 않은 최고 권력자 여성을 공자가 만난 것은 정치적 의미보다는 스캔들로 인식되었을 텐데, 사마천은 그 스캔들을 여자의 몸에 차고

71 去卽過蒲 月餘反乎衛 主蘧伯玉家 靈公夫人有南子者 使人謂孔子曰 四方之君子不辱欲與寡君爲兄弟者 必見寡小君 寡小君願見 孔子辭謝 不得已而見之 夫人在絺帷中 孔子入門 北面稽首 夫人自帷中再拜 環珮玉聲璆然 孔子曰 吾鄕爲弗見 見之禮答焉 子路不說 孔子矢之曰 予所不者 天厭之 天厭之 居衛月餘 靈公與夫人同車 宦者雍渠參乘 出 使孔子爲次乘 招搖市過之 孔子曰 吾未見好德如好色者也 於是醜之 去衛

있던 환패가 딸랑거리는 소리가 났다는 표현과 자로가 불쾌해했다는 표현만으로 압축해버린다. 전설로 전해지던 공자의 스캔들을 『논어』의 표현을 바탕으로 최대한 점잖게 정리했다고 본다.

『논어』 편찬자가 공자의 스캔들을 끼워 넣은 이유에 대해서도 설명이 많다. 이미 세간에 널리 퍼진 사실이기 때문에 감추는 것보다는 차라리 드러내서 사정을 설명하는 것이 낫다고 생각했는지, 불미한 일도 남긴다는 춘추필법의 정신 때문이었는지, 『논어』라는 출간물의 대중적 인기를 높이려는 계산 때문이었는지, 알 수 없는 노릇이다. 다만 공자의 스캔들을 끼워 넣은 것이 잘못된 판단은 아니었다고 본다. 하지만 후세 유자들의 생각은 다르다. 공자가 남자(南子)를 만난 사실 자체를 부정하고자 했다. 심지어 손혁(孫奕, 1190 전후 재세)은 『시아편(示兒編)』에서, '南子'는 영공의 부인이 아니라 비읍(費邑)에서 계평자에게 반기를 들었던 남괴(南蒯)로서, 반기를 든 다음 공자에게 동참할 것을 권한 것이라고 주장한다. 왕응린(王應麟, 1223~1296)도 그 주장에 동조한다. 하지만 유보남이 지적했듯이, 남괴가 모반했을 때 공자는 22세, 자로는 13세에 불과하므로 가당치 않다. 남자가 아닌 남괴를 만났다 해서 공자의 체면이 더 세워지는 것도 아니다. 어느 나라에서든 벼슬하려면 그 나라 임금의 부인을 뵙는 예가 있었다면서, 어쩔 수 없이 남자를 만났던 것이라고 『사기·공자세가』를 근거로 설명하는 주희의 설명이 그래도 덜 억지스럽다.

6·29 子曰 中庸之爲德也其至矣乎 民鮮久矣
스승님께서 말씀하시기를 : 중용은 더할 나위 없이 덕이 되는데도 (중용을) 오래 지니는 사람은 드물단 말이야.

1) 中庸(중용) : 중용을 인과 함께 유가의 최고 덕목으로 꼽는 유자들
이 많다. 하지만 공자는 그렇게 말한 적이 없다. 여기서도 중용이 극도로
덕이 된다고만 했지 중용이 무엇이라고 설명하지도 않았다.[72] 공자의 손
자 자사(子思)[73]가 지었다는 「중용」에는 "희로애락이 미처 표현되지 않은
상태를 중이라 하고, 표현하되 모두 절도에 맞추는 것을 화라고 한다. 중
이란 천하의 커다란 근본이고 화란 천하의 도를 통달하는 것이다."라든
가, "군자는 중용하지만 소인은 중용과는 반대로 한다."와 같은 관념적인
서술이 있다.[74] 유가의 이론서 성격으로 지은 글이기 때문에 아무래도 관
념적으로 정리했을 것이다. 이후 송유들이 「중용」을 유가의 이론서로 떠
받들면서 마침내 '중용'이란 말과 개념은 추상성을 확보하게 된다.[75] 전

---

72 『논어』에 '중용'이란 말은 오직 이 장에만 나올 뿐이다. 「중용」에서는 이 장
을 약간 다르게 표현하여 "子曰 中庸其至矣乎 民鮮能久矣"라고 하였다.

73 공자의 제자 원헌(原憲)이 아닌 공자의 손자 공급(孔伋, 483~402 B.C.)의 자
이다. 사마천은 「중용」을 자사가 지었다고 했지만 한대의 저술과 비슷하다는 점
이나 도가의 영향을 받은 흔적 때문에 진대나 한무제 무렵에 지어졌을 것으로 보
는 견해가 우세하다. '공자의 말씀'이라고 전해지는 여러 글들을 바탕으로 해서
정리했을 것이다.

74 "喜怒哀樂之未發謂之中 發而皆中節謂之和 中也者天下之大本也 和也者
天下之達道也", "君子中庸 小人反中庸". 그에 대해 정이는 "치우치지 않는 것이
중이고 바뀌지 않는 것이 용이다. 중이란 천하의 정도이고 용은 천하의 정리이다
(不偏之謂中 不易之謂庸 中者天下之正道 庸者天下之定理)."라고 설명하고, 주희
는 "중이란 치우치거나 기울어지거나 하지 않고 지나치지도 모자라지도 않는 것
의 이름이다. 용은 평상이다(中者不偏不倚 無過不及之名 庸平常也)."라고 해설한
다. 庸에 대한 두 사람의 개념이 다른 것이다.

75 『예기』에 포함된 「중용」을 사서(四書)의 하나로 꼽으면서 숭상하기 시작한
것은 주희 이후의 일이다.

한의 대성(戴聖, 한선제 무렵)은 「중용」을 『예기』에 포함시켰지만 주희는 『예기』에서 독립시켜 『논어』, 『맹자』와 함께 사서(四書)의 하나로 받들면서 유가의 경전으로 추앙했다. 하지만 중용이 최고의 덕목이라는 표현은 「중용」에도 없다. 「중용」에는 다만 '색은행괴(索隱行怪)하지 않고 의호중용(依乎中庸)한다'거나 '택호중용(擇乎中庸)한다'는 표현만 있을 뿐이다.[76] 여러 기록을 종합하여 유추하자면, 중용이란 '치우치지 않고 균형 있게, 과부족 없이 알맞게'의 뜻이다. 추상적 관념이 아닌 규범적 태도일 뿐이다. 그것을 송유들이 추상적 관념으로 끌어올린 것이다. 그런 나머지 '중화(中和)'나 '중도(中道)'와 함께 설명되곤 한다. 『논어주소』에서는 '中은 中和이고 庸은 常이다'라는 정도로만 설명되던 것을 이정(二程)을 비롯한 송유들은 '喜怒哀樂之未發(희로애락이 발현되지 않은 상태)이 中'이라느니, '寂然不動(고요히 움직이지 않음)이 中'이라느니, '感而遂通(느껴서 통함)이 和'라느니, '中은 天下의 大本'이라느니,[77] '過不及處(넘치거나 미치지 못한 바)를 아는 것이 中和'라느니,[78] '中은 性의 덕이고 和는 情의 덕'이라느니[79] 하면서 '중용'이라는 말에 높은 추상성을 부여했다. 다만 주희는 『논어주소』를 따라서 "中이란 지나침도 모자람도 없는 것의 이름이고 庸은 평상이다."[80]라고만 주한다. 최근의 서복관(徐復觀, 1903~1982)이나 이택후 등은 '일상적인 것'이라고만 말한다. 일상적인 것이기 때문에 보편타당하고, 그래서 사람마다 실천하고 마땅히 실천해야 하는 것이며, 나아가 그 점이 바로 공자의 가르침이 다른 종교나

---

76 "은일을 추구하거나 괴이한 행동을 하지 않고 중용에 의거한다." "중용을 택한다."

77 『이정유서(二程遺書)』 권11과 권25에 언급된 내용이다.

78 왕양명(王陽明)의 『전습록(傳習錄) 하』에 언급된 내용이다.

79 『주자어류(朱子語類)』 권62에 언급된 내용이다.

80 中者無過無不及之名也 庸平常也

형이상학과 구분되는 관건이라고 말한다. 하지만 공자는 중용을 일상적이고 보편타당한 것이라고 말한 적이 없다. 어느 한 가지 가치에만 집착하여 치우치지 않기는 어렵다고만 말했을 뿐이다. 그럼에도 불구하고 유자들은 그저 중용을 최고의 덕목이라고만 여긴다. "군자는 중용에 의지하기 때문에 세상을 피해 살면서 남들에게 알려지지 않아도 후회하지 않는다. 오직 성자만이 그렇게 할 수 있다."[81]라는 「중용」의 문구 때문일 것이지만, 아무리 살펴도 '중용'은 '어느 한 쪽으로 치우치면 위험하고, 평범한 것을 도외시하면 무익하다'는 표현일 뿐이다. 오규 소라이는 중용의 기원을 『주례』에서 음악의 덕을 설명한 대목에서 찾는다. 『주례·춘관』「대사악(大司樂)」에는 "음악의 덕으로써 공경대부의 아들들에게 충성, 온화, 공경, 떳떳함, 효성, 우애의 덕목을 가르친다."[82]라는 대목이 있는데, 예부터 있었던 이 말에서 두 글자를 가져다 '中庸'을 만들었을 것이라고 주장한다. 치우치지 않고(不偏) 넘치거나 미치지 못함(過不及)이 없는 것이 中이고, 치우치지 않고 과불급이 없으려면 실행하기 어려운 덕행이 아니라 누구나 언제든지 쉽게 실행할 수 있어야 하니 庸이라는 것이다. 따라서 중용을 성인의 道라고 설명하는 것은 잘못이라고 주장한다. 공자가 『주례』에서 중용이란 말을 따왔다는 설명은 수긍하기 어렵지만, 중용이 결코 공자가 강조했던 도리는 아니라는 주장은 옳다.

2) 至(지) : 주희는 극(極)이라 했다.

3) 民鮮久矣(민선구의) : 주희는 정이를 따라서 "民少此德 今已久矣(인민에게 이 중용의 덕이 결핍된 지 오래되었다)"라고 한다. 그러나 「중용」에 '中庸其至矣乎 民鮮能久矣'라고 되어 있는 것을 감안하면 '중용의 상태를 오래 유지할 수 있는 사람은 드물다'라고 새기는 것이 낫다.

---

81   君子依乎中庸 遯世不見知而不悔 唯聖者能之
82   以樂教國子中和祗庸孝友

6·30 子貢曰 如有博施於民而能濟衆 何如 可謂仁乎 子曰 何事於仁
必也聖乎 堯舜其猶病諸 夫仁者 己欲立而立人 己欲達而達人 能近取譬
可謂仁之方也已

자공이 (스승님께) 여쭙기를 : 인민에게 널리 베풀고 여러 사람을 구제할 수 있
는 사람이라면 어떻습니까, (그런 사람은) 인하다고 할 수 있습니까? 스승님께
서 말씀하시기를 : (그런 사람이 있다면) 어찌 인하기만 하겠느냐? 성하다고 해
야겠지! 요·순(같은 임금)조차도 그 문제를 고심하셨지. 대저 인이란 것은 (그
처럼 대단한 것이 아니라) 자신이 나서고 싶으면 남도 나서게 해주고, 자신이 현
달하고 싶으면 남도 현달시켜주는(, 그런 평범한) 것이다. (그처럼 평범하고) 가
까운 것에서 비유를 얻는 것이 인(을 실천)하는 방법이라고 할 수 있겠지.

┌─┐
│주│
└─┘

1) 如有(여유) : 정주한묘죽간본에서는 '如有' 대신 '若'으로 되어 있다.

2) 事(사) : '~에 그치다'는 뜻. '啻'와 같음.

3) 聖(성) : 聖은 원래 하늘에 계시는 선왕들의 명령을 받들어 수행하
는 현세의 임금을 가리키는 글자였다. 『역경』의 "하수에서 그림이 나오
고 낙수에서 글씨가 나오니 성인께서 그것들을 본받으시다."[83]라는 구절
이 그 예이다. 하늘의 목소리를 들을 줄 아는 신비한 능력을 지닌 사람이
라는 뜻이니 신격화는 당연하였고, 예지와 총명은 기본 요건이었다. 그
래서 '聖人'은 문자학적으로는 '聲人(하늘의 소리를 듣는 사람)'과 같은
뜻이다. 그런데 인자보다 더 훌륭할 뿐 아니라 요·순도 고심하던 문제를
잘 처리하는 사람이라는 공자의 말에서 성인의 격과 지위를 짐작할 수
있듯이, 나중에는 '현세의 임금'이라는 뜻보다는 훌륭한 인격과 능력을

---

83 河出圖 洛出書 聖人則之. 이처럼 임금을 가리키는 말이었지만 나중에는
임금을 높이는 말로 전용된다.

지닌 초월적인 사람을 가리키는 뜻으로 사용된다.『논어』에는 '成人'이란 말도 한 차례 등장하는데, '聖人'과 혼동했거나 임의적으로 사용한 말로 짐작된다.[84]『백서노자(帛書老子)』의 갑본(甲本)에 '聖人'이 '聲人'으로 표기된 사실과,『사기·공자세가』의 "孔丘聖人之後"라는 구절을 근거로 공자가 무당의 후손이었다고 주장하기도 한다. 그러나『백서노자』에 그렇게 표기된 것은 聲이 聖의 통자 내지는 가차자였기 때문일 뿐이다.『사기』의 기록은 공자의 한미한 가계에 대한 후대의 윤색이다.[85] 공자는 현존재로서 위대한 사람을 大人이라고 부르고, 聖人은 말씀으로만 존재하는 대상으로 표현하기도 한다.[86] 공자의 이런 생각 역시 제자들로 하여금 聖人을 신격으로 받아들이게 만들었다고 본다. 19·12의 "有始有卒者 其惟聖人乎"라는 표현도 마찬가지이다. 공자가 성인을 이렇듯 군자보다 더 높은 지위로 설정하다 보니 제자들로서는 성인을 현존재가 아닌 신격으로 인식하기도 한다.[87] 그리고 제자들은 천명을 아는 사람이라는 차원에서 자기네 스승도 성인으로 추앙했던 듯한데, 그러자 공자는 감당할 수 없노라고 사양한다.[88] 성인을 못 하는 것이 없는 사람으로 인식하

---

84   14·12에서 자로가 '成人'이 무엇인지에 대해 물었는데, 그에 대한 공자의 대답을 보자면 '聖人'에 대한 설명이나 다름없다.

85   갑골문에서 聖, 聲, 聽은 같은 글자였다. 통자니 가차자니 하는 개념을 동원하지 않더라도 중국의 고대 전적들은 글자를 엄격하게 구분하지 않았다. 발음이 비슷한 다른 글자로 적는 것이 예사였고, 동일한 전적일 경우 필사할 때마다 다른 글자로 적게 될 수도 있었다. 뜻을 유념하면서 글자를 비교적 엄격하게 선택하기 시작한 것은 아마도 목판인쇄 방식이 보편화하면서부터가 아닐까 한다. 따라서 요즘 개념을 가지고 글자를 굳이 엄격하게 구분하려고 할 필요가 없는 대목이『논어』에는 많다고 본다.

86   16·08 참조.

87   7·26 참조.

88   若聖與仁 則吾豈敢(7·34).『맹자·공손추상』에도 "子貢問於孔子曰 夫子

는 어떤 사람이 공자가 바로 그런 사람이라고 제자에게 말하자, 자신은 단지 어렸을 때 천했기 때문에 할 줄 아는 게 많아진 것뿐이고 성인의 요건이 다능(多能)은 아니라고 공자는 대답한다.[89] 그런 대목들은 聖人이라는 의제를 자주 꺼냈던 장본인이 바로 공자였음을 알 수 있는 증거라고 본다. 그런 이야기는 전설이 문자화되는 과정에서 만들어졌을 가능성도 있지만 공문이 공자를 지존으로 섬기는 교단처럼 인식되었음을 보여주는 사례일 것이다.[90] 仁을 聖과 대등한 내용으로 표현하면서도 매우 쉽게 도달할 수 있다는 공자의 말은 논리적으로는 모순이다.[91] 乎는 여기서 단정적인 어기를 나타내는 허사로 쓰였다.

4) 堯舜其猶病諸(요순기유병저) : 其는 '아마도', 猶는 '오히려'의 뜻이며, 諸는 '之乎'의 합음자이다. 病을 주희는 "마음에 흡족하게 여기지 않은 바가 있음"[92]이라고 주하는데, '고심하다'라고 새기는 것이 낫다. 공자는 14·42에서도 '堯舜其猶病諸'라는 표현을 사용하는데, 이후 그 말은 관용구처럼 사용되는 듯 『한시외전』에도 두 차례나 등장한다. 요·순·우에 관한 설명은 8·18~8·21과 15·05의 평설을 참조.

5) 夫(부) : 듣는 사람의 주의를 환기하거나 이야기를 끌어내기 위해 문장의 처음에 의미 없이 사용하는 허사이다. 발어사라고도 하는데, 6·30, 9·31, 12·04, 12·20, 13·04, 14·19, 14·29, 15·05, 15·06, 16·01, 17·05, 18·06 등에 용례가 있다. 夫의 다른 용례에 대해서는 6·10의 주)

聖矣乎 孔子曰 聖則吾不能(자공이 공자께 여쭙기를, '부자께서는 성인이십니다'라고 하자 공자는 성이라는 말은 내가 해낼 수 있는 경지가 아니다)"이라는 대목이 있다. 물론 이런 이야기들은 나중에 보태졌을 가능성도 있다.

89 9·06 참조.
90 6·13의 '주)儒'에 대한 설명 참조.
91 이 장의 언급도 그렇고 7·30의 내용도 그러하다.
92 心有所不足

와 11·10의 주) 참조.

6) 己欲立而立人(기욕립이립인) :『논어』에 나오는 立의 의미에 대해 서는 2·04의 주) 참조. 而는 조건에 따른 결과임을 나타내는 접속사이다. 여기서는 則과 같은 뜻으로 쓰였다.

7) 達(달) : 6·08, 12·20, 14·23 참조.

8) 能近取譬(능근취비) : '能取譬於近'의 도치문이다. 주희는 譬를 유 (喩)라고 하는데, 깨쳐서 알게 된다는 뜻이다. 가까운 것에서 비유를 취 한다는 말은 나에게 이러이러한 욕망이 있는 줄을 알면 남도 똑같이 이 러이러한 욕망이 있음을 알아야 한다는 뜻이다.[93] 정주한묘죽간본에서는 譬를 闢로 적었다. 17·12에서도 譬를 闢로 적었다.

9) 方(방) : 방법. 주희는 술(術)이라고 했다.

---

[93]   정약용은 이것을 혈구(絜矩: 자기의 처지로 미루어 남의 처지를 헤아리는 것 을 비유하는 말)라고 설명한다. 「대학」의 "所謂平天下在治其國者 上老老而民興 孝 上長長而民興弟 上恤孤而民不倍 是以君子有絜矩之道也 所惡於上毋以使 下 所惡於下毋以事上 所惡於前毋以先後 所惡於後毋以從前 所惡於右毋以交 於左 所惡於左毋以交於右 此之謂絜矩之道(이른바 평천하가 치국에 있다는 말 은, 윗사람이 노인을 노인으로 대접하면 백성들 사이에서 孝가 생기고, 윗사람이 연 장자를 연장자로 대접하면 백성들 사이에서 弟가 생기며, 윗사람이 홀로 된 사람을 도와주면 백성들이 배반하지 않게 된다는 것이다. 그래서 군자에게는 혈구지도가 있 는 것이다. 윗사람이 싫어했던 것을 아랫사람에게 시키지 말고, 아랫사람이 싫어했던 바를 가지고 윗사람 섬기지 말 것이며, 앞사람이 싫어했던 것을 뒷사람 앞에 놓지 말 고, 뒷사람이 싫어할 것을 앞사람대로 따르라고 하지 말며, 오른쪽 사람이 싫어했던 것을 왼쪽 사람 앞에 갖다놓지 말고, 왼쪽 사람이 싫어했던 것을 오른쪽 사람에게 갖 다놓지 말라. 이런 것을 혈구지도라고 한다)"라는 대목에서 따온 말이다. 이런 것을 '어떤 대상에 대한 나의 욕망은 같은 대상에 대한 타자의 욕망에 의해 결정된다' 는 르네 지라르(Rene Girard, 1923~2015)의 '욕망의 삼각형' 이론과 견주는 것도 의미 있지 않을까 한다.

평설

H.G. 크릴은 공자의 이 말을 칸트의 정언적 명령 '너의 의지에 따른 행위의 준칙이 자연의 보편적인 법칙이 되게끔 행동하라'와 비교한다. 선(善)이 무엇인지를 알게 되면 만인을 위하여 그 선을 실현하는 데 최선을 다하지 않으면 안 되기 때문에 칸트는 자기 자신의 완성과 타인의 행복을 추구하는 데 진력하는 것이 도덕적 의무라고 주장하였다. 그것은 곧 『논어』의 도덕적 교훈을 요약한 것과 다름없다는 것이다.

공자는 요순을 실재했던 인물로 여겼을 것이다. 요순에 대한 강조는 묵가에서 시작되어 맹자에게 흡수되었으므로 이 장은 맹자(372~289 B.C.) 시대에 제나라에서 만들어진 것이라는 주장도 있는데,[94] 너무 단순한 추론이다. 『맹자·양혜왕상』에는 "우리 집 노인을 대접하는 태도로 남의 집 노인을 대접하고, 우리 집 아기를 대하는 태도로 남의 집 아기를 대하면 천하도 손바닥 안에서 움직일 수 있다."[95]라는 구절이 있는데, 맹자의 그 말은 '己欲立而立人 己欲達而達人하는 것이 仁'이라는 공자의

---

[94] 김용옥의 주장이다. 고힐강(顧詰剛)은 堯의 선양설이 묵가가 대대적으로 퍼뜨린 것이라고 주장하면서 『서경·요전(堯典)』도 순자 이후에 만들어진 것이라고 주장한 바 있다. 순자도 『순자·정론(正論)』에서 요순의 선양은 속세의 무리들이 마음대로 만들어낸 이야기라고 격렬하게 부정한다. 堯舜이라는 이름을 묵가가 처음 꺼냈다는 것이 아니라 堯는 舜에게 舜은 禹에게 선양했다는 이야기가 묵가에 의해 만들어졌다는 것이다. 따라서 공자가 요순에 대해 언급한 것 자체를 가지고서 이 장을 믿을 수 없다고 단정할 수는 없다. 한편, 최근 중국에서 "舜囚堯 (순이 요를 가두다)"라는 구(句)가 쓰인 고대 간찰이 출토되자 그것을 堯·舜·禹 선양설이 조작되었음을 입증하는 증거로 여기는 학자들이 많다. 순은 선양을 받은 것이 아니라 요를 겁박하여 자리를 빼앗았음을 입증한다는 것이다. 夏·殷·周 삼 대가 태평성대였다거나 이상사회였다는 설명 또한 당연히 후대의 허구일 것이다.

[95] 老吾老以及人之老 幼吾幼以及人之幼 天下可運於掌

이 말을 부연한 것이다. 비단 이 사례에 의하지 않더라도 맹자는 어디까지나 공자의 말을 착실하게 부연했던 사람이다.

주희는 仁과 聖을 동일하다고 설명하지만 본문에 의하면 공자는 인자의 경지를 성인의 경지보다는 분명 아래 단계로 여기고 있다. 한편 『논어』에는 황제(黃帝)나 신농씨(神農氏)에 대한 언급이 없다. 고신씨(高辛氏) 이전의 기록이 없었기 때문일 것이라고 최술은 설명하지만 황제나 신농씨라는 이름 자체가 공자 이후에 만들어졌기 때문으로 보는 것이 옳을 것이다.

술이(述而) 제칠(第七)

대체로 공자의 정신적 자세와 신념을 강조하는 내용들이다.

전편은 현인(賢人), 군자(君子), 인자(仁者)의 덕행에 관한 서술이고, 이 편은 전편에 이어 성인 공자의 지행을 밝힌 것이라고 『논어주소』는 설명한다.

주희는 "此篇多記聖人謙己誨人之辭及其容貌行事之實(이 편은 성인께서 스스로를 낮추신 내용, 남에게 가르치신 내용, 그리고 성인의 용모나 행사했던 사실이 많이 기록되어 있다)"이라고 한다.

7·01 子曰 述而不作 信而好古 竊比於我老彭

스승님께서 말씀하시기를 : '(전통을) 이을 뿐 (새 틀) 만들지는 않기, (전통을)
믿고서 고전에 몰두하기' (이 점에 있어서는) 나를 노팽에게 견주어본다.

주

1) 述而不作 信而好古(술이부작 신이호고) : 슬로건처럼 들리는 이 구
절은 전해오던 성어일 것으로 짐작한다. 노팽(老彭)이라는 전설상의 인
물을 동원한 것은 7백 살이었다는 그의 수명이 이 슬로건과 부합한다고
여겼기 때문일 것이다. '述而不作'은 전통이라는 틀을 신뢰하면서 따를
뿐 전통에서 벗어난 새 틀을 만들고자 하지는 않는다는 뜻이다. 이 슬로
건은 공자가 창의성을 부정하는 사람이었다고 비판하는 사람들에게 곧
잘 인용된다. 창작을 거부한다는 뜻은 아니라고 옹호하는 사람들도 있
지만[1] '述而不作'이라는 표현 자체가 새 틀을 거부한다는 뜻임은 부정할

---

1   양백준은 '作'이란 알지도 못하면서 무엇이든 해대는 것을 가리키지 창의
성을 부정하는 것은 아니라고 주장하면서 "蓋有不知而作之者 我無是也(알지도
못하면서 시작부터 하는 사람이 있는데, 나에게 그런 점은 없다)"(7·28)를 예문
으로 든다. 그러나 述而不作의 作은 不知而作之者의 作과는 의미가 다르다. 不
知而作之者의 作은 '시작'이나 '동작'의 뜻이지만 述而不作의 作은 述의 반대 개
념으로서 '새로운 것을 만들어내다'는 뜻이다. 好古하기 때문에 新을 作하지 않

고 古를 述한다는 뜻이다. 述은 古를 풀어내는 것이고, 不作은 전통적인 틀이나 가치관에 어긋나는 새로운 틀을 만들지 않는다는 뜻이다. 好古가 공자의 가치관이라는 것은 더 설명할 필요조차 없는 사실이다. "我非生而知之者 好古敏以求之者也"(7·20)라는 말에서도 확인할 수 있고, 무엇보다 공자가 당시 사회를 난(亂)의 상태로 규정하면서 선왕지도를 추구했다는 사실만으로도 그렇다. 공자는 성인이라서 作도 述도 할 수 있었지만 천명이 이르지 않아서, 그러니까 왕위를 얻지 못했기 때문에 감히 作하지 않았을 뿐이라고 오규 소라이는 설명한다. 하지만 그런 견해는 학술적 견해가 아니라 공자교 신도로서 신념을 표현한 것이라고 할 만하다. 이택후는 "어떠한 서술 가운데에도 모두 창작이 있는 것이고, 공자가 仁으로 禮를 해석한 것도 곧 창작이다. 실제로 공자는 서술하고 또한 창작했다. 서술한 것은 禮이고 창작한 것은 仁이다. 창작은 서술하기 위한 것이지만 결과적으로 서술을 넘어선다. 공자 이후 仁과 禮 두 범주는 항상 관건이 되었다."라고 설명한다. 하지만 '누구나 作도 하고 述도 하는 것이며 仁은 공자의 作이고 禮는 공자의 述이다'는 주장은 두 가지 상반된 견해를 녹여서 아예 무화(無化)시켜버리는 호도(糊塗)이다. 차라리 "세상의 모든 창조는 이미 존재하는 것들의 또 다른 편집이다. 해 아래 새로운 것은 없다. 하나도 없다. 창조는 편집이다."⟨김정운, 『에디톨로지』, 21세기북스, 2014⟩라는 주장이 더 설득력이 있고, "옛것은 선한 것이 무엇인지를 구체화하고 있고 이 선함에 대한 기억은 문제 해결의 진리를 구체적으로 담고 있는 기록들 속에 보존되어 있기 때문에 그는 옛것을 전하는 것이다. 비록 자신은 어느 의미에서 창조자 또는 제작자가 아니라는 그의 주장에 대해 우리는 진정으로 의문을 품을 수도 있겠지만, 공자가 전하는 대부분의 것이 그 근본이 오래된 문헌들 속에서 확인될 수 있다는 사실은 그의 주장이 옳다는 것을 증거하는 좋은 경우가 될 것이다."⟨벤저민 슈워츠, 앞의 책, p.111⟩라는 주장이 더 설득력이 있다. 개인의 신념을 학술로 포장하는 짓을 우리는 경계해야 한다. 주희의 묘사대로 공자는 시와 서를 고쳤고, 예와 악을 결정했으며, 『주역』을 지었고, 『춘추』를 다듬었다. 선왕들의 수단을 빌려서 자신의 견해를 서술했을 뿐 전통과 무관한 어떤 새로운 가치관이나 방법론이나 체계를 내세운 바 없다. 내세울 생각도 하지 않았다. 우주의 움직임이든 인간사든 실재하는 모든 것은 그대로 완성된 것으로 보았기 때문이다. 그래서 공자에게는 실재하는 것들의 질서와 안정만이 중요했다. 그것은 곧 권력을 가장 중시했다는 말이나 다름없다. 15·31 평설의 각

수 없다. '好古'는 『논어』 이후 자주 쓰이게 된 말인데, '옛것을 좋아하다'라는 번역은 골동과 같은 물건에 대한 애착으로 오해할 소지가 있기 때문에 '고전에 몰두하기'라고 번역하였다. 好는 단지 좋아하다는 뜻이 아니라 충분히 이해한다는 뜻이다. '述'은 앞 사람의 생각이나 말을 계승한다는 뜻인데, 거기서 나아가 계승의 내용을 말하거나(=陳述) '적다'(=記述)라는 뜻도 가진다. '術'의 통자로도 쓰이지만 여기서는 아니다.[2]

2) 竊(절) : '혼자 맘속으로 가만히'라는 뜻의 부사로서, 고문에서 자주 사용된다. '~해보다'라고 번역하는 것이 낫다.

3) 比於我(비어아) : 주희는 我를 친밀하게 만드는 낱말이라고 했다. 친근한 인물을 한국어에서도 '우리 아무개'라고 표현하는 것과 비슷한 용법으로 본 것이다. 그러나 정주한묘죽간본에 '比我於老彭'으로 되어 있는 것을 보더라도 '比我於老彭'의 도치구문으로 보는 것이 옳다.

4) 老彭(노팽) : 전설상의 인물이다. 포함은 『대대례기』에 나오는 7백년을 살았다는 상나라 때의 현대부 전갱(籛鏗)을 가리킨다고 한다. 형병은 『장자』에 나오는 팽조(彭祖)를 가리킨다고 하며, 정현은 노자와 팽조를 겸한 표현으로 본다. 하지만 공자가 노자라는 이름을 역사적인 인물로 인식했다고 볼 수는 없다. '老'는 현대 중국어에서처럼 친근하고도 묵은 대상을 가리키는 관형어로 보는 것이 합당할 듯하니, 공자가 老彭이라고 불렀던 이름이 『장자』에서는 彭祖로 등장하게 되지 않았을까 한다. 어쨌든 '述而不作 信而好古'라는 슬로건의 상징으로 내세우기에 적합한 인물로 여겼기 때문에 공자는 이 이름을 언급했을 것이다.

주 참조.

2   14·43과 17·19에 나오는 '述'의 의미를 참조.

1897년 강유위는 『공자개제고(孔子改制考)』라는 책을 통해, 하·은·주 삼 대는 물론 요·순 등 성천자(聖天子)까지도 모두 공자의 머리에서 창조된 것에 불과하다고 주장하여 큰 반향을 일으킨 바 있다. 공자가 다음에 올 새 왕조를 위해 옛 제도를 고증하는 척하면서 제도를 개정했다는 주장이다. 그 주장은 공자가 述했던 사람이 아니라 作했던 사람이라는 말이 된다. 얼마 안 있어 은허에서 갑골문이 발견되어 은왕조의 존재가 입증됨으로써 강유위의 주장은 빛을 잃게 되는데, 요·순·우가 가공된 인물이라는 주장에 그쳤더라면 설득력을 가질 수 있었을지 모르지만 은왕조를 부정하는 바람에 빛이 바랬다. 춘추시대 이전에 관한 정보들 가운데 많은 부분은 공자의 머리에서 만들어졌을 것이라는 생각만큼은 매우 타당한데도 말이다. 서양의 문물에 충격을 받고 서양의 무력에 무릎을 꿇던 무렵의 중국 지식인들이 가졌던 자기부정과 자기반성이 강박적으로 과도하게 분출된 사례라고 본다.

『묵자·비유하(非儒下)』에서는 공자의 이 말을 다음과 같이 공격한다. "군자는 옛것을 따르기만 하고 새 틀을 만들지는 않는다는 말에 대해서는 다음과 같이 대꾸하겠다. 옛날 예는 활을 만들었고 여는 갑옷을 만들었으며 해중은 수레를 만들었고 교수는 배를 만들었다. 그렇다면 요즘의 가죽장이나 수레장은 옛것을 따르고 있으니 군자이고, 처음 만들었던 예나 여나 해중이나 교수 같은 사람은 모두 소인일까? 또 남을 따른다고 한다면 반드시 누군가는 처음 시작했을 것이니, 그렇다면 유자들이 남을 따른다는 것은 모두 처음 시작한 소인의 도를 따르는 것이 된다."³ 묵자

---

3   君子循而不作 應之曰 古者羿作弓 伃作甲 奚仲作車 巧垂作舟 然則今之鮑函車匠 皆君子也 而羿伃奚仲巧垂 皆小人邪 且其所循人 必或作之 然則其所循 皆小人道也

는 이렇듯 '述而不作 信而好古'라는 유가의 구호를 형식논리로써 공격하였는데, 효과는 컸다. 묵자의 공자에 대한 이런 공격은 자기네는 새 틀을 만들겠다는 의지를 표현한 것이나 다름없다. 공자가 주공단 시대 주왕조 문화의 회복을 주창하자 묵자는 시대를 훨씬 더 높여 상왕조 시조 탕왕에서 모토를 찾아낸다. 겸애(兼愛)가 그것이다. 그러니 이후에 나타난 도가가 탕왕보다 더 시대를 올라간 황제(黃帝)를 내세우는 것은 이상할 것도 없다.

공자는 왜 새 틀을 거부했을까? 공자는 패러다임이 중요하다고는 여기지 않은 것이다. 새 틀을 인정하면 여러 새 틀이 난무하여 주도권 다툼만 벌어질 뿐이라고 여겼을 것이다. 틀의 외형보다는 내부의 질서와 안정을 더 중시했고, 그래서 창조보다는 적응에 주의한 것이다. 변화가 가져다주는 장점보다는 불확실성의 위험성에 더 유의한 것이다. 그리고 현실적으로 누리는 것에 더 관심을 두었다. 복이 바로 그것이다. 다만 누림을 결정하는 운명은 조상신의 소관으로 여겼다. 인공지능 로봇이 인류를 멸망시킬지도 모른다는 현대 일부 지식인의 우려처럼 성찰 없는 창조가 가져다줄 위험성에 주목했는지 모른다. 어쨌든 공자 이후 현대에 이르기까지 중국사에서는 틀을 바꾸려는 시도는 나타나지 않았다. 원이나 청처럼 이민족 왕조가 들어설 때 패러다임을 바꾸려는 시도가 있기는 했지만, 그들도 얼마 안 가서 포기하거나 젖어들었다. 거대한 규모의 나라를 다스리자면 새 패러다임을 적용하는 것보다는 기존의 패러다임을 그대로 두면서 통치하는 것이 더 쉽다고 판단했을지도 모른다.

7·02 子曰 默而識之 學而不厭 誨人不倦 何有於我哉
스승님께서 말씀하시기를 : (견문한 바를) 묵묵히 기록하기, 배우기에 싫증 내지 않기, 가르치기에 게으르지 않기, (이런 일들은) 나에게 아무런 어려움이 없다.

1) 黙而識之(묵이지지) : 而는 용언 뒤에서 용언을 부사로 만드는 기능을 하는 허사이므로 '黙而'는 '묵묵히'로 새기게 된다. 그런데 '識之'의 뜻에 대해서는 여러 견해가 있다. 오규 소라이는 17·19를 예로 들면서 '말을 하지 않고 깨우침'이라는 뜻이라고 한다.[4] 識를 '식'으로 읽은 것인데, '식'으로 읽는다 하더라도 '말없이 깨우치다'라는 말이 이 문장에서 어떤 의미를 이루기는 어렵다. 識를 불교의 '깨달음'과 비슷한 것으로 이해하는 견해이다. 識의 목적어가 仁이라는 주석 또한 仁을 깨우침의 대상으로 이해하는 견해이다. 배우고 가르치는 일에 앞서 깨우치는 단계가 먼저라는 주석도 마찬가지이다. '黙而識之'는 "多聞擇其善者而從之 多見而識之 知之次也(많이 들은 다음 그 가운데서 좋은 사람의 말을 따르고, 많이 본 다음 그 가운데서 좋은 것을 새겨두는 것, 그렇게 하는 나의 방식은 上知 다음 가는 知는 된다)"(7·28)와 비슷한 뜻이라고 본다. 즉, 자신이 견문한 것 가운데 좋은 것을 묵묵히 받아들인다는 뜻이다. 인식론 차원의 언급은 결코 아니다. "子張書諸紳"(15·06)이라는 대목에서 우리는 이해할 수 있다. 주희도 識는 知가 아닌 記라면서, '不言而心解(말하지 않고도 마음으로 이해함)'가 아닌 '不言而存諸心(말하지 않고 마음에 새겨둠)'의 뜻이라고 강조한다. 정약용도 "多識前言往行 以畜其德(앞 사람의 말과 행실을 많이 기억하여 자신의 덕을 쌓는다)"이라는 『역경』의 구절과 대비시키면서 설명한다.

---

4 선왕지도는 예악일 뿐인데, 예악의 의의는 말로 하는 것이 아니라 오랫동안 익히면 자연히 깨우치게 되는 것이므로 공자도 17·19에서 "予欲無言", "四時行焉 百物生焉 天何言哉"라고 말했다는 주장이다. 그러나 설령 선왕지도가 예악일 뿐이라 하더라도 예악이란 것을 무슨 깨쳐야 할 대상으로 표현하는 것도 이상하거니와, 17·19는 공자가 제자들에게 말없이 깨치라고 요구하는 내용도 아니다.

2) 何有於我哉(하유어아재) : '나에게는 아무런 어려움이 없다'는 자신감을 나타내는 춘추시대의 관용구로서, 4·13, 6·08, 9·16, 13·13에도 나온다. 5·27, 7·34에서도 보듯이 그런 점에 있어서 공자는 언제나 자신감을 표했다. 주희는 매우 겸허함을 보인 표현이라고 하지만, 이 표현을 겸사로 볼 수는 없다. 주희는 아마 다음 장을 의식한 탓에 그렇게 여겼을 것이다.[5] 정약용은 겸사가 아닌 '謂不足有無(있다거나 없다거나 하기에는 부족함을 말한 것)'의 뜻이라고 주장한다. 『좌전』의 몇 가지 예문을 드는 다자이 슌다이의 주석을 참고한 듯한데, 그 예문들은 '가릴 겨를 없다'는 뜻으로서 본문의 경우와는 다르다.

평설

'學而不厭 誨人不倦'은 다른 곳에서도 나오지만 '默而識之'는 여기에서만 언급된다. 따라서 '默而識之'를 '學而不厭', '誨人不倦'과 병립하는 항목으로 보는 것은 맞지 않다고 본다. "'學而不厭 誨人不倦 何有於我哉'를 조용히 기록해두라."라고 새기는 주석도 있지만 억지이다. 이 장은 7·28과 비슷한 내용으로 보는 것이 합당하다.

---

5 『논어주소』는 정현의 견해를 받아들여 '他人無是行 於我我獨有之(남들에게는 이런 행실이 없고 나만 가지고 있다)'라고 해석하지만 동의할 수 없다. 오규 소라이는 『태평어람』에 나오는 "日出而作 日入而息 鑿井而飮 耕田而食 帝之力 于我何有哉"는 作, 息, 食, 力이 협운이기 때문에 '해 뜨면 나가 일하고 해 지면 들어와 쉬며, 우물 파서 물 마시고 밭 갈아서 밥 먹는 것은 모두 임금의 힘이니, 내 힘이 들어간 바가 무엇이 있는가?'라고 해석해야 한다면서, '何有於我哉'는 그 구절의 '于我何有哉'처럼 '내 힘이 들어간 바는 아무것도 없다'라고 해석해야 한다고 주장한다. 문장을 구문대로 해석하지 않고 협운을 근거로 해석하는 것은 무리이다. 그 문장의 '于我何有哉'는 이 장의 '何有於我哉'와 뜻이 다르다.

7·03 子曰 德之不修 學之不講 聞義不能徙 不善不能改 是吾憂也

스승님께서 말씀하시기를 : 덕이 쌓이기는 할는지, 배운 것이 환해지기는 할는지, 옳은 일을 보면 실천할 수는 있을지, 좋지 않은 점을 고칠 수는 있을지, 이런 것들이 나의 걱정거리이다.

주

1) 德之不修(덕지불수) : '不修德'에서 목적어 德을 강조하기 위해 구조조사 之를 사용하여 앞으로 내놓은 구문이다. '수덕(修德: 덕을 닦다)'은 한국어에서 곧잘 '덕을 쌓다'라고 표현한다.

2) 講(강) : '講說(강설)'의 뜻은 아니다. 여기서는 '중시하여 추구함' 또는 '밝아짐'이라는 뜻이다. 한때 어두워진 것을 다시 밝게 하는 것이라는 정약용의 설명이 정확하다.[6] 덕은 닦아야 완성이 되고 배움은 익혀야 밝아진다는 윤돈의 주석도 좋다.[7] 講의 고음(古音)이 媾(구)이니 修와 협운(協韻)이라고도 한다. 그렇다면 徙와 改도 협운으로 보더라도 무방할 것이다. 황간본에는 修, 講, 徙, 改 다음마다 '也' 자가 있다.

3) 聞義(문의) : 실천해야 마땅한 옳은 일을 알게 된다는 뜻이다. 義는 1·13의 주) 참조.

4) 徙(사) : 실천으로 옮긴다는 뜻이다. 12·10에서는 '사의(徙義)'라고도 표현한다. 從(종)으로 된 판본도 있는데, 그렇더라도 뜻이 달라지지는 않는다.

---

6 "時廢而復治之曰修 時晦而復明之曰講(무너진 것을 다시 좋게 만드는 것이 修이고, 어두워진 것을 다시 밝게 만드는 것이 講이다)." 그는 『예기·예운(禮運)』의 "講信修睦 謂之人利(信을 講하고 睦을 修하는 것은 사람에게 이로운 것)"라는 구절을 예로 든다.

7 德必修而後成 學必講而後明

5) 不善(불선) : 흔히 '과(過)'라고 주하지만, 허물이나 실수보다는 자신의 좋지 못한 점을 가리킨다고 본다. 『논어』에 나오는 '善'의 의미에 대해서는 2·20의 주) 참조.

평설

주희는 "그것을 할 수 없으면 성인께서도 근심하셨거늘 하물며 배우는 사람이랴!"[8]라는 윤돈의 주를 인용한다. 정약용은 '너희들의 근심은 한가한 근심이다. ~한 것이 나의 근심이다'라는 뜻이라고 한다. 오규 소라이는 제자들이 그렇게 하지 못하는 것을 근심한 것이라고 한다.

7·04 子之燕居 申申如也 夭夭如也
스승님께서 한가하게 계실 때는, (용태는) 편안하신 듯 (얼굴빛은) 부드러우신 듯하셨다.

주

1) 燕居(연거) : 아무 일 없이 한가하게 거처하는 것이다.
2) 申申如(신신여), 夭夭如(요요여) : "申申은 모습이 편안한 것이고, 夭夭는 얼굴빛이 부드러운 것이다."[9]라는 양시(楊時, 1053~1135)의 주석에 동의한다. 다만 이런 형용사들이 당대에 정확히 어떤 의미였는지를 요즘의 한국어로 설명하기란 어렵다. 정주한묘죽간본에는 '夭夭'가 아닌 '沃沃'으로 되어 있다. 如는 '如此'의 뜻이다.

---

8   苟未能之 聖人猶憂 況學者乎
9   申申其容舒也 夭夭其色愉也

공자는 대체로 스스로 긴장을 유지할 뿐 아니라 제자들에게도 늘 긴장하도록 만들었던 사람이다. 이 장은 공자가 혼자서 쉬고 있을 때마저 진지하게 긴장하지는 않았다는 설명이다. 왜 이런 강조가 필요했는지 그 계기는 알 수 없지만, 어쨌든 지나치게 엄숙한 인물은 아니었다고 말하고자 이렇게 술회하는 사람이 있었던 모양이다.

7·05 子曰 甚矣吾衰也 久矣吾不復夢見周公

스승님께서 말씀하시기를 : 내가 몹시도 쇠해졌구나. 내가 꿈에서 더는 주공을 뵙지 못한 지가 (이리도) 오래되었으니 말이야!

1) 久矣吾不復夢見(구의오불부몽견) : 한국어로는 '뵌 지 오래되었다'라는 표현이 옳지만 원전은 그렇지 않다. '꿈에서 더는 뵙지 못한 지가 오래되었다'는 표현이다.

2) 周公(주공, 주가 은을 멸망시킨 B.C. 1066년 전후 재세) : 주문왕 희창(姬昌)의 넷째 아들이자 개국시조 무왕 희발(姬發)의 동생 희단(姬旦)이다. 무왕을 보좌하여 은을 멸망시켰고 무왕의 아들 성왕이 어린 나이에 즉위하자 국정을 도맡았다. 자신의 채읍이 주(周)였고 작위는 상공(上公)이었기 때문에 주공(周公)으로 불리는데, 주를 채읍으로 하는 역대 주공들과 구분하기 위해 일반적으로 주공단(周公旦)이라고 일컫는다.[10]

---

10   '주공(周公)', '소공(召公)'이라 하면 일반적으로는 무왕의 동생들인 주공단(周公旦)과 소공석(召公奭)을 가리킨다. 무왕이 상을 멸하고 주왕조를 세운 뒤 조부인 태왕의 옛 땅인 주(周, 기산 남쪽)를 동생 단(旦)에게, 소(召, 기산 서남쪽)

주왕조를 개국한 지 3년 만에 무왕이 죽자 그의 13세 아들을 성왕(成王)으로 즉위시킨 뒤 숙부인 자신이 집권하였다. 문왕의 셋째 아들 관숙(管叔)과 다섯째 아들 채숙(蔡叔) 등이 은왕조의 잔존세력과 연합하여 반기를 들자 주공단은 강태공과 동생 소공석(召公奭)을 설득하여 연합한 다음 3년 만에 이들의 토벌에 성공하고 동부 해안지역을 차지한다. 이후 동생 강숙(康叔)을 위(衛)에, 동생 소공(召公)을 연(燕)에, 강태공을 제(齊)에, 아들 백금(伯禽)을 노(魯)에, 성왕의 동생 당숙(唐叔)을 하나라의 터인 진(晉)에 분봉하는 등 53명의 동성(同姓) 제후와 18명의 이성(異姓) 제후를 세운다. 종법제도로써 나라를 유지시키고 직관제도를 새로 확립하며, 낙읍(洛邑)을 건설하여 수도를 옮긴 다음 집권 7년 만에 성왕에게 권력을 넘겨준다. 모든 제후를 새 도읍으로 초청하여 길례(吉禮), 흉

를 동생 석(奭)에게 각각 채읍으로 주면서 주공과 소공이라는 칭호를 얻게 된다. 무왕이 죽자 주공단은 조카 성왕을 도와 동쪽 국가들의 반란을 평정하고 그곳에 노(魯)나라를 세워 자신의 장자를 후(侯)로 봉한다. 북에는 연(燕)나라를 세워 소공석의 장자를 후로 봉한다. 하지만 자신들은 주왕조 조정에서 계속 정사를 돌보아야 했기에 기내(畿內)에 있는 주국공(周国公)과 소국공(召国公)의 지위는 유지한다. 주공단은 노의 수봉군(受封君)이기는 하지만 노에 간 적도 없다. 노와 연은 주공단과 소공석의 장자의 후손들이 대를 잇고, 주국공과 소국공의 지위는 나머지 아들의 후손들이 대대로 이으면서 주왕조 정사를 돌보았다. 그러니 '周公○'과 '召公○'이라는 이름과 지위는 주왕조 역대로 존재했다. 예컨대 려왕(厲王)과 선왕(宣王)대에는 주공정(周公定)과 소공목(召公穆)이 동시에 활약한 기록이 있다. 려왕의 폭정으로 국인(國人)이 폭동을 일으키자 려왕은 체(彘)로 도망가고 소공목은 어린 태자 정(靜)을 자기 집에 숨기는데, 소문을 들은 백성들이 몰려와 태자를 내놓으라고 하자 자신의 아들을 태자 대신 내보내 죽게 한다. 려왕이 체로 도망가 돌아오지 않자 소공목은 주공정과 의논하여 대신들과 협력하여 나라를 이끌어가니 이것이 바로 B.C. 841년에서 B.C. 828년까지 14년간 행해졌던 공화정(共和政)이다. 려왕이 죽자 소공목은 주공정에게 14년 전의 일을 말하면서 자신의 아들이라고 키워왔던 태자 정을 옹립하니 그가 선왕(宣王)이다.

례(凶禮), 빈례(賓禮), 군례(軍禮), 가례(嘉禮) 등의 오례(五禮)와 음악을 제정하여 반포하니, 역사에서는 이를 '제례작악(制禮作樂)'했다고 한다. 이후 성왕의 37년과 강왕(康王)의 26년은 성강지치(成康之治)라고 부르는 주왕조 전성기가 된다. 주공단은 이렇듯 주왕조의 기틀을 다진 사람으로 전해지고 있다. 공자는 주공단이 만든 주왕조의 예악제도를 이상으로 여기면서 그를 위대한 성인으로 묘사하였고, 주공단이 확립했던 문물제도를 회복하는 것을 자신의 소명으로 생각했다. 자신도 주공단처럼 군주의 권력을 위임받는 재상이 되고자 했던 것이다.[11]

평설

공자는 자신을 천명을 받은 사람으로 자주 표현하는데, 이 장은 그 정도가 특히 심하다. 얼핏 들으면 자나 깨나 주공단을 존경했다는 뜻으로 들린다. 하지만 꿈에서 자주 만나보는 사이였다고 강조하는 것은 무슨 의도일까? 프로이트는 꿈을 현실 욕망의 투영으로 봤지만 고대 중국인들은 시공간의 지배를 벗어난 특별한 영역으로 여겼다. 꿈에서 주공단을 자주 뵈었다는 것은 자신을 주공단과 그만큼 일치시킨다는 뜻이다. 왕과 다름없는 지위와 권력을 지녔던 주공단을 자신과 일치시킨다는 것은 자신도 주공단처럼 되고자 한다는 말이나 다름없다. 주공단이 만들었다는

---

11 주공단은 섭정을 한 것이 아니라 직접 천자의 자리에 앉았다는 기록도 있다. 『사기·노주공세가(魯周公世家)』에는 무왕이 죽자 주공단이 천자의 자리에서 성왕을 대신하여 행정을 관리하고 국사를 담당했다고 기록하는가 하면, 성왕이 친정을 시작하자 주공단을 참소하는 사람이 있어서 주공단은 초나라로 도주했다는 기록도 있다. 『예기·명당위(明堂位)』에도 "주공단이 천자의 자리에 앉아서 천하를 다스렸다(周公踐天子之位 以治天下)."라고 되어 있다. 주공단이 실제 왕위를 차지했는지 아니면 섭정만을 하다가 왕위를 돌려주었는지는 나중에 경학사의 주된 관심사가 된다.

주왕조의 문물제도를 회복하자고 부르짖는 것은 결국 자신이 주공단처럼 집권하여 제도를 바꾸고 싶다는 욕망의 표현이다. 이렇듯 공자는 집권을 꿈꾸었던 사람이다. 다만 표현을 교묘하게 함으로써 현실 권력과 충돌하지 않았을 뿐이다.[12] 그렇다면, 이제 더는 꿈에서 주공단을 만나 뵙지 못한다는 공자의 탄식을 우리는 어떻게 이해해야 할까?

아사노 유이치(淺野裕一, 1946~)는 이러한 공자를 매우 시니컬하게 해부한다. 요약하자면 다음과 같다.[13]

"공자의 삶은 르상티망(ressentiment: 원한)으로 가득 찬 종교적 신비주의의 한 전형이다. 하급무사의 사생아에 불과한 공자는 주공단이 확립했다는 주왕조 예악을 한 몸에 구현할 정도의 지위나 체험이나 연줄이나 문화적 배경을 소유한 인간이 아니었다. 그의 주왕조 문화에 대한 집념은 마치 지금 어느 사람이 잉카제국 전성기의 왕조의례를 정확히 한 몸에 구현하고 있다고 호언하는 정도의 환상이나 사기술책에 불과하다. 그

---

12 공자의 이러한 욕망을 일찌감치 묵자는 감지하였다. 『묵자 · 공맹(公孟)』제 48에서 묵자는 공맹이라는 사람과의 대화 형식을 통해 유가의 그런 생각을 공박한다. "公孟子謂子墨子曰 昔者聖王之列也 上聖立爲天子 其次立爲卿大夫 今孔子博於詩書 察於禮樂 詳於萬物 若使孔子當聖王 則豈不以孔子爲天子哉 子墨子曰 夫知者必尊天事鬼愛人節用 合焉爲知矣 今子曰孔子博于詩書 察于禮樂 詳于萬物 而曰可以爲天子 是數人之齒而以爲富(공맹자가 묵자에게 이렇게 말했다. 옛날 성왕들의 반열을 보자면 으뜸가는 성인은 천자가 되고 그다음은 경대부가 되었습니다. 지금 공자는 시서에 밝고 예악에도 밝으시며 만물에 환하셨습니다. 그렇다면 공자는 성왕만큼이나 훌륭하신데 왜 천자가 될 수 없었을까요? 묵자가 대답하기를, 지자라면 반드시 하늘을 높이고 귀신을 섬기며 사람을 아끼고 쓰임새를 줄여야 지자라고 할 수 있습니다. 그런데 지금 당신께서는 공자가 시서에 밝고 예악에도 밝으며 만물에 환하니까 천자가 될 만하다고 하시는데, 그런 생각은 사람의 이빨을 세면서 부자라고 여기는 것과 같습니다)."

13 『공자신화-종교로서 유교 형성 과정』(신정근 외 역, 태학사, 2008).

의 일생은 정치권력에로의 지향성 일변도였으며, 그 지향성을 정당화시키기 위한 무기로서 그러한 환상을 활용했다. 지향의 궁극은 삼환(三桓)을 전복하고 노나라 국공의 지위를 획득하여 결국 주왕조의 천자가 되고자 하는 일념에 있었다. 만약 그러한 일념이 없었더라면, 위기상황에서도 자신에게 구현된 사도(斯道)는 하늘이 부여한 것이므로 인간세가 자기 존재를 임의적으로 컨트롤할 수 없다고 생각하면서 태연하게 앉아 있을 정도의 돈키호테적 망상에는 이를 수 없었을 것이다. 그가 꿈에서도 주공단을 항상 그린 것은 결국 자신을 주공단과 동일시하는 것이며 그것은 문·무·주공의 역성혁명과도 같은 어떤 혁명의 주체로서 자기 인식을 드러내는 것이다. 그러나 결국 이러한 정치혁명의 꿈은 좌절되었고, 그 좌절은 르상티망이다. 공자 사후 공자학단의 문제의식의 주류도 바로 이 르상티망의 해원이었다. 실의 속에 세상을 떠난 공자의 혼을 구제하려는 노력이었으며 복수와 진혼의 달성이었다. 그들은 이 명을 받지 못한 사나이를 지고의 신적 인간인 성인으로 만드는 작업에 착수했다. 자공으로부터 시작된 이 작업은 자사의 「중용」에서 이미 공자를 무관의 제왕으로 바라보게 만드는 이론적인 틀을 완성시켰고, 맹자는 5백 년 주기의 공자 왕자설과 공자의 춘추 저작설을 유포시켰다. 덕치의 인과율[14]과 왕자 5백 년 주기설을 결합시키는 형식으로 새 왕조의 시조가 되라는 하늘의 계시를 받은 성왕의 계보 위에 공자를 위치 지우고, 공자야말로 쇠퇴한 주왕조를 계승하여 새로운 왕조를 열 만한 왕자라고 주장했다. 나아가 맹자는 공자가 실제로 새 왕조의 창시자가 되지 못했던 역사적 현실을 인정하면서도, 공자에 의해 『춘추』가 지어졌다는 춘추 저작설을 제창하여 공자가 『춘추』를 통해 예악 제작의 역할을 대신 떠맡음으로써 실질적으로 왕자의 사업을 수행했다는 억지 주장을 펼쳤다. 맹자 역시 공자와 같은

---

14 덕을 지니는 것과 나라를 다스리는 것 사이에는 인과관계가 있다는 믿음.

욕망을 가지고 있었기 때문에 가능한 일이었다. 순자 역시 그의 제자들이 그를 공자에 못지않은 제왕으로 묘사함으로써 이러한 흐름에 가담하고 있다. 제왕으로서 신왕조를 수립해야 한다는 것은 공자, 맹자, 순자의 공통된 입장이었다. 그러나 순자는 맹자처럼 공자 왕조의 성립을 꿈꾸는 헛된 사고는 보이지 않는다. 다만 마지막 장인 「요문(堯問)」에서는 오히려 공자에게 대항하려는 마음에서 출발하여, 순자야말로 제왕이 되어 새 왕조를 창건할 만한 사람이었다고 말하기에 이른다. 묵가, 도가, 법가에서는 묵자, 노자, 장자, 상앙, 한비자 등을 각각 왕자가 될 만하다고 우기는 일은 없었다. 유가의 덕치주의 때문에 유가에만 그런 생각이 있었다. 그러나 이런 생각은 선진시대에나 가능했고 통일제국 성립 후에는 불가해진다. 한고조의 육가(陸賈)도 한무제의 동중서(董仲舒)도 눈앞의 황제만이 덕을 가진 성천자라고 아부하면서 인정(仁政)을 요청하는 방식으로 변경한다. 유가야말로 어지러운 세상의 은혜를 가장 많이 향유했고, 어지러운 시대가 아니었더라면 유교는 탄생하지 못했을 것이다. 『춘추』를 중심으로 전개된 공자소왕설(孔子素王說), 신비적 공자상을 날조하는 위서들, 그리고 13경 중에서 유독 '경'이라는 명칭이 당초부터 붙여진 『효경』 속에서 이미 공자는 선왕을 대치하는 지고한 존재가 되었으며, 전국 말에 『효경』을 제작한 공자학파의 음모는 '효'라는 개념을 '충'으로 전환시킴으로써 통일제국의 치론(治論)을 완성하고 암암리에 그 제국을 효치(孝治)의 공자왕조로서 모델링하였다. 그 뒤로 한고조는 곡부에서 공자 제사를 지냈고, 당태종은 주공의 제사를 폐하고 그 자리에 공자를 선성(先聖)으로 승격시켜 주신(主神)의 자리에 앉혔으며, 공자묘를 신설하며 공자에게 선보(宣父)의 시호를 증하였다. 당현종은 문선왕(文宣王) 시호를 추증하고 송진종도 태산에서 봉선제를 올린 후 문선왕묘를 배례하였으며, 명태조도 남경의 공자묘에 배례하였다. 명세종은 예송 때문에 왕호를 박탈하고 선성선사(先聖先師) 칭호로 돌리고 대성전도 대성묘로

격하하지만 청나라 때 복원되어 강희제는 공자에게 삼궤구고두례(三跪
九叩頭禮)를 한다. 강유위는 공자가 탁고개제(托古改制)한 구세의 성왕
이라는 주장을 하여 유교신학을 만든다."

이 모든 국가종교로서의 유교의 죄악의 근원이 공자 자신에게 있다고
아사노 유이치는 다음과 같이 고발한다. "공자의 사기술사적인 인생이야
말로 그 이후의 모든 범죄행태를 결정적으로 방향 지운 악의 원흉이다.
유교라는 것은 일개의 필부에 지나지 않았던 공자가 실제로 공자왕조를
창건했어야만 했던 '무관의 제왕'(=素王)이었다고 믿고, 『춘추』를 비롯한
공자의 가르침에 따르기만 한다면 중국세계에 태평성대가 도래한다고
믿는 종교이다. 범부 한 사람의 과대망상과 원념(怨念)이, 그리고 역사적
현실을 부정하고 세계에 복수를 성취하려고 하는 어두운 열정이, 이 세
계에 기만과 허구에 가득 찬 종교, 유교를 탄생시켰다."**15**

7·06 子曰 志於道 據於德 依於仁 遊於藝

스승님께서 말씀하시기를 : (사라면 모름지기) 정신적 지향은 (경세지)도에다
두고, 행실의 근거는 덕에다 두며, 인이라는 가치에서 떠나지 말고, (육)예를

15　시각은 날카롭고 설명도 합리적이다. 유가사상의 기저와 중국인의 사유방
식을 통찰하는 사람이라면 공감할 수 있는 지적이다. 다만 검찰의 기소장과 같
은 논조로 공자를 비난하는 표현이 설득력을 반감시킨다. 후대 유가의 모순마저
모조리 공자의 탓으로 돌리는 점이 특히 그렇다. 후대 유가가 지니게 되는 모순
은 유가가 주도권을 쥐는 상황에서는 사실 문제 되지 않았다. 현재의 안목으로
볼 때 모순일 뿐이다. 공자의 공과 과를 동시에 언급하지 않는 점도 설득력을 줄
인다. 이러한 정도의 비판이 만약 다른 종교의 교주에게 가해졌다면 교단 전체의
심각한 반발을 가져왔을 것이다. 다행히도 유교라는 종교에 그런 폭력성은 없다.
비록 전통시대 유교정권에는 있었지만 말이다.

즐겨라.

주

1) 志(지) : 형병은 '모(慕)'라고 주한다. 도(道)는 체(體)를 드러낼 수 없기 때문에 '志之'라고 했다는 것이다. 주희는 '心之所之(마음이 가는 바)'라고 설명하는데, '志'를 '之'와 '心'의 합자로 보는 편의적인 해석이다. 자의적인 해설서라고 말할 수 있는 『설문해자』를 따르는 해석일 것이다. 요즘 표현으로는 '가치관' 정도로 표현할 수 있다고 본다. "士志於道 而恥惡衣惡食者 未足與議也"(4·09)를 되새기는 것도 도움이 된다.

2) 據(거) : 형병은 '장(杖: 기대다)', 주희는 '執守(집수: 굳게 지킴)'라고 주하는데, '~를 근거로 삼아서 행동하다'는 뜻이다.

3) 依(의) : 형병은 '의(倚: 의지함)', 주희는 '不違(불위: 어기지 않음)'라고 주한다.

4) 遊(유) : 예(藝)를 육경(시, 서, 역, 예, 악, 춘추)으로 이해하여 遊를 '습(習)'이라고 흔히 해석하지만, 완물적정(玩物適情: 사물을 가지고 놀면서 정서에 맞춤)이라는 주희의 해설이 낫다.

5) 藝(예) : 藝를 육경으로 이해하는 것은 한대 이후 등장하는 교조적 해석이라고 본다. 예(禮), 악(樂), 사(射), 어(御), 서(書), 수(數)로 보는 형병과 주희의 의견이 더 낫다. 藝에 대해서는 6·08의 주) 참조.

평설

공자가 지향했던 교육목표와 그 목표를 달성하기 위한 방법론을 함께 드러낸 슬로건 형식의 문장이다. 세 글자로 맞춘 것이 슬로건으로는 더욱 효과적이다. 『시』나 『상서』처럼 네 글자 문장은 선언적인 권위를 담지만 세 글자 문장은 암송에 편리한 절주(節奏)라서 전파성이 강하다. 일부 판본에는 志 앞에 士 자가 있기도 하다. 1993년도에 출토된 곽점초묘

(郭店楚墓) 죽간 가운데 '어총(語叢)'이라는 제목의 글에도 이와 똑같은 구절이 있다. 그런데 거기에는 '子曰'이라는 구가 없다. 곽점초간은 B.C. 300년 무렵의 것으로 추정되는데, 거기에는 『논어』의 구절이 꽤 있다. 전국시대 이후에 편찬된 것이 분명한 『예기』를 비롯한 여러 서적에 공자와 제자들의 일화가 많이 들어 있는 것이나, 곽점초간에 『논어』와 똑같은 내용의 글이 들어 있는 것을 감안하면, 전국시대에 공자에 관한 기록들은 꽤나 유행하던 읽을거리였을 것으로 짐작된다.

'도에다 뜻을 두고, 덕을 근거하며, 인을 의지하고, 예에서 노닐어라'라는 번역은 훈독(訓讀)과 다름없어서 읽기에는 편하지만 뜻은 이해하기 어렵다. 조선시대의 언해체와 같은 그런 번역을 직역으로 이해하면 곤란하다.

7·07 子曰 自行束脩以上 吾未嘗無誨焉

스승님께서 말씀하시기를 : '속수(례)' 이상(의 예)를 차리기만 하면 나는 (그 사람을 제자로 받아들여) 가르치지 않은 적이 없었다.

주

1) 自(자)~以上(상) : '~ 위 단계의 예를 이행하기만 하면'이라는 뜻의 조건절이다.

2) 行束脩(행속수) : 두 가지 해석이 있다. ① 사대부가 사람을 처음 만날 때 지니고 가는 폐백이라는 견해이다.[16] 찾아뵙는 예를 차리기만 해도

---

16 『예기·소의(少義)』정현 주(注)에는 "수(脩)는 고기를 저미어 말린 반찬으로서 포(脯)라고도 하는데, 한 가닥을 정(脡), 10정을 1속(束)이라고 했다."라는 내용이 있다. 정약용은 『예기』 외에 여러 전거를 열거하지만 모두 『논어』보다 나

누구나 받아들여 가르쳤다는 뜻이 된다. 이 견해에 따라 학교에 입학하는 전례(典禮)를 '속수'라고 부르기도 한다.[17] ② '속대수식(束帶修飾: 의관을 단정하게 갖춤)'의 뜻으로, 그것을 실천하는 '열다섯 나이'를 가리킨다는 견해이다. 몸가짐이나 마음가짐을 단정하게 하는 사람 또는 그렇게 해야 하는 나이가 된 사람이면 가리지 않고 받아들여 가르침을 베풀었다는 뜻이 된다. ①이 더 합당하다고 본다.

> **평설**
>
> 속수 이상의 예물을 가져와야만 학생으로 받아들였다면 비용을 받고 교육하는 지금의 사학이나 다름없으므로 공자는 가르치는 일을 직업으로 삼았던 사람이라고 하는 주석가도 있다. 유교문화권의 폐백이란 것에 대가성이 전혀 없다고 볼 수는 없고, '~以上'이라는 표현 때문에 그렇게 생각했을 것이다. 그러나 폐백이란 것에 아무리 대가성이 감추어져 있다 하더라도 폐백을 교환가치를 지닌 수단, 즉 교육비 개념으로 보기는 어렵다. 더구나 공자가 비용 개념으로 일정한 폐백을 요구했다고 볼 수는 없다. "와서 배울 줄 모르는 사람에게 찾아가서 가르치지는 않았을 따름이다. 예를 차리고 찾아오는 사람에게는 가르쳐주지 않은 적이 없었다." 라는 주희의 견해가 더 합당하다고 본다.[18]

중에 성립된 전거들이라서 증빙이 되기는 어렵다.

17 『예기·단궁』과 『춘추곡량전』 은공 원년에 '속수지문(束脩之問)'이라는 표현이 나온다. 『당육전(唐六典)』의 "국자생이 처음 입학하게 되면 속백 한 광주리, 술 한 단지, 수 한 상을 차려서 '속수례'를 치른다(國子生初入學 置束帛一筐 酒一壺 脩一案爲束脩之禮)."라는 대목이나, 『진서(晉書)·모용외재기(慕容廆載記)』와 『당척언(唐摭言)·양감(兩監)』에서 학업을 받는 예를 속수라고 표현하는 것은 이 뜻을 따른 것이다.

『여씨춘추·이위(離謂)』에 나오는 등석자(鄧析子)의 사례를 들면서 공자 이전부터 사학이 있었다는 주장도 있다.[19] 그러나 등석자의 사례는 전문적인 지식을 '교육'한 것이 아니라 소송에서 이기는 술수를 '알려주는' 행위였다. 국기를 어지럽힌다는 이유로 자산이 등석자를 죽인 사실을 보더라도 그것을 사학의 성격으로 보기는 어렵다.[20] 그에 견주어 공자가 꾸

---

18   주희의 이 말에 의지하여 김용옥은 "찾아다니면서까지 가르치는 기독교의 전도주의(evangelism) 같은 것은 유교에 없다. 기독교의 모체인 유대교에도 없다. 기독교만이 '땅끝 전파'와 같은 독단과 독선을 가지고 있다. 지구상의 모든 문명은 아름다운 자체의 자생적 신념과 신앙과 지식을 가지고 있다. 기독교의 전도주의는 그것을 파괴했을 뿐이다."라고 설명한다.

19   子産治鄭 鄧析務難之 與民之有獄者約 大獄一衣 小獄襦袴 民之獻衣襦袴而學訟者 不可勝數(자산이 정나라를 다스릴 무렵 등석이라는 사람은 송사를 전문으로 담당하면서 옥사에 걸려든 사람과 약정을 맺었는데, 큰 옥사의 경우 웃옷 한 벌을, 작은 옥사의 경우 적삼과 바지를 받기로 하였다. 웃옷과 적삼 바지 등속을 바치면서 송사에서 이기는 방법을 배우는 인민의 수가 셀 수 없을 정도였다).

20   "以非爲是 以是爲非 是非無度 而可與不可日變 所欲勝因勝 所欲罪因罪 鄭國大亂 民口讙譁 子産患之 於是殺鄧析而戮之 民心乃服 是非乃定 法律乃行(그른 것을 옳은 것으로, 옳은 것을 그른 것으로 만들어버려 옳고 그름에 구분이 없어지고, 되고 안 되는 것이 날마다 바뀌어졌다. 이기고 싶기만 하면 이기고, 벌주고 싶기만 하면 벌줄 수 있게 되니 정나라는 크게 어지러워지고 백성들은 입으로 떠들기만 하게 되었다. 자산은 이런 상황을 근심하여 마침내 등석을 죽여 육시하자 민심이 복종하게 되고 시비가 구분이 되며 법률도 시행되었다)"이라는 표현을 보면 자산과 같은 정치인이 법과 소송이란 것을 어떤 시각으로 보았는지 알 수 있다. 『대명률』「형률(刑律)」에 돈을 받고 소송을 대리한 사람을 처벌하는 '교사사송(敎唆詞訟)'이라는 조문이 있고, 조선의 『속대전』「형전(刑典)」에 송사를 다루는 아문(衙門)에서 오래 버티면서 사람을 부추겨 소송하게 하는 사람을 다스리는 '청리(聽理)'라는 조문이 있는 것을 보면 그런 관행은 내내 지속되었다고 본다. 한자문화권의 법은 현대의 법과는 달리 피지배층에 대한 통치수단이었기 때문에 국가권력이 담당하는 송사에 개인이 영향력을 행사한다는 것은 통치를 문란케 하는 행

렸던 공문은 비용 지불 여부와 관계없이 스승과 제자라는 결속된 인간관계를 맺었던 집단이라는 점에서, 그리고 뒤이어 나타나는 제자백가의 효시라는 점만으로도 사학으로 인정할 만하다. 다만 공문을 비롯한 제자백가는 어디까지나 실제적 효용, 즉 그곳을 거치면 지배 권력을 얻을 가능성이 높아진다는 효용을 중시했다. 방법론을 같이하는 사람들이 모여서 학문을 연마하는 학파와 같은 성격은 아니었다. 기술이나 힘보다는 인문적 소양을 강조했다 하더라도 그것도 결국 지배계층이 되기 위한 수단이었지 개인의 교양이나 전문적인 학문을 닦기 위한 수단은 아니었다.[21]

위로 보았다. 하지만 법은 기본적으로 동서양을 막론하고 기득권의 편이었다. "법은 언제나 부자에게는 유용한 것이고 가난뱅이한테는 해로운 것이다."라는 루소의 언급이나, "법조인이란 남의 재산을 뺏기 위해 그들만이 알 수 있는 은어를 주고받는 자들이다."라는 톨스토이의 언급, "Woe, Unto You Lawyers!(너희 율법사들에게 재앙을!)"라는 누가복음의 구절을 제목으로 삼은 책을 통해 "법률가는 부족시대의 주술사와 중세의 성직자들처럼 자신들이 갈고닦은 특수한 지식의 권위를 지켜내기 위해 기술적 수법에 뻔뻔하고 그럴듯한 말장난을 첨가해 인간사회에 군림하는 자들이다."라고 한 예일대 로스쿨 교수 프레드 로델(Fred Rodell, 1907~1981)의 언급을 보더라도 알 수 있다(『저주받으리라, 너희 법률가들이여』(이승훈 역, 후마니타스, 2014) 참조).

21 실제와 실익에만 유의할 뿐 순수한 관념에는 무관심했던 공자의 가치관은 백가뿐 아니라 이후 중국사에서 주류 가치관으로 자리 잡는다. 공산당 정권이 들어선 다음에도 마찬가지이다. 금세(今世)의 한신(韓信)이라고 일컬어졌던 뛰어난 지략가 임표(林彪, 1907~1971)의 발언을 보자.

"나는 개인적으로 몇십 년에 걸쳐 모주석의 가장 뛰어난 장점은 실제라는 것을 체득하게 되었다. 그는 언제나 남들보다 실제적이었으니, 열에 여덟아홉은 늘 그랬다. 그는 늘 실제의 주위에만 있었고, 실제만을 둘러쌌으며, 실제를 벗어난 적이 없었다. (…) 나는 우리들의 공작이 잘될 때는 언제나 모주석의 생각이 순리롭게 관철되는 때였고 모주석의 생각이 방해받지 않을 때였음을 절실하게 느꼈다. 만약에 모주석의 의견이 존중받지 못하거나 커다란 방해를 받을 때는 일이 언제

7·08 子曰 不憤不啓 不悱不發 擧一隅不以三隅反 則不復也

스승님께서 말씀하시기를 : (나는 너희들이) 알고자 안달하고 표현하고자 안달하지 않는 한 계발해주지 않고, 한 구석을 들어 보일 때 나머지 세 구석이 반응하지 않는 한 반복해주지 않아. (이것이 내가 너희들을 가르치는 원칙이야.)

주

1) 憤(분), 悱(비) : 정현은 "공자는 남과 대화할 때 그 사람의 마음이 무언가 알려고 애를 쓰고 입으로도 무언가 표현하려고 애를 쓸 때 비로소 터주면서 그를 위하여 말씀을 해주셨다."[22]라고 한다. 주희는 憤을 마음이 통하고 싶으나 아직 못하는 모습, 悱를 입이 말을 꺼내고 싶지만 차마 못하는 모습이라고 한다.[23] 두 사람의 주석을 감안하자면 '분'과 '비'는 '알고자 안달하는 모습'과 '표현하고자 안달하는 모습'으로 표현할 수 있다. 주준성(朱駿聲, 1788~1858)의 『설문통훈정성(說文通訓定聲)·이부(履部)』에서는 "憤近于怒 悱近于怨(분은 노여움에 가깝고 비는 원망에 가깝다)"이라고 설명한다.

2) 啓(계) : 막힌 것을 터준다는 뜻이다.

3) 擧一隅以三隅反(거일우이삼우반) : 당시의 성어였을 것이다. 한 가

나 잘못되었다. 우리 당 몇십 년간의 역사는 바로 이러한 역사였다(我個人几十年來體會到, 毛主席最突出的優点是實際. 他總比較人家實際一些, 總是八九不離十的. 他總是在實際的周圍, 圍繞着實際, 不脫離實際 (…) 我深深感覺到, 我们的工作搞得好一些的時候, 是毛主席的思想能够順利貫徹的時候, 毛主席的思想不受干擾的時候. 如果毛主席的意見受不到尊重, 或者受到很大的干擾的時候, 事情就要出毛病. 我们黨几十年來的歷史, 就是这么一個歷史).〈1962년 1월 29일 중앙공작회의 확대회의 발표문〉.

22 孔子與人言 必待其人心憤憤 口悱悱 乃後啓發爲說之

23 憤者 心求通而未得之意 悱者 口欲言而未能之貌

지를 가르치면 세 가지를 알아차릴 정도로 총명하다는 표현은 아니다. 네 모서리가 있는 물건을 예로 들었을 때, 한 모서리를 들어주면 나머지 세 모서리도 따라 들리는 정도의 반응은 있어야 한다는 뜻이다.

4) 不復(불복) : 앞에서 가르쳤던 것을 반복하지 않는다는 뜻이 아니라, 가르침이란 것을 더 펴지는 않겠다는 뜻이다.

평설

역시 교육에 관한 언급이다. 앞 장에서는 최소한의 예를 갖추고서 찾아오는 사람이면 다 받아서 가르쳤다고 말하더니만 여기서는 달라진다. 조건이 붙는다. 스스로 애쓰지 않거나, 가르쳐도 반응을 보이지 않은 사람에게는 가르침을 주지 않았다고 한다.

공자를 2,500년 전에 벌써 교육에 눈떴던 사람으로, 사람은 누구나 배워야 한다고 강조했던 위대한 휴머니스트로 평가하는 사람들이 많다. 그러나 공자는 보편적인 교육을 생각했던 사람은 아니다. 개별 인간의 권리나 존엄에 주목한 나머지 '교육'의 필요성을 느꼈던 것이 아니다. 바람직한 지배계층을 양성하기 위한 '훈육'을 생각했던 사람이다. 그나마 본인의 욕구가 절실하지 않은 사람, 한 가지를 가르치면 세 가지 정도의 반응을 보이지 않은 사람은 가르칠 필요가 없다고 여겼다. 엘리트 교육만을 생각했던 것이다. '그럼에도 불구하고 가르쳐야 한다'는 생각은 없었다. 제자를 가르치는 방식도 이치를 설명하거나 논증을 하거나 개념을 세우는 방식은 아니었다. 자신이 제시한 기준을 수용하여 습득하도록 만드는 방식이었다. 일정한 선을 넘으면 규제해야 한다고 생각했다. 오늘날 관념으로 말하자면 그것은 '교육'이 아니라 '전수(傳授)'나 '훈육'이었다.

공자의 전수 목표는 상대가 나의 뜻을 알아차리는 데에 있었다. 그 목표는 이후 유교문화권 교육방식의 표준이 된다. 그것은 '공명(共鳴: 서로 울림을 맞춤)'이라고 말할 수도 있고, '구동(求同: 닮기를 추구함)'이라고 말할 수도 있으며, '유비(類比: 닮은 것끼리 묶기)' 또는 '결합(結合: 서로 합하고자 함)'이라고도 표현할 수 있다. 결합, 유비, 구동, 공명 등은 논리와 사유의 기제가 아니다. 감각의 기제이다. 감각의 기제는 이성의 기제보다 못하거나 저열한 것이 아니다. 전수라는 목적을 놓고 볼 때는 이성의 기제보다 효율적이다. 그래서 이 방식의 최상승 경지는 '문일지십(聞一知十: 하나만 듣고도 전부를 알아차리는 것)'이다.

중국의 문(文)이나 시(詩)의 최상승 경지 또한 수사기교나 율격의 아름다움보다도 지은이의 뜻을 알아차리는 데에 있다. 시를 읽는 이와 지은이 사이의 공명이 최상승의 경지이다. 송대 이후 유행했던 '시선일치(詩禪一致)'라는 말은 갑작스럽게 만들어진 말은 아니다. 천여 년에 걸쳐 만들어진 중국시의 지경이나, 역시 천여 년에 걸쳐 만들어진 중국불교의 지경은 그 경계가 닮았다는 자각의 표현이다. 중국식 불교인 선종의 궁극은 중국시의 궁극과 마찬가지로 붓다나 조사(祖師)의 '뜻을 알아차림'에 있다는 것이다. 그래서 '시선일치'라는 말은 시단에서도 선종에서도 서로 인정하는 훌륭한 명제가 된다. 석가모니가 깨닫고 가르쳤던 내용을 이해하고 실천하는 불교가 아니라, 석가모니가 세상에 태어난 '뜻'을, 달마조사가 인도에서 건너온 '뜻'을, 불법의 이치에 대해 묻기만 하면 설명 대신 소리만 질러댔던 임제선사의 '뜻'을, 일체의 중생은 모두 불성을 지니고 있다는 것이 경전의 가르침이건만 개에게는 불성이 없다고 대답한 조주선사(趙州禪師)의 '뜻'을 깨달으면 목표를 달성한 것으로 여기는 종단이 선종이다. 선종에서 자주 거론하는 '지월망지(指月忘指: 손가락으로 달을 가리켰으면 달을 보는 목적은 달성되었으니 수단이었던 손가락에 집착할 필요는 없다)'라든가 '득어망전(得魚忘筌: 통발로 물고기를 잡았으면 목적은 달성되었으니 도구였던 통발에 집착할 필요는 없다)'이라는 경구가 그것을 잘 표현한다. 그렇기 때문에 뜻을 알아차린(=見性한) 선사에게는 계율조차 무의미하다는 생각으로 이어지고, 뜻을 알아차린 선사는 무애행이라는 이름으로 파계를 일삼아도 존경을 받았다. 중국에서 시를 짓는 일은 개인의 '진솔한 감정'을 조탁되고 율격 있는 언어에 담는 일이 아니다. 자신이 전하고 싶은 뜻을 기발하게 포장할 수 있으면서도 일정한 틀에 맞는 언어를 찾는 일이다. 그래서 천하의 대역적도 절창의 충군시(忠君詩)를 잘도 지을 수 있고, 변방에 가보지도 않고서 변방을 지키는 군사들의 고난을 잘도 읊어낼 수 있다. '진솔한 감정'과는 상관이 없다. 심지어 남이 지은 좋은 시구를 돈을 주고 사는 일마저 가능했던 것이 중국시의 형편이다.

'공자의 교육관'에 대해 설명하려는 사람들은 이처럼 자신의 뜻을 알아차리고 자신의 뜻을 전수받을 사람과 공명하기(=자신과 닮은 사람 찾기)만을 추구했던 공자의 방식을 유의해야 한다. 자기 세력의 확대라는 의지가 내포될 수밖에 없기 때문이다. 권력과 교육의 관계는 늘 세심하게 유의할 필요가 있다.

유비(類比)사유에 대한 설명은 1·15 평설의 각주 참조.

7·09 子食於有喪者之側 未嘗飽也

스승님께서는 상을 당한 사람 곁에서 끼니를 먹게 될 경우에는 배부르도록 잡수신 적이 없었다.

평설

타자의 감정에 공명하는 것이 중요함을 강조한 말이다. 공자에게 예라는 것은 정서적 공명을 드러내는 것임을 알 수 있다. 그래서 그는 "예의 근본은 늘이기보다는 줄이기라네. 상례도 번다하게 늘일 게 아니라 슬픔을 드러내는 게 중요하지."[24]라고 말할 수 있었다. 공자가 상가에서 장례를 집전할 때였기 때문에 끼니를 먹게 된 것이라는 형병의 설명은 전혀 필요하지 않다.

『예기·단궁』에도 똑같은 대목이 있다.

7·10 子於是日哭 則不歌

스승님께서는 (초상에 조문하여) 곡을 하신 날에는 노래 부르지 않으셨다.

주

1) 是日 : 특정하지 않은 날을 가리킨다. "夫子至於是邦也"(1·10)의
경우와 마찬가지이다.

평설

앞 장과 동일한 내용이다. 『예기·곡례상』에는 "묘에 가면 노래하지 아
니하고, 곡을 한 날에는 노래하지 않는다."[25]라는 구절이 있고, 『예기·단
궁』에는 "다른 사람을 조문하면 그날은 음악을 하지 않고 술도 마시지 않
고 고기도 먹지 않는다."[26]라는 구절이 있다. 이처럼 『예기』는 『논어』와
비슷한 내용이 많다.

앞 장과 이 장이 이 편에 들어 있는 것은 좀 어색하다. 이런 점을 발견
할 때 『논어』의 장들을 재편집하고픈 생각이 들기도 하는데, 그 일은 『논
어』의 해석이 아니라 또 하나의 창작이다.

---

24   禮與其奢也 寧儉 喪與其易也 寧戚(3·04).

25   適墓不歌 哭日不歌

26   弔於人 是日不樂 不飮酒不食肉

7·11 子謂顔淵曰 用之則行 舍之則藏 惟我與爾有是夫 子路曰 子行三
軍 則誰與 子曰 暴虎馮河 死而無悔者 吾不與也 必也臨事而懼 好謀而
成者也

스승님께서 안연더러 일컬으시기를 : '등용되면 (성실하게 임무를) 수행하고 잘
리면 (조용히) 들어앉고' 나와 너만이 이(런 자세)를 가지고 있지! (옆에서 이 말
을 들은) 자로가 (끼어들면서) 말하기를 : 스승님께서 (만약) 삼군을 통솔하게
되신다면 누구와 함께하시겠습니까? 스승님께서 말씀하시기를 : (무기 없이)
맨손으로 범을 잡(으려 하)고 (배를 안 타고) 맨몸으로 강을 건너(려고 하)며, 죽
게 되어도 후회하지 않(는다고 말하)는 (그런) 사람과는 나는 함께하지 않을 거
야. (군사에 관한 일일지라도) 일에 부닥치면 조심하고, 계획을 세워서 성과를
내는 사람이라야(함께하)지.

> **주**

1) 顔淵(안연) : 공자의 제자 안회. 2·09의 주) 참조.

2) 用之則行 舍之則藏(용지즉행 사지즉장) : '行'과 '藏'이 압운된 것을
보면 이 구절도 당시의 성어였을 가능성이 있다. "天下有道則見 無道則
隱"(8·13)이라든가, "邦有道則仕 邦無道則可卷而懷之"(15·07)와 비슷
한 표현이다.

3) 三軍(삼군) : 큰 나라의 군대를 가리킨다. 원래 1軍은 1만 2천5백
인이었다고 한다. 行은 병력을 통솔하여 움직이는 일이다. 行軍은 行師
와 같은 표현이다.

4) 與(여) : '함께하다'는 뜻.

5) 暴虎馮河(포호빙하) : 『시』와 『역』에도 나오는 당시의 성어로서, 맨
손으로 범을 잡고 맨몸으로 강을 건너는 용감한 태도를 말한다.[27] 馮은

---

27 "襢裼暴虎 獻于公所(맨손으로 범을 잡아 임금님 계신 곳에 바친다)"(『시·정

우습게 본다는 뜻이다. 河는 황하(黃河)를 가리킬 수도 있지만 강하(江河)의 범칭으로 보아도 무방하다.

6) 懼(구) : 일을 두려워한다는 뜻이 아니라 매사를 쉽게 여기지 않고 조심스럽게 처리하는 자세를 말할 것이다. 뒤의 모(謀)와 어울리는 말이다.

7) 好謀(호모) : 好는 '잘'이라는 뜻의 부사이다. 謀는 꾀나 술책을 부리는 것이 아니고 일이 성공할 수 있도록 도모(圖謀)해서 처리하는 것을 말한다.

평설

이야기의 설정이 유치하다. 안회의 처신이 나의 처신과 같다고 공자가 칭찬하자 자신도 칭찬받고 싶었던 자로가 군사적인 일을 가지고서 질문하지만, 공자는 그 방면에서도 너는 적임자가 아니라는 말로 자로를 무안하게 만들었다는 내용이다. 이야기의 핵심 또한 군사적인 문제에서도 '臨事而懼 好謀而成'하는 자세가 중요하다는 것은 아니다. 자로는 '暴虎馮河 死而無悔'하는 무모한 사람이라는 것이다. 공자가 아무리 노골적으로 안연을 편애했다 하더라도 만약 안연과 자로가 함께 있는 자리에서 자로에게 이렇게 말했다면 공자의 멘탈리티는 의심하지 않을 수 없다. 또한 공자가 그런 식으로 운영했는데도 공문이 아무렇지 않게 유지되었

풍(鄭風)』「대숙우전(大叔于田)」〉, "不敢暴虎 不敢馮河 人知其一 莫知其他 戰戰兢兢 如臨深淵 如履薄冰(맨손으로 범 잡으려 말고 맨몸으로 강 건너려고 하지 말라. 사람들은 하나만 알고 그 밖의 것은 모른다. 두려워하고 조심하기를 깊은 못에 임하는 듯 엷은 얼음을 밟는 듯)"〈『시·소아(小雅)』「소민(小旻)」〉, "包荒 用馮河 不遐遺 朋亡 得尙于中行(거칠고 황폐한 사람도 포용하고, 맨몸으로 강을 건너는 과단성 있는 사람을 등용하며, 먼 데 있는 사람이라고 해서 버려두지 않고, '우리 편'이 누구인지 찾으려는 생각을 없애며, 중용의 처신을 하면 높임을 받을 것이다)"〈『역』「태괘(泰卦)」〉.

다면, 공문은 공자가 절대 권력을 휘두르는 종교집단이나 마찬가지였을 것이다. 그래서 이 이야기는 적어도 두 장면 이상이 하나로 꾸며지면서 과장되었다고 본다. 『논어』는 공자와 공문에 관한 사정을 전하는 기록물들인데, 그것들이 각각 언제 어떤 맥락에서 있었던 장면의 기록인지는 확정하기는 어렵다.

유교문화권에서 무관이 아닌 문관으로 하여금 군사를 담당케 하는 전통은 공자의 이런 말에서도 확고한 근거를 얻었을 것이다.

7·12 子曰 富而可求也 雖執鞭之士 吾亦爲之 如不可求 從吾所好
스승님께서 말씀하시기를 : 부라는 것이 찾으면 얻어지는 (성격의) 것이라면 (시장 바닥에서) 채찍 잡(고서 질서 유지시키)는 짓이라도 나는 (기꺼이) 하겠다. (그러나) 찾는다고 해서 얻어지는 것이 아니라면 나는 (부 대신 내가) 좋아하는 것을 좇(아서 살)겠다.

주

1) 而(이) : 가정이나 조건을 나타내는 허사로서 대개 구절의 중간에서 접속사처럼 쓰인다.

2) 執鞭之士(집편지사) : 낮은 직책의 대명사로 쓰였다. 『주례』에 의하면 鞭을 잡는 직업에는 두 종류가 있었다고 한다. 천자나 제후가 행차할 때 앞에서 길을 트는 사람이 첫째이고, 또 하나는 장마당에서 질서를 유지시키는 사람이다. 여기서는 후자가 더 어울린다.

3) 如不可求(여불가구) : 문장의 형식은 '만약 ~라면'의 뜻인 조건절이지만 실제는 의지를 표현하고 있다. 정약용은 기왕의 주석들을 비판하면서 可求와 不可求를 치세기(治世期)와 난세기(亂世期)라고 설명한다. 하지만 그런 해석은 문장을 문장으로 보지 않고 자기 관념에다 맞추어

해석하는 것이다. 치세기라고 해서 富라는 것이 찾으면 얻어지는 것은 아니지 않은가?

4) 從吾所好(종오소호) : 공자가 좋아하는 것이 무엇인지를 추정하는 주석들이 많다. 예컨대 공안국은 '古人之道'라 하고, 주희는 '安於義理'라 하며, 이토 진사이는 '好學'이라고 한다. 그러나 '如不可求 從吾所好'라는 구절은 공자의 의지를 드러낸 표현이기는 하지만 '吾所好'에 무게가 있지는 않다. 부를 좇지는 않겠다는 의지를 그렇게 표현했을 뿐이다. '吾所好'가 무엇일지 추정하는 일은 무의미하다.

> **평설**

공자는 부를 부정하거나 천시한 적은 없다. 추구할 대상은 못 된다고 말할 뿐이다.[28] '나처럼 내가 좋아하는 짓을 하면서 사는 것이 더 유익하

28　富에 대한 중국인의 가치 부여가 어느 정도인지를 짐작하는 데 좋은 글이 『사기·화식열전』의 다음 대목이다. "賢人深謀於廊廟論議朝廷守信死節 隱居巖穴之士設爲名高老安歸乎 歸於富厚也 是以廉吏久 久更富 廉賈歸富 富者人之情性 所不學而俱欲者也 故壯士在軍 攻城先登 陷陣卻敵 斬將搴旗 前蒙矢石 不避湯火之難者 爲重賞使也 其在閭巷少年 攻剽椎埋 劫人作姦 掘冢鑄幣 任俠幷兼 借交報仇 篡逐幽隱 不避法禁 走死地如鶩者 其實皆爲財用耳 今夫趙女鄭姬 設形容 揳鳴琴 揄長袂 躡利屣 目挑心招 出不遠千里 不擇老少者 奔富厚也 游閑公子 飾冠劍 連車騎 亦爲富貴容也 弋射漁獵 犯晨夜 冒霜雪 馳阬谷 不避猛獸之害 爲得味也 博戲馳逐 鬪雞走狗 作色相矜 必爭勝者 重失負也 醫方諸食技術之人 焦神極能 爲重糈也 吏士舞文弄法 刻章僞書 不避刀鋸之誅者 沒於賂遺也 農工商賈畜長 固求富益貨也 此有知盡能索耳 終不餘力而讓財矣(현인이 관청에서 머리를 쥐어짜고 조정에서 토론하며 신의를 지키고 절개에 죽는 것이나, 암혈에서 은거하는 선비가 명성 높은 어른이 되고자 하는 것은 무엇 때문이겠는가? 결국 재부를 늘리고자 하는 데 있다. 그래서 청렴한 관리가 오래간다지만 오래가면 결국 부유하게 되는 것이고, 청렴한 상인도 오래가면 결국 부유하게 되는 것

다'라고 권한다. H.G. 크릴은 공자의 이런 점을 포착하여 공자는 금욕주의자가 아니었다고 강조한다. 진정한 금욕주의자는 쾌락 자체를 죄악시하고 고통을 선으로 생각하기조차 하는데 공자에게는 그러한 요소가 없고, 육체적 쾌락을 반대한 적도 없으며, 덕과 성실에 배치되지 않는 한 쾌락을 반대하지는 않았고, 쾌락의 원천으로서 학문을 찬양하였기 때문에 금욕주의자는 아니라고 말한다. 쾌락이 바람직한 것일 뿐 아니라 인생의 필요한 일부라는 심리학적인 진리를 인식한 점에서 유교는 고대 중

이다. 부라는 것은 사람의 감정으로나 천성으로나 배우지 않아도 바라는 것이다. 그러므로 장사가 군대에 들어가서 성을 공격하는데 가장 먼저 올라가고, 적진을 돌파하여 적을 물리치고, 적장의 목을 베어 깃발을 뺏어오고, 쏟아지는 화살과 돌을 맨 앞에서 감당하고, 탕화의 어려움도 피하지 않는 것은 무거운 상을 받고자 해서이다. 동네의 어린 깡패들이 행인을 탈취하여 몰래 매장하고 사람을 협박하여 나쁜 짓을 하고 무덤을 도굴하고 화폐를 위조하는 것이나, 임협이 남의 재산을 빼앗거나 교유를 핑계삼아 보복을 자행하고 사람을 붙잡아서 몸값을 요구하며 불법을 자행하고 사지로 달려가는 것도 기실 모두 재물 때문이다. 조나라, 정나라 미녀들이 용모를 가꾸고 금을 타면서 깃소매를 펄럭이고 날렵한 신발을 끌며 유혹하는 눈짓과 교태를 부리며 불원천리 노소도 가리지 않고 손님을 찾아나서는 것도 재물을 좇기 위해서다. 유한공자들이 관과 칼을 장식하고 수레와 기마를 거느리며 다니는 것도 부귀를 과시하기 위한 것이며, 활과 작살로 고기를 잡거나 사냥하기 위하여 새벽부터 밤까지 서리나 이슬도 피하지 않고 깊은 계곡을 치달으며 맹수의 위험을 개의치 않는 것도 맛있는 고기를 얻기 위함이다. 박희, 경마, 투계, 개경주에 미쳐서 얼굴을 붉히고 서로 뽐내며 내기에 꼭 이기려 드는 것도 돈을 잃으면 아깝기 때문이다. 의술 등 기타 기술로 먹고사는 사람들이 혼신의 노력으로 능력을 다하는 것도 많은 보수를 받기 위함이며, 관리들이 처형도 두려워하지 않고 법조문을 농락하거나 인장을 새겨 문서를 위조하다가 결국 죽음을 당하게 되는 것도 뇌물의 유혹에 빠지기 때문이다. 농공상이 각기 재물을 저축하거나 증식시키는 것도 본래 부를 구하고 재산을 늘리기 위한 것이다. 이처럼 사람들은 능력을 다하여 부를 좇고 힘이 남으면서도 남에게 재물을 양보하는 일이란 결코 없음을 알 수 있다)."

국의 주요 철학 가운데 특이한 위치를 점하며, 형식은 다르지만 다소 전체주의적 경도를 보이는 다른 학파들은 모두 향락을 부정하는 경향을 띠고 있었고, 적어도 백성들의 향락에 대해서는 특히 그런 입장을 취하였다고 H.G. 크릴은 설명한다.

7·13 子之所愼 齊 戰 疾

스승님께서 (각별하게) 삼가셨던 바는 (제사를 준비하는) 재계, (나라의 운명이 걸린) 전쟁, (사람을 죽음으로 모는) 질병이었다.

주

1) 齊(재) : 여기서는 齋(재)와 같은 글자이다. 제사를 지내기 위해 몸과 마음을 청결하게 씻는 절차인 재계를 말한다. 『예기·제통(祭統)』에는 "齋之爲言 齊也(재라는 말은 가지런하다는 뜻이다)"라는 표현이 있다. 씻는 절차(洗禮)는 어느 문화권에서나 성스러운 세계로 들어가기 위한 상징적인 절차이다. 조상신이 인간의 삶을 주재한다고 여겼던 공자로서는 인간이 가장 신중해야 할 과제가 조상신을 섬기는 일이라고 생각하는 것은 당연했다. 공자는 "齊必變食 居必遷坐(재계할 때는 반드시 음식도 소박한 음식으로 바꾸고, 거처도 반드시 옮긴다)"(10·07) 한다고 했다.

2) 戰(전) : 『좌전』 장공 11년에서는 "皆陳曰戰(양쪽이 모두 진을 치고 싸우는 것을 전이라고 한다)"이라고 한다. 백성의 목숨이 걸리고 종묘사직의 존망이 달린 전쟁을 공자는 조상신 섬기는 일 다음으로 신중해야 할 과제로 꼽았다는 것이다. 『예기·예기(禮器)』에는 "공자께서 말씀하시기를, 나는 전쟁을 하면 이기고 제사를 지내면 복을 받는데, 아마도 그것들의 도를 터득했기 때문일 것이다."[29]라는 대목이, 『예기·교특생(郊特生)』에는 "그 뜻을 얻고자 하지 소유를 탐하지는 않기 때문에 전쟁하면 이기

고 제사를 지내면 복을 받는다."[30]라는 대목이 있다.

3) 疾(질) : 개인의 삶을 결정하는 질병을 세 번째 신중해야 할 과제로 꼽았다. 공자는 계강자가 약을 주어도 받기만 하고 먹지는 않았다는데 (10·16), 특별한 이유 아니라면 공자의 그러한 태도도 질병에 대한 신중한 태도일 것이다. 의학이 발달하고 병원제도가 발달한 탓에 현재의 인류는 질병을 자기 실존의 소관으로 여기지 않고 병원의 소관으로 여기게 되었다는 김용옥의 비판에 공감한다.

평설

이 구절은 『사기·공자세가』에도 나온다. 사마천은 공자가 13년 만에 노나라로 돌아온 다음의 일을 기록하면서 "공자는 네 가지를 가르치셨으니 文·行·忠·信이 그것이고, 네 가지를 끊으셨으니 意·必·固·我가 그것이며, 조심하셨던 것은 齊·戰·疾이다. 스승님께서는 利·命·仁에 대해서는 잘 말씀하지 않으셨고, 상대가 알고자 애쓰지 않는 한 가르쳐주지 않으셨으며, 한 구석을 들어 보일 때 나머지 세 구석으로 반응하지 않으면 더 가르치지는 않으셨다."[31]라면서 『논어』의 글귀들을 잘 모아서 연결시킨다. 이를 보더라도 『사기·공자세가』는 공자의 말씀이라고 전해지던 글귀들을 엮어서 구성한 것이 분명하다. 다만 사마천이 '논어'라는 책 이름을 거론하지 않은 것을 보건대 사마천 당대까지는 '논어'라는 이름의 책은 등장하지 않았다고 보아야 할 것이다.

제사, 전쟁, 질병은 당시 사회에서 가장 신중하게 처리해야 할 과제이

---

29   孔子曰 我戰則克 祭則受福 蓋得其道矣

30   求服其志 不貪其得 故以戰則克 以祭則受福

31   孔子以四教 文行忠信 絶四 毋意毋必固毋我 所愼齊戰疾 子罕言利與命與仁 不憤不啓 擧一隅不以三隅反 則弗復也

면서 일상적인 일이기도 했다. 개체에게도 집체에게도 늘 짓누르는 부담이었다. 공자는 이 세 가지 중대 과제가 인간에 의해 결정되는 영역이라고 여겼기 때문에 신중했을 텐데, 순서가 중요하다. 공자는 개인의 목숨이 달린 전쟁이나 질병보다 신명과 소통하는 일을 우선시한 것이다. 천지신명과 조상신이 전쟁과 질병도 통제할 수 있다고 믿었을지도 모르겠다. 그러한 사고방식은 이후 유교문화권의 기본이 된다.

7·14 子在齊聞韶 三月不知肉味 曰 不圖爲樂之至於斯也

스승님께서 제나라에 (가) 계실 때에 (순임금의 음악인) 소(의 연주)를 들으시고는, (그것을 배우면서) 석 달(남짓)이나 고기 맛을 모를(정도로 심취하)셔서 말씀하시기를 : 음악을 하면 이런 경지에 이르게 될 줄은 (미처) 예상하지 못했네.

주

1) 韶(소) : 순임금 때 만들어져서 순임금을 상징하게 된 악곡 이름이다. 자세한 설명은 3·25 참조. 황간본·고려본 등에는 韶 다음에 '樂' 자가 추가되어 있다.

2) 三月(삼월) : 『사기·공자세가』에는 "제나라의 태사와 음악에 대해 대화를 나누면서 韶音(소음)을 들었고, 그것을 배우는 석 달 동안 고기 맛을 알지 못할 정도였다."[32]라고 되어 있다. 음악 한 번 듣고서 석 달이나 고기 맛을 몰랐다면 지나친 표현이므로 그 음악을 배우는 석 달로 본 사마천의 표현이 옳을 듯하여 취하였다. 그런데 한유와 정이는 '音'은 '三月'을 잘못 읽은 것이라고 주장한다. '韶音'이라는 표현이 어색하기 때문에 그렇게 추론한 듯하지만 그렇다면 뒤에 나오는 三月과 중복되므

32　與齊太師語樂 聞韶音 學之三月不知肉味

로 받아들이기 어렵다. 그렇게 새긴다고 해서 문맥이 달라지는 것도 아니다.

3) 不知肉味(부지육미) : '고기 맛을 몰랐다'는 말은 당시의 관용적인 표현일 텐데 내포하는 뜻은 분명하지 않다. 고기를 먹으면 누구나 맛있다고 느끼지만 음악에 몰두하는 바람에 맛있는 줄도 모르면서 먹었다는 뜻인지, 아니면 맛있는 음식인 고기를 먹고 싶은 생각이 나지 않을 정도로 음악에만 몰두했다는 뜻인지 분명하지 않다. 이토 진사이와 오규 소라이는 후자의 해석을 취하지만 「대학」의 "食而不知其味(먹어도 그 맛을 모른다)"라는 구절을 참고하자면 전자의 해석이 더 가깝다고 본다.

4) 圖(도) : 미리 예상하다는 뜻이다. '생각하다'는 번역어는 정확하지 못하다.

5) 爲(위) :『논어정의』는 '作韶樂'이라고 주한다. 그러나 소악만을 특정할 것이 아니라 그냥 '음악을 하다' 또는 '음악을 연주하다'라고 새기는 것이 낫다. 순임금의 후손인 진(陳)을 가리키는 지명이라는 주장도 있는데, 그 배경은 다음과 같다. 순의 후손을 봉한 나라인 진의 공자 진완(陳完)이 B.C. 672년 제나라로 온 뒤 그의 후손 전상(田常, 성을 田으로 바꾸었음)은 B.C. 481년 간공(簡公)을 죽이고 제나라의 실권을 차지하였고, B.C. 386년에는 전상의 증손 전화(田和)가 강공(康公)을 쫓아내고 왕이 됨으로써 마침내 제나라는 진씨의 나라가 되는데, 공자가 제나라에 가서 韶를 들었던 B.C. 516년 당시 공자는 앞으로 세력이 커진 전씨가 제나라를 차지하게 될 것을 이미 예측하고서 이 말을 했다는 것이다. 공자를 예언가로 꾸미는 소설이나 다름없다.

6) 斯(사) :『논어정의』,『논어집해』,『논어의소』 등은 모두 '제나라'라고 주한다. 소악이 제나라에 들어와 있을 줄은 몰랐다는 것이다. 이런 해석은『한서·예악지(禮樂志)』의 "춘추시대에 진나라 공자 완은 제나라로 도주하였는데, 진나라는 순임금의 후예이므로 소악이 남아 있었던 것이

다.³³ 그래서 공자가 제나라에 갔을 때 소악을 듣고는 석 달 동안 고기 맛을 모르면서 '음악을 한다는 것이 이 정도임을 예상하지 못했다'면서 심하게 칭찬하였던 것이다."³⁴라는 구절 때문에 나오게 되었을 것이다. 문맥상으로는 주희의 '如此之美(이와 같은 훌륭함)'라는 주석이 더 합당하다.

평설

陳은 순임금의 후손을 봉한 나라인데,『좌전』에 의하면 장공 22년(672 B.C.) 陳의 공자 完이 제나라로 망명한다. 그래서『한서』를 지은 반고는 물론 이후 사람들도 이 사건으로 인해 순의 음악인 소가 제나라에 전해졌을 것이라고 추정한다. 또한『사기』에서는 공자가 35살 때(516 B.C.) 제나라에 가서 태사를 만나 음악에 대하여 논하였다고 하므로 그때 공자가 소를 접하고서 이 말을 했을 것으로 여기는 주석가도 많다. 하지만 최술을 비롯한 많은 학자들은 공자가 35세에 제나라에 가서 고소자(高昭子)의 가신이 되어 경공(景公)에게 등용되기를 바랐다는『사기·공자세가』의 기록을 의심한다. 사마천 무렵에는 공자가 이미 신화화한 인물이기 때문에 공자가 젊은 시절부터 다른 나라 군주들의 눈에 띄었다는 이야기가 꾸며졌을 수 있다.

공자가 음악에 심취한 적이 있다는 사실은 그의 예술적 감성을 드러내는 증거로 흔히 추정한다. 그러나 귀족이라면 궁정에서 늘 듣는 음악이지만 신분이 낮았던 공자로서는 왕실이나 제후의 조정 의례에 쓰이는 이처럼 수준 높은 음악을 듣고서 몸을 떨 정도로 감격할 수밖에 없었을 것이라고 아사노 유이치는 평한다.³⁵ 음악에 대한 공자의 관념이나 감성의

---

33 『한서·예악지』에는 '招'로 적혀 있으나 '韶'로 읽어야 한다.
34 春秋時 陳公子完犇齊 陳舜之後 招樂存焉 故孔子適齊聞招 三月不知肉味 曰不圖爲樂之至於斯 美之甚也

정도가 어떠했는지에 대한 설명은 3·25와 8·08의 평설 참조.

7·15 冉有曰 夫子爲衛君乎 子貢曰 諾 吾將問之 入曰 伯夷叔齊何人
也 曰 古之賢人也 曰 怨乎 曰 求仁而得仁 又何怨 出曰 夫子不爲也

염유가 말하기를 : 우리 스승님께서는 (과연) 위나라 임금을 돕(고자 위나라로
가)실까? (그러자 옆에 있던) 자공이 말하기를 : 좋아, 내가 (가서) 여쭈어보지.
(이리하여 자공은 스승님 처소로) 들어가서 여쭙기를 : 백이와 숙제는 어떤 사람
들이었습니까? (스승님께서) 대답하시기를 : 옛날의 현인들이시지. (자공이) 여
쭙기를 : (그분들은) 원망했을까요? (스승님께서) 대답하시기를 : 인을 추구한
끝에 인을 얻었거늘 누구를 원망하겠어? (자공은) 밖으로 나온 다음 (염유에게)
말하기를 : 스승님께서는 (위나라 임금을 분명) 돕지 않으실 거야.

| 주 |

1) 爲衛君乎(위위군호) : 爲를 정현과 주희는 조(助)와 같다 하고, 양
백준은 '찬성'의 뜻이라고 한다. 그러나 현재의 위나라 군주를 정당한 군
주로 인정할 것인지의 여부를 물은 내용이라고 본다. '부자께서 위나라
군주 출공의 처지라면 위나라 군주 자리에 오르겠는가?'라는 뜻이라는
정약용의 해석은 爲를 단순히 '~하다'라는 뜻의 동사로 본 견해인데, 그
렇더라도 문장을 너무 꼬아서 해석한 것이다.

2) 衛君(위군) : 위령공의 손자 출공(出公) 첩(輒)을 가리킨 것으로 추
정한다. 거기에는 배경이 있다. 영공은 송나라 귀족의 딸인 남자(南子)
를 부인으로 맞았는데, 남자는 시집오기 전에 송조(宋朝)와 염문이 있었
다. 그녀가 낳은 괴외(蒯聵)를 태자로 봉하기는 하지만 괴외가 영공의 아

---

35 아사노 유이치, 앞의 책, p.58.

들인지 송조의 아들인지 모른다는 소문도 있었고, 이후에도 평판이 좋지 않았다. 그런 가운데 영공 39년(496 B.C.), 태자 괴외는 어머니의 횡포를 보다 못해 어머니를 죽이려다 실패하고 아버지 영공의 노여움을 사서 진(晉)으로 도주하는 일이 생긴다. 3년 뒤 B.C. 493년(공자 59세 때)에 영공이 죽자 남자는 공자 영(郢)을 즉위시키고자 하지만 영은 사양하면서 괴외의 아들 첩을 세우라고 청하여 마침내 첩이 즉위하니 그가 출공이다. 한편 진의 조간자(趙簡子)는 괴외를 척읍(戚邑)으로 들여보내 즉위시키려고 하지만 석만고(石曼姑)가 척읍을 포위하여 좌절시키자 괴외는 귀국할 수 없게 된다. 이렇게 해서 괴외와 첩 부자는 군주 자리를 놓고 다투는 형국이 되어 열국의 관심거리가 된다. 괴외는 12년 만인 B.C. 479년에 누이 백희(伯姬)의 후부(後夫)인 혼량부(渾良夫)의 도움을 받아 위나라로 들어와 즉위하니 이 사람이 장공(莊公)이고, 아들 출공은 노나라로 망명하게 된다. 하지만 장공은 晉의 배반으로 3년 만에 죽고 출공이 다시 돌아와 즉위하게 된다. 위나라의 이러한 정변 기간은 대체로 공자의 망명생활 기간과 겹친다. 공자는 대체로 위나라를 중심으로 망명생활을 했기 때문에 공자와 제자들은 위나라의 정치 상황에 대해 더욱 민감했을 것이다. 아버지를 밀어내고 군주 자리를 차지한 출공을 스승께서는 과연 정당한 군주로 생각하실지 제자들은 궁금하지 않을 수 없었을 것이다.

3) 諾(낙) : 대답하는 말.

4) 伯夷(백이), 叔齊(숙제) : 백이와 숙제의 아버지인 고죽군이 왕위를 셋째 아들인 숙제에게 물려주자 숙제는 맏형인 백이에게 양보했고, 백이 또한 아버지의 뜻이 아니라면서 도망가자 나라 사람들이 하는 수 없이 둘째 아들을 왕으로 삼았다고 한다. 임금 자리까지 버렸던 것은 인한 선택이고 또 그 결과 후대의 칭송을 받으므로 그들은 결국 인을 얻은 셈이니, 백이와 숙제는 아버지의 선택을 원망하지 않았을 것이라고 공자는 대답한다. 자공은 백이와 숙제의 고사가 왕위를 놓고 부자간에 다투

는 괴외와 출공의 관계와 대비된다고 생각하여 그 고사를 빌려서 넌지시 공자의 의중을 떠본 것이다. 그러나 공자가 백이와 숙제를 찬미하는 것으로 미루어 아버지와 왕위를 다투는 출공을 결코 지지하지는 않을 것이라고 자공은 짐작한다. 그래서 주희는 "군자가 어느 나라에 머물 때는 그 나라의 대부도 비난하지 않는 법이거늘 하물며 군주이랴! 그러므로 자공은 위나라 군주를 가리키지는 못하고 백이숙제에 빗대어 물은 것이다."라고 설명한다. 다른 나라에 머물면서 그 나라 군주가 정당성이 없다고 발언하는 것은 매우 위험한 일이기는 하다. 제자들은 그래서 공자에게 공공연하게 묻지 못했을 수는 있다. 하지만 스승에게 자유롭게 질문할 수 없는 공문의 분위기 또한 느낄 수 있다. 출공이 재위하던 12년 동안 공자는 위나라에서 얼마만큼 머물렀고, 또 어떻게 머물렀는지에 대해 미세하게 검토하는 것도 의미 있을 것이다.

5) 怨(원) : '恨望(한망: 한과 원망)', '悲(비: 비통)', '怒(노: 분노)' 등의 뜻을 내포하는 글자인데, 주희는 '悔(회: 후회)'라고 주한다. 백이와 숙제가 자신들의 선택에 대해 후회했을지의 여부에 초점을 둔 해석일 것이다.

6) 求仁而得仁(구인이득인) : 백이와 숙제가 주문왕에게 귀의한 것을 가리키는 말이라고 오규 소라이는 주하지만, 동의하지 않는다. 그는 仁을 '인자'로 보고서 문왕에 대입하는데, 그런 견해도 도통론에 입각한 견해이다. 백이숙제의 선택과 처신을 포괄적으로 표현한 말이라고 본다.

평설

대개의 주석가들은 출공이 재위할 무렵 공자가 위나라에 있을 때의 일로 이해한다. 그러나 H.G. 크릴은 B.C. 479년 출공이 노나라로 망명한 다음의 일이라고 주장한다. 공자가 위나라에 있었을 때는 자공과 염유는 노나라에 있었던 것이 거의 확실한데 위 대화는 공자와 자공, 염유 세 사람의 대화이기 때문에 세 사람이 모두 노나라에 있을 때의 일로 간주할 수밖에 없다는 것이다. 그렇다면 출공이 노나라로 망명하고 공자도 노나라로 돌아온 다음 노나라의 중요한 관직에 있던 자공과 염유가 망명해온 이웃 나라의 군주에 대한 처리 문제를 스승에게 여쭌 내용이라는 것이다. 하지만 위 대화는 현실적인 외교 문제를 의논하는 분위기는 아닌 듯하다. 중국 글의 해석에는 논리보다는 맥락과 분위기가 더 중요하다. 대화의 관심은 어디까지나 제자들의 '夫子爲衛君'에 대한 명분론적 호기심이다. 백이숙제를 등장시킨 것도 그래서이다. 망명해온 이웃 나라 군주에 대한 처우 문제라면 조정에서 다루어야지 공문에서 다룰 사안도 아니다. 벼슬자리에 있던 제자들이 그 문제에 대한 공자의 조언을 받고 싶었다면 백이숙제에 빗대어서 물을 이유도 없다. 또한 출공이 망명해온 해 4월에 공자는 세상을 뜨므로 그해에 있었던 대화로 보기도 어렵다.

『논어』는 수십 년에 걸친 공자 일생의 전설들을 모은 책이기 때문에 이야기에서 논리적 정합성을 기대하기는 어렵다.[36] 특히 스토리를 적는 중국의 글은 합리성에 그다지 유의하지도 않는다. 여러 장면을 합성하여 스토리를 만들기도 하고,『삼국지연의』에서 보듯이 역사적 사실과 허구를 결합하기도 한다. 논리적 정합성을 전제하고서 중국 글을 읽는다면 뒤죽박죽이 되거나 엉뚱한 결론에 이르기 쉽다.[37] 따라서 주제와 표현만

---

36 13·09를 보면 공자가 위나라에 갈 때 염유가 시종했다고 한다. 그렇다면 자공과 염유가 노나라에 남아 있었다는 주장도 불확실하다. 더구나 공자는 여러 차례 위나라에 갔기 때문에 어느 때의 일인지도 분명하지 않다.

37 이야기의 주제에 관계되기만 하면 그 자리에 있지 않은 사람의 발언도 합성하여 서술한다. 무협지 같은 글에서는 그런 경향이 더욱 두드러진다. 예컨대, 아버지의 병환 때문에 사흘 안에 약을 구해 와야 하는 아들은 집을 떠나 약을 구하는 과정에서 여러 악당을 만나 싸우면서 몇 달을 넘긴다. 그러다 마침내 약을 구해 와서 아버지를 살렸다고 서술한다. 이런 논리적 모순이 드러나는 서술이 많다. 그러나 그렇다고 해서 그 글이 외면당하지는 않는다. 서술이 재미있기만 하면 외

을 읽는 일이 중요하다. 위 대화의 초점은 도덕적 결함이 있는 위나라의
군주를 명분론의 표준이라고 할 수 있는 우리 스승께서 과연 지지할지의
여부에 대한 제자들의 호기심이다. 서구인들은 유교문화권의 문화적 문
법이나 정서와 공명하지 못하기에 논리적 정합성만을 가지고서 중국인
의 기록을 해부하려는 경향이 있다. 이 대화에서 제자들의 관심사는 스
승의 감정이 누구를 향하는지의 여부이다. 그러므로 이 이야기는 공자가
위나라에 있던 무렵의 일일 수도 있고, 공자가 위나라로 갈 것인지의 여
부가 제자들의 관심사였던 무렵의 일일 수도 있으며, 그 둘을 합성한 기
록일 수도 있다. 13·03에서 자로는 "위나라 군주가 스승님을 모시고 정
치하고자 한다면 스승님께서는 무엇을 가장 먼저 하시겠습니까?"라고
묻는데, 이를 보더라도 제자들은 스승께서 과연 위나라로 가서 군주를
도와줄 것인지의 여부에 대해 민감했던 듯하다. 이 대화는 그러했던 정
황을 반영한다고 본다.

7·16 子曰 飯疏食飮水 曲肱而枕之 樂亦在其中矣 不義而富且貴 於我
如浮雲
스승님께서 말씀하시기를 : 잡곡밥 먹고 맹물 마시고 팔뚝 구부려 베개 삼을지
라도, (사는) 즐거움은 그런 데에 있는 법. 옳지 않은 수단으로 부귀하게 되는
것은 나에게는 뜬구름.

> 주

1) 疏食(소사) : 고급스럽지 않은 주식을 가리키는 표현이다. 벼가 아
닌 잡곡밥이라느니, 곱게 도정하지 않은 현미밥이라느니, 채식이라느니

면당하지 않는다.

하는 설명들은 그래서 나온다. 飯은 '먹다'는 뜻의 동사이다.

2) 水(수) : 역시 고급스럽지 않은 마실 것의 대명사이다. 고급스러운 마실 것인 湯(탕)의 대칭일 수도 있고, 반주 없이 먹는 끼니를 의미할 수도 있다.

3) 義(의) : 『논어』에 나오는 義에 대한 설명은 1·13의 주) 참조.

4) 如浮雲(여부운) : '뜬구름 같다'는 말의 함의는 여러 가지이지만, "하늘에 뜬구름이 있거나 말거나 하는 것처럼 막연하여 내 맘을 움직이는 바라고는 없다."[38]는 주희의 해석이 가깝다.

평설

검소한 생활을 강조하는 내용이라는 점에서는 1·14나 9·27과 같지만, 시적인 정취가 담긴 수사라는 점에서는 차별화된다. 즉, 청빈을 도덕적 의무로 강조하지는 않는다. 진채지간(陳蔡之間)에서처럼 상황이 어려울 때 제자들에게 어려움을 극복하라고 격려하는 표현은 아니다. 그 무렵이었을지는 모르지만, 어느 날 이렇게 독백했을 것 같다.

7·17 子曰 加我數年五十以學易可以無大過矣

스승님께서 말씀하시기를 : 나한테 몇 년(의 시간)이 더 주어져서 배움을 마칠 수만 있다면 (내 인생에) 큰 허물은 없게 할 수 있을 텐데.

주

1) 加我數年五十以學易可以無大過矣(가아수년오십이학역가이무대과의) : 현재의 문면은 '나에게 몇 년의 세월이 더 주어져서 오십에 역을

---

38   如浮雲之無有 漠然無所動於其中也

배운다면 대과가 없을 것이다'라고 해석된다. 그러나 이 문장에는 분명한 왜곡과 오류가 있다. 미야자키 이치사다는 '내가 몇 년을 더 살아서 오십이 된다면 易을 공부하고 싶다'라고 새긴다. 易을 공부하고 싶다면 당장 배울 것이지 하필 오십이 될 때까지 기다려야 한다는 것은 이상하다. 易을 중시한 유파의 주장이 나중에 들어가게 된 것이라고 주장하지만, 어쨌든 이 문장은 몇 년을 기다리겠다는 뜻은 아니라고 본다. 『사기·공자세가』에는 '假我數年 若是 我於易則彬彬矣(나에게 수년의 세월이 더 주어진다면 나는 역에 대해서 환할 텐데)'라고 되어 있다. 『노논어』에는 '假我數年 卒以學 亦可以無大過矣(나에게 수년의 세월이 주어져 학문을 마칠 수 있다면야 큰 허물은 없게 되는데)'로 되어 있다. 정주한묘죽간본에는 '~以學亦可以毋大過矣(학문을 ~할 수 있다면 큰 허물은 없게 할 수 있을 텐데)'라고 되어 있다. 이들을 종합하여 고려하자면 加는 假의 오기이고, 五十은 卒의 오기이며, 易은 '亦'의 오기임이 분명하다고 본다. 다만 그 경우 목적어가 없어지므로 學의 해석이 미흡하기는 하다. 요즘 같으면 '학문'이라고 여길 수 있지만 당시에 순수한 학문이라는 개념은 없었으니 막연히 '배움을 마칠 수 있다'라고 해석할 수밖에 없다. 이런 난점 때문에 '易'이라는 목적어를 생각했을 것이다. 정주한묘죽간본은 『노논어』 계통으로 추정되므로 사마천이 읽은 판본은 亦 대신 易으로 되어 있는 다른 판본이었거나, 사마천이 亦을 易으로 오독한 것을 『장후론』이 따랐을지도 모르겠다. 사마천 당대에는 易에 대한 관념이 보편화되었기 때문에 사마천이 읽은 논어가 이미 易으로 바뀐 판본이었을 가능성이 있다. 『논어주소』는 "몇 년만 더하면 50세에 이른다고 했으니 공자 나이 47세에 한 말이다."라고 하지만, 『논어집주』는 『사기』의 문장을 들어서 이미 일흔이 다 된 시기에 한 말로 단정한다.

2) 易(역) : 『주역』이니 『역경』이니 하는 유교경서의 약칭이기도 하고, 그 책에 담긴 '우주 변화의 원리'를 가리키는 말이기도 하다.[39] 우주는 음

과 양이라는 두 기본적인 힘이 존재하고, 이 두 힘이 서로 갈마들면서 우주의 온갖 움직임을 만들어낸다는 것이 易의 원리이다. 이런 원리를 누가 언제 구성했는지에 대해서는 여러 설이 있을 뿐 확정할 수는 없다. 다양한 사고들이 중첩되면서 형성되었을 것이다. 양의 힘을 '━', 음의 힘을 '╍'라는 상징부호로 나타내고, 그것을 세 차례 반복하여 얻어지는 8가지 경우의 수를 '☰' '☷' '☳' '☵' '☶' '☲' '☴' '☱'로 표기하는데, 그것을 다시 중복하여 나오게 되는 경우의 수 64가지를 가지고서[40] 인간사의 모든 변화를 설명한다. 패턴으로써 보려는 관점이라고 말할 수 있다. '━'과 '╍'은 효(爻)라 하고, 64가지 패턴은 괘(卦)라고 한다. 효에 대한 설명인 효사(爻辭)는 주공단이 지었다 하고 괘에 대한 설명인 괘사(卦辭)는 주문왕이 지었다 하는데, 이 둘을 합한 것을 『주역』이라고 부른다. 효사와 괘사는 이해하기 어렵기 때문에 단전(彖傳), 상전(象傳), 계사전(繫辭傳), 문언전(文言傳), 서괘전(序卦傳), 설괘전(說卦傳), 잡괘전(雜卦傳) 등 이른바 십익(十翼)이라고 하는 해설이 붙었는데, 공자가 지었다고 전해진다. 그것들은 역에 대한 설명이라는 뜻에서 역전(易傳)이라고도 부른다.[41] 『주역』에 「역전」을 합한 것을 유교의 경전으로 채택한 뒤 '역경'으로 높여 부르게 된다.[42] 음과 양이 갈마들면서 만물을 만들어낸다는 이

39　갑골문에서 '易'은 도마뱀을 가리킨다. 도마뱀은 빛깔이 바뀌기 때문에 '바뀌다'라는 뜻도 갖게 되었을 것이다. 정현은 『역론(易論)』에서 易에는 '간이(簡易)', '변역(變易)', '불역(不易)'의 뜻이 있다고 설명한다.

40　그것들은 ☰ ☷ ☳ ☵ 등으로 표기한다. 이집트 오시리아 사원의 아이콘을 3차원으로 해독하면 64개의 패턴이 나오는데, 이것은 중국 易의 64괘와 일치한다고 설명하는 서양 학자가 있기도 하다.

41　그러나 공자는 역에 대해 말한 흔적이 없다. 이 장은 의도적인 왜곡이 분명하고, 13 · 22에 인용된 『역』의 구절은 후대에 삽입되었다고 보는 것이 정설이다.

42　「역전」은 『주역』의 해설서이지만 『주역』과는 다른 책이다. 『춘추전』이 『춘

치를 설명하는 책으로는 원래 『연산(連山)』, 『귀장(歸藏)』, 『주역(周易)』 의 세 가지가 있었지만 둘은 사라지고 『주역』만 남았다고도 한다.[43] 사마 천이 "공자는 만년에 『역』의 서괘, 단, 계사, 상, 설괘, 문언 등의 전을 좋 아하였고, 가죽 끈이 세 번이나 끊어질 정도로 여러 차례 『역』을 읽었는 데, '내가 지금처럼 몇 년을 더 산다면 역에 대해서는 환할 텐데'라고 말 씀하셨다."[44]라고 한 것도 당시 易을 숭상하는 분위기를 반영하는 증거 가 아닐까 한다.[45] 易의 원리를 실제 생활에서 확인하는 방법은 점치기이 다. 점을 쳐서 나오는 결과를 64가지 패턴에 맞추어 해석하는데, 이러한 방법을 하늘이 정한 명(命)을 알아차리는 수단이라고 여겼다.[46] 상왕조 때 점치는 방법은 갑골을 불에 태워 금이 가는 방향을 보고서 길 또는 흉

추』의 해설서이지만 『춘추』와는 전혀 다른 책인 것과 비슷하다. 「역전」은 공자가 지었다고 전해지지만 전국시대에 보태진 것으로 보는 것이 정설이다.

43 사실일 수도 있겠지만, 『주역』의 신뢰도를 높이려는 사람들이 만든 이야기 일 수도 있다. 다만 우주의 움직이는 모습을 음과 양이라는 두 힘의 길항으로 보 려는 생각은 다양했을 것이다. 가장 설득력 있는 방법론이 남았을 것이다. 1993 년 호북성 강릉현(江陵縣) 왕가대(王家臺) 15호 진묘(秦墓)에서 죽간본 『역점(易 占)』이란 것이 발견되었는데, 그것이 집본(輯本) 『귀장』과 동일하다는 주장도 있 다. 『주역』의 '周'는 '주보(周普)'의 뜻이라고 정현은 설명하지만, 공영달은 주왕 조를 가리킨다고 한다.

44 孔子晚而喜易 序彖繫象說卦文言 讀易韋編三絶 曰假我數年若是 我於易 則彬彬矣〈『사기·공자세가』〉.

45 공자는 천도에 대해 말한 바도 없고(5·12), 신에 대해 말하지도 않았을 뿐 아니라(7·21), 귀신을 섬기는 일도 외면하였던 사람이다(11·12). 그런 공자가 역 (易)에 몰두했을 리는 없다고 보는 것이 대체적인 의견이다. 공자는 중국인들이 그처럼 좋아하는 복(福)에 대해서조차 말한 적이 없다.

46 점치기는 개체로든 집체로든 고대 중국인의 삶을 결정하는 중요한 수단이 었다. 공자는 점치는 행위를 중시하지는 않았지만 그 자체를 부정할 수는 없었을 것이다.

이라는 점괘를 얻는 방식이었는데, 그 방식은 복(卜)이라고 했다.[47] 주왕조 때는 갑골 대신 시초(蓍草)라는 식물 여러 가닥을 한 움큼 쥐고서는 그것을 이리저리 나눈 다음 남는 수효가 짝수인지 홀수인지에 따라 음과 양이라는 점괘를 얻는 일을 반복하는 방식을 더 선호하였는데, 그것은

---

[47] 卜은 점을 치기 위해 구갑(龜甲, 거북의 등껍데기는 너무 두꺼워서 사용할 수 없으니 배껍데기를 사용한다)이나 수골(獸骨, 주로 소나 양의 견갑골을 사용했다)을 불에 태우면 금이 가는 모습을 형용한 상형자이다. 시카고 대학의 에드워드 쇼네시(Edward L. Shaughnessy)는 이 글자의 [puk]이라는 발음이 배껍데기가 균열할 때 생기는 의성어일 수 있다거나, 균열의 모양에서 주역의 괘를 만들었을 것이라고 주장하지만 지나친 상상이다. 군주는 어떤 통치행위를 결정하고자 할 때 그것이 하늘의 뜻임을 입증하고자 사전에 갑골을 가지고 점을 쳤다. 그런데 '吉' 쪽으로 금이 가도록 미리 그쪽에 구멍을 뚫은 다음 태우는 경우가 많았다고 한다. 여론 조작인 셈이다. 현존하는 갑골의 90% 정도가 '吉' 쪽으로 금이 가 있다는 통계도 있다. 점을 쳤던 귀갑과 수골은 점을 치게 된 경위와 그 결과를 칼로 파서 기록한 다음 갈무리하였다. 거기에 쓰인 문자가 지금까지 확인된 한자의 가장 오래된 원형인데, 그것을 갑골문이라고 부른다. 당연히 세습하는 사관(史官)이 만들었을 것이다. 한자를 만든 사람이 창힐(蒼頡)이라는 전설도 있는데, 그렇다면 그는 사관이었을 것이다. 한자는 이렇듯 그 기원이 통치권력의 권위를 드러내는 수단이었다. 한자문화권에서 문자가 갖는 의미 범주는 약속의 징표나 거래의 수단으로 출발한 표음문자 문화권의 그것과 다르다. 체코 출신의 미래학자 빌렘 플루서(Vilém Flusser, 1920~1991)가 미래는 프로그래밍을 하는 사람과 프로그래밍을 당하는 사람으로 나뉠 것이라고 말한 적이 있는데, 복점을 친 다음 점의 결과를 문자로 기록하던 사람이야말로 프로그래밍을 하는 사람이라고 말할 수 있다. 실재했던 과거를 정리하는 프로그래밍만으로는 권력을 쥘 수 없다. 추상적 사유를 할 수 있어야 가능하다. 우연적이고 개별적인 특징을 버리고 불변적이고 일반적인 특징만을 추상할 수 있는 능력이 권력이다. 일반적 특징을 추상하는 능력은 질서라는 이름의 힘으로 행사된다. 한자 외에 대수학이나 기하학 같은 추상적인 학문도 지배 권력과의 상관관계에서 발달했다고 본다. 13 · 03의 평설에 인용된 이택후의 설명 참조.

서(筮)라고 했다. 더 섬세하면서도 덜 번거로운 방식인데, 이 방식에 따른 64가지 점괘에 대한 해설집으로 등장한 것이 『주역』일 것이다. 점괘의 해석이 누적되면서 64가지 해설은 패턴화하였을 것이고, 그 패턴화한 설명이 중국인의 세계관이 되어 전승되었다고 본다. 따라서 『주역』은 주족(周族)의 세계관이 담긴 책이라고도 할 수 있는데, 세계관의 기본은 우환이나 위기를 대하는 관념이다. 한편, 음양가가 등장하면서 역에 음양오행의 이론이 접목하여 발달한다.[48]

평설

반고를 비롯한 여러 학자들은 한결같이 「역전」은 공자가 지었다고 설명했다. 『사기』가 편찬되기 훨씬 전인 맹자 시대부터 이미 공자에 대한 이야기는 상당 부분 신화화한 것으로 짐작되는데, 공자를 신화화하자면 아마도 『주역』이라는 신비적 색채가 짙은 책과 연결하는 것이 효과적이라고 믿었던 사람들이 많았을 것이다. 그러나 H.G. 크릴이 논증했듯이 공자는 점을 친 흔적조차 없다. 도리어 초기 유자들이 점치는 행위에 눈살을 찌푸렸을 것으로 여길 만한 근거는 많이 있다. 공자가 「역전」을 저술하거나 편찬하지 않았다는 것도 명백하다. 맹자도 공자가 『춘추』를 지었다고는 말하지만 「역전」을 지었다고 말한 적은 없다. 최술은 『춘추』만큼은 공자가 지었다고 확신하면서,[49] 만약 공자가 「역전」을 지었다면 그 문체가 적어도 『춘추』와 『논어』의 중간쯤은 되어야 하건만 번잡하고 꾸밈이 많아 『좌전』이나 『예기』와 흡사하다고 한다. 그래서 「역전」은 공자

---

48 1973년 호남성 장사(長沙)에 소재한 마왕퇴3호묘에서 백서본 『주역』이 출토되었는데, 괘의 배열순서가 현전 『주역』과 전혀 다른 것을 보면 전한 무렵에는 여러 형태의 易이 유통되었을 것으로 짐작한다.

49 그러나 『논어』에 '춘추'라는 말은 한 번도 언급되지 않는다.

에게 직접 배운 70제자들 이후 유학자의 손에서 나온 것이 분명하다고 주장한다.

7·18 子所雅言詩書 執禮皆雅言也

스승님께서 아언을 사용하시는 경우는 『시』와 『서』(를 읽거나 가르치실 때)이다. 『예』를 집전하실 때도 모두 아언(만을 사용하시)었다.

주

1) 雅言(아언) : '바른 언어'라는 표현이다. 당시 제후국 사이에서 행정이나 외교에서 통용어 구실을 하던 문어(文語)를 가리키던 표현으로 짐작된다. "아언은 정언(正言)이다."라는 공안국의 주석이나, "선왕의 전법을 읽을 때는 반드시 정언으로 읽어야 뜻이 온전하게 된다. 그러니 피휘해서는 안 된다."[50]라는 정현의 주석도 그러한 견해를 반영한다. 당시 나라 사이의 의사소통은 구어로는 불가능하고 문어로만 가능했을 것이다. 그런데 문장을 지어서 의사소통을 하자면 어법과 어휘가 통일되지 않아 어려웠을 뿐 아니라 현장에서 바로 짓기도 어려웠다. 짓는다 해도 피차 정확하게 이해하기는 어렵기 때문에 특별한 경우가 아닌 한 『시』나 『서』처럼 이미 해석이 통용되던 고전의 구절을 인용하는 방법으로써 의사소통을 했을 것으로 추정한다.[51] 그러니까 『시』, 『서』와 같은 고전은 당시 국가행정이나 외교에서 필수적인 교재나 예규집과 같은 구실을 했다고 본다.[52] 따라서 그 고전은 문장뿐 아니라 발음도 아언(정언)이라는 이름

---

50 讀先王典法 必正言其音 然後義全 故不可有所諱

51 13·05 참조.

52 발굴된 유물을 가지고 짐작컨대 한반도나 일본에서는 『논어』가 그 역할을

으로서 통용어 구실을 했다.[53] 당시 고전을 배운다는 것, 즉 아언을 배운다는 것은 행정(정치)과 외교의 교재를 배우는 것이었고, 그것은 곧 지배층의 업무였다. 공자가 만약 고전에 손을 댔다면 행정과 외교의 교재를 다듬었다는 뜻이 된다. 정이, 주희, 정약용은 '雅'를 '평소에'(=素) 또는 '언제나'(=常)라는 뜻의 부사로 새기는데, 그것은 '아언'이란 것에 대한 생각이 없어서이다. 雅를 속(俗)의 반대어로 보기도 하는데, 그것은 음악이나 시가에서의 경우이지 이 경우에 해당하지는 않는다.

   2) 執(집) : 주희는 '守(수)'라고 주하지만, '執典(집전: 의전을 주관함)'으로 새기는 것이 무난하다. 오규 소라이는 『예기·문왕세자(文王世子)』를 인용하면서 '예를 가르치다'는 뜻이라고 주하지만, 예는 책으로써 가르치는 것이 아니라 실제 의례를 집전하면서 가르치는 것이므로 '집'이라고 표현하지 않았을까 한다. '子所雅言詩書 執禮皆雅言也'로 끊어 읽는 오규 소라이의 견해에 동의한다. 다만 그도 역시 '아언'에 대한 개념은

담당했던 것으로 보인다. 따라서 고대 중국의 외교 방식은 고급의 문인들이 시를 주고받는 고상한 방식이었다는 설명은 난센스에 불과하다. 당시의 아언은 서주의 수도인 풍호(豊鎬, 지금의 西安) 지역의 어음(語音)이 아닌 동주의 수도 낙읍(洛邑, 지금의 洛陽) 지역의 어음이었다. 이후 당대에 이르기까지 표준어는 하낙(河洛) 지방의 방언이 중심이 되다가 송원 이후 북경말로 넘어갔을 것으로 추정한다. 서면어에서 비롯한 표준어는 관리들 사이에서만 사용되므로 그것은 관화(官話)라고 부르기도 했다.

53 '아언'이라고 부르는 발음의 표준은 동주 이후 수도였던 낙양지역이 되었다. 양웅의 『방언(方言)』이나 안지추(顔之推, 531~591 무렵)의 『안씨가훈·음사(音辭)』에서 확인할 수 있다. 서진이 남쪽으로 옮겨 간 뒤 송대에 이르기까지도 낙양지역 독서인의 발음은 높은 지위를 누렸고, 이후 점차 북경어가 표준이 된다. 장안 지역의 말은 표준이 된 적이 없다. 아언은 한대 이후 '正音'으로 불리다 명대 이후에는 '官話'라고 불린다. 청대 말엽에는 '국어'라고 부르다 요즘은 '보통화'라고 한다.

갖지 않았던 듯하다.

평설

　진(秦)은 통일 뒤 '거동궤(車同軌)'와 '서동문(書同文)'은 내세웠지만 '어동음(語同音)'을 내세우지는 않았다. 통일국가로서의 동질성을 유지하는 데에 문자의 통일이 필수라고는 여겼지만 언어의 통일에는 주의하지 않았던 것이다. 불가능한 일이라고 여겼을지도 모르지만, 중국어 자체가 서면어 성격이 강하기 때문에 필요를 느끼지 않았을 수도 있다. 필수적이지 않은 것까지 군이 시행하려다간 반발만 커질 뿐이라는 통치의 지혜쯤은 지녔을 것이다.[54] 한왕조 4백여 년을 거치면서 '서동문'이 완성되자 통용어에 대한 생각도 비로소 일어났는지 한대부터 통어(通語)라는 말이 나오기는 한다.[55] 당송대에는 문장이나 시가를 지을 때 정음(正音)을 매우 강조하였고, 명청대에 이르면 마침내 지배계층이 사용하는 관화(官話)라는 통용어가 등장하게 된다. 계급에 따른 언어가 형성되기 시작했던 것이다. 중화민국에 들어서는 국어(國語)라는 이름으로 통용어에 대해 관심을 갖기 시작하다가, 현재는 그것을 보통화(普通話)라고 부르면서 통일에 힘을 쓴다.[56]

54　엄밀한 의미의 '종족민족주의(ethnonationalism)'는 중국에 있지 않았다고 본다. '한족(漢族)'이라는 말도 혈통이나 언어에 따른 개념이 아니라 정치적 개념이다. 정치적으로 복속하면 한족으로 받아들였을 뿐이다. 역대 정권은 천하일통의 통일성과 전체성만을 강조했을 뿐 언어가 다르다고 해서 폭압하지는 않았다. 하지만『구약성서·사사기』12장의 '십볼렛(Shibboleth) 고사'에서 알 수 있듯이 발음을 가지고서 피아를 구분하는 사례는 세계사에서 많았다. 여러 언어가 만들어지도록 했다는 바벨탑 신화도 언어가 다른 탓에 폭력을 행사하던 환경에서 만들어진 설화일 수 있다.

55　양웅은 그것을 '通語', '凡語', '凡通語' 등으로 불렀다.

개인이 자신의 이름을 걸고 시를 짓기 시작하면서부터, 그러니까 시운(詩韻)에 대한 관념이 보편화하면서부터 지역에 따라 서로 다른 어음을 사용하는 데 대한 문제점을 인식하게 되었을 것이다. 당대 후기부터 보편화한 백화(白話)라는 문장체계도 당초 서민들의 구어를 표기하는 체계로서 등장한 것은 아니라고 본다. 식자층이 통용할 수 있는 서면어로 출발했을 것으로 짐작한다. 그러니까 백화문의 발달은 구어의 통일에도 일정한 기능을 했다고 본다.

7·19 葉公問孔子於子路 子路不對 子曰 女奚不曰其爲人也發憤忘食 樂以忘憂 不知老之將至云爾

(초나라) 섭공이 자로에게 공자(가 어떤 분인지)를 물었지만 자로는 대답하지 않았다. (그 사실을 알게 된) 스승님께서 말씀하시기를 : 너는 왜 (이렇게) 말하지 못했니? 그분은 발분하면 끼니도 잊고 시름일랑 음악으로 없애기 때문에 늙음(=죽음)이 닥치는 것도 모르는 그런 사람이라고 말이야.

---

56 1955년 전국문자개혁회의에서 한족의 공동언어를 보통화라고 이름한 뒤 본격적인 보급을 강화하면서 "북경어음을 표준음으로 하고 북방화(北方話)를 기초방언으로 하며 모범적인 현대백화문저작을 어법규범으로 한다."라고 정의하였다. 종래 중국은 문어만 표준화하려고 했지만, 1728년 옹정제가 각지에 정음서원(正音書院)을 설치하면서 구어의 표준화에도 노력하게 된다. 하지만 그 노력은 복주관화(福州官話), 광동관화(廣東官話), 하문관화(廈門官話)와 같은 새로운 방언만 만들어내는 결과를 낸다. 방언 지역에서 관화를 사용한다는 것은 자신이 지배계급임을 드러내는 일이다. 북경관화도 북경에 살던 만주인들이 만들어낸 방언이었다. 어쨌든 나중에는 관화, 즉 지배계층의 언어가 표준어가 되었다. 현 정부 들어서서 보통화를 보급할 때도 지방에서는 어느 정도 차별적인 분위기를 느낄 수밖에 없었을 것이다.

1) 葉公(섭공) : 초나라 섭현(葉縣, 지금 하남성의 속현)의 현윤(縣尹)이
었던 심제량(沈諸梁)으로서, 자는 자고(子高)였다. 현의 우두머리에 불과
하면서도 공(公)이라고 참칭했다고 공안국은 비난하지만, 초나라는 주왕
조에 신속(臣屬)한 적이 없었다. 그래서 군주를 왕이라 칭하고 지방관을
공이라고 부르는 것이 관행이었다. 『좌전』의 소공과 애공 사이의 기록에
서 그가 백성들 사이에 명망이 있었음을 확인할 수 있다. 반역자들이 영
윤(令尹)을 살해하고 권력을 장악하자 군대를 이끌고 가서 반란을 진압
한 적도 있고, 진압한 다음 자신은 권력을 차지하지 않고 질서를 회복한
다음 이전 영윤의 아들을 자리에 앉히고서 섭으로 돌아간 적도 있다. 아
마도 공자는 그의 그런 행동을 높이 샀을 것이다. 섭공과 공자의 만남은
13·16과 13·18에도 나온다. 섭공이 채(蔡)와의 병합 업무를 위해 채에
가 있는 동안 공자가 마침 채의 수도인 부함(負函)에 도착하자 섭공이
예로써 공자를 대우한 적이 있다고 한다. 『사기』에는 공자가 채에 간 것
이 경공이 죽은 다음 해라고 하는데, 사실이라면 공자 64세 때의 일이다.

2) 不對(부대) : 대답하지 않은 이유가 적시되지 않았기 때문에 자로
가 섭공을 탐탁지 않게 여긴 나머지 일부러 대답하지 않았다고 보기도
하고(황간과 주희의 해석), 적절한 묘사가 생각나지 않아서 대답하지 못
했다고 보기도 한다(공안국과 하안의 해석). 공자의 대꾸가 여유와 유머
가 담긴 표현이기는 하지만 아쉬움은 묻어나오는 듯하므로 후자의 경우
로 짐작된다. 섭공이 공자를 불러서 정사를 맡기려고 했지만 자로는 스
승이 응하지 않으리라 여기고서 대답하지 않았다는 황간의 해석은 공자
의 아쉬워하는 감정을 지나치게 의식한 해석일 것이다.

3) 發憤(발분) : 주희는 "알지 못하면 분을 내어 끼니를 잊을 정도이고,
알고 나면 즐거워 시름을 잊는다."[57]라고 주한다. 그러나 주2)에서 말했
듯이 공자의 대꾸는 여유와 유머를 담은 표현이지 긴장하면서 각오를 표

현한 것은 아니다. '발분'이라는 표현은 끼니를 잊을 정도로 몰입하는 즐거움이 있다는 여유로운 표현이지 학문이나 과업에 대한 의지를 드러내는 표현은 아니다. '樂以忘憂'도 시름을 이길 만한 수단은 얼마든지 있다는 표현이다. 『사기·공자세가』에는 '發憤' 앞에 '學道不倦 誨人不厭(도를 배우는 일에 게으르지 않고, 남을 가르치는 일에 싫증 내지 않는다)'이라는 여덟 글자가 추가되어 있는데, 사마천은 공자를 학구열에 불타는 사람으로 여긴 나머지 그렇게 표현했을 것이다.

4) 樂以(악이) : '以樂'을 도치한 구문이다. 흔히 '즐거움으로써 시름을 잊는다'고 새기지만 그것은 성립되기 어려운 표현이다. 樂을 '즐김'으로 새겨도 마찬가지이다. 무엇을 즐긴다는 것인지가 다시 문제 된다. 따라서 樂은 '즐거움'이나 '즐김'보다는 '음악'으로 새기는 것이 낫다고 본다.

5) 云爾(운이) : '云'은 '如此'의 뜻이다. '爾'는 '耳'와 마찬가지로 '~할 따름이다'는 뜻이다. 앞의 말을 총괄하면서 '이러할 따름이다'고 강조하는 어기를 나타낸다. 그런 어기사는 '云云', '爾爾' 등 다양하다.

평설

공자가 스스로를 묘사한 대목이라는 점에서 흥미롭다. 공자가 거백옥의 심부름으로 왔던 사람을 칭찬하는 내용인 14·25와 대조하면 더 흥미롭다.

이택후는 공자의 이 발언과 6·11에서 공자가 안회더러 '불개기락(不改其樂)'이라고 한 말을 가지고서 공자와 중국인의 우주관에 대해 설명한다. "이 '즐김'은 곧 仁이고 인생의 경지이면서 또한 인격적 정신이다. (…) 공자와 안회가 즐긴 것의 원시적 근원은 무속의 신비적 경험, 즉 사람과 우주만물이 합하여 일체가 되어 혼을 빼앗길 정도의 즐김이다. (…)

---

57   未得則發憤而忘食 已得則樂之而忘憂

650

객관적 정(情)과 경(境)이 있음으로 말미암아 주관적 情(생활에 대한 감정)과 境(인생의 경지)이 있게 되니 이것이 바로 중국철학의 주요 맥락이다. (…) 하느님 신앙이 없다는 바로 그 이유 덕분에 중국의 전통은 이 '삶을 즐기는' 우주관을 세울 수 있었고, 그것을 지지하고 분투해 나아가기를 추구했던 것이다."

간단히 말하자면 공자는 '삶을 즐기라'고 했다는 것이다. 樂을 '음악'이 아닌 '즐김'으로 해석한 것인데, 그렇게 해석한다 하더라도 늙어감도 잊는다는 공자의 즐김은 서구인들의 행복 추구와는 개념이 다르다. 행복을 위한 조건을 능동적으로 마련하자는 것이 아니다. 근심이 닥치기 전에 대비하자는 것도 아니다. 근심이 닥칠 경우 이렇게 처리하면 된다는 '처방'이다. 그 처방이란 근심을 애써 잊는 것이다. 그런데 근심이란 것이 잊자고 맘먹는다고 해서 잊히는 것은 아니지 않은가? 그래서 실제는 근심을 애써 '외면'할 뿐이다. 그러니 그런 처방은 무책임한 처방이다. 결국 잊히지 않는다. 잊었다고 믿자는 것일 뿐이다. 그것은 스스로를 속이는 짓이다. 얻어맞고도 아프지 않다고 생각하기만 하면 자신이 이긴 것이 된다는 아큐(阿Q)의 정신적 승리법이 바로 그 처방이다. 고통이나 시름이 닥치지 않도록 대비하지는 않으면서 고통을 아프다고 느끼지 말라고만 한다. 정신적인 상처마저 입지는 말아야 한다는 위로가 될지는 모르나, 그런 처방은 '즐김'이라고 표현할 수 있는 것은 아니다. 무속의 엑스터시만도 못하다. 압박과 살육과 전쟁이 일상적이었던 환경에서 살아가야만 하는 피지배층으로서는[58] 그 방법 외에 다른 처방은 없었을지도 모른다. 전체주의 사회가 지속되던 역사에서 형성된 지혜(?)일지도 모른다. 중국문화의 토양은 바로 그런 지혜이다.

---

58 비록 계층적으로는 지배계층에 속할지라도 신분사회에서는 기본적으로 꼭대기 한 사람을 제외하고는 모두 피지배자로서의 긴장을 지닐 수밖에 없다.

7·20 子曰 我非生而知之者 好古 敏以求之者也

스승님께서 말씀하시기를 : 나는 나면서부터 분별력을 가진 사람은 아니야. 역사에 대한 신뢰를 바탕으로 (고전과 역사지식을) 정밀하게 연구하여 분별력을 찾는 사람이지.

1) 生而知之(생이지지) : 生은 '태어나다'는 뜻의 용언이고, 而는 용언에 붙어서 부사로 만드는 접미사이다. 그리하여 '生而'는 '태어나면서부터(생득적으로)'라는 뜻의 부사가 된다. 知에 대한 설명은 9·29 참조.

2) 好古(호고) : 7·01에서도 "述而不作 信而好古"라고 말한 바 있는데, '好古'는 오래된 물건이나 기억을 좋아한다는 뜻이 아니라 전통에 대한 경애, 역사적 진실에 대한 믿음, 경박하지 않은 삶의 태도, 축적된 경험과 공동선에 대한 존중, 이런 것들을 숭상하고 학습하고자 하는 태도 등을 가리킨다. 인문학적 소양을 추구하는 태도라고 할 수 있겠는데, 그것을 '역사에 대한 신뢰를 바탕으로'라고 번역하였다.

3) 敏以(민이) : '以敏'의 도치로서 부사가 된다. 주희는 "빠르다는 뜻이다. 급급함을 일컫는다."[59]라고 주하지만, 1·14의 "敏於事"처럼 '審(심: 자세히 살핌)'의 뜻이다. 그래서 '정밀하게 연구함'이라고 번역하였다. 1·14의 주3) 및 17·06의 주2) 참조.

특별하게 영특한 사람을 '생이지지자'라고 불렀던 것은 춘추시대부터였나 보다. 요즘이라면 유전적 소인이라고 여기겠지만 당시에는 천명이라고 여겼을 것이다. 윤돈(尹焞, 1070~1142)은 "공자는 생득적으로 분별

---

59   速也 謂汲汲也

력을 갖추신 성인이시면서도 매번 호학을 강조하신 것은 제자들을 권면하기 위해서만은 아니다. 생득적으로 분별력을 갖출 수 있는 것은 의리이고 예악명물(禮樂名物)이나 고금사변(古今事變) 같은 것은 반드시 배운 다음에야 그것의 실제를 징험할 수 있기 때문이다."[60]라고 설명한다. 이학자(理學者)들이 생각하는 의리라는 것이 이성주의자들이 말하는 선험적 이성이나 칸트가 말하는 도덕적 양심과 비슷할지는 모르되, 인간에게는 일정 부분 타고난 바탕이 있다는 생각이라는 점에서는 주목되는 발언이다.

공자의 말에는 '나는 ~하다', '나는 ~한 경우를 아직 본 적이 없다(吾未見~)'처럼 일인칭의 단호한 말투가 많다. '無'나 '毋'와 같은 금지사를 사용하는 명령어도 많다. 일인칭 화법은 유별난 사명감을 갖거나 자부심 강한 사람들이 즐겨 사용한다. 그리고 공자는 제자에게 못마땅한 점이 있으면 부드러운 말로 깨우쳐주는 것이 아니라 곧바로 면박을 준다. 단정적인 표현을 즐겨 사용하고 규정하기를 좋아하며, '~라야 비로소 ~라고 할 수 있다'는 말투도 즐겨 사용한다. 예컨대 "너희들은 내가 무언가를 감춘다고 생각하느냐? 나는 너희들에게 감추는 바라고는 없다. 나는 무언가 행할 때 너희와 함께하지 않은 적이 없었다. 그런 사람이 바로 이 사람 丘이다."[61]와 같은 발언은 특히 '나'를 드러내는 표현이다. '나에게 복종하라'는 명시적인 강요만 없을 뿐이지 공자의 화법에서 교주다운 멘탈리티를 찾기는 어렵지 않다.

정현은 공자가 남들에게 배우기를 권한 것이라고 해석하지만 이 장도 역시 자기 자신을 드러내는 내용이다. 공자를 생이지지자로 치켜세우는

60　尹氏曰 孔子以生知之聖 每云好學者 非惟勉人也 蓋生而可知者 義理爾若夫禮樂名物古今事變 亦必待學而後有以驗其實也

61　二三子以我爲隱乎 吾無隱乎爾 吾無行而不與二三子者 是丘也(7·24).

사람이 있지도 않는데 '나는 생이지지자가 아니다'라고 말하는 것은 효과적인 자기 홍보이다. "내가 지식을 많이 가졌다고? 나한테 지식보따리 같은 것은 없어. 무식쟁이가 나한테 하찮은 것을 물을지라도 나는 텅텅 비어 있을 뿐이야. 나는 다만 어떤 문제이든 시작과 끝을 철저하게 파헤칠 따름이지."[62]라는 말도 마찬가지이다. 표현이야 자신을 낮추는 말이지만 실제는 자신을 과시하는 말이다.[63] 이런 말이 전설이 됨으로써 공자는 생이지지자가 되고, 오규 소라이 같은 사람에 의해서는 무오류의 절대성을 지닌 성인이 된다. 전설을 전달하는 사람도 마찬가지 효과를 얻는다. 공자를 높이는 주석은 결국 주석자 자신을 높이는 효과를 얻는다. 따라서 『논어』를 정확히 이해하기 위해 절실히 요구되는 것은 비판적 시각이다. 공자를 비판적으로 볼 수 있어야 한다. 절대를 부르짖는 사람치고 자신의 절대성을 회의하는 사람은 없다. 하지만 자신의 절대성을 믿는 사람보다 더 안타까운 사람은 없다. 16·09 참조.

7·21 子不語 怪力亂神

스승님께서는 (상식을 벗어난) 괴이(한 이야기), (범상하지 않은 엄청난) 힘(에 관한 이야기), (일상적이지 않은) 난리(상황에 관한 이야기), (초자연적인) 신이(한 이야기 등)에 대해서는 (결코) 말씀하지 않으셨다.

---

62   吾有知乎哉 無知也 有鄙夫問於我 空空如也 我叩其兩端而竭焉(9·08).

63   에디슨(Thomas Edison)이 했다는 "천재는 1퍼센트의 영감과 99퍼센트의 노력으로 이루어진다(Genius is one percent inspiration and ninety-nine percent perspiration)."라는 말도 비슷하다. 표현은 겸양이지만 자신이 천재임을 수용한다는 문장이다.

1) 不語(불어) : 입에 올린 적이 없다는 강한 부정이다. 그래서 '(결코)'를 넣었다. 그런 것에 가치를 두지 않았다는 뜻이다.

2) 怪(괴), 力(력), 亂(란), 神(신) : 이충(李充)은 "도리를 따르지 않는 힘이 怪力이고, 정도를 따르지 않는 신은 亂神이다."[64]라고 하지만, 두 글자씩 묶어서 읽지 않고 괴이(怪異), 용력(勇力), 패란(悖亂), 귀신(鬼神)으로 읽는 주희의 견해에 동의한다. "심상한 것을 말했지 괴상한 것을 말하지는 않으셨고, 덕을 말했지 힘을 말하지는 않으셨으며, 태평을 말하였지 난리를 말하지는 않으셨고, 사람을 말하였지 귀신을 말하지는 않으셨다."[65]라는 사량좌의 설명도 좋다. 여기의 '神'은 '귀신'이 아닌 '초자연적인 신이한 현상'이다. 神에 대한 설명은 2·24의 주) 참조.

공자는 비현실적인 것에 대해서는 관심을 보이지 않았다는 말이다. 이유는 설명하지 않는다. 「중용」의 "색은행괴(索隱行怪: 숨은 것을 들추어내고 괴이한 짓을 함)와 같은 것은 후세에 설명하는 사람이 나올 것이니까 나는 하지 않는다."[66]라는 대목을 이유로 삼을 수도 있겠지만, 실제·실용·실리가 아닌 것에는 도무지 점수를 주지 않는 그의 태도 때문이라고 본다. 인생은 현실 문제를 감당하기에도 벅차거늘 초현실적인 주제에 집착한다는 것은 현실 문제조차 어렵게 만들 뿐이라고 그는 생각한 것이다.[67]

64　力不由理 斯怪力也 神不由正 斯亂神也

65　語常而不語怪 語德而不語力 語治而不語亂 語人而不語神

66　子曰 索隱行怪 後世有述焉 吾弗爲之矣

67　공자는 제자들이 그런 주제에 대해 관심을 갖는 것조차 경계했다. "季路問事鬼神 子曰 未能事人焉能鬼 曰敢問死 曰未知生焉知死(계로가 귀신 섬기는 도리에 대해 여쭙자 스승님께서는, 살아 있는 사람 섬기는 일도 아직 잘하지 못하면서

현실 문제란 종당에 정치로 귀결되느니만큼 공자는 결국 정치적 과제에만 관심을 기울였다는 말이 될 것이다.

한왕조의 집권세력은 초유의 통일제국 진(秦)이 등장할 수 있었던 토대를 유지하면서 한편으로는 진이 실패했던 이유도 찾아서 보완해야 했다. 진이 탄생한 토대는 법이었지만 진의 패망 또한 법의 가혹함 때문이었다고 진단한 그들은 법가를 보완할 수 있는 방안을 다양하게 찾았다. 그리하여 고조부터 경제까지 소하(蕭何)·조참(曹參)·조조(鼂錯)와 같은 재상을 통하여 황로학(黃老學)이나 도가에 접근해보았다. 그러다가 마침내 무제에 이르러 통일제국의 이념으로는 유가가 가장 적합하다는 동중서의 건의를 수용하는데, 그 결단은 결국 성공적이었다. 이후 유가 이념은 2천여 년이 넘도록 중원을 차지하는 제국들마다 차례로 취하는 이데올로기가 된다. 실제는 법치를 하면서도 예교와 악교를 명분으로 내세우면 인민의 거부감을 줄이는 데 유효함을 알았던 것이다. 공자 생각의 핵심이 '질서의 안정적인 유지책'임을 간파한 동중서와 무제의 성공이라고 할 수 있다.[68] 이후 중국 유가의 범주는 무제가 의도한 범주로 설정된다.

어찌 죽은 귀신 섬기는 일부터 잘하려고 하느냐고 말씀하셨고, 죽음이 어떤 것인지에 대해서 여쭙자 삶도 아직 알지 못하면서 왜 죽음부터 알려고 드느냐고 하셨다)"(11·12)라는 대목이 그 증거이다. 2·18, 5·12, 5·22, 9·17, 9·19, 19·13의 평설 참조.

68 무제는 맹자가 강조하는 왕도정치를 시행하려 했던 사람은 아니었다. 무제는 황제(黃帝)처럼 불로장생하고자 여러 시도를 했던 사람이고, 그래서 급암(汲黯, ?~112 B.C.) 같은 사람은 무제더러 겉으로만 인의를 베풀고 속으로는 욕심이 많다고 지적한 바도 있다. "上方招文學儒者 上曰吾欲云云 黯對曰 陛下內多欲而外施仁義 柰何欲效唐虞之治乎 上怒變色而罷朝 公卿皆爲黯懼 上退謂人曰 甚矣汲黯之戇也(무제가 문학유자들을 초치해서는 '나는 이러이러하게 하고자 한다'라고 말하자, 급암이 대꾸하기를, "폐하는 속으로 욕심은 많으면서 겉으로는 仁義를 베풀려고 하십니다. 그래 가지고서 어떻게 요순의 치세를 따르려고 하십니까?"라고 하였다. 무제는 노하여 얼굴빛이 변하면서 조회를 파했다. 공경들 모두 급암이 벌

그것은 로마에서 기독교가 콘스탄티누스 황제의 의도대로 재탄생하게 되는 것과도 비슷하다. 신유가라고 불리는 송대의 성리학도 인간세계의 질서를 우주의 질서와 연결하려는 통일 원리나 다름없다. 개인의 권리, 자유, 상상력, 호기심 같은 것들은 주목의 대상이 아니었다. 개인의 절제와 도덕적 실천을 표방하기는 하지만 그것은 어디까지나 충신(忠信)하는 지배계층을 양성하기 위한 방편이다. 궁극적인 목표는 전제권력의 영속적 안정이다. 우주 질서와 인간사회 질서의 조화라는 원리를 바탕으로 강조되었던 질서의식도 정치권력의 서열화 외에 다름 아니었다. 현재 중국 공산당 간부들의 서열이란 것을 인민들이 정치적·행정적 책임의 서열로 보지 않고 권위의 서열로 보는 것도 그런 전통 때문이다. 집체를 강조하는 사회에서 개인의 존엄이나 욕망은 무시되기 일쑤일 뿐 아니라, 경우에 따라 그것은 집체에 대한 불온한 도전으로 규정되어 혹독한 대가를 치렀다. 성리학적 이상사회를 지향하는 국가는 물리적 힘을 거부하고 윤리의 힘을 강조하는 문화국가를 표방하지만, 대내적으로는 엄격한 규제를 행사하는 전체주의 국가이면서 대외적으로는 한없이 무력한 문약국이 되고 만다.[69]

을 받지 않을까 두려워했다. 무제는 조정에서 물러 나와 사람들에게 말했다. "대단하구나, 급암의 우직함은!")〈『한서』 권50 「장풍급정전(張馮汲鄭傳) 제20).

　맹자가 만약 생전에 집권했다면 자신이 주창했던 왕도정치를 어떤 식으로 시행하였을까? 그리고 역사는 그것을 어떻게 평가했을까? 일본이 만주 지역을 장악한 다음 내세웠던 슬로건이 왕도정치라는 것을 생각한다면 고대 정치인들이 내건 슬로건의 이면도 읽어낼 수 있을 것이다. 노신(魯迅, 1881~1936)은 『차개정잡문(且介亭雜文)』에서 "맹자는 주왕조 말기의 사람이기에 패도(覇道)를 논하는 것을 수치로 생각하였지만 그가 오늘에 태어났다면 아마 왕도를 논하는 것을 수치로 생각했을 것이다."라고 말한 바 있다. 14·21의 평설 참조.

69　조선왕조가 5백 년 넘게 유지될 수 있었던 힘이나, 조선이라는 국호를 지금도 사용하고 있는 북한 정권이 3대에 걸쳐 권력을 세습할 수 있는 힘은 바로 성리

한편 이 장을 근거로 공자는 신화적 사고나 주술적 사고를 부정했다면서, 공자야말로 이성주의와 합리주의의 길을 연 사람이라고 설명하는 주석가도 많다.[70] 그러나 실증하기 어렵고 실익 없는 것에는 외면한다는 태도만을 이성주의나 합리주의라고 부를 수는 없다.

7·22 子曰 三人行必有我師焉 擇其善者而從之 其不善者而改之

스승님께서 말씀하시기를 : (단지) 셋이 모이더라도 (그 가운데는) 내(가) 스승(으로 삼을 만한 사람)이 있기 마련이다. (그 가운데) 좋은 사람을 가려서 (그 사람의 좋은 점을) 따르고, 좋지 않은 사람을 가려서 (나의 행실에도 그런 점이 있는지를 찾아서) 고친다(면 누구든 나의 스승이지 않겠는가?)

주

1) 三人行必有我師焉(삼인행필유아사언) : 하안의 『논어집해』를 비롯하여 당석경, 정주한묘죽간본 등 여러 판본에는 '我三人行'이라고 되어 있다. '나를 포함한 세 사람'이라는 생각을 반영하고자 그렇게 되었을 것

학적 이념, 즉 질서의 완벽한 무장에 있다. 내부적 변동 요인이나 외부적 변화 요인이 아무리 클지라도 기존 질서에 대한 존중은 그보다 훨씬 더 크다. 북한은 외형상 서구의 사회과학 이념을 강령으로 채택한 정당이 지배하는 국가이지만 실제에 있어서는 이처럼 완벽한 성리학적 왕조국가이다. 그 점을 이해하지 못하면 북한 정권에 대한 이해는 불가능하다. '선군정치'니 '강성대국'이니 하는 북한의 정치적 구호는 성리학적 이상국가가 지녔던 문약이라는 한계를 파악하고서 그것을 극복하고자 내거는 것이다.

70 신정근, 앞의 책 참조. 김용옥도 "공자는 괴력난신을 말하지 않았다는 이 한마디가 유교문화권 문명의 합리성의 기초가 되었다는 것은 이미 통시적·공시적 사실이다."라고 주장한다.

이다. 『사기·공자세가』를 비롯한 다른 판본 가운데는 '必得我師焉'으로
된 것도 있다. 누구든지 스승으로 삼을 수 있다는 생각을 적극적으로 표
현하기 위해 '有' 대신 '得'을 썼을 것이다. '行'은 길을 간다거나 하는 행
위를 가리키지는 않는다. 인원 조합을 표현하는 말이다.

　2) 擇其善者(택기선자) : 擇은 능동적으로 선자를 찾는 것이 아니라
선자가 있으면 따르는 선택을 하라는 뜻이다. '其不善者~'에서는 '擇' 자
가 생략되었다. 선자는 '착한 사람'이 아니라 '좋은 점을 갖춘 사람'이라
는 뜻이다.

　3) 改之(개지) : 그 사람의 나쁜 점이 나에게도 있는지 살펴서 고친다
는 뜻이다. 그 사람을 고쳐준다는 뜻이 아니다.

평설

　한 사람은 자신이고 한 사람은 선한 사람이며 나머지 한 사람은 악한
사람인 경우라고 주희는 설명한다. 하지만 그처럼 도식적인 인원 조합을
표현한 것은 아니다. 다만 한두 사람일지라도 나와 관계를 맺게 되는 사
람이라면 누구든 스승으로 삼을 수 있어야 한다는 뜻을 표현하고자 한
말이다. 스승이란 것의 의미를 확장시키는 발언이다. 나와 관계하는 사
람이 나보다 좋은 점을 갖추었다면 말할 것도 없고, 모조리 나보다 못한
사람들뿐일지라도 반면교사로 삼으면 되지 않느냐는 주문이다. 4·17의
"현명한 사람을 만나면 나도 그와 나란한 정도가 되고자 마음먹고, 현명
치 못한 사람을 만나면 나에게도 그 사람과 비슷한 점은 없는지 속으로
스스로 살펴보게 된다."[71]라는 말과 다름없다. 그러니 이 문장을 두고서

71　見賢思齊焉 見不賢而內自省也(4·17). 정이의 제자로 『논어해』를 지은 윤
돈도 "현명한 사람을 만나보게 되면 자신도 그와 같아지기를 생각해보고, 현명치
않은 사람을 만나보게 되면 자신에게도 그를 닮은 점이 있는지에 대하여 속으로

선자는 누구이고 불선자는 누구이니 하는 설명은 끼어들 여지가 없다. '3'이라는 숫자의 의미를 설명할 필요는 더욱 없다. 나와 묶을 수 있는 가장 적은 숫자를 '3'으로 표현했을 뿐이다. 내 앞에 걸어가는 세 사람이라느니, 나를 포함한 세 사람이라느니 하는 따위의 설명은 불필요하다.

7·23 子曰 天生德於予 桓魋其如予何

스승님께서 말씀하시기를 : 하늘이 나한테 덕을 내려주셨거늘, 환퇴 그 녀석이 나를 어떡하겠어?

주

1) 桓魋(환퇴) : 송경공(宋景公, 517~469 B.C. 재위) 무렵에 사마(司馬)를 지냈던 向魋(상퇴)이다. 환공의 후손이기 때문에 환퇴라고도 불렀다. 『좌전』에 의하자면 당시 그의 다섯 형제가 모두 송나라에서 위세를 떨쳤다고 하는데, 환퇴는 둘째 아들이고 12·03에 나오는 사마우는 셋째라고 한다. 하지만 12·03에 나오는 사마우는 환퇴의 동생과 별도의 인물이라는 주장도 있다.

2) 如予何(여여하) : 의문사 '如何'는 목적어를 가운데에 둔다.

평설

배경 설명이 없어서 어떤 맥락에서 나온 발언인지 알기는 어렵다. 그래서 주석가들은 배경을 설명하고자 노력하는데, 『사기·공자세가』는 다음과 같이 기술한다. "공자가 조(曹)나라를 떠나 송(宋)으로 가는 도중

스스로 반성한다면 착한 사람이건 모진 사람이건 모두 나의 스승이 되는 것이니, 착함으로 나아가는 길에 끝이 있을 수 있겠는가."라고 주한다.

커다란 나무 아래에서 제자들과 예를 공부하고 있었는데, 송나라의 사마 환퇴가 공자를 죽이려고 그 나무를 뽑자 공자는 그 자리를 떴다. 제자들이 빨리 달아나자고 하자 공자는 '하늘이 나에게 덕을 내려주셨거늘 환퇴 그 사람이 나를 어찌하겠는가'라고 말하였다."[72] B.C. 493년(애공 2년, 송경공 24년)의 일인데, 환퇴가 공자를 죽이려 한 이유는 없고, 죽이고자 커다란 나무를 뽑았다는 설정도 어설프다.『예기·단궁』에서는 자유의 입을 빌려 이렇게 말한다. "예전에 부자께서 송나라에 계실 때 환퇴가 자기 죽은 뒤에 쓸 석곽을 만드는데 3년이 걸려도 완성하지 못하는 것을 보고 부자께서 '그처럼 낭비하다니, 죽으면 빨리 썩는 게 낫다'고 말했다."[73] 그러나 그 기록도 환퇴의 겁박이 있었고, 그것을 걱정하는 제자들에게 공자가 위와 같이 말했다는 사실 외에는 없다. 환퇴가 공자를 죽이려 한 이유로는 석연하지 않다.

자신이 해를 입을 리 없다는 장담을 하늘을 빌려서 하는 것은 9·05와 마찬가지이다. 내가 살아 있는 것은 하늘의 뜻이므로 누구도 하늘의 뜻을 거슬러 나를 해칠 수는 없다고 공자는 자주 말했다. 공자의 이런 장담에 감읍하는 제자라면 공자를 충분히 교주처럼 모셨을 것이다. 공자가 지녔던 카리스마의 원천은 이처럼 자신을 하늘이 보낸 사람으로 장담하는 일이었다.

덕을 하늘이 내려주는 것으로 표현한 것은 이 문장이 처음이다. 보통 성(性)은 하늘이 내려준 것으로, 덕은 스스로 닦는 것으로 표현하는데[74]

---

72   孔子去曹適宋 與弟子習禮大樹下 宋司馬桓魋欲殺孔子拔其樹 孔子去 弟子曰可以速矣 孔子曰 天生德於予 桓魋其如予何

73   昔者夫子居於宋 見桓司馬自爲石槨 三年而不成 夫子曰 若是其靡也 死不如速朽之愈也

74   1·09의 주) 참조.

여기서는 덕도 하늘이 내려준 것이라고 한다.

7·24 子曰 二三子以我爲隱乎 吾無隱乎爾 吾無行而不與二三子者 是
丘也

스승님께서 말씀하시기를 : 너희들은 내가 (무언가를) 감춘다고 생각하니? 나
는 (너희들에게) 감추는 것이라곤 없다. 나는 너희들과 함께하지 않은 일도 없
어. 그런 사람이 바로 됴야.

1) 二三子(이삼자) : 3·24, 9·12, 11·11에서도 나오는 호칭으로, 스승
이 제자들 면전에서 '너희들' 또는 '여러분들'이라고 부르는 호칭이다. 공
자의 재전(再傳) 제자를 가리킨다거나, 제자 가운데 사과십철(四科十哲)
과 같은 현명한 제자를 가리킨다는 주석들은 근거 없다.

2) 乎爾(호이) : 爾를 인칭대명사로 보고서 '너희들에게'라고 번역하는
경우가 많지만, 두 글자 모두 『맹자·진심하』의 "然而無有乎爾 則亦無有
乎爾"와 마찬가지의 어조사라는 오규 소라이의 주장에 동의한다.

3) 與(여) : 주희는 '示'와 같다고 한다. 유교 역사 일천수백 년의 축적
을 한 몸에 담겠다고 자부했던 주희로서는 스승이 제자에게 '함께하다'
라고 말한다는 것을 수용할 수 없었기에 그렇게 주했을 것이다. 이 문장
에서 '함께하다'는 말은 공자가 제자들과 대등한 자격으로 일했다는 뜻
이 아니다. 제자들이 알 수 있도록 공개적으로 처신했다는 의미라고 본
다. 그래서 공자는 감추지 않았다고 말하는 것이다.

배경 설명은 없지만, 무단하게 꺼낸 말은 아닌 듯하다. 스승이 자기들

에게 뭔가 감추는 것이 있다고 의심하는 제자가 있음을 알게 되자 해명하는 말이었을 것이다. 그렇다면 그 제자는 스승이 무엇을 감춘다고 여겼을까?

주희를 비롯한 대부분의 유자는 물론 최근의 이택후까지도, 성인의 도가 높고 깊어서 제자들이 도저히 따라갈 수 없다고 느낀 나머지 스승께서 무언가 감추는 것이 있다고 생각했을 것이라고 설명한다. 장재(張載, 1020~1077)의 제자로 『여씨향약(呂氏鄕約)』을 지은 바 있는 여대림(呂大臨, 1040~1092)도 "성인은 도를 체득함에 있어 감추는 바가 없으니 하늘의 모습과 마찬가지로 밝아서 지극한 가르침을 언제나 사람들에게 보여주고 있지만, 다만 사람들이 스스로 자세히 살피지 않을 따름이다."[75] 라고 설명한다. 하지만 그런 해석들은 너무 교조적이다. '二三子以我爲隱乎 吾無隱乎爾'만 있다면 그렇게 해석하더라도 무방하겠지만, 이어지는 '吾無行而不與二三子者 是丘也'라는 구절은 도저히 그렇게 볼 수 없게 만든다. '無行'은 어떤 일에서건 너희들과 상의 없이 단독으로 처리한 적은 없었다는 강조이다. 어떤 일에서 제자들이 스승의 처신을 오해한다는 것을 공자가 눈치 채고서 해명하는 것처럼 들린다. 공자는 공산불뉴가 부를 때도 가려고 했고 양화가 부를 때도 가려고 했으니 혹시 그런 일로 인해 자로를 비롯한 제자들이 의구심을 품었을지도 모르겠다. 그게 아니라 하더라도, 공자의 도가 깊고 학식이 넓어서 제자들이 의심했다는 설명은 받아들이기 어렵다. 공자는 평소의 태도보다는 훨씬 적극적으로 해명하고 있기 때문이다.

공자가 지금까지도 영향력을 발휘할 수 있는 근거는 온전히 『논어』라는 매체 때문이다. 그만큼 영향력을 지닌 매체가 만들어질 수 있었던 것은 이처럼 공자가 제자들에게 군림하지 않고 함께하는 자세를 표방했기

---

[75] 聖人體道無隱 與天象昭然 莫非至敎 常以示人 而人自不察

때문이라고 본다. 공자는 자신이 천명을 받았다고 자부하기 때문인지 제
자들에게 비교적 꾸미지 않고 드러냈다고 본다. 천명을 가탁하기는 했어
도 인위적인 권위를 강요하지는 않았다. 그의 이런 자세는 공자보다 1백
년쯤 뒤에 문파를 이루었던 묵자나 B.C. 300년경에 이름을 날렸던 순자
의 경우와는 사뭇 다르다고 H.G. 크릴은 지적한다.[76]

7·25 子以四敎 文行忠信
스승님께서 (제자들을) 가르치시는 수단은 네 가지였다. (그것은 역대의) 문헌,
(군자다운) 행실, (공무를 담당할 때의) 진심, (교우관계에서의) 신용이다.

평설

형병은 문·행·충·신을 각각 '선왕의 유문(遺文)', '덕행', '마음에 감추
는 것이 없음', '남의 말에 속지 않음'이라고 설명한다. 주희는 "글을 배
우고 행실을 닦아 충과 신을 간직하도록 남을 가르치는 것"[77]이라는 정
이의 설명을 옮긴다. 김이상(金履祥, 1232~1303)은 『논어집주고증』에서

---

[76] 그는 『묵자』와 『순자』의 다음 대목을 사례로 들고 있다. "子墨子曰 吾言足
用矣 舍言革思者 是猶舍穫而攈粟也 以其言非吾言者 是猶以卵投石也 盡天下
之卵 其石猶是也 不可毁也(묵자께서 말씀하시기를, 내가 하는 말은 효용이 넉넉
하다. 내 말을 버리고 딴 생각을 하는 사람은 수확을 포기하고 곡식을 주우려고 하는
것과 같다. 자기 말을 가지고 내 말을 비난한다면 계란으로 바위를 치는 것과 같아서
천하의 계란을 다 가져다 치더라도 바위는 끄떡없을 것이다)"〈『묵자·귀의(貴義)』〉,
"不是師法 而好自用 譬之是猶以盲辨色 以聾辨聲也 舍亂妄無爲也(스승의 방
법이 아닌 자신의 방법을 곧잘 사용하는 것은 비유컨대 맹인이 빛깔을 구분하고 귀머
거리가 소리를 구분하는 것과 같다. 정신 나간 사람 아니고서는 그런 짓을 하지 않는
다)"〈『순자·수신(修身)』〉.
[77] 教人以學文修行而存忠信

문·행·충·신을 인과적으로 풀어서 설명한다. 즉, 먼저 시·서·육례 같은 문헌을 가르치고 그다음 행실을 가르치는데, 마음을 진실하게 보존하지 않는다면 아는 것만으로는 부족하므로 충과 신을 가르쳐야 한다는 것이다. 그러나 인과적인 설명은 불교적이다. 더구나 이 문장의 중점은 네 가지 외에 다른 것은 필요 없다는 데에 있지 네 가지가 무엇인지에 있지는 않다. 따라서 신은 과학적 사유와 관련되고 행은 사회과학적 측면이라는 김용옥의 설명은 문행(文行)이 외적인 것이고 충신(忠信)이 내적인 것이라는 정약용의 설명보다 못하다. 공자가 강조한 충과 신은 "爲人謀而不忠乎 與朋友交而不信乎"(1·04)라는 증삼의 말에 집약되어 있다고 보면 된다.

공자의 생각을 현대어로 설명하는 것이야 필수적이지만 공자의 생각을 현대적 관념에다 집어넣으려고 해서는 안 된다. 틀 자체가 서로 다른 데도 억지로 유사성을 강조하는 것은 왜곡이다. 같게 보자면 같지 않은 것은 하나도 없고 다르게 보자면 같은 것이라곤 하나도 없는 것이 세상이다. 유교문화는 유교문화대로, 서구문화는 서구문화대로 보아야지 굳이 양자를 서로 대입할 필요는 없다. 인도문화인 불교를 중국문화에 대입시켜서 이해하려는 격의(格義)불교 방식이 불교를 왜곡하였듯이, 중국문화를 서구문화 방식으로 해석하려는 것도 결국 왜곡을 낳을 뿐이다.[78]

文에 대한 설명은 1·06 참조. 忠에 대한 설명은 1·04의 주) 참조.

---

[78] 중국적 사유 틀인 도가의 관념을 빌려서 불교 교리를 설명하려 했던 초기 중국불교를 중국불교사에서는 격의불교라고 부른다. 격의 방식은 결국 불교를 이해하는 데 도움 되지 않았을 뿐 아니라 중국불교를 왜곡시키는 결과만 낳았다. 격의불교를 탈피하려는 노력이 나중에 시도되기는 하지만 성공했다고 볼 수는 없다.

7·26 子曰 聖人 吾不得而見之矣 得見君子者 斯可矣 子曰 善人 吾不得
而見之矣 得見有恒者斯可矣 亡而爲有 虛而爲盈 約而爲泰 難乎有恒矣
스승님께서 말씀하시기를 : 성인을 내가 (만나)보기는 글렀고, 군자라도 (만나)
볼 수 있으면 괜찮겠다. (또한) 스승님께서 말씀하시기를 : 선인을 내가 (만나)
보기는 글렀고, 꾸준한 사람이라도 (만나)볼 수 있으면 괜찮겠다. 없으면서도
있는 척, 비어 있으면서도 차 있는 척, 쪼들리면서도 넉넉한 척하는 사람은 꾸
준하기가 어려워.

주

1) 善人(선인) :『논어』에 나오는 '선'이나 '선인'의 의미에 대해서는 2
·20의 주)에서 설명한 바 있다. 이 장에서 공자가 군자를 성인의 아래 단
계로 여기고 유항자(有恒者)를 선인의 아래 단계로 여기는 것은 분명하
다. 하지만 선인과 군자 사이를 어떻게 설정하고 있는지는 분명하지 않
다. 공자는 자신이 등용되면 3년 내에 완성을 볼 것이라든가(13·10), 선
인이 백 년 정도 나라를 다스리면 살인이 없어질 것이라든가(13·11), 왕
자가 나오더라도 한 세대는 지나야 사람들이 인하게 될 것이라든가(13·
12), 성인과 군자는 대등하다(9·06)는 말을 한 적이 있고, 13·11 및 13·
29에서는 정치를 잘하는 사람을 선인이라고 불렀다.[79] 이런 여러 호칭들
은 위계나 층차를 나타내는 호칭이기는 하지만 공자가 그때그때 임의적
으로 표현한 것이지 시스템적인 사고에 따른 호칭은 아니다.[80] 호칭들의
위계를 굳이 헤아리자면 성인을 최상위로 표현했다고 본다. 공자는 성인
이라는 호칭을 요·순·우처럼 전설적인 군주에만 한정하였으므로 선인

---

79 20·01에서 '선인'은 단순히 착한 사람이라는 의미이다.
80 그래서 왕응린도 여기의 '선인'은『상서』의 '길사(吉士)'와 같고 '유항'은『상
서』의 '상인'과 같다고 표현한다.

이 성인의 이칭이라는 한유의 견해는 엉뚱할 따름이다.[81] 『논어』는 수십 년에 걸쳐 뱉었던 공자의 말을 모은 것일 뿐 일률적인 기준에 따라 편찬한 저술이 아니기 때문에 그런 호칭들 각각의 개념이나 관계에 대한 설명을 기대하기는 어렵다. 한자를 가지고 만드는 문장체계 또한 논리적 정합성에 유의하는 방식이 아니기 때문에 그런 호칭들은 쓰임에 따라 의미가 가변적일 수도 있다.

3) 有恒者(유항자) : 선인보다는 못할지라도 일정한 기준은 꾸준히 유지하는 사람을 가리키는 호칭으로 짐작되는데, 맹자는 이를 '항심을 지닌 자'라고 표현했다. 이어지는 공자의 설명을 보자면 꾸밈없고 허풍 없는 사람을 가리킨다. 恒이라는 글자에 유의한다면 한국어로는 '꾸준함을 지닌 사람'이라는 표현이 적절하다. 恒에 대해서는 13·22 참조.

4) 約(약), 泰(태) : 『논어』에 나오는 約은 '절약'[82]과 '제약'[83]의 두 가지 뜻이 있다. 여기서는 '태'의 반대어로 쓰였기 때문에 전자인데, 쪼들리는 상황을 표현한다. '泰'의 번역어는 '태연하다'보다는 입말인 '널널하다'가 적절하지만, 約의 반대어인 점을 생각하여 '넉넉하다'를 선택하였다.[84]

> **평설**

『논어주소』는 성인·군자·선인·유항자 모두 군주를 가리킨다면서, 명군이 없음을 공자가 통한한 것이라고 한다. 그러나 이 문장의 중심어는 성인도 군자도 선인도 아닌 유항자이다. 유항자라도 될 수 있어야 한다

---

81 『논어필해』「선진」편.

82 不仁者 不可以久處約(4·02).

83 君子博學於文 約之以禮(6·27).

84 '낭비', '헤픔', '사치' 등도 적절하지 않다. '넉넉하다'는 裕의 번역어로 더 적당하지만 여기서는 泰의 번역어로도 무방하다. 정약용은 約을 '所持者少(가진 게 적음)', 泰를 '所充者實(꽉 차게 채워져 있음)'이라고 표현한다.

고 강조하는 문장이다. 공자가 강조했던 '유항자'를 맹자 이후로는 '유항심자'로 이해하게 되고, '유항심자'라고 하면 변함없는 지조를 갖는 사람을 생각하게 된다. 하지만 공자는 이처럼 실제와는 다르게 자신을 꾸며서 내보이지 않는 사람 정도를 말했다. 士는 일정하면서 꾸준한 태도를 지녀야 한다고 여겼던 것이다.[85]

7·27 子釣而不綱 弋不射宿

스승님께서는 낚시질은 할지언정 (대량으로 잡기 위한) 주낙질은 안 하셨고, 주살질을 하더라도 깃들어 있는 새를 쏘지는 않으셨다.

| 주 |

1) 綱(강) : 그물의 굵은 줄, 즉 벼리를 綱이라고 한다. 흐르는 물의 양쪽에 굵은 줄을 걸어놓고 그 줄에 낚시를 여러 개 달아서 고기를 대량으로 잡는 방법인 '주낙'을 가리킨다. 網(망)으로 된 판본도 있는데, 그렇다면 '그물질'을 가리킬 것이다.

2) 弋(익) : 화살에 생사를 매어서 쏘아 새를 잡는 도구인 '주살'이다.

3) 宿(숙) : 宿鳥(둥지에 깃든 새)를 가리킨다.

| 평설 |

그저 살생하지 말라고 하는 것이 아니라 살생에도 금도가 있다는 이 말은 광고카피처럼 사람의 감성을 흔든다. 『논어』의 이런 대목은 공자를

---

85 나아가 맹자는 항산이 충족되지 못해 방벽사치(放辟邪侈: 방탕, 모난 짓, 삿된 짓, 분수에 넘치는 짓)하게 되는 것을 '무항심'이라고 표현한다(『맹자·양혜왕상』).

휴머니스트로 인식하게 만든다.

　주희는 "공자는 어려서 빈천했기 때문에 어머니를 봉양하거나 제사를 지내기 위해 부득이 낚시질과 주살질을 했는데, 『맹자·만장하』에 나오는 獵較(엽각)이 그 사례이다. 그러나 모조리 잡는 것이 목표가 아니었기 때문에 그런 짓은 하지 않았다. 이런 점에서 어진 사람의 본심을 알 수 있다. 동물을 이처럼 자애롭게 대하는 것을 보면 사람을 대하는 자세도 알 수 있고, 작은 일도 이처럼 꼼꼼하게 대하는 것을 보면 큰일을 처리하는 자세도 짐작할 수 있다."[86]라는 홍흥조(洪興祖, 1070~1135)의 주석을 인용한다.

　오규 소라이는 주희의 견해를 다음과 같이 부정한다. "옛날 예법에서 士는 주살질과 낚시질만 할 수 있었고, 그물질이나 잠자는 새를 잡는 일은 백성들이나 하지 군자는 하지 않았다. 어떻게 알 수 있는가? 천자나 제후는 제사를 지내거나 손님을 접대할 때 수렵을 하는데, 전문적으로 그런 일을 하는 사람이 없을까만 몸소 하는 것은 귀신이나 손님에 대한 공경함 때문이다. 수렵은 힘든 일이라서 士가 할 수 있는 일이 아니지만, 제사를 지내거나 손님 접대를 위해 낚시질과 주살질을 군이 하는 것은 예법에 그렇게 하도록 되어 있기 때문이다. 옛날에는 예를 귀히 여기고 재물을 귀히 여기지는 않았기 때문에 반드시 잡아야 한다는 생각으로 수렵하지는 않았다. 그래서 천자나 제후는 수렵할 때 세 방면에서 몰이질만 하고 士도 그물질을 하거나 잠든 새를 잡거나 하지는 않았다. 후세 유자들은 도와 예를 모르기 때문에 이 장의 해석에 있어서도 예를 찾지는 못하고 인자의 마음 운운하기만 하면서 궁색해졌다." 내려오는 규범일 뿐인데도 딴소리하고 있다는 투이다. 그러나 『주례』, 『의례』, 『예기』에서 오

86　孔子少貧賤 爲養與祭 或不得已而釣弋 如獵較是也 然盡物取之 出其不意 亦不爲也 此可見仁人之本心矣 待物如此 待人可知 小者如此 大者可知

규 소라이가 지적하는 내용과 부합하는 대목은 찾을 수 없다. 『예기·왕제』나 『예기·중니연거』에 그런 취지와 비슷한 대목이 있을 따름이다.[87]

7·28 子曰 蓋有不知而作之者 我無是也 多聞 擇其善者而從之 多見而識之 知之次也

스승님께서 말씀하시기를 : 알지도 못하면서 시작부터 하는 사람이 있는데, 나한테 그런 점은 없다. 널리 듣고서 (그 가운데서) 좋은 것을 따르고, 많이 보고서 (그 가운데서 좋은 것을) 새겨두면 (上知는 못 될지라도 上知) 다음의 지는 된다.

주

1) 作(작) : 동작이나 일을 '시작하다'는 뜻이지 '창작하다'는 뜻은 아니다. '일단 저지르고 본다'는 어기가 있다. 作을 무언가 만들어내는 것으로만 이해하기 때문에 정약용은 '책을 쓰는 것'이라고 주장하게 된다. 공자 당대에 저술활동이라는 것이 일반적이지도 않았다. 7·01의 주) 참조.

2) 識(지) : '기록하다'라는 표현이지만, 문자로 적는 것만이 아니라 분명하게 기억하는 것도 포함하는 뜻이기 때문에 '새겨두다'라고 번역하였

---

87 이런 대목은 있다. "天子諸侯無事則歲三田 一爲乾豆 二爲賓客 三爲充君之庖 無事而不田曰不敬 田不以禮曰暴天物 (…) 草木零落然後入山林 昆蟲未蟄 不以火田 不麛不卵不殺胎不殀夭不覆巢(천자와 제후는 특별한 일이 없는 한 일 년에 세 번은 전렵을 한다. 그 목적은 첫째, 제사 음식을 마련하고, 둘째, 빈객을 접대하며, 셋째, 군주의 찬거리를 마련하는 데에 있다. 특별한 일이 없는데도 전렵을 하지 않으면 불경이고, 전렵하되 예법을 어기면 하늘이 내린 생물을 해치는 것이 된다. (…) 초목이 진 다음에야 산림에 들어가고, 곤충이 겨울잠에 들기 전에는 불 지르는 방법으로 전렵하지는 않으며, 새끼를 밴 짐승이나 알을 품은 조류, 어린 짐승 등은 잡지 않고, 새둥우리도 파괴하지 않는다)"〈『예기·왕제』〉.

다. 정주한묘죽간본에는 志로 되어 있다. '문제를 인식하다'로 새겨야 한다는 김용옥의 견해는『논어』를 철학서로 보려는 견해이다.

3) 知之次(지지차) : 次를 '차서(次序)'로 새기는 주석가가 많은데,『논어』에 나오는 '次'는 모두 '差一等' 또는 '次一等'의 뜻이지 '次序'의 뜻은 없다. 이 문장의 '知之次'도 "生而知之者上也 學而知之者次也 困而學之 又其次也"(16·09)에서와 마찬가지로 버금, 즉 한 단계 아래라는 뜻이다. 공자는 7·20에서 자신은 생이지지자가 아닌 학이지지자로 자처하였다. 그렇다면 앞 구절에서 '나에게 부지이작지하는 바는 없다'라고 말한 것은 자신이 '생이지지자'는 아니라는 강조이고, 뒤 구절에서 '지지차'를 말한 것은 자신의 방법론이 '생이지지' 아래의 단계는 된다는 표현으로 보아야 할 것이다. 知에 관한 설명은 9·29 참조.

7·29 互鄕難與言童子見 門人惑 子曰 與其進也 不與其退也 唯何甚 人潔己以進 與其潔也 不保其往也

호향의 '상대 못 할 동자'가 (스승님을) 접견하기로 했다(는 소식에) 문인들은 당혹(한 나머지 반대)하였다. (그러자) 스승님께서 말씀하시기를 : (사람이란) 진보(적인 점)은 인정해주고 퇴보(적인 점)은 인정해주지 않으면 되거늘 뭘 그리 심(하게 반대)하느냐? 사람이 스스로를 깨끗이 하고서 진보하면 '깨끗해진 점'만을 인정해주면 되지 지난날(의 깨끗하지 못했던 점)을 계속 문제 삼지는 않아야 해.

| 주 |

1) 互鄕(호향) : 어느 고장인지 알 수 없다. 실제의 지명이 아닐 수도 있다. 주희가 "그 고을 사람들은 불선(不善)에 젖어 있기 때문에 그 고을 사람들과 선을 말하기는 어렵다."[88]라고 주하듯이, 대체로 '難與言(더불

어 말하기 어렵다)'을 '호향'의 보어로 이해한다. 그러나 불선한 사람들만
모여 사는 고을이 있다는 생각은 난센스라고 본다. 그래서 천민들이 사는
마을이나 죄수들이 사는 마을을 가리킨다고도 하지만, 설령 그렇다 한들
그 동네에 사는 동자마저 불선에 젖었다고 생각하는 것도 억지이다.

2) 難與言童子(난여언동자) : 따라서 '난여언'은 '호향'의 보어가 아니
라 동자를 수식하는 관형격이라고 본다. 즉, '말 상대하기 어려운 동자'라
는 뜻이다.[89] 고약한 말대꾸를 기막히게 잘하기로 이름난 '상대 못 할 동
자'라는 뜻으로 짐작된다. 그렇게 해석하는 이유는 다음과 같다. 『전국책·
진책(秦策)』에는 항탁(項橐)이라는 일곱 살 난 동자가 공자와 대담하여
공자를 꼼짝 못 하게 만든 바람에 공자의 스승이 되었다는 내용이 있고,
『사기·저리자감무열전(樗里子甘茂列傳)』에는 감라(甘羅)가 문신후(文
信侯)에게 "項橐은 일곱 살일 때 공자의 스승이 되었는데 저는 지금 태
어난 지 12년이나 되었습니다."라고 말하는 대목이 있다. 그리고 그와 유
사한 이야기는 『회남자·수무훈(修務訓)』, 『논형·실지(實知)』, 『신서·잡
사(雜事) 5』, 『안씨가훈·귀심(歸心)』, 『역조고사통종(歷朝故事統宗)·소
아론(小兒論)』 등에도 실려 있다. 「신편소아난공자(新編小兒難孔子)」라
는 단편의 글로도 유통되었으니, 예컨대 돈황문서에도 「공자항탁상문서
(孔子項託相問書)」라는 이름의 필사본이 여럿 있다. 그 이야기는 매우
일찍부터 광범위하게 퍼졌음을 알 수 있다. 일종의 골계류 희극인데, 『논
어』의 이 장을 근거로 해서 공자가 동자와의 말 겨루기에서 졌다는 이야
기를 만들어냈을 수도 있지만 거꾸로, 재담을 잘해서 공자를 감탄케 했

88　其人習於不善 難與言善

89　『논어주소』에 소개된 "互鄉難與言童子見 여덟 자가 한 구이다."라는 임
공(琳公)의 주석은 필자의 견해와 같은 생각이라고 본다. 임공은 혜림(慧琳,
736~820)으로 추정된다.

던 동자에 관한 전설이 『논어』에 편집되었을 수도 있다. 필자는 후자로 간주한다. 어쨌든 이 장은 공자가 '호향난여언동자'를 만나기로 했다는 소식을 들은 제자들이 접견을 반대하자 걱정하지 말라고 공자가 답변하는 내용이다. 제자들이 반대한 이유는 드러내지 않았다. 그러면 유통되는 이야기를 살펴보자.

옛날에 부자께서 동쪽으로 주유하시다가 형산 아래를 지나실 무렵, 길에서 어린아이 셋과 마주치게 되었다. 두 아이는 놀음을 하고 있었지만 한 아이는 하지 않고 있기에 부자께서 이상하게 여기시어 왜 놀지 않느냐고 물으셨다. 그 아이는 대답하기를, "큰 놀음은 서로 죽이는 짓이고 작은 놀음은 서로 다치게 하는 짓인데, 논다 해서 공훈이 생기는 것도 아니고 옷만 해질 뿐이니 서로 돌이나 던지는 장난을 하느니 차라리 집에 가서 절구질이나 하는 것이 더 낫지요. 위로 부모와 아래로 형제들에게 보복당하지 않기만을 바랄 뿐이고 무례하다는 말을 들을까 봐 걱정됩니다. 이런 일을 생각하기 때문에 놀지 않거늘 무엇이 이상하다는 겁니까?" 항탁이라는 이름의 아이가 하는 모습을 보니, 흙을 쌓아서 성을 만든 다음 안에 들어가 앉아 있었다. 부자께서 아이에게 왜 수레를 피하지 않느냐고 물으시자 아이가 답하기를, "옛 성인은 위로는 천문을 알고 아래로는 지리를 알며 중간으로는 인정을 안다고 말씀하셨습니다. 예부터 지금껏 수레가 성을 피한다는 말은 들었어도 성이 수레를 피한다는 말은 못 들었습니다." 부자께서는 아무 말 하지 못하시고 마침내 성을 피하여 길을 내려가신 다음 사람을 보내서 그 아이에게 뉘 집 아이이며 성명이 무엇인지를 묻게 하시자, 아이는 성은 항이고 이름은 탁이라고 대답하였다. 부자께서 말씀하시기를, "너는 나이는 비록 어리지만 아는 것이 매우 많구나." 아이가 답하기를, "물고기는 태어나 사흘이면 강해에서 헤엄을 치고, 토끼는 태어나 사흘이면 세 이랑이나 뛰며, 말은 태어나 석 달이면 어미에게 달려가고, 사람은 태어나 석 달이면 부모를 알아본다고 들었습니다. 하늘이 자연을 탄생하는데 어찌 나이가 많고 적음을 말해야 합니까?" 부자께서 아이에게 물으시기를, "너는 어떤 산에 돌이 없고, 어떤 물에 물고기가 없으며, 어떤 문에 빗장이 없고, 어떤 수레에 바퀴가 없으며, 어떤 소가 송아지가 없고, 어떤 말이 망아지가 없으며, 어떤 칼이 고리가 없고, 어떤 불이 연기가 없으며, 어떤 사람에게 부인이 없고, 어떤 여자에게 남편이 없으며, 어떤 해가 넉넉하지 못하고, 어떤 해가 넉넉하며, 어떤 수컷이 암컷이 없고, 어떤 나무가 가지가 없으며, 어떤 성에 심부름꾼이 없고, 어떤 사람이 자(字)가 없는 줄을 아는가?" 어린이가 답하기를, "흙산에는 돌이 없고, 우물물에는 물고기가 없으며, 공문에는 빗장이 없고, 가마에는 바퀴가 없으며, 진흙 소에게는 송아지가 없고, 목마에게는 망아지가 없으며, 작도에는 고리가 없고, 반딧불에는 연기가 없으며, 선인에게는 부인이 없고, 옥녀에게는 남편이 없으며, 겨울 해는 부족하고 여름 해는 넉넉하며, 외로운 수컷에게는 암컷이 없고, 마른 나무에는 가지가 없으며, 빈 성에는 심부름꾼이 없고, 어린이에게는 자가 없습니다."라고 대답하였다. 공부자께서 말씀하시기를, "훌륭하도다, 훌륭하도다. 내가 너와 천하를 다니고 싶은데 가능하겠니?" 아이가 답하기를, "저는 가지 않겠습니다. 저에게는 모셔야 할 엄부가 계시고, 받들어야 할 자모가 계시며, 따라야 할 장형도 있고, 가르쳐야 할 작은 동생도 있습니다. 그래서 선생님을 따라서 갈 수 없습니다." 그러자 부자께서 말씀하시기를, "내 수레 안에 쌍륙국이 있는데 너와 한 번 두어보고 싶은데 어떠니?" 아이가 대답하기를, "저는 박희를 하지 않습니다. 천자가 박희를 좋아하면 비바람이 때도 없이 찾아들고, 제후가 박희를 좋아하면 나랏일이 다스려지지 않으며, 관리들이 박희를 좋아하면 행정이 늦어지고, 농사꾼이 박희를 좋아하면 밭 갈고 씨 뿌리는 시기를 놓치게 되며, 학생이 박희를 좋아하면 시서를 공부하지 않게 되고, 어린이가 박희를 좋아하면 매를 맞게 됩니다. 이처럼 무익한 일인데 뭐 하러 배우겠습니까?" 부자께서 말씀하시기를, "내가 너와 천하를 고르게 한다면 해낼 수 있겠는가?" 어린이가 답하기를, "천하는 고르게 할 수 없습니다. 높은 산이 있기도 하고 강과 바다가 있기도 하며, 공경도 있고 노비도 있는 법이니 이 때문에 고르게는 못 합니다." 부자께서 말씀하시기를, "내가 너와 높은 산도 고르게 하고 강과 바다도 메워버리며 공경도 없애고 노비도 버린다면 천하가 평평하게 고르지 않겠는가?" 어린이가 답하기를, "산을 고르게 해버리면 짐승들이 살 곳이 없게 되고, 강과 바다를 메워버리면 물고기가 의지할 곳이 없게 되며, 공경을 없애면 사람들이 시비를 만들어내고, 노비를 버리면 지배계층은 누구를 부리겠습니까?" 부자께서 말씀하시기를, "훌륭하도다, 훌륭하도다. 그러면 너는 지붕 위에 사는 솔과 지게문 앞에서 사는 갈대, 침상 위에서 사는 왕골, 개가 주인 보고 짖는 것, 며느리가 앉아서 시어미를 부리는 것, 닭이 변하여 꿩이 되고, 개가 변하여 여우가 되는 것, 이런 것들이 무엇인지 알겠느냐?" 어린이가 대답하기를, "지붕 위에 사는 솔은 서까래요, 지게문 앞에서 사는 갈대는 발이며, 침상 위에서 사는 왕골은 돗자리이고, 개가 주인 보고 짖는 것은 곁에 손님이 있기 때문이며, 며느리가 앉아서 시어미를 부리는 것은 시집올 때 꽃을 얹어주는 것이고, 닭이 변하여 꿩이 되는 것은 산택에서의 일이며, 개가 변하여 여우가 되는 것은 구릉에서의 일입니다." 부자께서 아이에게 말씀하시기를, "너는 부부가 더 가깝다고 생각하니 아니면 부모가 더 가깝다고 생각하니?" 아이가 부모가 더 가깝다고 대답하자 공부자께서, "부부가 더 가까우니라. 살아서는 침상과 베개를 함께 쓰고 죽어서는 관과 곽을 함께할 정도로 은애가 극히 무거우니 어찌 더 가깝지 않겠느냐?" 아이가 답하기를, "그게 무슨 말씀이십니까, 그게 무슨 말씀이십니까. 사람에게 부모는 나무의 뿌리와 같고 사람에게 부부는 수레의 바퀴와 같은데, 수레야 부서지면 다시 만들어서 새것을 얻을 수 있고 부인이야 죽으면 다시 장가를 들어 어진 여자를 얻을 수 있지만, 나무는 한번 죽으면 가지들이 다 말라버리듯이 부모는 한번 죽으면 뭇 자식들이 고아가 됩니다. 그러니 부부를 부모에 비유한다는 것이 어찌 패역이 아니겠습니까?" 이번에는 아이가 도리어 부자에게 묻기를, "거위나 오리는 어떻게 해서 물에 뜰 수 있고, 큰기러기와 두루미는 어떻게 해서 울음을 울 수 있으며, 솔과 잣은 어떻게 해서 겨울이건 여름이건 늘 푸를 수 있습니까?" 부자께서 대답하시기를, "거위나 오리는 다리와 발이 모가 났기 때문이고, 큰기러기와 두루미가 울음을 울 수 있는 것은 목구멍과 목덜미가 길기 때문이며, 솔과 잣이 여름이건 겨울이건 늘 푸를 수 있는 것은 중심이 굳세기 때문이지." 아이가 대답하기를, "그렇지 않습니다. 두꺼비가 울 수 있는 것이 어찌 목구멍과 목덜미가 길기 때문일 것이며, 거북이와 자라가 물에 뜰 수 있는 것이 어찌 다리와 발이 모가 났기 때문일 것이겠습니까? 호죽도 여름이건 겨울이건 늘 푸른데 어찌 중심이 굳세기 때문이겠습니까?" 부자께서 어린이에게 물으시기를, "너는 하늘이 얼마나 높고, 땅은 얼마나 깊으며 하늘에 들보는 몇 개나 되고 땅에 기둥은 몇 개나 되는지, 그리고 바람은 어디에서 오고 비는 어디에서 일어나는지, 서리는 어디에서 올라오고 이슬은 어디서 나오는지를 아느냐?" 아이가 대답하기를, "천지의 거리는 만만 구천구백구십구 리인데 땅의 두께는 하늘과 같습니다. 바람은 창오에서 나오고 비는 높은 곳에서 나오며, 서리는 하늘에서, 이슬은 온갖 풀에서 나옵니다. 하늘에는 들보가 없고 땅에도 기둥은 없으며, 사방의 구름이 서로 붙들어 기둥 노릇을 하니 괴상할 것이 없습니다." 부자께서 탄식하시기를, "참으로 훌륭하고 또 훌륭하도다, 바야흐로 후생이 실로 두렵다는 것을 알겠도다."[90]

---

90 昔者夫子東遊, 行至莉山之下, 路逢三箇小兒. 二小兒作戱, 一小兒不作戱.

夫子怪而問曰：「何不戲乎？」小兒答曰：「大戲相煞，小戲相傷，戲而無功，衣破裏空. 相隨擲石，不如歸春. 上至父母，下及兄弟，只欲不報，恐受無禮. 善思此事，是以不戲，何謂怪？」項託有相，隨擁土作城，在內而坐. 夫子語小兒曰：「何不避車？」小兒答曰：「昔聞聖人有言：上知天文，下知地理，中知人情，從昔至今. 只聞車避城，豈聞城避車？」夫子當時無言而對，遂乃車避城下道. 遣人往問：「此是誰家小兒？何姓何名？」小兒答曰：「姓項名託.」夫子曰：「汝年雖少，知事甚大.」小兒答曰：「吾聞魚生三日，遊於江海；兔生三日，盤地三畝；馬生三月，趁及其母；人生三月，知識父母. 天生自然，何言大小！」夫子問小兒曰：「汝知何山無石？何水無魚？何門無關？何車無輪？何牛無犢？何馬無駒？何刀無環？何火無煙？何人無婦？何女無夫？何日不足？何日有餘？何雄無雌？何樹無枝？何城無使？何人無字？」小兒答曰：「土山無石，井水無魚，空門無關，輦車無輪，泥牛無犢，木馬無駒，斫刀無環，螢火無煙，仙人無婦，玉女無夫，冬日不足，夏日有餘，孤雄無雌，枯樹無枝，空城無使，小兒無字.」夫子曰：「善哉！善哉！吾與汝共遊天下，可得已否？」小兒答曰：「吾不遊也. 吾有嚴父，當須侍之；吾有慈母，當須養之；吾有長兄，當須順之；吾有小弟，當須教之. 所以不得隨君去也.」夫子曰：「吾車中有雙陸局，共汝博戲如何？」小兒答曰：「吾不博戲也. 天子好博，風雨無期；諸侯好博，國事不治；吏人好博，文案稽遲；農人好博，耕種失時；學生好博，忘讀書詩；小兒好博，苔撻及之. 此是無益之事，何用學之！」夫子曰：「吾與汝平卻天下，可得已否？」小兒答曰：「天下不可平也. 或有高山，或有江海，或有公卿，或有奴婢，是以不可平也.」夫子曰：「吾以汝平卻山高，塞卻江海，除卻公卿，棄卻奴婢，天下蕩蕩，豈不平乎？」小兒答曰：「平卻高山，獸無所依，塞卻江海，魚無所歸；除卻公卿，人作是非；奕卻奴婢，君子使誰？」夫子曰：「善哉！善哉！汝知屋上生松，戶前生葦，床上生蒲，犬吠其主，婦坐使姑，雞化為雉，狗化為狐，是何也？」小兒答曰：「屋上生松者是其椽，戶前生葦者是其箔，床上生蒲者是其席. 犬吠其主，為傍有客；婦坐使姑，初來花下也. 雞化為雉，在山澤也；狗化為狐，在丘陵也.」夫子語小兒曰：「汝知夫婦是親，父母是親？」小兒曰：「父母是親.」夫子曰：「夫婦是親. 生同床枕，死同棺槨，恩愛極重，豈不親乎？」小兒答曰：「是何言與！是何言與！人之有母，如樹有根；人之有婦，如車有輪. 車破更造，必得其新；婦死更娶，必得賢家. 一樹死，百枝枯；；一母死，眾子孤. 將婦比母，豈不逆乎？」小兒卻問夫子曰：「鵝鴨何以能浮？鴻鶴何以能鳴？

3) 惑(혹) : 당시 '호향 출신의 말 상대 못 할 녀석'으로 불리는 유명한 사람이 실제 있었다면, 구변과 재담이 뛰어나서 현자로 평가되는 사람조차 당혹하게 만드는 재주를 가진 사람이었을 것이다. 실제 나이가 어렸던 동자가 아니라 신체적 특징이 동자라고 부를 만큼 왜소했던 광대였다고 짐작한다. 어쨌든 그는 점잖은 사람을 웃음거리로 만든다든가 하는 일로 유명했기 때문에 제자들로서는 스승이 그런 사람을 만난다는 것에 당혹하면서 반대했던 모양이다.

4) 與其進也(여기진야) : 與는 '허여(許與)'의 뜻이다. 주희는 '人潔己以進 與其潔也 不保其往也'가 '與其進也' 앞에 놓여야 한다고 하는데, 그렇게 읽는다고 해서 의미가 더 분명해지지는 않는다. 현재의 문장대로 읽더라도 문제될 것은 없다. 進과 退는 '진보적', '퇴보적'으로 번역할 수밖에 없다. 뒤 문장을 감안하자면 사람이 자신의 좋지 않았던 점을 청산하는 것을 進으로 표현하고 그 반대를 退로 표현했다고 본다.

5) 唯(유) : 惟나 維로도 적는 발어사이다.

평설

항탁(項橐 또는 項託)에 관한 숱한 이야기들은 『논어』의 이 구절을 보더라도 근거 없이 꾸며낸 이야기만은 아닐 것이다. 이 장의 '호향난여언 동자'가 '항탁'과 동일 인물이고 제자들이 걱정했던 이유도 '호향난여언

松柏何以多夏常青?」夫子對曰:「鵝鴨能浮者緣脚足方, 鴻鶴能鳴者緣咽項長, 松柏多夏常青者緣心中强.」小兒答曰:「不然也! 蝦蟆能鳴, 豈猶咽項長? 龜鱉能浮, 豈猶脚足方? 胡竹多夏常青, 豈猶心中强?」夫子問小兒曰:「汝知天高幾許? 地厚幾文? 天有幾樑? 地有幾柱? 風從何來? 雨從何起? 霜出何邊? 露出何處?」小兒答曰:「天地相卻萬萬九千九百九十九里, 其地厚薄, 以天等同, 風出蒼梧, 雨出高處, 霜出於天, 露出百草. 天亦無樑, 地亦無柱, 以四方雲, 而乃相扶, 故與爲柱, 有何怪乎?」夫子嘆曰:「善哉! 善哉! 方知後生實可畏也.」

동자'의 언변 때문이라면 그 이야기는 『논어』가 편찬되던 시점에도 퍼져 있었을 것이다.[91] 또한 한대에는 9·02에 나오는 달항당인도 이 장의 '호 향난여언동자'와 동일 인물로 간주하는 것이 보편적이었던 듯하다.

---

91 『사기·공자세가』는 『논어』를 바탕으로 해서 만든 공자의 전기물인데 거기 에도 「공자항탁상문서」와 비슷한 형식의 골계류 이야기가 들어 있다. "吳伐越 墮 會稽 得骨節專車 吳使使問仲尼 骨何者最大 仲尼曰 禹致群神於會稽山 防風 氏後至 禹殺而戮之 其節專車 此爲大矣 吳客曰 誰爲神 仲尼曰 山川之神足以 綱紀天下 其守爲神 社稷爲公侯 皆屬於王者 客曰 防風何守 仲尼曰 汪罔氏之 君守封禺之山 爲釐姓 在虞夏商爲汪罔 於周爲長翟 今謂之大人 客曰 人長幾 何 仲尼曰 僬僥氏三尺 短之至也 長者不過十之 數之極也 於是吳客曰 善哉聖 人(오나라가 월나라를 공격하여 회계를 무너뜨린 다음 뼈를 수레에 가득 실었다. 오 사라는 사람을 시켜 중니에게 이런 것들을 물어보게 했다. 오객: 뼈 가운데 무엇이 가 장 큽니까? 중니: 우임금이 뭇 신들을 회계산에 불러 모을 때 방풍씨가 늦게 오자 우 임금은 그를 죽여 시신을 발랐는데 그의 뼈 하나가 수레에 가득 찼다고 하니 그것이 가장 크겠지요. 오객: 신이란 무엇입니까? 중니: 산천의 신은 천하의 기강이고 그것을 지키는 자들이 신입니다. 사직은 공후가 되어 왕에게 배속됩니다. 오객: 방풍은 무엇 을 지킵니까? 중니: 왕망씨의 군주는 봉과 우의 산을 지키고 성은 이입니다. 우·하· 상 때는 왕망이라 했고 주왕조에서는 장적이라 했으며 지금은 대인이라고 부릅니다. 오객: 사람의 키는 얼마나 됩니까? 중니: 초요씨는 석 자였으니 가장 작고, 크더라도 열 자를 넘지는 않으니 수의 끝이기 때문이지요. 이에 오객은 '훌륭한 성인이십니다' 라고 하였다)."

이런 사례들을 종합하면 다음과 같이 설명할 수 있다고 본다. 공자라는 전설적 인 인물을 주제로 한 여러 이야기를 담은 대중매체들은 전국시대 이후 꾸준히 유 전되었고, 한무제 무렵 유가의 권위가 격상되자 그 가운데 비교적 품격 있는 내 용만을 정선하여 '논어'라는 이름의 책으로 만들게 되었을 것이다. 그 과정에서 유가의 권위를 손상할 수 있다고 여긴 내용들은 삭제되었지만 『사기·공자세가』 에는 위와 같은 내용의 이야기 정도는 실릴 수 있었다고 본다. 다만 공자와 항탁 에 관한 이야기는 분량도 많을 뿐 아니라 역사서에 싣기에는 사실성이 떨어진다 고 여긴 나머지 제외했을 것이지만, 대중적인 인기 때문에 『논어』와는 별도로 꾸 준히 필사본으로 유행되거나 극의 소재로 사용되었을 것이다.

공자를 미화하는 이야기가 아닌데도 『논어』에 포함한 것은 6·28과 마찬가지 이유였을 것이다.

7·30 子曰 仁遠乎哉 我欲仁 斯仁至矣

스승님께서 말씀하시기를 : 인이 멀리 있다고? (천만에!) 나는 인을 가까이하려고만 하면 바로 인이 오더라.

| 평설 |

내가 인에 대해서 말하기만 하면 사람들은 그것이 매우 고원한 것처럼 여기지만 그렇지는 않다는 강조를 의인화하여 재치 있게 표현하였다. 인이란 것이 관념적이고 추상적인 것이 아니라 일상에서 쉽게 실천할 수 있음을 강조하고자 던진 말이겠지만 유심론적인 표현이 되고 말았다. 공자는 기실 주관적 유심론자는 아닌데도 말이다.

『논어』에 보이는 공자의 언어는 『노자』나 『장자』의 언어처럼 중층의 함의가 들어 있지는 않다. 그러니 글자마다 심오한 뜻이 있는 것처럼 파고드는 짓은 불필요하다. 특정한 교조를 기준으로 하여 모든 구절을 그것에 맞추어 일률적으로 해석하려 드는 짓은 더욱 위험하다.

7·31 陳司敗問昭公知禮乎 孔子曰 知禮 孔子退 揖巫馬期而進之 曰
吾聞君子不黨 君子亦黨乎 君取於吳 爲同姓 謂之吳孟子 君而知禮 孰
不知禮 巫馬期以告 子曰 丘也幸 苟有過 人必知之

진나라 사패가 (스승님께 노나라의) 소공은 예를 아는 분이었느냐고 여쭙자 공자께서는 예를 아는 분이라고 대답하셨다. 공자께서 자리를 뜨시자 (진나라 사패는) 무마기에게 읍하면서 다가가 말하기를 : 군자는 패를 짓지 않는다고 하더니만 (조금 전 공자의 말씀을 듣자니) 군자도 역시 패를 짓는구만요? (노나라의) 임금(소공)은 오나라에서 아내를 맞이하였는데 (아내의) 성씨가 (자기와) 같으니까 (동성혼임을 감추려고) 아내를 (오희라 부르지 않고) 오맹자라고 불렀(던 사람)입니다. (그런) 임금이 예를 아는 사람이라면 누군들 예를 모르(는 사람)겠습니까? (공자는 자기 임금이라고 두둔하시는군요.) 무마기가 (그 말을 그대로) 아뢰자 스승님께서 말씀하시기를 : 나는 다행(한 사람)이다. 혹시 허물을 저지르더라도 (이처럼) 남이 반드시 알려주니 말이다.

주

1) 司敗(사패) : 정현은 제나라의 대부 이름이라고 하지만 벼슬 이름으로 짐작된다. 두예(杜預)의 『춘추좌전정의(春秋左傳正義)』 문공 10년조에 의하면 진나라와 초나라에서는 사구(司寇)를 司敗라고 불렀다 한다.

2) 昭公(소공, 560~510 B.C., 542~510 B.C. 재위) : 노나라 公으로 성은 희(姬), 이름은 주(裯)이다. 양공의 서자로 양공의 뒤를 이어 공위에 올랐다. 3·02의 주1)과 그 각주에 소공에 대한 자세한 설명이 있다. 이 대화가 소공이 살아 있을 때 있었는지 죽은 뒤에 있었는지는 분명하지 않다.

3) 巫馬期(무마기) : 공자의 제자로 성은 巫馬, 이름은 시(施), 자는 자기(子期)로서, 공자보다 30살 적었다고 한다. 본문의 정황을 보건대 공자가 진(陳)에 갔을 때 공자를 수행했을 뿐 아니라 진사패가 공자를 만나도록 주선한 장본인일 가능성이 있다. 5·02의 주) 참조.

4) 黨(당) : 자기 패거리를 무조건 감싸는 행위를 가리키는 동사이다.

5) 取(취) : 아내를 맞이하는 것. 취(娶)와 같다.

6) 吳孟子(오맹자) : 춘추시대 국군부인(國君夫人)의 칭호는 출생한 나라의 이름 뒤에 성씨를 붙인다. 소공은 오나라에서 여자를 취했으므로 그녀를 오희(吳姬)라고 불러야 하는데, 소공의 성씨 역시 姬氏이기 때문에 동성혼 사실을 감추고자 그녀를 오맹자라고 불렀다는 것이다. 송나라

의 성씨가 子이기 때문에 오맹자라고 부르면 마치 송나라 여자인 것처럼 알게 된다고 주희는 설명한다. 『좌전』 애공 12년에도 "昭夫人孟子卒"이라는 기록이 있다.

7) 幸(행) : 정약용은 『주서(周書)·왕패해(王佩解)』에 "不幸在不聞其過 福在受諫(불행은 자신의 허물을 들으려 하지 않음에 있고, 복은 간언을 받아들이는 데에 있다)"이라는 말이 있다고 지적한다.

평설

공자의 대답은 국가의 수치를 숨긴 것이므로 예에 합당하지만 성인은 도가 크기 때문에 진사패의 비난을 받아들여 자신의 허물로 여겼다고 『논어주소』는 설명한다. 주희 또한 오역(吳棫, 1100~1154)의 다음과 같은 주를 인용하면서 공자를 두둔한다. "노나라는 부자의 모국이요 소공은 노나라의 임금이었다. 사패도 사정을 자세히 말하지는 않은 채 갑자기 소공이 예를 알았느냐고 물으니 부자께서 그렇게 대답할 수밖에 없으셨다. 그러나 사패가 패거리 짓는 일이라고 지적하자 부자께서는 자신의 허물을 인정하셨다. 부자의 가득하신 덕은 불가한 바가 없다. 자신의 허물이라고 인정하면서도 자신이 허물을 저지르게 된 까닭을 말씀하지는 않으신다. 처음부터 오맹자의 일은 몰랐던 것처럼 하신 것은 가히 만세의 모범으로 삼을 만하다."[92] 양백준(楊伯峻, 1909~1992) 역시 다음과 같이 공자를 두둔한다. "공자가 소공의 예에 맞지 않은 행동을 몰라서 그렇게 대답한 것이 아니라 『사기·중니제자열전』에 공자가 이 일에 대해 '신하 되는 사람은 임금의 나쁜 점을 말해서는 안 되고, 감추는 것이 예이

---

92 魯蓋夫子父母之國 昭公魯之先君也 司敗又未嘗顯言其事 而遽以知禮爲問 其對之宜如此也 及司敗以爲有黨 而夫子受以爲過 蓋夫子之盛德 無所不可也 然其受以爲過也 亦不正言其所以過 初若不知孟子之事者 可以爲萬世之法矣

다'[93]라고 말하였듯이 알면서도 부득이 그렇게 대답했다." 공자의 흠결이라면 무조건 감추려는 태도는 옛날만의 일이 아니라 요즘에도 여전함을 보여주는 사례이다.

　나의 허물을 남이 지적해주니 나는 다행하다는 공자의 표현은 또 어떠한가? 자신의 허물을 인정하기만 하면 될 터인데도 자기의 허물을 인정함과 동시에 남을 칭찬하는 수사기교를 사용하여 초점을 흐린다. 이런 것도 공자의 화술이다. 이 장은 공자가 禮라는 문제에 있어서는 매우 민감했음을 보여주는 사례이기도 하다. 禮는 자신의 입신 수단이기 때문에 무척 민감했을 것이다. 그 문제에서 만약 얼버무리다가는 자신의 입지가 완전히 사라질 수 있기 때문에 선뜻 과오를 인정하면서 방어에 나섰을 수 있다. 만약 진사패가 禮가 아닌 다른 문제를 가지고 공자를 공격했더라도 이처럼 쉽게 자신의 실수를 인정했을까?

7·32 子與人歌而善 必使反之 而後和之

스승님께서는 남과 노래 부르실 때 잘 부르는 사람에게는 반드시 되풀이하라고 하신 다음 (자신도) 화답하셨다.

주

1) 反(반복) : 반복하다는 뜻이다.

평설

　공자는 사람들과 함께 노래하는 시간을 자주 가졌고 스스로 노래하는 것도 즐겼음을 알 수 있는 대목이다. 춘추시대의 歌는 요즘의 '노래 부

93　臣不可言君親之惡 爲諱者禮也

르기'와는 문화적 위상이 약간 달랐다. 박자와 가락을 가진 소리에 가사를 얹어 부르는 점은 같지만 그 시대의 歌는 요즘처럼 개인의 감정을 드러내는 서정적 행위에만 그치지 않는다. 노래가사인 시의 표현이 중심이었기 때문에 그 사람이 부르는 노래가 암시하는 뜻을 중시하였다. 조선시대의 가곡이나 시조창의 전통도 비슷하다. 하지만 후대 유자들은 歌를 그다지 중시하지 않았다. 이미 『맹자』에서부터 歌에 관한 언급은 사라진다. 강유위는 『논어주(論語注)』에서 "송나라의 현인들은 禮를 매우 엄하게 집행하여 (…) 광대나 배우에게 맡기는 일을 엄숙한 선비는 하지 않았다. 그리하여 마침내 중국이 노래를 폐지하여 인도(人道)와 양생(養生)의 마땅함을 잃고 성인이 생을 즐거워하는 도를 어긋나게 하여, 겉으로는 공자를 높인다고 했지만 속으로는 묵자를 따랐다. 결국 인도가 크게 각박해져 천하가 감당하지 못하게 되었으니, 이것이 정자와 주자의 잘못이다."라고 통박한다.

이 장에서 눈에 띄는 글자는 '使(사)'이다. 노래를 반복하라고 청하거나 권한 것이 아니라 '시켰다'는 것이다. 공자와 노래하며 교유했던 사람들은 이처럼 공자가 노래를 '시킬 수 있는' 사람들이었다. 『논어』 전편을 보건대 공자는 자신이 가르치거나 시킬 수 있는 사람과만 어울렸지 평교(平交)하는 사람들과 교유한 흔적이 없다. 그 사실은 단지 공자의 교제 범위를 짐작케 할 뿐 아니라 공자의 개성을 말해준다.

7·33 子曰 文莫吾猶人也 躬行君子 則吾未之有得
스승님께서 말씀하시기를 : 노력은 나도 남만큼은 한다. (그러나) 군자(의 처신)을 몸소 실천하는 일은 나도 아직 해내지 못한다.

1) 文莫吾猶人(문막오유인) : 여러 주석이 있지만 '文莫'을 '勉强(면강: 힘써 노력하다)'의 뜻으로 보아서 '노력은 나도 남만큼은 한다'는 뜻으로 보는 것이 가장 낫다고 생각된다.[94]

---

94 주희는 莫을 의사(疑辭)로 보고서 '문은 남보다 뛰어나지는 않지만 남을 따라가기는 할 것이다'라고 새긴다. 양백준은 오승사(吳承仕, 1881~1939)의 견해를 좇아서 莫을 '대략'의 뜻으로 보고서 '문은 내가 대략 남만큼은 한다'고 새긴다. 『논어주소』는 莫을 無나 不로 보고서 '문은 내가 남만 못하다'고 새긴다. 그러나 '文莫'이 '忞慔'의 가차자로서 勉强의 뜻을 지닌 연제(燕齊) 지방의 토어라는 유보남의 주장이 가장 설득력 있다고 본다. 유보남 외에도 그렇게 주장하는 주석가는 많다. 예컨대 난조(欒肇, 진대)는 『논어박(論語駁)』에서 "燕齊謂勉强爲文莫 莫之聲又轉爲務 又轉爲㑄 㑄之聲轉爲暓 故爾雅曰 茂勉也 務暓强也(연제 지방에서는 면강을 '문막'이라고 한다. '막'은 바뀌어 '무'로 소리 나고 다시 바뀌어 '무'로 소리 난다. 민은 바뀌어 민으로 소리 난다. 그래서 『이아』에서는 '무'는 '면'의 뜻이라 하고 '무'는 '민강'의 뜻이라고 한 것이다)"라 하였고, 양웅은 『방언』에서 "侔莫强也 北燕之外郊 凡勞而相勉 若言努力者 謂之侔莫(모막은 힘쓰다는 뜻이다. 북연 지방의 변두리에서는 힘든 일을 하면서 서로 권할 때 노력이라는 말을 모막이라고 표현한다)"이라고 했으며, 진규(陳騤, 1128~1203)는 『잡지(雜識)』에서 『방언』의 내용을 거론하고 있고, 방이지(方以智, 1611~1671)도 『통아(通雅)』에서 "閔勉閔免 僶勉一也 轉爲密勿蠠沒 又轉爲侔莫文莫(민면, 민면, 민면은 같은 말이다. 바뀌어 밀물, 민몰이라고도 하고 모막, 문막이라고도 한다)"이라고 설명하며, 양신(楊愼)의 『승암경설(升庵經說)·문막해(文莫解)』에도 "晋書欒肇論語駁曰 燕齊謂勉强爲文莫 陳騤雜識云 方言侔莫强也 凡勞而勉 若云努力者 謂之侔莫"이라는 대목이 있다. 한편 이예성과 이강재는 文莫을 '외적인 자질과 내면의 정결함'으로 새겨서는, '외적인 자질을 가꾸고 내면을 정결하게 하는 것은 나는 남들과 비슷하겠지만, 덕을 몸소 실천하여 군자에 이르는 것은 내가 미처 그것을 득하지 못하였다'라고 번역하는데, 文과 莫을 과도하게 천착한 강해(强解)이다. 文과 莫이 그처럼 상대어로 사용되는 사례도 없다. 난해한 문구에 대한 천착은 학자에게 매력적인 일이기는 하지만 대개는 强解로 흐르고 만다〈이예성·이강재, 「《논어》"文莫

2) 躬行君子則吾未之有得(궁행군자즉오미지유득) : 14·28에서 공자
는 "君子道者三 我無能焉(군자의 방법론은 세 가지인데 내가 해낼 수 있
는 것은 하나도 없구나)"이라고 말한 바 있는데, 이 말도 그와 비슷한 취지
로 보인다. 황간본과 고려본에는 마지막에 也 자가 있다.

복건 출신의 주희는 '文莫'이 '勉强'이라는 뜻의 북방어라는 생각을 하
지 못했다. 그래서 '문에 있어서는 내가 남보다 뛰어나지는 못해도 남만
큼은 한다'는 뜻으로 본다. 정약용도 마찬가지이다. 방언이라는 생각은
아예 하지 않는다. 그러나 주희와 정약용의 견해대로라면 '文吾猶人'이
라야 한다. 莫 자가 들어갈 이유가 없다. 그렇다고 해서 '문에 있어서는
아무도 나만 한 사람은 없다'라고 새길 수도 없다.

7·34 子曰 若聖與仁 則吾豈敢 抑爲之不厭 誨人不倦 則可謂云爾已矣
公西華曰 正唯弟子不能學也
스승님께서 말씀하시기를 : 성과 인(이라는 기준)을 내가 어찌 감당하겠는가.
그러나 (그 기준을) 실천하기에 싫증 내지 않고, 남 가르치기에 게으르지 않는
일이라면 감당한다고 말할 수 있겠다. (그러자) 공서화가 말하기를 : 바로 (스
승님의) 그러하신 점을 (저희) 제자들은 배워낼 수 없습니다.

1) 若(약)~則(즉) : 둘 또는 그 이상의 것을 대비하여 열거할 때 쓰는
접속사인데, '~을 가지고 말하자면'이라고 번역할 수 있다.

猶吾人" 再探」(『中國文學』 88집, 韓國中國語文學會, 2016)〉.

2) 爲之(위지) : 이 문장을 7·02나 『맹자·공손추상』 가운데 유사한 대목과 대조하자면 '爲之'는 學으로 이해할 수 있다. 爲 자체가 學이라는 뜻은 아니므로 '그것을 실천하는 것'으로 번역하였다. 之는 당연히 '聖與仁'이다.

3) 可謂云爾(가위운이) : '그렇다고(=감당한다고) 말할 수 있겠다'라는 뜻이다. 7·19 참조.

4) 公西華(공서화) : 5·07과 6·04에 나왔던 제자이다.

5) 正唯(정유) : 마융은 '正如所言(딱 말씀하신 대로이다)'이라고 한다. 구문상 그렇다 하더라도 내용상으로는 '不能學'의 목적어이다. '바로 그런 점을 저희들이 배워낼 수 없습니다'라는 뜻이다. 정주한묘죽간본에는 '正' 대신 '誠'으로 되어 있는데, 의미상 달라질 바는 없다.

평설

앞 장에서 '躬行君子를 못했다'는 것이나 이 장에서 '聖與仁을 자처할 수 없다'는 것이나 표현만 다를 뿐 내용은 같다. 즉, 내가 군자라거나 聖하다거나 仁하다고 자처할 수는 없어도 '爲之不厭 誨人不倦'만큼은 자부한다는 강조이다. 『맹자·공손추상』의 "자공이 공자께 '스승님께서는 성인이십니다' 하니 공자께서 말씀하시기를, '성인이라는 말을 내가 감당할 수는 없고 나는 그저 배우는 데 싫증 내지 않고 가르치는 데 게으르지 않을 따름이다'라고 말씀하셨다. 그러자 자공이 말하기를, 배우기에 싫증 내지 않은 것은 곧 지(智)이고 가르치기에 게으르지 않은 것은 곧 仁인데, 仁하고 智하니까 스승님께서는 이미 성인이신 것이지요."[95]라는 대목과 견줄 만하다. 아마도 '學不厭而敎不倦'이란 말은 공자의 말로 전

95　子貢問於孔子曰 夫子 聖矣乎 孔子曰 聖則吾不能 我學不厭而敎不倦也 子貢曰 學不厭 智也 敎不倦 仁也 仁且智 夫子 旣聖矣

해지다가『논어』가 편찬될 무렵에는 그 말이 공자와 공서화의 대화에서 나온 말로 표현되고,『맹자』가 편찬될 무렵에는 공자와 자공의 대화로 바뀌게 되지 않았을까 한다. 이 장을 보거나『맹자·공손추상』을 보거나 간에 공자의 제자들은 공자 생전에 스승을 성인이라고 부를 정도로 공자에게 몰입했고 공자 또한 그만한 카리스마를 지녔다고 본다. 공자의 카리스마가 제자들로 하여금 그렇게 만들었겠지만 제자들 또한 스승을 높여야만 자신도 덩달아 높아진다고 여겼을 것이다.

7·30에서 공자는 仁을 쉽게 가까이할 수 있다고 말하더니만 여기서는 내가 인하다고 자처할 수는 없노라고 한다. 이렇듯 공자의 언어에는 논리적 정합성이라고는 없다. 하지만『논어』에서 논리적 일관성을 찾는 것은 무리이다.『논어』는 저술이 아니고, 더구나 공자를 최고로 높여야 할 이유가 분명한 사람의 손에 의하여 편찬되었으며, 따라서 편찬자의 의도에 따라 얼마든지 고쳐졌을 가능성이 있기 때문이다. 설령 공자의 육성 그대로라고 하더라도 수십 년에 걸친 언행을 한데 모은 것에서 어떻게 일관성을 기대할 수 있겠는가. 하지만 벤저민 슈워츠는 황당하게 결론을 내린다. "신기하게도, 정확하게 이 차원에서 仁 개념은 플라톤의 향연에 나타난 궁극적 언표 불가능성으로서의 소크라테스의 善과 美 개념의 일면을 연상시킨다." 내가 지금 聖하고 仁하다고 자처할 수는 없다는 공자의 표현을 '성과 인이라는 것은 궁극적으로 언표 불가능한 것이다'라고 이해해버린 것이다. 중국의 언어에 대한 서구 학자들의 이런 인식은『논어』나 공자에 대한 이해를 엉뚱한 방향으로 이끌 수밖에 없다.

서구 학자는 중국인의 언어관습을 이해하지 못하기 때문에 그렇게 결론을 내린다지만, 중국 학자 이택후는 이렇게 결론을 내린다. "공자 문하의 인학(仁學)이란 사변철학이 아니고 논리적 일관성을 요구하지도 않는다. 그것은 실용이성으로서 행위와 실천을 중시하고 정(情)과 성(性)을 함양하는 데 뜻을 두며, 스스로 깨달아 그 뜻을 지킬 것을 강조한다.

그러므로 어렵기도 하고 쉽기도 하다. 여기에서 지향성과 현실성이 나누어진다. 공자는 몇 차례 스스로 '싫증을 내지 않고', '게으르지 않았다'고 말했다. 이것이 곧 중화민족의 실천의지이자 끈기 있는 정신이다. 비록 백 번을 꺾여도 굴하지 않고 아무리 어려워도 포기하지 않아야 성취할 수 있는 것이다. 각 종교의 교주는 하늘이 낳은 성인이어서 배우지 않아도 알고 인간세상을 초월했지만 공자는 그들과는 참으로 달랐다." 미화 일색일 뿐 아니라 논리적 일관성이 없기론 공자보다 더하다. 이택후는 공자로 표상되는 중국인의 문화적 특징을 '정'과 '실용이성'이라는 말을 가지고 설명하는데, 이택후를 비롯한 중국 학자들의 이런 태도에 대해서는 1·15와 2·06에서 비판한 바 있다.

7·35 子疾病 子路請禱 子曰 有諸 子路對曰 有之 誄曰 禱爾于上下神祇 子曰 丘之禱久矣

스승님께서 병환을 앓으시자 자로는 귀신에게 빌자고 청하였다. (그러자) 스승님께서 말씀하시기를 : (앓으면 귀신에게 빈다는 것이 근거라도) 있는 것이니? 자로가 대답하기를 : 있지요. (고대의) 기도문에 '위로 하늘의 신과 아래로 땅의 기에게 너를 (위해) 빈다'라는 말이 있습니다. (그러자) 스승님께서 말씀하시기를 : (그런 것이라면) 나는 빈 지 오래되었어.

| 주 |

1) 疾病(질병) : "疾은 가벼운 병환이고 病은 무거운 병환이다.", "疾과 病을 중복한 것은 병이 무겁기 때문이다.", "疾이 술어이고 病은 위독하다는 뜻의 보어이다." 등의 주석이 있다. 어떻든 질환으로 위중함을 겪었다는 뜻으로 보면 되겠다.

2) 禱(도) : 귀신에게 빈다는 뜻이다. 병이 나면 신기(神祇)에게 비는

습속을 따르자고 자로가 청한 것이다. 정약용은 "무왕이 질병이 나자 주공단은 삼왕(三王)에게 빈 일이 있고, 『역』의 '巽左牀下 用史巫 紛若古'라는 구절도 병이 나면 빌었던 사례이다."라고 설명한다.

3) 有諸(유저) : '有之乎'의 준말인데, 之는 '병이 위중할 때 귀신에게 빈다는 선례나 근거'를 뜻한다.

4) 誄(뢰) : 죽은 이를 애도하여 그 사람의 행실을 적은 글을 가리킨다. 양백준은 '誄'가 아닌 '讄'라야 한다고 주장한다.

5) 爾(이) : 어조사로 보는 견해도 있지만, 于라는 어조사가 뒤에 나오므로 2인칭으로 본다.

6) 神祇(신기) : 천신(天神)과 지기(地祇). 神에 대한 설명은 2·24의 주) 참조.

7) 久矣(구의) : 자신의 허물을 뉘우치고 선(善)으로 옮겨가기 위해 귀신에게 도움을 비는 것이 도(禱)인데, 성인은 개과천선할 바가 없고 원래 행동이 신명(神明)에 맞기 때문에 기도를 드린 지가 오래되었다고 말한 것이라고 주희는 설명한다. 공안국의 주석을 이은 것이다. 그런 식으로 신기(神祇)에게 비는 것은 나로서는 오래전부터 해오는 기본적인 태도라는 말이니, 그런 짓 하지 말라는 뜻이겠다.

| 평설 |

유가의 사상적 바탕이 원시무속이라는 것은 대체적인 합의이다. 무속이란 것을 미개하고 합리적이지 못한 것으로 치부한 것은 세상을 절대기준을 가지고서 보고자 하는 서구의 이성주의 세계관이었다. 동아시아 사람들은 세계를 절대 기준으로 보지 않고 사람 중심으로 본다. 산 사람만 사람인 것이 아니라 죽은 사람도 사람으로 여겼다. 죽은 사람, 곧 귀신은 산 사람이 살고 있는 세계와 동일한 세계에서 산다고 여겼다. 서로 교감할 수 있다고 여겼으며, 서로 영향을 주고받는다고 여겼다. 그러한

관념은 권력자에게서 출발했다고 보지만 이내 사람들 일반의 보편적인 정서가 되었다. 그러한 세계관을 합리적이지 못하다고 단정하는 것은 이성의 결핍이다. 세상은 근본적으로 서로 얽혀 있고, 인간이 보는 대로 존재할 뿐이라는 생각보다 더 합당한 이성은 없다.[96]

합리성 여부를 따지자면 공자는 합리적이었다. 비록 귀신을 사람과 함께 살면서 사람에게 영향을 끼치는 존재로 여길지라도, 상황마다 귀신에게 자신의 욕망을 구걸하기는 거부한다는 그의 생각은 지극히 합리적이다. "獲罪於天 無所禱"(3·13)라든가 "不語怪力亂神"(7·21)도 같은 생각이다. 인과를 뛰어넘으려는 헛된 욕망을 공자는 긍정하지 않았다.

7·36 子曰 奢則不孫 儉則固 與其不孫也 寧固

스승님께서 말씀하시기를 : (사람이란) 호사하면 불손해지고 검약하면 고루해지는(법인)데, 불손한 것보다는 고루한 것이 낫다.

주

1) 孫(손) : 『논어주소』와 『논어집주』는 모두 '順'으로 새기지만 '遜'으로 새기는 것이 더 낫다. '호사'에 수반되는 기질로는 공순(恭順)보다는 겸손(謙遜)이 더 가깝기 때문이다. 스피노자(Baruch de Spinoza, 1632~1677)는 겸손을 '인간이 자기의 무능과 약함을 고찰하는 데서 생

---

96 양자역학에서의 양자 얽힘(quantum entanglement) 현상을 이해하면 존재에 관한 철학적 견해를 정립하는 데 도움이 된다. 존재한다는 것은, 그러니까 이 세상에 '있는 것'들이 '있는' 모습은, 측정과 인식 위에서만 가능한 것일 뿐이다. 인간의 인식 위에서만 존재하는 것들의 존재형태는 非有非空(있다고 여기면 참이 아니고, 인식 차원에서마저 있지 않다고 말할 수는 없다)이라고 말할 수밖에 없다.

기는 슬픔'이라고 표현한 바 있는데, 공자가 말하는 겸손은 무능이나 나약함과는 거리가 멀다. 능력 있고 강한 자가 지녀야 할 태도이며, 전략적인 태도이다. 14·03 참조.

2) 固(고) : 검(儉)과 어울리는 이 글자의 뜻은 '고집스럽다'보다는 '고루하다'이다.

3·04의 "禮與其奢也 寧儉"과 같은 맥락이다. 호사하면 불손하게 되고 검약하면 고루하게 된다는 말은 공자의 말이 아니라 당시의 성어였을 것이다. 공자는 당시 유행하던 성어를 자주 인용해서 발언했다. 한자와 한어의 특성상 일상 대화에서 성어를 사용하는 것은 보편적이다. 현대 중국어에서도 사자성어(四字成語)는 매우 자주 사용된다.

7·37 子曰 君子坦蕩蕩 小人長戚戚

스승님께서 말씀하시기를 : 군자는 (감정의 기복이 없이) 한결같이 너그럽지만, 소인은 허구한 날 근심만 하며 지낸다.

주

1) 坦(탄) : 공간이 평탄한 모습을 표현한 말이다. 앞에서는 공간적으로 너른 모습을 표현한 '坦'을 선택하고 뒤에서는 시간적으로 오램을 표현하는 '長'을 선택하여 대구를 만들었다. 둘 다 한결같은 모습을 나타낸다.

2) 蕩蕩(탕탕) : 너그럽고 너른 모양. 정현은 '寬廣貌(너그럽고 넓은 모습)'라고 했다.

3) 戚戚(척척) : 조바심 내며 근심하는 모양. 정현은 '多憂貌(근심이 많은 모습)'라 했고, 유월은 '위축되는 모양'이라고 했다.

坦과 長은 각각 蕩蕩과 戚戚을 수식하는 부사어로서 대를 이룬다. 蕩
蕩이라는 첩자(疊字)를 사용하면서는 그것과 성(聲)이 같은 '坦' 자를 쓰
고, 戚戚이라는 첩자를 쓰면서는 그것과 성이 같은 '長' 자를 썼다. 쌍성
(雙聲)의 기법을 사용한 것이다.[97] 첩자로 된 형용어를 사용하거나 쌍성
의 기법을 사용하는 것은 음악적인, 즉 시적인 느낌을 주기 위해서이다.
따라서 이런 문장은 의미를 온전하게 번역하기도 어려울 뿐 아니라 번역
하면 맛이 없게 된다. 아무리 번역을 잘해도 음악적 표현까지 드러낼 수
는 없기 때문이다.

천명을 알고 모르는 차이 때문에 군자와 소인은 이런 차이가 생기게
된다고 오규 소라이는 설명한다. 그 시대에는 그런 설명이 가능했겠지만
이 시대에 천명이라는 것을 강조한다면 유일신 종교의 교리와 얽혀서 엉
뚱한 결론으로 이르기 쉽다. 정주한묘죽간본에는 '君子坦蕩 小人長戚'
으로 되어 있다.

7·38 子溫而厲 威而不猛 恭而安

스승님께서는 온화하지만 엄정하시고, 위엄 있지만 사납지는 않으시며, 공손하
지만 묵직하셨다.

주

1) 厲(려) : 정현은 '엄정(嚴正)'이라고 하는데, '溫'의 반대 개념이라는
뜻이겠다. 19·09를 참고하자면 뱉는 말에 대한 평가로 짐작된다.

2) 威(위) : 원래의 뜻은 '으르다'인데, '무섭게 보이다' 또는 '위엄 있

97　3·21의 주5) 참조.

다'라는 표현이 적절하다. 19·09를 참고하자면, '얼핏 보면 무서운 듯하지만 실제 대해보면 사납지 않다'는 뜻이겠다.

3) 安(안) : 흔히 '안상(安詳)' 또는 '안태(安泰)'라고 주석하는데, 육신이 편안하다는 뜻이 아니라 처신이 묵직하여 모습이 안정되게 보인다는 뜻이다.

평설

자하는 19·09에서 "君子有三變 望之儼然 卽之也溫 聽其言也厲(군자에게는 세 가지 변모가 있다. 멀리서 보면 엄숙하게 보이고, 가까이 다가가면 온화하게 느껴지며, 하는 말을 들으면 엄정하다)"라고 하는데, 그것은 스승에 대한 이와 같은 평가를 군자에 대한 기준으로 일반화한 것이다. '다가가면 온화하게 느껴지지만 하시는 말씀은 엄정하셨고, 얼핏 보면 무서운 듯하지만 실제는 전혀 사납지 않으시며, 누구에게나 공손하지만 처신은 묵직하셨다'라고 표현할 수 있겠다. 『상서·우서(虞書)』「고도모(皐陶謨)」의 이른바 九德(寬而栗, 柔而立, 愿而恭, 亂而敬, 擾而毅, 直而溫, 簡而廉, 剛而塞, 彊而義)이라는 것도 이와 유사한 것으로서, 당시 사회에서 일컬어지는 훌륭한 인품에 대한 표준들을 모은 것이다. 정수덕은 '子曰 君子溫而厲~'로 된 판본도 있다고 소개하는데, 맨 앞의 '子'는 '君子'에서 '君' 자가 탈락했다고 볼 수도 있을 법하다. 만약 그렇다면 이 문장은 '군자는 온화해 보이면서도 엄숙해야 하고, 위엄 있게 보이면서도 사납지는 않아야 하며, 공손하면서도 묵직하게 처신해야 한다'로 번역될 수 있을 것이다.

'~하지만 ~하지는 않다'처럼 상반어를 사용하는 표현방식은 『논어』를 비롯한 중국 고문에서 자주 사용되는 수사기교이다. 溫而厲는 '따뜻하지만 물렁하지는 않다'라는 표현이고, 恭而安도 '공손하지만 가볍지는 않다'라는 표현이다. 동일한 대상을 상반된 모습으로 표현하는 것은 세상을 이원론적으로 파악하는 중국적 사고에서 자연스럽게 드러나는 미의식의 발로라고 본다.[98] 그러한 미의식은 당연히 주관적이다. 7·19의 평설에서 지적했듯이, 중국의 문화는 주관적인 수용태도와 객관적인 실체를 구분하지 않는다. 객관적 실체를 주관적 태도에 따라 편의적으로 바꾸기도 한다. 그것은 '실리' 때문이다. 온화함이 주는 이익을 포기할 수 없고, 엄숙함이 주는 이익도 양보할 생각은 없기 때문에 동시에 상반된 태도를 유지할 수 있기를 바란다. 이택후는 중용을 '적당함'이라고 규정하지만 그것은 공평함이나 균형을 의미하지 않는다. 양단간 어느 쪽이든 유리한 쪽으로 선택할 수 있도록 준비상태를 유지하는 것이 요구된다는 말이다. 이택후가 내세우는 '실용이성'이라는 말도 실리를 이성이라는 낱말로써 포장한 것일 뿐이다. 중용의 효용이나 목표는 도덕적 완성에 있는 것이 아니라 이처럼 실리에 있다. '사회 전체 이익의 총량 안에서 개인 각자의 이익을 조정하는 균형'과 같은 의미는 결코 아니다. 공자는 그런 문제에 대해 유념하지도 않았다.

정이는 이 장을 증자의 말로 추정하는데, 무슨 근거인지도 모르겠고, 그 추정이 무슨 의미를 지니는지도 모르겠다.

---

98 그런데 이택후는 중용을 잘 파악하는 공자의 모습이라고 평가하고, 김용옥은 양면적 가치의 자연스러운 병존이나 융합을 제시한다고 평가한다. 하지만 필자는 그러한 수사기교는 어디까지나 미의식에서 나온 표현이지 가치에서 나온 표현은 아니라고 본다. 중용에 대한 강조는 어디까지나 전략적 태도이다. 중국 고전에 대한 해설은 문면을 번역하고 맥락을 설명하는 일 외에 가치에 대한 의미 부여는 자제하는 것이 바람직하다. 『논어』를 심오한 철학이 담긴 글로 읽거나 공자를 성인으로 추앙하는 일은 결국 자기의 욕망을 투영하는 일에 그칠 뿐이다.